TRAITÉ DES TESTAMENS, CODICILES, DONATIONS A CAUSE DE MORT, ET AUTRES DISPOSITIONS DE DERNIERE VOLONTÉ.

SUIVANT les principes du Droit Romain, les Ordonnances, les Coutumes, & Maximes du Royaume, tant des Pays du Droit Écrit, que Coutumiers, & la Jurisprudence des Arrêts.

Par M. JEAN-BAPTISTE FURGOLE,
Avocat au Parlement de Toulouse.

TOME PREMIER.

A PARIS,
Chez CELOT, Imprimeur-Libraire, rue Dauphine.

M. DCC. LXXV.
AVEC APPROBATION ET PRIVILÉGE DU ROI.

ŒUVRES COMPLETTES, DE M. FURGOLE.

NOUVELLE Édition, revue, corrigée & augmentée.

HUIT VOLUMES IN-OCTAVO,
42 livres brochés, & 48 livres reliés.

TOME PREMIER.

AVIS DE L'IMPRIMEUR.

NOUS avions annoncé depuis plusieurs années une nouvelle Edition *du Traité des Testamens*, *de feu M.* FURGOLE, Avocat au Parlement de Toulouse, mais différentes raisons, qu'il seroit inutile d'expliquer ici, en ont retardé l'exécution. Ces raisons n'existant plus, nous nous empressons de remplir notre engagement, & nous espérons que le Public n'aura rien perdu à ce retard, puisqu'au lieu du *Traité des Testamens* que nous lui avions d'abord promis, nous donnons aujourd'hui *une Collection complète des Œuvres de ce célèbre Jurisconsulte.*

Cette Collection étoit désirée de la *Magistrature* & du *Barreau*. Nous avons donc cru ne pouvoir rien faire de plus utile que de donner tous nos soins à son exécution. Pour la rendre encore plus intéressante, nous joignons ici un Abrégé de la vie de M. FURGOLE, avec une courte Analyse de ses Ouvrages : nous rendrons compte ensuite de l'ordre que nous avons suivi dans cette nouvelle Edition, & des avantages qu'elle a sur les précédentes. La beauté du Papier que nous y avons employé, celle des Caractères, l'exactitude Typographique & la commodité du Format, nous donnent lieu de croire qu'elle sera favorablement accueillie.

Jean-Baptiste FURGOLE naquit à Castelferrus, Diocèse de Montauban, le 24 Octobre 1690. Jean Furgole son Père, Notaire du même Lieu, étoit également recommandable par sa probité & son savoir.

Notre Auteur fit ses premières Etudes à Castelsarrasin, où il y a des Ecoles publiques, & ensuite à Moissac dans le Collége des Doctrinaires.

Après ſon cours de Philoſophie, qu'il finit dans le mois de Juillet 1707, c'eſt-à-dire à la fin de ſa dix-ſeptième année, il reſta environ quatre ans dans l'oiſiveté; mais il ſentit vivement la perte de ce temps, lorſqu'un âge plus avancé lui en fit connoître les conſéquences.

On le vit reprendre le cours de ſes études, ſur la fin de l'année 1711, par celle du Droit, dans la célèbre Univerſité de Toulouſe, & il prêta ſon ſerment d'Avocat le 9 Juillet 1714.

Dès cet inſtant M. FURGOLE s'attacha à l'étude des Loix avec une application égale au déſir qu'il avoit de s'inſtruire & de réparer le temps qu'il avoit perdu. On l'avoit vu d'abord durant ſon cours d'Univerſité, employer à l'étude juſqu'à dix-huit heures par jour : il étoit l'exemple de ſes Condiſciples, & faiſoit l'admiration de M. Duval, l'un de ſes Profeſſeurs : enſorte qu'on ne fut pas ſurpris de l'aſſiduité qu'il porta au Barreau pendant les cinq premières années; mais l'on fut étonné que malgré les grandes connoiſſances qu'il avoit acquiſes, il ne voulut ſe charger d'aucune cauſe pendant cet intervalle.

Le motif de ce refus étoit pris dans le genre de vie que s'étoit preſcrit notre Auteur. Son aſſiduité au Palais avoit pour objet de ſe perfectionner dans la forme & dans la Pratique; il voulut connoître à fond l'une & l'autre avant de ſe charger d'aucun Procès. Il s'étoit propoſé de compiler toutes les Loix du Digeſte & du Code, les Novelles de l'Empereur Juſtinien, le Texte Canonique, les Ordonnances, les Arreſtographes du Parlement de Toulouſe, & les Auteurs les plus connus dans ce Parlement, afin d'allier les Loix avec la Juriſprudence des Arrêts, la Théorie avec la Pratique. Ce travail l'occupa l'eſpace de huit années.

M. FURGOLE crut dès-lors s'être mis en état de

remplir les devoirs de sa profession avec autant de dignité que d'avantage pour ses Cliens : aussi fut-il reconnu pour un Savant dès la première année qu'il se destina à l'exercer.

Le 17 Septembre 1720, M. FURGOLE se maria avec Demoiselle Marguerite Pausadé, fille de Me. Pausadé, Procureur au Parlement de Toulouse, dont il a eu plusieurs enfans.

Quelque temps après son mariage il quitta le Barreau pour se renfermer dans son Cabinet, ayant altéré sa santé par une étude immodérée, ce qui ne lui permit pas de suivre l'exercice pénible de la Plaidoirie.

M. d'Aguesseau, Chancelier de France, ayant formé le projet de rendre la Jurisprudence uniforme dans tout le Royaume, il envoya à cet effet au mois de Novembre 1729, quelques Questions sur la matière des Donations pour être éclaircies par le Parlement de Toulouse.

M. Daspe, Président à Mortier, qui étoit alors à la tête de ce Parlement, par l'absence de M. le Premier Président, jeta les yeux sur M. FURGOLE pour traiter ces Questions.

Notre Auteur remplit cette commission avec zèle. Il ne se borna pas même aux Questions proposées, car il en traita un grand nombre d'autres, sur-tout celles qui lui parurent les plus difficiles & les plus susceptibles de controverse : ensorte que l'Ordonnance de 1731 ayant paru, il fut invité par plusieurs Magistrats du Parlement de Toulouse, à y faire des observations qui leur parurent nécessaires, à cause du mélange des principes du Droit Romain avec ceux du Droit Coutumier, qu'on trouve dans les dispositions de cette Ordonnance.

M. FURGOLE entreprit ce travail d'autant plus volontiers qu'il y fut encouragé par M. le Chancelier d'Agueſſeau. L'exécution en étoit d'ailleurs très-facile à notre Auteur, & il y joignit les Queſtions qu'il avoit traitées avant l'Ordonnance : ces Queſtions n'avoient point été prévues ni décidées par cette nouvelle Loi.

Cet Ouvrage eſt compoſé de trois parties : la première comprend l'Ordonnance du mois de Février 1731, ſous ce titre : *Ordonnance de Louis XV, Roi de France & de Navarre, pour fixer la Juriſprudence ſur la Nature, la forme, les charges, & les conditions des Donations : donnée à Verſailles au mois de Février 1731, avec des obſervations autoriſées par le Droit Romain & les Arrêts du Parlement.*

Les deux autres Parties comprennent cinquante queſtions ſous ce titre : *Queſtions remarquables ſur la matière des Donations, avec pluſieurs Arrêts du Parlement de Toulouſe, pour ſervir de ſupplément aux obſervations ſur l'Ordonnance du mois de Février 1731.*

Tous les Arrêts de Préjugé que M. FURGOLE rapporte, ont été rendus (à trois ou quatre près) ſur ſes Ecritures, quoiqu'il ne l'ait pas dit dans ſon Ouvrage.

Dans ſes obſervations ſur l'Ordonnance, M. FURGOLE donne d'abord une explication littérale du texte, il explique enſuite les motifs & les raiſons de ſes diſpoſitions ; il confére le Texte avec le Droit Romain & les anciennes Ordonnances, il remarque les dérogations que la nouvelle Loi a faites au Droit Romain, aux Ordonnances antérieures, aux opinions des Auteurs, & à la Juriſprudence des Cours Supérieures ; il examine enfin les difficultés qui peuvent avoir du rapport avec la Loi qu'il explique.

Dans ſes Queſtions M. FURGOLE rapporte les différentes opinions des Auteurs & la Juriſprudence des Tribunaux Souverains, ſur-tout celle du Parlement de Toulouſe, avec les raiſons ſur leſquelles on fonde les différentes déciſions.

Il embraſſe enſuite l'opinion qui lui paroît la plus conforme à l'eſprit de la Loi, ſans s'arrêter aux préjugés. Dans les Queſtions qui ſont ſuſceptibles de recherches, il remonte à la ſource, & il fait une Hiſtoire Chronologique des différens changemens qui ſont ſurvenus dans la Juriſprudence par rapport à la Queſtion qu'il traite juſqu'au point de ſa fixation. Cette méthode qu'on ne trouve pas, même dans les meilleurs Auteurs, parce que l'exécution en eſt très-pénible & très-difficile, lui a paru l'unique moyen pour découvrir la vérité & le bon avis dans le conflit des opinions.

M. FURGOLE crut devoir faire préſenter ſon Ouvrage à M. le Chancelier d'Agueſſeau, qui l'avoit invité à y travailler : il ſuffit de rapporter ici la réponſe que fit cet illuſtre Chancelier à l'Auteur, pour en donner l'idée que les Savans en ont portée.

J'ai reçu l'Ouvrage que vous m'avez envoyé, Monſieur, & je n'ai pu le parcourir encore que très-légèrement ; mais le peu que j'en ai vu m'a inſpiré le déſir de le lire attentivement, & je profiterai du premier moment de loiſir que j'aurai pour faire une lecture qui me donnera lieu de mieux connoître votre grande capacité & la netteté de votre eſprit. Vous jugez bien après cela, que je recevrai avec plaiſir les difficultés que vous pourrez me propoſer ; & comme je ne déſire que le bien public, dans le travail dont vous avez fait l'objet de votre application, rien ne peut m'être plus agréable que de profiter des lumières des plus habiles Juriſconſultes, pour le porter, s'il eſt poſſible, à la plus grande perfection. Je ſuis avec toute l'eſtime qui eſt due à vos talens & à votre ſavoir, Monſieur, votre affectionné à vous ſervir, D'AGUESSEAU.

A Verſailles le 11 Juin 1733.

Cette Lettre eſt entièrement écrite de la main de M. le Chancelier d'Agueſſeau, qui a toujours honoré depuis M. FURGOLE d'une correſpondance ſuivie, également honorable à ces deux Savans.

A peine M. FURGOLE eût-il fini ce premier Ouvrage, qu'il employa les vacances de la même année 1733 à en compoſer un autre ſous ce titre : *Traité des Curés primitifs, où l'on examine leur origine, les différentes cauſes qui y ont donné lieu, leurs droits, leurs prérogatives, les moyens canoniques pour les établir, la manière de les exercer, leurs charges, & les autres queſtions ſur la même matière, ſuivant les Décrets des Conciles, les Conſtitutions des Papes, les Chartes anciennes, les Ordonnances & Déclarations des Rois, la Juriſprudence des Arrêts, le tout rapporté à la dernière Juriſprudence, fixée par la Déclaration du Roi du 5 Octobre 1726, & celles des 15 Janvier & 31 Juillet 1733.*

Cet Ouvrage, compoſé de 25 Chapitres, fut imprimé en 1747 en un volume in-4°. & l'Edition manque depuis long-temps. Nous y avons joint l'Edit du mois de Mai 1768, concernant l'augmentation des portions congrues, & la Déclaration du 10 Mai 1772, en interprétation de cet Edit.

Depuis l'année 1734 juſqu'en 1742, M. FURGOLE diſtribua ſes occupations entre les affaires du Palais & le travail qu'exigeoient les nouveaux Ouvrages qu'il deſtinoit au Public. Ce fut pendant cet intervalle qu'il compoſa ſon *Traité des Teſtamens, Codiciles & autres diſpoſitions à cauſe de mort*, le ſeul Ouvrage complet que nous ayons en ce genre.

Nous nous contenterons de rapporter ici ce qu'en

dit dans le temps le Mercure de France du mois de Mars 1745. » Ce Traité des Teſtamens & autres » diſpoſitions de dernière volonté, eſt le ſeul Ou- » vrage *ex profeſſo* en cette matière : l'uſage des » diſpoſitions à cauſe de mort, y eſt examiné dans » ſon principe & dans ſon origine. Les difficultés » qui peuvent naître, tant du Droit Romain que » du Droit Coutumier, y ſont diſcutées avec beau- » coup de ſolidité, l'Auteur y obſerve avec ſoin les » dérogations que les maximes générales du Royau- » me, obſervées dans les pays Coutumiers, & ceux » du Droit écrit, ont fait au Droit Romain : les » principes de l'un & de l'autre Droit y ſont » éclaircis avec ſoin, & l'on y voit l'application » aux différentes diſpoſitions des Ordonnances, & » notamment à celle du mois d'Août 1735. Cet » Ouvrage contient de plus une critique ſolide & » judicieuſe des Interprètes, qui ſe ſont quelquefois » écartés du vrai ſens des Loix Romaines. Tout » y eſt enfin approfondi avec une érudition par- » faite, digne de l'Auteur, *& l'on peut dire que ce* » *Traité mérite d'être mis au rang des Livres ori-* » *ginaux qui ſont en très-petit nombre.* »

M. FURGOLE y ayant mis la dernière main, ſe rendit lui-même à Paris pour le préſenter à M. le Chancelier, & lui faire agréer ſes recherches ſur la matière des Subſtitutions, dont le plan étoit déjà jeté depuis quelques années, pour en faire une Ordonnance préciſe, qui pût ſervir de Loi dans tout le Royaume.

M. d'Agueſſeau voulut bien parcourir ces deux Manuſcrits, dont la lecture fit tant de plaiſir à cet Oracle de la Juſtice, qu'il eut pluſieurs entretiens particuliers avec l'Auteur, qu'il ne ceſſoit de combler d'éloges.

Ce fut pendant ſon ſéjour dans la Capitale que M. FURGOLE fit imprimer ſon Traité des Teſtamens, qu'il revit encore avec un nouveau ſoin pendant l'impreſſion, ce qui le mit à même d'y faire des *additions & corrections*, qu'il renvoya à la fin du quatrième volume, & que nous avons eu ſoin de mettre à leur véritable place dans cette nouvelle Edition.

L'Ouvrage parut en 4 vol. in-4°. en 1747 & l'édition en fut épuiſée, pour ainſi dire, à meſure qu'elle parut: elle étoit devenue ſi rare, que les exemplaires qu'on pouvoit en trouver dans les ventes étoient ſans prix. La réputation de M. FURGOLE étoit établie à tel point, qu'ayant paru dans la Grand'Chambre du Parlement de Paris, où il fut attiré pour y entendre M. Cochin, cet éloquent Orateur ſaiſit l'occaſion de citer une autorité priſe dans le Traité des Donations de M. FURGOLE, le fixa, & tira ſon Bonnet; cette attention fut apperçue du Tribunal & du Barreau, chacun la vit avec plaiſir, & s'empreſſa, au ſortir de l'Audience, de faire politeſſe au Savant dont on admiroit les Ouvrages à ſi juſte titre.

L'Ordonnance de 1747, concernant les Subſtitutions, ayant enfin paru, notre Auteur, toujours infatigable dans ſes travaux, y fit des Notes, qu'il prit la liberté d'envoyer à M. de Lamoignon, Chancelier de France, ſucceſſeur immédiat de M. d'Agueſſeau, qui l'honoroit également de ſon eſtime. Voici la réponſe que lui fit ce reſpectable Magiſtrat.

A Verſailles le 12 Février 1752.

J'ai parcouru avec grand plaiſir, Monſieur, vos Notes ſur la dernière Ordonnance, concernant les Subſtitutions, & j'ai été bien fâché que mes occupations ne me permiſſent pas de les lire avec l'attention & l'exactitude qu'elles méritent. Le Public peut profiter infiniment de votre travail ſur cette matière, comme il a profité de celui que vous avez fait ſur celle des Teſtamens & autres.

Quand vous aurez mis la dernière main à cet Ouvrage, j'entrerai avec plaisir dans vos vues pour inspirer aux Juges les maximes qu'ils doivent se former sur l'esprit de cette nouvelle Loi. Je suis, Monsieur, entièrement à vous.

DE LAMOIGNON.

Tandis que M. FURGOLE travailloit à cet Ouvrage, & qu'il jetoit en même-temps les fondemens de celui sur le Traité du Franc-Alleu, (Ouvrage utile dans tout le Royaume, & plus particulièrement à la Province de Languedoc) il plut au Roi de le nommer à la place de Capitoul de Toulouse, pour l'exercer en 1754.

M. FURGOLE qui n'avoit jamais demandé ni fait solliciter cette faveur, que tant d'autres personnes ambitionnent, crut devoir en témoigner sa reconnoissance au Ministre, & lui en faire son respectueux remercîment. M. le Comte de St. Florentin l'honora à cette occasion de la réponse suivante.

J'ai reçu, Monsieur, la lettre de remercîment que vous m'avez écrite le 10 de ce mois au sujet de la place de Capitoul de Toulouse à laquelle le Roi a jugé à propos de vous nommer. C'est à votre bonne réputation, & aux témoignages avantageux qui ont été rendus de votre zèle & de votre intégrité, que vous êtes redevable de cet avantage. Je me persuade que vous vous ferez un vrai plaisir de répondre au choix de Sa Majesté, en donnant une attention particulière, à tout ce qui pourra contribuer au bien de son service & à celui de cette Ville.

Je suis, Monsieur, votre affectionné serviteur, St. Florentin.

A Versailles le 23 Février 1754.

Le zèle que M. FURGOLE fit paroître pour le bien Public, son attention infatigable pour ses Concitoyens, jointe au travail de ſon Cabinet, pour répondre à la confiance de ſes Cliens ; ces différens travaux réunis altérerent ſi fort ſa ſanté, que depuis cette époque juſqu'au mois de Mai 1761 qu'il mourut, elle fut habituellement chancellante : mais malgré ſes infirmités on l'a toujours vu continuer ſes occupations pendant dix ou douze heures par jour ; c'eſt ainſi qu'après s'être pleinement acquitté des devoirs d'un bon Chrétien, d'un bon Citoyen, & après avoir été reſpecté pendant ſa vie comme le plus habile Juriſconſulte du Royaume, on le vit s'anéantir ſans douleur & ſans peine dans la pratique & dans l'exercice de toutes les vertus. M. de Joly, ſon gendre, fit imprimer après ſa mort l'Ordonnance des Subſtitutions & le Traité du Franc-Alleu.

Il nous reſte à rendre compte ſuccinctement de l'ordre que nous avons ſuivi dans cette nouvelle Edition.

Les Ouvrages de notre Auteur formoient dans les précédentes Editions huit volumes in-4°. & un vol. in-12 entièrement diſparates, ſoit par le format, ſoit par les différens caractères, ſoit enfin par l'exécution Typographique, & dont la plupart ſont devenus même très-rares.

On les trouvera réunis *en huit volumes in-octavo* dans notre Collection, & outre l'avantage de l'uniformité, on aura encore celui de trouver les *additions & corrections* du Traité des Teſtamens à leur véritable place. C'eſt par ce Traité que nous avons cru devoir commencer la Collection, comme le plus conſidérable, & il fait la matière des quatre premiers volumes : le cinquième & le ſixième contiennent l'Ordonnance ſur les Donations, & le Traité du Franc-Alleu ; le ſeptième l'Ordonnance ſur les Subſtitutions, & le huitième & dernier, le Traité des Curés Primitifs, auquel nous avons joint l'Edit concernant l'augmentation des portions congrues & la Déclaration interprétative de ce même Edit.

PRÉFACE DE L'AUTEUR.

DANS le Traité des Testamens, Codiciles, & autres dispositions à cause de mort, que je donne au Public, j'examine, & je résous, non-seulement les questions & les difficultés qui peuvent naître des dispositions de la Loi Romaine, mais encore celles qui peuvent naître du Droit Coutumier; & j'ai une attention particulière à distinguer les règles & les principes de l'un & de l'autre Droit, afin que les Lecteurs puissent connoître par eux-mêmes, quelle est la Jurisprudence fondée sur le Droit Romain, & quelle est celle des Pays gouvernés par les Coutumes, & démêler ce qui est assez souvent confondu dans nos Auteurs des Pays Coutumiers, qui donnent des décisions fondées sur des principes puisés dans les Coutumes, sans les expliquer, ce qui induit souvent à erreur ceux qui devant se régler par le Droit Romain s'appuyent sans examen sur des autorités de cette espèce, & leur donne occasion de s'éloigner de l'esprit du Droit Romain, & de se remplir de préjugés & de maximes qui ne peuvent être bonnes que dans les Pays Coutumiers.

Je remarque aussi, avec soin, toutes les fois que l'occasion se présente, les dérogations que les maximes générales du Royaume, observées dans les Pays Coutumiers & du Droit écrit, ont faites au Droit Romain.

Les Ordonnances de nos Rois ſont les Loix que nous devons regarder comme les premières & principales, auſquelles les diſpoſitions du Droit Romain doivent être ſubordonnées ; parce que nous avons reçu ce Droit *non ratione imperii, ſed imperio rationis ;* au lieu que les Ordonnances ſont des Loix émanées de la Juriſprudence de nos Rois, & de nos légitimes Légiſlateurs. Ainſi, après avoir expliqué hiſtoriquement ce qui eſt ſtatué & réglé par les Loix Romaines, ſelon la pureté de leur eſprit, je fais connoître au Lecteur les changemens ou les dérogations que les Ordonnances ont faites.

Perſonne n'ignore que la Juriſprudence des Arrêts des Tribunaux Supérieurs, quand elle eſt uniforme, ne faſſe partie de notre Droit François, & ne doive prévaloir ſur la Loi Romaine, lorſqu'avec connoiſſance de cauſe, & par des raiſons puiſées dans nos mœurs, les Cours Supérieures ont jugé convenable de s'éloigner de la diſpoſition de la Loi ; c'eſt pourquoi j'ai auſſi l'attention d'établir & d'appuyer par des autorités connues & préciſes cette Juriſprudence. Je rapporte même pluſieurs Arrêts que j'ai vu rendre. Mais dans les queſtions que les Cours Supérieures du Royaume jugent diverſement, après avoir rapporté la diverſité des Jugemens, & les principales raiſons qui ſervent de fondement à la déciſion de chaque Tribunal, je tâche de faire connoître quelle eſt la Juriſprudence qui paroît la plus conforme aux règles & aux principes que je prends ſoin d'expliquer auſſi nettement & auſſi ſuccinctement que la difficulté peut le comporter ou le requérir.

De plus, comme la matière teſtamentaire a une infinité de règles & de principes, qui ont été formés en des temps différens, & que de toutes les matières du Droit écrit, c'eſt celle qui a ſouffert le plus de variations & de changemens, pour réſoudre une infinité de queſ-

tions,

tions, & donner du jour à plusieurs matières particulières qui dépendent du général, il a été nécessaire de rapporter historiquement tous les différens changemens, en remontant à la Loi primitive, qui est celle des douze Tables, & en expliquant selon l'ordre chronologique, les changemens, les corrections, les extensions ou les limitations faites au Droit antérieur, par les Loix postérieures, les Plébiscites, les Senatus-Consultes, les Edits des Préteurs, les interprétations des Jurisconsultes, & les Constitutions des Empereurs.

Après avoir parcouru tous les différens degrés, & les changemens survenus, suivant l'ordre des temps, je me suis arrêté au dernier état de la Jurisprudence Romaine, pour faire remarquer ce qui demeuroit en vigueur des anciens principes, après avoir essuyé les changemens différens dans le progrès, depuis la Loi des douze Tables jusqu'au règne de l'Empereur Justinien, qui a fait rediger le Code, le Digeste & les Institutes, & qui a mis la dernière main à cette multitude inombrable de principes, de règles, & de décisions. J'ai encore remarqué les changemens que l'Empereur Justinien a faits, soit par les Loix insérées dans la nouvelle édition de son Code, soit par ses Novelles, qui fixent le dernier état de la Jurisprudence Romaine; car nous ne reconnoissons pas comme Loi les Novelles de l'Empereur Léon.

Les Interprètes du Droit sur l'assertion de l'Empereur Justinien, s'étoient persuadés qu'il n'y avoit dans le Digeste & dans le Code rien de discordant. Dans cette idée, que l'expérience a montré n'être pas exactement vraie, ils avoient cru que tous les différens fragmens, tirés des Réponses des Jurisconsultes anciens & des Constitutions des Empereurs, dont les Loix sont composées, pouvoient & devoient être conciliés. Pour accorder les textes contraires ou opposés, ils avoient imaginé une infinité de distinctions & de solutions, qui n'avoient aucun fondement, & qui détruisoient l'économie & la liaison des principes sur lesquels le corps des Loix a été rédigé, sans s'appercevoir que l'opposition ou la contrariété ne pouvoient être levées que par la distinction des temps ; parce que plusieurs de ces Loix sont tirées ou des Réponses des Jurisconsultes, ou des Constitutions des Empereurs fondées sur certains principes qui étoient en vigueur, lorsqu'elles furent faites, & qui avoient été changés ou abrogés par des Loix postérieures, & que cette abrogation portoit par voie de conséquence, sur la décision qui étoit appuyée sur le principe changé ou abrogé.

La matière testamentaire est la plus importante, parce qu'elle est d'un usage journalier ; aussi a-t-elle été traitée par un nombre presqu'infini d'Auteurs ; mais il n'y en a aussi aucune autre, où l'on découvre une plus grande variété ou diversité d'avis sur les difficultés que les Auteurs ont traitées ; ensorte qu'il y a un grand nombre de questions sur lesquelles on s'est partagé en sept ou huit avis différens ; ce qui vient de ce que les uns se sont fondés sur certaines Loix qui leur ont paru formelles, & qui le sont en effet ; les autres sur d'autres Loix qu'ils ont cru favoriser leur manière de penser, & qui la favorisoient réellement ; & souvent pour accorder ces contrariétés, on a inventé plusieurs distinctions qui ont eu ensuite leurs partisans, & que l'on a tâché d'appuyer par des textes quelquefois étrangers, & par des argumens assez éloignés, sans avoir pu trouver le vrai moyen de conciliation.

Cette diversité dans les opinions des Auteurs s'est glissée insensiblement dans les Tribunaux qui ont eu recours à leurs décisions, parce qu'ils ont cru y voir les vraies maximes du Droit Romain, réduites en pratique ; & la facilité qu'ils ont trouvée dans cette méthode leur a fait négliger de chercher la décision dans les textes mêmes, dont l'intelligence & l'application leur ont paru difficiles, à cause du conflit des différentes Loix, qui semblent se choquer, & les a fait écarter insensiblement de l'Esprit de la Loi, tandis qu'ils pensoient s'y conformer, pour adopter les opinions des Interprètes, si bien que l'on en étoit venu à ce point de confusion, qu'à peine vouloit-on souffrir qu'on les ramenât aux véritables maximes, & qu'on leur découvrit les erreurs dans lesquelles les Interprètes les avoient engagés.

Bien plus, les Auteurs n'étant pas d'accord entre eux, dans la décision des mêmes questions, parce qu'après avoir abandonné la Loi, il ne restoit plus de point fixe, qui pût diriger d'une manière sûre leur jugement; on voyoit juger les mêmes questions tantôt d'une façon, tantôt d'une autre, dans les mêmes Tribunaux, & l'on appelloit cette bigarrure, changement de Jurisprudence.

Une longue expérience dans l'exercice de ma profession, m'avoit fait appercevoir ce défaut capital, & la cause qui l'avoit produit, & j'avois pensé qu'il n'y avoit qu'un seul expédient pour y remédier; c'est d'apprendre la Loi dans la Loi même, & d'abandonner l'explication des Interprètes & leurs décisions, non-seulement comme inutiles, mais encore comme pernicieuses, parce qu'en se remplissant de leurs maximes, qui pour la plupart sont contraires à celles que les Loix établissent, il n'étoit pas possible de bien entrer dans l'esprit de la Loi, à cause de la prévention produite par la lecture des Auteurs, dont les décisions paroissoient autant de règles infaillibles, & de la mauvaise disposition, qui étoit un effet de la confiance trop aveugle que l'on avoit pour les Décisionnaires, qui étoit un perpétuel obstacle à la véritable intelligence de la Loi.

Il faut néanmoins demeurer d'accord que la connoissance du véritable esprit des Loix, n'est pas aisée, sur-tout dans la matière des Testamens, à cause des différentes variations qu'elle a souffertes avant de parvenir à un point fixe ; cependant, elle n'est pas impossible ; mais je ne vois point qu'on puisse l'acquérir jusqu'à un certain point de perfection, (& ce que nous voyons dans la variété des opinions des Auteurs, en est une preuve convaincante,) si l'on ne se donne la peine d'apprendre la chronologie du Droit, de le réduire en systême, de remonter aux premières Loix, & de distinguer les différentes variations & les changemens que les Loix postérieures ont faits dans leur progrès. C'est par cette seule & unique méthode que l'on peut discerner quelles sont les dispositions abrogées, quels sont les principes & quelles sont les règles qui doivent servir de fondement à la résolution des questions qui peuvent se présenter, & que l'on peut trouver un point fixe de décision.

Dans la composition du Traité des Testamens, &c. je me suis servi de cette méthode, toutes les fois que le cas l'a exigé. C'est par-là, si je ne me trompe, que je suis parvenu à éclaircir plusieurs difficultés, qui avoient partagé les avis des Interprètes, & qui tenoient en balance l'esprit de ceux qui les examinoient.

J'ai donc rapporté par ordre chronologique les Loix différentes, qui doivent servir à décider les questions qui peuvent se présenter dans chaque matière particulière. Je les ai mises chacune à sa place, & dans le rang qu'elle doit tenir ; & après avoir distingué ce qui étoit abrogé ou corrigé, avec ce qui devoit demeurer pour servir de règle ou de décision, j'ai formé mes résolutions sur ce qui demeuroit en vigueur. C'est le premier degré de mes opérations.

Cette première discussion seroit insuffisante par rapport à nous, & à tout ce Royaume, qui est divisé en des Pays régis par le Doit écrit, & en des Pays gouvernés par les Coutumes. Il a donc été nécessaire, afin que le travail fut utile à ces différens Pays, de faire remarquer les différences des principes du Droit Coutumier, avec ceux du Droit écrit, pour former des décisions qui pussent convenir à chacun de ces Pays, & pour éviter l'inconvénient que l'on découvre dans la plupart de nos Auteurs, qui confondent le Droit Romain avec le Coutumier, & qui donnent des décisions uniformes pour les uns & les autres de ces Pays; ce qui peut bien convenir dans certains cas que le Droit Coutumier ne décide point, & dont on est obligé d'aller chercher la décision dans le Droit Romain, qui est observé comme raison écrite dans les Pays Coutumiers, mais non aux questions sur lesquelles le Droit Coutumier a des règles différentes de celles du Droit Romain. C'est le second degré de discussion que j'ai mis en œuvre.

Dans le troisième, j'ai rapporté les dispositions de nos Ordonnances, & fait remarquer les corrections qu'elles avoient faites au Droit Romain, & au Droit Coutumier, à cause que ces Ordonnances doivent prévaloir, sur-tout celle du mois d'Août 1735, qui abroge expressément toutes Loix, Coutumes, Statuts & usages différens, ou qui seroient contraires aux dispositions de cette Ordonnance. Voilà pourquoi tout autre Droit lui doit être postposé.

Je suis encore entré dans un quatrième degré de discussion, pour ne pas laisser mon ouvrage imparfait; c'est-à-dire, que j'ai rapporté la Jurisprudence des Arrêts des Cours Supérieures, sur chaque question décidée par les Arrêts; mais je n'ai pas toujours pris pour règle cette Jurisprudence. Dans les questions qui se trouvent diversement jugées, je n'ai fait entrer la Jurisprudence que d'une manière historique. J'en ai usé de même dans les cas auxquels la nouvelle Ordonnance a porté quelque changement, & je n'ai pris la Jurisprudence pour règle, que quand elle a été uniforme, que la nouvelle Ordonnance n'y a point dérogé, qu'elle a décidé quelques queſtions qui n'étoient pas nettement réſolues par le Droit Romain, le Droit Coutumier, ou nos Ordonnances, & lorſque la déciſion des Arrêts m'a paru fondée ſur les véritables maximes, ou que du moins elles n'y ſont pas contraires.

Au ſurplus, je me ſuis exactement attaché à ramaſſer les principes dans chaque matière particulière ; j'ai rapproché les Loix diſperſées & répandues dans les lieux différens, pour donner plus de jour & plus de force à ces principes, que j'ai tâché d'arranger dans l'ordre qui leur convient. Perſuadé que quand les principes ſont bien détaillés & bien expliqués, toutes les queſtions qui dépendent de la même matière, peuvent être facilement & ſurement éclaircies.

J'oſe eſpérer que le Public trouvera dans ce Traité le même eſprit de clarté & de netteté qu'il a reconnu dans mes autres ouvrages. Je dois néanmoins l'avertir que s'il ne trouve pas tout-à-fait la même clarté dans la diſſertation que j'ai faite pour donner la véritable intelligence de la Loi *generaliter Cod. de inſtit. & ſubſtit. ſub conditione factis*, & quand j'ai diſcuté la queſtion de la diviſibilité ou indiviſibilité de l'hérédité du père, de celle du fils, dans le cas de la ſubſtitution pupillaire, il ne doit pas m'en rendre garant, il doit l'imputer aux matières mêmes, où preſque tous ceux qui les ont traitées ont échoué, & ont donné leurs propres viſions à la place de la Doctrine des Loix.

TABLE

DES CHAPITRES.

Fin de la Table des Chapitres.

TRAITÉ

TRAITÉ DES TESTAMENS, CODICILES, DONATIONS A CAUSE DE MORT, ET AUTRES DISPOSITIONS DE DERNIERE VOLONTÉ.

CHAPITRE PREMIER.

De l'Origine des Teſtamens, & ſi elle eſt du Droit des Gens, ou du Droit civil.

SOMMAIRE.

1. *Anciènneté de la manière de diſpoſer par Teſtament.*
2. *Des Teſtamens des Patriarches, & des Auteurs qui en ont parlé.*

Le Livre des Teſtamens des Patriarches eſt apocriphe.

Qui a donné lieu à l'invention des diſpoſitions par Teſtament.

3. *Si les Teſtamens ſont antérieurs au déluge.*
4. *Du Teſtament de Noé.*

Partage de Cédrenus ſur le Teſtament du Patriarche Noé.

28. Si l'origine des Testamens doit être rapportée au Droit des Gens ou au Droit Civil.

29. Les Règlemens sur la forme des Testamens, la capacité active ou passive, & les autres conditions sont du Droit Civil.

30. Questions agitées sur les Testamens.

Si la faculté de tester peut être bornée.

Si l'on peut imposer des formalités qui ne soient pas du Droit des Gens.

LA manière de disposer par Testament est si ancienne, que, s'il falloit ajouter foi aux actes qui sont rapportés dans les livres, sous le titre de Testamens des Patriarches, Adam, notre premier Père, auroit usé de la faculté de tester; par où il faudroit faire remonter l'origine des Testamens presque aussi loin que la création de l'homme. 1. Ancienneté de la manière de disposer par testament.

Quoique Origene, & quelques autres Anciens ayent fait mention dans leurs écrits de ces Testamens des Patriarches, les Savans & les meilleurs Critiques * ont, avec raison, regardé ces actes comme supposés & apocriphes; mais cela n'empêche pas qu'on n'ait des preuves, que l'origine des Testamens est très ancienne, & que l'on ne puisse la rapporter aux premiers temps, où les descendans d'Adam ayant possédé leurs biens séparément, après en avoir fait la division entr'eux: ce qui arriva au temps d'Heber, père de Phaleg, comme il est rapporté dans la *Genese ch.* 10, *v.* 5, & 25, c'est-à-dire, vers l'an du monde 1757, & 2247 avant l'Ere vulgaire: ils ont été induits à inventer un genre de disposition propre à faire connoître leur volonté pour servir de règlement dans leur famille, & pour distribuer leurs biens, de la manière qu'ils trouveroient à propos, selon le degré de mérite de ceux qui seroient appellés par les loix de la nature pour les recueillir, ou pour les laisser à ceux auxquels l'amitié les porteroit à disposer en leur faveur. 2. Des Testamens des Patriarches, & des Auteurs qui en ont parlé. Le Livre des Testamens des Patriarches est apocriphe.

* *V. Calmet Diction. Hist. & Crit. de la Bible* verbo *Testament. Selden de Successio. in bona defunct. secundum disciplin. Hebr. cap.* 24.

Nous ne pouvons pas remontrer aux temps qui se sont écoulés avant le déluge, parce qu'il ne paroît que la Terre eût été partagée; il nous suffit de nous fixer à ce qui s'est passé depuis ce terrible événement. 3. Si les Testamens sont antérieurs au déluge.

Eusebe dans sa Chronique, & après lui *Cédrenus* dans ses Annales ou Histoires abrégées, p. 10 de l'édition de Basle de 1566, rapportent, que Noé, suivant l'ordre de Dieu, fit son testament, par lequel il partagea toute la terre à ses trois fils. Il donna tout l'Orient à Sem, l'Afrique entière à Cham, & à Japhet toute l'Europe avec les 4. Du Testament de Noé.

Isles, & les parties septentrionales de l'Asie. Ayant ainsi réglé leur partage, il en dressa un écrit, & après l'avoir récité à ses enfans il le scella, & le conserva jusqu'à ce que se sentant proche de sa fin, il le remit à Sem, le plus pieux de ses trois fils. Voici le passage de Cedrenus tel qu'on le trouve dans la version de Guillaume Xilander:

Passage de Cedrenus sur le Testament du Patriarche Noé.

Anno ab origine mundi bis millesimo quingentesimo-septuagesimo secundo, Noe annum ætatis agens nongentesimum-trigesimum, oraculo nimirùm divinitùs accepto, tribus suis filiis terram distribuit, hoc modo. Semo primogenito suo filio, annum ætatis 431 *agenti, dedit quidquid terræ in longum Perside & Bactris usque ad Indiam porrigtur, in latus ab India usque ad Rhinocoruva Ægypti, sive quæ ab ortu Solis sunt usque ad plagam meridionalem. Syriam nempe, &c. Chamo autem, secundo suo filio annum agenti* 427, *terram addixit, quæ Austro & Africo est exposita, & partem occidentis à Rhinocoruvis Ægypti Ethiopiam, &c. Japeto, tertio filio annum agenti* 425, *attribuit quidquid à Media ad septentrionem, & Solis occasum pertinet, usque ad Gades, Insulasque Britannicas, Armeniam, &c. Cum ad hunc modum divisisset scriptoque suam voluntatem testatus esset (ut perhibetur) id illis recitavit, atque post obsignatum penès se detinuit, usque ad annum* 2592, *quo vitam finivit. Moritur, & tribus suis filiis mandavit, ne quis eorum, fratris regionem invaderet, eumve injuriâ aliquâ afficeret, alioquin hoc eis discordiarum & bellorum intestinorum causam allaturum.* TESTAMENTUM *Semo quippe ætate ac pietate præstanti tradidit.*

5. L'Ecriture Sainte ne parle point de ce partage.

Quoique dans la Genese, ni dans aucun autre des Livres sacrés, il ne soit pas fait mention de ce partage, & qu'on ignore d'où ces Auteurs ont tiré ces particularités, comme le remarque Dom Calmet *dans son Commentaire sur la Genese*, *ch.* 10, *v.* 1, on voit néanmoins dans le Traité des Hérésies de Philastrius, Evêque de Bresse en Italie, qui vivoit dans le quatrième siècle, que l'on regardoit comme hérétiques ceux qui en doutoient.

6. L'Ecriture Sainte prouve que les Testamens étoient en usage avant la Loi de Moïse.

Quoiqu'il en soit, nous avons des Textes précis dans les Livres sacrés, qui nous indiquent que la manière de disposer par testament étoit en usage, long-temps avant la Loi de Moyse: ce qui peut faire croire, non-seulement que Noé usa de cette faculté, mais encore que ses prédécesseurs en avoient usé avant le déluge.

7. Abraham n'ayant point d'enfans, destine son

En effet, on voit dans le *chap.* 15, *v.* 2 & 3 *de la Genese*, qu'Abraham se voyant sans enfans, s'étoit proposé de faire son héritier le fils d'Eléazar, Intendant de sa maison, *Mihi autem non dedisti semen, & ecce Vernaculus meus hæres meus erit* ; ce qui ſuppoſe aſſez nettement l'uſage de faire Teſtament, par le moyen duquel Abraham ſe propoſoit de laiſſer ſa ſucceſſion au fils d'Eléazar, car le Teſtament a toujours été la manière la plus naturelle de faire paſſer les biens à des perſonnes étrangères, & qui n'étoient pas appellées à la ſucceſſion par les droits du ſang, & de la parenté.

héritage au fils d'Eléazar ſon Intendant.

8.

Preuve pour les diſpoſitions univerſelles, & pour les particulières.

Au chapitre 25, verſ. 5 & 6 du même livre, après que l'Hiſtorien ſacré a rapporté le mariage d'Abraham avec Cethura, & les deſcendans de ce mariage, il ajoute : *Deditque Abraham cuncta quæ poſſiderat Iſaac : filiis autem concubinarum largitus eſt munera.* Voilà une inſtitution d'héritier en faveur d'Iſaac, & des legs en faveur de ſes autres enfans. Tout cela déſigne bien clairement une diſpoſition teſtamentaire.

9.

Le Prophete Ezéchiel parle d'hérédité & de legs.

Il paroît encore quelque choſe de plus précis dans le Prophète Ezéchiel, chapitre 46, verſ. 17 & 18, qui parle du pouvoir que le Prince avoit de diſpoſer de ſes biens : *Si autem dederit legatum hæreditate ſua univerſorum ſuorum erit. Illius uſque ad annum remiſſinis, & revertetur ad principem : hæreditas autem ejus filiis ejus erit, & non accipiet princeps de hæreditate populi per violentiam & de poſſeſſione eorum ; ſed de poſſeſſione ſua hæreditatem dabit filiis ſuis.*

10.

Le mot *legatum* caractériſe la diſpoſition teſtamentaire.

Le mot *legatum* qui caractériſe proprement la diſpoſition teſtamentaire, indique d'une manière ſûre, la faculté de teſter, de même que la liberté accordée au Prince de laiſſer à titre d'hérédité à ſes enfans, non les biens de ſes Sujets, mais les ſiens propres, & d'en avantager les uns plus que les autres à ſa volonté.

11.

Les bénédictions qu'Iſaac donne à Jacob ſon fils, ſont des diſpoſitions teſtamentaires.

Ce que l'on lit dans les *chapitres 27, 48 & 49 de la Geneſe*, des bénédictions de Jacob par Iſaac, & par Jacob de ſes douze enfans, ne ſont-ce pas des véritables diſpoſitions teſtamentaires ? Iſaac aſſujettit Eſaü à ſon frère Jacob. Voilà un premier règlement de famille. Il diſpoſa en faveur de Jacob, de ſes poſſeſſions les plus fertiles. C'eſt le ſecond règlement, & la matière principale des Teſtamens ; & quoiqu'il fût vivement ſollicité par Eſaü de révoquer ſa diſpoſition, comme il pouvoit le faire, ſuivant la remarque des Interprètes ; il le refuſa néanmoins, parce qu'étant divinement éclairé, il connut que tout ce qui s'étoit paſſé étoit conforme à la volonté de Dieu.

12.

Diſtribution de biens faite par Jacob en faveur de ſes enfans.

Jacob règle pareillement la préférence entre ſes enfans, & leur diſtribue ſes biens; & quoique Joſeph ne fût pas l'aîné, il lui laiſſa néanmoins la double portion, qui étoit le lot & le partage de l'aîné. Cette diſpoſition s'exécuta non-

La double portion étoit la dot de l'aîné chez les Hébreux.

seulement par rapport aux biens que Jacob possédoit au temps de sa mort ; mais encore par rapport à la Terre promise : car après que Josué en eut fait la conquête, il en assigna une double portion aux descendans de Joseph ; c'est-à-dire, à ceux qui représentoient Manassé & Ephraïm ses enfans, comme on peut le voir dans le livre de *Josué*, *chap.* 14, *v.* 4, *chap.* 15, *& chap.* 16.

13. Si les Hébreux avoient une liberté indéfinie de disposer par testament.

Cependant, selon la remarque de *Joachim Stephani, de Jurisdictione, lib.* 1, *cap.* 10, *num.* 32, *& suivans*, cette liberté de tester parmi les Hébreux, n'étoit pas indéfinie. Ceux qui avoient des enfans ne pouvoient disposer à titre perpétuel des immeubles qu'en faveur de leurs enfans. Il leur étoit permis, à la vérité, de faire des legs à des étrangers ; mais les biens légués ne pouvoient être possédés par les Légataires étrangers ou leurs héritiers, que jusqu'à l'année du Jubilé, après quoi les biens devoient revenir aux héritiers des enfans du Testateur, ce qui est fondé sur le texte précis d'Ezéchiel, qui a été rapporté ci-dessus.

Les legs faits à des étrangers devoient revenir à la famille du Testateur à l'année du Jubilé.

14. Les pères pouvoient disposer en faveur de leurs enfans, comme ils jugeoient à propos.

Mais il étoit permis aux pères de disposer par testament en faveur de leurs enfans, de la manière qu'ils trouvoient à propos. *Nam fas esse, hæredes pro libitu ita instituere ex eis, qui ex lege cohæredes forent, ex illo Deuteronom. cap.* 21. *vers.* 16 ; *adveneritque dies quo divisurus est hæreditatem filiis suis ac si hæredem, modo ex filiis illis seu liberis sumpti sunt, institutio libera patri permitteretur*, dit *Selden de successión. in bonis Hæbreor.*; *cap.* 24.

15. Les Hébreux ne pouvoient pas tester de nuit.

Il est vrai que selon le même Auteur au lieu cité, les Hébreux ne pouvoient pas tester pendant la nuit, parce que l'institution d'héritier étoit regardée comme un acte judiciaire que leur Loi ne leur permettoit d'exercer que durant le jour.

16. L'établissement de l'usage des testamens chez les Hébreux, fait comprendre qu'il s'est établi chez les autres nations

Dès que nous voyons l'usage des Testamens introduit, reçu & établi chez les Hébreux, il n'est pas difficile de connoître de quelle manière le même usage s'est introduit, & établi parmi les autres Peuples.

17. Durant quel temps les Hébreux demeurerent en Egypte.

Nous apprenons de l'Ecriture Sainte que les Hébreux demeurerent en Egypte pendant cent dix ans, selon l'explication que certains Interprètes * ont donné au *chap.* 12, *v.* 40 *de l'Exode*, ou cent quinze ans selon d'autres *. Les Egyptiens ont appris des Hébreux à user de la faculté de tester & de disposer de leurs biens, s'ils ne l'avoient déja appris de leurs ancêtres descendans de Cham, qui l'avoit appris de Noé son père.

* *Grotius*, *Sacy*.

* *Calmet*.

18. Les Législa-

Comme les Egyptiens étoient les Peuples les mieux policés de toute ancienneté, lorsque les Grecs se firent des Loix après s'être rassemblés dans des Villes, ainsi que le rapporte *Plutarque dans la vie de Thésée*, leurs Législateurs qui avoient voyagé en Egypte, & conféré avec les Sages de ce Royaume, en emprunterent les principales Loix, & leurs usages les plus utiles. Aussi voit-on l'usage des Testamens reçu à Lacédémone, à Athènes & dans les autres Villes de la Grèce.

Teurs de la Grèce peuvent en avoir emprunté l'usage des Egyptiens.

19. Loix des Romains empruntées des Grecs.

On voit dans Tite-Live, & dans les autres Historiens Romains, que le Peuple de Rome, n'ayant point de Loix suffisantes pour les régler, envoyerent environ trois cens ans après la fondation de leur Ville, plusieurs Députés à Athènes, & que sur leurs mémoires la Loi des douze Tables, qui parle nommément des Testamens, fut dressée, reçue & autorisée par le Peuple Romain. On peut même conjecturer de ce que Tite-Live rapporte au liv. 1 de son Histoire, que Procas avoit légué le Royaume d'Albe à son fils Numitor, que l'usage des Testamens étoit reçu chez les Romains dès la fondation de Rome, & par conséquent avant la Loi des douze Tables.

Loi des douze Tables qui parle des testamens.

L'usage des testamens reçû avant la fondation de Rome.

20. De la faculté de tester suivant la Loi des douze Tables.

Les fragmens de cette Loi qui nous ont été conservés par plusieurs Savans, portent au §. 14 du titre *de jure privato : Pater familias, uti legassit super familia pecuniaque sua, ita jus esto.* Il en est encore fait mention dans la Loi 120, *ff. de verbor. signif.* & dans plusieurs autres textes du Droit Romain.

21. Les Romains devenus maîtres des trois parties du Monde, purent y introduire l'usage des testamens.

Comme les Romains devinrent dans la suite des temps les maîtres des trois parties du Monde connu, & qu'ils obligerent les Peuples vaincus à suivre la Loi du Vainqueur, l'usage des testamens auroit pû s'introduire presque dans tout l'Univers de cette manière, s'il n'y avoit été reçu auparavant. Aussi n'y a-t-il point de Nations policées, du nombre de celles où les Particuliers ont conservé la propriété des biens par eux possédés, qui n'aient reçu l'usage des testamens, & de disposer de leurs biens de cette manière : *Corvinus in enarratione codicis, tit. de testamentis. Apud enim omnes gentes semper in usu fuit testamenti factio*, comme dit *Vesembeck* dans ses Paratit. sur le digeste, titre *de testamentis & qui testam. fac. possunt, num.* 8. Les testamens ont été pareillement reçus dans les Gaules, comme le prouvent quelques anciens monumens qui nous restent, particulièrement les formules du Moine Marculphe, & ce que nous apprennent Grégoire de Tours dans son Histoire, & les Capitulaires de Charlemagne : mais on n'a pas une connoissance assez exacte du temps auquel ils furent introduits.

Usage des testamens reçu dans toutes les Nations.

Usage des testamens dans les Gaules.

22. Différence

Mais toutes les Nations n'ont pas usé du pouvoir de dis-

Parmi les Nations sur l'étendue du pouvoir de disposer. poser des biens avec la même étendue. Avant la Loi de Moyse les Hébreux qui n'avoient point d'enfans pouvoient faire testament & instituer un héritier étranger au préjudice des parens collatéraux, comme le remarque *Selden de success. in bon. Hæbreor. cap.* 24. Depuis la Loi de Moyse la faculté de tester étoit bornée à la distribution des biens ou à un simple droit d'élire un des parens du nombre de ceux qui auroient dû recueillir la succession *ab intestat*. Les enfans ne pouvoient pas être exhérédés, ils étoient même héritiers nécessaires de leur père, & ils ne pouvoient pas être reçus à s'abstenir de son hérédité : *Joachim Stephani de Jurisdictione, lib.* 1, *cap.* 10, *num.* 35 *& suivans*, ou comme dit *Selden* au lieu cité, *nemo potest alium instituere præter eum qui ex eis est, ad quos hæreditas jure communi spectat, nec hæreditatem ab hærede funditùs tollere nempè ad eum qui hæres omninò non est, transferre.*

Chez les Hébreux les enfans ne pouvoient pas être exhérédés.

Ils ne pouvoient pas s'abstenir de l'hérédité de leur père.

23. Des Lacédémoniens.

Les Lacédémoniens avoient la liberté d'instituer toutes sortes de personnes, même étrangères, au préjudice & sans faire mention de leurs enfans. *Joachim Stephani*, au lieu cité, *num.* 39. *Alexander ab Alexandro, Gen. dier. lib.* 6, *cap.* 10.

24. Des Athéniens.

Les Athéniens ne pouvoient pas tester en faveur des étrangers, quand ils avoient des enfans, de la conduite desquels ils n'avoient pas lieu de se plaindre ; mais ils avoient la liberté de retrancher leurs enfans désobéissans & réfractaires, du nombre de leurs successeurs, & les priver de tout droit de succéder, selon la remarque du même *Joachim Stephani, n.* 40, & d'*Alexander ab Alexandro*, au lieu cité, après *Demosthenes in orat. contr. Stephan.*

25. Des Romains. Droit ancien.

Chez les Romains * par leur ancien droit les enfans qui étoient en la puissance du Testateur, devoient être institués ou exhérédés ; mais ceux qui étoient émancipés étoient regardés comme étrangers, parce qu'ils n'avoient plus la capacité de succéder qui dépendoit du lien civil de la puissance paternelle, il en étoit de même des filles & des descendans par fille.

* *Instit. de exh. liber in princ.*

26. Du droit du Préteur chez les Romains.

Par le droit moyen * le Préteur accordoit aux enfans émancipés, aux filles & à leurs descendans le droit de demander la possession des biens, tout comme s'ils n'avoient pas été émancipés.

* *Emancipatos instit. eod.*

27. Du droit des Novelles de l'Empereur Justinien.

Mais par les droits des Novelles, non-seulement il est nécessaire que les enfans mâles ou femelles, émancipés ou non, soient institués *in re certâ*, mais encore ils ne peuvent être exhérédés, que pour quelqu'une des quatorze causes exprimées dans la *Novelle* 115 *de l'Empereur Justi-*

tien; autrement le testament est nul, quant à l'institution. Comme cette matière est d'un usage Journalier encore aujourd'hui, on l'Expliquera avec plus de détail dans le lieu qui lui est propre.

28. Si l'origine des testamens doit être rapportée au Droit des Gens ou au Droit Civil.

Des réflexions que nous avons faites ci-dessus, résulte la décision bien nette d'une grande question agitée par les Interprètes, & sur laquelle il s'est formé quatre opinions différentes. Si l'origine des Testamens doit être rapportée au Droit des Gens, ou au Droit Civil; car s'il est vrai, comme on ne peut pas le révoquer en doute, que l'usage de disposer par Testament ait été reçu, tandis que l'on n'avoit d'autre Loi, que celle de la nature, il n'est pas possible d'en attribuer l'origine au droit Civil. C'est aussi le sentiment des meilleurs Interprètes, & notamment de *Théophile sur le* §. 1. *aux instit. de jure natur. Gentium & Civili*, & de *Vesembeck*, au lieu ci-dessus cité, que le droit de faire Testament dérive du Droit des Gens.

29. Les Règlemens sur la forme des testamens, la capacité active ou passive, & les autres conditions sont du Droit Civil.

Mais on doit rapporter au Droit Civil les Règlemens qui ont été faits sur la forme, la solemnité des Testamens, la capacité active ou passive, & les autres conditions qui sont nécessaires pour rendre efficaces les dispositions testamentaires. Pour un plus grand éclaircissement de cette question fameuse, on peut voir ce qu'en a écrit *Vasquius de Successf.* §. 1, *in princ. & n.* 1, où les différentes opinions des Auteurs sont rapportées; *le Président Faber, de error. pragmat. decad.* 36, *error.* 2, & les autres Auteurs rapportés par *Gonsalez* sur le chap. *relatum* 11, *extrà de Testam.*

30. Questions agitées sur les testamens. Si la faculté de tester peut être bornée. Si l'on peut imposer des formalités qui ne soient pas du Droit des Gens.

Les Interprètes du Droit Civil examinent la question sur l'origine des Testamens, pour décider d'autres difficultés qu'ils agitent, & qui consistent à savoir, si l'on a pû faire des Loix pour borner la faculté de tester à certaines personnes, si l'on a pû l'interdire à d'autres, si l'on a pû exiger pour la validité des Testamens de plus grandes formalités que celles du Droit des Gens, & plusieurs autres semblables; mais on peut dire que cette discussion est indiscrete; car quoique l'origine des Testamens soit du Droit des Gens, rien n'empêche que ceux qui ont la puissance Législative n'aient pû faire les Règlemens qu'ils ont crû nécessaires sur la faculté de tester, & sur la forme des Testamens, parce que ces Réglemens n'ont pour objet que le bon gouvernement des Citoyens.

CHAPITRE II.

Définition, division, & différentes espèces des Testamens.

SOMMAIRE.

1. *Définition ou description du Testament.*
La volonté est la base du Testament.
Volonté dispositive & non simplement énonciative.
2. *La volonté doit avoir son principe dans l'esprit du Testateur, ou avoir été adoptée librement.*
Ne doit pas dépendre de l'arbitre d'autrui.
Sans dol, captation, suggestion.
Les prières ni les offices n'excluent pas la liberté de la volonté.
3. *La disposition doit être revêtue des formalités de Droit.*
L'exécution du Testament ne doit se faire qu'après la mort du Testateur.
Faculté de révoquer & changer les Testamens.
Après la mort le Testament est une Loi domestique.
4. Testamentum est testatio mentis.
La solemnité y est nécessaire.
5. *Auteurs qui ont critiqué la définition du Testament donnée par la Loi.*
Que cette critique est mal fondée.
6. *Deux sortes de Testamens pratiquées par les anciens Romains.*
Calatis comitiis.
In procinctu.
7. *Forme du Testament* calatis comitiis.
8. *La forme du Testament* in procinctu *est inconnue.*
9. *Abrogation de ces deux espèces de Testamens.*
Testamens per æs & libram *mis à leur place.*
10. *Inconvéniens des Testamens* per æs & libram.
Précautions pour obvier à ces inconvéniens.
11. *Nouvelle forme de Testament introduite par le Préteur.*
Sceau des Témoins au nombre de 7.
12. *Augmentation des formalités du Testament par les constitutions des Empereurs*
Signature du Testateur & des Témoins.
13. *Du Testament nuncupatif introduit par les Empereurs.*
14. *Du Testament Militaire.*
15. *Deux sortes de Testamens paganiques, retenues par le dernier usage des Romains.*
Testament écrit ou solemnel.
Testament nuncupatif.

LE Jurisconsulte Modestinus rapporte dans la Loi 1, *ff. qui testam. fac. poss.* une définition ou du moins une description très-exacte du Testament. *Testamentum est voluntatis nostræ justa sententia, de eo quod quis post mortem suam fieri velit.* Voilà pourquoi on ne peut pas tester par le ministère d'autrui, ni par Procureur, comme l'observe fort bien *Benedicti*, sur le chapitre *Rainutius verbo condit.* 1, *num.* 1. Le mot *voluntatis* indique que la volonté du Testateur doit être la base & le fondement de la disposition ; & qu'il faut qu'elle soit conçue non en termes simplement énonciatifs ; mais en termes dispositifs, *in testamento pagani.* C'est ainsi que l'ont pensé les anciens Jurisconsultes avant *Justinien*, comme le prouve *l'Epître* 10, *du livre* 4 *de Pline le jeune*; *la Loi* 72, §. *dernier*, *de condit. & demonstrat.* & la Loi 7, *cod. de testam. milit.* le décident de même. 1. Définition ou description du Testament. La volonté est la base du testament. Volonté dispositive & non simplement énonciative.

Le mot *nostræ* indique que la volonté doit avoir son principe dans l'esprit du Testateur ou avoir été adoptée librement, quand on lui en a fait naître l'idée ; que c'est lui qui doit ordonner ; elle ne doit donc pas dépendre de l'arbitre d'autrui, *L.* 32, *ff. de hæred. instit.* ni être extorquée par crainte ou violence. *L.* 1, *cod. si quis aliq. testar. prohib.* ni être surprise par dol, fraude, & par des suggestions artificieuses, *vel novercalibus delinimentis*, *L.* 4, *ff. de inoff. testam.* ce qui n'exclut pourtant pas les prières ni les bons offices dans la vue de mériter la libéralité. *Leg. ult. cod. si quis aliq. testar. prohib. & leg.* 70. *ff. de hæred. instit.* 2. La volonté doit avoir son principe dans l'esprit du Testateur, ou avoir été adoptée librement. Ne doit pas dépendre de l'arbitre d'autrui.

Les paroles *justa sententia*, donnent à entendre que la disposition doit être revêtue des formalités de Droit pour être valable, *L.* 1, *ff. de injusto rupto*, parce que ce n'est que sous cette condition que la Loi permet la disposition, comme nous le montrerons dans la section I. de ce chapitre, nombre 2, & dans le chapitre 7, nombre 3 & suiv. & les mots *de eo quod quis post mortem suam fieri velit*, nous apprennent que le Testament n'est fait que pour être exécuté après la mort du Testateur, & qu'il a la liberté de le changer pendant sa vie & jusqu'au dernier soupir, *L.* 4, *de adimendis Leg. ubi enim testamentum est, mors necesse est intercedat Testatoris. Testamentum enim in mortuis confirmatum est alioqui nondum valet dum vivit qui testatus est*, 3. La disposition doit être revêtue des formalités de Droit. L'exécution du testament ne doit se faire qu'après la mort du Testateur. Faculté de révoquer & changer les testamens.

ſelon les expreſſions de Saint Paul dans ſon Epître aux Hébreux, chap. 9, verſ. 16 & 17. Mais après la mort du Teſtateur, le Teſtament eſt regardé comme une Loi domeſtique. *Diſponat Teſtator & erit lex. Novell.* 22, *cap.* 2 : ou ſelon les paroles de la Loi 1, *cod. de Sacro Sanctis Eccleſ. nihil eſt quod magis hominibus debeatur, quam ut ſupremæ voluntatis poſtquam jam aliud velle non poſſunt, liber ſit ſtylus & licitum, quod iterum non redit arbitrium.*

Après la mort le teſtament eſt une loi domeſtique.

4. *Teſtamentum eſt teſtatio mentis.*

L'Empereur Juſtinien nous fait obſerver dans ſes *Inſtitutes, tit. de teſtam. ordin. in principio*, que le Teſtament eſt ainſi appellé, parce qu'il eſt une eſpèce de témoignage de notre volonté. *Teſtamentum ex eo appellatur quod teſtatio mentis ſit.* Et le Juriſconſulte Ulpien dans ſes Fragmens, *tit.* 20, *in principio*, dit : *teſtamentum eſt mentis noſtræ juſta conteſtatio in id ſolemniter factum, ut poſt mortem noſtram valeat.*

La ſolemnité y eſt néceſſaire.

5. Auteurs qui ont critiqué la définition du teſtament donnée par la Loi.

Que cette critique eſt mal fondée.

Quelques Interprètes, & entr'autres *Accurſe*, ont prétendu que la définition du Teſtament rapportée dans la Loi 1, *ff. qui teſtam. fac. poſſ.* n'étoit pas exacte, ſous prétexte qu'il n'y eſt pas fait mention de l'inſtitution de l'héritier, qui eſt la baſe & le fondement du Teſtament ; mais cette critique ne paroît pas fondée ; car on ne doit pas faire entrer dans la définition d'une choſe les formalités qui ſont néceſſaires pour la faire valoir ; il eſt vrai que l'inſtitution d'héritier eſt eſſentielle ; mais la volonté n'a pas moins pour objet les libéralités particulières que les inſtitutions générales, & d'ailleurs, les termes *de eo quod quis poſt mortem ſuam fieri velit*, comprennent toutes ſortes de diſpoſitions générales, particulières, conditions, charges, modes, & autres, que le Teſtateur ordonne pour être exécutées après ſa mort.

6. Deux ſortes de teſtamens pratiqués par les anciens Romains.

L'Empereur Juſtinien dans ſes Inſtitutes *de teſtam. ordin.* §. 1, nous apprend que les anciens Romains pratiquoient deux ſortes de Teſtamens : l'un étoit en uſage durant la paix, c'étoit par ce genre de Teſtament que ceux qu'ils appelloient *Pagani* diſpoſoient de leurs biens ; & l'autre étoit propre aux Soldats. *Olim quidem duo genera teſtamentorum in uſu fuiſſe, quorum altero in pace & otio utebantur, quod calatis comitiis appellabant. Altero cum in prælium exituri eſſent quod procinctum dicebatur.*

Calatis comitiis.
In procinctu.

7. Forme du teſtament *Calatis comitiis.*

La forme du Teſtament qui ſe faiſoit *calatis comitiis* eſt expliquée par Théophile, ancien Interprète des Inſtitutes ſur le §. 1, *de teſtam. ordin.* en ces termes : *Teſtamentum calatis comitiis tempore pacis fiebat bis in anno hunc in modum. Præco univerſam circumbat civitatem conclamans, & totus populus congregabatur, & ita qui volebat teſte populo teſtamentum ſcribebat*, & le Teſtateur prioit les Romains qui aſſiſtoient à ſon Teſtament de l'approuver & d'en maintenir l'exécution, comme l'ont remarqué quelques Interprètes.

8. La forme du teſtament *in procinctu* eſt inconnue.

La forme du Teſtament *in procinctu*, comme parlent *Ulpien dans ſes Fragmens, tit.* 20, §. 1, *& A. Gellius noct. attic. lib.* 15, *c.* 27, eſt entièrement ignorée; auſſi n'eſt-ce pas une choſe fort importante; tout ce que nous en ſavons, eſt que le Teſtateur déclaroit ſa volonté en préſence des autres ſoldats.

9. Abrogation de ces deux eſpèces de teſtamens.

Tandis que ces deux eſpèces de Teſtament étoient en uſage, il arrivoit ſouvent que l'on mouroit *ab inteſtat*, ſoit à cauſe des maladies dont on étoit attaqué, qui empêchoient qu'on ne pût ſe préſenter devant le Peuple, ſoit parce que les aſſemblées ne ſe faiſoient que deux fois l'an, ſoit enfin parce qu'en temps de paix le Teſtament *in procinctu* ne pouvoit pas être pratiqué. Voilà pourquoi ces deux ſortes de Teſtamens ceſſerent d'être en uſage, & l'on en introduiſit une autre à ſa place, que l'on appella *per æs & libram*, dont la forme eſt expliquée par le Juriſconſulte *Ulpien* dans ſes Fragmens, tit. 20, §. 1, & par l'Empereur *Juſtinien*, *au* §. 1, *inſtit. de teſtam. ordin. Acceſſit deinde tertium genus teſtamentorum, quod dicebatur per æs & libram, ſcilicet quod per emancipationem, id eſt imaginariam quandam venditionem agebatur, quinque teſtibus, & libripende, civibus Romanis, puberibus præſentibus, & eo qui emptor familiæ dicebatur*; & ſelon la remarque de *Théophile*, lorſque le Teſtateur vouloit faire des diſpoſitions particulières en faveur de quelque perſonne, autre que celui qui étoit l'Acheteur de l'hérédité, & par conſéquent l'héritier, il en étoit dreſſé un écrit, qui contenoit tout ce que le Teſtateur ordonnoit pour être exécuté après ſa mort.

Teſtament *per æs & libram* mis à leur place. Forme de ce teſtament.

10. Inconvéniens du teſtament *per æs & libram*. Précautions pour obvier à ces inconvéniens.

Ayant découvert dans cette eſpèce de Teſtament, des inconvéniens conſidérables, & notamment en ce que les Acheteurs de l'hérédité qui étoient aſſurés de la ſucceſſion, entreprenoient ſouvent ſur la vie des Teſtateurs, on prit la précaution de faire acheter la ſucceſſion au nom d'une tierce perſonne; mais par un écrit ſéparé le Teſtateur prenoit le ſoin de déſigner la perſonne de celui qui devoit lui ſuccéder, ſelon l'obſervation de *Théophile*, qui, au rapport de pluſieurs Auteurs, eſt le même que celui auquel l'Empereur Juſtinien confia le ſoin de rédiger les Inſtitutes du Droit Civil, ainſi qu'il eſt expliqué dans le §. 3. *aux inſtit. in poemio.*

11. Nouvelle forme de teſtament intro-

Dans la ſuite le Préteur introduiſit une autre eſpèce de Teſtament, qui comme les précédens étoit rédigé par écrit, la vente imaginaire de l'hérédité ne fut plus néceſ-

duite par le Préteur.

ſaire ; mais il ſuffiſoit que le Teſtament fut revêtu du ſceau de ſept Témoins, formalité qui n'étoit point requiſe par le Droit Civil, §. 2, *inſtit. de teſtam. ordin.* Mais peut-on mêler quelqu'autre acte au contrat, qui ſoit étranger au teſtament ? Le contrat entre-vifs, tel que ſeroit une vente, une donation, ou autre ſemblable, pourroit-il être fait dans le teſtament ? Ce mélange rendroit-il le teſtament nul ? Ou le contrat devroit-il être irrévocable, ou valoir ſimplement *in vim relicti* ? Nous avons traité ces queſtions au tome 4, chapitre 11, nombre 48.

Sceau des Témoins au nombre de ſept.

12. Augmentation des formalités du teſtament par les conſtitutions des Empereurs.

Signature du teſtament & des Témoins.

Poſtérieurement les conſtitutions des Empereurs donnerent plus de ſolemnité au Teſtament écrit qui avoit été introduit par l'Edit du Préteur, & il fut ordonné qu'outre les ſceaux des ſept Témoins qui devoient aſſiſter au Teſtament, il ſeroit encore ſouſcrit & ſigné par le Teſtateur & par les Témoins en préſence du Teſtateur, & ſans divertir à aucun autre acte ce qui eſt exprimé par les paroles *uno contextu*, §. 3, *inſtit. de teſtam. ordin.*

13. Du teſtament nuncupatif introduit par les Empereurs.

Enfin, les Empereurs introduiſirent une autre eſpèce de Teſtament appellé *nuncupatif*. Il n'étoit pas néceſſaire de le rédiger par écrit, mais il ſuffiſoit que le Teſtateur déclarât ſa volonté en préſence de ſept Témoins convoqués pour cela. *L. hac conſultiſſima* 21, §. 2, *& L.* 26, *cod. de Teſtam. &* §. 7, *ſed & quidem* 14, *inſtit. de teſtam. ordin. Si quis*, dit ce dernier texte, *ſine ſcriptis voluerit ordinare jure civili teſtamentum, ſeptem teſtibus adhibitis, & ſua voluntate coram eis nuncupata, ſciat hoc perfectiſſimum teſtamentum jure civili, firmumque conſtitutum.*

14. Du teſtament militaire.

On introduiſit encore le Teſtament Militaire en faveur des Soldats. La forme en eſt preſcrite dans le reſcrit de l'Empereur Trajan, rapporté aux *Inſtit. de Militari teſtam.* §. 1, & dans les Loix 1 & 24, *ff. de teſtam. Milit.*

15. Deux ſortes de teſtamens paganiques retenus par le dernier uſage des Romains.

Teſtament écrit ou ſolemnel.

Teſtament nuncupatif.

Troiſième eſpèce de teſtament militaire.

On voit par le détail que nous venons de faire, que par l'uſage du Droit Romain nouveau, il n'y a proprement que deux ſortes de Teſtamens paganiques, ſavoir, le Teſtament écrit ou ſolemnel, & le Teſtament nuncupatif ; & une troiſième, c'eſt-à-dire, le Teſtament Militaire, les autres ayant été abrogées par l'uſage, j'entends parler de ceux qui étoient faits *calatis comitiis*, *in procinctu*, *per æs & libram*, & de celui qui avoit été introduit par l'Edit du Préteur, ou par le Droit honoraire ; car il y a huit autres manières de diſpoſer par Teſtament, qui étoient autoriſées par le Droit Romain nouveau ; mais les meilleurs Auteurs n'en ont pas fait des eſpèces différentes ou particulières ; les Loix ſe ſont ſeulement relâchées ſur partie des formalités à l'égard de certains, & les ont augmentées à l'égard des autres. Tels ſont les Teſtamens *inter liberos*; celui qui étoit fait devant le Prince, *principi oblatum*; celui qui étoit fait devant le Magistrat *apud acta*, celui qui étoit fait aux champs; le Testament en faveur des successeurs *ab intestat*; celui qui étoit fait en temps de peste; le Testament des aveugles, & celui des personnes qui sont sourdes & muettes par accident. On ne comprend pas dans ce nombre le Testament en faveur de la cause pie, parce que le Droit Romain n'avoit rien statué de particulier à cet égard; le privilège de la cause pie n'ayant été introduit que par les Interprètes sur le fondement du Droit Canonique, ils avoient même porté le privilège au-delà des bornes marquées par les textes Canoniques.

Enumération de ces huit sortes de testamens.

Du testament en faveur de la cause pie.

SECTION PREMIERE.

Différentes espèces des Testamens suivant le Droit Romain nouveau, & de leurs formalités.

SOMMAIRE.

1. *Quelle est la matière de cette Section.*
De quoi il est traité dans la Section III. de ce chapitre.
2. *Les formalités des Testamens sont comme des conditions attachées à la faculté de tester.*
3. *Testament solemnel.*
L'omission de la moindre solemnité l'annulle.
4. *L'écriture est de l'essence de ce Testament.*
De quelle main cette écriture peut être faite.
S'il faut qu'il paroisse que le Testateur a dicté ses dispositions.
Les Loix défendent de tester par Procureur ou par le ministère d'autrui.
Lorsque le Testateur écrivoit le Testament, il n'avoit pas besoin de le signer.
S'il falloit faire mention de la Lecture.
5. *Le Testament peut être écrit par autre, soit homme ou femme.*
L'Ecrivain peut être libre ou esclave.
Le Testament peut être écrit sur du papier ou du parchemin ou autre matière.
6. *La confirmation ou authenticité de l'Ecriture, consiste en quatre choses.*
Assistance des Témoins.
Quels sont ceux qui ne peuvent être témoins.
Témoins doivent signer.
Un seul Témoin qui manque ou qui n'est pas capable annulle le Testament.
7. *Les Témoins doivent être requis & priés.*
Assister volontairement & non par force.
Aujourd'hui il n'est pas nécessaire que les Témoins

soient priés.
8. *De l'acte de suscription suivant le Droit Romain.*
Addition du huitième Témoin quand le Testateur ne signe pas.
Si le Testateur qui avoit écrit le corps du Testament avoit besoin de signer la partie intérieure ou l'extérieure.
9. *Le nom de l'héritier devoit être écrit de la main du Testateur.*
10. *De la signature des Témoins & de l'apposition des sceaux.*
Si en apposant le seing on devoit exprimer le nom du Testateur.
Cette formule n'est plus en usage.
Pourquoi ?
11. *Retranchement des seings & des sceaux par la Novelle de l'Empereur Leon.*
Usage des sceaux abrogé.
Nécessité du seing.
Il étoit indifférent que les Témoins scelassent le Testament avec leur cachet ou celui d'un autre.
12. *Testament devoit être fait* uno contextu.
Quid *si un Témoin sortoit pour quelque nécessité.*
Le Testateur pouvoit écrire ou faire écrire le testament en un temps, & faire mettre la suscription en un autre.
Cela n'est point changé.
13. *Toutes ces formalités étoient essentielles.*
Testament solemnel nul ne vaut comme nuncupatif.
Exception.
14. *Le Testament est bon quoique les Témoins en ignorent le contenu.*
Aujourd'hui ce n'est pas par le Droit Romain, mais par la nouvelle Ordonnance que les formalités du testament solemnel doivent être réglées.
15. *Testament nuncupatif.*
L'écriture n'y étoit point requise ni la signature des Témoins.
16. *Forme du Testament nuncupatif.*
17. *Toute autre formalité & solemnité des paroles est retranchée.*
S'il faut que le Testateur déclare qu'il veut tester sans écriture.
18. *La déclaration de la volonté doit être faite* palam.
19. *De la qualité des Témoins aux testamens nuncupatifs.*
S'ils doivent être priés selon le Droit Romain.
20. *La déclaration de la volonté doit être faite* uno contextu.
Le Testament est nul si le Testateur déclare une partie de sa volonté en un temps, & une partie en un autre.
Quid *si le Testament est recommencé & fini.*
21. *Le Testament nuncupatif sans écriture étoit bon.*
Preuve pour la résumption des Témoins.
Changement fait par la nouvelle Ordonnance.
22. *Si le Testament seroit nul où le Testateur diroit qu'il fait héritier celui qui est écrit dans un tel papier.*

Quid

1. Quelle est la matière de cette section. Qu'est-ce qui doit être traité dans la Sect. III. de ce chapitre.

NOUS nous contenterons de rapporter dans cet endroit les formalités que le Droit Romain exige pour la validité de chacun des testamens dont nous avons parlé; nous parlerons dans la Section III. de ce Chapitre, des testamens dont l'usage a été introduit ou retenu par les Ordonnances du Royaume.

2. Les formalités des testamens sont comme des conditions attachées à la faculté de tester.

Selon la judicieuse remarque d'un Auteur moderne, la Loi, en permettant l'usage des testamens, a élevé la volonté de l'homme au-dessus des établissemens qu'elle avoit faits pour régler la forme des successions légitimes, en lui donnant la liberté de disposer de ses biens jusqu'au dernier moment de sa vie, suivant ses différentes inclinations, & d'y appeller les étrangers, même préférablement aux proches parens. Elle a voulu lui laisser, par ce moyen, le pouvoir de tenir dans la soumission ceux, qui par l'ordre du sang, sont appellés à sa succession, & de s'acquérir les cœurs des autres qui n'y pouvoient rien prétendre, & néanmoins les Loix n'ont pas voulu entièrement abandonner leur empire; car en se montrant indulgentes en un point aux volontés des hommes; en leur donnant une espèce de puissance législative, & la faculté de déroger à la Loi publique sur les successions *ab intestat*, elles ont voulu les tenir assujettis en un autre point, en prescrivant des bornes à cette puissance, & en leur imposant des conditions & des formalités auxquelles elles les ont indispensablement attachés. De-là ont pris leur origine toutes les solemnités que les Loix ont prescrites, desquelles elles veulent que les testamens soient revêtus, à peine de nullité; & dont les Testateurs ne peuvent se dispenser, en y dérogeant ou autrement, *L.* 55, *ff. de Leg.* 1, d'autant qu'elles sont introduites pour un bien public, plutôt qu'en leur faveur particulière.

3. Testament solemnel. L'omission de la moindre solemnité l'annulle.

A commencer par le testament solemnel, la Loi exige deux choses. 1°. L'écriture. 2°. La confirmation de cette écriture, & pour cela elle a introduit plusieurs formalités qui sont toutes essentielles; si bien que l'omission de la moindre suffit pour annuller le testament.

4. L'écriture est de l'essence de ce Testament. De quelle main cette écriture peut être faite.

L'écriture est de l'essence de ce testament, *l. hac consultissima* 21 *in princ.* & §. 1, *cod. de testam.* cette écriture peut être faite de la main du Testateur ou de quelqu'autre personne, *l.* 21; mais il faut qu'il paroisse que le Testateur en a dicté le contenu, *Leg.* 2, §. *si consulto* 7, *ff. de bonor. poss. sect. tab. Leg.* 28, *ff. qui testam. fac. poss. l.* 21. *versic. in omnibus*, & la Novelle de Theodose & de Valentinien *de testamentis*, d'où ce dernier texte a été tiré, ou du moins il est nécessaire qu'il n'y ait point de preuve, ni de circonstance qui puisse faire

S'il faut qu'il paroisse que le Testateur a dicté ses dispositions.

présumer que le Testateur n'a pas dicté sa volonté à l'Ecrivain; car se seroit alors, non la volonté du Testateur, de laquelle dépend la force & l'efficace du testament, mais celle de l'Ecrivain, *quemadmodum non potest* (*petere bonorum possessionem secundum tabulas*) *qui hæres scriptus est, non consulto testatore*, dit la Loi 2, §. 7, *ff. de bonor. possess. secund. tab.* & ce seroit en quelque façon tester par

Les Loix défendent de tester par Procureur ou par le ministère d'autrui.

Procureur, ce que les Loix ne permettent pas, puisqu'elles n'ont aucun égard aux dispositions qui dépendent de la volonté d'autrui, *l.* 32. *ff. de hæred. instit.* Si le Testateur avoit écrit lui-même le Testament, Il n'avoit pas besoin de signer la partie intérieure, mais il devoit la

Lorsque le Testateur écrivoit le Testament il n'avoit pas besoin de le signer.

signer si un autre l'avoit écrit; c'est ainsi que l'usage avoit interprété avant l'Ordonnance de 1735, la Loi 21, *cod. de testam.* quoiqu'elle ne parle de la signature du Testateur que par rapport à la partie extérieure du Testament: mais il n'étoit pas nécessaire que le tes-

S'il falloit faire mention de la lecture.

tament fit mention ni dans la partie intérieure, ni dans l'extérieure, que le Testateur l'avoit lu, la Loi n'exigeant pas cette formalité, qui doit être présumée dès que le contraire n'est pas justifié, comme le remarque Mc. *Clau-*

de Henris, tom. 1, liv. 1, quest. 73, de la nouvelle édition.

Peu importe que l'Ecrivain soit mâle ou femelle; car la Loi n'exclut pas les femmes de la liberté de prêter leur ministère pour écrire les Testamens d'autrui. La Loi 6, §. 3, & la Loi 15, §. 5, *ff. de Leg. Cornel. de falsis*, prouvent au-contraire, que les femmes avoient cette liberté. Il n'importe pas non plus, que l'Ecrivain soit libre ou esclave même d'autrui, pourvu que l'esclave ait fait l'écrit *jussu testatoris*, *l.* 28, *ff. qui testam. fac. poss.* Enfin il est indifférent que le testament soit écrit sur du papier ou sur du parchemin ou sur quelqu'autre matière, §. *nihil* 12, *instit. de testam. ordin.* Voilà pour ce qui concerne l'Ecriture.

5. Le Testament peut être écrit par autre soit homme ou femme.

L'Ecrivain peut être libre ou esclave.

A l'égard de la confirmation ou de l'authenticité de l'écriture, elle consiste en quatre choses essentielles.

6. La confirmation ou authenticité de l'écriture consiste en quatre choses.

1°. En l'assistance de sept témoins, qui doivent être Citoyens Romains mâles, & pubères, *l. hac consultissima* 21, *cod. de testam. & integri status*; car ni les femmes, ni les esclaves, ni les impubères, ni les furieux ou imbeciles, ni ceux à qui l'administration de leurs biens a été interdite, ni le sourd, ni le muet, ni ceux qui ont été repris, & condamnés par Justice, & qui ont encouru quelque note d'infamie, ne peuvent pas être témoins aux testamens, §. *testes* 6, *instit. de testam. ordin.* ces témoins doivent encore savoir écrire, parce qu'ils doivent signer le testament, *l.* 21, & *l.* 12, *cod. de testam.* que si un seul du nombre de sept témoins manque, ou s'il n'est pas de la qualité requise, le testament est nul, *l.* 12, *cod. de testam.*

Assistance de sept témoins.

Quels sont ceux qui ne peuvent être témoins.

Témoins doivent signer.

Il falloit de plus que les témoins fussent requis & priés pour assister à la faction du Testament, *l.* 21. *cod. de testam.* & *l.* 21, §. *in testamentis* 2, *ff. qui testam. fac. poss.* comme aussi qu'ils assistassent volontairement, & qu'ils ne fussent pas retenus par force, *l.* 20, §. *ult. ff. de testam.* *L'art.* 6 *de l'Ordon. de* 1735, dispense de la nécessité de prier les témoins, mais il ne change rien par rapport à l'assistance volontaire.

7. Les témoins devoient être requis & priés.

Assister volontairement & non par force.

2°. Que le Testateur présentât aux témoins l'écrit plié ou enveloppé, & qu'il leur déclarât qu'il contenoit son Testament, qu'il en fut dressé un acte écrit sur la partie extérieure du Testament, que le Testateur le signât s'il savoit écrire, sinon qu'il ajoutât un huitième témoin qui signât au nom du Testateur, qu'ensuite le Testateur présentât l'écrit aux témoins pour y apposer leurs sceaux & leurs seings, *l. hac consultissima* 21, *cod. de testam.* §. 1, & §. 3, *instit. de testam. ordin.* que si le Testateur avoit écrit lui-même le corps du Testament, il n'étoit pas nécessaire qu'il signât la partie extérieure, tout com-

8. De l'acte de suscription suivant le Droit romain.

Addition d'un huitième témoin quand le Testateur ne signoit pas.

Si le Testateur qui avoit écrit le corps du Testament

avoit besoin de signer la partie intérieure ou l'extérieure. me s'il n'avoit pas besoin de signer dans l'intérieur, ni d'appeller un huitième témoin pour signer à son nom, *l.* 28, §. 1. *cod. de testam.* La nouvelle Ordonnance n'a presque rien changé à cette forme.

9. Si le nom de l'héritier devoit être écrit de la main du Testateur. L'Empereur Justinien avoit encore introduit une formalité qui devoit être employée par le Testateur, elle consistoit en ce que le nom de l'héritier devoit être écrit de la propre main du Testateur, *l. Jubemus* 29, *cod. de testam. ordin.* mais il la retrancha dans la suite par la *Novelle* 119, *cap.* 9, dont le précis est rapporté dans *l'Auth. & non observato*, *cod. de testam.*

10. De la signature des témoins & de l'apposition des sceaux. 3°. Les sept témoins devoient tous en la présence & à la vue du Testateur, signer de leur main la partie extérieure du Testament, & y apposer chacun son sceau, *l.* 12, *leg.* 21. *in princ. cod. de testam.* §. 3, *instit. de testam. ordin.* & il ne suffisoit pas d'y apposer le sceau, si en même temps chaque témoin n'y apposoit son seing, *Leg.* 22. §. 4, *ff. qui testam. fac. poss.* la Loi 30, *ff. eod.* exige encore que chaque témoin, en apposant son seing, exprime en même-temps le nom de celui dont il souscrit le Testament, *singulos testes qui in testamento adhibentur proprio Chirographo adnotare convenit, quis, ac cujus testamentum signaverit.* La formule étoit *ego Lucius Titius Caii testamentum signavi*; mais cette formule n'est plus pratiquée, le témoin ne fait qu'apposer simplement son seing au bas de l'acte de suscription; parce que cet acte fait mention du nom du Testateur, & de celui des Témoins en présence desquels le Testament est souscrit, ce qui supplée suffisamment au formulaire prescrit par la Loi.

Si en apposant le seing on devoit exprimer le nom du Testateur.

Cette formule n'est plus en usage. Pourquoi.

11. Retranchement des seings & des sceaux par la Novelle de l'Empereur Leon. La Novelle 42. de l'Empereur Léon avoit retranché la formalité des seings & des sceaux des témoins. On a suivi en France la disposition de cette Novelle par rapport aux sceaux dont l'usage est abrogé par la Jurisprudence de toutes les Cours supérieures du Royaume; pour ce qui est de la signature, on a vu depuis 150 ans des usages différens dans les Cours supérieures. Les unes exigeoient la signature, les autres ne l'exigeoient qu'autant qu'elle étoit prescrite par les Ordonnances d'Orléans & de Blois. Pour connoître si cette signature étoit nécessaire, il faut développer un point important de notre Histoire, dont je n'ai vu qu'aucun Auteur ait fait l'application aux Testamens. Le Droit Romain exigeoit la signature des témoins non-seulement dans les Testamens, comme les textes ci-dessus cités le montrent, mais encore dans les autres actes & contrats. La Novelle 73 de l'Empereur Justinien, & quelques autres textes en fournissent une preuve incontestable: cependant l'usage de la signature des témoins n'étoit point reçu en France par une

Usage des sceaux abrogé.

Nécessité du seing.

Coutume qui remonte à l'onzième siècle, comme le remarque *le Pere Mabillon* dans son savant Traité *de re diplomatica*, *l.* 2, *cap.* 22, *n.* 6, & c'est ce qui a été encore remarqué par *M. Pasquier dans ses recherches de la France*, *liv.* 4, *ch.* 13; par *Loiseau*, *des Offices*, *liv.* 2, *chap.* 4, *n.* 15, & plusieurs autres. Cette Coutume s'étendit même jusqu'à la signature des Parties & du Notaire, & l'on ne trouve dans les Actes anciens qu'un simple monograme ou sceau à la place du seing du Notaire. Cette Coutume qui s'observa pendant plus de cinq siècles, avoit donc abrogé l'usage du seing manuel dans les Contrats & Testamens. Nos Rois s'étant apperçus que cette coutume avoit des inconvéniens, y remédierent insensiblement, comme nous l'allons expliquer. Premièrement, François Premier par son *Ordonnance de* 1539, *art.* 173, 174 *&* 175, enjoignit aux Notaires de faire des Registres & Protocoles des Actes & Testamens qu'ils recevroient, & de signer ces Actes & Testamens. Charles IX. dans *l'art.* 84, *de l'Ordonnance d'Orléans* de l'année 1560, enjoignit aux Notaires & Tabellions de faire signer aux Parties & aux Témoins instrumentaires, s'ils savoient signer, tous actes & contrats qu'ils recevroient, à peine de nullité, & s'ils ne savoient ou ne pouvoient signer, de faire mention de la cause du défaut de signature; *l'art.* 165 *de l'Ordon. de Blois* de l'année 1579 ordonne la même chose, & parle nommément des Testamens. *L'art.* 166 *de la même Ordonnance*, veut encore que dans les Pays où il avoit été permis jusqu'alors à un Notaire de recevoir des Actes & Testamens avec deux témoins, ledit Notaire, s'il est dans une Ville ou gros Bourg, où vraisemblablement on puisse avoir des témoins qui sachent signer, & en cas que la Partie qui s'oblige ne puisse signer, soit tenu d'appeller pour le moins un témoin qui sache signer, lequel signera avec lui la minute. Depuis par la Déclaration du Roi du 19 Novembre 1681, à l'occasion des faussetés qui se commettoient dans le Gevaudan, il fut ordonné que lorsque la Partie contractante ne sauroit pas signer, le Notaire seroit tenu d'appeller deux témoins au moins qui sussent signer, & les faire actuellement signer auxdits actes à peine de nullité. La nécessité de la signature des témoins ayant donc été abrogée en France par une Coutume qui a été observée pendant plus de cinq siècles, il est clair que le défaut de cette signature n'a pû ni dû être considéré comme une nullité des Testamens, qu'autant qu'elle a été introduite par les Ordonnances d'Orléans & de Blois, & en la forme que ces Ordonnances l'avoient exigé, & non autrement. Le Parlement de Bordeaux s'étoit maintenu dans cet usage, & ne requéroit la signature des témoins que de la manière que les Ordonnances le prescrivoient ; j'en ai vu une attestation de vingt-trois Avocats de ce Parlement de l'année 1743 ; mais aujourd'hui l'Ordonnance de 1735 exige la signature de tous les témoins testamentaires lorsque les Testamens sont faits dans une Ville, ou Bourg fermé ; que s'ils sont faits à la Campagne ou dans des Villages, il suffit que parmi le nombre des témoins requis il y en ait deux qui signent actuellement ; on peut voir les articles 5, 12 & 45. Cependant cette Ordonnance ne doit être exécutée que depuis la publication, & les Testamens antérieurs où l'on a observé la formalité prescrite par les Ordonnances d'Orléans & de Blois, doivent être considérés comme valables. Mais dans le ressort du Parlement de Toulouse, il est nécessaire qu'il y ait au moins deux témoins qui ayent signé, lorsque le Testateur ne sait ou ne peut signer, suivant la Déclaration du 19 Novembre 1681, qui prescrit cette formalité pour la validité des actes publics. Il nous paroît d'autant plus indubitable qu'il suffit de la signature des témoins requise par les Ordonnances dans les Testamens antérieurs à l'Ordonnance de 1735, qu'indépendamment de la raison que nous avons expliquée, il y en a encore une autre également décisive. Elle est prise de ce que chez les Romains les Testamens solemnels étoient reçus & écrits par des personnes privées, & qui n'avoient pas de caractère pour les rendre authentiques ; ce qui avoit lieu quoique les Testamens fussent reçus par des Tabellions ou par des Tabulaires ; car leurs actes ne faisoient pas foi par eux-mêmes, & il falloit les faire enregistrer dans les Greffes des Juges, & en faire la reconnoissance, suivant la Loi 18, *cod. de testam.* & la Novelle 73, chap. 7, de l'Empereur Justinien. De-là vient que quand on faisoit procéder à l'ouverture des Testamens clos, il falloit assigner devant le Juge tous les témoins qui se trouvoient vivans pour reconnoître leurs seings, celui du Testateur, & ceux des autres témoins qui étoient décédés, *l.* 4, *& l.* 7, *ff. testam. quemadmodum aperiantur.* Cela fait voir que l'assistance des témoins ne pouvoit être prouvée que par leur signature ; & que c'étoit de cette signature que l'acte prenoit toute sa force. Il n'est donc pas surprenant que le seing de tous les témoins fut requis par les Loix Romaines. Mais nos usages sont tout-à-fait différens ; car les Notaires qui reçoivent les Testamens sont des Officiers publics établis par l'autorité du Prince. Leurs actes font une foi publique par eux-mêmes, & sans qu'il soit nécessaire d'en faire faire la reconnoissance. Lors donc que ces actes font mention du nom des témoins qui ont été appellés, leur assistance est prouvée par l'acte même indépendamment de leur seing. Voilà pourquoi il suffit que le Testament ou l'Acte de suscription soit signé par le nombre des témoins dont les Ordonnances exigent la signature pour la validité des actes publics, & que les autres ayent été interpellés de signer, comme l'enseignent plusieurs de nos Auteurs François, entr'autres *Bouvot, tom. 1, part. 1, verb. Notaire, quest. 2*, qui rapporte un Arrêt du Parlement de Dijon du 8 Avril 1615, qui l'a jugé ainsi sur un Testament fait dans le Lyonnois Pays de Droit écrit; *Duval dans ses Institutions au Droit François, liv. 2, ch. 10, pag. 366, 367, & le Brun dans son Procès civil, pag. 284 de l'édition de 1628.*

Du reste il étoit indifférent que les témoins scellassent le Testament avec leur propre cachet, ou avec celui de quelqu'autre, *§. possunt Instit. de testam. ordin.* & *l. 22, §. signum 5, ff. qui testam. fac. poss.*

Il étoit indifférent que les témoins scellassent le Testament avec leur cachet ou celui d'un autre.

4°. Enfin tout ce que l'on vient de dire devoit être fait *uno contextu*, c'est-à-dire, dans le même temps, tout de suite, & sans divertir à aucun autre acte, *Leg. hæredes palam 21, §. ult. ff. qui testam. fac. poss. L. 21. cod. de testam.* & *§. 3, instit. de testam. ordin.* L'art. 4 de l'Ordonnance de 1735 exige la même formalité; ce qui n'empêche pourtant pas que si le Testateur ou quelqu'un des témoins étoit pressé de quelque nécessité, il ne puisse la satisfaire, & même sortir de la chambre pour un instant; mais cela s'entend que les formalités du Testament doivent être remplies sans interruption pour un temps considérable, & que les témoins demeurent en la présence du Testateur jusqu'à ce que la formalité de la suscription du Testament soit parachevée & parfaite, *l. cum antiquitas 28, cod. de testam. l. 21, §. ult. ff. qui testam. fac. poss. leg. 20, §. 8, ff. eod.* il étoit même permis au Testateur d'écrire ou faire écrire sa volonté en un temps, & ensuite d'y ajouter les formalités nécessaires à l'acte de suscription en un autre temps, & en autre lieu, *l. 21, cod. eod.* ce qui n'est point changé.

12. Testament devoit être fait *uno contextu*. *Quid* si un témoin sortoit pour quelque nécessité.

Le Testateur pouvoit écrire ou faire écrire le Testament en un temps, & faire mettre la suscription en un autre temps.

Toutes les formalités que nous venons d'expliquer, sont si essentiellement nécessaires pour la validité du Testament solemnel fait avant la publication de l'Ordonnance de 1735, que si quelqu'une manque il est nul, sans qu'il puisse valoir comme nuncupatif, dès qu'il paroît que le Testateur a choisi la forme du Testament solemnel, à moins qu'il n'eût déclaré sa volonté en entier en présence des témoins, auquel cas il pourroit valoir comme nuncupatif, *l. 30, cod. de testam.*

13. Toutes ces formalités étoient essentielles. Testament solemnel nul ne vaut pas comme nuncupatif.

Exception.

Si toutes les formalités prescrites ont été régulièrement observées, le Testament n'en est pas moins bon, quoique les témoins en ignorent le contenu, *l. 21, cod. de testam.*

14. Le Testament est bon, quoique les té-

moins en ignorent le contenu. ce qui avoit été ordonné de même auparavant dans la Loi 3, *cod. Theod. de testamentis codicillis*; mais aujourd'hui ce n'est pas par le Droit Romain qu'il faut se régler sur les formalités requises au Testament solemnel, il faut observer pour les Testamens faits depuis la publication de la nouvelle Ordonnance, celles qu'elle prescrit, à peine de nullité. Nous expliquerons en détail dans la section troisième les formalités que l'Ordonnance exige pour la validité des Testamens solemnels ou mystiques.

Aujourd'hui ce n'est pas par le Droit Romain, mais par la nouvelle Ordonnance que les formalités du Testament solemnel doivent être reglées.

15. Testament nuncupatif. L'écriture n'y étoit point requise.

La forme du Testament nuncupatif n'est pas si solemnelle par le Droit Romain, que celle du Testament par écrit, l'écriture n'y est point requise, *l. hac consultissima*, §. 2, *cod. de testam.* & §. *ult. instit. de testam. ordin.* quoiqu'on puisse l'y employer *probationis causa*, *l.* 4, *ff. de fide instrumentorum*, ni la signature des témoins, ni les sceaux; mais toutes les autres formalités lui sont communes avec le Testament écrit & solemnel.

16. Forme du Testament nuncupatif.

Cette forme consiste en ce que le Testateur, après avoir fait assembler sept témoins dans le même temps, & même lieu, doit déclarer sa volonté à ces témoins, de manière qu'ils l'entendent bien, & ces témoins doivent être de la même qualité que ceux qui sont employés au Testament solemnel, *per nuncupationem quoque, hoc est, sine scriptura, testamenta non alias valere sancimus, quam si septem testes (ut supra dictum est) simul uno eodemque tempore collecti testatoris voluntatem, ut testamentum sine scriptura facientis, audierint*, *l.* 21, §. 2, *cod. de testam.*

17. Toute autre formalité & solemnité de paroles est retranchée.

Toute autre formalité, & solemnité de paroles est retranchée, il suffit donc que le Testateur, ou la Testatrice déclarent leur volonté aux sept témoins, c'est-à-dire, qu'ils expliquent le nom des personnes qu'ils veulent gratifier de leurs biens, soit à titre d'institutions, de legs, ou de fidéicommis, & les autres parties de leur volonté; mais il n'est pas nécessaire qu'ils déclarent qu'ils ont fait assembler les témoins pour tester sans écriture. *In testamentis sine scriptis faciendis omnem formalem observationem penitùs amputamus, ut postquam septem testes convenerint, satis sit voluntatem testatoris vel testatricis, simul omnibus manifestari, significantis ad quos substantiam suam pervenire velit, vel quibus legata dare, vel fideicommissa, vel libertates disponere, etiam si non ante hujusmodi dispositionem prædixerit testator, vel testatrix, illa formalia verba, ideo eosdem testes convenisse, quod sine scriptis suam voluntatem, vel testamentum componere censuit*, dit la Loi 26, *cod. de testam.*

S'il faut que le Testateur déclare qu'il veut tester sans écriture.

18. La déclaration de la vo-

La Loi *hæredes* 21, *ff. qui testam. fac. poss.* veut que la nuncupation, ou déclaration de la volonté du Testateur ſoit faite *palam* ; ce qui, ſelon la même Loi, ne doit pas être entendu de manière, que la nuncupation ſoit faite dans un lieu public, ni en préſence du Public, mais ſeulement en préſence des témoins, & de façon qu'ils puiſſent entendre, & qu'ils entendent en effet la volonté du Teſtateur.

lonté doit être faite *palam*.

19. De la qualité des témoins au Teſtament nuncupatif. S'ils doivent être priés ſelon le Droit Romain.

Les témoins doivent non-ſeulement être pubères, mâles, Citoyens Romains, & enfin de la même qualité que ceux du Teſtament écrit ; mais encore ils doivent être priés, ce qui ſe collige des paroles de la Loi 21, §. 2, *cod. de teſtam.* où après avoir exigé le nombre de ſept témoins, elle ajoute *ut ſupra dictum eſt*, ce qui renferme une répétition de tout ce qui eſt requis par rapport aux témoins qui doivent aſſiſter au Teſtament ſolemnel : d'ailleurs la Loi 21, §. 2, *ff. qui teſtam. fac. poſſ.* exige que les témoins ſoient priés, *teſtes rogati eſſe debent ut teſtamentum fiat*, ce qui n'eſt plus néceſſaire aujourd'hui.

20. La déclaration de la volonté doit être faite *uno contextu*.

Enfin la nuncupation ou déclaration de la volonté du Teſtateur, doit être faite tout de ſuite, ſans interruption *uno contextu*, *l.* 21, §. 3, *ff. qui teſtam. fac. poſſ.* & ſans divertir à autres actes, *art.* 5, *de l'Ordonnance de* 1735, ce qui néanmoins doit être entendu de la manière qu'on l'a expliqué en parlant du Teſtament ſolemnel ; mais ſi le Teſtateur déclaroit partie de ſa volonté en un temps, partie en un autre, le Teſtament ſeroit nul, s'il y avoit une interruption ou un intervalle conſidérable, quoique la déclaration eût été faite en préſence des mêmes témoins; cependant ce ne ſeroit pas une nullité ſelon l'eſprit des Loix, ſi un Teſtateur avoit commencé la nuncupation dans un temps, & en un certain lieu, & qu'enſuite ayant raſſemblé les mêmes témoins ou d'autres dans un autre lieu ou en autre temps, il avoit déclaré en entier ſa volonté, parce qu'alors on ne devroit s'arrêter qu'à la ſeconde nuncupation parfaite, & la première imparfaite devroit être regardée comme non advenue.

Le Teſtament eſt nul, ſi le Teſtateur déclare une partie de ſa volonté en un temps, & une partie dans un autre temps. *Quid* ſi le Teſtament eſt recommencé & fini.

21. Le Teſtament nuncupatif ſans écriture étoit bon. Preuve par la réſumption judiciaire.

Lorſque toutes ces formalités étoient remplies, le Teſtament étoit bon & très-efficace, nonobſtant le défaut d'écriture, *hoc perfectiſſimum teſtamentum Jure civili firmumque conſtitutum*, §. *ult. inſtit. de teſtam. ordin.* & il ne reſtoit qu'à en faire la preuve par la réſumption judiciaire des témoins, qui avoient aſſiſté à la nuncupation, & entendu la diſpoſition du Teſtateur ; mais cela a été changé par l'art. 1 de l'Ordonnance de 1735.

22. Si le Teſtament ſeroit nul où le Teſtateur diroit

Puiſque la nuncupation & la déclaration verbale faite aux témoins, eſt de l'eſſence du Teſtament nuncupatif, on peut en conclure, qu'une diſpoſition par laquelle le Teſtateur déclareroit qu'il inſtituoit pour ſon héritier un tel

qu'il fait héritier celui qui est écrit dans un tel papier.

marqué dans un écrit désigné par le Testateur, la disposition seroit nulle, même suivant les règles prescrites par le Droit Romain, parce qu'elle manqueroit par la forme essentielle, quoiqu'en ayent pu dire quelques Interprètes qui ont jugé valable un tel Testament; mais dans un Testament écrit & solemnel, le Testateur peut valablement se référer à une autre écriture faite ou à faire, en disant par exemple, je veux que celui que j'instituerai par un Codicile soit mon héritier, *l. asse toto 77, ff. de hæred. instit. l. 38, ff. de condit. & demonstr. & l. 25, ff. de reb. dub.* parce que la nuncupation n'y est pas nécessaire: & c'est à l'égard d'un tel Testament qu'on peut admettre la décision des Auteurs.

Quid dans un Testament écrit & solemnel.

23. Usage du Parlement de Toulouse sur le Testament nuncupatif sans écriture.

Le Parlement de Toulouse avoit toujours suivi la disposition du Droit Romain par rapport au Testament nuncupatif, & en avoit reçu la preuve Testimoniale; il avoit encore admis la preuve par témoins des fidéicommis, dont on prétendoit que l'héritier avoit été chargé verbalement par le Testateur, quoiqu'il n'en fut point parlé dans le Testament, & qu'il n'y eût aucun commencement de preuve par écrit, nonobstant les Ordonnances de Moulins, & de 1667, qui avoient rejetté la preuve testimoniale pour les choses excédant la valeur de cent livres, fondé sur cette raison que les Ordonnances ne parloient que des contrats & des conventions, & non des dispositions testamentaires, qui n'ont rien de commun avec les contrats, *verba contraxerunt, gesserunt, non pertinent ad jus testandi, leg. 20, ff. de Reg. Juris.* Mais par l'Ordonnance de 1735, art. 1, cette forme de tester a été abrogée. Cet article porte, que *toutes les dispositions testamentaires, ou à cause de mort, de quelque nature qu'elles soient, seront faites par écrit.* Toutes celles qui ne seront faites que verbalement sont déclarées nulles. Il est défendu d'en admettre la preuve par témoins, même sous prétexte de la modicité de la somme dont il auroit été disposé. Des paroles de cet article, il résulte. 1°. Que toute disposition testamentaire, ou à cause de mort, doit être par écrit; ce qui comprend l'institution d'héritier, les legs, les fidéicommis, les donations à cause de mort, & autres de quelqu'espèce ou nature qu'elles soient. 2°. Que toutes celles qui ne seront que verbales sont nulles, inefficaces & inutiles, même à l'égard des enfans. 3°. Que non-seulement la preuve par Témoins en est défendue comme inutile, quand même il s'agiroit d'une somme au dessous de cent livres; mais encore qu'on ne peut pas ordonner le serment de l'héritier pour savoir si le Testateur l'a chargé d'un fidéicommis ou autre disposition verbale, à cause de la nullité radicale décla-

Changement fait par l'Ordonnance de 1735: toute disposition qui n'est que verbale est nulle.

rée par l'Ordonnance, qui fait qu'une telle disposition non écrite ne peut pas lier l'héritier ni opérer aucun effet, quand même elle seroit constatée par sa confession. Du reste il faut appliquer au Testament nuncupatif la réflexion que nous avons faite ci-dessus en parlant du Testament solemnel; c'est-à-dire, que depuis la publication de l'Ordonnance de 1735, il faut observer les règles qu'elle prescrit, & que nous expliquerons ci-après; car il ne suffiroit pas de garder celles du Droit Romain.

Pour la validité du Testament nuncupatif il faut observer les formalités prescrites par l'Ordonnance de 1735.

Le Testament militaire est la disposition du Soldat occupé 24.
aux expéditions militaires, *cum in expeditionibus occupati sunt*, *instit. de milit. testam.* ou comme dit le §. 3 au même titre, *quatenus militant aut in castris degunt*, ce qui est pareillement déclaré dans les Loix 15 & 17, *cod. de testam. milit.* D'où il s'ensuit que si le Testament du Soldat est fait en autre temps ou en autre lieu, c'est-à-dire, hors du Camp, ou de l'expédition militaire, il ne vaut point *Jure Militari*, & il doit être revêtu des formalités du Testament paganique.

Testament militaire.

Comme l'ignorance des Loix est excusée en la personne 25.
du Soldat, ainsi que l'explique l'Empereur Justinien dans ses Institutes *de milit. testam. in princ.* les Législateurs se sont relâchés sur toute sorte de formalités par rapport aux dispositions des Soldats, & ils les ont dispensés de toutes les règles; ensorte qu'ils testent selon le Droit Romain, comme ils peuvent & comme ils veulent, par écrit ou sans écrit: *Ut quoquo modo testati fuissent, rata esset eorum voluntas. Faciant igitur testamenta, quomodo volent: faciant quomodo poterint, sufficiatque ad bonorum suorum divisionem faciendam nuda voluntas testatoris*, *L.* 1. *L.* 24, *ff. de testam. milit. L.* 15, *cod. eod. & instit. de milit. testam. in princ.* & §. 1; mais aujourd'hui l'écriture y est nécessaire.

L'ignorance des Loix est excusée aux Soldats.

Les Soldats testent comme ils peuvent & comme ils veulent.

Les mots *bonorum suorum*, qui se trouvent dans la Loi, & qui sont indéfinis, ne laissent aucun lieu de douter que les Soldats, pères de famille, ne puissent tester militairement de tous leurs biens de quelque part qu'ils leur soient advenus, de même que de leur pécule castrense, & leur disposition s'étend sur tout leur patrimoine, s'ils ne trouvent à propos de la limiter à quelque espèce de biens, comme il leur est permis, *L.* 1, *cod. de testam. milit.*

Les Soldats, pères de famille, peuvent tester militairement de tous leurs biens.

Quoique toute volonté du Soldat Testateur doive être 26.
regardée comme valable & efficace, il faut néanmoins qu'il paroisse qu'il a eu une véritable intention de disposer; car si un Soldat disoit en raillant, *je vous fais mon héritier*, *je vous laisse mes biens*, une telle disposition non sérieuse ne seroit pas valable. *L.* 24, *ff. de testam. milit.* & §. 1, *instit. de milit. testam.*

Il est nécessaire qu'il paroisse que le Soldat a eu la volonté de disposer.

27. La disposition militaire est valable de quelque façon qu'elle soit faite, pourvu qu'il en conste.

De cette règle qui veut que les Soldats testent comme ils veulent & comme ils peuvent, *l.* 3, *l.* 15, *cod. de testam. milit. l.* 1, *& l.* 24, *ff. eod.* & qu'ils sont dispensés de toute sorte de formalités, *instit. de milit. testam. in princ.* il s'ensuit, que pourvu qu'il conste de la volonté du Soldat, ou par son écriture, soit sur du papier ou sur le bouclier, ou sur la terre même avec son sang, ou par la déposition de deux témoins, la disposition est efficace, suivant le Droit Romain, *l.* 15, *cod. de testam. milit.* car le nombre des témoins n'étant pas fixé, deux suffisent, *l.* 12, *ff. de testibus;* mais il faut toujours qu'il y ait une preuve capable de constater la volonté, & une volonté sérieuse, *l.* 24, *l.* 40, *ff. de testam. milit. militibus quoquo modo velint, & quoquo modo possunt testamentum facere concessum esse : ita tamen ut hoc ita subsecutum esse, legitimis probationibus ostendatur*, dit ce dernier texte.

Deux témoins suffisent.

Il doit y avoir une preuve légitime.

28. Usage du Parlement de Toulouse sur la preuve par témoins du testament militaire. Dérogation à cet usage par l'Ordonnance de 1735.

On avoit toujours observé au Parlement de Toulouse de recevoir la preuve par témoins du Testament militaire, conformément aux règles du Droit Romain, nonobstant les Ordonnances de Moulins & de 1667; mais cet usage a été corrigé par l'Ordonnance de 1735, qui veut que toute disposition testamentaire soit prouvée par écrit, & qui exclut toute preuve testimoniale, sans excepter même les Testamens militaires, & par conséquent il n'est plus permis aux Soldats de tester de vive voix, & d'en confier la preuve à la déposition des témoins. Il est de plus nécessaire d'observer au Testament militaire les formalités prescrites par l'Ordonnance de 1735, à peine de nullité.

29. Des autres Testamens qui sont des exceptions de la règle générale.

Il faut présentement parcourir les autres Testamens qui sont proprement des exceptions des règles, & qui ne constituent pas des espèces différentes.

30. Testament *inter liberos.*

Il n'y a point de matière qui soit plus embrouillée dans les Ecrits des Interprètes, que celle des Testamens des ascendans en faveur de leurs descendans que l'on appelle *inter liberos*. Pour la développer avec exactitude, & éviter les écueils dans lesquels les Auteurs sont tombés, soit en augmentant ou en diminuant les formalités qui y sont requises, soit enfin, en donnant au Testament *inter liberos*, plus d'étendue que la Loi ne lui en a donné, il faut se fixer aux textes qui sont au nombre de quatre, lesquels confirment toutes les dispositions du Droit sur cette matière. Le premier, *la Loi dernière cod. famil. ercisc.* Le second, *la Loi* 21, §. 1, *cod. de testam.* Le troisième, *la Novelle* 13, *chap.* 7 : Et le quatrième, *la Novelle* 107, qui est composée de la préface, de trois chapitres & de l'épilogue.

Quatre différens textes qui règlent la forme des Testamens *inter liberos.*

31. Ces différens textes doi-

Comme l'on ne doit pas confondre les dispositions de ces textes, mais les concilier les uns avec les autres, en tout ce

ce qui ne sera pas corrigé dans les premiers par les derniers, il ne faut pas non plus confondre les choses ou les dispositions différentes *inter liberos* dont ils parlent. C'est avec ces précautions qu'on peut entrer sûrement dans l'esprit de ces Loix.

vent être accordés entre eux pour ce qui n'est pas corrigé par les postérieurs.

32. Explication de la *Loi dernière, cod. familiæ ercisc.*

Le premier de ces textes, qui est la *Loi dernière, cod. famil. ercisc.* devroit, selon son inscription, être de l'Empereur Constantin le Grand; mais elle est proprement de la composition de *Tribonien*, qui a pris quelques paroles de la *Loi 1, cod. Theod. famil. ercisc.* & y a ajouté le surplus, en mêlant ce qui est de sa composition, avec les paroles qu'il a tirées de cette Loi, qui est véritablement de Constantin le Grand, de l'année 321. La Loi telle qu'elle est rapportée dans le code de Justinien, veut, que si l'on trouve un écrit du père ou autre ascendant, soit Testament commencé & non achevé, soit codicile, soit lettre, ou tout autre genre d'écriture, reconnue pour être de la main du père, en quelques paroles, ou indices qu'elle soit conçue, elle doit valoir pour servir au partage de son hérédité, en faveur de ses enfans, & autres descendans, émancipés ou non émancipés, & non en faveur des personnes étrangères qui s'y trouveroient mêlées, quoiqu'elle soit destituée des solemnités prescrites par les Loix.

Elle est de la composition de Tribonien.

Disposition de cette Loi, telle qu'elle est dans le code de Justinien.

33. Observations sur cette Loi. Première observation.

On doit observer, 1°. que cette Loi parle *verbis generalibus*, de l'écrit du père, de celui de la mère, & de tous les autres ascendans; mais le texte de l'Empereur Constantin, d'où elle a été prise en partie, ne parloit que du Testament du père.

34. Deuxième observation.

2°. Elle ne se borne pas au seul Testament, comme faisoit la Loi de l'Empereur Constantin, elle ne parle, par rapport à cela, que d'un simple projet de Testament commencé & non achevé, & ajoute le codicile, la lettre & tout autre écrit.

35. Troisième observation.

3°. Elle fait valoir cet écrit non comme Testament, mais comme disposition *ab intestat, judicio familiæ erciscundæ.*

36. Quatrième observation.

4°. Elle n'exige point que le père doive garder l'égalité dans le partage qu'il fait de ses biens à ses enfans; & comme l'écrit de quelque manière qu'il soit conçu, *quibuscumque verbis vel indiciis inveniatur*, doit être exécuté, il est clair que soit que le père ait fait un partage égal ou inégal de ses biens, que l'inégalité soit grande ou petite, sa disposition est valable, sauf le droit de légitime ou supplément, si la portion de quelqu'un des enfans ne la remplissoit pas, quoiqu'en ayent pensé quelques Auteurs, & cela est encore clairement fondé *sur la Novelle* 18, *chap.* 7, *& sur la Novelle* 107.

37. Cinquième observation.

5°. Dès que l'écrit vaut, quoique destitué des formalités, on ne peut point révoquer en doute, qu'il ne soit très-efficace par la seule écriture du père sans Témoins, comme l'a fort judicieusement pensé *Jacques Godefroy sur la Loi* 1, *cod. Theod. famil. ercisc.* malgré le sentiment de M. *Cujas*, qui a pensé le contraire.

38. Sixième observation. 6°. Les mots *servato Senatus-Consulti auxilio*, ne signifient autre chose, sinon que les enfans venant à la succession *ab intestat*, sont censés grevés de rendre ce qui est retranché de leur portion par la disposition du père, en vertu du Senatus-Consulte Trebellien, comme l'expliquent les *Loix* 16 & 21, *cod. Justin. famil. ercisc.*

39. Septième observation. 7°. Selon le texte de la Loi de l'Empereur Constantin, rapportée au code Théodosien, *famil. ercisc.* la disposition du père sur le partage de la succession sans formalité, ne valoit qu'entre les enfans qui étoient *sui-hæredes inter suos dumtaxat hæredes valere oportet*, ce qui excluoit tous ceux qui étoient émancipés, & par conséquent, les enfans illégitimes. La Loi de Justinien y a compris les enfans émancipés, mais non les illégitimes; & par conséquent, une telle disposition imparfaite, ne peut valoir qu'en faveur des enfans légitimes, & non en faveur des bâtards; elle vaudroit néanmoins en faveur des enfans légitimés, ou par un mariage subséquent, ou par rescrit du Prince, parce que ces enfans passent en la puissance de leur père, & qu'ils sont comparés à ceux qui sont nés d'un mariage légitime, qu'ils jouissent des mêmes privilèges, qu'ils succédent *ab intestat* à leur père, & peuvent demander un droit de légitime sur ses biens; qu'enfin, l'Empereur Justinien dans la Nov. 89, ch. 9, §. 1, ne met point de différence entre les enfans légitimés par rescrit, & ceux qui sont nés *ex legitimo matrimonio.* C'est ainsi que l'a fort bien décidé *Jacques Godefroy sur la Loi* 1, *cod. Theod. famil. ercisc.* après le Président Faber, *de error. pragmat. decad.* 35, *error.* 6, *v. Fachin. lib.* 4, *cap.* 3. Mais un Testament imparfait d'un descendant, en faveur d'un ascendant, ou des collatéraux, quoique les plus proches successeurs *ab intestat*, ne seroit pas bon selon le Droit Romain, à moins qu'il ne fût revêtu du témoignage de cinq Témoins, suivant *la Loi* 21, §. 3, *cod. de testam.* parce que ni la Loi dernière *cod. famil. ercisc.* ni les autres textes qui font valoir les Testamens imparfaits, ne parlent que des Testamens *inter liberos*, & laissent, par conséquent, les dispositions en faveur des autres personnes, aux termes du Droit Commun.

40. Avertissement pour connoître les additions faites par Tribonien. Afin que l'on puisse voir d'un coup d'œil ce qui a été pris du texte de la Loi de l'Empereur Constantin, & distinguer ce qui a été mêlé & ajouté par Tribonien, nous allons transcrire la Loi adoptée par l'Empereur Justinien, en mettant entre deux crochets ce qui est de Tribonien.

41. Texte de la Inter [*omnes*] dumtaxat hæredes suos, [*qui ex quolibet*

venientes gradu, tamen pares videntur esse, vel emancipatos, quos Prætor, ad successionem vocat:] sive ceptum neque impletum Testamentum, [*vel codicillus, seu Epistola*] parentis esse memoretur, [*sive quocumque aliomodo scripturæ, quibuscumque verbis, vel indiciis inveniantur relictæ judicio familiæ erciscundæ, licet ab intestato ad successionem vocentur, servato Senatus-Consulti auxilio*] defuncti dispositio custodiatur, etiamsi solemnitate legum hujusmodi dispositio fuerit destituta [*si vero in hujusmodi voluntate designatis liberis, alia sit mixta persona, certum est, eam voluntatem, quantum ad illam dumtaxat personam per mixtam, pro nulla haberi.*] Dat. Romæ Kal. Crispo II. & Constantino Cæs. II. Coss. 321.

Loi dernière, *cod. famil. ercisc.*

42. Texte de la Loi 21, §. 1, *cod. de testam.*

Le second texte que nous avons annoncé ci-dessus, est la Loi *hac Consultissima* 21, §. *ex imperfecto* 1, *cod. de testam.* Elle porte : *ex imperfecto autem Testamento voluntatem tenere defuncti, nisi inter solos liberos, à parentibus utriusque sexus habeatur non volumus. Si vero in hujusmodi voluntate liberis alia sit extranea mixta persona, certum est eam voluntatem defuncti quantum ad illam dumtaxat per mixtam personam pro nulla haberi; sed liberis accrescere.*

43. Cette Loi parle du testament imparfait & non du partage.

On doit observer, 1°. que cette Loi parle nommément du Testament imparfait, & non pas du partage de l'hérédité; mais peut-on l'entendre tant du Testament écrit, que du nuncupatif? Plusieurs Auteurs ont crû l'affirmative véritable, parce qu'il n'y a point de terme qui puisse induire qu'elle soit bornée à une seule de ces deux espèces de Testament; mais cette opinion quoique fort accréditée, sur-tout au Parlement de Toulouse, n'a aucun fondement dans le Droit; car le §. *ex imperfecto*, étant placé après le commencement de la Loi, qui ne parle que du Testament écrit & solemnel, ne peut s'entendre, que du Testament écrit, *inter liberos.* Le §. 2 de la même Loi, qui prescrit la forme du Testament nuncupatif, ne dit pas non plus qu'un tel Testament imparfait vaille entre enfans; mais seulement quand il y a cinq Témoins, en faveur des successeurs *ab intestat*, parmi lesquels les enfans tiennent le premier rang; & ni la *Loi dernière, cod. fam. ercisc.* ni la *Novelle* 18, *cap.* 7, ni la *Novelle* 107, ni aucun autre texte ne permet aux ascendans de tester sans formalité, que par écrit seulement, & non par nuncupation, comme l'ont fort bien prouvé le *Président Faber, de error. pragmat. decad.* 35, & *Henrys, tome* 2, *liv.* 5, *quest.* 35.

44. L'imperfection dont cette Loi parle n'est qu'à raison de la for-

2°. L'imperfection du Testament dont la Loi parle ne doit s'entendre que de l'imperfection par rapport à la formalité ou solemnité, & non du côté de la volonté considérée par rapport à chaque disposition; car un tel défaut devroit nécessairement empêcher la validité de la disposition

malité, & non de la volonté. qui dépend absolument de la volonté, laquelle doit par conséquent être parfaite, & non douteuse ni incertaine.

45. *Quid* si le Testateur n'a pas pu achever les dispositions *inter liberos*. Cependant il ne faut pas croire qu'un père Testateur qui avoit intention de faire plusieurs dispositions, n'ayant pû en manifester qu'une partie, ait disposé inutilement, même pour cette partie, comme il arriveroit si le Testament étoit *inter extraneos*, *L. si quis* 25, *ff. qui testam. fac. poss.* mais tout ce qu'il paroîtra avoir ordonné, devra être exécuté, tout comme s'il avoit pu consommer toutes les dispositions, qu'il avoit projettées ; car ce qui est connu renferme une volonté parfaite en elle-même, parce qu'il est indépendant de ce qui demeure caché, & qui n'a pas pu être consommé, *L. ult. cod. famil. ercisc. & L.* 1, *cod. Theod. eod. tit.* On peut voir là-dessus *Fachin. lib.* 4, *controversiarum*, *cap.* 4, qui explique assez exactement les différens chefs de cette difficulté, & *Perezius dans ses Préleçons sur le tit. du code de Testamentis*, *num.* 33.

46. Texte de la Novelle 18, ch. 7. Le troisième texte est la *Novelle* 18, *chap.* 7, elle porte : *Sancimus, si quis voluerit suas res filiis aut dividere, aut omnes, aut etiam aliquas forte relinquere præcipuas : has maximè quidem, si possibile est, dicat in Testamento, & indubitatam det filiis hinc utilitatem, si autem hoc non agat, propter aliquas necessitates, quæ plurimè circum assistunt hominibus ; licet tamen descriptiones facere rerum quas partiri voluerit & subscribere omnibus, aut ipsum, aut filios universos subscribere præparare, inter quos res dividet, & ex hoc causæ dare indubitatam fidem, & quod secundum hanc fit speciem, ratum sit atque firmum aliaque cautela non indigens. Si vero aliquis hoc non egerit, sed dispersam (sicut plerumque) sine testimonio subscriptionem fecerit, sciat nihil hinc filiis sese præbiturum utilitatis : sed quasi nihil sit factum, divident substantiam filii, incertas & plerumque sine testimonio conscriptiones non sequentes ; neque judicibus causæ (quos judices familiæ erciscundæ Leges appellant) has sequi cogendis.*

47. Il dit que si le père veut partager ses biens à ses enfans, il doit le faire par testament, s'il le peut. Ce texte ordonne donc que si le père veut partager ses biens entre ses enfans ou laisser des préciputs, il doit le faire s'il est possible par Testament ; c'est-à-dire, par un Testament revêtu des formalités de Droit, ce qui s'induit de ces termes, *& indubitatam det filiis hinc utilitatem.* D'ailleurs, les Législateurs n'ont jamais donné le nom de Testament sans épithète, qu'à celui qui est revêtu des solemnités prescrites.

48. *Quid* s'il ne peut pas faire Que s'il ne peut pas faire un tel Testament, il lui est permis de faire le partage, en exprimant en détail dans un écrit toutes les choses qu'il veut partager, & il doit

ſigner cet écrit ou le faire ſigner à tous ſes enfans, entre leſquels il fera le partage, après quoi une telle diſpoſition ſans autre forme ſera valable & efficace.

un teſtament parfait.

49. On ne doit pas avoir égard à la diſpoſition qui ne contient pas un détail circonſtancié.

Mais ſi l'écrit de partage, quoiqu'il ſoit ſigné du père, ne contient pas un détail circonſtancié des choſes dont il a voulu faire le partage, on ne doit point y avoir égard. C'eſt le vrai ſens du verſ. *ſi vero aliquis*, qui n'impoſe point la néceſſité d'appeller des Témoins pour la validité de l'écrit ſigné par le père ou par les enfans, quoique M. *Cujas* l'ait penſé, & cela paroît clairement des paroles qui précédent, où ſans avoir parlé des Témoins, il eſt dit qu'une telle diſpoſition ſera indubitablement bonne & valable, ſans avoir beſoin d'aucune autre précaution, *& ex hoc cauſæ dare indubitatam fidem, & quod ſecundum hanc ſit ſpeciem, ratum ſit atque firmum, aliaque cautela non indigens*. Ainſi, ce qui ſuit dans le texte ne fait tomber la nullité que ſur l'incertitude & le défaut de détail des choſes que le père veut diviſer, comme le prouve la *Novelle* 107, *cap.* 3, par ces paroles, *& clara omnia per ſubſcriptionem ſuam fecerit*, & nullement ſur le défaut d'aſſiſtance & de ſignature des Témoins, que la Novelle 18 ni la Novelle 107 n'exigent pas pour la validité des diſpoſitions entre enfans; mais ſeulement pour faire valoir le legs ou fidéicommis en faveur des perſonnes étrangères, qui y ſont mêlées, comme nous le montrerons bientôt.

50. Preuve qu'il n'a jamais été permis de teſter *inter liberos* par teſtament nuncupatif imparfait.

Mais il ne faut pas omettre une réflexion importante, qui ſert à prouver invinciblement, qu'il n'a jamais été permis aux aſcendans de diſpoſer *inter liberos* par un Teſtament nuncupatif imparfait. C'eſt que la *Novelle* 18, *chap.* 7, indique d'abord que le père doit diſpoſer de ſes biens par un Teſtament parfait, & ne lui permet de s'écarter de cette règle, qu'en diſpoſant par écrit, en la forme que le même texte preſcrit à peine de nullité, ce qui exclut bien clairement toute permiſſion au père de diſpoſer *inter liberos* par Teſtament nuncupatif imparfait; & il eſt clair que l'on n'a que deux moyens pour teſter valablement; le premier en faiſant un Teſtament parfait, ſolemnel ou nuncupatif, ou par un écrit revêtu des formalités preſcrites par cette Novelle; & tout ce que l'on pourroit faire de plus favorable pour les enfans, ce ſeroit de n'exiger au Teſtament pour le faire valoir, que le nombre de cinq Témoins marqué dans la *Loi* 21, §. 3, *cod. de Teſtam.* pour la validité des diſpoſitions faites en faveur des héritiers *ab inteſtat*, au nombre deſquels les enfans tiennent le premier rang. Cette réflexion avoit échappé à la pénétration des Auteurs qui ont examiné cette queſtion.

51. Texte de la Novelle 107. Il nous reste à voir la *Novelle* 107, qui est le dernier des textes que nous avons annoncés. Dans la Préface l'Empereur Justinien rappelle d'abord la *Loi dernière cod. famil. ercisc.* comme étant de l'Empereur Constantin, quoique les retranchemens, & les additions que Tribonien y a faites, en l'insérant dans le code de Justinien, en changent totalement le sens & les dispositions.

52. Suite. Ensuite il parle de la Loi de Théodose où il est fait mention des dispositions imparfaites *inter liberos.* C'est le §. 1, de la *Loi* 21, *cod. de Testam.* ajoutant que ces Loix étoient tombées à un tel point d'obscurité par les explications qu'on leur avoit données, qu'il falloit deviner pour leur donner une véritable interprétation.

53. Cette Novelle fut faite pour lever les obscurités des Loix précédentes. C'est donc pour éclaircir cette matière obscure, à cause des termes dans lesquels les Loix précédentes étoient conçues, & encore plus par les explications des Interprètes, que l'Empereur Justinien porte la nouvelle Loi; ce qui fait entendre assez clairement que cette nouvelle Loi est la seule qu'il faut consulter, & que les précédentes sont abrogées du moins pour les points qui sont réglés dans la Novelle 107. Ainsi, tout consiste à bien connoître l'esprit & le sens de cette *Novelle* 107, comme étant la seule Loi des Romains qui subsiste sur la forme des dispositions imparfaites *inter liberos.*

54. Ce n'est pas dans les gloses ni dans les Auteurs, mais dans le texte même qu'on doit chercher son esprit. Ce n'est pas dans les gloses, ni dans les Explications des Interprètes, qui sont de différens avis, mais dans le texte même, qu'il faut chercher cet esprit, & ce sens véritable. Le chapitre premier porte que si un père, ou autre ascendant qui fait écrire, veut disposer *inter liberos*, il doit en faire un écrit dont il marquera de sa main la date, les noms de ses enfans, les portions auxquelles il les institue, le tout non par chiffres, ou notes, mais tout au long par lettres sans abréviation, afin que sa disposition soit en tout claire & indubitable. *Primum quidem ejus subscriptione tempus declaret, deinde quoque filiorum nomina propria manu; ad hoc uncias in quibus scripsit eos hæredes, non signis numerorum significandas sed per totas litteras declarandas; ut undique claræ, & indubitatæ consistant.*

55. Suite. Il doit faire la même chose s'il veut diviser ses biens à ses enfans, ou laisser certaines choses à certains, faire certaines institutions. *Si verò etiam rerum voluerit facere divisionem, aut in quibusdam rebus certis, aut omnes aut quasdam institutiones statuere, & harum inscribat significationes, ut ejus litteris omnia declarata nullam ulterius contentionem filiis derelinquant.*

56. Suite des dispositions Que s'il veut faire quelque disposition en faveur de sa femme, ou de quelqu'autre personne étrangère, par des

legs fidéicommis ou autre libéralité particulière, il doit non-seulement l'écrire de sa propre main; mais encore déclarer en présence de Témoins, qu'il a lui-même fait l'écrit, & qu'il veut que ce qu'il a écrit vaille; & cela suffit pour faire valoir les dispositions, quoique le Testateur, qui semble avoir voulu tester par écrit, & faire un Testament solemnel, n'ait pourtant pas observé les autres formalités qui y sont requises. *Si tamen aut uxori, aut extraneis personis voluerit relinquere legata aut fideicommissa, aut libertates, & hæc propriâ scripta manu dictaque à Testatoribus coram testibus quoniam omnia consequenter in dispositione posita ipsi & scripserunt, & volunt valere, sint firma, nihilo minuenda eo quod videantur in Charta scripta, reliquam observationem Testamentorum non suscipientia. Sed hoc solum immutatur quod ejus manus & lingua habet omnem virtutem Chartæ præbitam.* Ces dernières paroles signifient que l'Empereur ne touche point aux formalités des Testamens, & qu'il n'entend faire d'autre changement, sinon que les deux opérations, de la main par l'écriture, & de la langue par la déclaration faite aux Témoins, attribuent tout l'effet aux dispositions écrites sur le papier en faveur des personnes étrangères.

en faveur de la femme ou de quelqu'autre étranger.

57. Combien de témoins faut-il pour faire valoir les dispositions en faveur des personnes étrangères mêlées avec les enfans.

Certains Auteurs ont crû sur ce que le nombre des Témoins requis dans ce cas, n'est pas fixé par la Novelle, que deux Témoins doivent suffire, par un argument tiré de la Loi 12, *ff. de Testibus*; mais leur sentiment n'est pas fondé, & il en faut pour le moins cinq, parce que les Loix antérieures auxquelles l'Empereur ne déroge pas, & par lesquelles conséquemment il entend qu'on se règle, exigent l'assistance de cinq Témoins pour la validité des legs, fidéicommis, & autres libéralités particulières, *L. ult.* §. 3, *cod. de Codicillis*; que si l'Empereur avoit entendu qu'un plus petit nombre de Témoins dût suffire, il l'auroit dit expressément. On ne peut donc pas penser qu'il ait dérogé aux Loix antérieures, d'autant mieux qu'il déclare qu'il n'entend faire aucun changement, ni donner aucune atteinte aux autres formalités prescrites pour les dispositions testamentaires.

58. Disposition du chapitre 2 de la Novelle 107.

Dans le *chapitre 2, de la Novelle* 107, il est dit que si cet écrit est conservé jusqu'à la mort du père, on ne sera point recevable à alléguer, ni à prouver par Témoins, que le Testateur a changé de volonté, parce que n'ayant pas déchiré l'écrit, comme il pouvoit le faire, on doit présumer qu'il a persévéré, à moins que le Testateur n'eût déclaré en présence de sept Témoins, qu'il ne vouloit pas que sa disposition écrite (dont il doit faire mention expresse) valût, & qu'il vouloit en faire une autre, laquelle nouvelle disposition doit être contenue, ou dans un Testament solemnel parfait, & revêtu de toutes les solemnités, ou dans une volonté parfaite non écrite. *Hoc & concedimus ei agere, hoc ipsum expressim significantem sub præsentia testium septem, quia etsi fuerit quandam talem voluntatem, non tamen eam valere ulterius vult, sed rursus vult aliam facere, & hanc aut in Testamento perfecto faciat, omnia Testamentorum habente signa, aut in non scripta perfecta voluntate.* C'est ainsi que parle le texte de la Novelle selon les éditions de Denis Godefroy, qui a suivi la version de *Serienger*; mais dans la version *d'Haloander*, on lit *in præsentia septem aut quinque testium designet*; & dans le texte rapporté par *Harmenopule in promptuario, lib. 5, tit. 1, §. 37, adhibitis septem aut quinque testibus*; mais cette dernière lecture est improuvée par M. Cujas, sur la Loi 12, *ff. de bonorum possess. contra tabulas.*

59. Résultat du chap. 2 de la Novelle 107.

Nous avons remarqué cette différence dans la lecture des textes de la *Nov.* 107, *chap.* 2, parce qu'elle sert à résoudre d'une manière claire & certaine, une grande difficulté, qui a été diversement décidée, sur la révocation du Testament imparfait *inter liberos*; mais avant de toucher à cette difficulté, il convient d'observer, 1°. qu'il résulte du *chapitre 2 de la Novelle* 107, qu'un Testament même imparfait *inter liberos* ne peut être révoqué que par un autre Testament parfait. 2°. Qu'il faut nécessairement emporter l'effet du premier, que le Testateur, après avoir nommément parlé de la première disposition *inter liberos*, déclare aux Témoins, au nombre de sept ou de cinq selon les différentes lectures, la qualité des personnes, que le Testateur se propose de gratifier par une autre disposition, qu'il ne veut pas que sa première disposition vaille, & qu'il veut en faire une autre. 3°. Que cette déclaration simple sans une nouvelle disposition contenue dans un Testament dans les formes, ou dans une volonté parfaite, ne suffiroit pas pour emporter, & pour révoquer la précédente disposition, & c'est sur le fondement de cette Novelle que les Interprètes ont enseigné, que les dispositions entre enfans renfermoient une clause dérogatoire tacite; ensorte que pour les révoquer valablement, il faut que la disposition suivante que le père fait porte une révocation expresse, littérale & individuelle de la précédente disposition.

60. Ce que les Auteurs appellent une clause dérogatoire tacite, n'est rien moins que cela.

Mais ce que les Auteurs appellent clause dérogatoire tacite, n'est rien moins que cela, & elle est tout-à-fait mal imaginée; car c'est la Loi même qui fait valoir le premier Testament *inter liberos* au préjudice du second, qui ne le révoque pas expressément; & comme la clause dérogatoire expresse procéde de la volonté du Testateur & non du ministère de la Loi, afin qu'on pût donner le nom de clause dérogatoire tacite à la nécessité que la Loi impose de révoquer *nominatim* le premier Testament *inter liberos*, il faudroit qu'elle dérivât de la volonté du Testateur, au lieu qu'elle prend sa source dans la disposition de la Loi.

Les Auteurs sont assez d'accord sur ce point, c'est-à-dire, qu'il faut une révocation spéciale du premier Testament, afin qu'il soit suffisamment révoqué, lorsque le second Testament est en faveur d'autres personnes que des enfans; lesquels sont institués dans le premier Testament. Je ne connois que *Gudelinus de jure noviss. lib. 2, cap. 6*, qui se soit écarté de l'opinion commune, & qui ait cru que la révocation spéciale n'est pas nécessaire; mais ils sont partagés en avis, pour savoir si la révocation doit être spéciale, lorsque les enfans sont institués dans le second Testament, tout comme dans le premier. 61.

61. Accord des Auteurs qu'il faut une révocation spéciale lorsque le second testament est en faveur d'autres que des enfans.

Les uns tiennent que le second Testament *inter liberos* révoque le premier de plein droit, quoique dans le second il n'y ait point de révocation spéciale du premier. Les autres soutiennent l'opinion contraire, & veulent indistinctement que le second Testament renferme une révocation expresse du premier, afin qu'il soit révoqué. 62.

62. Avis pour la révocation de plein droit.

Les raisons de ceux qui soutiennent le premier avis sont que tous les enfans étant également privilégiés, quand il s'agit de leur concours dans des Testamens differens, il faut s'en tenir à la règle commune, qui veut que le Testament postérieur révoque l'antérieur de plein droit, §. *posteriore instit. quib. mod. Testam. infirmantur*, & que la révocation individuelle n'est nécessaire que quand le second Testament est en faveur des étrangers, lorsque le premier a été fait en faveur des enfans. 63.

63. Raisons du premier avis.

Mais cette opinion est visiblement contraire aux termes & à l'esprit de la *Novelle* 107, qui a prescrit les règles pour la validité des Testamens entre enfans, & qui a aussi fixé la forme en laquelle ces Testamens devroient être révoqués, non-seulement quand il s'agiroit de faire une nouvelle disposition en faveur des étrangers; mais encore par rapport aux enfans mêmes; & comme il n'est pas commun & ordinaire que les pères laissent leurs biens à d'autres personnes qu'à leurs enfans, il est clair que l'Empereur a eu en vue, en prescrivant la forme de la révocation de l'exiger même par rapport aux enfans, dès que sa Loi est conçue en termes généraux; & ne se borne pas au second Testament fait en faveur des personnes étrangères, ce qu'il n'auroit pas manqué de faire si telle avoit été l'intention du Législateur, tout comme il a marqué la formalité qui devoit être observée pour faire valoir 64.

64. Résolution qu'il faut une révocation spéciale quoique les enfans soient appelés dans le second testament comme dans le premier.

les dispositions faites en faveur de la femme ou des autres personnes étrangères; la Loi prend soin elle-même d'en donner la raison, lorsqu'elle dit : *Etsi quidem usque ad mortem maneat hoc schema nullus postea deducat testes, quia voluit forte talem voluntatem commutare, aut convertere, aut aliquid tale facere, cui licuit rumpere quod factum est.* Car dès que le père, au lieu de rompre & déchirer l'écrit, le laisse subsister, la Loi ne veut pas qu'on présume qu'il ait voulu changer de volonté, ni faire une autre disposition qui parte de sa volonté & de son mouvement, si elle n'est revêtue des formalités qu'elle prescrit, & si elle ne contient une révocation expresse & individuelle, & que la Loi a introduit pour obvier à la surprise & à la captation, raison qui ne s'applique pas moins aux enfans qu'aux personnes étrangères.

65. Confirmation de cette opinion. Cette dernière opinion est d'autant plus certaine, & conforme à l'esprit de la Loi, que l'on voit que l'Empereur a eu en vue les enfans, tout comme les personnes étrangères, en ce qu'il exige que la révocation soit faite, ou dans un Testament écrit parfait en présence de sept Témoins, ou dans une volonté nuncupative parfaite; le premier membre regarde les personnes étrangères, parce qu'un second Testament ne peut valoir en leur faveur que quand il est parfait & revêtu de toutes les formalités, & le second est relatif à la Loi 21, §. 3, *cod. de Testam.* qui veut qu'un Testament qui n'est accompagné que du témoignage de cinq Témoins, & par conséquent imparfait, vaille néanmoins comme dernière volonté, & non comme Testament en faveur des héritiers *ab intestat*, parmi lesquels les enfans tiennent sans contredit le premier rang; ensorte que par cette distinction du Testament parfait, & de la dernière volonté parfaite la Loi fait connoître qu'elle doit avoir lieu, non-seulement à l'égard des étrangers, mais encore à l'égard des enfans sans distinction.

66. Suite. Nous ajoutons que cette vérité paroît encore d'une manière plus indubitable, si l'on admet la lecture du texte *d'Haloander* & *d'Harmenopule*, qui parlent de sept ou de cinq Témoins; car cette alternative désigne clairement les enfans & les étrangers; savoir, les étrangers par le nombre de sept Témoins, parce qu'un Testament fait en leur faveur ne peut valoir que quand il est accompagné de ce nombre de Témoins, & les enfans par le nombre de cinq Témoins, parce qu'à leur égard les Loix antérieures se contentent de ce nombre, pour faire valoir les institutions & autres dispositions faites en leur faveur.

67. Si le Testa- Il y a encore une autre difficulté qui consiste à savoir, si un premier Testament imparfait entre enfans peut être ré-

voqué par un autre Testament imparfait aussi entre enfans; sur quoi les Auteurs sont partagés; les uns tiennent l'affirmative; les autres la négative. Les premiers se fondent sur ce que la liberté de disposer *inter liberos* par Testament imparfait, est une faveur qui regarde plutôt les pères que les enfans, que dans le Testament *inter liberos*, on ne considère que la volonté & non la solemnité, tout comme dans les Testamens des Soldats qui ont la liberté de tester comme ils peuvent & comme ils veulent; que tout comme les pères peuvent faire une disposition imparfaite, ils peuvent aussi en faire une seconde également imparfaite; que selon la règle, *nihil tam naturale est eodem modo quidve dissolvere quo colligatum est*, un second Testament imparfait doit prévaloir sur un premier également imparfait, & le révoquer; qu'enfin lorsque la Novelle exige une nouvelle disposition renfermée dans un Testament parfait, cela ne doit avoir lieu que quand les enfans institués dans le premier Testament imparfait, concourent avec des étrangers institués dans un second Testament, & non quand il s'agit de l'intérêt des enfans dans l'un & l'autre Testament, parce qu'alors le privilège & la faveur étant égaux, il faut donner au père la liberté de tester une seconde fois, par une disposition imparfaite, tout comme on lui permet de faire un premier Testament imparfait.

ment imparfait entre enfans est révoqué par un second Testament aussi imparfait entre enfans.

68. Résolution pour la négative.

Malgré ces raisons, qui sont plus spécieuses que solides, il faut décider, que le premier Testament imparfait *inter liberos* ne peut être révoqué que par un autre Testament parfait, ou par une volonté parfaite *inter liberos*, parce que le texte de la Loi le décide nettement, même dans le cas de la concurrence des enfans, ainsi que nous venons de le montrer; & c'est renverser & détruire la Loi que de lui donner une autre explication, & de la réserver dans le seul cas, où le second Testament est fait en faveur des personnes étrangères. *M. Cujas sur la Loi 12, ff. de bonor. possess. contra tabulas*, autorise bien clairement cette opinion, lorsqu'il dit, *interdum tamen imperfectum Testamentum, quod jure singulari valet, imperfecto non rumpitur, Novell. 107, Testamentum enim factum inter liberos valet, etsi sit imperfectum. Sed an rumpatur alio Testamento æquè imperfecto? minimè, sed perfecto tantum.*

69. Réponse aux raisons de l'opinion contraire.

Il ne nous reste donc qu'à refuter les raisons de l'opinion contraire. Il est assez indifférent que la liberté de disposer par un Testament imparfait, soit une faveur qui ne regarde que les pères, tandis que la Loi qui accorde cette faveur ne veut pas qu'une telle disposition puisse être révoquée; d'ailleurs la faveur des enfans n'est pas moins entrée dans les vues du Législateur que la faveur de la volonté des pères.

70. Suite. Il eſt vrai que la volonté des pères eſt la baſe de leur diſpoſition ; mais il ne dépend pas d'eux de la rendre efficace, de cela ſeul qu'ils le veulent, ſi en même-temps ils ne ſe conforment à la Loi, & ne rempliſſent les conditions qu'elle exige ; car il n'eſt point vrai que les pères ayent, comme les Soldats, la liberté de teſter comme ils peuvent & comme ils veulent ; il n'y a aucune Loi qui le diſe par rapport aux pères ; & ſi les Légiſlàteurs n'ont pas voulu les aſſujettir à toutes les formalités qui ſont requiſes pour rendre un Teſtament parfait dans toutes ſes parties, ils n'ont pourtant pas voulu les diſpenſer des formalités qu'ils ont nommément & expreſſément marquées pour rendre valables les diſpoſitions imparfaites. Le penſer autrement ce ſeroit une véritable illuſion ; car ce n'eſt pas en vain, que la Loi a voulu que les pères obſervaſſent certaines formalités, afin que leurs diſpoſitions fuſſent valables, puiſqu'elles les ont déclarées nulles, lorſque ces formalités ne ſeroient pas obſervées, comme on le voit dans la *Nov.* 18, *chap.* 7. D'ailleurs la validité des ſecondes diſpoſitions des pères entre enfans, dépend de l'accompliſſement des conditions & des formalités, que la Loi exige, comme il paroît clairement des termes de *l'Auth. hoc inter liberos, cod. de Teſtam.* qui eſt un précis de la *Novelle* 107, *chap.* 2.

71. La Loi ne permet aux pères de faire une seconde diſpoſition qu'en y obſervant certaines formalités. La même Loi qui permet aux pères de faire une première diſpoſition imparfaite entre enfans, ne leur permettant d'en faire une ſeconde, & de rendre inutile la première, qu'en y obſervant certaines formalités, & en y ajoutant certaines précautions, il eſt inutile de recourir à la règle *nihil tam naturale, &c.* parce que la Loi veut que cette règle ceſſe dans ce cas.

72. La Loi parle indiſtinctement, ſoit que les enfans concourent entr'eux, ſoit qu'ils concourent avec des étrangers. Enfin, c'eſt parler contre les termes & l'eſprit de la Loi, de dire qu'elle n'exige une diſpoſition ou une volonté parfaite dans un ſecond Teſtament, que quand le ſecond Teſtament eſt fait en faveur des perſonnes autres que les enfans, puiſque nous avons montré par des raiſons très-ſolides en examinant la précédente difficulté, qu'une telle reſtriction étoit contraire à la Loi qui parle auſſi-bien du concours des enfans entr'eux, que de leur concours avec des étrangers.

73. Chap. 3 de la Novelle 107. *Le chapitre 3 de la Novelle* 107, veut en conformité de la *Novelle* 18, *chapitre* 7, qui eſt confirmée expreſſément, que ſi le père voulant partager les biens à ſes enfans, les aſſemble, & après leur avoir fait à chacun la part & diſtribué les choſes qu'il trouve à propos, en fait dreſſer un écrit, où tout ſoit bien expliqué, dans lequel écrit il ſoit déclaré que les enfans l'approuvent, & qu'ils s'y ſoumettent, qu'enſuite cet écrit ſoit ſigné

de tous les enfans, une telle diſpoſition ſoit bonne & valable ; que ſi le père ſigne lui-même l'écrit & qu'il contienne un état, ou un détail circonſtancié des choſes, de manière que tout ſoit clair, ce partage ſera également valable.

74. Conditions néceſſaires afin que les teſtamens *inter liberos*, ou les partages des biens des pères vaillent.

Après avoir fait une analyſe exacte des textes qui parlent des diſpoſitions *inter liberos*, il ne reſte qu'à réſumer, & rappeller en peu de mots les conditions requiſes pour la validité de ces diſpoſitions.

75. Première condition.

La première de ces conditions eſt, que la date ſoit marquée de la propre main du Teſtateur.

76. Deuxième condition.

La deuxième, que le père ou autre aſcendant écrive auſſi de ſa main, le nom de ſes enfans, & les portions ou les biens qu'il laiſſe à un chacun.

77. Troiſième condition.

La troiſième, que tout cela ſoit écrit non par notes, chiffres, ou abréviations ; mais par lettres, & tout au long, de manière qu'il ne puiſſe y avoir ni ambiguité ni équivoque.

78. Quatrième condition.

La quatrième qu'il obſerve les mêmes choſes, lorſqu'il fera un partage de ſes biens. Tout cela eſt ainſi réglé par le *chap.* 1 *de la Nov.* 107. Si toutes ces conditions ſont exactement remplies, il n'eſt pas néceſſaire que le Teſtateur ſigne ſa diſpoſition, ni qu'il la faſſe ſigner par ſes enfans, parce que la Loi n'exige pas cette formalité.

79. Les mêmes conditions doivent être obſervées pour la validité des legs, fidéicommis, faits à la femme ou aux perſonnes étrangères.

Il doit obſerver les mêmes conditions pour la validité des legs, fidéicommis, ou autres libéralités particulières faites à la femme, ou aux autres perſonnes étrangères, & déclarer de plus en préſence d'un certain nombre de Témoins, qu'il veut que ce qu'il a écrit de ſa main dans ſa diſpoſition, ſoit bon & valable ; cela eſt également réglé par le *chapitre* 1 *de la Novelle* 107 ; au ſurplus, on a remarqué ci-deſſus que cette déclaration devoit être faite devant cinq Témoins pour le moins.

80. Lorſque le père n'a pas écrit le partage il doit le ſigner ou le faire ſigner par tous ſes enfans.

Que ſi le père fait un partage qui ne ſoit pas écrit de ſa main, il eſt néceſſaire qu'il le ſigne, ou qu'il le faſſe ſigner par tous ſes enfans, *Nov.* 18, *cap.* 7, & *Nov.* 107, *cap.* 3.

81. S'il faut quelqu'autre choſe que la ſignature du père ou des enfans.

Je ne penſe pas qu'on doive ſe figurer, comme certains Auteurs l'ont cru, que le ſeing du père ou celui des enfans apposé au partage, ſuffiſe par le Droit Romain, pour remplir toutes les autres précautions marquées dans le *chap.* 1 *de la Nov.* 107, ſur l'expreſſion de la date, du nom des enfans, & des portions qu'il leur aſſigne, comme le tout devant être fait de la propre main du père ; car d'un côté, quoique le père ſigne, la Loi veut encore qu'il explique tout cela dans ſa ſuſcription, ſi l'écrit n'eſt pas fait de ſa main, par ces paroles du *chapitre* 3. *Si autem & in diviſione ipse subscripserit, & clara omnia per subscriptionem suam fecerit, sit & hoc ratum.*

82. Il faut qu'il paroisse par le seing ou par quelque mot écrit de la main du père, qu'il a consenti au partage signé par les enfans.

D'autre part, le seul seing des enfans ne suffiroit pas pour faire valoir le partage, il faut encore qu'il paroisse ou par le seing ou par quelques mots de l'écriture du père qu'il y a donné son consentement, suivant la *Loi dernière, cod. de pactis.*

83. Outre le seing du père il faut qu'il écrive la date, le nom des enfans & les biens qu'il laisse à un chacun.

Encore moins y a-t-il lieu de croire que le seing du père apposé au Testament *inter liberos*, suffise selon le même Droit, sans qu'il ait écrit de sa main la date, le nom de ses enfans, & les biens qu'il laisse à un chacun; car cette précaution étant nommément prescrite dans le *ch.* 1 *de la Nov.* 107, pour la validité d'une telle disposition, & n'y ayant rien dans le reste de la Loi, d'où l'on puisse induire que le seing du Testateur à une écriture faite en entier d'autre main, dût suffire pour la faire valoir (puisqu'il n'est parlé du Testament ou de la disposition différente du partage, que dans le *ch.* 1 *de la Nov.* 107,) il est indispensable de remplir les autres conditions qu'elle impose dans cet endroit, quoique le Testateur signe sa disposition; car quand on pourroit dire que le *ch.* 3 *de la Nov.* 107, corrige le *ch.* 1. par rapport aux actes de partage, ce qui n'est ni vrai ni vraisemblable, puisqu'il faudroit présumer une correction d'une partie de la Loi par une partie de la même Loi, ce qui ne peut pas être imaginé, sans imputer au Législateur une variation vicieuse & déshonorante, on ne pourroit pas supposer la même correction par rapport aux dispositions qui sont différentes des actes de partage, parce que le *chapitre* 3 *de la Novelle* ne parle taxativement que des partages, & non des autres dispositions *inter liberos*. Ainsi, on doit se régler à cet égard par le *chapitre* 1 *de la Nov.* 107. Il faut donc dire que le seing du Testateur ne peut pas suppléer aux formalités que la Loi exige pour la validité de ces sortes de dispositions.

84. Si la Novelle 119 a abrogé ces formalités, ou précautions.

La Novelle 119, chapitre 9, n'a pas non plus abrogé ces formalités ou précautions dans les Testamens *inter liberos*; car si cette Novelle a dispensé le Testateur d'écrire lui-même le nom de son héritier, ou d'en faire la nuncupation, comme il avoit été ordonné par la Loi 29, *cod. de Testam.* confirmée par la *Novelle* 66, cela ne regarde que les Testamens parfaits, & non les Testamens *inter liberos*, comme il paroît des dernières paroles du *chapitre* 9 *de la Novelle* 119. *Si omninò reliquam observationem in Testamento Testator observaverit.*

85. Réflexions de l'Auteur

Nous avons cru nécessaire d'entrer dans ce détail pour faire connoître dans sa pureté l'esprit du Droit Romain. Les Auteurs, s'en étoient si fort éloignés & leurs décisions avoient acquis un tel crédit, qu'on n'examinoit presque plus les difficultés sur les principes, & sur les règles établies par les Loix; & la variété, même la contrariété que l'on trouve dans leurs décisions, augmentant les difficultés, font qu'on ne sait plus à quoi s'en tenir, & que tout est arbitraire; car où trouver une règle certaine pour se fixer dans une matière, dont on a pour ainsi dire, enséveli les règles dans le cahos des opinions des Interprètes.

sur la variété & la contrariété de l'opinion des Auteurs sur les dispositions *inter liberos*.

86. Aujourd'hui il faut suivre les formalités de l'Ordonnance de 1735, dans les dispositions *inter liberos*.

A l'avenir, & pour les dispositions qui seront faites depuis la publication de l'Ordonnance de 1735, on n'aura aucun inconvénient à craindre, parce que les formalités des dispositions & des partages *inter liberos* sont réglées d'une manière si claire, & si certaine par les sages dispositions contenues dans les articles 15, 16, 17 & 38, que tandis qu'on s'y conformera, comme on le doit, il ne peut se former aucune difficulté qu'on ne puisse résoudre sans peine.

87. Testament en faveur des successeurs *ab intestat*.

Le Testament en faveur des héritiers *ab intestat*, ou de l'un d'eux, n'a rien de particulier, & il est soumis aux règles établies pour les autres Testamens; à cela près, qu'au lieu du nombre de sept Témoins, qui est requis pour rendre parfait un Testament fait *jure communi*, cinq Témoins suffisent, même pour révoquer un Testament précédent parfait en faveur des personnes étrangères, *L. hac consultissima* 21, §. 3, *cod. de Testamentis*; mais la disposition de cette Loi à cet égard, a été abrogée par l'Ordonnance de 1735, qui assujettit les Testamens faits en faveur des successeurs *ab intestat*, autres que les enfans, aux règles ordinaires, & n'admet d'autre distinction, que celle des lieux, en exigeant sept Témoins y compris le Notaire, qui doivent signer, pour les Testamens faits dans les Villes ou Bourgs fermés, & dont deux seulement doivent savoir écrire, & signer pour les Testamens faits à la campagne, ou dans les lieux non fermés, suivant les articles 5, 9 & 45.

88. Testament devant le Prince, ou devant le Juge.

La Loi 19, *cod. de Testam.* nous marque deux différentes manières de disposer, qui ont leurs formalités particulières. La première est le Testament fait devant le Prince, *Principi oblatum*. La seconde est le Testament fait devant le Juge, *apud acta*.

89. Comparaison du Testament fait devant le Prince avec le Testament fait devant le Juge.

Pour autoriser le Testament fait devant le Prince, la Loi se sert de l'exemple du Testament *apud acta*, comme reçu & autorisé par l'usage: *Sicut ergo securus erit, qui actis cujusque judicis, aut municipium, aut auribus privatorum, mentis suæ postremum publicavit judicium; ita nec de ejus unquam successione tractabitur, qui nobis mediis, & toto jure (quod in nostris est scriniis constitutum) teste succedit.*

90. Formalité du Testament de-

Toute la formalité de ces Testamens consiste donc en la déclaration, que le Testateur fait devant le Prince, le

vant le Prince ou devant le Juge. Juge, ou quelqu'un des Magiſtrats municipaux ; qu'il en ſoit dreſſé un acte ſigné par le Prince, ou par le Juge, ou par le Magiſtrat municipal & leur Greffier; car la Loi n'en exige point d'autre.

91. Le Teſtament *apud acta* eſt reçu à Toulouſe. L'uſage du Teſtament *apud acta* eſt reçu à Toulouſe ſuivant le témoignage de M. *de la Roche-Flavin*, & de *Graverol* ſon Commentateur *verb. Teſtament. art.* 11 ; & l'Ordonnance de 1735 déclare nommément dans l'art. 24, qu'elle ne déroge point à cet uſage. Il eſt encore reçu dans pluſieurs Coutumes par diſpoſition expreſſe, & notamment par celle de *Vermandois*, *article* 58, & celle de *Peronne*, *article* 162 ; mais ces Coutumes exigent l'aſſiſtance de deux Témoins, que le Droit Romain ne demande pas ; il ſemble néanmoins que les Juges qui recevront à l'avenir des Teſtamens en Pays de Droit écrit, devront prendre deux Témoins, puiſque par l'article 33 de la nouvelle Ordonnance, cette formalité doit être obſervée même pour les Teſtamens faits en temps de peſte, qui méritent plus d'indulgence ſur les formalités que les Teſtamens faits en autre temps. Ce n'eſt pourtant qu'un ſimple argument qui peut être combattu par d'autres. Car d'un côté, lorſque *l'art.* 24 *de l'Ordonnance de* 1735 en autoriſe l'uſage ſans exiger des formalités particulières, il autoriſe cet uſage en la manière qu'il étoit pratiqué auparavant. Ainſi la néceſſité d'appeller des témoins aux Teſtamens *apud acta*, n'étant pas requiſe avant cette Ordonnance, elle ne doit pas non plus être requiſe aujourd'hui.

92. Suite. S'il faut des Témoins au Teſtament *apud acta*. D'autre part, ſi les Officiers ne ſont conſidérés par l'Ordonnance que comme des ſimples perſonnes publiques, auxquelles elle donne l'autorité pour recevoir les Teſtamens, il faut les mettre au niveau du Notaire ſimplement ſans aucun avantage ; il faudra donc qu'on appelle le même nombre de témoins, qu'on en requiert aux Teſtamens reçus par Notaire, ſelon les Loix du Pays ; ainſi il en faudra ſept en Pays de Droit écrit pour les perſonnes étrangères, deux *inter liberos*, & deux dans les Pays coutumiers, conformément à l'Ordonnance aux art. 15 & 23, pour les Teſtamens faits *Jure communi*. Le premier avis me paroît le mieux fondé ; voilà pourquoi je penſe que dans les lieux où le Teſtament *apud acta* étoit reçu & valable, avant l'Ordonnance ſans témoins, il doit être également valable aujourd'hui ſans Témoins, & que dans les lieux où il en falloit deux, il faut y obſerver la même formalité ; cependant le plus ſûr eſt d'appeller des témoins, comme nous l'avons dit dans la ſect. 3, n. 11 & 79 de ce chapitre.

93. Teſtament fait aux Champs. Les Légiſlateurs ſe ſont relâchés ſur partie des formalités

lités requises aux Testamens qui doivent être faits *Jure communi*, par rapport à ceux qui sont faits aux Champs; ainsi au lieu de sept témoins qui devoient signer le Testament écrit *Jure communi*, on n'en demande que cinq lorsqu'on n'en pourroit pas trouver un plus grand nombre, dont il suffit qu'il y en ait un ou deux qui signent pour eux, & pour les autres qui ne savent pas écrire, sous la même condition néanmoins qu'on n'en trouve pas un plus grand nombre qui sachent écrire & signer; mais il est nécessaire dans ce cas que tous les témoins connoissent la volonté du Testateur, & toutes les dispositions qu'il a faites, sur-tout le nom des héritiers, & qu'ils en portent témoignage moyennant leur serment devant le Juge; cependant le Testament seroit nul s'il n'étoit pas fait en présence de cinq témoins. *L. & ab antiquis* 31, *cod. de Testam.* Ce n'étoit donc que conditionnellement qu'il étoit permis aux Rustiques de tester avec le nombre de témoins, & qu'on n'exigeoit qu'un ou deux qui sussent signer; cependant les Auteurs en avoient fait une décision pure & absolue, en autorisant les Testamens faits aux Champs avec cinq témoins, sans s'informer si l'on avoit pu en trouver un plus grand nombre.

Les Interprètes agitoient plusieurs questions au sujet de cette Loi, & notamment pour savoir ce que l'on devoit entendre par les mots *Personnes Rustiques* dont la Loi parle, si les personnes lettrées, les Gentilshommes, Bourgeois ou Gens d'affaires résidans à la Campagne, devoient être compris dans ce privilège, & sur la nature des lieux qu'on devoit regarder comme Campagnes; mais toutes ces difficultés ont été résolues par l'art. 45 de l'Ordonnance de 1735. 94. Diverses questions agitées par les Interprètes devenues inutiles par l'Ordonnance de 1735.

La forme du Testament en temps de peste est, selon la Loi 8, *cod. de testamentis*, la même que dans les autres Testamens *Jure communi*: à cela près, qu'il n'est pas nécessaire d'y appeller tous les témoins dans le même instant, & qu'ils se pouvoient présenter l'un après l'autre pour entendre la disposition du Testateur, ou pour signer & sceller l'acte de suscription du Testament solemnel; mais le même nombre des témoins devoit y assister qu'aux Testamens faits en un temps plus libre. 95. Testament en temps de peste.

Il est vrai que par la Jurisprudence des Arrêts de certains Parlemens, comme à Toulouse, on n'exigeoit pas un si grand nombre de témoins: on admettoit même dans certains lieux les femmes comme témoins, à cause de la nécessité; mais tout cela étoit contre la disposition de la Loi. Aujourd'hui la forme de ces sortes de Testamens est réglée d'une manière certaine par *l'Ordonnance de* 1735, *aux articles* 33, 34, 35, 36 & 37. 96. Quelle étoit la Jurisprudence des Arrêts de certains Parlemens.

97. Testament des Aveugles. Nous avons rapporté ci-dessus plusieurs Testamens dont les formalités sont diminuées ou adoucies, comme sont le Testament militaire, les dispositions *inter liberos*, le Testament en faveur des successions *ab intestat*, celui qui est fait aux Champs, ou en temps de peste, & ceux qui étoient faits devant le Prince, ou *apud acta* devant le Juge ou les Magistrats municipaux. Nous en allons voir deux autres où les solemnités sont augmentées, savoir celui des aveugles, & celui des personnes sourdes & muettes par accident.

98. Les Aveugles ne peuvent pas faire un Testament solemnel, mais ils doivent tester par nuncupation. La Loi *hac consultissima* 8, *cod. qui testamenta facere possunt*, ne permet pas aux aveugles de naissance ou qui le sont devenus par maladie, ou autre accident, de faire un Testament écrit solemnel, elle leur permet seulement de tester en deux formes. La première est par nuncupation qui doit se faire de la manière suivante. Premièrement, ils doivent appeller sept témoins & un Tabulaire, c'étoit un Officier chez les Romains différent du Tabellion ou Notaire. Nous avons expliqué sur l'article 5 de l'Ordonnance de 1731 quel étoit l'emploi de cet Officier, & en quoi il étoit différent du Tabellion ou Notaire.

99. Seconde condition. En second lieu, il est nécessaire qu'en présence des témoins & du Tabulaire, le Testateur explique clairement & sans équivoque le nom & la qualité des héritiers qu'il veut instituer, les portions dont il veut les honorer, & toutes les autres dispositions qu'il voudra faire par legs, fidéicommis ou autrement, qu'il observe les autres formalités qui sont prescrites pour les Testamens nuncupatifs, & que tout se passe en même temps & même lieu, *uno contextu*.

100. Troisième condition. En troisième lieu, que toutes les dispositions du Testateur soient rédigées par écrit de la main du Tabulaire, lequel écrit doit être signé par tous les sept témoins, & encore scellé par les mêmes témoins & par le Tabulaire, au moyen dequoi le Testament & tout ce qui y sera contenu, sera bon & efficace, *plenum obtinebit robur testantis arbitrium*.

101. Quatrième condition par rapport aux legs, fidéicommis, & autres dispositions qu'on peut faire par Codicile. En quatrième lieu, quoique l'aveugle ne veuille faire que des legs, des fidéicommis, ou d'autres dispositions qu'il est permis de faire dans des Codiciles, il devra néanmoins observer les mêmes formalités dont on vient de faire le détail.

102. Seconde forme du Testa- La seconde forme est, que l'aveugle peut faire écrire par telle personne qu'il trouvera à propos son Testament, ou son Codicile : ensuite ayant assemblé dans un même lieu les témoins (au nombre de sept) & le Tabulaire, & leur ayant expliqué la cause pour laquelle ils ont été appellés, le Testateur doit représenter l'écrit, & le bailler au Tabulaire qui en fera la lecture au Testateur & aux Témoins, & après

que la teneur & le contenu leur aura été manifesté, le Testateur doit déclarer que c'est sa volonté, & qu'il a disposé en la forme couchée dans l'écrit dont la lecture a été faite ; après quoi les témoins doivent y apposer leurs seings & leurs sceaux, & le Tabulaire doit aussi y apposer son sceau comme il a été dit. Que si l'on ne peut pas trouver un Tabu- 103. laire, le Testateur doit ajouter un huitième témoin, qui suppléera au défaut du Tabulaire, & fera tout ce que le Tabulaire auroit dû faire : étant libre au Testateur de déposer l'écrit de son Testament ou autre disposition entre les mains de celui des témoins qu'il veut choisir. Il s'ensuit du texte dont nous venons de faire l'analyse. 1°. que l'aveugle ne peut pas faire un Testament solemnel ou mystique, même entre enfans. M. d'Olive, liv. 5, ch. 6, & plusieurs autres Auteurs. 2°. Que quoique plusieurs Auteurs confondant la première avec la seconde forme de cette espèce de Testament, ayent pensé qu'il devoit être fait mention de la lecture en présence du Testateur & des témoins, néanmoins cette expression de lecture n'étoit nécessaire que quand le Testateur avoit expliqué sa volonté par écrit, & non quand il l'avoit expliquée de vive voix en présence des témoins, du Tabulaire ou du huitième témoin qui prenoit sa place & faisoit sa fonction. 3°. Qu'il n'est pas nécessaire que l'aveugle commence son Testament par l'institution d'héritier, parce que cette formalité ne fait rien pour assurer la volonté du Testateur, & qu'elle a été abrogée pour toutes sortes de Testamens.

ment des Aveugles.

Au défaut du Tabulaire on doit ajouter un huitième témoin.

Par la nouvelle Ordonnance, art. 7, si le Testateur 104. est aveugle, ou si dans le temps du Testament il n'a pas l'usage de la vue, on doit appeller un témoin outre le nombre de sept marqué dans l'art. 5, lequel doit signer le Testament avec les autres témoins, ce qui n'est ainsi ordonné que pour les Pays de Droit écrit où l'on suit la Loi Romaine ; car dans les lieux où un moindre nombre de témoins suffit suivant les Coutumes ou Statuts, on n'a besoin que d'ajouter un témoin au nombre requis, comme le porte l'art. 13 de la même Ordonnance. Mais dans les Testamens faits en faveur des enfans & descendans par les ascendans, quoique le Testateur soit aveugle, il suffit que le Testament soit fait en présence de deux Notaires, ou d'un Notaire ou Tabellion, & deux témoins, sans qu'il soit besoin d'appeller un troisième témoin, suivant l'art. 15.

Formalités des Testamens des aveugles réglées par l'Ordonnance de 1735.

Les personnes sourdes & muettes de naissance ne peu- 105. vent tester en aucune façon, quand elles ne peuvent ni entendre ni parler. Elles ne peuvent pas non plus faire des Codiciles ni des Donations à cause de mort, ni

Testament des sourds & muets de naissance.

laisser des legs ou des fidéicommis ; & cela a lieu pour les personnes de l'un & de l'autre sexe, *L. discretis* 10, *cod. qui testam. fac. poss.*

106. Le sourd & muet par accident & qui fait écrire peut tester.

Mais, selon la même Loi, les personnes qui sont sourdes & muettes par accident, & qui savent écrire, peuvent tester par écrit.

107. Le sourd sans être muet peut tester & disposer à cause de mort.

Il est également permis à celles qui sont sourdes sans être muettes de faire des Testamens, Codiciles & Donations à cause de mort, tout de même que les autres personnes, qui ont un parfait usage de tous leurs sens corporels.

108. Le muet par accident sans être sourd peut disposer par écrit.

Comme aussi celles qui ont perdu par accident l'usage de la parole, & qui ne sont pas sourdes, peuvent également tester par écrit si elles savent écrire, sans distinction de sexe, *l.* 10, *cod. qui testam. fac. poss.*

109. Forme du Testament du muet qui fait écrire.

Cette Loi insinue que dans le cas où le Testateur est muet, ne pouvant pas déclarer sa volonté à un Ecrivain, doit lui-même écrire sa disposition ; mais elle n'explique pas de qu'elle manière il pouvoit être suppléé à la déclaration que le Testateur devoit faire en présence des témoins, que l'écrit qui leur étoit présenté, contenoit sa volonté ; ainsi pour remplir les vues de la Loi, & en suivant exactement son esprit il étoit nécessaire ou que le Testateur fit connoître sa volonté aux témoins par la lecture qu'ils devoient faire de l'écrit, & qu'ensuite ils le signassent ; ce qui formoit une autre espèce de Testament différente du Testament solemnel, & qui n'étoit pourtant pas nuncupatif. Ou bien il falloit que le Testateur mit de sa main au dos de l'écrit que c'étoit son Testament & sa volonté, & qu'il le présentât aux témoins pour le souscrire, c'est de cette dernière façon, que la chose a été réglée pour les Pays de Droit écrit par *l'art.* 12 *de la nouvelle Ordonnance, qui veut, qu'en cas que le Testateur ne puisse parler, mais qu'il puisse écrire, il pourra faire un Testament mystique, à la charge que ledit Testament sera entièrement écrit, daté & signé de sa main ; qu'il le présentera au Notaire ou Tabellion, & aux autres témoins, & qu'au haut de l'acte de souscription, il écrira en leur présence, que le papier qu'il présente est son Testament ; après quoi ledit Notaire ou Tabellion écrira l'acte de souscription, dans lequel il sera fait mention que le Testateur a écrit ces mots en présence dudit Notaire, ou Tabellion & des Témoins.* Le même article veut au surplus que ce qui est prescrit par l'art. 9 soit observé.

110. Testament en faveur de la cause pie.

A l'égard du Testament en faveur de la cause pie, quoique le Droit Romain n'en eut pas prescrit la forme, qu'il ne l'eut pas dispensé des formalités prescrites pour les Testamens *Jure communi*, comme étant compris dans la règle générale, attendu que la cause pie n'en étoit pas exceptée; néanmoins par le sentiment outré de certains Interprètes, on avoit accordé tant de faveurs & de privilèges à ces Testamens, que non-seulement on les dispensoit de toutes les formalités du Droit, & l'on n'exigeoit qu'une simple preuve de la volonté *quoquo modo*, la mettant au niveau, & dans le même degré de faveur que les enfans par rapport aux dispositions des ascendans; mais encore ils attribuoient aux dispositions faites en faveur de la cause pie une clause dérogatoire tacite, si bien que pour qu'elles fussent suffisamment révoquées par un autre Testament, il falloit une révocation spéciale de ce qui regardoit la cause pie dans un Testament précédent, & ils prétendoient qu'une révocation générale ne suffisoit pas. On peut voir l'ample Traité *de privilegiis piæ causæ* de M. *Tiraqueau*, Conseiller au Parlement de Paris, & ce qu'en ont écrit les Auteurs en particulier.

111. Le privilège de la cause pie étoit contraire au Droit Romain.

Mais tout cela étoit contraire à la disposition du Droit Romain, & n'avoit même aucun fondement dans la Loi Canonique qui n'avoit accordé à la cause pie aucun privilège particulier.

112. Disposition du Droit canonique sur la formalité des Testamens.

Il est vrai que le Pape Alexandre III. répondant à un Evêque de sa domination temporelle, dans le ch. *relat.* 11, *extr. de testam.* déclare valables les dispositions faites en faveur de l'Eglise, si elles sont faites en présence de deux ou trois témoins; parce que ces matières doivent être décidées, non selon les Loix humaines, mais selon ce qui est écrit dans les Livres sacrés, *in ore duorum vel trium testium stat omne verbum.*

113. La cause pie n'avoit point de privilège qui ne fut communiqué aux particuliers.

Mais la cause pie n'a à cet égard rien qui ne soit communiqué aux Particuliers, puisque le chap. *cum esses* 10, qui précede immédiatement, & qui est tiré d'une Décrétale du même Pape faite pour servir de Loi dans ses Etats particuliers, ainsi que le remarque *Molina de justitia & jure disput.* 133, *n.* 4, *tractat.* 2, déclare bons les Testamens faits devant le Curé, & deux ou trois témoins, suivant une coutume générale de l'Eglise qui se régloit, non par les Loix humaines, mais par les Loix divines.

114. Les Loix canoniques pour ce qui regarde le temporel ne doivent avoir lieu que dans les Etats du Pape.

D'ailleurs, les dispositions du Droit Canonique qui, comme on l'a remarqué, n'ont été faites que pour servir de Loi dans les Etats du Pape, ne doivent pas prévaloir, en matière purement temporelle & profane, sur les Loix des Princes temporels; parce que la Juridiction de l'Eglise se borne au seul spirituel, si l'on excepte les Terres qui sont du Patrimoine de S. Pierre, & sous la domination temporelle du Souverain Pontife.

115. La nouvelle

Aussi la nouvelle Ordonnance où le Législateur s'est at-

Ordonnance assujettit la cause pie aux formalités ordinaires entre étrangers.

taché avec soin à faire revivre l'esprit de la Loi Romaine, obscurcie ou négligée, & d'y ajouter pour la perfection des dispositions, des précautions dont l'expérience avoit fait connoître la nécessité & l'utilité, n'a-t-elle fait aucune attention, ni eu aucun égard aux privilèges de la cause pie, imaginés par les Auteurs, puisqu'elle a établi des règles générales auxquelles toute sorte de personnes sont assujetties, sauf celles qui y sont exceptées, & qu'en même-temps elle n'a pas dispensé d'observer ces règles dans les dispositions qui seront faites en faveur de l'Église & de la cause pie ; elle a ordonné au contraire par l'art. 78, que toutes les dispositions de cette Ordonnance, soit sur la forme, ou sur le fonds des Testamens, Codiciles & autres Actes de dernière volonté, seront exécutées, encore que ces dispositions de quelque espèce que ce soit, eussent la cause pie pour objet. Il ne sera donc plus question à l'avenir de recourir à ces prétendus privilèges, ni à ces faveurs imaginaires ; mais les dispositions faites en faveur de l'Eglise ou de la cause pie ne seront valables, qu'autant qu'elles se trouveront dans des Testamens ou autres dispositions de dernière volonté, qui seront revêtues des formalités que l'Ordonnance exige selon la nature des dispositions, & la qualité des personnes qui les ont faites. On peut voir ce que nous avons dit dans la section troisième de ce chapitre pour expliquer l'art. 19 de l'Ordonnance, où nous avons concilié l'antinomie apparente entre cet article & les articles 18 & 78 de la même Ordonnance.

116. Les Auteurs Coutumiers sont moins favorables à la cause pie que les Interprètes du Droit Romain.

Les Auteurs Coutumiers plus exacts dans l'observation des règles, & moins favorables à la cause pie, que ceux du Droit écrit, décident, que quand une Coutume prescrit les formalités des Testamens, il faut les observer pour les dispositions faites en faveur de la cause pie, autrement elles sont nulles. *Chopin de legib. Andium, lib.* 1, *cap.* 49, *num.* 2. *Peleus, quæst.* 65, & plusieurs autres.

SECTION II.

Des Testamens introduits par les Ordonnances anciennes, les Coutumes, ou Usages, & de leurs formalités.

SOMMAIRE.

1. *De plusieurs espèces de Testamens introduits par les Ordonnances, les coutumes ou l'usage.*
2. *Testament fait devant le Curés ou Vicaires. Son origine.*
3. *Usage de ce Testament au-*

1. De plusieurs espèces de Testamens introduits par les Ordonnances, les Coutumes ou l'usage.

IL nous reste à parler de quelques autres Testamens qui ont été introduits par les Ordonnances, les Coutumes ou l'usage, tels sont le Testament reçu par les Curés, ou leurs Vicaires, les Aumôniers des Hôpitaux & des Armées, le Testament maritime, le Testament olographe, & celui qui est reçu par des Notaires, ou par un Notaire en présence des témoins.

2. Testament fait devant les Curés ou Vicaires.

La permission donnée aux Curés de recevoir les Testamens de leurs Paroissiens, prend son origine dans la disposition du Droit Canonique au chap. *cum esses* 10, *extr. de testam.*

3. Usage de ce Testament autorisé par les Ordonnances d'Orléans & de Blois.

Les Ordonnances d'Orléans, art. 27, & de Blois, art. 63, en avoient reçu l'usage *utilitatis causâ*, & avoient étendu cette permission aux Vicaires servant les Paroisses, elles leur avoient attribué une espèce de caractère public, qui fait regarder comme publics & authentiques les Testamens qu'ils reçoivent; ensorte qu'ils font pleine foi sans avoir besoin d'être reconnus, ni que les Testamens soient résumés d'autorité judiciaire; mais les Curés & les Vicaires n'interviennent dans les Testamens que pour leur imprimer le caractère public, car ils doivent d'ailleurs être revêtus des formalités prescrites par les Loix & les Coutumes des lieux pour être valables.

Quoique les Curés & leurs Vicaires soient réputés personnes publiques pour recevoir les Testamens de leurs Paroissiens, ils ne peuvent néanmoins en délivrer des expéditions, & ils n'ont aucun pouvoir ni caractère pour cela; mais ils doivent les remettre devers un Notaire, huitaine après le décès du Testateur, pour en délivrer des expéditions, comme l'a ordonné l'art. 8 de l'Edit du mois de Décembre 1691.

4. Si les Curés ou Vicaires peuvent délivrer des expéditions des Testamens qu'ils ont reçus.

A l'exemple des Curés & de leurs Vicaires, on avoit attribué aux Aumôniers des Hôpitaux, & des Armées, un pouvoir semblable par l'analogie & ressemblance des fonctions, & ils pouvoient recevoir les Testamens des malades qui étoient dans les Hôpitaux, ou dans les Armées sous leur conduite & direction spirituelle; parce que les Aumôniers exercent sur les personnes qui sont dans les Hôpitaux ou dans les Armées les mêmes fonctions que les Curés ou Vicaires dans leurs Paroisses; il convenoit donc pour l'utilité publique qu'on leur attribuât le même pouvoir à cet égard.

5. Des Testamens reçus par les Aumôniers des Hôpitaux & des Armées.

Mais la nouvelle Ordonnance par rapport au pouvoir des Curés déroge à cet usage dans tous les Pays, où il n'y aura point de Statut ou Coutume qui les y autorisent; même dans les Pays où il y a de tels Statuts ou Coutumes la permission est bornée aux Curés séculiers ou réguliers, ou aux Prêtres séculiers qui servent, comme Curés, les Paroisses qui n'ont point de Titulaires, ou dont les Titulaires sont interdits, ou suspendus de leurs fonctions; & il n'est plus permis aux Vicaires, qu'on appelle Secondaires, de recevoir des Testamens, comme il paroît de l'art. 25 de cette Ordonnance; mais il n'est rien innové aux Règlemens & usages observés dans quelques Hôpitaux par rapport à ceux qui y peuvent recevoir des Testamens & autres dispositions à cause de mort. L'art. 27 ne permet aux Aumôniers des Armées de recevoir les Testamens de ceux qui servent dans les Armées, qu'en cas que le Testateur soit malade ou blessé. Et dans ce même cas les Aumôniers des Hôpitaux ont la faculté de recevoir les Testamens des personnes malades ou blessées, qui seront dans leurs Hôpitaux.

6. Disposition de la nouvelle Ordonnance sur le pouvoir des Curés ou Vicaires.

Nous appellons Testament maritime celui qui est fait par les personnes qui sont sur mer, mâles ou femelles, Maîtres, Capitaines, Patrons, Pilotes, & autres Officiers, Passagers & autres. La forme en est réglée par *l'Ordonnance de la Marine de l'année* 1687, *liv.* 3, *tit.* 11.

7. Du Testament maritime.

L'art. premier porte : *Les Testamens faits sur Mer par ceux qui décèderont dans les voyages, seront réputés valables, s'ils sont écrits & signés de la main du Testateur, ou*

8. Forme du Testament maritime.

reçus par l'Ecrivain du Vaisseau en présence de trois témoins, signeront avec le Testateur ; & si le Testateur ne peut ou ne sait signer, il sera fait mention de la cause pour laquelle il n'aura pas signé.

A quelles personnes la faculté de tester de cette façon est accordée.

Pour l'intelligence de cet article, il convient d'observer. 1°. Que la faculté de tester de cette manière est accordée à toutes les personnes qui sont sur Mer, ce qui comprend toutes celles dont nous venons de parler.

10. *Quid* si les voyages ne sont pas de long cours.

2°. Qu'il importe peu que les voyages soient de long cours ou autrement. Cette faculté dure pendant qu'on est sur Mer, & durant le voyage jusqu'au retour ; mais quand on est arrivé au lieu de la destination, si quelqu'un des Officiers, Matelots, Marchands, Passagers ou autres personnes du Vaisseau vouloient tester, il devroit se faire *Jure communi*, en la forme prescrite par les Loix, Statuts ou Coutumes du lieu où il seroit fait.

11. Le Testament maritime ne vaut qu'en cas que le Testateur décède pendant le voyage.

3°. Que pour que le Testament fait en la forme prescrite par l'Ordonnance de 1687 soit valable, il faut que le Testateur ou la Testatrice décèdent pendant le voyage ; car il ne vaut plus après le retour, excepté par rapport au Testament écrit & signé de la main du Testateur, que cette forme de tester ne fut reçue dans le lieu de la résidence du Testateur, auquel cas il vaudroit *Jure communi*, & il ne faudroit pas avoir recours au privilège accordé à ceux qui testent sur Mer en voyage.

12. Le Testament qui n'est pas reçu par l'Ecrivain doit être écrit en entier & signé par le Testateur.

4°. Que le Testament qui ne sera pas reçu par l'Ecrivain du Vaisseau, soit écrit en entier, & signé par le Testateur ; il faut encore, pour constater qu'il a été fait un voyage, qu'il soit daté ou qu'il soit exprimé qu'il a été fait sur Mer en voyage.

13. L'Ecrivain pour être capable de recevoir le Testament doit avoir une commission & avoir prêté serment.

5°. Que l'Ecrivain du Vaisseau, pour être capable de recevoir le Testament, ait une Commission d'Ecrivain, & qu'il ait prêté le serment devant les Officiers de l'Amirauté du lieu de l'embarquement, avant le départ du Vaisseau.

6°. Que les trois témoins qui assisteront au Testament reçu par l'Ecrivain du Vaisseau le signent, & il ne suffiroit pas qu'ils fussent interpellés de signer, & qu'ils déclarassent la cause pour laquelle ils ne signeroient pas ; cela ne regarde que le Testateur, & non les témoins.

14. Les trois témoins doivent signer.

15. Le Testament olographe vaut pour toute sorte de biens.

7°. Le Testament olographe écrit & signé par le Testateur vaut pour toute sorte de biens, & pour l'entière succession du Testateur ; mais celui qui est reçu par l'Ecrivain en présence de trois témoins ne peut valoir que pour les effets que le Testateur aura dans le Vaisseau, & pour les gages qui lui seront dûs, & non pour ses autres biens, suivant l'art. 2 du même titre de l'Ordonnance de 1687.

Parmi les biens que le Teſtateur aura dans le Vaiſſeau, on peut mettre, ſuivant le Commentateur de cette Ordonnance, toute ſorte de biens & effets quels qu'ils ſoient, comme marchandiſes, pierreries, perles, bijoux, argent monnoyé & non monnoyé, billets, promeſſes, obligations, lettres de change, hardes, linges, habits, armes, & généralement tous les effets mobiliers qui ſe trouveront dans le Navire au jour de ſon décès. 16. Quels ſont les biens qui peuvent être dans le Vaiſſeau.

Par *l'art. 3 de la même Ordonnance*, au lieu cité, il eſt dit : *Ne pourront les mêmes diſpoſitions valoir au profit des Officiers du Vaiſſeau, s'ils ne ſont parens du Teſtateur.* 17. Des diſpoſitions faites au profit des Officiers du Vaiſſeau.

Les Coutumes ont introduit une autre eſpèce de Teſtament, qui eſt appellé *olographe*, on en a emprunté en partie la forme du Teſtament *inter liberos* des Romains, & de la Novelle de l'Empereur Valentinien rapportée au code Théodoſien, *tit. de Teſtamentis*, qui ne ſe trouve point dans le code de Juſtinien; mais ils l'ont réglée d'une manière plus ſûre & plus propre à faire connoitre la volonté du Teſtateur, & qu'il a voulu diſpoſer ſérieuſement, en ordonnant qu'il ſeroit écrit en entier, & ſigné de la main du Teſtateur; & c'eſt de toutes les formes la moins ſujette à la ſurpriſe. 18. Teſtament olographe.

L'Ordonnance de 1629, art. 126, avoit autoriſé cette forme de teſter, & avoit voulu qu'elle fût reçue dans tout le Royaume; mais le Parlement de Toulouſe s'attachant trop ſcrupuleuſement aux Règles du Droit Romain, modifia cet article par l'Arrêt de Regiſtre; ainſi elle n'y fut point reçue par rapport aux diſpoſitions en faveur des perſonnes qu'on appelle étrangères, c'eſt-à-dire qui ſont autres que des deſcendans du Teſtateur. 19. Diſpoſition de l'Ordonnance de 1629 au ſujet du Teſtamant olographe.

L'Ordonnance de 1735 en a établi une des formes de teſter *Jure communi* dans les Pays coutumiers où elle étoit en uſage. Elle veut encore qu'elle ait lieu en trois cas dans les Pays du Droit écrit. Le premier, en faveur des enfans & deſcendans. Le ſecond, dans les diſpoſitions faites *Jure militari*. Le troiſième, dans celles qui ſont faites en temps de peſte dans les lieux qui ſont infectés de cette maladie, comme on le voit dans les articles 16, 19, 20, 29 & 35; mais elle veut que les Teſtamens, Codiciles ou autres diſpoſitions olographes ſoient entièrement écrites, datées & ſignées de la main du Teſtateur, ou de la Teſtatrice, dans tous les cas, dans tous les Pays, & par quelques perſonnes qu'elles ſoient faites. 20. Diſpoſition de l'Ordonnance de 1715

Par l'art. 18 elle veut, que les diſpoſitions olographes qui ſeront faites au profit d'autres que des enfans & deſcendans du Teſtateur, ſoient regardées comme de nul effet; mais par les articles 19 & 20 il eſt ordonné que l'u- 21. Dans les Païs du Droit écrit les diſpoſitions en faveur d'autres que des enfans dans les Testamens olographes sont de nul effet.

sage des Testamens, Codiciles & autres dispositions olographes continuera d'avoir lieu dans les Pays, & dans les cas où ils ont été admis jusqu'à présent, voulant néanmoins qu'ils soient entièrement écrits, datés & signés de la main de celui ou celle qui les aura faits.

22.

Ceux qui doivent faire des vœux solemnels, doivent reconnoître les Testamens olographes devant Notaire.

Elle veut encore dans l'art. 21, que *lorsque ceux ou celles qui auront fait des Testamens, Codiciles, ou autres dernières dispositions olographes, voudront faire des vœux solemnels de Religion, ils seront tenus de reconnoître lesdits actes pardevant Notaire, avant que de faire lesdits vœux, sinon lesdits Testamens, Codiciles, ou autres dispositions demeureront nuls & de nul effet.* C'est une précaution très-sage & très-utile pour obvier aux fraudes, & empêcher qu'un Religieux devenu incapable de tester par les vœux solemnels, ne puisse supposer un Testament fait après la profession, comme s'il avoit été fait auparavant, en lui donnant une date remontée. Cette nouvelle Loi suppose donc ou laisse présumer par la nullité qu'elle prononce, qu'un Testament ou autre disposition olographe non-reconnue dans un temps libre & non-suspect, est censée faite dans un temps suspect ou prohibé; ce qui est très-conforme à la droite raison, & à la maxime du Royaume qui veut que les écritures privées n'ayent de date que du jour qu'elles auront été reconnues, lorsqu'il s'agit de l'écrit d'une personne encore vivante. Mais on demande si celui qui est domicilié dans un Pays où l'usage du Testament olographe est reçu par la Coutume de son domicile comme une forme de tester, valable par rapport à toute sorte de personnes, se trouvant dans le Pays du Droit écrit, peut tester par disposition olographe, & si elle vaudra par rapport aux collatéraux & aux étrangers? *Ricard, Traité du don mutuel, chap. 7, n.* 307, décide cette question pour l'affirmative, parce que le Testateur est le seul Ministre de sa disposition; & que tenant de la Coutume de son Domicile la capacité de tester, & le caractère pour disposer en cette forme, comme étant attaché & inhérent à sa personne, il peut en user en quelque lieu qu'il se trouve, parce qu'il l'accompagne par-tout; mais cette décision me paroît fausse, & le raisonnement sur lequel *Ricard* la fonde, ne porte que sur la confusion de deux choses qui doivent être distinguées. Il est vrai que la capacité personnelle de tester dépend de la Coutume du domicile du Testateur, qui en la réglant, affecte, pour ainsi dire, la personne & la suit par-tout; parce que *quotiescumque de capacitate aut habilitate personarum quæritur domicilii leges & statuta spectantur*, suivant *Bartole* & les autres Docteurs sur la Loi *cunctos populos, cod. de summa Trinit.* Mais il n'eſt point vrai qu'un Teſtateur domicilié, par exemple dans la Coutume de Paris, reçoive de cette Coutume le pouvoir & le caractère de diſpoſer par Teſtament olographe, pour l'exercer dans un lieu où cette formalité de Teſtament n'eſt autoriſée qu'en faveur des enfans & deſcendans : cette Coutume ne pouvant avoir d'empire à cet égard que dans ſon diſtrict; parce qu'il ne s'agit pas de la capacité de teſter en général, mais de la faculté de teſter en une certaine forme, qui dépend néceſſairement de la Coutume du lieu où le Teſtament eſt fait : vu que quand on diſpoſe dans un lieu, il faut néceſſairement remplir la formalité requiſe dans ce lieu, afin que le Teſtament ſoit valable; & par la même raiſon lorſqu'on a rempli la formalité requiſe dans le lieu, le Teſtament eſt bon par-tout ailleurs, même dans les lieux où la Coutume exige de plus grandes ſolemnités. C'eſt par cette maxime reçue par tous les Auteurs, & par la Juriſprudence des Arrêts des Cours ſupérieures indiqués par *Soëfve, tom. 1, cent. 1, ch. 44*, & autoriſée par les art. 32 & 37 *de l'Ordon. de* 1735, que cette difficulté doit être réſolue, & non par la conſidération ſi le Teſtateur peut lui ſeul, & ſans le miniſtère de quelqu'autre perſonne, rédiger ſa diſpoſition olographe; parce que la Coutume du lieu où le Teſtateur diſpoſe, ne doit pas moins exercer ſon empire ſur les diſpoſitions olographes, pour les annuller quand elle ne les admet pas, que ſur celles qui ſont faites en une autre forme autoriſée par les Loix ou Coutumes pour les confirmer. De-là vient qu'il n'eſt point vrai, quoiqu'en diſe *Ricard* au lieu cité, que ſi une perſonne du Pays du Droit écrit ſe trouvant par haſard à Paris, y faiſoit un Teſtament olographe, il ne pourroit pas avoir ſon exécution, par la même raiſon que nous venons de toucher, que c'eſt par la Coutume du lieu où le Teſtament eſt fait, & non par les Loix du domicile du Teſtateur, que la forme du Teſtament, quant à ſa validité, doit être réglée; parce que ſelon la remarque de *M. Maynard, liv. 5, chap. 91, conſuetudo non afficit res Teſtatoris, neque ejus perſonam; ſed ipſam diſpoſitionem, quæ ſit in loco ſtatuti, aut conſuetudinis, qui ob id attendi debet :* cela eſt textuellement décidé par *l'art. 32 de l'Ordon. de* 1735, qui veut que les Teſtamens faits par ceux qui n'étant pas Officiers, ni engagés ſe trouvent à la ſuite des Armées à cauſe de leurs Emplois, ou des ſervices qu'ils rendent aux Officiers ou autrement, ſoient bons & valables, s'ils ſont revêtus des formalités preſcrites pour le Teſtament militaire, par les art. 27 & ſuivans : avec cette modification néanmoins que les Teſtamens faits en cette forme demeureront nuls ſix mois après que celui qui les aura faits, sera revenu dans un lieu où il puisse avoir la liberté de tester en la forme ordinaire : *Si ce n'est*, ajoute l'art. 32, *qu'ils fussent faits dans les formes qui sont requises de Droit commun dans le lieu où ils auront été faits* ; sans examiner si le Testateur est domicilié dans un lieu où les Loix exigent d'autres formalités ou non. Parmi les formes de tester militairement, *l'art.* 29 met le Testament olographe. Si donc le Testament olographe qui se trouve fait par les personnes qui rendent service dans les armées dans un lieu où cette forme de disposer est reçue par le Droit commun du lieu, doit valoir par-tout, même après les six mois, sans examiner si le Testateur a son domicile dans un Pays de Droit écrit, ou dans un Pays Coutumier, ce n'est que parce que l'Ordonnance autorise bien formellement la maxime des Auteurs, qu'il suffit qu'un Testament soit fait selon les formalités requises par les Loix du lieu où il est fait, afin qu'il vaille par-tout, sans distinguer le Testament olographe des autres espèces de Testamens. Il semble même que *Ricard* est de cet avis, & qu'il n'est pas d'accord avec lui-même, puisque dans son *Traité des Donations, part.* 1, *n.* 1560, il soutient que la date est requise au Testament olographe pour juger de sa validité, & pour connoître si les Loix qui s'observent dans le lieu où il a été fait, permettent de faire un Testament olographe. On peut voir dans le *Dictionnaire des Arrêts*, verb. *Testam. n.* 11 & 12, l'Arrêt du Parlement de Paris du 15 Janvier 1715, qui a jugé qu'un Testament olographe fait par un domicilié à Paris, dans la Ville de Douay, où cette forme de tester n'est pas reçue, n'étoit pas valable, avec les Mémoires des Parties sur lesquels cet Arrêt intervint. J'ai vu rendre un autre Arrêt au Parlement de Toulouse le 10 Février 1734, au rapport de M. Bastard, qui confirme un Testament olographe fait à Paris par un domicilié à Montpellier Pays de Droit écrit, pour l'institution faite en faveur de l'épouse du Testateur. En voici l'espèce : Me. Jean Milhau, Greffier en chef de la Cour des Aydes de Montpellier, se trouvant à Paris en 1716, où il avoit été pour des affaires, y fit un Testament olographe le 14 Novembre de la même année, écrit, daté & signé de sa main, sans autre solemnité. Il laissa la moitié de la légitime à chacun de ses enfans & cinq sous au-de-là, suivant le pouvoir à lui donné par le Statut de Montpellier auquel il se référoit, & il institua pour son héritière Dame Jeanne Sanson son épouse, à la charge de rendre son hérédité lorsqu'elle jugeroit à propos, sans détraction de quart, à Etienne, ou à Bernard Milhau ses enfans, de l'avis & conseil du sieur Bornier & non autrement; sans rendre aucun compte des revenus de l'hérédité, dont il la déchargea par exprès. Le Testateur étant décédé à Paris peu de temps après, son Testament fut envoyé à Montpellier où il fut ouvert & publié le 19 Mars 1720, par le Lieutenant Général ou Sénéchal. Il fut ensuite rendu une Sentence arbitrale le 10 Novembre 1723, qui en confirmant ce Testament, régla les légitimes dues aux enfans du Testateur. Après quoi Etienne Milhau un des enfans éligibles pour recueillir le fidéicommis étant décédé, Bernard, autre enfant du Testateur, forma Instance devant le Sénéchal de Montpellier contre la Dame de Sanson sa mère en délaissement des biens de l'hérédité de son défunt père, avec restitution des fruits. Au contraire la Dame de Sanson se pourvut au Parlement de Toulouse, où elle demanda l'exécution de la Sentence arbitrale, & Bernard Milhau en interjetta appel. Son moyen étoit pris de ce que les Arbitres n'avoient pas cassé la clause d'institution contenue dans le Testament olographe en faveur de la Dame de Sanson, vu que les Testamens olographes ne pouvoient valoir en Pays de Droit écrit qu'en faveur des enfans, & non pour les dispositions faites en faveur d'autres personnes; il soutenoit encore que le Testateur s'étant expressément référé au Statut de Montpellier, on ne pouvoit pas faire usage contre lui de la règle enseignée par les Auteurs, que pour la validité du Testament il suffit qu'on y ait observé la formalité prescrite par les Loix, l'Usage, ou la Coutume du lieu où il est fait. La Dame de Sanson répondoit que le Testament en question ayant été fait à Paris en conformité de l'art. 289 de la Coutume de cette Ville, il devoit valoir pour toutes les dispositions qu'il renfermoit suivant la doctrine des Auteurs, & la Jurisprudence des Arrêts; que si le Testateur s'étoit référé au Statut de Montpellier, ce n'étoit pas pour la formalité du Testament, mais uniquement par rapport à la faculté que ce Statut donne de réduire les enfans à la moitié de la légitime. L'Arrêt qui intervint débouta le sieur Milhau de son appel, & confirma le Testament olographe, même pour l'institution faite en faveur de la Dame de Sanson personne étrangère. Auparavant & le 16 Mai 1732, le sieur Milhau avoit consulté Messieurs Boutaric, Quinquiry, Lardos, Cormonts & moi, sur la validité de ce Testament, & nous fumes tous unanimement d'avis qu'il étoit bon pour toutes ses dispositions: nonobstant lequel avis le sieur Milhau ne laissa pas de poursuivre; mais l'Arrêt qu'il fit rendre se trouva conforme à notre résolution.

Comme la volonté nuncupative des personnes qui testent sans écriture, ne pouvoit valoir, que quand il y en avoit une preuve légale; qu'il arrivoit souvent que quel- 23. Testament nuncupatif devant Notaire.

qu'un des témoins venoit à mourir, on ne pouvoit pas porter témoignage de la volonté du Testateur, lorsqu'il étoit nécessaire de la rédiger en forme publique & authentique, & que par-là le Testament devenoit inutile. Pour remédier à cet inconvénient, & assurer la preuve de la volonté, l'usage avoit introduit pour l'utilité publique une forme d'acte inconnue chez les Romains, pour rédiger en forme probante & authentique les dispositions nuncupatives; c'est-à-dire, en faisant dresser un acte par un Notaire de la volonté & des dispositions du Testateur, & des formalités nécessaires, pour donner à cette volonté toute sa force & son efficace.

24. Le Testament, quoique rédigé par écrit par Notaire, ne laissoit pas d'être nuncupatif.

Quoique cette espèce de Testament fût rédigée par écrit, il n'étoit pourtant pas mis au rang des Testamens écrits ou solemnels; il retenoit toujours le nom & la nature de Testament nuncupatif; & le Notaire n'y faisant que la fonction de personne publique pour donner à l'acte la forme authentique, il n'étoit pas considéré comme témoin, ni ne pouvoit pas suppléer au défaut d'un autre témoin, qu'on auroit négligé d'appeller; mais le Notaire pouvoit être mis au rang des autres témoins, suivant la Loi *Domitius Labeo* 27, *ff. qui Testam. facere possunt*, lorsque l'acte ne pouvoit pas valoir comme public, & que la preuve du Testament nuncupatif étoit faite en la forme ordinaire, d'autorité de Justice, par la résomption des témoins. Cette distinction autorisée par le sentiment commun des Interprètes, avoit été adoptée par le Parlement de Toulouse, suivant le témoignage de M. *de Cambolas*, *liv.* 3, *chap.* 46; mais elle est abrogée par la nouvelle Ordonnance qui veut que le Notaire tienne lieu d'un témoin, quoiqu'il fasse en même temps la fonction d'Officier public, pour donner à l'acte le caractère authentique.

25. La nuncupation faisoit l'essence du Testament, & l'écriture n'y étoit pas nécessaire.

Nous avons vu que l'écriture n'étoit pas nécessaire par le Droit Romain pour la validité du Testament nuncupatif, & que la nuncupation en présence de sept témoins capables, assemblés en même temps & en même lieu, *uno contextu*, formoit la substance & l'essence de cette espèce de Testament.

26. La validité de la disposition nuncupative ne dépend pas de la validité de l'acte reçu par le Notaire suivant le Droit Romain.

Nous avons encore vu que pour obvier aux inconvéniens, & empêcher le dépérissement de la preuve, l'usage avoit introduit de faire dresser un acte devant Notaire de la disposition du Testateur, & des solemnités qui étoient employées au Testament. De-là il s'ensuit qu'il ne faut pas confondre le Testament ou la volonté nuncupative, selon le même Droit, avec l'acte dressé pour en être la preuve *ad perpetuam rei memoriam*, pour suppléer à la preuve judiciaire qui devoit en être faite: ainsi la volonté ou le Testament

tament ne dépendoit pas de la validité de l'acte; si bien que si l'on avoit omis quelque formalité capable de rendre l'acte nul, comme si le Testateur n'avoit pas été requis de signer, ou qu'aucun des Témoins n'eût signé l'acte, la volonté n'en souffroit pas d'atteinte; mais il étoit permis de la constater d'une manière légale, en faisant résumer les témoins sur la volonté & la formalité observée dans le Testament: de même l'acte pouvoit valoir comme étant revêtu de toutes les formalités requises par les Ordonnances pour lui donner le caractère public & authentique, sans que le Testament fût valable pour manquer de quelque formalité requise par la Loi Romaine.

27. Jurisprudence du Parlement de Toulouse sur la validité de l'acte pour prouver le Testament nuncupatif.

Il est vrai que le Parlement de Toulouse avoit jugé anciennement par quelques Arrêts qui sont rapportés par M. *Dolive, liv. 5, chap. 5. M. de Cambolas, liv. 2, chap. 44*; & par *Albert*, verb. *Testam., art. 26*, que quoique le Testateur n'eût point signé, qu'il n'eût pas même été requis, & que le Notaire n'eût pas exprimé la cause pour laquelle il n'avoit pas signé, le Testament valoit comme acte public, sans qu'il fût nécessaire de faire résumer les témoins pour constater la volonté d'une manière légale. Ces Arrêts sont fondés sur ce que le Droit Romain n'exige point le seing du Testateur, ni celui des Témoins, ni même l'écriture; mais c'étoit porter trop loin les dispositions du Droit Romain, parce que le Testament ne peut valoir sans qu'il y en ait une preuve légale. Or l'acte qui est fait pour en constater la preuve, n'étant pas revêtu des formalités requises par les Ordonnances d'Orléans & de Blois pour la validité des actes, il est donc nul, & ne peut par conséquent faire aucune preuve. Comme aujourd'hui on observe ponctuellement au Parlement de Toulouse les Ordonnances qui prescrivent la formalité des actes publics, ainsi que le remarque M. *Duval*, Professeur en Droit François à l'Université de Toulouse, dans ses *Institutions du Droit Franc. liv. 3, chap. 10, pag. 367*, si une pareille question s'y présentoit sur un Testament antérieur à l'Ordonnance de 1735, on la jugeroit tout autrement, & l'on casseroit l'acte, sans préjudice de faire la preuve du Testament nuncupatif, par la résumption judiciaire des témoins. Le Parlement de Toulouse a tantôt cassé, tantôt confirmé les Testamens nuncupatifs écrits, lorsque le Testateur ou les Témoins n'ont pas signé, & qu'ils n'ont pas été interpellés. Pour concilier ces Arrêts, il faut observer que selon le Droit Romain, le Testament nuncupatif est bon en soi, indépendamment de l'écriture dans laquelle il a été rédigé; ensorte qu'encore que l'acte qui le renferme soit nul, le Testament ne laisse pas de subsister, parce qu'il consiste dans la seule nuncupation: mais comme il doit y avoir une preuve légale des dispositions, afin qu'elles soient connues, & qu'on puisse les exécuter, il faut qu'il y ait un acte valable devant Notaire, ou une procédure judiciaire en bonne forme pour constater les dispositions. Voilà pourquoi si l'acte reçu par le Notaire est nul par quelque moyen fondé sur les Ordonnances, il n'y a point de preuve légale des dispositions; il faut donc casser l'acte, sauf à ordonner la résumption des Témoins, lorsqu'on se trouve dans quelque cas, où cette résumption peut être faite suivant la Jurisprudence du Parlement de Toulouse avant l'Ordonnance de 1735, comme il fut jugé par l'Arrêt du 18 Mai 1598, rapporté par *M. de Cambolas*, *liv.* 2, *chap.* 44. Mais le Testament qui consiste dans la nuncupation, doit subsister, & c'est en supposant que la preuve de la disposition puisse être faite, & qu'elle le soit en effet, qu'il faut entendre l'autre Arrêt du 1 Mars 1631, rapporté par M. de Cambolas, & par M. d'Olive; c'est-à-dire, que la validité du Testament tombe sur la nuncupation, & non sur l'acte du Notaire, quand il est nul par quelque moyen d'Ordonnance, parce que dans ce dernier cas, l'acte nul est incapable de faire foi, & de constater les dispositions du Testateur. Il faut donc ordonner la résumption des Témoins, afin que les dispositions & la nuncupation qui constitue le Testament soient légitimement prouvées.

28. On doit suivre les formalités prescrites par l'Ordonnance de 1735 pour les Testamens nuncupatifs.

L'Ordonnance de 1735 a réglé les formalités des Testamens nuncupatifs dans les Pays du droit écrit, non-seulement *inter extraneas personas*, mais encore *inter liberos*, dans les art. 5, 15 & 45; la forme qui est prescrite selon la qualité des Testateurs & la nature des lieux où le Testament est fait, doit être aujourd'hui ponctuellement observée à peine de nullité, suivant l'art. 47, & cette nullité influe non-seulement sur l'acte qui sert de preuve, mais encore sur la volonté & sur les dispositions, parce que les dispositions ne peuvent valoir qu'autant qu'elles sont appuyées sur un acte valable, à cause que suivant l'art. 1 de la nouvelle Ordonnance, il est de l'essence de ces Testamens qu'ils soient rédigés par écrit, que toutes les dispositions testamentaires faites verbalement sont déclarées nulles, & qu'il est défendu d'en admettre la preuve par témoins, même sous prétexte de la modicité de la somme dont il auroit été disposé; ce qui comprend toute sorte de dispositions testamentaires & à cause de mort, de quelque nature qu'elles soient, & en faveur de quelques personnes qu'elles ayent été faites.

29. Des diffé-

Nous ne parlerons pas des différentes espèces de Testamens, ou à parler plus juste des différentes formes de tester introduites par les Coutumes, à cause de leur diversité ; nous observerons néanmoins qu'elles peuvent se réduire à six ou sept qui sont expliquées dans *l'art.* 289 *de la Coutume de Rheims*, dans *l'art.* 58 *de celle de Vermandois*, *& Buridan sur ces articles*, & par *Ferriere sur l'art.* 289 *de la Coutume de Paris.*

rentes formes de Testament portées par les Coutumes.

SECTION TROISIEME.

Des Testamens dont l'Ordonnance de 1735 autorise l'usage, & règle les formalités.

SOMMAIRE.

1. *Des Testamens dont l'Ordonnance de 1735 a conservé l'usage.*
2. *Distinction des Pays du Droit écrit avec les Coutumiers.*

Distinction des différentes espèces de Testamens.

Quelles sont les personnes qui peuvent recevoir les Testamens.

3. *Dans les Pays Coutumiers il ne peut y avoir que deux formes de disposer* Jure communi.

Quelles sont ces deux formes.

4. *Des dispositions olographes, de leur forme & valeur.*

La forme prescrite doit y être observée, même inter liberos.

5. *Forme des dispositions reçues par une personne publique.*
6. *Des conditions requises afin que les dispositions soient valables.*

Que les Notaires ou Tabellions écrivent de leur main les dispositions.

7. *Les dispositions écrites de la main du Clerc seront nulles.*

Quid *si le Testateur écrivoit lui-même la disposition.*

8. Quid *si les dispositions reçues par deux Notaires étoient écrites partie de la main de l'un, partie de la main de l'autre.*

Deuxième condition. Lecture.

Qu'il soit fait mention que la lecture a été faite.

Il faut qu'il paroisse que le Testateur a dicté sa volonté, ou du moins qu'on ne puisse pas présumer le contraire.

9. *Troisième condition. Seing du Testateur, des Notaires & Témoins.*

Si le défaut du seing du Testateur annulle, quand la cause pour laquelle il n'a pas signé est exprimée.

Ces formalités qui sont Juris communis *doivent être gardées, même dans les Testamens* inter liberos.

à peine de nullité.

10. *Des Testamens reçus par les Curés.*

Forme de ces Testamens.

Si le Curé doit lui-même écrire la disposition.

11. *Des Testamens reçus par les Officiers de Justice ou municipaux.*

S'ils doivent observer les mêmes formalités que les Notaires.

12. *Des Testamens dans les Pays du Droit écrit.*

Six différentes espèces de Testamens.

Il n'y en a que deux, savoir le Testament nuncupatif & le solemnel qui soient Juris communis.

13. *du Testament nuncupatif dans les Pays du Droit écrit*

Le Testateur doit prononcer toutes ses dispositions en présence du Notaire & des Témoins.

14. *Le Notaire doit écrire les dispositions.*

15. *Il doit être fait lecture, & l'acte doit en faire mention.*

16. *Le Testateur, les Témoins & le Notaire doivent signer, & il doit être fait mention de la raison pour laquelle le Testateur ne signe pas.*

17. *Le Testament doit être fait* uno contextu.

L'omission de quelque formalité rend le Testament nul.

18. *Dans les Testamens faits aux Villages & Bourgs non-fermés on peut appeller des Témoins illiterés, & il suffit que deux signent.*

19. *Il n'est pas nécessaire d'exprimer que les Témoins ont été priés.*

20. *Si le Testateur est aveugle il faut un Témoin de plus.*

21. *Du Testament mystique ou solemnel.*

22. *Suite de la formalité du Testament mystique.*

23. *Suffiroit-il que le Testament fut enveloppé sans être cacheté.*

24. *Seroit-il nécessaire de cacheter le Testament dont l'acte de souscription est sur la même feuille que le corps du Testament.*

25. *Suite de la formalité du Testament mystique.*

S'il est nécessaire que l'acte de souscription porte que le Testateur a lu & relu le corps du Testament.

26. *Suite de la formalité du Testament mystique.*

Si l'acte de souscription doit être couché sur la même feuille où est écrit le corps du Testament.

27. *Suite de la formalité du Testament clos.*

28. *Suite de la formalité du Testament solemnel.*

29. *Suite de la même formalité.*

Précaution quand le Testateur ne peut pas signer l'intérieur du Testament.

Les personnes qui ne savent pas lire ne peuvent pas faire des Testamens mystiques.

A qui est-ce à prouver le défaut de savoir ou pouvoir lire.

30. *Du Testament de celui qui ne peut point parler & qui peut écrire*

31. *Des Testamens faits dans les lieux du Droit écrit où il y a des Coutumes particulières.*
Il faut un Témoin de plus dans le Testament de l'aveugle, même dans les Coutumes.
Idem, *quand le Testateur n'aura pas signé le corps du Testament.*
Si l'Ordonnance déroge aux autres formalités des Coutumes.
De la date dans l'intérieur & l'extérieur du Testament.
32. *Forme du Testament* inter liberos *dans les Pays du Droit écrit.*
Un Notaire & deux Témoins.
Ou deux Notaires.
Quid *du père aveugle ou muet.*
Quid *de celui qui n'a pas signé le corps du Testament mystique.*
33. *Du Testament olographe en faveur des enfans & descendans.*
Il doit être entièrement écrit, daté & signé de la main du Testateur.
Les dispositions qui ne seront pas revêtues de l'une des deux formes ci-dessus, sont nulles, même à l'égard des enfans.
34. *Des actes de partage faits par les ascendans en faveur de leurs descendans.*
35. *Les dispositions en faveur des étrangers mêlés avec les enfans sont nulles à l'égard des étrangers.*
36. *Conciliation des art.* 18 *&* 19 *de l'Ordonnance.*
37. *Dispositions des art.* 18 *&* 78.
38. *Disposition de l'art.* 19.
39. *Si le Testament olographe en faveur de la cause pie, est bon dans les Pays du Droit écrit.*
Raisons pour la négative.
40. *Raisons pour l'affirmative.*
41. *Résolution de la difficulté contre la cause pie.*
Elle est mise au niveau des personnes étrangères.
42. *Explication de l'art.* 19.
Raisons contre la cause pie.
43. *Suite des raisons contre la cause pie.*
44. *Deux espèces de Testamens dont les formalités sont les mêmes dans tous les Pays.*
45. *Du Testament fait en temps de peste.*
46. *La faculté de tester en cette forme est communiquée aux personnes non-attaquées de peste.*
47. *Les Testamens faits dans les lieux infectés doivent avoir l'une des deux formalités prescrites.*
48. *On peut tester par disposition olographe, c'est la première forme.*
49. *Seconde forme de tester dans les lieux infectés.*
1°. *Par deux Notaires.*
2°. *Devant un Notaire & deux Témoins.*
3°. *En présence de deux Officiers Royaux ou Municipaux.*
50. *Pardevant un Officier & deux Témoins.*
51. *Pardevant le Curé ou Desservant & deux Témoins.*
52. *De la signature du Notaire, Officier, Curé, du*

APRÉS avoir expliqué les différens Testamens introduits par le Droit Romain, les Ordonnances & l'usage, & qui étoient pratiqués avant l'Ordonnance de 1735, il convient de voir quels sont les Testamens dont l'usage a été conservé & autorisé par cette Ordonnance, & quelles sont les formalités qu'elle exige.

1. Des Testamens dont l'Ordonnance de 1735 a conservé l'usage.

Pour s'en acquitter d'une manière exacte, claire & utile, faire connoître la véritable application des dispositions de cette Ordonnance & la réduire en pratique, il faut premièrement distinguer les Pays du Droit écrit d'avec les Pays Coutumiers. En second lieu, examiner en détail chacune des espèces des Testamens dont cette Ordonnance autorise l'usage, & prescrit les formalités pour valoir *Jure communi*, ou bien *Jure speciali*, dans ces deux espèces de Pays, & ceux qui ont une même forme dans tout le Royaume. En troisième lieu, comme il ne peut plus y avoir, selon cette Ordonnance, que des Testamens écrits, & qu'ils peuvent être constatés par deux sortes d'écriture, l'une publique, l'autre privée, il est nécessaire de connoître quelles sont les personnes qui sont considérées comme revêtues du caractère public pour recevoir les Testamens, & leur donner la forme authentique & probatoire.

2. Distinction des Pays du Droit écrit avec les Coutumiers.

Dans les Pays Coutumiers, *où les formalités établies*

3. Dans les Pays Coutumiers il ne peut y avoir que deux formes de disposer *Jure communi.*

par le Droit écrit pour les dispositions de dernière volonté ; ne sont pas autorisées par les Loix, Statuts, ou Coutumes de ces Pays, il ne peut y avoir à l'avenir (& depuis la publication de la nouvelle Ordonnance) *que deux formes qui puissent avoir lieu pour ces sortes de dispositions ;* cela s'entend *Jure communi*, & n'exclut pas les dispositions qui ont quelque privilège ; c'est-à-dire, que toutes les espèces de dispositions faites *Jure communi* doivent être revêtues de l'une ou de l'autre de ces deux formes. L'une est *celle des Testamens, Codicilles & autres dispositions olographes ;* & l'autre, *celle des Testamens, Codicilles & autres dispositions reçues par des personnes publiques.* C'est ainsi que l'ordonne l'art. 22 de cette nouvelle Ordonnance.

4. Des dispositions olographes, de leur forme & valeur.

Les dispositions olographes, pour être valables, doivent être entièrement écrites, datées & signées de la main du Testateur, ou de la Testatrice, suivant *l'art.* 20 ; quand elles sont revêtues de cette formalité, elles sont efficaces pour tout ce qu'elles renferment, même entre personnes étrangères, dans les Pays où cette forme de disposer est autorisée, conformément à l'art. 19, & comme c'est l'une des deux manières de disposer *Jure communi*, il faut y observer les formalités prescrites quelle que soit la qualité du Testateur, quand même il disposeroit *inter liberos*, autrement la disposition seroit nulle.

5. Forme des dispositions reçues par une personne publique.

Les dispositions de dernière volonté qui se feront dans les mêmes Pays devant une personne publique, doivent être reçues par deux Notaires ou Tabellions, ou par un Notaire ou Tabellion, en présence de deux témoins, suivant *l'art.* 23.

6. Des conditions requises afin que les dispositions soient valables.

Le même article exige plusieurs formalités, ou conditions, afin que les Testamens, Codiciles ou autres dispositions de dernière volonté, soient valables. La première, que les Notaires ou Tabellions, ou l'un d'eux, écrivent de leur main les dernières volontés du Testateur à mesure qu'il les dictera. On s'est conformé à la disposition de l'Ordonnance par un Arrêt rendu au Parlement de Toulouse en la première Chambre des Enquêtes, au rapport de M. de Lanes, en faveur de la Demoiselle Calvet, épouse du sieur Fabre, contre le sieur Louis Calvet son frère, en cassant un Testament fait par le père en faveur de son fils, à cause qu'il avoit été écrit de la main du Clerc du Notaire; il y avoit même cette circonstance, qu'on avoit appellé sept Témoins.

7. Les dispositions écrites de la main du Clerc seroient nulles.

Ce seroit donc une nullité, si les dispositions faites devant deux Notaires étoient écrites de la main du Clerc du Notaire, ou de celle de quelqu'un des témoins ; c'est une précaution très-sage pour obvier aux fraudes, & afin qu'on ne puisse pas coucher dans le Testament, des dispositions que le Testateur n'aura point dictées ; & comme cet inconvénient ne seroit pas à craindre, si le Testateur écrivoit lui-même sa disposition, elle ne pourroit pas être regardée comme nulle, pour n'être pas écrite de la main d'un des Notaires, cela est conforme à l'esprit de la Loi.

8. *Quid* si les dispositions reçues par deux Notaires étoient écrites partie de la main de l'un, partie de la main de l'autre.

Ce ne seroit pas non-plus une nullité, si les dispositions faites devant deux Notaires, étoient écrites partie de la main d'un des Notaires, & l'autre, partie de celle de l'autre Notaire.

Deuxième condition.

La seconde condition, est qu'après que toutes les dispositions auront été couchées tout de suite, il en soit fait lecture au Testateur par l'un des Notaires, en présence de l'autre Notaire, ou de deux témoins, & qu'il en soit fait mention expresse, sans néanmoins qu'il soit nécessaire de se servir précisément de ces termes : *dicté, nommé, lu & relu, sans suggestion, ou autres requis par les Coutumes, ou Statuts* ; il suffit seulement qu'il paroisse que le Testateur a dicté, ou expliqué sa volonté, ou du moins qu'on ne puisse pas présumer le contraire, & qu'il soit fait mention de la lecture par quelque terme qui la désigne sans équivoque, comme *récité*, ou autre équipolent ; mais il est indispensable que le Testament prouve qu'il a été lu & récité.

9. Troisième condition.

La troisième, que le Testament, Codicille ou autre disposition de dernière volonté, soit signée par le Testateur ; ensemble par les deux Notaires, ou Tabellions, ou par le Notaire ou Tabellion, & les deux témoins ; car le défaut de seing de ces personnes, ou de quelqu'une d'elles, rendroit le Testament ou autre disposition nulle, & en cas que le Testateur déclare qu'il ne sait ou ne peut signer, il en doit être fait mention dans l'acte, par où l'on voit que le défaut du seing du Testateur n'annulle pas l'acte, pourvû que le Notaire exprime la cause pour laquelle le Testateur n'a pas signé. Les formalités de cette disposition comme étant *juris communis*, dans les Pays Coutumiers, doivent nécessairement être observées par toutes sortes de personnes qui testent *jure communi*, même par les pères qui disposent en faveur de leurs enfans, à peine de nullité ; mais il suffit aussi à l'égard de toutes sortes de personnes, que ces formalités ayent été observées.

10. Des Testamens reçus par les Curés.

à l'égard des Testamens qui sont reçus par les Curés des lieux ou les Coutumes ou Statuts les y autorisent expressément, on ne peut pas considérer cette manière de disposer comme étant *juris communis*, puisqu'elle ne doit avoir lieu que dans les endroits où elle est expressément autorisée par les Coutumes, & non ailleurs, quoique la

Jurisprudence des Arrêts, & l'usage les eût reçu. *L'art.* 25 exige que les Curés y appellent deux témoins; il ne dit pas nommément, que le Curé ou autre Desservant à sa place, doive écrire les dispositions, ni en faire la lecture, & qu'il en soit fait mention expresse; mais il ne paroît pas douteux que le Curé & le Desservant ne soient obligés d'observer ces formalités; car *l'art.* 25 ne prescrit pas une forme différente dans les Testamens reçus par les Curés de celle des Testamens reçus par les Notaires, il ne fait qu'expliquer les mots, *personnes publiques*, qui se trouvent dans *l'art.* 22, & donner à cet égard, le caractère de personnes publiques aux Curés ou Desservans, en supposant qu'ils doivent observer les mêmes formalités qui sont prescrites aux Notaires ou Tabellions dans l'art. 23, d'autant mieux que par les anciennes Ordonnances, & notamment celle de *Blois*, *art.* 63, il est enjoint aux Curés d'observer les formalités prescrites par les Loix, Coutumes & usages, que les Notaires sont obligés de garder.

11. Des Testamens reçus par les Officiers de Justice ou municipaux.

La question de savoir, si les Officiers de Justice & les Officiers municipaux, qui par *l'art.* 24 sont mis au rang des personnes publiques, qui peuvent recevoir des Testamens, ou autres dispositions à cause de mort dans les lieux ou les Coutumes ou usages les y autorisent, sont obligés de garder les formalités prescrites par les art. 5 & 23, c'est-à-dire, de faire mention de la lecture, d'appeller des témoins & de les faire signer, paroît susceptible de beaucoup de difficulté; d'un côté, on peut dire d'abord que l'article suppose les formalités prescrites dans les articles précédens, & qu'il ne fait que déclarer les personnes qu'on doit mettre au rang des personnes publiques. D'autre part, si par les Loix, Coutumes, ou Usages des lieux, ces Officiers n'étoient pas obligés auparavant, d'observer ces formalités, il semble qu'ils n'y sont pas tenus, & qu'il suffit qu'ils se conforment à l'usage reçu auparavant, parce que *l'art.* 24 le confirme & n'y ajoute rien de nouveau. Par rapport à la nécessité d'appeller des témoins, il faut voir ce que nous avons dit ci-devant dans la section première de ce chapitre, nombres 91 & 92, lorsque nous avons parlé des Testamens *apud acta* suivant le droit Romain, & ce que nous dirons dans la présente section nombre 79. Je pense néanmoins par provision, que le parti le plus sûr étant que les Officiers de Justice, & les Officiers municipaux observent toutes ces formalités, ils doivent par précaution s'y soumettre, & ne se regarder que comme de simples personnes publiques, qui sont obligées de garder les mêmes formalités que les Notaires, s'ils reçoivent les Testamens, jusqu'à ce que l'usage ou le Prince ayent fait connoître d'une manière claire, de quelle manière l'article 24 doit être entendu.

A l'égard des Pays de Droit écrit, on peut distinguer plusieurs espèces de Testamens. Premièrement, le nuncupatif écrit. En second lieu, le solemnel ou mystique. En troisième lieu, le Testament fait hors les Villes ou Bourgs fermés. En quatrième lieu, ceux des aveugles ou muets. En cinquième lieu, ceux dont certaines Coutumes en Pays de Droit écrit, fixent le nombre des témoins. En sixième lieu, les Testamens *inter liberos*. Toutes ces manières de disposer différent entr'elles en quelque chose, dans les formalités que l'Ordonnance de 1735 a prescrites. Parmi ces différentes espèces, il y en a deux savoir, le Testament nuncupatif écrit, & le Testament solemnel, ou mystique, qui sont de Droit commun & général dans les Pays de Droit écrit; les autres sont spéciales par rapport à certaines personnes, ou aux lieux dans lesquels ils sont faits. 12. Des Testamens dans les Pays du Droit écrit.

Comme l'Ordonnance commence par le Testament nuncupatif écrit, nous en parlerons en premier rang. Selon l'article 5, lorsque le Testateur voudra faire un Testament nuncupatif écrit, il devra premièrement, en prononcer intelligiblement toutes les dispositions en présence au moins de sept Témoins, y compris le Notaire ou Tabellion; c'est-à-dire, que le Testateur doit exprimer par sa voix le nom de ses héritiers, les portions qu'il leur assigne, les legs, les fidéicommis & autres choses qu'il voudra ordonner. 13. Du Testament nuncupatif dans les Pays du Droit écrit.

En second lieu, le Notaire ou Tabellion doit écrire les dispositions à mesure qu'elles seront prononcées par le Testateur. Chez les Romains, il falloit que le Notaire ou Tabellion écrivît lui-même les actes, comme le remarque *Loyseau, des Offices, liv. 2, chap. 5 nombre* 43; mais c'étoit parce que les Témoins, ni le Notaire ne le signoient pas. L'Ordonnance exige donc la formalité de l'écriture du Notaire que le Droit Romain exigeoit, & veut encore la signature des témoins, du Notaire & du Testateur, parce que le Droit Romain l'exigeoit, par rapport aux Testamens, & que les Ordonnances le veulent de même. 14. Le Notaire doit écrire les dispositions.

En troisième lieu, quand toutes les dispositions seront couchées, il doit être fait lecture du Testament en entier au Testateur, & l'acte doit faire mention de cette lecture. 15. Il doit être fait lecture, & l'acte doit en faire mention.

En quatrième lieu, le Testament doit être signé par le Testateur; ensemble par le Notaire ou Tabellion, & par les autres Témoins, & en cas que le Testateur déclare qu'il ne sait ou ne peut signer, il en sera fait mention. 16. Le Testateur, les Témoins & le Notaire doivent signer.

En cinquième lieu, les quatre conditions ou formalités doivent être observées tout de suite, & sans divertir à autres actes, c'est-à-dire, que tout cela doit être fait *uno* 17. Le Testament doit être fait *uno contextu.* *contextu*, comme parle la *Loi* 21, §. 3, *ff. qui Testam. fac. poss.* Si quelqu'une de ces formalités manquoit, le Testament seroit nul, suivant l'article 47.

18. Dans les Testamens faits aux Villages & Bourgs non fermés, on peut appeller des Témoins illitérés, & il suffit que deux signent. L'article 45 excepte de la nécessité de faire signer tous les Témoins dans les Testamens qui sont faits ailleurs que dans les Villes ou Bourgs fermés; & à cet égard, pourvû que dans le nombre des témoins requis, il y en ait deux outre le Notaire qui signent, le Testament n'en sera pas moins bon, pourvu qu'il soit fait mention qu'ils ont été présens, & qu'ils ont déclaré ne savoir ou ne pouvoir signer.

Mais il n'est pas nécessaire qu'il soit exprimé dans le Testament que les Témoins ont été priés & convoqués à cet effet, il suffit qu'il paroisse qu'ils y ont assisté, & qu'ils signent suivant la distinction des Testamens qui sont faits dans les Villes & Bourgs fermés ou ailleurs.

19. Il n'est pas nécessaire d'exprimer que les Témoins ont été priés.

20. Si le Testateur est aveugle il faut un Témoin de plus. Que si le Testateur est aveugle, ou si dans le temps du Testament, il n'a pas l'usage de la vue, on doit appeller à son Testament un témoin de plus, lequel signera avec les autres Témoins.

21. Du Testament mystique ou solemnel. L'article 9 ordonne que quand le Testateur voudra faire un Testament mystique ou secret, il soit tenu, 1°. de signer ses dispositions, soit qu'il les ait écrites lui-même, ou qu'il les ait fait écrire par un autre. L'article n'exigeant qu'un seing, il faut l'apposer à la fin de l'écrit, & il n'est pas nécessaire que le Testateur signe à chaque page. L'Ordonnance n'exige pas pareillement qu'après le seing le mot *Testateur* soit ajouté. Cela n'est donc pas nécessaire non plus qu'il soit exprimé dans l'intérieur du Testament, que le Testateur l'a lu & relu, quand même il seroit écrit d'autre main, par la même raison que cette formalité n'est pas imposée par l'Ordonnance; elle ne l'étoit pas non plus par le droit Romain, comme nous l'avons observé dans la Section I. de ce chapitre, par la Loi *hac consultissima* 21, *cod. de Testam.* dont *l'article 9 de l'Ordonnance de* 1735, est presque une traduction littérale.

22. Suite de la formalité du Testament mystique. 2°. Le papier qui contiendra les dispositions, ensemble le papier qui servira d'enveloppe, s'il y en a une, doit être clos, & scellé avec les précautions en tels cas requises & accoutumées. Il faut néanmoins observer que l'Ordonnance n'entend pas faire revivre l'usage des sceaux des témoins établi par le droit Romain, & abrogé par la Jurisprudence de tous les Tribunaux du Royaume; elle dit expressément le contraire en ces termes: *sans qu'il soit nécessaire d'y apposer le sceau de chacun desdits Témoins.* Il suffit qu'en fermant le papier, ou en le couvrant d'une enveloppe, on prenne les précautions requises & accoutumées, afin qu'on ne puisse pas substituer un autre écrit

à la place de celui qui contient la véritable volonté du Testateur.

Mais est-il nécessaire que l'écrit qui contient le corps du Testament soit clos & cacheté? & ne seroit-il pas valable quoiqu'il ne fût qu'enveloppé dans une feuille volante, sur laquelle l'acte de souscription auroit été apposé en la forme ordinaire par Notaire & témoins, si le Testateur avoit lui-même écrit & signé le corps du Testament? *Stockmans, décision* 11, est d'avis qu'un tel Testament seroit bon, par cette raison, qu'on peut valablement tester, relativement au contenu en un écrit séparé, comme si le Testateur dit, je veux que mes dispositions contenues dans un tel écrit, que j'ai remis en dépôt à un tel, soient exécutées, pourvu qu'il paroisse de la foi de l'écrit, & qu'il en doit être de même d'un écrit enveloppé dans la feuille, qui contient l'acte de souscription; il rapporte même un Arrêt du Conseil Souverain de Brabant, qui l'a ainsi jugé: mais cette opinion ne peut pas être reçue en France, parce que *l'art. 9 de l'Ordon. de* 1735, veut que le Testament soit clos & scellé. Il ne suffit donc pas qu'il soit simplement enveloppé dans une feuille volante & non cachetée, parce que l'on peut substituer un autre écrit à la place de celui auquel le Testateur a fait mettre l'acte de souscription; mais comme l'Ordonnance ne prescrit point la forme en laquelle l'enveloppe doit être clause & scellée, il y a lieu de croire qu'il suffiroit qu'elle fût cachetée avec de la cire d'Espagne ou du pain à chanter, sans qu'il soit besoin qu'elle soit entrelacée d'un ruban ou du fil, comme le décide le même *Stockmans, décision* 14, parce qu'alors on n'a pas à craindre le changement du papier contenant le corps du Testament.

23. Suffiroit-il que le Testament fut enveloppé sans être cacheté?

Mais si l'acte de souscription étoit apposé à la même feuille où est écrite la disposition du Testament, de manière qu'on n'ait pas à craindre le changement ou la supposition d'une autre écriture, le Testament n'en seroit pas moins bon, quoiqu'il ne fût ni clos ni scellé, de manière qu'on ne pût pas en connoître le contenu, parce que le secret n'est pas de l'essence du Testament; qu'ainsi, il importe peu qu'on puisse en faire la lecture ou non. Cela paroît assez clairement des termes de la *Loi* 21, *cod. de Testam.* & encore mieux de la Novelle 82 de l'Empereur Leon. A la vérité, la Loi permet de tester de façon que les dispositions ne puissent pas être connues; mais c'est une simple faculté dont elle n'impose pas une nécessité. Il suffit que la disposition soit constatée d'une manière à ne souffrir point de doute ni d'équivoque, & que l'on ait ob-

24. Seroit-il nécessaire de cacheter le Testament dont l'acte de souscription est sur la même feuille que le corps du Testament?

servé les formalités que la Loi prescrit pour assurer cette volonté, sans qu'il soit besoin d'y ajouter celles qui peuvent rendre les dispositions secrètes & inconnues; d'ailleurs, le Testateur peut avoir en vue de tester de manière que les témoins & le Notaire ne connoissent pas ses dispositions; mais il n'est pas essentiel que le Testament soit clos, de manière que les dispositions ne puissent pas être relues par le Testateur quand il le trouvera à propos, ceci n'ayant rien de commun avec l'essence ou les formalités des Testamens.

25. Suite de la formalité du Testament mystique.

3°. Le Testateur doit présenter le papier clos & scellé à sept témoins pour le moins, y compris le Notaire ou Tabellion, ou il le fera clore & sceller en leur présence; c'est une alternative; il suffit donc de faire l'un ou l'autre, au choix du Testateur; cela fait, il déclarera que le contenu en ce papier, est son Testament écrit & signé de lui, ou écrit par un autre & signé de lui. Il est donc nécessaire, non-seulement que le Testateur déclare que le papier est son Testament; mais encore qu'il explique s'il l'a écrit & signé lui-même, ou bien s'il a été écrit d'autre main & signé de lui; & l'acte de souscription doit en faire mention; mais il n'est pas nécessaire qu'il soit dit dans l'acte de souscription, que le Testateur a déclaré qu'il avoit lu & relu l'intérieur du Testament écrit d'autre main, & signé de la sienne, parce que ni le Droit Romain, ni l'Ordonnance n'exigent point une telle formalité.

26. Suite de la formalité du Testament mystique.

4°. Le Notaire ou Tabellion doit en dresser l'acte de souscription sur le papier qui contient la disposition, ou sur la feuille qui servira d'enveloppe. Ce ne sera donc point un inconvénient, ni une nullité que l'acte de souscription ne soit pas couché sur le même papier, où est écrit le Testament, & l'on n'a pas à craindre que l'on substitue un autre écrit à la place de celui qui contient la volonté du Testateur, à cause de la précaution que l'Ordonnance exige de fermer & sceller l'enveloppe quand il y en a, de façon qu'il ne soit pas possible de mettre un écrit pour un autre, sans que le changement paroisse par l'altération; & comme en procédant à l'ouverture, on transcrit & le Testament & l'acte de souscription couché sur l'enveloppe, il ne peut en aucun temps y avoir aucune équivoque, parce que tandis que le Testament est sous l'enveloppe cachetée & scellée, il est en sûreté; & quand il est ouvert, & que l'acte de souscription se trouve séparé du Testament, la transcription de l'acte de souscription à la suite du Testament, en assure également la vérité, & obvie à tout inconvénient.

27. Suite de la formalité du

5°. L'acte de souscription doit être signé par le Testateur, par le Notaire ou Tabellion, & par tous les autres témoins. Ce qui s'entend des Testamens faits dans la Ville ou Bourgs murés ; car s'ils sont faits ailleurs, il suffit du seing de deux témoins, & qu'il soit fait mention de la cause pour laquelle les autres n'ont pas signé, suivant *l'art.* 45 ; & en cas que le Testateur, par un empêchement survenu depuis la signature du Testament, ne puisse signer l'acte de souscription, il doit être fait mention de la déclaration qu'il en fera, sans qu'il soit besoin, en ce cas, d'augmenter le nombre des témoins.

Testament clos.

28. Suite de la formalité du Testament solemnel.

6°. Dans l'acte de souscription du Testament mystique ou solemnel, tout doit être fait *uno contextu*, & sans divertir à autres actes ; mais il est libre au Testateur d'écrire, ou faire écrire, signer, envelopper, & cacheter son Testament en un temps, & d'y faire apposer l'acte de souscription en un autre ; il n'est pas non plus requis que l'écriture, la signature & la clôture se fassent *uno contextu*, cela n'est requis que pour les formalités qui doivent être observées dans l'acte de souscription.

29. Suite de la même formalité.

7°. Si le Testateur ne sait signer, ou s'il n'a pu le faire, lorsqu'il a fait écrire les dispositions, on doit appeller un témoin outre le nombre de sept, y compris le Notaire, lequel signera l'acte de souscription avec les autres témoins, & il doit être fait mention de la cause pour laquelle le témoin surnuméraire aura été appellé, *art.* 10 ; c'est-à-dire, pour n'avoir pas su, ou pour n'avoir pas pu signer. Mais suffit-il que la cause pour laquelle le Testateur n'a pas signé, soit exprimée vaguement, & que l'on ait appellé le huitième Témoin ? Ou bien faut-il dire que le huitième Témoin a été appellé à cause que le Testateur n'a pas pu, ou n'a pas su signer selon les différens cas ? Ce dernier avis paroît le plus conforme à la lettre de l'Ordonnance ; mais il paroît bien rigoureux. Il faut néanmoins dans ce cas, que le Testateur sache ou puisse lire ; car ceux qui ne savent ou ne peuvent pas lire, ne peuvent pas faire des dispositions dans la forme du Testament mystique, *art.* 11. On peut demander à l'occasion de cet article, à qui est-ce à prouver que celui qui a disposé par Testament ou Codicile mystique, savoit, ou ne savoit ou ne pouvoit pas lire ? Il me semble que l'on doit user des distinctions qui suivent. Si le Testateur avoit su lire autrefois, & qu'il ne le pût pas lors de la disposition, c'est à celui qui fonde la nullité sur le défaut de pouvoir lire, à prouver le fait, à moins que l'acte ne le justifiât, parce que l'aveuglement ou l'affoiblissement de la vue est un évenement contraire à l'état naturel. La question a été ainsi jugée par Arrêt de la seconde Chambre des Enquêtes du Parlement de Toulouse, au rapport de M. l'Abbé de

Boyer le 12 Mars 1745, en faveur de noble François d'Estebenel, Lieutenant Colonel au Régiment Royal de Roussillon, contre Demoiselle Francoise de Barthe, épouse du sieur la Forge. La Demoiselle de Barthe avoit attaqué devant le Sénéchal de Limoux, le Testament clos de la Dame Daban sa tante du 15 Février 1740, sur ce qu'elle soutenoit, que la Testatrice ne pouvoit pas lire l'écriture de main, quatre ou cinq ans avant ce Testament. Il fut question de savoir qui devoit être chargé de la preuve. La Demoiselle de Barthe prétendoit que son fait étant négatif, elle ne pouvoit pas être chargée d'en faire la preuve, suivant la Loi 23, *cod. de probat.* Au contraire, le sieur d'Estebenel qui faisoit valoir le testament fait en sa faveur, soutenoit que c'étoit à la Demoisele de Barthe à prouver le fait, parce qu'il étoit le fondement de son action, & qu'étant convenu que la Testatrice avoit su lire l'écriture de main, la présomption étoit en sa faveur, & qu'elle le relevoit *ab onere probandi*; que de plus, c'étoit à la Demoiselle de Barthe à prouver l'accident qui avoit privé la Dame Daban d'une faculté qu'elle avoit. Le Sénéchal de Limoux, par Sentence du 10 Mai 1744, ordonna qu'avant dire droit, la Demoiselle de Barthe prouveroit comme la Dame Daban ne pouvoit lire l'écriture de main., quatre ou cinq ans avant le Testament du 15 Février 1740, ni lors d'icelui. La Demoiselle de Barthe ayant appellé de cette Sentence, elle fut confirmée par l'Arrêt ci-dessus daté. Que si la nullité est opposée de ce que le Testateur ne savoit pas lire, ou bien le Testament ou l'acte de souscription justifie que le Testateur savoit lire, comme s'il est dit qu'il a lu sa disposition; ou s'il a une présomption comme si le Testateur a signé, ce qui peut faire présumer qu'il savoit lire, celui qui attaque le Testament doit être chargé de la preuve, comme le Parlement de Toulouse l'a jugé par un Arrêt du 19 Novembre 1690, rapporté par *Albert*, de la nouvelle édition, *let. T. chap.* 16; que s'il n'y a aucune présomption que le Testateur sut lire, l'héritier qui soutient le Testament, doit être chargé de prouver le fait affirmatif, parce que *ei incumbit probatio qui dicit, non qui negat, L. 2, ff. de probat.* M. Catellan, *liv.* 2, *chap.* 12. Du reste, le défaut de savoir lire doit s'entendre non de l'écriture moulée, mais de l'écriture de main, parce que tel sait lire la lettre moulée, qui ne sait pas lire l'écritnre de main, & que dans un Testament, il est question de l'écriture de main, suivant M. Catellan au lieu cité.

Mais si le Testateur ne peut point parler, & que néanmoins

moins il puisse écrire, outre les formalités ordinaires du Testament mystique, qu'il doit observer, telles qu'elles sont prescrites dans *l'art.* 9, & qui ont été expliquées ci-dessus; il doit de plus écrire entièrement, dater & signer son Testament de sa propre main, le présenter au Notaire ou Tabellion, & aux Témoins, & qu'au haut de l'acte de suscription, il écrive en leur présence, que le papier qu'il présente est son Testament, après quoi le Notaire ou Tabellion écrira l'acte de suscription, dans lequel il sera fait mention que le Testateur a écrit les mots dont on a parlé, en présence du Notaire. Il est remarquable que dans cette espèce de Testament, le Notaire doit écrire lui-même l'acte de suscription, parce que l'Ordonnance l'exige.

30. Du Testament de celui qui ne peut point parler & qui peut écrire.

A l'égard de certains lieux du Pays du Droit écrit, où il y a des Coutumes, ou Statuts observés qui prescrivent d'autres formalités, elles doivent être gardées, eu égard seulement à ce qu'elles exigent un nombre de Témoins moindre que celui qui est requis par l'Ordonnance de 1735, soit pour les Testamens nuncupatifs ou pour les solemnels, sauf toutefois qu'il sera nécessaire d'appeller un témoin outre le nombre requis par les Coutumes dans le Testament de l'aveugle, & dans celui de la personne qui sachant lire n'aura point écrit & signé le corps de son Testament mystique ou solemnel; mais quant aux autres formalités requises par les Coutumes, l'Ordonnance y a dérogé. C'est l'esprit de l'article 13 & de l'article dernier.

31. Du Testament fait dans les lieux du Droit écrit où il y a des Coutumes particulières.

8°. L'Ordonnance exige encore par l'article 38 que le Testament mystique soit daté du jour, mois & an, non-seulement dans l'acte de suscription; mais encore dans l'écrit intérieur, qui contient la disposition, soit que le Testament ait été fait entre étrangers, ou entre enfans, à peine de nullité, comme porte l'article 47, la formalité de la date dans l'intérieur n'étoit pas nécessaire auparavant au Parlement de Toulouse; il suffisoit que l'acte de suscription fut daté.

Les Testamens & les autres dispositions *inter liberos*, à quelque degré que soient les descendans, sont bons & valables en Pays de Droit écrit, s'ils sont faits en présence de deux Notaires ou Tabellions, ou d'un Notaire & de deux témoins; ce qui a lieu, tant pour les Testamens nuncupatifs que pour les mystiques, *art.* 15, & quand même le Testateur seroit aveugle ou muet, & qu'il n'auroit pas écrit ni signé le corps du Testament mystique; car l'Ordonnance n'excepte point ces cas, elle déclare au contraire, en se référant aux articles 5, 7, 9 & 10, que deux Témoins suffisent dans tous les cas y exprimés; mais quand

32. Forme du Testament *inter liberos* dans les pays du Droit écrit.

les Témoins ſont appellés à ces ſortes de Teſtamens avec un ſeul Notaire, ils doivent ſigner ſuivant *l'art.* 44, il eſt encore néceſſaire que le Teſtateur ſigne l'acte de ſouſcription du Teſtament myſtique, ou le Teſtament nuncupatif écrit, ou qu'il ſoit fait mention de la cauſe pour laquelle il n'a pas ſigné; car ſans cela, l'acte ſeroit nul, même ſuivant les anciennes Ordonnances.

33. Du Teſtament olographe en faveur des enfans & deſcendans.

Dans les mêmes Pays du Droit écrit, les aſcendans peuvent auſſi teſter en faveur de leurs deſcendans ſeulement, par des diſpoſitions olographes, & qui ſoient entièrement écrites, datées & ſignées par le Teſtateur; mais toutes les diſpoſitions *inter liberos*, qui ne ſeront pas revêtues de l'une de ces deux formes, ſont déclarées nulles, *art.* 16; c'eſt-à-dire, ſi le Teſtament olographe n'eſt pas entièrement écrit, daté & ſigné de la main du Teſtateur, & ſi le Teſtament reçu par une perſonne publique n'eſt pas revêtu des formalités preſcrites par les *art.* 15 & 44.

34. Des actes de partage faits par les aſcendans en faveur de leurs deſcendans.

Quant aux actes de partage faits par les aſcendans en faveur de leurs deſcendans, ils ſeront pareillement nuls, s'ils ne ſont revêtus de l'une des deux formes dont nous avons parlé, c'eſt-à-dire, s'ils ne ſont entièrement écrits, datés & ſignés par le père ou autre aſcendant qui fait le partage, ou bien s'ils ne ſont paſſés devant deux Notaires, ou Tabellions, ou devant un Notaire & deux témoins, même dans ces actes de partage on doit obſerver les autres formalités qui ſont preſcrites par les Loix, Coutumes, ou Statuts qui autoriſent ces ſortes d'actes, *art.* 17.

35. Les diſpoſitions en faveur des étrangers mêlés avec les enfans, ſont nulles à l'égard des étrangers.

Mais les Teſtamens, Diſpoſitions ou Actes de partage qui n'auront d'autre formalité que celles qu'on vient d'expliquer, n'auront d'effet qu'en faveur des enfans & deſcendans; car à l'égard des perſonnes étrangères, & qui ſeront autres que des enfans, ou deſcendans, elles ſeront regardées comme de nul effet, *art.* 18.

36. Conciliation des art. 18 & 19 de l'Ordon.

Il peut ſe préſenter ici une difficulté conſidérable qui réſulte des diſpoſitions des *art.* 18 & 19, qui ſemblent ſe contrarier.

37. Diſpoſition des art. 18 & 78.

L'art. 18 déclare, comme nous venons de le voir, nulles toutes les diſpoſitions contenues dans les Teſtamens olographes, & dans ceux qui ſeront faits en préſence de deux Notaires, ou d'un Notaire & de deux témoins par rapport aux perſonnes étrangères; c'eſt-à-dire, autres que les enfans ou deſcendans du Teſtateur; & l'article 78 veut que les diſpoſitions de l'Ordonnance ayent lieu pour tout ce qu'elle contient, quand même les libéralités auroient la cauſe pie pour objet.

38. Diſpoſition de l'art. 19.

Cependant l'article 19 veut que l'uſage des Teſtamens, Codicilles & autres diſpoſitions olographes, continuera d'avoir lieu dans les Pays & dans les cas où ils ont été admis jusqu'à présent.

39. Si le Testament olographe en faveur de la cause pie, est bon dans les Pays du Droit écrit.

S'il faut s'en tenir aux articles 18 & 78, la cause pie ne peut pas profiter des dispositions faites en sa faveur, en Pays de Droit écrit, dans les Testamens olographes, & dans ceux qui sont reçus par deux Notaires, ou par un Notaire en présence de deux témoins, parce que l'article 78 la met au niveau des personnes étrangères, & lui retranche le privilège que les Auteurs & la Jurisprudence de quelques Parlemens lui avoient accordé contre la disposition du Droit Romain.

40. Raisons pour l'affirmative.

Au contraire, selon la disposition de l'article 19, elle devra en profiter, parce qu'avant cette Ordonnance, il étoit permis de disposer en Pays de Droit écrit en faveur de la cause pie par Testament olographe, dont l'Ordonnance veut que l'usage continue dans les Pays, & dans les cas où ils ont été admis jusqu'à présent.

41. Résolution de la difficulté contre la cause pie.

La solution de cette difficulté doit se prendre dans l'esprit même de l'Ordonnance, suivant lequel les dispositions faites en faveur de la cause pie, dans les Testamens olographes en Pays du Droit écrit, sont nulles, parce que selon *l'art.* 78, la cause pie est mise au niveau des personnes étrangères, & non privilégiées. Elle ne peut donc être gratifiée que par des dispositions contenues dans des Testamens revêtus de toutes les formalités de Droit, pour les faire valoir *jure communi* en faveur des personnes étrangères, & non privilégiées.

42. Explication de l'art. 19.

Lors donc que l'article 19 veut que l'usage des dispositions olographes continue d'avoir lieu, comme auparavant, dans les Pays & dans les cas où elles ont été admises, il n'a eu pour objet que les Pays, & les cas où les Testamens olographes étoient reçus comme des dispositions valables *jure communi*, ce qui est relatif aux Pays Coutumiers, où cette forme de tester est reçue & autorisée par Coutume expresse, & non pour les Pays du Droit écrit, autres que ceux qui sont ressortissans au Parlement de Paris, où les dispositions olographes ne sont déclarées valables qu'en faveur des descendans taxativement; ce qui exclut bien clairement la cause pie. On ne doit donc pas entendre l'article 19 de manière qu'il puisse comprendre directement, ni indirectement, les Pays du Droit écrit, parce qu'elle y pourvoit par les articles 16 & 18; & par conséquent, il faut l'appliquer à tout autre Pays qu'à celui du Droit écrit, où les dispositions olographes n'étoient pas généralement reçues. On s'apperçoit en effet, pour peu d'attention que l'on emploie à la lecture de l'Ordonnance, que l'article 18 est le dernier où il soit parlé des Testamens pour les Pays du Droit écrit, & que l'article 19 est le premier qui règle les formalités des Testamens par rapport aux Pays Coutumiers.

43. Suite des raisons contre la cause pie.

Cela est si vrai, que si l'esprit du Législateur avoit été d'autoriser les dispositions olographes en faveur de la cause pie, elle l'auroit nommément excepté de la nullité prononcée par l'article 18, & il ne se seroit pas contenté d'autoriser vaguement l'usage des dispositions olographes comme il a fait par l'article 19, il auroit de plus déclaré valables les dispositions contenues dans des Testamens reçus par deux Notaires, ou par un Notaire & deux témoins, ce qu'il n'a point fait; ainsi, comme dans les Pays du Droit écrit, ces Testamens ne peuvent valoir, qu'en faveur des enfans, il faut dire la même chose des dispositions olographes. On doit encore observer que l'article 19 de l'Ordonnance de 1735, lorsqu'elle parle des Testamens & autres dispositions olographes, ne peut pas s'entendre des Testamens imparfaits, qui étoient valables dans les Pays du Droit écrit, en faveur de la cause pie, parce qu'ils n'étoient pas proprement des Testamens olographes. La Loi dernière *cod. famil. erciscundæ*, les considéroit comme de simples dispositions de dernière volonté *ab intestat*: en effet, pour faire valoir ces dispositions ou volontés, comme la Loi les nomme, il suffisoit du seing sans l'écriture, ou de l'écriture sans le seing du Disposant, suivant *Ferriere*, *sur la question* 538 *de Guy-Pape*, & les autres Auteurs; au lieu que pour la forme du Testament olographe, il a toujours été nécessaire dans les Pays où il a été reçu, qu'il fût entièrement écrit & signé par le Testateur; ensorte que l'écriture sans seing, ni le seing sans l'écriture du Testateur ne suffisoient pas: ainsi, on ne peut appliquer l'article 19 de l'Ordonnance, qu'aux lieux où le vrai Testament olographe étoit reçu auparavant, & non aux Pays du Droit écrit, où cette forme de tester n'étoit pas reçue. Sur les raisons expliquées ci-dessus, le Parlement de Toulouse a rendu un Arrêt en la Chambre de la Tournelle, au rapport de M. de Vic, le 21 Août 1747, par lequel le Testament du sieur Fontanés de Malherbe, Trésorier de France en la Généralité de Montpellier, du 18 Avril 1744, entièrement écrit, daté & signé de sa main, où il avoit institué l'Hôpital de Montpellier héritier universel, a été cassé; & il a été jugé que les dispositions en faveur de la cause pie, ne peuvent être valables qu'autant qu'elles sont revêtues des formalités nécessaires pour les rendre efficaces, à l'égard des personnes étrangères, en conformité de l'article 78 de l'Ordonnance de 1735, nonobſtant l'article 19 de la même Ordonnance, qu'on a cru ne pouvoir pas être appliqué aux Pays du Droit écrit; mais ſeulement aux Pays où les Teſtamens olographes ſont une forme de diſpoſer *Jure communi*, & qu'ils ſont valables indiſtinctement en faveur de toutes ſortes de perſonnes.

Il y a deux autres eſpèces de Teſtamens dont les formalités ſont réglées d'une manière uniforme dans tout le Royaume, ſans diſtinction des Pays Coutumiers d'avec ceux du Droit écrit: ſavoir, les Teſtamens faits en temps de peſte, & ceux qui ſont faits par des perſonnes qui ſervent dans les Armées. 44. Deux eſpèces de Teſtamens dont les formalités ſont les mêmes dans tous les Pays.

Les Teſtamens faits en temps de peſte dans les Villes ou lieux qui en ſont infectés, n'ont pas beſoin d'être revêtus des formalités preſcrites par les Loix ou Coutumes des lieux où ils ſont faits, ils ſont encore exceptés des règles preſcrites par l'Ordonnance de 1735, pour les autres Teſtamens *jure communi*, & leur forme eſt marquée par la même Ordonnance. 45. Du Teſtament fait en temps de peſte.

Le privilège de teſter ſelon cette forme particulière, n'appartient pas ſeulement aux peſtiférés; mais encore à toutes les perſonnes qui ſeront dans les lieux infectés de peſte, encore qu'elles ne fuſſent pas actuellement malades, *art.* 36, ce qui comprend non-ſeulement celles qui y font leur habitation, mais encore, celles qui s'y trouvent par occaſion, & qui y réſident *actu*; car l'Ordonnance ne diſtingue point, & comprend les unes & les autres par les paroles indéfinies dont elle ſe ſert. 46. La faculté de teſter en cette forme eſt communiquée aux perſonnes non attaquées de peſte.

Mais les Teſtamens faits dans les lieux infectés de peſte, doivent néceſſairement être revêtus au moins de l'une des formes dont on va parler, autrement ils ſeront nuls, *art.* 35, ce qui n'empêche pas qu'on ne puiſſe y employer d'autres formalités au-delà de celles qui ſont requiſes, au même teſter *jure communi*; car s'il eſt permis de teſter avec moins de formalités, il eſt à plus forte raiſon, permis de teſter *jure communi*, attendu qu'on a la liberté d'uſer ou de ne pas uſer d'un privilège. 47. Les Teſtamens faits dans les lieux infectés doivent avoir au moins l'une des formalités preſcrites.

La forme la plus courte, la plus naturelle, & la plus facile eſt de teſter par diſpoſition olographe, c'eſt-à-dire, que le Teſtateur écrive entièrement, date & ſigne de ſa main ſa diſpoſition. Elle ſera valable indiſtinctement en faveur de toutes ſortes de perſonnes ſuivant l'article 35. 48. On peut teſter par diſpoſition olographe.

L'autre forme de teſter en temps de peſte dans les lieux infectés, eſt de faire recevoir la diſpoſition par des perſonnes publiques, ce que l'on peut faire de pluſieurs manières. La première, en préſence de deux Notaires ou Tabellions. La ſeconde, en préſence de deux Officiers de 49. Seconde forme de teſter dans les lieux infectés.

Justice Royale, Seigneuriale ou municipale, jusqu'aux Greffiers inclusivement ; le Testament sera donc valable s'il est reçu par le Juge, & son Lieutenant, ou Procureur du Roi, par le Juge & son Greffier, par le Lieutenant ou Procureur du Roi, ou Procureur Fiscal & le Greffier ; par deux Conseillers au Siége, ou par un Conseiller & le Greffier ; par deux Consuls, Echevins ou Capitouls, & le Greffier, même par deux Greffiers, puisqu'ils sont mis au rang des personnes publiques, auxquelles le pouvoir est donné dans ce cas, de recevoir les Testamens & autres dispositions faites en temps de peste.

50. Pardevant un Officier & deux Témoins.

La troisième, pardevant un Notaire ou Tabellion, ou pardevant un des Officiers ci-dessus nommés, avec deux Témoins.

51. Pardevant le Curé ou Desservant & 2 Témoins.

La quatrième, pardevant le Curé ou Desservant à la place du Curé interdit, ou Vicaire, ou autre Prêtre chargé d'administrer les Sacremens aux malades, quand même il seroit Régulier, & deux Témoins. C'est la disposition de *l'art.* 33.

52. De la signature du Notaire, Officier, Curé, du Testateur & des Témoins.

A l'égard de la signature du Testateur, des Témoins, & des Officiers qui recevront le Testament, *l'art.* 34 veut que l'on se règle de la manière prescrite par *l'art.* 28 pour le Testament Militaire, c'est-à-dire, que le Testateur signera sa disposition, s'il sait ou peut signer, & en cas qu'il déclare ne savoir, ou ne pouvoir le faire, il en sera fait mention ; ceux qui recevront les actes des dispositions devront aussi signer ; ensemble les Témoins : toutefois on n'est obligé d'en appeller qui sachent ou puissent signer que quand le Testateur ne sait ou ne peut signer ; car s'il signe, la signature des Témoins ne sera pas nécessaire ; cependant lorsque les Témoins ou l'un d'eux déclareront qu'ils ne savent ou ne peuvent signer, il en doit être fait mention.

53. Comment les dispositions faites en tems de peste sont valables, après que le commerce est rétabli.

Les Testamens ou autres dispositions à cause de mort, faits en temps de peste dans les lieux infectés de cette maladie, demeureront nuls six mois après que le commerce aura été rétabli dans le lieu où le Testateur se trouvera, ou qu'il aura passé dans un lieu où le commerce n'est point interdit, si ce n'est que le Testament ou autre disposition ne se trouvât revêtu des formes requises de Droit commun dans le lieu où elle aura été faite, c'est-à-dire, si le Droit commun du lieu n'exige pas de plus grandes formalités, que celles qui ont été observées dans le Testament, ou autre disposition, auquel cas on n'aura pas besoin de recourir au privilège pour le faire valoir, lequel privilège cesse après six mois, ainsi qu'on l'a expliqué, & le Testament ne peut valoir qu'autant qu'il ſe trouve revêtu des formalités du Droit commun. C'eſt l'eſprit de *l'article* 37.

Ainſi, le Teſtament olographe vaudroit après les ſix mois, en faveur de toutes ſortes de perſonnes dans les Pays Coutumiers, même dans ceux du Droit écrit reſſortiſſant au Parlement de Paris, où cette forme de diſpoſer étoit généralement reçue avant l'Ordonnance de 1735. Il vaudroit encore en faveur des enfans & deſcendans, dans les Pays du Droit écrit, parce que cette forme de teſter y eſt reçue & autoriſée par l'Ordonnance de 1735, qui forme le Droit commun. 54. Exemples pour expliquer ce qui eſt dit ci-deſſus.

Le Teſtament reçu par deux Notaires, ou par un Notaire en préſence de deux Témoins, qui auront ſigné avec le Teſtateur, ou lorſque le Teſtateur ne ſachant ou ne pouvant ſigner, il aura été fait mention de la cauſe pour laquelle il n'aura pas ſigné, vaudra pareillement après les ſix mois dans les Pays Coutumiers pour toutes ſortes de perſonnes, & en faveur des enfans & deſcendans dans les Pays de Droit écrit, par la même raiſon qu'on vient d'expliquer. 55. Suite.

De même le Teſtament reçu par le Curé ou par le Deſſervant à ſa place avec deux Témoins qui auront ſigné avec le Teſtateur, ou que le Teſtateur aura déclaré la cauſe pour laquelle il n'a pas ſigné, ſera valable auſſi après les ſix mois, dans les lieux où par la Coutume ou Statut le Curé eſt autoriſé à recevoir les Teſtamens. 56. Suite des exemples.

On doit dire la même choſe du Teſtament *apud acta* dans les lieux du Pays Coutumier, ou de Droit écrit, où l'uſage permet aux Officiers de Juſtice, ou aux Officiers municipaux de recevoir des Teſtamens, leſquels vaudront après les ſix mois, parce que les formalités du Droit commun y auront été obſervées. 57. Suite.

Mais à l'égard de tous les autres Teſtamens de privilège, & qui manqueront de quelqu'une des formalités preſcrites par le Droit commun du lieu où ils ſont faits en temps de peſte, ils ne peuvent valoir que quand le Teſtateur décède durant la peſte, ou dans les ſix mois après que la peſte aura ceſſé, & que le commerce aura été rétabli dans les lieux où le Teſtateur ſe trouve, ou dans les ſix mois, à compter depuis que le Teſtateur s'eſt retiré dans un lieu libre, où le commerce n'eſt point interdit, parce qu'alors la raiſon du privilège ceſſe, attendu que le Teſtateur a une pleine & entière liberté de teſter, & de diſpoſer *jure communi*. 58. Les Teſtamens de privilège qui manquent de quelque formalité du Droit commun, ne peuvent valoir que quand le Teſtateur décède durant la peſte ou dans les ſix mois.

Avant d'expliquer les formalités particulières du Teſtament militaire, il convient de faire quelques réflexions, qui réſultent des diſpoſitions de l'Ordonnance de 1735. 59. Du Teſtament Militaire.

La première, que la forme prescrite par cette Ordonnance, pour cette espèce de Testament, est commune aux Pays du Droit coutumier & du Droit écrit, comme il paroît des articles 27 & 29.

60. *Deuxième observation.* La deuxième, que le privilège de pouvoir tester & disposer *jure militari* compète, non-seulement aux Officiers, & aux Soldats qui servent dans les armées, en vertu d'un engagement particulier; mais encore à toutes les personnes qui n'étant ni Officiers, ni engagées dans les troupes du Roi, se trouveront à la suite de ses armées, ou chez les ennemis, soit à cause de leurs emplois ou fonctions, soit pour le service qu'ils rendent aux Officiers, soit à cause de la fourniture des vivres & munitions des Troupes du Roi. Cela résulte clairement des articles 27 & 31.

61. *Troisième observation.* La troisième, qu'afin que le Testament ou autre disposition puisse valoir *jure militari*, sans qu'on y ait observé les formalités requises aux Testamens *jure communi*, il est nécessaire, & c'est une condition essentielle, que le Testateur soit actuellement en expédition militaire, ou bien en quartier, ou en garnison hors du Royaume, ou prisonnier chez les ennemis, sans que ceux qui seront en quartier, ou en garnison dans le Royaume, puissent user de ce privilège, à moins qu'ils ne fussent dans une Place assiégée, ou dans une Citadelle, ou autres lieux dont les portes fussent fermées, & la communication interrompue à cause de la guerre, article 30.

62. *Les dispositions militaires ne sont valables, si elles ne sont revêtues de l'une des deux formes prescrites.* La quatrième, que le Testament, ou autres dispositions de dernière volonté, ne peuvent valoir que quand ils sont revêtus de l'une des formes prescrites par l'Ordonnance, & si l'une ou l'autre de ces formes n'est pas remplie, ils sont déclarés nuls par *l'art. 29.*

La première, de ces formes est que les Testamens, & autres dispositions soient faites en présence de personnes publiques, & qui ont caractère pour cela; ainsi qu'on l'expliquera bientôt. La deuxième, est par écriture privée, & par une disposition olographe; c'est-à-dire, lorsque le Testament ou autre disposition sont entièrement écrits, datés & signés de la main de celui qui les aura faits; cette forme de disposer n'a besoin d'aucune autre solemnité, suivant *l'art. 29.*

63. *Première forme devant les personnes publiques.*

64. *Forme de disposer en présence des personnes publiques.* A l'égard de la forme de disposer en présence des personnes publiques, elle peut être remplie de plusieurs manières. La première, en présence de deux Notaires ou Tabellions; alors l'assistance des témoins est superflue.

65. *Un Notaire & deux Témoins.* La deuxième, en présence d'un Notaire ou Tabellion, & de deux Témoins.

La troisième, en présence de deux Officiers du nombre

de ceux qui sont après désignés : savoir, les Majors & 66. Deux Officiers sans Témoins. les Officiers d'un rang supérieur aux Majors, les Prévôts des Camps & Armées, leurs Lieutenans ou Greffiers, & les Commissaires des guerres. Quand le Testament est reçu par deux de ces Officiers, il n'est pas nécessaire d'appeller des témoins.

La quatrième, en présence d'un des Officiers de la 67. D'un Officier avec deux Témoins. qualité ci-dessus exprimée, avec deux Témoins.

La cinquième, en cas que le Testateur soit malade ou blessé, il pourra aussi faire ses dernières dispositions en 68. D'un Aumônier des Troupes ou des Hôpitaux avec deux Témoins. présence d'un des Aumôniers des Troupes du Roi, ou des Hôpitaux, avec deux Témoins. Ce qui a lieu par rapport aux Aumôniers, quand même ils seroient Réguliers ou Religieux. Tout cela est renfermé dans *l'art.* 27.

Dans le cas de différentes dispositions dont on vient de parler, les Testateurs doivent signer leurs Testamens, 69. De la signature du Testateur, des témoins & des personnes publiques. Codicilles, ou autres dernières dispositions, s'ils savent ou peuvent signer, & en cas qu'ils déclarent ne savoir ou ne pouvoir signer, il en doit être fait mention. Les mêmes Testamens ou dispositions doivent pareillement être signés par celui ou ceux qui les recevront ; ensemble, par les témoins, sans néanmoins qu'il soit nécessaire d'appeller des témoins qui sachent ou puissent signer, si ce n'est lorsque le Testateur ne saura ou ne pourra le faire ; c'est-à-dire, que le Testateur ne signera pas, lorsque les témoins ou l'un d'eux déclareront qu'ils ne savent ou ne peuvent signer, il suffira d'en faire mention, *article* 28.

Les dispositions faites *jure militari*, & qui ne seront pas 70. Testament fait *jure militari*, pendant quel temps doit valoir lorsque le Testateur survit. revêtues des formalités du Droit Commun, eu égard aux lieux où elles auront été faites, ne seront valables que dans les cas que les Testateurs viendroient à décéder ; car elles demeurent nulles de plein droit six mois après que celui qui les aura faites sera revenu dans un lieu où il puisse avoir la liberté de disposer en la forme ordinaire *jure communi*, si ce n'est qu'elles fussent faites dans les formes qui sont requises de Droit commun, dans le lieu où elles auront été faites ; sur quoi on pourra appliquer au Testament militaire, ce que nous avons observé ci-dessus en parlant des dispositions faites en temps de peste dans les lieux infectés de ce mal, n. 54 & suiv.

L'Ordonnance de 1735 prescrit encore quelques autres 71. Règles communes aux Pays Coutumiers & du Droit écrit. règles qui sont communes aux Pays coutumiers, & à ceux du Droit écrit.

La première, est que toutes les dispositions testamentaires ou à cause de mort, de quelque nature qu'elles soient, 72. Première règle. Toutes les dispositions & en faveur de quelques personnes qu'elles ayent été faites, sans distinction ni exception, doivent être faites par

tions doivent être faites par écrit.

écrit. Toutes celles qui ne ſont faites que verbalement, ſont déclarées nulles, avec défenſes d'en admettre la preuve par témoins, même ſous prétexte de la modicité de la ſomme dont il auroit été diſpoſé, *art.* 1.

73. Seconde règle. Tous actes de diſpoſition doivent contenir la date.

La ſeconde, que toute ſorte de Teſtamens, Codicilles, Actes de partage *inter liberos*, & autres diſpoſitions de dernière volonté, de quelque nature qu'elles ſoient, ſans diſtinction des perſonnes, ni exception, doivent contenir la date du jour, mois & an, encore qu'ils fuſſent olographes. Ce qui doit être obſervé dans le cas du Teſtament myſtique, tant pour la date de la diſpoſition, que pour la date de la ſouſcription, *art.* 38.

74. Troiſième règle. Toutes les diſpoſitions par ſignes ſont nulles.

La troiſième, que toutes les diſpoſitions qui ne ſeroient faites que par ſignes, encore qu'elles euſſent été rédigées par écrit ſur le fondement des ſignes que le Teſtateur auroit pu faire, ſont déclarées nulles, *art.* 2; ce qui comprend ſans diſtinction, ni exception toute ſorte de perſonnes de quelque qualité qu'elles ſoient.

75. Quatrième règle. Les diſpoſitions par lettres miſſives ſont nulles.

La 4me, que les diſpoſitions qui ſeront faites par lettres miſſives, ſont regardées comme nulles & de nul effet, *art.* 3.

76. Cinquième règle. Tout ce qui eſt marqué par l'Ordonnance pour la date la forme des Teſtamens & autres diſpoſitions, & la qualité des témoins doit être gardé à peine de nullité.

La cinquième, que toutes les diſpoſitions de l'Ordonnance de 1735 qui concernent la date & la forme des Teſtamens, Codicilles ou autres Actes de dernière volonté, & les qualités des témoins, doivent être exécutées, à peine de nullité, *art.* 47. Les formalités que les Loix preſcrivent pour la validité des Teſtamens, ſont de Droit public; & par conſéquent les perſonnes qui diſpoſent de leurs biens n'ont pas la liberté d'y déroger, quand même elles le feroient expreſſément, *Leg.* 13, *cod. de teſtam.* & *L. nemo.* 55, *ff. de Leg.* 1; mais il faut prendre garde que la peine de nullité indite par *l'art.* 47 de l'Ordonnance eſt bien commune aux Pays du Droit écrit, & aux Pays coutumiers; cependant il ſuffit que dans chaque Pays on obſerve les formalités qu'elle preſcrit par rapport aux Teſtamens, & autres dernières diſpoſitions qui y ſont pratiquées & qui y ſeront faites, afin qu'elles ſoient bonnes en quelques Pays que les biens ſoient ſitués.

77. Sixième règle. Les diſpoſitions mutuelles ou faites conjointement ſont nulles par-tout.

La ſixième, que l'uſage des Teſtamens & Codicilles mutuels, ou faits conjointement, ſoit par mari & femme, ou par d'autres perſonnes, eſt abrogé, & ils doivent être regardés comme nuls, & de nul effet, dans tous les Pays de la domination du Roi, ſuivant *l'art.* 77. Mais ſi les teſtamens mutuels étoient faits dans deux actes ſéparés, ſeroient-ils dans le cas de la nullité portée par l'Ordonnance? *Voyez Ricard, du Don mutuel, nombre* 135. S'il étoit prouvé que les diſpoſitions avoient été concertées entre les Teſtateurs, & qu'ils euſſent été faits en même-temps, ils feroient nuls, fuivant l'efprit de l'Ordonnance, parce qu'ils feroient véritablement mutuels, quoiqu'ils ne fuffent pas faits conjointement, vu que l'Ordonnance déclare nuls, non-feulement les teftamens faits conjointement, mais encore les teftamens mutuels, & que d'ailleurs ils tombent indirectement dans le cas de la Loi *captatorias* 70, *ff. de hæred. inftit.* Il peut fe préfenter une autre queftion, fur laquelle les avis des Avocats du Parlement de Touloufe étoient partagés. Un père & une mère, poftérieurement à l'Ordonnance de 1735, avoient fait un teftament, par lequel ils inftituoient héritier univerfel un de leurs enfans, & fe laiffoient réciproquement l'ufufruit. Dans ce teftament, la claufe Codicillaire étoit inférée, avec l'addition, que ne pouvant pas valoir comme teftament, il vaudroit comme donation. Les uns étoient d'avis que cette claufe devoit faire valoir le teftament comme donation à caufe de mort, à l'exemple du teftament du fils de famille qui contient la même claufe, & qui eft converti en donation à caufe de mort, d'autant mieux que l'article 77 de la même Ordonnance, conferve les donations mutuelles entre mariés; d'autres ont cru que la claufe Codicillaire, de quelque façon qu'elle foit conçue, eft incapable de faire valoir un teftament mutuel, ou fait conjointement, parce que le même article abroge l'ufage des teftamens ou codicilles mutuels, ou faits conjointement, & veut qu'à l'avenir ils foient regardés comme nuls & de nul effet. Or, en abrogeant l'ufage des codicilles mutuels, il n'eft pas poffible de donner quelqu'effet à la claufe codicillaire, & il faut la regarder comme nulle, en vertu de la difpofition littérale de l'Ordonnance. Il fuffit que le teftament ou codicille foient mutuels, ou faits conjointement, afin qu'on ne puiffe leur attribuer aucun effet direct ou indirect, parce qu'autrement, ce feroit contrevenir à la Loi; que fi les donations mutuelles font confervées, cela ne doit s'entendre que des véritables donations de cette qualité, qui en ont la fubftance & la forme, & non de la donation qui peut réfulter de la claufe codicillaire. Ce dernier avis, relativement auquel j'ai confulté, me paroît le mieux fondé, fur la lettre & fur l'efprit de l'Ordonnance.

78. Septième règle. L'ufage des claufes dérogatoires eft abrogé partout.

La feptième, que l'ufage des claufes dérogatoires dans tous les Teftamens, Codicilles, ou difpofitions à caufe de mort, eft pareillement abrogé dans tout le Royaume par *l'art.* 76, qui veut qu'elles foient regardées comme nulles & de nul effet, en quelques termes qu'elles foient conçues.

79. Eft-il néceffaire que les

Enfin eft-il néceffaire que les Notaires & les autres perfonnes publiques qui ont le pouvoir de recevoir les difpo-

Personnes publiques qui reçoivent les Testamens les écrivent elles-mêmes ?

sitions testamentaires, les écrivent de leur propre main à peine de nullité, dans les cas où l'Ordonnance ne l'exprime pas ? Pour la négative, on peut dire, qu'il ne faut pas étendre les nullités, & que suivant les règles du Droit il faut prendre le parti qui fait valoir l'acte, *ut potius valeat quam pereat*, *L. quotiens* 12, *ff. de reb. dub.* qu'il ne paroît pas nécessaire que les Testamens & les autres dernières dispositions soient écrits de la main des personnes auxquelles l'Ordonnance donne le pouvoir, & une espèce de caractère public pour les recevoir, & leur donner une forme authentique; que ce défaut ne doit produire une nullité que dans les cas, & par rapport aux personnes auxquelles l'Ordonnance impose expressément la nécessité d'écrire elles-mêmes les dispositions; d'autant mieux qu'avant cette Ordonnance, le Droit Romain, & l'usage autorisoient les actes & les dispositions testamentaires, (si l'on en excepte les Testamens olographes dans les Pays Coutumiers) de quelque main qu'ils fussent écrits; car selon la *Novelle* 4, *chap.* 1, il suffit que le Notaire assiste aux actes qu'il reçoit, sans avoir besoin de les écrire, ou, selon la remarque de *Gudelinus de jure novissimo*, *lib.* 4, *cap.* 11, *ut ipsemet Tabellio ea scribat vel saltem absolutioni intersit*, *iisque suscribat*. *Bugnion*, *des Loix abrogées*, *liv.* 2, *chap.* 183. *Bouvot*, *tom.* 2, verb. *Notaire*, *quest.* 10. *Billecart*, *sur la Coutume de Châlons*, *art.* 67; & *Lalande sur la Coutume d'Orléans*, *art.* 289, *n.* 27. Ainsi la nouvelle Loi étant corrective du Droit, & de l'usage constamment pratiqué, il faut la référer, par rapport à ce défaut, aux cas où elle exige expressément que l'acte ou la disposition soient écrits de la main de la personne publique, en présence de laquelle l'acte ou la disposition sont faits. Toutefois, comme selon *Loiseau*, *des Offices*, *liv.* 2, *chap.* 5, *n.* 43, les Tabellions ou Notaires devoient chez les Romains écrire eux-mêmes les actes qu'ils recevoient, que cette nécessité a été imposée par l'art. 5 de notre Ordonnance aux Notaires qui sont les Officiers qui reçoivent le plus communément les Testamens, & que cette formalité peut être sous-entendue dans les autres articles qui parlent des autres espèces de Testamens, nous croyons qu'il y auroit du danger à suivre l'opinion négative, & que la prudence exige que l'on fasse écrire les dispositions testamentaires par les Officiers publics qui les recevront; ainsi que nous l'avons remarqué dans la Sect. I. n. 92; & au nombre 11 de cette Section, & que le Notaire ou Tabellion doit aussi écrire l'acte de suscription, à peine de nullité, suivant l'*article* 47 *de l'Ordonnance de* 1735, parce que l'article 5 exige que le Notaire écrive lui-même les dispositions du testament nuncupatif écrit. L'article 9 veut que le Notaire dresse l'acte de suscription après que le Testateur aura présenté le papier, & fait sa déclaration; qu'enfin l'*article* 12 dit en termes exprès, que le Notaire écrira l'acte de suscription, dans un cas où la volonté du Testateur est encore plus assurée que dans celui de l'article 5. Il faut donc expliquer les mots, *en dressera l'acte de suscription*, que l'on trouve dans l'*article* 9, relativement à l'*article* 5, qui précéde, & à l'*article* 12 qui suit, c'est-à-dire, que le Notaire dressera l'acte de suscription en l'écrivant lui-même.

80. Récapitulation de ce qui a été dit.

Pour remplir le plan que nous avons annoncé, lorsque nous avons commencé de parler des différentes espèces de Testamens autorisés & approuvés par l'Ordonnance, il ne reste qu'à récapituler ce que nous avons dit en particulier sur chaque espèce de Testamens, touchant les personnes qui sont regardées comme publiques pour recevoir les dispositions de dernière volonté.

81. Les Notaires sont capables de recevoir toute sorte d'actes

D'abord il faut observer que les Notaires ou Tabellions ont par leur office le pouvoir & le caractère public, pour recevoir toute sorte de Testamens, Codicilles & autres dispositions de dernière volonté, soit qu'elles se fassent *Jure communi*, ou par quelque privilège. Cela fait une des principales parties de leur emploi; parce qu'en qualité de Juges cartulaires, ils peuvent faire tout ce qui est de la Juridiction volontaire, & qu'il suffit qu'ils en soient requis par les Parties; mais il faut pour cela qu'ils soient établis dans leurs fonctions par l'autorité séculière & temporelle, royale ou subalterne; car s'ils étoient simplement Notaires Apostoliques, ils n'auroient ni pouvoir ni caractère pour recevoir les Testamens & autres dispositions.

82. Des Curés Séculiers ou Réguliers & Desservans.

Les Curés Séculiers ou Réguliers, & les Prêtres Séculiers Desservans à la place des Curés, ont aussi ce caractère public pour recevoir les dernières dispositions dans toute l'étendue de leurs Paroisses, & dans les lieux où ils y sont autorisés par les Coutumes ou Statuts, selon *l'art.* 25; ils l'ont aussi pour recevoir toutes les dispositions en temps de peste, & ce pouvoir est encore communiqué aux Vicaires, ou autres Prêtres Séculiers ou Réguliers qui sont chargés d'administrer les Sacremens aux malades, comme l'explique *l'art.* 33; mais hors de ces cas il n'est point permis aux Curés, ou aux autres Desservans, moins encore aux Vicaires & autres Prêtres de recevoir des Testamens, Codicilles, ni d'autres dispositions à cause de mort.

83. Des Officiers

Les Officiers de Justice Royale ou Seigneuriale, y compris même les Greffiers & les Officiers municipaux, doide Juſtice ou municipaux. vent auſſi être regardés comme perſonnes publiques capables de recevoir non-indiſtinctement dans toute ſorte de Pays, mais ſeulement dans ceux où ils ſont autoriſés par l'uſage, ſuivant *l'art.* 24; ils le ſont encore dans quelque Pays que ce ſoit pour recevoir les Teſtamens en temps de peſte dans les lieux infectés qui ſont de leur Juridiction, mais non ailleurs, ni dans aucun autre cas, *art.* 33.

84. Des Officiers des Troupes. Les Officiers des Troupes qui ſont d'un rang ſupérieur aux Majors, les Majors eux-mêmes, les Prévôts des Camps & Armées, leurs Lieutenans ou Greffiers, & les Commiſſaires des Guerres, ſont mis par *l'art.* 27 au rang des perſonnes publiques capables de recevoir les Teſtamens, Codicilles & autres diſpoſitions militaires; mais non aucune autre eſpèce de diſpoſition. Les Aumôniers Séculiers ou Réguliers des Troupes ou des Hôpitaux ont auſſi la faculté de recevoir les Teſtamens ou autres diſpoſitions militaires ſi des perſonnes qui ont le privilège de teſter de cette manière lorſqu'elles ſont malades ou bleſſées ſeulement, & non des autres perſonnes, ni pour aucune autre eſpèce de diſpoſitions que les militaires; à l'exception néanmoins des Aumôniers des Hôpitaux qui ont des règlemens ou uſages qui permettent à leurs Aumôniers de recevoir les Teſtamens & autres dernières diſpoſitions des perſonnes qui y ſont, auxquels règlemens & uſages il n'eſt point dérogé par la nouvelle Ordonnance, comme le porte *l'art.* 25; ces Aumôniers peuvent donc dans ces cas recevoir tous Teſtamens & autres diſpoſitions à cauſe de mort, des perſonnes qui ſont dans ces Hôpitaux, ſoit des malades, ſoit des autres perſonnes qui y réſident pour le ſervice des malades ou autrement.

85. De l'Ecrivain de Vaiſſeau. Enfin l'Ecrivain de Vaiſſeau doit être regardé comme perſonne publique, & capable pour recevoir les Teſtamens, & autres dernières diſpoſitions des perſonnes qui ſont dans le Vaiſſeau en voyage; parce que l'Ordonnance de la Marine lui attribue ce pouvoir, & que celle de 1735, qui ne parle point de cette eſpèce de Teſtament, n'y a pas dérogé.

86 De l'effet du défaut de formalités, & de celles qui doivent ou ne doivent pas être exprimées. Nous obſerverons en finiſſant cette Section, que le défaut des formalités que l'Ordonnance veut être obſervées dans les Teſtamens & autres diſpoſitions de dernière volonté produit une nullité qui rend le Teſtament ou autre diſpoſition inutile & comme non-écrite. De ces formalités il y en a dont l'Ordonnance veut qu'il ſoit fait mention dans le Teſtament, comme par exemple, qu'il en a été fait lecture. Si les formalités de cette eſpèce ne ſont pas conſtatées par le Teſtament même, il ſera nul de plein

droit ; mais à l'égard des autres formalités dont l'Ordonnance n'exige pas en termes exprès, qu'il soit fait mention dans le Testament, comme celles-ci, par exemple, que les dispositions ayent été dictées & prononcées par le Testateur, que les dispositions soient écrites de la main du Notaire qui aura reçu le Testament, il ne sera pas nul, quoique le Testament n'en parle pas ; mais si le défaut de ces formalités est soutenu, ce sera à celui qui l'allègue à le prouver, & comme ces formalités n'ont pas été prescrites en vain, aussi est-il juste & raisonnable que la preuve en doive être admise de la manière qu'elle pourra être faite. Savoir, la preuve que les dispositions n'ont pas été dictées par le Testateur, pourra être faite par témoins ; parce que c'est un fait qui ne peut pas être établi autrement ; sans qu'il soit besoin de s'inscrire en faux contre le Testament, à moins qu'il n'exprimât littéralement que le Testateur avoit dicté ses dispositions. Et à l'égard de la formalité que le Notaire n'a pas écrit les dispositions, elle pourra être faite par une vérification d'Experts en la forme ordinaire. On devroit aussi recevoir les témoins qui diroient que quelque personne autre que le Notaire auroit écrit les dispositions. Sans cela ce sera sans aucun fruit que l'Ordonnance aura prescrit ces formalités, & qu'elle y aura attaché la peine de nullité.

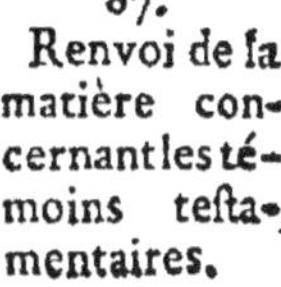
87. Renvoi de la matière concernant les témoins testamentaires.

Nous ne parlerons pas dans cet endroit de la qualité des témoins, & des personnes qui peuvent ou ne peuvent pas l'être dans les Testamens & autres dispositions à cause de mort ; parce que cela exige un détail trop long. Nous réservons cette discussion pour faire en partie la matière du Chapitre suivant, où nous parlerons des conditions requises pour la validité des Testamens & des autres dispositions de dernière volonté.

SECTION IV.

Ouverture du Testament mystique.

SOMMAIRE.

1. *De l'ouverture, publication & enregistrement des Testamens solemnels.*
2. *Pourquoi l'ouverture du Testament est nécessaire. Afin que la volonté du Testateur soit connue.*
3. *Pour donner un caractère public au Testament écrit par une personne privée.*
4. *Afin de constater l'état du Testament.*

23. *Quand*

APRÈS avoir vu les différentes espèces de Testamens & leurs formalités, il faut venir à l'ouverture, publication & enregistrement des Testamens solemnels qui n'en étant pas une formalité extrinséque, ni inhérente, ne contribuent en rien à leur validité; comme l'a fort bien remarqué *Ricard, des donat. tom. 1, part. 1, n. 1397*, & examiner premièrement pourquoi l'ouverture du Testament doit être faite; en second lieu, par qui peut-elle être faite en troisième lieu, quelles sont les formalités que l'on doit y observer. 1. De l'ouverture, publication & enregistrement des Testamens solemnels.

L'ouverture du Testament est nécessaire: 1°. pour connoître la volonté du Testateur, afin qu'elle soit exécutée, que l'héritier puisse accepter l'hérédité, & que les légataires ou fidéicommissaires puissent intenter leurs actions. 2. Pourquoi l'ouverture du Testament est nécessaire. 1. Afin que la volonté du Testateur soit connue.

2°. Pour donner un caractère public au Testament écrit par une personne privée, & qui n'a pas été reçu par une personne publique. 3. 2. Pour donner un caractère public au Testament écrit par une personne privée.

3°. Afin de constater l'état du Testament, & qu'il apparoisse que le Testateur n'a pas changé de volonté, soit en déchirant le papier, ou bien en l'ouvrant, ou en coupant le fil ou le ruban qui lui servoit de ligature, ou en emportant les sceaux, auquel cas le Testament seroit nul, à moins qu'il ne fût prouvé que cela étoit arrivé par accident. *L. 22, §. 3, ff. qui testam. fac. poss. L. 1, §. 10 & 11, ff. de bonor. possess. secund. tab. L. ult. ff. de his quæ in testam. delent. & L. 30, cod de testam.* Nous expliquerons ceci dans un plus grand détail, quand nous parlerons de la révocation des Testamens. 4. 3. Afin de constater l'état du Testament.

4°. Afin qu'on puisse valablement traiter & transiger sur les contestations qui naissent des dispositions testamentaires; car les transactions à cet égard ne sont bonnes, que quand elles sont faites *inspectis cognitisque verbis testamenti. L. 1, §. 1, ff. testam. quemadmod. aper. & l. 6. ff. de transactionib.* 5. 4. Afin qu'on puisse valablement traiter sur les Testamens.

6. Comment l'ouverture du Testament devoit être faite, & par qui, suivant le Droit Romain.

L'ouverture & la publication du Testament devoit être faite chez les Romains par le Juge ; & c'étoit au Juge compétent à statuer ce qui étoit nécessaire pour cela. *L.* 1, *cod. quemadmod. testam. aperiantur.* Dans l'ancienne Rome c'étoit au Préteur. *L.* 4, *ff. quemadmod. testam. aperiantur.* Dans la nouvelle Rome la connoissance en étoit attribuée au Magistrat appellé *Magister census. L.* 41, *cod. de Episcop. & Cler. L.* 18, *& L.* 23, *cod. de testam.* La Loi 18 qu'on vient de citer déclaroit nulle l'ouverture & publication faite ailleurs ; mais par la Loi 23, *cod. de testam.* l'incompétence du Juge à cet égard ne produit point de nullité de l'ouverture & publication.

7. Comment l'ouverture doit elle être faite en France.

En France on n'a point de Loi particulière qui règle la compétence du Juge qui doit procéder à l'ouverture du testament ; ainsi on peut dire qu'elle peut être faite ou devant le Juge du domicile du Testateur où il est décédé, ou bien devant le Juge dans la Juridiction duquel le Testament a été déposé, ou devant celui où les biens héréditaires ou la plus grande partie sont situés. *Arg. l.* 1, *cod. ubi de hæred. agatur*, ou bien devant le Juge du domicile des héritiers *ab intestat* qui doivent être appellés pour faire l'ouverture & la publication. En un mot, l'incompétence ne produisant point de nullité, l'ouverture par quelque Juge quelle soit faite, pourvu qu'il ait une Juridiction ordinaire, doit être regardée comme valable, si l'on a rempli les formalités nécessaires, dans le lieu où l'ouverture est faite.

8. De l'ouverture faite par les Notaires.

Comme l'usage a introduit de faire les suscriptions des Testamens devant Notaire, on a introduit aussi la coutume de faire procéder à leur ouverture & publication par les Notaires ; & ces sortes d'ouvertures sont considérées comme aussi valables, que si elles étoient faites devant le Juge.

9. Des formalités à observer.

En procédant à l'ouverture des Testamens, on doit observer les formalités prescrites par les Loix & l'usage des lieux où l'ouverture est faite. *L.* 2, *cod. quemadm. test. aper.*

10. Première formalité. Il faut appeller par ajournement les témoins pour reconnoître l'état du Testament.

Les principales formalités que l'on doit observer dans ces occasions, consistent ; à faire appeller par assignation devant le Juge, ou devant le Notaire, à jour, lieu & heure certains, les témoins testamentaires pour reconnoître l'état du Testament ; il étoit même nécessaire chez les Romains, où les Testamens étoient ordinairement écrits par des personnes privées, de faire la reconnoissance du seing ; voilà pourquoi la Loi 4, *ff. testam. quemadmod. aper.* exige cette reconnoissance, selon l'explication des Auteurs ; mais quand l'acte de suscription est public, cette reconnoissance est superflue, il suffit que les témoins reconnoissent l'état du Testament, & qu'il n'y ait point d'altération.

2°. On fait aussi appeller les plus proches successeurs *ab intestat* pour voir procéder à cette ouverture. Certains Auteurs, & entr'autres *Barry*, *de success. lib.* 11, *tit.* 1, & *Brunemannus* sur la Loi 4, *ff. testam. quemadm. aper.* prétendent que cette formalité est nécessaire ; mais la Loi ne l'exigeant pas, ce ne seroit pas une nullité quand elle ne seroit pas pratiquée ; il est néanmoins de la prudence de ne pas la négliger. 11. Seconde formalité. Appeller les successeurs *ab intestat*.

3°. Les témoins testamentaires, ou ceux qui sont vivans & présens sur les lieux, étant en présence du Juge ou Notaire, le Testament doit leur être exhibé pour en reconnoître l'état. 12. Troisième formalité. Le Testament doit être représenté aux témoins présens.

4°. Le Juge ou le Notaire doivent dresser un Procès-verbal, ou acte de tout ce qui se sera passé devant eux, & notamment de la reconnoissance de l'état du Testament & de la reconnoissance des seings ; si l'acte de suscription n'est pas reçu par une personne publique, ils doivent encore exprimer qu'il a été procédé à l'ouverture & à la publication du Testament. *Brunemannus sur la Loi* 4, *ff. testam. quemadmod. aper.* rappelle d'après les Auteurs tout ce qui est nécessaire dans la procédure d'ouverture du Testament. 1°. *Aditionem judicis.* 2°. *Citationem eorum quorum interest.* 3°. *Citationem testium.* 4°. *Ut testes rogentur de subscriptione contestium.* 5°. *Ut judex ad acta referat ea quæ gesta sunt ;* mais la seconde condition n'est pas nécessaire, comme nous l'avons dit ; & la quatrième n'est requise que par rapport aux témoins morts, lorsque le Testament est écrit par une personne privée ; on peut voir *Barry*, *de successionibus*, *lib.* 11, *tit.* 1. 13. Quatrième formalité. Il doit être dressé un Procès-verbal, ou acte.

Quoique réguliérement on doive faire l'ouverture du Testament en présence de la plus grande partie des témoins, *L.* 6, *ff. testam. quemadmod. aper.* on peut néanmoins procéder pour quelque juste cause, en l'absence de tous les témoins testamentaires ; mais cela doit se faire d'autorité de Justice en présence d'autres témoins dignes de foi. *L.* 7, *ff. testam. quemadmod. aper.* & *L.* 2, *eod. cod.* cela peut se pratiquer lorsque le Testament a été déposé hors du lieu de la résidence du Testateur, avec ordre à l'héritier de l'apporter dans son Pays, auquel cas, lorsqu'il a été ainsi procédé à l'ouverture, publication & transcription dans le lieu où le Testament a été apporté, il doit être recacheté par les témoins qui ont assisté à l'ouverture, pour être envoyé dans le lieu de la résidence des témoins pour faire la reconnoissance de leurs sceaux. *L.* 2, *cod. quedmadmod. testam. aper.* & *L.* 7, *ff. eod.* 14. Si l'ouverture doit être faite en présence de la plus grande partie des témoins.

15. Les Codicilles & toutes les autres dispositions secrètes doivent être ouverts en la même forme que les Testamens. *L. ult. cod. quemadmod. testam. aper.*

De l'ouverture des Codicilles.

16. Il y a quelques autres dispositions dans le Droit Romain concernant l'ouverture des Testamens qu'il est nécessaire de connoître.

Autres formalités du Droit Romain.

17. On ne rendoit point publique la date, pour obvier aux faussetés & aux suppositions d'autres Testamens au préjudice des véritables ; & on n'ouvroit pas non plus les parties de l'écrit, dont le Testateur avoit défendu l'ouverture, jusques à ce que le temps auquel le Testateur l'avoit permise fut venu. *Leg. 3, quemadmod. testam. aper.* & §. *sin autem 3, instit. de pupil. substit.* On ne devoit pas même ouvrir qu'avec connoissance de cause la partie qui contenoit une substitution pupillaire, si elle étoit close ou liée séparément du corps du Testament, quand même le Testateur n'en auroit pas défendu l'ouverture. *Leg. 8, ff. eod.*

On ne rendoit pas publique la date du Testament.

18. Comme le Testament n'est pas l'acte d'un seul homme, c'est-à-dire de l'héritier, mais qu'il est regardé comme un acte qui intéresse le Public, *L. 2, ff. testam. quemadmod. aper.* & que selon les expressions de la Loi 5 du même titre, *publicè expedit suprema hominum judicia exitum habere*, toute personne peut en demander l'ouverture, à le voir, & en prendre des extraits, *L. 1, ff. eod.* & cela a lieu pour toute sorte de Testamens, quoiqu'ils soient imparfaits, rompus, ou qu'ils soient devenus inutiles, *L. 2*, §. 1, *ff. eod.* mais on doit donner un délai suffisant, eu égard aux circonstances, suivant le §. *utrum 7* de la même Loi, & la même faculté doit être accordée pour plusieurs Testamens, s'il y en a, comme pour un seul, *d. L. 2*, §. 3 ; cependant l'héritier a le droit de demander l'exhibition du Testament, ou d'intenter l'action *rei vindicationis*, tout comme pour les autres choses héréditaires, *Leg. 3, ff. eod.* que si celui auquel le Testament a été confié en dépôt l'ouvre, & le lit en présence de plusieurs personnes, il est tenu non-seulement de l'action du dépôt pour réparer les dommages qu'il a causés, mais encore de l'action d'injures, suivant la Loi 1, §. *si quis 38, ff. depositi*, & *Paul de Castre sur cette Loi.*

Les Testamens sont considérés comme des actes qui intéressent le Public.

19. Quoique quelqu'un des témoins ne reconnoisse pas son sceau, que même il le nie, on ne laisse pas de procéder à l'ouverture, mais le Testament en devient suspect, *L. 1*, §. 2, *ff. testam. quemadmod. aper.* Si quelque témoin est hors du lieu où l'ouverture est faite, on doit envoyer le Testament dans le lieu de la résidence du témoin, afin qu'il en fasse la reconnoissance ; car il ne faut pas l'obliger de venir sur les lieux où l'ouverture doit être faite. On

Si l'on doit procéder à l'ouverture quand quelque témoin nie son sceau.

doit faire la même chose à l'égard de tous les témoins absens. *L. 7, ff. eod.*

20. Si le Testament est nul quand quelque témoin est mort naturellement ou civilement avant l'ouverture.

La Loi Romaine ne décide pas la question de savoir, si le Testament est nul, quand quelqu'un des témoins se trouve décédé, ou a souffert quelque changement d'état qui l'ait rendu inhabile, lorsqu'il faut procéder à l'ouverture; & les Auteurs sont partagés, les uns tiennent la négative, les autres l'affirmative; mais le sentiment de ceux qui sont pour la nullité est insoutenable; & principalement lorsque l'acte de suscription a été reçu par une personne publique, parce que l'acte vaut comme public, & il n'est plus nécessaire que de constater l'état du Testament, & de s'assurer qu'il n'a point été altéré par le Testateur, ce qui paroît par la seule inspection, & indépendamment du ministère des témoins testamentaires; que s'il a été écrit par une personne privée, comme le seing des témoins en assure la vérité, on n'a besoin d'autre chose que de faire procéder à la vérification des seings des témoins morts naturellement, ou civilement, en la forme ordinaire, & par comparaison d'écritures, ou par les autres témoins vivans, qui assureront qu'ils les ont vu écrire. On peut voir M. *le Président Faber dans son code, lib. 6, tit. 13, defin. 1, & de error. pragmat. decade 67, error. 3. Henry Zoesius dans son Commentaire sur le titre du Digeste, testam. quemad. aper.* qui sont de ce dernier avis; & *Fernand Vasquius, de success. tom. 3, lib. 1, §. 9, n.* 108. *Grassus, §. testamentum, quæst.* 81, qui soutient l'opinion contraire; & *Manzius, de testam. valido & invalido, tit. 5, quæst. 6*, qui examine à fond cette difficulté.

21. Il suffit de faire ouvrir l'un des originaux quand il y en a plusieurs.

S'il y a deux différens originaux du même Testament, il suffit d'en faire ouvrir un, *L. si duobus* 10, *ff. testam. quemadmod. aper.* mais s'il y en a un original & un extrait, en faisant procéder à l'ouverture de l'extrait, ce n'est rien faire, il faut que l'original paroisse. *Leg. ult. ff. eod.*

22. On ne doit faire ouvrir que les Testamens qui sont clos.

On ne doit faire procéder à l'ouverture, en la forme de Droit, que des Testamens qui sont clos; car s'ils sont ouverts, & qu'ils ne soient ni fermés ni cachetés, la procédure d'ouverture est inutile, *si sui naturâ tabulæ patefactæ sunt, apertum videri testamentum non dubitatur, non enim quæremus à quo aperiantur. Leg.* 10, §. 1, *ff. eod.*

23. Quand le Testament a été ouvert & transcrit au Greffe ou dans les Registres du Notaire, la transcrip-

Quand une fois le Testament a été publié & enregistré, ou au Greffe du Juge, ou dans les Registres du Notaire qui a procédé à l'ouverture, la transcription qui en a été faite a la même autorité que l'original, & ce qui y est contenu doit être exécuté, quoique l'original vienne à se perdre ou à être supprimé; ce qui est fondé sur la décision expresse de la Loi 1, *cod. de testam.* sur l'esprit des

tion a la même autorité que l'original.

Loix 18 & 23, *cod. eod.* & sur la décision des Interprètes, & entr'autres de *Perezius* sur le titre du code *de testam. n.* 51. Mais comment pourra-t-on pourvoir aux légataires & autres intéressés si le Testament est brûlé, ou supprimé avant l'ouverture & la publication ? On peut voir la Loi 11, *cod. de testam.* & la Loi 10, §. 2, *ff. testam. quemadmod. aper. La Glose & les Docteurs sur ces Loix.*

24. Comment peut-on pourvoir aux légataires & autres intéressés, quand le Testament est brûlé ou supprimé avant l'ouverture.

25. On ne doit pas procéder à l'ouverture du Testament d'une personne vivante.

Il n'est pas permis de procéder à l'ouverture du Testament d'une personne encore vivante. *Leg.* 2, §. 4, *ff. quemadm. testam. aper.* & celui qui le fait est puni de la peine du faux, *is qui aperuerit vivi testamentum Legis Corneliæ pœnâ tenetur. L.* 1, §. 5, *ff. de Cornelia de falsis*; mais si l'on est dans le doute sur la vie ou la mort du Testateur, le Juge ne doit permettre l'ouverture qu'avec précaution, après les perquisitions nécessaires, & avec connoissance de cause. *L.* 2, §. 4, *ff. testam. qumemadmod. aper.*

26. L'Ordonnance de 1735 n'a pas réglé la forme de l'ouverture du Testament clos.

L'Ordonnance de 1735 n'a point réglé la forme de l'ouverture, enregistrement & publication des Testamens; elle les a laissés aux termes du Droit commun, & de l'usage par *l'art.* 79, conçu en ces termes : *N'entendons comprendre dans la présente Ordonnance ce qui regarde l'ouverture, l'enregistrement & la publication des Testamens ou autres Actes de dernière volonté, sur tous lesquels points il ne sera rien innové, en vertu de notre présente Ordonnance, aux dispositions des Loix ou usages qui sont observés à cet égard.*

SECTION V.

Preuve du Testament nuncupatif, non écrit, paganique & militaire.

SOMMAIRE.

1. *De quelle manière doit se faire la preuve du Testament purement nuncupatif, & du Testament militaire.*
Cette discussion inutile pour l'avenir peut servir pour le passé, & pour les dispositions antérieures à la publication de l'Ordonnance de 1735.
2. *Formalités à observer pour la preuve du Testament nuncupatif, non écrit.*
La preuve doit se faire par voie d'enquête.
Elle doit être ordonnée.
Doit-elle être ordonnée en contradictoire défense ?
Ou par Ordonnance sur Requête.

L'ORDRE veut que nous parlions présentement de la forme dans laquelle on doit faire la preuve du Testament purement nuncupatif, & du Testament militaire non écrit, dont le Parlement de Toulouse avoit retenu l'usage, nonobstant les Ordonnances, qui avoient défendu la preuve testimoniale pour les choses excédant la valeur de cent liv. cette discussion sera inutile par rapport aux Testamens & autres dispositions purement nuncupa- 1. De quelle manière doit se faire la preuve du Testament purement nuncupatif, & du Testament militaire.

tives faites par des Testateurs qui sont morts après l'an de la publication de l'Ordonnance de 1735, parce qu'ils seront nuls, suivant *l'art.* 1, *& les art.* 80, 81, *&* 82, vu que les fidéicommis verbaux, & non-compris dans le Testament écrit, n'ayant point de date fixe, ils doivent se rapporter au temps de la mort du Testateur ; & par conséquent à un temps où une disposition verbale ne peut pas subsister, mais elle pourra être utile pour les Testamens dont les Testateurs seront décédés auparavant, ou dont les actes ne seront pas revêtus des formalités nécessaires pour valoir comme actes publics, auquel cas la preuve de la disposition pourra être faite par la résumption des témoins en la même forme qui étoit pratiquée avant cette Ordonnance, qui n'a rien changé à cet égard pour le passé.

2. Formalités à observer pour la preuve du Testament nuncupatif non écrit.

Pour avoir une preuve légale du Testament nuncupatif & purement verbal, il est nécessaire d'observer quelques formalités. Premièrement, comme cette preuve doit se faire par voie d'enquête & d'autorité de Justice, il faut qu'elle soit permise ou ordonnée par le Juge compétent. Il y a même des Auteurs, & entr'autres M. *Maynard*, *liv.* 5, *chap.* 5 ; & *Barry*, *de success. lib.* 1, *tit.* 1, *n.* 6, qui soutiennent que cette preuve doit être ordonnée avec grande connoissance de cause, & par conséquent en contradictoire défense, avec les plus proches parens, successeurs *ab intestat* ; mais le Parlement de Toulouse n'exige autre chose à cet égard, sinon que le Juge ait permis la résumption des témoins, & j'ai vu autoriser des procédures en pareil cas, quoique la permission du Juge eut été accordée par Ordonnance sur simple Requête.

3. Si les Parties intéressées doivent être assignées pour voir procéder à la résumption des témoins.

En second lieu, quoiqu'il ne soit pas indispensable d'assigner les Parties intéressées pour voir ordonner la résumption des témoins testamentaires, il faut néanmoins qu'elles soient assignées pour voir procéder à la résumption des témoins. C'est ainsi que le décident *Ranchin dans ses Conclusions* verb. *testamentum*, *art.* 1, & *Mathæus sur la question* 331 *de Guy-Pape*, & l'usage est conforme à cette décision *Albert.* verb. *testament, art.* 12, rapporte un Arrêt du Parlement de Toulouse qui n'eut point d'égard à une résumption faite sans appeller les Parties, & renvoya devant le Sénéchal pour en faire une nouvelle. V. *Catellan*, *liv.* 2, *chap.* 54.

4. Les témoins doivent être assignés devant le Juge,

En troisième lieu, il faut aussi faire assigner les témoins, pour comparoir devant le Juge, à jour, lieu & heures certains, & il doit être procédé à leur audition, après leur avoir fait prêter le serment, suivant la Loi 21, §.

3, & la Loi dernière, *cod. de testam.* & après avoir observé les autres formalités qui sont prescrites par l'Ordonnance de 1667 au titre des Enquêtes; parce que la preuve du Testament nuncupatif doit se faire par voie d'enquête, & par la déposition des témoins assermentés, *& hoc post mortem testatoris jurati deponant*, selon les expressions de la Loi qu'on vient de citer. Cependant on ne permet pas aux successeurs *ab intestat* de faire une contraire enquête, quoique cela se pratique en conséquence de l'Ordonnance de 1667 dans les preuves ordinaires.

5. De quelle manière les témoins doivent déposer dans la résumption.

En quatrième lieu, tous les témoins doivent déposer non-seulement sur toutes les dispositions déclarées par le Testateur, telles qu'ils les ont entendues, *L. ult. cod. de testam.* ne suffisant pas même qu'ils s'en rapportent à l'écrit qui peut avoir été dressé pour servir de mémoire, mais encore ils doivent dire que le Testateur les a déclarées, ou prononcées en leur présence, & celle des autres témoins. *Ranchin* au lieu déjà cité. Si tous les témoins sont d'accord du Testament, & des dispositions faites par le Testateur, il est mis par écrit & publié, c'est-à-dire inséré parmi les actes du Greffe, comme le remarque *Despeisses, des Testamens, sect.* 4, *n.* 124, après *Mantica, de conject. ult. volunt.* Mais si quelqu'un des témoins du nombre nécessaire contredit le Testament, il est nul; la raison en est, parce que la Loi exigeant un certain nombre de témoins pour la validité du Testament, & décidant en même temps, que si un seul manque, le Testament est nul, *L.* 12, *cod. de testam.* le témoin qui contredit le Testament doit être regardé, comme s'il n'avoit pas été appellé, puisqu'il ne porte pas témoignage en sa faveur; d'ailleurs le nombre des témoins est nécessaire pour la substance du Testament, & n'est pas moins requis pour la preuve, que pour la formalité; quoiqu'en ayent pu penser certains Auteurs qui ont voulu, à cet égard, distinguer la formalité d'avec la preuve; car cette distinction est visiblement contre l'esprit des Loix, qui exigent indistinctement le nombre des témoins requis tant pour l'une que pour l'autre; ensorte qu'il ne peut y avoir de preuve suffisante, si elle n'est accompagnée du témoignage de tous les témoins que la Loi requiert pour la validité du Testament.

6. Si la nullité dans la procédure de résumption rend le Testament nul.

Quoiqu'il y ait quelque nullité dans la procédure de résumption des témoins du Testament nuncupatif, & qu'il y ait lieu de la casser, cela n'influe pas sur la disposition qui demeure valable; mais on doit ordonner une seconde résumption; que si elle est rapportée en bonne forme, & qu'elle soit concluante pour la preuve de la disposition, elle sera confirmée sur la nouvelle procédure. La raison est, parce que la disposition est valable par la seule nuncupation, & indépendamment de la validité de l'écrit, qui en est rédigé après la mort du Testateur : ainsi le Testament peut demeurer valable, quoique la procédure de résumption soit cassable par quelque nullité.

7. Arrêt du Parlement de Toulouse qui juge la question.

C'est ainsi que cette difficulté fut jugée par un Arrêt du Parlement de Toulouse rendu en la troisième Chambre des Enquêtes, au rapport de M. Blanc, le 16 Février 1728, en faveur de Mathieu Duclaux, & Pierre Gardies, contre Jean Duport. Delphine Gardies fit son Testament nuncupatif la nuit du 22 au 23 Décembre 1726, après avoir appellé un Notaire & plusieurs témoins, auxquels elle déclara qu'elle instituoit pour ses héritiers Duclaux & Gardies, & qu'elle faisoit certains legs. Le Notaire ayant pris le mémoire de la disposition nuncupative, la rédigea sur son Registre, & dans le temps qu'on voulut en faire la lecture à la Testatrice, elle expira. Les héritiers institués firent résumer le Notaire & les témoins d'autorité du Juge des lieux, qui ordonna l'enregistrement de l'écrit couché sur le Registre du Notaire; mais les témoins résumés ne déposerent que relativement à cet écrit, en disant qu'il contenoit vérité. Appel par Duport, successeur *ab intestat*, devant le Sénéchal de Nîmes, qui cassa la procédure de résumption, & en ordonna une nouvelle; toutes les Parties ayant réclamé de cette Sentence au Parlement de Toulouse, les héritiers testamentaires se plaignant de ce qu'ils n'avoient pas été définitivement maintenus, & que la procédure n'avoit pas été confirmée; & Duport, héritier *ab intestat*, de ce qu'il n'avoit été maintenu sans ordonner une nouvelle procédure. Il fut rendu Arrêt le 16 Février 1726, qui ordonna une nouvelle résumption des témoins, & néanmoins maintint par provision les héritiers testamentaires en tous les biens dépendans de l'hérédité de Delphines Gardies. On jugea donc deux points importans; le premier, qu'il ne suffisoit pas que les témoins, en déposant, s'en fussent rapportés à la vérité de l'écrit couché sur le Registre du Notaire, & qui avoit été enregistré au Greffe du premier Juge; mais qu'ils devoient déposer *sigillatim* de toutes les dispositions de la Testatrice. Le second, que la nullité de la résumption n'influoit pas sur le Testament nuncupatif.

8. Si le Testament est nul quand quelqu'un des témoins nécessaires

Mais si les témoins ou quelqu'un de ceux qui sont nécessaires selon le nombre fixé par les Loix, sont objectables, le Testament sera-t-il nul? Il y a des Auteurs du Parlement de Toulouse qui tiennent que dans ce cas les témoins ne sont pas objectables, *Albert*, verb. *Testament*, *art.* 13. D'autres disent qu'il suffit qu'il y en ait un nombre suffisant parmi ceux qui ne sont pas reprochés pour prouver les dispositions, tout comme les autres choses, & dans ce cas on n'a point d'égard aux objets proposés contre les autres témoins non-nécessaires pour la preuve, & qui ne sont requis que pour la formalité; c'est la distinction faite par M. *de Catellan*, *liv.* 2, *chap.* 5. Il y en a d'autres qui estiment que les témoins sont indistinctement objectables, comme dans les enquêtes & informations; de ce nombre est M. *Maynard liv.* 5, *chap.* 5; & que si tous ceux qui sont requis pour la validité du Testament, ne sont pas *omni exceptione mojores*, le Testament est nul; ils rapportent même des Arrêts qui ont jugé conformément à cette opinion.

saires est valablement objecté.

9. Résolution de la difficulté que quand un témoin du nombre de ceux qui sont nécessaires est objecté valablement, le testament est nul.

Ce dernier sentiment paroît le mieux fondé, puisque la Loi dernière, *cod. de Testam.* exige, que tous les témoins au nombre qu'elle requiert, déposent après leur serment sur tous les chefs de la disposition du Testateur; elle veut donc que le témoignage de ces témoins soit hors d'atteinte, & qu'on compte pour rien ceux qui sont valablement reprochés; ensorte que c'est tout de même que s'ils n'y avoient pas été appellés, vu que leur témoignage est inutile & infructueux, & qu'il n'y a point de différence entre ne pas appeller le nombre des témoins requis par la Loi, & en appeller de ceux dont le témoignage n'est pas recevable. D'ailleurs nous avons vu que le nombre des témoins requis par les Loix n'est pas moins requis pour la perfection de la preuve, que pour la solemnité. Ce fut aussi de cette manière que cette question fut jugée au Procès d'entre Duclaux, Gardies & Duport sur l'interlocutoire de l'Arrêt du 16 Février 1726; car les héritiers testamentaires ayant fait faire une nouvelle résumption des témoins parmi lesquels il y en avoit quelques-uns qui étoient objectés; par l'Arrêt définitif, Duport, successeur *ab intestat*, fut définitivement maintenu en l'hérédité de Delphine Gardies, nonobstant la nouvelle procédure de résumption, qui fut jugée insuffisante, parce qu'il ne restoit pas le nombre de cinq témoins non reprochés requis par la Loi dernière, *cod. de Testam.* pour faire valoir le Testament en question, qui avoit été fait aux Champs, quoiqu'on en eût fait résumer sept ou huit au nombre desquels il y avoit deux femmes.

10. Le Testament est-il nul si quelqu'un des témoins meurt naturellement ou civilement

Si quelqu'un des témoins est mort naturellement ou civilement dans l'intervalle qui s'est écoulé; ensorte qu'il ne puisse point être résumé, le Testament sera-t-il nul? Ou suffira-t-il qu'on fasse résumer ceux qui sont vivans, pourvu qu'ils soient au moins au nombre de deux, & que

avant la résumption. les témoins vivans déposent que les autres y ont assisté ? Ranchin & Despeysses aux endroits ci-dessus cités, & Godefroy sur la Loi 4, ff. Testam. quemadmod. aper. décident cette question pour la validité du Testament: mais cette opinion est insoutenable par les raisons qui ont été touchées ci-dessus; que tous les témoins doivent déposer en faveur de la disposition, afin qu'elle soit valable, & que le nombre des témoins que la Loi exige n'est pas moins requis pour la perfection de la preuve, que pour la solemnité; aussi y a-t-il une foule d'Auteurs qui ont décidé que le Testament étoit nul, si tous les témoins n'étoient en état de déposer lors de la résumption, & entr'autres *Vinnius sur le §. dernier aux Instit. de hæred. instit. n.* 3. *Henry Zoesius sur le titre du Digeste qui testam. fac. poss. n.* 57. *Ricard, des donations, tom.* 1, *part.* 1, *n.* 1388 & *suiv. Peresius sur le titre du cod. de testam. n.* 15; & *M. le Président Faber, de error. Pragmat. decad.* 67, *error.* 6; & c'est ainsi que le Parlement de Toulouse l'a jugé par Arrêt du 11 Juillet 1727, rendu en la troisième Chambre des Enquêtes, au rapport de M. l'Abbé de Mariote.

11. Dans quel délai après la mort du Testateur doit-on faire résumer les témoins.

Après dix ans, depuis la mort du Testateur, on n'étoit plus recevable à faire la preuve par témoins d'un Testament nuncupatif, même *inter liberos*, suivant les anciens Arrêts qui sont rapportés par *M. Maynard, liv.* 5, *chap.* 94, & par *Despeysses* au lieu déjà cité; cependant il a été rendu des Arrêts au Parlement de Toulouse qui ont jugé en dernier lieu que le laps de dix ans n'étoit pas un terme fatal, & qui ont permis la preuve après ce délai.

12. De la preuve du Testament militaire verbal.

Pour ce qui est de la preuve du Testament militaire verbal, il faut observer les mêmes formalités qu'à la preuve du Testament paganique nuncupatif, & procéder à la résumption des témoins de la même manière. Nous voyons que dans l'espèce de l'Arrêt rapporté par M. *de Catellan, liv.* 2, *chap.* 54, il fut formé un partage sur la cassation de la procédure de la résumption des témoins qui avoient été présens à un Testament militaire, sur ce qu'elle avoit été faite sans appeller la Partie intéressée, & le Testament ne fut confirmé que par la raison, qu'ayant été reçu par l'Aumônier du Régiment, il n'avoit pas besoin de résumption, comme ayant le caractère public, sans quoi la procédure auroit été cassée.

SECTION VI.

Reconnoissance du Testament d'écriture privée.

SOMMAIRE.

1. *Comment peut être faite la reconnoissance du Testament olographe.*
2. *Forme de cette reconnoissance faite par le Testateur. Deux Notaires sans témoins. Un Notaire avec deux témoins. Le Juge avec son Greffier.*
3. *Forme de la reconnoissance après la mort du Testateur. Par des Experts, & par comparaison d'écritures en la forme de l'Ordonnance de 1667.*
4. *Si les Testamens olographes ont besoin d'être reconnus dans les Coutumes où ils sont réputés solemnels.*

LA reconnoissance du Testament fait d'écriture privée *inter liberos* dans les Pays du Droit écrit, & du Testament olographe dans les Pays Coutumiers où la Coutume ne le répute pas solemnel par disposition expresse, peut se faire de deux manières. La première par le Testateur lui-même, qui comparoît devant quelque personne publique, comme un Juge avec le Greffier ou un Notaire, en présence desquels il reconnoît son écrit. Après qu'il en a été dressé ou donné acte en la forme pratiquée dans les lieux où la reconnoissance est faite, le Testament devient une écriture publique.

1. Comment peut être faite la reconnoissance du Testament olographe.

Cela peut se faire, ou devant deux Notaires, ou Tabellions, sans qu'ils ayent besoin d'être assistés de témoins dans les lieux où l'usage autorise cette forme de contracter, ou devant un Notaire avec deux témoins dans les lieux où l'on pratique cette forme dans les contrats. La reconnoissance peut encore être faite devant un Juge qui doit être assisté de son Greffier, par lequel il doit faire écrire un Procès verbal de la comparution du Testateur, & de la reconnoissance par lui faite de son écrit; mais dans aucun de ces cas il n'est pas nécessaire que le Testateur fasse assigner aucun de ses successeurs *ab intestat*; parce que la reconnoissance dépend absolument de lui, & de la déclaration qu'il fait devant les personnes publiques qu'il choisit, & qui ont caractère pour cela. Cependant pour éviter le changement ou la supposition, il est né-

2. Forme de cette reconnoissance faite par le Testateur.

cessaire qu'il soit paraphé ; ou qu'il soit désigné d'une manière univoque, & non susceptible de doute.

3. Forme de la reconnoissance après la mort du Testateur.

La seconde manière est, lorsque le Testateur est mort sans avoir fait de son vivant la reconnoissance du Testament, de la faire faire par Experts & par comparaison d'écritures, auquel cas il est nécessaire de faire cette procédure avec les Parties intéressées, c'est-à-dire avec les successeurs *ab intestat*, ou avec ceux contre qui on veut faire usage du Testament privé ou olographe ; & pour la forme de cette procédure, il faut se régler par l'Ordonnance de 1667, au titre du compulsoire & collation des pièces, & par la Déclaration de 1684, & observer ponctuellement tout ce que prescrivent l'Ordonnance & la Déclaration de 1684 comme postérieure pour les dispositions qui sont incompatibles avec celles de l'Ordonnance, comme abrogées ou corrigées par la Déclaration du Roi ; parce qu'en matière de Loix les dernières corrigent les précédentes pour les dispositions qui y sont contraires ou incompatibles.

4. Si les Testamens olographes ont besoin d'être reconnus dans les Coutumes où ils sont réputés solemnels.

Du reste, il me semble fort raisonnable de croire, malgré la maxime qui veut que les écritures ont besoin d'être reconnues, quand le ministère d'une personne publique n'y est pas intervenu, qu'il n'est pas nécessaire de faire procéder à la reconnoissance des Testamens olographes dans les Coutumes qui les déclarent ou réputent solemnels par disposition expresse, comme dans celle de Paris, art. 289, parce que ces Coutumes les mettent au niveau de ceux qui sont reçus par une personne publique, en déclarant les uns & les autres également solemnels, & qu'elles donnent aux Testateurs une espèce de caractère public pour cela. Cela a été ainsi jugé par un Arrêt du Parlement de Toulouse, en l'Audience de la seconde Chambre des enquêtes, le 6 Juin 1744, plaidans Carbonel, Procureur pour Dame Marie-Françoise Azemar, épouse de Messire Morthon, Lieutenant Général au Sénéchal de Toulouse, Me. Desirat, pour la Dame du Puget, veuve de Messire Jean-Francois Azemar, Conseiller au Parlement, Maîtres Amblard & Eymar, pour les sieurs Azemar oncle & neveu, au sujet du testament olographe de Messire Jean-Pierre Azemar, Trésorier de France en la Généralité de Toulouse ; par lequel Arrêt, la Dame de Morthon fut déboutée de sa Requête, à ce qu'il fût procédé à la reconnoissance & à la vérification du testament olographe fait à Paris, par Experts & par comparaison d'écritures, conformément à l'Ordonnance de 1667, sauf à ladite Dame de Morthon de se pourvoir contre ce testament par les voies de droit ; il n'y avoit point d'acte public, de reconnoissance, ni de suscription, ni de remise de ce testament, & c'étoit par cette raison que la Dame de Morthon, qui prétendoit que c'étoit une écriture privée, soutenoit que la vérification ou la reconnoissance devoit en être faite. La Dame de Morthon s'étant pourvue au Conseil en cassation de cet Arrêt, la Requête a été rejetée.

SECTION VII.

Comment on peut distinguer le Testament d'avec le Codicille, & les autres dispositions à cause de mort.

SOMMAIRE.

1. *Règles pour distinguer les Testamens des Codicilles.*
2. *Dans les Pays Coutumiers les Testamens & les Codicilles sont confondus.*
3. *Dans les Pays du Droit écrit les Testamens produisent un autre effet que les Codicilles.*

La disposition testamentaire vaut jure directo.

Les dispositions universelles par Codicille ne valent que comme fidéicommis.

4. *La plupart des distinctions des Auteurs sont contraires à l'esprit des Loix.*
5. *Première Règle pour distinguer les Testamens des Codicilles.*

L'institution & l'exhérédation sont des marques du Testament.

Idem, *de la substitution vulgaire.*

L'acte qui ne contient que des dispositions particulières est considéré comme Codicille.

6. *Seconde Règle. La dénomination doit fixer la nature de l'acte.*

Superflua non nocent.

La disposition qualifiée de Codicille est considérée comme Testament, s'il y a des institutions ou des substitutions directes.

On doit juger de la qualité des actes par la nature de leurs dispositions plutôt que par leur dénomination.

7. *Troisième Règle quand l'acte a plusieurs qualifications.*

La dénomination diverse est déterminée par la formalité employée.

8. *La nature des dispositions doit régler la nature de l'acte.*

La conjecture qui se tire de la nature des dispositions est plus forte que celle qui se tire de la formalité.

9. *La disposition est considérée comme Testament, si elle contient des institu-*

tions ou des substitutions directes, ou une exhérédation, quoiqu'il n'y ait que cinq Témoins.

10. *Quatrième Règle. Une disposition qualifiée de Codicille où se trouve une institution* verbis communibus, *doit être considérée comme Codicille.*

11. 12. 13. 14. 15. 16. 17. 18. 19. 20.

Des Lettres fidéicommissaires, de leur effet suivant le Droit Romain, & de leur abrogation par l'Ordonnance de 1735.

21. *Comment on peut distinguer le Testament de la donation à cause de mort.*

1. Règles pour distinguer les Testamens, des codicilles.

IL ne nous reste pour finir la matière, que nous nous sommes proposé d'éclaircir dans ce chapitre, qu'à expliquer de quelle manière on peut distinguer les Testamens d'avec les Codicilles, & par quelles règles on peut connoître si la disposition est un Testament ou un Codicille.

2. Dans les Pays Coutumiers les Testamens & les codicilles sont confondus.

Cette discussion est assez inutile dans les Pays où l'institution d'héritier n'est pas nécessaire pour la validité des dispositions testamentaires; parce que les Testamens, de quelque forme qu'ils soient revêtus, n'y sont considérés, & n'y valent que comme des Codicilles.

3. Dans les Pays de Droit écrit les Testamens produisent un autre effet que les codicilles.

Mais dans les Pays du Droit écrit cet examen est très-important; parce que si la disposition universelle est considérée comme un Testament, elle vaut *jure directo*; au lieu que si elle n'est regardée que comme Codicille, elle ne peut valoir que par forme de fidéicommis, les successeurs *ab intestat* sont saisis de plein droit de l'hérédité; mais ils doivent la restituer aux héritiers nommés dans le Codicille, en retenant la Quarte Trebellianique, lorsqu'elle n'a pas été prohibée; d'ailleurs si la disposition est considérée comme Testament, & qu'elle n'en ait pas les formalités, elle est nulle.

4. La plupart des distinctions des Auteurs sont contraires à l'esprit des Loix.

Sans nous arrêter aux distinctions que les Auteurs ont faites pour l'éclaircissement de cette question qui sont la plupart contraires à l'esprit des Loix, nous nous contenterons de poser quelques règles tirées de la disposition ou de l'esprit des Loix, lesquelles règles suffiront pour l'éclaircissement de cette matière.

5. Première règle, pour distinguer les Testamens des codicilles.

La première règle est, que si l'on n'a point donné de dénomination à la disposition, on doit juger de sa nature & de sa qualité, principalement par ce qu'elle contient, sans examiner les formalités qu'on y a employées, *voluntatis autem quæstio ex eo scripto plerumque declarabitur, Leg.* 13, §. 1, *ff. de jure codicil.* Si par exemple elle contient une institution ou une exhérédation, c'est une preuve certaine que celui qui a disposé a voulu faire un Testament & non un Codicille; parce que ces sortes de dispositions ne peuvent

vent pas faire la matière d'un Codicille, *non codicillum sed testamentum aviam vestram facere voluisse, institutio, & exhæredatio facta, probant evidenter*, dit la Loi 14, *cod. de testam.* On est également censé avoir fait un testament par la disposition qui contient une institution, une substitution vulgaire & des legs, *L. illud* 13, §. 1, *ff. de jur. codicil.* auquel cas si la disposition n'est pas revêtue de la forme requise au testament, elle ne vaudra ni comme Testament, ni comme Codicille, ainsi que le décide le §. 1. déjà cité. Que si au contraire l'acte ne contient que des dispositions particulières, il ne pourra être considéré que comme un Codicille, parce que ce qui est de l'essence du Testament, c'est-à-dire l'institution d'héritier, manque.

6. Seconde règle. La dénomination doit fixer la nature de l'acte.

La seconde règle est, que si celui qui a disposé, a donné une qualité à sa disposition, il faudra en juger par la dénomination, que le disposant lui a donnée, quand même il n'en auroit pas suivi exactement la forme requise, & qu'il y auroit ajouté des formalités superflues, *Leg.* 3, *cod. Theod. de testam. & codicil. & L.* 17, *de testam. & quemadmod. testam. fiant* au code de Justinien; parce que *superflua non nocent*, pourvu qu'il n'y ait rien dans le contenu qui soit incompatible avec la forme par lui qualifiée, comme si, par exemple, il appelle Codicille sa disposition, & qu'il y ait appellé sept témoins, ce sera toujours un Codicille; parce qu'il faut juger de la qualité des actes par la dénomination qu'ils portent, si dans leurs dispositions il n'y a rien de contraire ou d'incompatible, ou qui en change la nature; mais s'il y avoit fait des institutions, ou des substitutions directes, nonobstant la dénomination du Testateur, la disposition devroit être considérée comme un Testament, & non comme un Codicille, & elle vaudroit *jure directo*, comme étant un vrai Testament; quand même le disposant lui auroit donné le nom de Codicille; la dénomination du Testateur devant être regardée comme erronée. Cela résulte des textes qui ont été cités en établissant la première règle, & de cette autre règle du Droit que l'on doit juger de la qualité de la chose, non par la dénomination qu'on lui a donnée, mais par la nature des dispositions & par leur effet, parce qu'il faut entendre & expliquer l'acte dans le sens capable de le faire valoir, *ut potius valeat quam pereat*, *L. quoties* 12, *ff. de reb. dub.*

7. Troisième règle. Quand l'acte a plusieurs qualifications.

La troisième règle, que si la même disposition est qualifiée de plusieurs manières différentes, comme de Codicille & de testament en différens endroits de l'écriture, il faudra juger de sa nature par les formalités qu'on y aura observées, & par conséquent on la considérera comme un Testament, si l'on y a observé les formalités requises au Testament, & si l'on n'y observe que les formalités des Codicilles, on la regardera comme un Codicille, parce que la dénomination douteuse & diverse est déterminée par la formalité qui convient, ou au Testament en particulier, ou au Codicille en particulier.

8. La nature des dispositions doit régler la nature de l'acte.

Ce sera encore une manière plus sûre pour en juger si l'on consulte la nature des dispositions ; car malgré la double dénomination, il faudroit considérer la disposition comme un Codicille, si elle ne contenoit que des legs ou des fidéicommis particuliers ; quoiqu'on y eut appellé sept témoins, & que cette forme extérieure convienne proprement au Testament ; parce que la manière de juger de la qualité de l'acte par les clauses qu'il contient est plus forte, & plus sûre que celle qui n'est tirée que de la formalité extérieure.

9. La disposition est considérée comme Testament, si elle contient des institutions ou des substitutions directes, ou une exhérédation, quoiqu'il n'y eût que cinq témoins.

Au contraire, il faudroit regarder la disposition comme un testament & non comme un Codicille, si elle contenoit une institution, des substitutions directes, ou une exhérédation ; quand même on n'auroit appellé que cinq témoins, par la raison que nous avons touchée, que le contenu en la disposition doit en déterminer la nature plutôt que la formalité extérieure, *L.* 14, *cod. de testam.* Dans ce cas la disposition seroit nulle, suivant la Loi 13, §. 1, *ff. de jure codicillor.*

10. Quatrième règle une disposition qualifiée de Codicille où se trouve une institution *verbis communibus*, doit être considérée comme Codicille.

La quatrième règle, que si dans une disposition qualifiée nommément de Codicille, & non précédée d'un testament, le disposant a fait un héritier en termes communs, comme, *je veux que Titius soit mon héritier*, s'il n'y a point d'autre circonstance qui puisse déterminer au contraire, il faudra regarder la disposition comme un Codicille, & la faire valoir *jure fideicommissi* ; parce que la dénomination doit déterminer dans ce cas où l'institution se trouvant faite *verbis communibus*, elle peut être tournée dans le sens d'un fidéicommis, c'est le véritable esprit de la Loi 13, §. 1, *ff. de jure codicillor.* mais la dénomination ne pourroit être d'aucune considération, si l'institution étoit faite en termes directs, ou que l'héritier nommé eût un substitué vulgaire, & qu'il eût été chargé des legs, auquel cas la disposition ne pourroit pas valoir *jure fideicommissi* ; parce que cette façon de disposer est propre au testament, & en marque la nature & la qualité ; ainsi que le décide le même texte. C'est tout ce que l'on peut tirer de ces textes du droit bien entendus & bien expliqués. Si l'on veut savoir ce qu'en ont pensé les Docteurs & les Interprètes, on peut voir ce qu'ils ont écrit sur la Loi 13, §. 1, *ff. de jure codicillor.* & sur la Loi 14, *cod. de testam.* On peut voir encore *Mantica*, *de conjecturis ult. volunt, lib.* 2, *tit.*

3. *Menochius, de Præsumpt. lib.* 4, *præsumpt.* 3. *Philippy resp.* 46. *Barry*, & les autres Auteurs qui ont examiné cette difficulté. Nous en parlerons encore au chap. 12. n. 34 & suivans.

Selon le droit Romain, les dispositions contenues dans 11. 12. 13.
les Lettres missives sont valables, pourvu qu'il y ait des 14. 15. 16. 17.
témoins, lorsqu'elles sont faites en faveur d'autres personnes 18. 19. 20.
que des enfans. *L.* 22, *cod. de fideicomm. Et in Epistola vel libello, Fideicommissum relinqui posse, adhibitis testibus, nulla dubitatio est, L.* 75, *ff. ad Sen. Cons. Trebell. L. Miles* 75, *& L. ult. ff. de Leg.* 2; c'est ce que la Loi 7, *cod. qui testam. fac. poss.* appelle *Epistolæ Fideicommissariæ.*

Ces Lettres fidéicommissaires valent par la seule écritu- 12.
re, ou par le seing du testateur, sans témoins, par rapport aux dispositions faites *inter liberos*; parce que, comme nous l'avons prouvé ci-dessus, ces sortes de dispositions n'ont pas besoin de la formalité des témoins; mais entre toutes les personnes autres que les enfans ou descendans, il faut que le nombre de cinq témoins y soit intervenu, suivant la Loi dernière, §. 3, *cod. de codicillis.*

Les Lettres fidéicommissaires ne peuvent jamais être 13.
considérées comme des Testamens, quand même elles contiendroient une institution d'héritier, parce que leur forme est absolument différente, & tout-à-fait éloignée; elles ne sont pas non plus des Codicilles; elles constituent une troisième espèce de disposition de dernière volonté, différente des Codicilles. *L.* 1, *cod. de Codicillis*; ce qui est si vrai, que quoique le Codicille qui dépend d'un Testament soit annullé par la naissance d'un posthume, la volonté consignée dans une lettre fidéicommissaire est valable, nonobstant la naissance d'un posthume, comme le décide la même Loi; il est parlé de cette espèce de dernière volonté dans les textes que nous avons cités dans la Loi dernière, *cod. de codicillis, & dans la Loi dernière cod. quemadmod. testam. aper.* mais elle opère le même effet que les Codicilles, *quasi ex imitatione Codicilli, L.* 1, §. 1, *ff. de Latina libert. toll. & L.* 1, *cod. de Codicillis.*

Cependant il faut prendre garde que les Lettres fidéi- 14.
commissaires ne sont pas valables, & ne produisent aucun effet, si elles ne contiennent une volonté actuelle & déterminée; & si celui qui les écrit se borne à témoigner son affection, comme dit *Godefroy* sur la Loi 22, *cod. de fideicommiss.* après *Mantica, de conject. ult. vol. lib.* 1, *tit.* 11, *n.* 3; & la Loi 17, *ff. de jur. Codic. Litteræ quibus animi affectus exprimitur, vim Codicillorum non obtinent.* De là vient que la même Loi 17, *ff. de jur. Codicill.* décide, que les Lettres par lesquelles celui qui les écrit promet son héré-

dité ; n'ont pas le même effet qu'un Codicille, *Litteræ quibus hæreditas promittitur, vel animi affectus exprimitur, vim Codicillorum non obtinent.* Par un argument tiré *à contrario sensu* de cette Loi, les Lettres fidéicommissaires, ou celui qui les écrit ne s'est pas borné à promettre son hérédité, & ou il la laisse *actu* par une disposition sérieuse, doivent conséquemment avoir le même effet qu'un Codicille selon les règles du Droit Romain.

15. Mais l'hérédité laissée par un testament antérieur, ne peut pas être ôtée, *jure directo*, par une Lettre non plus que par un Codicille. *Hæreditas in testamento data per epistolam, vel Codicillos adimi verbis directis non potuit. L. 4, cod. de his quæ ut indignis aufer. L. 2, & L. 7, cod. de Codicillis, §. 2, instit. eod. L. 20, ff. de jure codicillor. L. 76, ff. ad S. C. Trebell.* & plusieurs autres textes. Cependant la disposition sera convertie en fidéicommis, tout comme si elle avoit été faite par un Codicille. *L. 2, §. 4, ff. de jure Codicill. L. 76, ff. ad Trebell. L. 12, §. 2, ff. de injusto rupto. L. 37, §. 2, ff. de leg. 3. L. 2, cod. de Codicill. M. Dolive, liv. 5, chap. 28, aux addit. Benedicti*, & les autres Auteurs.

16. Aujourd'hui la Jurisprudence Romaine est abrogée à l'égard de l'effet quelle attribuoit aux Lettres fidéicommissaires par *l'art. 3 de l'Ordonnance du mois d'Août* 1735, qui porte : *Voulons aussi que les dispositions qui seront faites par lettres missives, soient regardées comme nulles & de nul effet.* Il ne peut donc plus être question de donner aucun effet aux dispositions qui seront faites à l'avenir depuis l'enregistrement de cette Ordonnance, par des Lettres missives, quelque formalité que l'on y ait employé, soit dans le Pays du Droit écrit ou Coutumier, parce que cette Ordonnance est générale pour tout le Royaume, sans distinction & sans exception, si les dispositions regardent les enfans, ou des personnes étrangères.

17. Avant l'Ordonnance de 1735, les questions sur la validité ou invalidité des dispositions de dernière volonté contenues dans des Lettres missives, étoient différemment jugées dans les Pays Coutumiers, pour savoir si elles devoient être considérées comme des Testamens olographes. Les Auteurs rapportent des Arrêts, dont les uns les ont cassées, les autres les ont confirmées: *Automne* sur la Loi *litteræ 17, ff. de jure Codicill.* rapporte un Arrêt du Parlement de Bordeaux du 12 Mars 1596, après partage, qui a confirmé une Lettre écrite par le mari à sa femme, par laquelle il dit, qu'il voudroit faire héritier son fils si elle le trouvoit bon, & quoique cette Lettre ne fût point datée, on lui donna la force d'un Testament entre enfans. Il en

rapporte encore un autre du Parlement de Paris du 19 Mars 1619, qui est le même dont parle *Tronçon sur l'art. 289 de la Coutume de Paris*, par lequel il fut jugé, qu'une institution d'héritier faite par une lettre missive étoit nulle; mais ces Auteurs ne disent pas qu'il fût question d'une disposition *inter liberos* dans l'espèce de cet Arrêt.

L'Arrêt du 10 Mars 1620, que l'on trouve dans *Bardet*, 18.
tom. 2, liv. 1, chap. 79, a jugé aussi qu'une Lettre missive écrite de Bruxelles le 5 Juillet 1618, par un fiancé à sa fiancée, portant: *Si je meurs, je te donne de bon cœur mon bien, & spécialement la lettre de change; & pour mon frère, je lui donne &c.* n'avoit pas la force d'un Testament olographe. Il y avoit cette circonstance, que cette Lettre avoit été écrite dans la ville de Bruxelles, où pour la validité d'un Testament, il faut qu'il soit reçu par une personne publique en présence de deux témoins qui signent; ensorte que la formalité requise dans le lieu où le Testament avoit eté fait, n'ayant pas été gardée, on ne pouvoit pas faire valoir cette Lettre à Paris comme un Testament olographe, parce qu'il n'avoit pas été fait à Paris, & que pour la validité des Testamens, il faut se régler par la formalité prescrite dans les lieux où l'on teste. M. l'Avocat Général Talon conclut pour la nullité de la disposition, par cette raison que suivant la Loi 22, *cod. de fideicomm.* & plusieurs autres textes, on peut à la vérité faire des fidéicommis & autres dispositions particulières par Lettres missives; mais qu'on ne peut point faire une institution. *L. 9, cod. de hæred. instit.* Cette raison n'auroit pas été bonne en Pays de Droit écrit; parce que la Lettre fidéicommissaire a la même force qu'un Codicille, & s'il est vrai qu'on ne puisse point donner ni ôter une hérédité par Codicille, ou par Lettre fidéicommissaire *jure directo*, on le peut néanmoins par fidéicommis, comme nous l'avons montré ci-dessus, & l'institution doit être convertie en fidéicommis. *L. 2, §. 4, ff. de Codicill.* & *L. Scevola 76, ff. ad S. C. Trebell.*

On trouve dans *le Journal du Palais, tom. 1, pag. 905*, 19.
un Arrêt du Parlement de Paris du 28 Juin 1678, qui a confirmé comme testament & comme codicille olographes des dispositions contenues dans des lettres missives où la volonté de la testatrice étoit clairement marquée.

Les différentes manières de juger, & les doutes qui pou- 20.
voient naître, pour savoir si les dispositions contenues dans des lettres missives, étoient sérieuses, ou si elles ne contenoient que de simples complimens, & des démonstrations d'affection, ont avec fondement déterminé le Roi à abroger cette manière de disposer, & de déclarer nulles toutes les dispositions faites par lettres missives.

21. Comment on peut distinguer le Testament de la donation à cause de mort.

On ne peut guères équivoquer sur la connoissance de la donation à cause de mort, pour la distinguer du testament, leur forme les distingue suffisamment; car la donation doit être faite, selon le Droit Romain, à une personne présente, *L. 38, ff. de mortis causa donat. nam mortis causa donatur quo præsens præsenti dat*; c'est une espèce de contrat qui doit s'accomplir par le concours de la volonté du Donateur & du Donataire, contrat néanmoins qui a cela de particulier qu'il peut être révoqué par le Donateur ; au lieu que le testament est le seul ouvrage du Testateur, sa volonté seule y fait valoir les dispositions qu'il renferme ; si elle est revêtue des formalités prescrites, & la présence ni l'acceptation de l'héritier, ou du légataire, ne sont pas requises dans le testament pour le faire valoir. Il nous suffit de renvoyer pour le surplus à ce que nous dirons au Chap. 14.

CHAPITRE III.

Des conditions nécessaires pour la validité des Testamens & des dispositions qu'ils renferment, de la qualité des Témoins testamentaires, & des autres choses qui les concernent.

SOMMAIRE.

1. *Pour la validité des Testamens on doit examiner premièrement la capacité de tester.*
En second lieu la formalité.
2. *La capacité peut avoir trois objets.*
La capacité active.
La capacité passive.
La nature des biens.
3. *Il faut encore observer les formalités prescrites par les Loix.*
4. *Trois choses à considérer.*
La volonté qui est la cause efficiente.
La preuve ou la formalité qui est la cause formelle.
L'objet de la volonté qui est la cause matérielle.
5. *Conditions requises, afin que la volonté soit efficace.*
L'intégrité d'esprit & d'entendement.
6. *Seconde condition, que la volonté procede du mouvement du Testateur.*
7. *Troisième condition, que la volonté soit réglée par des mouvemens d'équité.*
8. *Quatrième condition, que la volonté ne dépende pas du secret de la volonté d'autrui.*
Disposition captatoire.
9. *Cinquième condition, qu'elle soit faite selon les règles de la justice & de l'équité.*
10. *Sixième condition, qu'elle soit claire ou quelle puisse être éclaircie par quelque circonstance.*
11. *Septième condition, qu'elle*

1. Pour la validité des Testamens on doit examiner premièrement la capacité de tester.

POUR savoir si un testament est bon, & si les dispositions qu'il renferme sont efficaces, la Loi 4, *ff. qui testam. fac. poss.* veut qu'on examine premièrement la capacité du Testateur, *si quæramus an valeat testamentum imprimis enim advertere debemus, an his qui fecerit testamentum, habuerit testamenti factionem.* En second lieu, supposé qu'il ait cette capacité, il faut voir ensuite, s'il a testé selon les règles du Droit, *deinde si habuerit, requiramus an secundum regulas juris civilis testatus sit.*

2. La capacité peut avoir trois objets.

Cette capacité que la Loi exige peut avoir trois objets. Le premier, regarde la personne du Testateur; a-t-il la faculté de disposer? Le second, la personne de celui qui doit recueillir la libéralité; est-elle capable de recevoir? Le troisième, la chose qui fait la matière de la disposition; est-elle dans le commerce des hommes? Où le Testateur a-t-il la puissance, & la liberté d'en disposer?

3. Il faut encore observer les formalités prescrites par les Loix.

Mais afin qu'un testament ou une disposition soient valables, il ne suffit pas que cette triple capacité se vérifie; il faut encore que le testament soit revêtu des formalités prescrites par le Droit Civil, *an secundum juris regulas testatus sit*, & par les autres Loix ou Coutumes.

4. Trois choses à considérer.

On doit donc considérer trois choses dans les dipositions testamentaires. La première, est la volonté que les Interprètes appellent la Cause efficiente de toute disposition testamentaire. La seconde, est la preuve ou la formalité requise pour constater cette volonté, c'est la cause formelle. La troisième, est l'objet de cette volonté, lorſqu'elle roule ſur les perſonnes & ſur les choſes qui ſont la fin & le but de cette volonté, les Docteurs l'appellent la cauſe matérielle.

5. Conditions requiſes afin que la volonté ſoit efficace.

Afin que la volonté ait toutes les qualités requiſes pour être efficace, plusieurs conditions ſont requiſes. La première, que le Teſtateur ait l'intégrité d'eſprit & d'entendement, ce que la Loi 3, *cod. qui teſtam. fac. poſſ.* appelle *ſinceritas mentis.* Donc celle qui vient de la part d'une perſonne privée de la raiſon & du bon ſens, ou dont la raiſon eſt obſcurcie ou affoiblie, comme ſont les pupiles, les furieux, les imbécilles, ou ceux qui ſont dans la démence ou dans le délire, ne peut pas être la cauſe efficiente d'une diſpoſition teſtamentaire.

6. Seconde condition, que la volonté procede du mouvement du Teſtateur.

La ſeconde, que cette volonté ſoit un effet qui procéde du mouvement, ou de la délibération de celui qui diſpoſe ; cela réſulte de la définition du teſtament rapporté dans la Loi 1, *ff. qui teſtam. fac. poſſ. voluntatis noſtræ juſta ſententia*; c'eſt-à-dire la volonté propre & réfléchie du Teſtateur : ce qui exclut non-ſeulement toute volonté qui eſt conférée à l'arbitre d'autrui, *l.* 32, *ff. de hæred. inſtit.* mais encore toute volonté qui n'a pas ſon principe dans l'eſprit du teſtateur, & qui n'a pas été par lui adoptée librement, quand on lui en a inſpiré la penſée ; comme ſont les diſpoſitions ſurpriſes par dol ou fraude, celles qui ſont ſuggérées ou captées par artifice, & par des inductions frauduleuſes, & celles qui ſont extorquées par crainte ou violence, *l.* 1, *cod. ſi quis aliquem teſtari prohibuerit vel coegerit*, *l.* 2, & *l.* 3, *ff. eod.* ce que nous expliquerons plus-au-long dans le chap. 5.

7. Troiſième condition, que la volonté ſoit réglée par des mouvemens d'équité.

La troiſième, qu'elle ſoit réglée par des mouvemens d'équité, & qu'elle ſoit exempte de paſſion, de haine ou de colère, *l. ſi filiam* 19, *cod. de inoff. teſtam.* autrement elle eſt nulle & vicieuſe, comme le remarquent *Henris*, *tom.* 2, *liv.* 6, *queſt.* 7, *Ricard*, *des Donations*, *tom.* 1, *part.* 1, *n.* 619 & *ſuiv.* & pluſieurs autres Auteurs : car ſelon les expreſſions très-élégantes d'un Auteur moderne, *le teſtament doit être l'image des véritables ſentimens du Teſtateur, & l'ouvrage de ſa ſeule volonté ; mais d'une volonté libre, agiſſant avec connoiſſance, & conduite par la raiſon.*

8. Quatrième condition, que la volonté ne dépende pas du ſecret de la volonté d'autrui.

La quatrième, qu'elle ſoit ſincère & accompagnée de bonne foi de la part de celui qui diſpoſe, & qu'elle ne dépende pas du ſecret de la volonté d'autrui ; car ſi elle n'étoit qu'une amorce, ou une fauſſe démonſtration d'amitié de la part du Diſpoſant, pour engager les autres à lui faire des libéralités, & qu'elle dépendît par forme de condition du ſecret de la volonté d'autrui, elle ſeroit nulle comme captatoire, *l. captatorias 70, ff. de hæred. instit.* & *l. 64, ff. de leg. 1*, même en la personne d'un Soldat, *l. 11, cod. de testam. militis.*

9. Cinquième condition, qu'elle soit faite selon les règles de la Justice & de l'équité.

La cinquième, qu'elle soit selon les règles de la justice & de l'équité; suivant cette règle, un père qui dispose de ses biens, doit faire mention de chacun de ses enfans, & leur laisser quelque chose sous le titre honorable d'institution, autrement sa disposition est considérée comme faite par un homme privé de bon sens, *quasi non sanæ mentis fuerint, l. ff. de inoff. testam.* & elle est nulle quant à l'institution, Nov. 115, chap. 3, & suivant *l'art 50 de l'Ordonnance de 1735.*

10. Sixième condition, qu'elle soit claire ou qu'elle puisse être éclaircie par quelque circonstance.

La sixième, qu'elle soit claire par les paroles dans lesquelles elle est conçue, ou qu'elle puisse être éclaircie par les circonstances; car si elle est absolument douteuse & incertaine, de manière que l'ncertitude ne puisse pas être levée, la disposition est nulle, & ne doit pas être exécutée. La raison qu'en donne *Ulpien dans ses fragmens, tit. 22, §. 3*, est, *quoniam certum consilium debet esse testantis.* Aussi y a-t-il plusieurs textes du Droit qui déclarent nulles les dispositions de cette espèce; mais comme elles regardent la matière des instructions d'héritier, ou des legs, nous ne les rapporterons point ici.

11. Septième condition, qu'elle soit conçue en termes dispositifs & non par simple énonciative.

La septième, qu'elle soit conçue en termes dispositifs, & non par des paroles simplement énonciatives, comme il a été remarqué au commencement du chapitre 2, ci-devant. Il convient néanmoins d'observer que les paroles énonciatives font preuve, lorsqu'elles énoncent une donation, *l. 16, ff. de donat.* comme s'il est dit, *sciant hæredes mei me vestem universam, ac res cæteras, quascumque in diem mortis meæ mecum habui, illi & illi libertis meis vivum donasse*, c'est le cas précis de cette Loi; ce qu'il faut néanmoins entendre, pourvu qu'il n'y ait point de preuve du contraire de ce qui est énoncé; car si par exemple, une personne assure dans son testament, qu'elle n'a fait aucune donation entre-vifs; cette énonciative n'empêchera pas la validité des donations faites, *l. verba 6, cod. de testam.* les énonciatives produisent encore une exception *in testamento pagani, l. 17, §. 1, ff. de doli mali except.* & une action *in testamento militis*, quand il paroît qu'il a eu intention de faire la libéralité, *l. 7, cod. de testam. militis*, v. *Duranty quest. 24. Maynard, liv. 9, chap. 39, Dumoulin, sur la Coutume de Paris, §. 1, gloss. 5, n. 30. Mornac, sur la Loi 2, §. dernier, ff. depositi. Faber*, dans son code, *lib. 4, tit. 14, definit. 23, & les Docteurs sur les textes cités.*

12. Huitième con-

Enfin la huitième, que cette volonté soit constante, &

dition, que le Testateur ait persévéré jusqu'à la mort.

que le Testateur y persévère jusqu'à sa mort ; car comme il a la liberté de la changer & de la révoquer ; parce que *ambulatoria est hominis voluntas usque ad extremum vitæ exitum*, *l.* 4, *ff. de adim. leg.* s'il la change ou la révoque, elle n'est plus efficace. Ce que nous avons pareillement remarqué ci-dessus au commencement du chap. 2.

13. De la preuve de la volonté.

Par rapport à la preuve qui est, selon les Interprètes, la cause formelle de la volonté, elle consiste dans l'observation des formalités prescrites par le droit, *l.* 4, *ff. qui testam. fac. poss.* il est nécessaire de les observer ponctuellement, sans que les Testateurs y puissent déroger en aucune manière, parce qu'elles font partie du Droit Public, *l.* 55, *ff. de leg.* 1°. *& l.* 23, *cod. de testam.* autrement le testament est inefficace, *tamquam non jure factum*, *l.* 1, *ff. de injusto rupto*, sans que l'on puisse distinguer, comme ont fait certains Auteurs, ce qui est nécessaire pour la preuve légitime, d'avec ce qui est superflu pour cette preuve, & que les Loix n'exigent que pour la formalité ; car cette distinction est fausse, & contraire aux règles, attendu que les Loix ne soutiennent pas les dispositions par la seule force de la volonté du Testateur, de quelque façon qu'il en conste ; mais elles veulent que cette volonté soit constatée de la manière qu'elles le prescrivent ; ainsi les formalités qu'elles exigent, doivent être nécessairement observées, afin que la volonté soit constatée d'une façon qui la rende efficace. La faculté de tester est *publici juris*, *l.* 3, *ff. qui testam. fac. poss.* Lors donc que la Loi l'accorde, & y ajoute des formalités, elles sont comme une condition nécessaire, afin que les dispositions soient valables. Il faut donc remplir ces conditions, sinon la Loi ne les autorisant pas, elles sont nulles, & inefficaces, *l.* 1, *ff. de injusto rupto testam.*

14. Formalité de deux espèces, intrinséque & extrinséque.

Cette formalité peut être de deux espèces. La première est intrinséque, elle consiste dans l'institution d'héritier, de laquelle dépend toute la force du Testament, §. *ante hæredis* 34, *instit. de leg.* & dans l'obligation de laisser à titre d'institution la légitime ou autre libéralité à ceux à qui la légitime est due de droit, suivant la Novelle 115, chapitres 3 & 4, confirmée à cet égard par l'Ordonnance de 1735, article 50. Cela est particulier au Pays du Droit écrit. La seconde est extrinséque ou extérieure, qui dépend de ce que les Loix, les Coutumes ou Statuts exigent pour la validité des Testamens, selon leur nature, leurs différentes espèces, & la qualité des Testateurs. Nous en avons suffisamment parlé dans le chapitre précédent, il suffira d'ajouter que quand on a observé les formalités prescrites par les Loix, Coutumes, Statuts & Usages du lieu où le

Testament est fait, il vaut par-tout, même pour les biens situés dans les lieux où les formalités sont différentes, suivant la Loi 9, *cod. de Testam.* & la décision unanime des Auteurs, confirmée par *l'Ordonnance de* 1735, *articles* 68 & suivans, sans préjudice des réductions portées par les Coutumes des lieux où les biens sont situés, comme l'explique l'article 73; car, comme le remarquent les Auteurs, & notamment *Ferriere dans ses Instituts du Droit françois*, sur le §. 1, *de hæred. instit.* on observe constamment deux ou trois règles sur cette matière. La premiere, que quand il y a diversité de Coutumes, il faut tester selon les formalités prescrites par la Coutume du lieu où le Testament est fait. La deuxième, que les dispositions testamentaires prennent leur force par les Coutumes des lieux où les biens sont situés. La troisième, que la capacité de tester par rapport à l'âge, doit être réglée par la Coutume du domicile du Testateur. On peut voir ces questions expliquées avec beaucoup de netteté & d'étendue dans les *Dissertations de Me. Louis Boullenois, question* 1, où les raisons de ces trois règles sont fort bien développées. Selon le même *Ferriere* au lieu cité, l'institution d'héritier est une des formalités sujettes à la Loi du lieu où le Testament est fait. Voilà pourquoi un testament fait dans le Pays Coutumier est bon & valable, quoiqu'il ne contienne point d'institution d'héritier, même pour les biens situés dans les Pays du Droit écrit, où cette formalité est essentielle pour la validité du Testament, §. *ante* 34, *instit. de leg. & vice versa.* Le Testament fait en Pays de Droit écrit, avec institution d'héritier, vaudra, même pour les biens situés en Pays Coutumier, où l'institution d'héritier n'est pas reçue, sauf toutefois que l'institution d'héritier ne vaudra que comme legs universel pour les biens situés en Pays Coutumier, & au contraire, le legs universel fait en Pays Coutumier, vaudra comme institution d'héritier pour les biens situés dans le Pays du Droit écrit, comme l'expliquent les articles 68 & 69 de l'Ordonnance de 1735.

15. De l'objet de la volonté qui roule sur les personnes ou sur les choses.

A l'égard de l'objet de la volonté, qui roule, comme nous l'avons dit, sur les personnes ou sur les choses, les personnes doivent être capables de recevoir & de conserver les libéralités, & par conséquent, elles ne doivent pas être du nombre de celles que les Loix déclarent incapables ou indignes, & que nous expliquerons plus en détail dans le chapitre 6.

16. Le Testateur doit avoir la liberté & le pouvoir de disposer des biens.

Le Testateur doit avoir aussi au moment qu'il teste, la faculté & le pouvoir de disposer de ses biens, ou d'ordonner les choses qui sont l'objet de sa disposition, ce que nous expliquerons aussi au chapitre 7.

17. Les dispositions ne doivent pas être caduques, abandonnées ou répudiées.

Enfin, les dispositions ne doivent point être caduques ni abandonnées ou répudiées, *l.* 1, *ff. de injusto rupto*; toutes les différentes conditions que nous venons d'expliquer, doivent nécessairement se vérifier dans les dispositions, autrement elles sont *respectivement* nulles, ou inefficaces, c'est-à-dire, pour le tout, si la nullité influe sur le tout, ou en partie lorsque le défaut n'influe que sur cette partie.

SECTION I.

Règle sur la matière des Témoins Testamentaires.

SOMMAIRE.

1. *L'assistance des Témoins fait une partie essentielle de la formalité extérieure.*

Le défaut d'un seul Témoin de ceux qui sont requis annulle.

2. *On ne peut employer que des Témoins qui ayent les qualités requises par les Loix.*

Quid *en faveur des Testamens* inter liberos, *ou de la cause pie, ou des Soldats, dans les codicilles, ou dans les donations à cause de mort.*

3. *Disposition de l'Ordonnance de 1735.*

4. *Première règle. Toute personne qui peut porter témoignage peut être témoin aux dispositions à cause de mort.*

On ne doit exclure que les personnes prohibées par la Loi.

5. *Deuxième règle. La condition & la capacité des témoins doit être considérée, eu égard au temps du Testament écrit.*

Quid *au Testament nuncupatif non écrit.*

6. *Troisième règle. Les témoins doivent assister volontairement.*

7. *Quatrième règle. La capacité putative suffit.*

8. *Cinquième règle. Dans le Testament écrit, il n'est pas nécessaire que le témoin entende la langue du Testateur.*

9. *Sixième règle. Les témoins doivent être priés.*

Quid *par l'Ordon. de 1735.*

Quid *dans les codicilles & autres dispositions à cause de mort.*

10. *Septième règle. L'Ecrivain peut remplir le nombre des témoins requis.*

11. *Huitième règle. Les témoins doivent être en la présence du Testateur, & voir & entendre ses dispositions.*

On peut tester de nuit comme de jour.

Tous les témoins doivent assister ensemble.

12. *Neuvième règle, concernant le seing des témoins.*

Cas où l'on peut appeller des témoins qui ne signent pas.

COMME l'assistance des témoins fait une partie essentielle de la formalité extérieure des Testamens, & des autres dispositions à cause de mort, dans les lieux où la Loi l'exige, puisque le défaut d'un seul du nombre de ceux qui sont requis rend le Testament absolument nul, *l.* 12, *cod. de Testam.* il nous reste à examiner la qualité des personnes qui peuvent être employées comme témoins dans les dispositions testamentaires.

1. L'assistance des témoins fait une partie essentielle de la formalité extérieure.

Nous devons d'abord observer que selon l'esprit du Droit Romain, quoiqu'en ayent pu penser quelques Interprètes, on ne peut employer dans quelque disposition à cause de mort que ce soit, que des témoins qui ayent les qualités requises par les Loix, pour assister au Testament écrit & solemnel, au sujet duquel les Loix s'expliquent plus clairement que pour les autres dispositions à l'égard desquelles elles se contentent d'en régler le nombre sans expliquer leur qualité; mais ce n'est que pour donner à entendre que, indistinctement & dans toutes sortes de dispositions à cause de mort, ils doivent avoir les mêmes qualités que ceux qui peuvent assister au Testament solemnel. C'est donc tout-à-fait mal-à-propos que certains Auteurs se sont figurés que dans les Testamens *inter liberos*, ou en faveur de la cause pie, dans le Testament militaire, dans les codicilles, & dans les donations à cause de mort, on pouvoit faire intervenir des témoins qui n'avoient pas les qualités ou le sexe requis aux autres Testamens ou dispositions.

2. On ne peut employer que des témoins qui ayent les qualités requises par les Loix.

Aussi l'Ordonnance de 1735, qui s'est attachée très-exactement à l'esprit du Droit Romain, exige-t-elle indistinctement, & dans toutes sortes de Testamens de quelque nature qu'ils soient, & dans toutes les dispositions à cause de mort, des témoins de la même qualité, & du même sexe, c'est-à-dire, qu'ils doivent être mâles, regnicoles, & capables des effets civils, & avoir de plus l'âge requis par les Loix ou les Coutumes, suivant l'article 40 de l'Ordonnance de 1735, qui ne fait qu'une seule & unique exception: savoir, du testament militaire, dans lequel elle permet seulement d'employer des témoins étrangers, & non regnicoles, pourvu qu'ils ne soient pas notés d'infamie, comme le porte *l'article* 40; hors de ce seul & unique cas, & de cette seule & unique espèce de témoins, ils doivent tous & dans toutes les autres dispositions, avoir les qualités requises & expliquées par cette Ordonnance & par le Droit Romain, Coutumes & Statuts des lieux pour tout ce qui ne sera pas contraire aux six articles, où l'Ordonnance explique les qualités des témoins qui peuvent ou ne peuvent pas être employés aux testamens, & aux autres dispositions de dernière volonté, ainsi que l'ordonne *l'art.* 46.

3. Disposition de l'Ordonnance de 1735.

4. Première règle. Toute personne qui peut porter témoignage peut être témoin aux dispositions à cause de mort.

Pour entrer en matière, il y a une première règle établie par la *Loi première*, §. 1, *ff. de testibus*, & par la *Loi* 20, §. 5, *ff. qui Testam. fac. poss.* que toutes les personnes qui peuvent porter témoignage en jugement, peuvent aussi intervenir comme témoin dans les testamens, & qu'on n'en doit exclure que celles que la Loi prohibe.

5. Deuxième règle. La condition & la capacité des témoins doit être considérée, eu égard au temps du Testament écrit.

La deuxième règle est, que l'on doit considérer la capacité & la condition des témoins par rapport au temps auquel le testament est fait ; & s'il leur arrive quelque changement d'état, qui les rende incapables, cet événement ne peut pas donner atteinte à la validité du testament, *L. ad testium* 22, §. 1, *ff. qui testam. fac. poss.* ce qui doit néanmoins être borné au testament écrit ou reçu par une personne publique ; car s'il s'agissoit de la preuve d'un testament purement nuncupatif, il seroit nécessaire que le témoin fut capable de porter témoignage lorsque la preuve est faite, parce que la validité du testament dépend de la validité de la déposition, que si le témoin est incapable de déposer, lorsqu'il est oui, il ne peut pas y en avoir une preuve suffisante.

6. Troisième règle. Les témoins doivent assister volontairement.

Il y a une troisième règle, selon laquelle les témoins doivent assister volontairement au testament ; car s'ils y étoient retenus par force, il seroit nul, *L.* 20, §. 10, *ff. qui testam. fac. poss.*

7. Quatrième règle. La capacité putative suffit.

Quatrième règle. La capacité putative suffit, & quoique quelque témoin ait une incapacité inconnue, comme s'il étoit Esclave ou Moine, & que néanmoins il fut regardé comme libre ou séculier dans le public, le testament n'en seroit pas moins bon, parce que l'erreur commune empêcheroit la nullité. *Argum. L. Barbarius Philip.* 3, *ff. de off. Prætor*, *& l.* 3, *cod. ad S. C. Maced.* suivant la décision expresse du §. 7, aux Institutes *de Testam. ordin.* & de la Loi 1, *cod. de Testam.* de plusieurs cas où cette règle peut être appliquée & étendue *V. Manzium de Testam. valido vel invalido*, titre 4, question 1, nombres 40 & suivans.

8. Cinquième règle. Dans les Testamens écrits il n'est pas nécessaire que le témoin entende la langue du Testateur.

Cinquième règle. Il n'est pas nécessaire que le témoin entende la langue du Testateur, *non tamen intelligentiam sermonis exigimus*, *l.* 20, §. 9, *ff. qui Testam. fac. poss.* ce qu'il faut entendre du testament écrit, où il n'est pas nécessaire que le témoin connoisse la volonté du Testateur ; car il en devroit être autrement du testament nuncupatif, pour la validité duquel il est nécessaire que le témoin entende la volonté du Testateur de sa propre bouche, & c'est cette nuncupation qui fait l'essence de la disposition, *l.* 21, §. 2, *& l. ult. cod. de Testam.*

9. Sixième rè-

Sixième règle. Les témoins doivent être priés pour assister aux testamens, & il ne suffiroit pas qu'ils se trouvassent par hasard dans le lieu où le testament est fait, *l.* 21, §. 2. *ff. qui Testam. fac. poss.* & *Novell.* 90, *cap.* 3; cependant par la nouvelle Ordonnance, article 6, il suffit que les témoins qui assistent au testament y soient présens tous ensemble, sans qu'il soit nécessaire de faire mention qu'ils ont été priés & convoqués à cet effet; il n'étoit pas même nécessaire, par le Droit Romain, que les témoins des Codicilles ou des autres dispositions de dernière volonté, autres que les testamens, fussent priés, il suffisoit qu'ils se fussent trouvés par hasard à la disposition, *l. ult.* §. 3, *cod. de codicillis.*

(gle. Les témoins doivent être priés.)

10. Septième règle. L'Ecrivain peut remplir le nombre des témoins requis.

Septième règle. Celui qui est appellé pour écrire le testament sert pour remplir le nombre des témoins requis, *l. Domitius* 27, *ff. qui Testam. fac. poss.* ce qui a lieu même pour le Notaire ou Tabellion, qui est mis au nombre des sept témoins que l'Ordonnance exige dans les Pays du Droit écrit, articles 5 & 9.

11. Huitième règle. Les témoins doivent être en la présence du Testateur, le voir & entendre ses dispositions.

Huitième règle. Les témoins doivent être en la présence du Testateur, *Leg.* 9, & *Leg.* 12, *cod. de Testam.* le voir & entendre ses dispositions, quand le testament est nuncupatif, *L.* 21, §. 2, & *L. ult. cod. eod.* ouvrir le papier & entendre la déclaration du Testateur, comme ce papier contient sa volonté & son testament, *L.* 21, *cod. eod.* Peu importe que ce soit de jour ou de nuit, pourvu qu'il y ait de la lumière, *L.* 22, §. 6, *ff. qui Testam. fac. poss.* & ils doivent tous y assister ensemble, & *uno contextu*, *L.* 21, §. *ult. ff. qui Testam. fac. poss. L.* 12, *cod. de Testam.* & suivant *l'article 6 de l'Ordonnance de* 1735, le tout à peine de nullité.

12. Neuvième règle concernant le seing des témoins.

Neuvième règle. Par le Droit Romain tous les témoins doivent signer le testament écrit & solemnel, *L.* 21, *cod. de Testam.* & *L.* 22, §. 4, *ff. qui Testam. fac. poss.* On exceptoit néanmoins le testament des rustiques, auquel cas, si l'on ne pouvoit pas trouver au moins cinq témoins qui sussent & pussent signer, le Testateur devoit déclarer en leur présence sa volonté; ensuite ils devoient en porter témoignage en Justice, après avoir prêté serment, *L. ult. cod. de Testam.* Dans tous les cas où l'Ordonnance de 1735 exige l'assistance des témoins, elle veut qu'ils signent, *articles* 44 & 45, excepté en premier lieu, dans le testament militaire, lorsque le Testateur le signe, *art.* 28. En second lieu, dans les testamens faits ailleurs qu'aux Villes ou Bourgs fermés, où il suffit d'appeller deux témoins qui signent; mais il est nécessaire que les autres qui ne signent pas soient interpellés, & qu'il soit fait mention de la cause pour laquelle ils n'ont pas signé, *art.* 45; il faut aussi que quand les témoins ne signent pas le testament militaire ; ils soient interpellés, & qu'il soit fait mention de la cause pour laquelle ils n'ont pas signé, *art.* 28.

SECTION II.

Qualités des Témoins Testamentaires ; quelles personnes sont capables ou incapables d'être admises comme Témoins aux Testamens.

SOMMAIRE.

1. *Des qualités que doivent avoir les témoins aux testamens & autres Dispositions à cause de mort.*
2. *Les enfans de famille peuvent être témoins.*
3. *Des Légataires ou fidéicommissaires particuliers.*

De ceux qui dressent ou qui dictent les testamens.

Quid *aux Pays Coutumiers.*

4. *De ceux qui ont en leur puissance les Légataires ou fidéicommissaires particuliers*, & vice versa.

Aux testamens solemnels.

5. *Si le Tuteur nommé par le testament peut y être témoin.*

De l'Exécuteur testamentaire.

6. *De plusieurs témoins de la même famille.*
7. *Si le père peut être témoin au testament de son fils Soldat.*

Du frère.

Quid *du testament fait* jure communi.

Du pécule castrense.

Quid *si le fils est émancipé.*

Comment s'entend dans ce cas le Domesticum testimonium.

Quid *par l'Ordonnance de* 1735.

8. *Si le père peut être témoin au testament de son fils émancipé pour son pécule quasi-castrense.*

Quid *du frère.*

Quid *si le fils n'est pas émancipé.*

Celui qui a un pécule quasi-castrense ne peut pas tester jure militari.

9. *De celui qui a été racheté chez les ennemis, s'il peut être témoin au testament de celui qui l'a racheté.*
10. *Domesticité en Pays de Droit écrit pour le témoignage aux testamens, se prend de la puissance paternelle.*

Si le mari peut être témoin au testament de sa femme.

Quid *des parens collatéraux du Testateur, s'ils peuvent être témoins au testament.*

Quid *des parens de l'héritier.*

11. *Si les Hérétiques peuvent être témoins aux testamens.*

Des Juifs & des Infidelles.

Quid *dans les testamens nuncupatifs non écrits.*

12. *Des excommuniés.*
13. *Des personnes qui manquent des qualités nécessaires*

1. Des qualités que doivent avoir les témoins aux Testamens & autres dispositions à cause de mort.

IL faut voir présentement quelles sont les qualités que les témoins doivent avoir, afin que les testamens & les autres dispositions de dernière volonté soient valables. Premièrement, ils doivent être *Cives Romani*, *L.* 21, *cod. de Testam.* c'est-à-dire, Regnicoles, comme l'explique *l'article* 40 *de l'Ordonnance de* 1735. En second lieu, ils doivent être mâles, suivant le même article & l'esprit du Droit Romain, qui exclut les femmes de pouvoir assister aux testamens comme témoins, §. 6, *instit. de Testam. ordin.* & *L.* 20, §. 7, *ff. qui Testam. fac. poss.* & qui refuse la même faculté aux hermaphrodites, lorsque le sexe féminin prévaut, *L.* 18. §. 1, *ff. de Testibus.* En troisième lieu, ils doivent avoir l'âge nécessaire pour tester ; & être pubères dans les Pays du Droit écrit, *L.* 21, *cod. de Testamentis* §. 6, *instit. de Testam. ordin.* ce qui est confirmé par l'article 39 *de l'Ordonnance* ; mais elle veut que dans les Pays

Coutumiers les témoins ayent vingt ans accomplis. En quatrième lieu, qu'ils soient capables des effets civils, *art.* 40, ou comme dit le §. 6, *instit. de Testam. ordin. cum quibus Testamenti factio est.* En cinquième lieu, ils doivent être *integræ famæ*, & n'avoir point souffert de note d'infamie suivant le même article 40. Le §. 6, *instit. de Testam. ordin. & la Loi* 20, §. 5, *ff. qui Testam. fac. poss.* En sixième lieu, ils doivent avoir l'usage de la parole, de la vue, & de l'ouie, §. 6, *instit. de Testam. ordin. & argum. l.* 9, & 21, *cod. de Testam.* Enfin, ils doivent être de condition libre, §. 6, *instit. de Testam. ordin.* ou du moins être reconnus & réputés publiquement pour tels, §. 7, *instit. eod.*

2. Les enfans de famille peuvent être témoins.

Il n'importe point qu'ils soient pères de famille, ou fils de famille, §. 8, *instit. de Testam. ordin.* s'ils ont d'ailleurs les autres qualités requises.

3. Des Légataires ou Fidéicommissaires particuliers.

Les Légataires ou fidéicommissaires particuliers peuvent également être témoins au testament, par lequel on leur fait quelque libéralité, *L.* 20, *ff. qui Testam. fac. poss.* & §. 11, *instit. de Testam. ordin.* Il en est de même de ceux qui sont employés pour dresser ou dicter le testament, *L. dictantibus* 22, *cod. de Testamentis*; ce qui n'a pourtant pas lieu aux Pays Coutumiers, parce que les coutumes, & principalement celle de Paris, article 289, veulent que les témoins soient idoines, ou capables, *suffisans*, *& non Légataires.*

4. De ceux qui ont en leur puissance les Légataires ou Fidéicommissaires particuliers, *& vice versa.*

Ceux qui ont en leur puissance les Légataires ou fidéicommissaires particuliers, & ceux qui sont en leur puissance peuvent aussi être admis comme témoins, *dict.* §. 11; mais cette faculté, par rapport aux Légataires & fidéicommissaires particuliers, est restrainte au testament solemnel & mystique par *l'art.* 43 *de l'Ordonnance de* 1735.

5. Si le Tuteur nommé par le Testament peut y être témoin.

Celui qui est nommé Tuteur dans le testament peut y assister comme témoin, *L.* 20, *ff. qui Testam. fac. poss.* on doit dire la même chose de celui qui est nommé Exécuteur testamentaire par identité de raison, ce qu'il faut néanmoins borner à celui qui est *nudus minister*, & qui n'est pas chargé de la distribution des biens entiers & de l'hérédité du Testateur, qui a institué les pauvres, ou certaines personnes à qui la distribution doit être faite; car un tel Exécuteur testamentaire doit être regardé comme héritier, mais grevé de rendre, selon la remarque de Stokmans, décis. 7.

6. De plusieurs Témoins de la même famille.

On peut prendre plusieurs témoins ensemble dans la même famille, comme plusieurs frères, même avec leur père, quoiqu'ils soient tous en sa puissance, *L.* 22. *ff. qui Testam. fac. poss. L.* 17, *ff. de testibus*, §. 8, *instit. de Testam. ordin.*

Comme aussi le père peut être témoin au testament de son fils Soldat, qui teste *jure militari*; son frère le peut pareillement, quoique le Soldat Testateur soit en la puissance de son père, de même que son frère, *L.* 20, §. 2, *ff. qui Testam. facere possunt*; mais il en seroit autrement si le fils de famille testoit *post missionem jure communi* de son pécule castrense, §. 9, *instit. de Testam. ordin.* Toutefois si le fils Soldat étoit émancipé lorsqu'il teste *jure communi* de son pécule castrense, son père & son frère pourroient être témoins; car ce n'est qu'à raison de la puissance paternelle que le témoignage est prohibé dans ce cas au père & au frère du Testateur; cela résulte du §. 9, déjà cité, en prenant argument *à contrario sensu*, comme l'ont observé *Vinnius* dans ses petites notes sur ce texte, *Duarenus*, & plusieurs autres Auteurs; il est vrai que le même texte ajoute *reprobatum est enim in ea re domesticum testimonium*; mais ces paroles doivent s'entendre de la domesticité produite par la puissance paternelle. Je pense néanmoins, que le père, le frère & les autres proches parens ne peuvent aujourd'hui être témoins que dans l'acte de suscription du testament solemnel & mystique, par l'argument que l'on peut tirer des articles 42 & 43 de l'Ordonnance de 1735. 7.

Si le père peut être témoin au Testament de son fils Soldat.

Il faudroit dire la même chose du fils émancipé qui testeroit de son pécule quasi-castrense, qu'il pourroit employer son père & son frère comme témoins dans son testament fait *jure communi*; mais il ne pourroit pas, s'il n'étoit pas émancipé, appeller pour témoins, ni son père ni son frère, suivant le §. 9, *instit. de Testam. ordin.* puisque cela n'est permis dans ce cas par la *Loi* 20, §. 2, *ff. qui testam. fac. poss.* qu'au Soldat qui teste *jure militari*, après son congé; car celui qui a un pécule quasi-castrense a bien la faculté de tester, mais il ne peut pas disposer *jure militari*. 8.

Si le père peut être témoin au Testament de son fils émancipé pour son pécule quasi-castrense.

Quoique la *Loi* 20, §. 1, *ff. qui testam. fac. poss.* décide que celui qui a été racheté de la captivité où il étoit chez les ennemis, ne peut pas être témoin au testament de celui qui a payé la rançon, & qui le retient chez lui jusqu'à ce qu'il ait été remboursé, parce qu'il a une espèce de puissance semblable à celle que le Maitre a sur son Esclave; néanmoins, cela ne peut pas avoir lieu dans la Chrétienté, où les prisonniers chez les ennemis n'étant point esclaves, & conservant leur liberté, même dans leur prison, ils peuvent sans difficulté être témoins au testament de celui qui a payé leur rançon, parce qu'il n'a aucune puissance sur eux; mais seulement une action pour se faire rembourser. 9.

De celui qui a été racheté chez les ennemis, s'il peut être témoin au Testament de celui qu'il a racheté.

Comme dans le Pays du Droit écrit la domesticité capa- 10.

Domesticité

en Pays de Droit écrit pour le témoignage aux Testamens se prend de la puissance paternelle.

ble de faire rejeter le témoignage aux testamens, se prend de la puissance paternelle, ainsi que nous l'avons observé. Dans le même Pays où la femme ne passe point en la puissance de son mari, elle peut appeller dans son testament, son mari pour témoin, & par la même raison les parens collatéraux peuvent aussi être témoins au testament de leur parent. On doit dire encore la même chose des parens de l'héritier ; car *le* §. 10, *aux institutes de testam. ordin.* n'exclut du témoignage le père & les frères de l'héritier, qu'autant qu'il est en la puissance de son père, & que ses frères sont aussi en la puissance de leur père commun.

11. Si les Hérétiques peuvent être témoins aux Testamens.

A l'égard des Hérétiques, quoique la *Loi* 21, *cod. de Hæreticis* n'en admette le témoignage en Jugement, que dans certains cas, & selon certaines distinctions, néanmoins elle en reçoit le témoignage *propter utilitatem necessarii usus*, dans les contrats & dans les testamens, sans distinction de la nature de leurs hérésies. On peut dire la même chose selon *Manzius de Testam. valido & invalido*, *tit.* 4, *quæst.* 1, *num.* 70, des Juifs & des Infidelles, s'ils avoient d'ailleurs les autres qualités requises, ce qu'il faut néanmoins entendre par rapport au testament écrit, qui ne doit pas être accompagné de la déposition faite en Justice, moyennant serment ; car étant exclus de porter témoignage en Jugement, ne connoissant point J. C. par lequel on doit jurer suivant les Canons, ils ne pourroient pas servir dans les testamens purement nuncupatifs, à raison desquels il faut déposer en Jugement après serment. Ce que nous venons de remarquer par rapport aux Juifs, aux Infidelles & aux Hérétiques, qui peuvent être témoins suivant le Droit Romain, n'est pas conforme à nos mœurs, parce qu'en France, on ne soufire que des Chrétiens qui font profession de la Religion Catholique, Apostolique & Romaine.

12. Des excommuniés.

A l'égard des excommuniés, ils peuvent être témoins dans les contrats & dans les testamens ; mais comme ils sont incapables de porter témoignage en Jugement, ils ne pourroient pas être témoins dans un testament qu'il faudroit attester moyennant serment.

13. Des personnes qui manquent des qualités nécessaires pour être témoins aux Testamens.

Après avoir expliqué les règles selon lesquelles on peut être témoin dans les testamens, il faut voir présentement quelles sont les personnes qui, selon les mêmes règles, manquent des qualités requises pour cela, & qui par conséquent, sont excluses de cette espèce de témoignage.

Les Loix exigeant que les témoins soient Citoyens & Regnicoles, elles excluent donc ceux qui, chez les

Romains, étoient appellés *Peregrini*, c'est-à-dire, les étrangers non naturalisés, que nous appellons *Aubains*, *L. 21, cod. de Testam.* & *l'article* 40 *de l'Ordonnance de* 1735, qui excepte dans le testament militaire les étrangers non notés d'infamie.

14. Des étrangers, *peregrini*, aubains.

Puisque les témoins doivent être mâles, cela exclut bien clairement les personnes qui sont d'un autre sexe; aussi la *Loi 20, §. mulier 6, ff. qui Testam. fac. poss. & le §. 6 aux instit. de Testam. ordin.* excluent nommément les femmes du témoignage aux testamens, & l'Ordonnance a adopté cette règle par *l'article* 40, pour toutes sortes de testamens & de dispositions de dernière volonté, sans distinguer les personnes des Testateurs; elle a donc rétabli dans leur pureté les règles du Droit Civil, desquelles les Interprètes s'étoient écartés, par rapport à certaines dispositions, où ils étoient d'avis que les femmes pouvoient être admises comme témoins. L'Ordonnance qui veut que les témoins soient mâles, devant être observée dans tout le Royaume, elle abroge conséquemment l'usage de certains Pays Coutumiers, comme en Bretagne où l'on pensoit, ainsi que le remarque d'*Argentré sur l'art.* 573 *de la Coutume de Bretagne, & Perchambaut sur la même Coutume, titre* 24, §. 3, que les femmes pouvoient être témoins aux testamens, à cause qu'ils n'y sont pas solemnels. Mais les hermaphrodites peuvent ou ne peuvent pas être témoins, selon que l'un ou l'autre sexe prévaut. *L. 15, §. 1, ff. de Testibus.*

15. Des femmes ou filles.

Les Interprètes observent qu'il y a des personnes qui sont excluses du témoignage aux testamens, *ob infirmitatem consilii*, cela comprend dans les Pays du Droit écrit, les impubères, qui n'ont pas accompli la quatorzième année, *L. 20, ff. qui Testam. fac. poss. & §. 6, instit. de Testam. ordin.* & dans les Pays Coutumiers ceux qui n'ont pas vingt ans accomplis, *article* 39 *de l'Ordonnance de* 1735, en quoi cette Ordonnance s'est conformée à l'article 289 de la Coutume de Paris.

16. Des personnes qui ne peuvent être témoins aux dispositions à cause de mort *ob infirmitatem consilii.*

Cela comprend encore les furieux, à moins qu'ils n'ayent des intervalles dilucides, & qu'ils assistent alors comme témoins, *L. 20, §. 4, ff. qui Testam. fac. poss.* & *§. 6, instit. de Testam. ordin.* comme aussi les insensés, ou imbécilles, & ceux qui sont dans la démence, ou dans le délire.

17. Des furieux, insensés, imbécilles, ou qui sont dans la démence ou le délire.

D'autres sont exclus du témoignage *ob vitium corporis*. Tels sont les sourds ou les muets, *§. 6, instit. de Testam. ordin.* On doit dire la même chose des aveugles, parce qu'ils ne peuvent pas voir le Testateur. *Argum. L. 9 & 21, cod. de Testam.*

18. De ceux qui sont exclus *ob vitium corporis.*

19. De ceux qui sont exclus *ob vitæ probra.*

D'autres en sont exclus *ob vitæ probra*, & à cause du dérèglement de leur vie ou par leur condition. Tels sont en premier lieu, le prodigue auquel l'administration de ses biens a été interdite, *L.* 18, *ff. qui Testam. fac. poss.* En second lieu, les infames, *& à quovis judicio intestabiles*, & ceux qui ont été condamnés à quelque peine afflictive, ou infamante, §. 6, *instit. de Test. ordin. L.* 18, §. 1, *L.* 20, §. 5, *ff. qui Testam. fac. poss. L.* 14, *& L. repetundarum* 15, *ff. de testibus*, *& L.* 6, §. 1, *ff. ad L. Jul. de adult.* Enfin, tous ceux qui sont incapables des effets civils, & qui ont souffert une mort civile, *article* 40 *de l'Ordonnance de* 1735, comme sont ceux qui ont été condamnés à quelque peine qui emporte mort civile; les esclaves §. 6, *instit. de Testam. ordin.* parce qu'ils n'ont aucune participation au Droit civil, *L.* 20, §. 7, *qui Testam. fac. poss.* & qu'ils sont déclarés incapables de porter témoignage par l'article 30 de l'Edit du mois de Mars 1685, pour la Police des Isles de l'Amérique Françoise; & les Religieux de quelqu'Ordre que ce soit, parce qu'ils sont réputés morts civilement: ce qui a lieu même pour les Novices suivant *l'article* 41 *de l'Ordonnance de* 1735. Une disposition aussi générale doit, sans doute, comprendre les Religieux de l'Ordre de Saint Jean-de-Jérusalem, appellés *Chevaliers de Malthe*, parce qu'ils sont vrais Religieux, quoiqu'on dise communément *vivunt ut liberi, moriuntur ut servi.*

20. Des Clercs, Serviteurs ou Domestiques du Notaire ou autre personne publique qui reçoit le Testament.

Les Clercs, Serviteurs ou Domestiques du Notaire, ou Tabellion, ou autre personne publique, qui recevra le testament codicille, ou autre dernière disposition, ou l'acte de suscription, ne peuvent pas être pris pour témoins, *article* 42 *de l'Ordonnance de* 1735. Mais, à cet égard, l'Ordonnance introduit un droit nouveau par rapport au Pays du Droit écrit, où l'on pouvoit auparavant prendre pour témoins, les Clercs, Serviteurs ou Domestiques des Notaires. Il y a dans le nouveau *Journal des Audiences*, *tome* 5, *livre* 8, *chapitre* 26, un Arrêt du Parlement de Paris du 2 Juillet 1708, qui n'eut point d'égard à la nullité proposée contre un testament, de ce que le Clerc du Notaire y avoit signé comme témoin; & néanmoins, il fit défenses par forme de règlement nouveau aux Notaires de son ressort, de se servir dans les contrats, actes & testamens, des témoins qui soient leurs Clercs, ni qui soient au-dessous de l'âge de vingt ans accomplis, sur peine de faux & de nullité desdits contrats, actes & testamens, sans préjudice néanmoins de la validité des actes & contrats qui se trouveront avoir été passés, & des testamens de ceux qui se trouveront être décédès avant la publication du présent Arrêt. L'Arrêt du 25 Avril 1709 rapporté au même endroit, modifie le précédent.

Les héritiers institués, ni ceux qui sont en leur puissance, ni les frères des héritiers qui sont en la puissance de leur père commun, ne peuvent pas être témoins aux testamens, §. 10, *instit. de Testam. ordin. L'article 43 de l'Ordonnance de* 1735, fait la même défense pour les héritiers, & l'étend aux substitués en l'hérédité, & dans tous les cas; mais à l'égard des Légataires universels ou particuliers, elle ne le permet que dans l'acte de suscription du testament mystique, & par conséquent elle leur défend d'être employés pour témoins dans toutes les autres dispositions. 21. Des héritiers institués, de leurs frères.

Enfin, on ne peut pas appeller pour témoins dans les testamens, les enfans du Testateur qui sont en sa puissance, *L.* 20, *ff. qui Testam. fac. poss.* ni le père du Testateur, en la puissance duquel il est, ni son frère qui est aussi en la puissance de leur père commun, lorsqu'il teste *jure communi*, de son pécule castrense, §. 9, *instit. de Testam. ordin.* ce qui doit être appliqué par identité de raison, dans le même cas de la puissance paternelle, à celui qui teste de son pécule quasi-castrense. 22. Des enfans du Testateur qui sont en sa puissance.

Dans la discussion que nous venons de faire, nous avons uni & lié les dispositions du Droit Romain avec celles de l'Ordonnance, parce que l'article 46 veut que les dispositions du Droit écrit, & autres Loix, Coutumes, ou Statuts, en ce qui concerne la qualité des témoins, soient exécutés en tout ce qui n'est pas contraire aux six articles précédens de la même Ordonnance. Nous devons encore observer, que tout ce qui est prescrit par cette Ordonnance, par le Droit Romain & par les Coutumes, chacune dans son district, doit être ponctuellement gardé, à peine de nullité des dispositions, suivant les articles 46 & 47. 23. L'Ordonnance confirme le Droit Romain en ce qu'elle n'y déroge pas.

Du reste, nous ne sommes pas entrés dans l'examen des qualités que les Coutumes ou Statuts exigent dans les personnes des témoins, parce que le détail en est trop long, & qu'il est d'ailleurs superflu; ceux qui vivent dans ces Coutumes en étant suffisamment instruits. On peut voir l'article 286 de la Coutume de Paris, & les autres qui sont indiqués par Ferriere. 24. Des qualités des témoins testamentaires requises par les différentes Coutumes.

Nous avons examiné dans le chapitre précédent, section 5, la question de savoir si les témoins du testament purement nuncupatif pouvoient être reprochés; ainsi, il seroit inutile d'en reparler à présent. 25. Si les témoins des Testamens purement nuncupatifs peuvent être reprochés.

CHAPITRE IV.

De la capacité active de faire les Teſtamens, & des perſonnes qui en ſont capables.

SOMMAIRE.

LES Jurisconsultes ont remarqué deux sortes de capacités au sujet des Testamens. La première consiste en la liberté de tester. La seconde, en la faculté de recevoir par Testament. Cette double capacité résulte clairement de la Loi *filius familias* 16, *ff. qui testam. fac. poss.* les Interprètes appellent l'une active, & l'autre passive. Nous nous proposons d'expliquer la capacité active. Nous parlerons de la passive dans le chapitre 6. 1. Deux sortes de capacités.

Avant d'entrer dans le détail des personnes qui peuvent ou ne peuvent pas tester, il est nécessaire d'éclaircir cinq ou six difficultés. 1°. Quelles sont les qualités nécessaires pour avoir la capacité de tester? 2°. Quand est-ce qu'on cesse d'avoir cette capacité? 3°. En quels temps cette capacité doit être considérée. 4°. Si ceux qui sont capables ou incapables de porter témoignage en Jugement sont capables de tester. 5°. La capacité est-elle naturelle s'il n'y a point de Loi expresse prohibitive? ou n'y a-t-il que les personnes à qui la Loi permet de tester, qui en soient capables? 6°. Peut-on s'interdire soi-même la faculté de tester? 2. Six difficultés à éclaircir.

Sur la première difficulté, nous observerons, en premier lieu, que pour être capable de tester, il faut être père de famille, la Loi des douze Tables n'ayant accordé cette faculté qu'au père de famille, *paterfamilias uti legassit super pecunia tutelave rei suæ ita jus esto*, dit le fragment de cette Loi, titre *de jure privato*. 3. Pour pouvoir tester il faut être père de famille

En second lieu, il faut être Citoyen Romain, *Civis Romanus*, *L.* 1, *ff. ad L. falcid.* c'est-à-dire, être Regnicole comme l'explique *l'Ordonnance de* 1735, *article* 40, en parlant des témoins. 4. Il faut être Citoyen Romain, ou Regnicole.

En troisième lieu, lorsque le Testateur dispose, il 5. Le Testateur doit être sain d'esprit. doit être sain d'esprit & d'entendement, *in eo qui testatur, ejus temporis quo testamentum facit, integritas mentis, non corporis sanitas exigenda est, L. 1, ff. qui testam. fac. poss.* La Coutume de Paris article 292, exprime fort bien cette qualité par ces paroles, *toutes personnes saines d'entendement peuvent disposer par testament, &c.*

6. Il faut avoir l'âge requis. En quatrième lieu, il est nécessaire que le Testateur ait l'âge requis par les Loix, ou par la Coutume du lieu où il teste. Cet âge est fixé à la puberté dans les Pays du Droit écrit, *L. 5, ff. qui testam. fac. poss.* & dans les Coutumes, à dix-huit, vingt ou vingt-cinq ans, selon la diversité du sexe des Testateurs, la différente nature des biens qui se trouvent compris dans la disposition. On peut voir l'article 293 de la Coutume de Paris, & les autres qui sont rapportés ou indiqués par Ferriere dans sa conférence sur cet article.

En cinquième lieu, le Testateur doit être capable des effets civils, & n'avoir point souffert de changement d'état qu'on appelle dans le Droit Romain, *capitis diminutiones*, laquelle est de trois sortes, *maxima*, *media & minima;* mais la capacité des effets civils ne peut souffrir d'atteinte que par les deux premières, ce que nous expliquerons plus amplement ci-après en faisant l'énumération des personnes qui sont incapables de tester. La preuve comme cette qualité est nécessaire, se tire des §§. 5 & 6, *aux instit. quib. mod. testam. infirm.* de la Loi 6, § 6, & suivans *ff. de injusto rupto & irrito facto testam.* & de plusieurs autres textes du Droit Romain.

7. Le Testateur doit être en état de déclarer ou faire connoître sa volonté de vive voix ou par écrit. Enfin, le Testateur doit être en état de déclarer, ou de faire connoître sa volonté de vive voix, ou par écrit; car l'essence du Testament consiste ou dans la nuncupation, ou dans l'écriture, qui peut suppléer à la nuncupation, & à la déclaration que le Testateur doit faire devant les témoins, que l'écrit qu'il présente renferme sa volonté, comme nous l'avons dit en expliquant les différentes espèces des testamens dans le chapitre 2: d'ailleurs, *l'article 2 de l'Ordonnance de 1735*, déclarant nulles toutes les dipositions qui ne seroient faites que par signes, il est d'une nécessité indispensable, pour pouvoir tester efficacement, que le Testateur soit en état de déclarer ou de faire connoître sa volonté de parole ou par écrit, les signes ne pouvant plus servir pour cela.

8. Quand est-ce qu'on cesse d'avoir la capacité de tester. Touchant la deuxième difficulté, on cesse d'avoir la capacité de tester dès qu'on manque de quelqu'une des qualités, ou qu'on la perd. Si par exemple, un enfant émancipé revient sous la puissance de son père, par la

nullité, la cassation ou la résolution de l'émancipation ; si un Regnicole cesse de l'être en transférant sa demeure par un établissement dans une Domination étrangère ; par la perte du bon sens, par les infirmités qui mettent le Testateur hors d'état de faire connoître sa volonté verbalement, ou par écrit, & ainsi des autres.

9. En quels tems la capacité du Testateur doit être considérée.

A l'égard de la troisième difficulté, on doit considérer la capacité du Testateur en deux temps différens : savoir, celui du testament & celui de sa mort naturelle, lorsqu'il cesse de pouvoir tester par quelqu'un des changemens d'état appellés *capitis diminutiones*, autres toutefois que celui qui arrive par la Profession en Religion ; de manière que le Testateur doit être de condition libre, citoyen, & père de famille dans ces deux tems ; mais les changemens d'état qui arrivent dans l'entre-deux de ces temps, ne seront considérés pour rien. C'est ce qui résulte clairement de ce qui est décidé dans les §§. 5 & 6, *instit. quib. mod. testam. infirm.* Dans la Loi 6, §. 5, 6, 7 & 8, *ff. de injusto rupto.* Dans la Loi 6, §. 2, *ff. de hæred. instit.* & dans la Loi 1, §. 8, *ff. de bonor. possess. secund. tab.*

10. La fureur, la démence ou l'imbécillité qui surviennent, ne rendent pas le Testament inefficace.

Que si le Testateur vient à perdre la capacité de tester par quelqu'autre cause, comme s'il devient furieux, imbécille ou insensé, prodigue, muet, & sourd, ou autrement que par l'un des trois changemens d'état appellés *capitis diminutiones*, & qu'il soit au temps de sa mort libre, citoyen & père de famille, comme il l'étoit au temps du testament, alors on compte pour rien les autres changemens survenus, & l'on ne s'arrête qu'au temps du testament pour juger de sa validité par la capacité du Testateur, comme le décide la Loi 1, §. 9, *ff. de bonor. possess. secund. tab.* il en est de même lorsque le Testateur devient incapable de tester par son entrée en Religion & par sa Profession, parce qu'alors on fait l'application de la Loi *Cornelia*, dont il est parlé dans la Loi 6, §. 12, *ff. de injusto rupto*, & dans la Loi 12, *ff. qui testam. fac. poss.* & l'on regarde le Testateur comme s'il étoit mort naturellement au moment de la Profession. Nous expliquerons ceci dans un plus grand détail dans le chapitre 11, où nous parlerons de la révocation des testamens.

11. Quand il y a incapacité lors du Testament, il n'est pas rendu valide.

Mais il faut prendre garde que l'on doit toujours examiner la capacité du Testateur au temps du testament ; car si par exemple il étoit pupille, ou fils de famille, ou furieux lorsqu'il a testé, le testament seroit nul, quoiqu'il mourût pubère, ou père de famille, ou dans son bon sens, *l.* 1, §. 8, *ff. de bonor. possess. secund. tab.* & la Loi 19, *ff. qui testam. fac. poss.* & c'est pour n'avoir pas fait attention à cette distinction, qui applanit tous les doutes, & concilie les Loix qui paroissent se contrarier, que certains Interprètes ont mal-à-propos regardé cette question comme l'une des plus difficiles & des plus intriguées de tout le Droit.

quoique le Testateur acquiere dans la suite la capacité.

12. Si celui qui est incapable de porter témoignage est incapable de tester.

A suivre l'argument que la Loi 20, §. 5, *ff. qui testam. fac. poss.* tire de l'incapacité de porter témoignage en Jugement pour en faire une application à l'incapacité de tester, il semble qu'on doive dire, au sujet de la quatrième difficulté, que ceux qui sont capables ou incapables de porter témoignage, sont également capables ou incapables de tester, parce que les uns & les autres sont déclarés intestables, lorsqu'il se rencontre en eux quelque incapacité; ce qui s'applique au témoignage & à la liberté de tester.

13. Résolution pour la négative.

Cependant, l'argument n'est pas généralement bon, ni pour ni contre, & il faut décider par d'autres règles, les difficultés qui peuvent se présenter sur cette matière, c'est-à-dire, en considérant si la personne a les qualités requises pour tester : en effet, il y a des personnes dont le témoignage est reçu en Jugement, qui n'ont pourtant pas la capacité de tester. Cela se vérifie en la personne de l'hérétique, qui peut porter témoignage en Jugement dans les cas exprimés dans la Loi 21, *cod. de hæreticis*, & qui ne peut pas néanmoins tester, *l.* 4, §. 5, *cod. eod. tit.* il en est de même du fils de famille, §. 8, *instit. de testam. ordin. & l.* 6, *qui testam. fac. poss.*

14. Cas où l'on peut tester sans que l'on puisse porter témoignage en Jugement.

Au contraire, plusieurs personnes sont capables de tester, qui sont néanmoins incapables de porter témoignage. Tel est l'infame; car celui qui est noté d'infamie peut tester, *l.* 1, *cod. de secund. nuptiis*; toutefois son témoignage n'est point reçu, ni en Jugement, ni au testament, *l.* 3, *ff. de testibus*, & §. 6, *instit. de testam. ordin.* Il en est de même du Novice qui ne peut pas être témoin aux dispositions à cause de mort, suivant l'article 41 de l'Ordonnance de 1735, & qui néanmoins a la faculté de tester selon l'article 21 de la même Ordonnance, la femme peut aussi tester, *l.* 5, *ff. qui testam. fac. poss.* cependant elle ne peut pas être témoin aux testamens, §. 6, *instit. de testam. ordin.*

15. Si la liberté de tester est commune à tous.

Sur la cinquième difficulté, le commun des Interprètes tient que la liberté de tester est commune à tous, & que tous ceux à qui la Loi ne l'a pas défendu peuvent en user; cependant l'opinion de ceux qui ont soutenu le contraire nous paroît très véritable; car selon la Loi 3, *ff. qui testam. fac. poss. testamenti factio non privati, sed publici juris est,*

La faculté de tester est donc un bénéfice de la Loi, & une chose qui fait partie du Droit public. Il n'y a donc que ceux à qui la Loi a permis de tester, qui puissent user de la liberté qu'elle leur donne.

16. Explication des mots *Testamenti factio*.

Il faut prendre garde que les mots *testamenti factio* comprennent par l'universalité de leur signification, non-seulement les formalités du testament, mais encore d'une manière plus naturelle & plus spéciale, la faculté même de tester; ainsi, lorsque la Loi déclare que cette faculté est de Droit public, il s'ensuit évidemment, qu'il n'y a que les personnes à qui la Loi permet de tester, qui puissent disposer de leurs biens de cette façon.

17. Réponse à la raison prise de ce que l'origine des Testamens est du Droit des Gens.

Peu importe que nous ayons prouvé dans le chapitre 1er que l'origine des testamens est du Droit des Gens; car cela n'empêche pas que la Loi n'ait pû, comme elle l'a fait véritablement, changer cette faculté naturelle de tester introduite par le Droit des Gens, en faire une partie du Droit public, & la faire dépendre du bénéfice de la Loi; ensorte qu'elle ne puisse appartenir qu'à ceux auxquels elle le permet, en désignant les qualités que les personnes doivent avoir pour pouvoir en user.

18. Si les qualités nécessaires pour tester sont présumées, ou s'il est nécessaire de les prouver.

Il ne faut pourtant pas s'imaginer qu'en déterminant que la faction du testament est un bénéfice de la Loi, on soit pour cela astreint à prouver les qualités nécessaires & requises par la Loi, pour avoir la capacité de tester ; car si ces qualités sont naturelles à l'homme, comme celle du bon sens, celle de la liberté, du Droit de Cité, de l'intégrité de l'état de la personne, & de la participation au Droit civil, ce ne sera point aux héritiers du Testateur à en faire la preuve ; mais ce sera à ceux qui pour impugner le testament soutiendront le contraire, parce que c'est le fondement de leur droit, & par conséquent, ils doivent en rapporter ou fournir la preuve.

19. Les qualités accidentelles doivent être prouvées par les héritiers qui soutiennent le Testament.

Que si ces qualités sont accidentelles, comme l'émancipation du fils, tandis que son père vit, ce sera sans doute aux héritiers du Testateur à les prouver, parce que selon le Droit commun, le fils procréé d'un légitime mariage est en la puissance de son père. Il faut donc rapporter les preuves de l'émancipation, parce que la présomption qui dérive du Droit Commun, est contraire à l'état du fils, lequel ne peut être considéré comme père de famille, & *sui juris*, pendant la vie de son père, si l'on ne prouve que les liens de la puissance paternelle ont été rompus, *l.* 8, *ff. de probat.* ou par une émancipation expresse, ou par une émancipation tacite & légale, soit par une longue séparation d'avec son père, ou par l'acquisition de quelque dignité du nombre de celles qui font cesser la puissance paternelle ; aussi ne voyons-nous pas que de quelque façon qu'on décide la difficulté, si la faculté de tester est de Droit Commun, ou si elle dérive de la permission de la Loi, cela puisse rien changer dans la pratique, ni diminuer la liberté de tester, puisque quelqu'opinion que l'on tienne, il faut toujours avoir les qualités requises par la Loi, & les personnes qui n'ont point ces qualités sont aussi incapables de tester que celles qui en sont nommément excluses par une Loi expresse.

20. On ne peut pas se priver de la faculté de tester.

Pour ce qui est de la sixième difficulté, dès que nous voyons que la faculté de tester est de Droit Public, il ne dépend pas des Particuliers de s'en priver, parce que *jus publicum privatorum pactis mutari non potest, l. 38, ff. de pactis*, ensorte que ceux qui ont les qualités requises, & qui n'ont aucun empêchement de fait, ou de droit, ne peuvent pas s'en priver eux-mêmes, ni par aucune convention, qui est nulle dès qu'elle tend à diminuer, ou à restraindre la liberté de tester, *l. 52, §. 9, pro socio, l. 15, cod. de pactis, & l. 61, ff. de verbor. obligat.* ni en s'imposant volontairement la Loi de ne point tester, ou de ne point changer un premier testament, *l. si quis, in princip. 22, ff. de leg. 3ª.* pas même en y ajoutant la religion du serment, parce qu'il ne peut pas lier pour les choses qui sont contraires aux Loix. La Coutume de Bourbonnois en a fait une Loi expresse par rapport au serment dans l'article 294, en quoi cette Coutume s'est conformée à l'esprit du Droit Romain, qu'elle a appliqué à ce cas particulier, qui sembloit avoir besoin d'une désignation spéciale, & c'est ainsi que le décident les Interprètes, entr'autres, *Denis Godefroy*, sur la Loi 52, §. 9, *ff. pro socio.*

21. Exception pour les Pays où les institutions contractuelles sont reçues.

Cependant cette règle reçoit une exception dans les Pays où les institutions faites en contrat de mariage en faveur des conjoints ou des enfans qui proviendront de ce mariage, valent comme des donations entre-vifs, ainsi qu'on le pratique dans le ressort du Parlement de Toulouse ; car une telle institution comprenant tous les biens de l'instituant, & ceux qu'il aura à son décès, sans qu'il puisse en disposer en faveur de quelqu'autre personne, la liberté de tester est en quelque façon ôtée à l'instituant, puisqu'il ne lui reste aucuns biens qui puissent faire la matière d'une disposition testamentaire ; on peut voir *Maynard, livre 5, chapitre 90. Fernand, ad cap. unic. de filiis natis ex matrim. ad morganaticam contracto*, & les autres Auteurs du même Parlement, qui ont parlé des institutions contractuelles.

SECTION PREMIERE.

Quelles sont les personnes qui peuvent tester.

SOMMAIRE.

1. *Quelles personnes sont capables de tester.*
Des Hermaphrodites.
Les femmes peuvent tester tout comme les hommes.
Même à l'âge de douze ans accomplis.
2. *Si les femmes peuvent tester lorsqu'elles sont en la puissance de leur mari.*
La puissance maritale n'est pas mise au rang des incapacités de tester.
3. *La maladie du corps ni la vieillesse n'empêchent pas de tester.*
Balbutiens & Seminecis.
De celui qui a perdu les deux mains.
Du sourd qui peut parler.
Du sourd & muet qui sait écrire.
De l'aveugle.
4. *Des mineurs de vingt ans dans les Pays du Droit écrit.*
Puberté à quel âge.
Le dernier jour de l'année est censé accompli après la sixième heure du soir.
5. *Du pubère qui a un Curateur.*
S'il peut disposer en faveur de son Curateur.
6. *L'infamie qui n'emporte pas mort civile n'empêche pas de tester.*
L'infame peut tester.
7. *De l'usurier.*
8. *De l'excommunié.*
9. *Si l'Hermite peut tester.*
10. *Si le Novice peut tester.*
Si ceux qui ont fait des vœux avant la seizième année peuvent tester.
Si l'Ordonnance de Blois peut avoir lieu dans les Coutumes qui ne permettent de tester qu'à l'âge de dix-huit ou de vingt ans.
11. *Si l'article 41 de l'Ordonnance de 1735, exclut les Novices de la faculté de tester.*
12. *Comment doit signer le Novice qui teste.*
13. *Si les Ambassadeurs peuvent tester dans les Cours étrangères.*
14. *De ceux qui sont à la suite des Ambassadeurs.*
15. *On ne considére point comme Aubains ceux qui vont dans les Pays étrangers pour commercer, à moins qu'ils n'y fassent des établissemens.*
16. *Si les Ambassadeurs étrangers peuvent tester dans la Cour de France.*
17. *Si les prisonniers de Guerre peuvent tester.*
Quid *de ceux qui ont été pris par des voleurs ou pirates.*

1. Quelles personnes sont capables de tester.

NOus devons d'abord poser comme une règle, que toutes les personnes qui ont toutes les qualités exprimées ci-dessus dans la résolution de la première difficulté, sont capables de faire testament, de quelque sexe qu'elles soient, il ne faut pas même s'enquerir lorsqu'elles sont hermaphrodites, quel des deux sexes prévaut, parce que la faculté de tester n'appartient pas moins aux femmes qu'aux hommes; car quoique la *Loi des douze Tables* s'exprime par le mot *paterfamilias*, comme cette expression comprend l'un & l'autre sexe, selon la décision de plusieurs Loix, qui veulent que le genre masculin comprenne le féminin, *l.* 195, *ff. de verbor. signif.* les femmes peuvent disposer par testament, même dans un âge plus tendre que les mâles, puisque leur capacité est fixée à la douzième année accomplie, *l.* 5, *ff. qui testam. fac. poss.* aussi voyons-nous dans une infinité de Loix, que les Jurisconsultes ont répondu sur des testamens faits par des femmes, & en ont supposé la validité; il n'y a absolument aucun doute là-dessus.

2. Si les femmes peuvent tester lorsqu'elles sont

Cela a lieu sans difficulté non-seulement dans les Pays du Droit écrit par rapport aux femmes mariées, parce qu'elles ne passent point en la puissance de leurs maris, comme nous l'avons prouvé dans nos Observations sur l'art.

l'art. 9 de l'Ordonnance de 1731; mais encore dans le Pays Coutumier, même sans être autorisées de leurs maris, quoiqu'elles soient en leur puissance, à moins qu'il n'y ait une disposition contraire dans la Coutume du lieu; parce que la puissance maritale n'est pas mise au nombre des incapacités de tester, la Loi n'ayant parlé que de la puissance des Maîtres sur les esclaves, & des pères sur leurs enfans, & que la puissance maritale n'est pas naturelle au mari, comme l'est la paternelle au père, mais elle est accidentelle, s'il est vrai que la puissance sur les esclaves qui sont nés libres est aussi accidentelle; mais il y a à leur égard une autre raison qui les rendoit incapables de tester, c'est qu'ils n'avoient aucune participation au Droit Civil, *l.* 20, §. 7, *ff. qui testam. fac. poss.* & qu'ils étoient regardés comme morts, *l.* 209, *ff. de Reg. Jur.*

en la puissance de leur mari.

3. La maladie du corps, ni la vieillesse n'empêchent pas de tester.

La maladie du corps, ni la vieillesse ne portent aucun obstacle à la liberté de tester, pourvu que l'on ait d'ailleurs les qualités requises, sur-tout la raison & le bon sens, *l. Senium* 3, *cod. qui testam. fac. poss. & l.* 2, *ff. eod.* Ce qui a lieu, quelque grièveque soit la maladie, & quoique le Testateur soit à toute extrémité de vie, *Balbutiens & Seminecis*, *l.* 15, *cod. de testam.* pourvu néanmoins qu'il puisse se faire entendre en bégayant, & qu'il soit en état d'expliquer sa volonté. Et par la même raison que celui qui a perdu les deux mains n'est pas empêché de déclarer sa volonté par la nuncupation, il n'est pas exclus de la faculté de tester, *l.* 10, *ff. qui testam. fac. poss.* Il en est de même du sourd qui peut parler, & même du sourd & muet qui sait écrire; car il peut tester par écrit en la forme que nous avons expliquée au chap. 2, suivant la Loi 10, *cod. qui testam. fac. poss. &* §. 3, *instit. quibus non est permissum facere testam.* L'aveugle peut aussi tester en la forme expliquée dans la Loi 8, *cod. qui testam. fac. poss. &* §. 4, *instit. quib. non est permis. fac. testam.*

4. Des mineurs de vingt ans dans les Pays du Droit écrit.

Les mineurs de vingt-cinq ans, même de vingt ans, dans les Pays du Droit écrit, ont la faculté de tester; il suffit qu'ils soient pubères, ce qui arrive aux femmes à l'âge de douze ans accomplis, & aux mâles à quatorze ans aussi accomplis, *l.* 5, *ff. qui testam. fac. poss. & l.* 4, *cod. eod.* Si par exemple une personne est née le premier de Janvier, elle pourra tester, non-seulement le premier de Janvier après sa douzième ou quatorzième année, mais encore le dernier jour de Décembre, qui est le dernier our de la douzième ou quatorzième année, après la sixième heure de la nuit, ou du soir; parce qu'alors l'année eſt regardée comme accomplie, *L. 5, ff. qui teſtam. fac. poſſ.*

5. Du pubère qui a un Curateur.

Le mineur ou pubère peut teſter, quoiqu'il ait un Curateur, ſans même qu'il ait beſoin d'être autoriſé par ſon Curateur; il peut encore, ſuivant le Droit Romain, faire des diſpoſitions en faveur de ſon Curateur, *L. Aurelio* 20, §. 1, *ff. de liberat. leg.* Il en eſt autrement par le Droit François à l'égard des libéralités faites par le mineur à ſon Curateur, comme nous l'expliquerons en ſon lieu.

6. L'infamie qui n'emporte pas mort civile n'empêche pas de teſter.

Comme l'infamie, lorſqu'elle ne vient pas d'une condamnation qui emporte mort civile, n'ôte aucune des qualités néceſſaires pour teſter, il n'y a point de doute que l'infame ne puiſſe diſpoſer par teſtament; c'eſt ce qui eſt décidé textuellement par la Loi 1, *cod. de ſecund. nuptiis*, où l'on voit que, quoique la femme, qui s'eſt remariée dans l'an du deuil, ſoit déclarée avoir encouru l'infamie par ſon ſecond mariage, elle ne laiſſe pourtant pas de pouvoir teſter.

7. De l'uſurier.

Nous pouvons dire la même choſe de l'uſurier, à moins qu'il n'eut été condamné à quelque peine qui le rendit incapable des effets civils; parce que la Loi ne met pas le crime d'uſure au rang des incapacités de teſter.

8. De l'excommunié.

L'excommunié peut auſſi par la même raiſon diſpoſer de ſes biens par teſtament. L'excommunication eſt une peine purement ſpirituelle, elle eſt encore prononcée par des Juges qui n'ont aucune Juridiction ſur le temporel; cependant la faculté de teſter eſt un bénéfice de la Loi temporelle; il ne peut donc pas être ôté par une puiſſance ſpirituelle, & qui ne s'étend point ſur le temporel. Cette opinion qui eſt ſoutenue par pluſieurs Docteurs, eſt ſans doute la mieux fondée en France, où l'on n'attribue pas à l'excommunication des effets qui puiſſent réfléchir ſur le temporel, & doit être préférée à celle des Docteurs rapportés par *Fachineus, lib. 5, controverſ. cap.* 88, qui ont penſé que l'excommunication ôtoit la faculté de teſter.

9. Si l'Hermite peut teſter.

L'Hermite qui n'eſt aſtreint par aucun vœu ſolemnel de Religion, & qui par conſéquent n'eſt pas incapable des effets civils, retient la faculté de teſter; c'eſt ainſi que le décident M. *Duranty*, *queſt.* 12, M. *Maynard*, *liv.* 9, *chap.* 27, *Fevret*, & les autres Auteurs par lui cités *dans ſon Traité de l'abus*, *liv.* 4, *chap.* 7, *n.* 15. On doit néanmoins excepter, ſelon *Fevret*, les Hermites qui ont pris l'habit de Religieux, & qui ſe ſont aſtreints à l'obſervance d'une Règle Monaſtique; v. *Ricard des Donations, tom.* 1, *part.* 1, *n.* 329 *& ſuiv.* Les Auteurs pour prouver que les

Hermites sont capables de tester, se servent de ce qui est rapporté dans le Canon *Perlatum* 19, *quæst.* 3, du testament de S. Paul, premier Anachorète : mais cet exemple n'est pas concluant, car dans ces temps reculés les Moines n'étoient pas, comme aujourd'hui, incapables des effets civils; ils succédoient à leurs parens, & ils avoient la liberté de disposer de leurs biens, comme le rapporte S. Jérôme dans la Vie de S. Malch, Moine de Syrie, *lib.* 3, *epist.* 3.

Le Novice qui n'est encore lié par aucun vœu de Religion, a sans contredit la faculté de tester; car encore qu'il ait pris l'habit, qu'il soit dans la disposition de se lier par les vœux, & qu'il s'éprouve pour cela, il n'est pas incapable des effets civils. Ce n'est seulement qu'après la profession, qu'il perd cette capacité. C'est ce qui est nettement décidé par *l'art.* 28 *de l'Ordonnance de Blois*, *& par l'art.* 21 *de l'Ordonnance de* 1735, où il est dit, que *lorsque ceux ou celles qui auront fait des testamens, codicilles, ou autres dernières dispositions olographes, voudront faire des vœux solemnels de Religion, ils seront tenus de reconnoître lesdits actes pardevant Notaires, avant que de faire lesdits vœux, sinon lesdits testamens, codicilles ou autres dispositions demeureront nuls & de nul effet.* Il est même remarquable que suivant l'Ordonnance de Blois, si le Religieux a fait profession avant la seizième année accomplie, elle n'empêchera pas qu'il ne puisse disposer de ses biens en faveur de qui bon lui semblera, & autre que le Couvent où il est entré, & autres, & ce dans les trois mois après avoir accompli la seizième année; mais la disposition de l'Ordonnance de Blois doit-elle avoir lieu pour la faculté de tester dans les trois mois après la seizième année accomplie, même dans les Coutumes qui ne permettent de tester qu'à l'âge de dix-huit, vingt ans ou autre terme? Il semble d'abord que l'on doit décider pour l'affirmative, parce que la disposition de cette Ordonnance étant générale pour tout le Royaume sans distinction des Pays, elle autorise dans ce cas le Religieux qui a fait profession avant seize ans, à tester dans le temps par elle prescrit, & qu'elle a dérogé indirectement aux Coutumes qui exigent un autre âge; cependant le sentiment contraire embrassé par *Buridan sur l'art.* 326 *de la Coutume de Rheims*, *n.* 3, paroît mieux fondé; parce que l'objet de l'Ordonnance n'est pas de régler l'âge requis pour tester, ni de déroger aux Coutumes à cet égard, mais seulement de fixer l'âge auquel la profession pourra être faite valablement, de déclarer nulle celle qui sera faite avant la seizième année accomplie, & de

10. Si le Novice peut tester.

permettre au Religieux, nonobstant la profession nulle, de tester dans les trois mois, en supposant néanmoins qu'il ait l'âge & les capacités requises par le Droit & la Coutume des lieux. C'est aussi l'esprit *de l'art. 326 de la Coutume de Rheims*; car en donnant à ceux qui entrent en Religion la faculté de tester, elle ajoute par forme de condition : *Etant personne habile & capable.*

11. Si l'art. 41 de l'Ordonnance de 1735 exclut les Novices de la faculté de tester.

Il ne faut pas croire que *l'art. 41 de l'Ordonnance de 1735*, qui exclut les Novices de la faculté d'assister comme témoins aux testamens, & autres dispositions à cause de mort, déclare les mêmes Novices incapables de tester pendant l'année de probation ; nous avons montré ci-dessus, qu'on ne pouvoit point argumenter de l'incapacité de porter témoignage à celle de tester, ce sont deux choses différentes & qui ont des règles diverses. On doit donc resserrer l'art. 41 dans son cas particulier, sans pouvoir l'étendre à la capacité de tester qui est conservée au Novice avant sa profession, quoiqu'il ne puisse pas assister comme témoin aux dispositions à cause de mort ; la raison de la différence peut être prise de ce qu'il n'y a point d'inconvénient, qu'un Novice dispose de ses biens avant son Noviciat, quoiqu'il soit à la veille de sa mort civile, comme le peut celui qui est malade à l'extrémité, & qui touche presqu'au moment de sa mort naturelle ; que la faculté de tester, favorable par elle-même ne doit pas être restreinte ni limitée, & que l'incapacité doit être resserrée dans les bornes que la Loi lui a prescrites ; au lieu qu'on peut regarder comme indécent qu'on employe comme témoins dans les dispositions que l'on fait des biens temporels, des personnes qui se destinent à renoncer à toute sorte de biens temporels, pour ne s'occuper que des biens éternels, & de la contemplation des choses célestes ; tandis qu'il est facile de trouver d'autres personnes plus propres pour cette espèce de témoignage.

12. Comment doit signer le Novice qui teste.

Mais lorsque le Novice teste, il doit signer sa disposition comme il avoit accoutumé de faire avant d'entrer dans le Noviciat, & du nom de sa maison, non de celui qu'il a pris en entrant en Religion, par l'argument *de l'art. 211 de l'Ordonnance de 1629*, ainsi que le remarque *l'Auteur des Additions sur Ricard, tom. 1, part. 1, n. 1523.*

13. Si les Ambassadeurs peuvent tester dans les Cours étrangères.

Les Ambassadeurs qui sont envoyés par le Prince auprès des Puissances étrangères, bien-loin d'être réputés Etrangers, & non Regnicoles, sont au-contraire dignes de toute sorte de faveurs ; parce qu'ils sont employés pour les affaires de l'Etat ; aussi sont-ils mis au rang des personnes qui peuvent implorer le bénéfice de la restitution en entier pour se faire relever du préjudice que leur absence, *reipublicæ causâ*, peut leur avoir causé. *L. Legatis* 8, *& tot. tit. ff. ex quib. caus. major. in integr. restit.* Ils conservent donc la faculté de tester. *Item qui apud externos legatione funguntur, possunt facere testamentum*, dit la Loi 13, §. 1, *ff. qui testam. fac. poss.*

Nous croyons qu'il faut dire la même chose des personnes qui sont à la suite des Ambassadeurs; parce que selon la remarque de *Grotius, de Jure Belli & Pacis, lib.* 2, *cap.* 18, §. 8, elles jouissent des mêmes privilèges que l'Ambassadeur qu'elles accompagnent. 14.

14. De ceux qui sont à la suite des Ambassadeurs.

D'ailleurs, on ne peut pas regarder comme Etrangers, & non Regnicoles ceux qui vont dans les Pays étrangers pour commerce ou en voyage; mais on doit considérer comme tels ceux qui y font des établissemens, & y changent leur domicile, *perpetuæ habitationis causâ*, comme nous l'expliquerons ci-après; ce qui ne peut pas être appliqué aux personnes qui sont de la suite d'un Ambassadeur, puisque ce n'est pas dans la vue d'un établissement dans le Pays étranger qu'ils y vont, mais dans le dessein de revenir quand l'Ambassade sera finie. 15.

15. On ne considére point comme Aubains ceux qui vont dans les Pays étrangers pour commercer à moins qu'ils n'y fassent des établissemens.

Et comme les Ambassadeurs de France envoyés dans les Cours étrangères, peuvent tester dans les Cours où ils font leur résidence, de même les Ambassadeurs envoyés à la Cour de France par les Puissances étrangères, peuvent tester en France, même des biens meubles qu'ils possédent dans ce Royaume; parce qu'ils ne sont pas sujets au droit d'aubaine, comme l'enseignent les Auteurs François. 16.

16. Si les Ambassadeurs étrangers peuvent tester dans la Cour de France.

Quoique suivant le Droit Romain dans la Loi *ejus* 8, *ff. qui testam. fac. poss.* & au §. 5, *instit. quib. non est permiss. facere testam.* ceux qui avoient été pris en guerre par les ennemis, fussent incapables de tester; toutefois comme ce n'étoit que parce qu'ils étoient Esclaves, raison qui cesse dans toute la Chrétienté, selon la remarque des Auteurs, les Prisonniers de guerre conservant leur liberté, conservent par conséquent la faculté de tester, comme l'a jugé le Parlement de Provence par un Arrêt du 26 Avril 1663, rapporté par *Boniface*, *Tronçon sur l'art.* 292 *de la Coutume de. Paris*, en rapporte un autre du 21 Juin 1559 qui l'a jugé de même, conformément à la *Novelle* 40 *de l'Empereur Leon*; il en est de même à plus forte raison de celui qui a été pris par des Voleurs; puisque le Droit Romain les déclare capables de tester, *l.* 13, *ff. qui testam. fac. poss.* Il en est encore de même de ceux qui sont donnés pour ôtage aux ennemis, pour la sureté d'un Traité fait avec eux, quoique la Loi 11, *ff. qui testam. fac. poss.* 17.

17. Si les Prisonniers de guerre peuvent tester.

les déclare incapables de tester ; parce que parmi les Chrétiens les ôtages ne perdent pas la liberté, ni la participation au Droit civil. Il faut même prendre garde que suivant le Droit Romain la liberté de tester étoit refusée aux ôtages, non à cause de leur incapacité personnelle, mais parce que les biens des ôtages baillés aux Romains étoient confisqués quand ils mouroient dans cet état, suivant la Loi 31, *ff. de jure fisci.* Aussi la Loi 11, *ff. qui testam. facere possunt*, n'interdit-elle pas absolument aux ôtages la faculté de tester ; mais seulement dans le cas que le Prince ne leur en eût pas accordé la permission, *obsides testari non possunt nisi eis permittatur*, dit ce texte. De-là vient que plusieurs Interprètes du Droit Romain notamment *M. Cujas*, ont restreint cette Loi aux ôtages baillés aux Romains, à cause que leurs Loix ne permettoient de tester qu'à ceux qui étoient Citoyens Romains, & qui avoient *jus togæ*, ce qui ne convenoit pas aux ôtages étrangers. Et les mêmes Interprètes ont enseigné que la liberté de tester n'étoit pas refusée aux Citoyens Romains qui étoient baillés en ôtage aux Puissances étrangères.

18. Si ceux qui sont faits Esclaves par les Turcs peuvent tester.

Il semble d'abord qu'il faut excepter de cette règle les personnes qui auroient été prises par les Turcs, ou par les Pirates Barbares, chez lesquels la servitude personnelle est encore en usage, & celles qui seroient baillées en ôtage à ces Barbares ; parce que la raison de la Loi Romaine semble subsister à leur égard ; cependant *Ferriere dans ses Institutes du Droit François sur le §. eum qui 5, quib. non est permiss. fac. testam.* décide avec raison le contraire ; car quoique ceux qui y sont Captifs soient dans l'esclavage, néanmoins la servitude & la captivité étant abolies dans la Chrétienté, & étant réputées injustes, ceux qui sont Esclaves chez les Turcs & les autres ennemis du nom Chrétien, ne sont pas incapables de tester, pourvu que leurs Testamens soient reconnus en France, comme sont les Testamens olographes ; ce qui s'entend dans les Pays où ces Testamens sont reçus ; & pour les personnes à l'égard desquelles ils valent dans les Pays du Droit écrit. Le même Auteur pense que les autres Testamens faits en Turquie ou Barbarie ne devroient pas être admis en France ; mais j'estime que l'on doit excepter ceux qui seroient reçus par le Chancelier d'un Consul de la Nation Françoise, parce qu'il est personne publique pour recevoir toute sorte d'actes, suivant *l'Ordonnance de la Marine* de 1681, *liv.* 1, *tit.* 9, *art.* 25.

19. Si ceux qui ont relégués

Ceux qui sont simplement relégués ou exilés ne perdent pas la faculté de tester, *l.* 8, §. 3, *ff. qui testam. fac. poss.*

parce qu'ils n'encourent point de mort civile, & qu'ils retiennent la liberté & le droit de Cité. *peuvent tester.*

20. Si l'Associé peut tester de sa portion des choses communes & indivises

Les termes dont la Loi *des douze Tables* est conçue, qui font comprendre qu'on ne peut disposer que de ses biens, *super pecunia tutelave rei suæ*, avoient fait naître le doute, si l'associé de tous les biens avoit la faculté de tester de sa portion indivise, & qui n'étoit pas distinguée par un partage; mais ce doute a été résolu par la Loi première, *cod. qui testam. fac. poss.* qui décide, que celui qui est associé en tous les biens, n'a pas moins la faculté de tester de sa portion, parce qu'il n'en a pas moins la propriété que si elle étoit distinguée par un partage. Et l'on doit dire la même chose suivant la Loi citée, de celui qui a une hérédité commune avec un autre; car il peut tester de sa portion de la même manière que si l'hérédité avoit été divisée avant le testament.

21. Si celui qui a administré une tutelle ou curatelle peut tester.

Celui qui a administré les biens d'un pupille ou d'un mineur en qualité de Tuteur ou de Curateur, quoiqu'il n'eût pas rendu compte de son administration, a sans contredit la liberté de tester, *l. 17, cod. de admin. tutor.* & ses héritiers doivent rendre compte de la manière qu'il est expliqué dans le *tit. du cod. de hæred. Tutor. vel Curator.*

22. Si les Eunuques peuvent tester.

Les Eunuques ont pareillement la liberté de tester, lorsqu'ils ont d'ailleurs les capacités requises, *l. Eunuchis 5, cod. qui testam. fac. poss.*

23. Des Ecclésiastiques.

A l'égard des Ecclésiastiques qui ne sont liés par aucun vœu de Religion, ils ont aussi la faculté de tester, parce que la sainteté de cet état ne donne aucune atteinte à la faculté de disposer à cause de mort des biens temporels.

24. S'ils peuvent disposer des biens acquis des revenus des Bénéfices.

A la vérité le Droit Canonique ne leur permet pas de disposer des biens qu'ils ont acquis à l'occasion de leurs Bénéfices, & qui proviennent de leurs épargnes sur les biens de l'Eglise dont ils ont joui, parce qu'ils ne sont considérés que comme simples Usagers, *cap. 1, 7, 9, 12, extra de testam.* mais en France où les Ecclésiastiques sont considérés comme Usufruitiers de leurs Bénéfices, & comme Propriétaires des revenus qu'ils en perçoivent, ils peuvent en disposer tout comme des biens de leur patrimoine, en faveur de qui bon leur semble. *Ferriere sur la quest.* 110 *de Guy-Pape, Benedicti*, & généralement tous les Auteurs François le décident ainsi dans le Pays Coutumier & du Droit écrit indistinctement.

25. Du Magistrat qui a été privé de sa Charge.

Quoique le Magistrat ait été privé de sa Charge par Jugement, il ne perd pas la faculté de tester; parce que c'est un changement de dignité & non un changement d'état; *quibus autem dignitas magis quam status mutatur, capite non minuuntur : & ideò à Senatu motos capite non minui constat*, dit le §. 5, *aux Institutes de cap. diminut. l. 3, ff. de Senatorib.*

26. Si les bâtards peuvent tester.

Le défaut de naissance légitime ne porte aucun obstacle à la participation du Droit Civil pour les choses dont il n'y a point de Loi qui les déclare incapables. Le bâtard de quelqu'espèce qu'il soit, même adultérin ou incestueux, est donc Citoyen, Regnicole, libre, & par conséquent il peut tester, même au préjudice du Roi, ou du Seigneur Justicier, qui ne peuvent prétendre aux biens de ceux qui ont une naissance illégitime, par droit de bâtardise, que quand il n'a point testé, ou quand il ne laisse point d'enfant légitime. C'est une maxime généralement reçue en France, comme l'enseignent *Bacquet du Droit de Bâtardise, ch. 6. M. Maynard, liv. 8, chap. 49. Tronçon sur l'art. 292 de la Cout. de Paris. M. de Catellan, liv. 2, chap. 95. Ricard, Chopin, Charondas* & plusieurs autres. Ils ont même cette faculté de tester pendant la vie de leur père naturel, parce qu'ils ne sont point en sa puissance, §. 12, *instit. de nupt.* laquelle dépend de la naissance légitime, *instit. de patria potest. in princip. & l. 3, ff. de his qui sunt sui vel alieni juris.*

27. Si le prévenu de crime peut tester.

Celui qui est accusé & prévenu de crime capital, peut valablement tester, quelques preuves qu'il y ait de son crime, & quand même il seroit établi par sa propre confession, & s'il décède après avoir testé, avant néanmoins sa condamnation, son Testament est valable, *l. 9, ff. qui testam. fac. poss.* quand même il s'agiroit du crime de parricide, *l. 8, ff. de leg. Pompeïa de parricid.* La raison en est, parce que ce n'est pas le crime qui rend incapable de tester, l'incapacité n'est encourue que par la condamnation, quand elle emporte la mort civile. *Argum. l. 6, ff. de injusto rupto.*

28. De celui qui a été condamné par Sentence, & qui décède pendant l'appel.

Il en est de même de celui qui a été condamné par Sentence, & qui décède pendant l'appel, *l. 13, §. ult. ff. qui testam. fac. poss. & l. 6, §. 8, ff. de injusto rupto & irrito facto testam.* parce qu'en matière criminelle l'appel éteint le Jugement & fait regarder la Sentence comme si elle n'avoit jamais été rendue; & que la mort du Prévenu éteint le crime & la peine. Il en est encore de même si le Prévenu condamné par Sentence est absous par Arrêt, parce que l'absolution doit le faire considérer comme s'il n'avoit jamais été accusé ni condamné.

29. Ceux qui ont la capacité de tester peuvent le faire même hors du Royaume.

Ceux qui ont la faculté de tester, selon les règles que nous avons expliquées, & la qualité des personnes dont nous avons fait l'énumération, peuvent faire leur Testament non-seulement dans le Royaume, mais encore dans les Pays étrangers lorsqu'ils s'y trouvent à l'occasion de quelque voyage, ou pour y exercer leur commerce. *M. Maynard, liv. 8, ch. 51; & Claude de Ferriere sur l'art. 292 de la Coutume de Paris, glos. 1, n. 48.* Mais il en seroit autrement s'ils avoient fait un établissement dans le Pays étranger, parce qu'alors ils seroient réputés Aubains, comme nous l'expliquerons ci-après.

SECTION II.

Quelles personnes sont incapables de tester.

SOMMAIRE.

1. *Quelles personnes sont incapables de tester.*
2. *Trois différentes classes de personnes.*
3. *Personnes de la première classe. Ceux qui sont en la puissance d'autrui.*
4. *Seconde classe. Ceux qui n'ont pas le droit de Cité, ou qui l'ont perdu.*
5. *Troisième classe. Ceux qui n'ont pas les qualités de l'esprit ou du corps pour pouvoir régler leur volonté.*
6. *Personnes de la première classe.*

Les Esclaves ne peuvent tester. Première raison.

7. *Seconde raison. La Loi des douze Tables ne permet de tester qu'aux pères de famille.*
8. *Troisième raison. Les Esclaves n'ont aucune participation au Droit Civil.*

Le Testament fait par un Esclave ne devient pas bon, quoiqu'il parvienne à la liberté.

9. Quid *de l'Esclave qui est regardé publiquement comme libre.*

Pour pouvoir tester, il faut avoir les qualités requises, non par fiction, mais réellement.

10. *De l'Esclave du Public ou du Préteur.*
11. *Si les gens de main-morte peuvent tester.*

Distinction de deux sortes de Coutumes par rapport aux mains-mortes.

12. *Raisons pourquoi les mains-mortables ne peuvent pas tester.*

Les mains-mortables sont comparés à ceux qui obtenoient latinam libertatem.

Les affranchis Latins mouroient comme vrais Esclaves & ne pouvoient pas tester.

Les mains-mortables meurent comme libres.

Si les mains-mortables peuvent s'affranchir en abandonnant les biens.

13. *Si l'incapacité de tester pour les mains-mortables est absolue.*

Ils peuvent tester avec le consentement du Seigneur.

14. *Si les enfans de famille peuvent tester.*

Quid *avec la permission de leurs pères.*

Testamenti factio est publici Juris.

Si le Testament fait par le fils

115. *Les Jésuites congédiés avant l'âge de trente-trois ans peuvent tester.*

116. *S'ils sont congédiés après l'âge de trente-trois ans, ils ne peuvent pas tester.*

Disposition de l'Edit de 1603.

117. *Tandis que les Jésuites demeurent dans leur Compagnie, ils sont incapables de tester.*

118. *Les Jésuites étant vrais Religieux après l'émission des trois vœux simples, cela les rend incapables de tester, tandis qu'ils demeurent dans le même état.*

119. *Auteurs qui parlent des trois vœux des Jésuites.*

L'Edit de 1607 est rapporté par Chenu.

Des cas où les Jésuites peuvent tester, suivant leur Institut.

Les Jésuites qui sont dans le Noviciat ne peuvent tester qu'avec la permission des Supérieurs.

120. *Des autres personnes comprises dans la seconde classe.*

121. *De ceux qui sont condamnés à mort naturelle, ou à une peine qui emporte mort civile.*

Si les Novelles de l'Empereur Justinien ont abrogé la mort civile encourue par la condamnation.

122. *Opinion du Président Faber pour l'affirmative.*

Résolution pour l'opinion contraire.

123. *Celui qui est condamné à une peine capitale est incapable de tester.*

L'incapacité est encourue au moment de la condamnation avant l'exécution.

124. *Première raison où le condamné* pœnæ servus efficitur.

125. *Seconde raison tirée de la confiscation des biens.*

Les Novelles abrogent ces deux raisons.

126. *Troisième raison qui subsiste prise de ce qu'il faut avoir le droit de Cité, & être capable des effets civils.*

127. *On peut perdre le droit de Cité, sans perdre la liberté.*

128. *Celui qui étoit condamné à une peine capitale perdoit la liberté & le droit de Cité.*

La Novelle ne dit pas que le condamné conserve le droit de Cité, de même que la liberté.

129. *Les déportats qui ne perdoient pas la liberté, & ne perdoient que le droit de Cité, ne pouvoient pas tester.*

130. *La perte du droit de Cité est la seule raison décisive, les autres raisons alléguées par les Auteurs sont fausses.*

Explication de la Loi post contractum 13, ff. de donationibus.

131. *Cette décision est encore plus sure en France où l'on tient pour maxime que, qui confisque le corps, confisque les biens.*

1. Quelles personnes sont incapables de tester.

APRÈS avoir vu quelles sont les qualités requises pour pouvoir tester, & quelles personnes en sont capables, il faut voir en détail quelles sont les personnes qui n'ont pas cette capacité.

2. Trois différentes classes de personnes.

Pour l'ordre, nous les réduirons à trois classes qui comprendront toutes les personnes différentes qui n'ont pas la liberté, ou la capacité de tester.

3. Personnes de la première classe. Ceux qui sont en la puissance d'autrui.

La première, est celle des personnes qui sont en la puissance d'autrui, ce qui comprend : 1°. les esclaves, & les gens de condition servile. 2°. Les enfans de famille. 3°. Ceux qui sont dans l'incertitude de leur état.

4. Seconde classe. Ceux qui n'ont pas le droit de Cité ou qui l'ont perdu.

La seconde, est de celles qui n'ont pas le droit de Cité, ou qui l'ont perdu par quelqu'événement ou changement d'état, ou par quelque crime qui les rend incapables des effets civils, ce qui comprend, 1°. les Aubains ou Etrangers non-naturalisés. 2°. Ceux qui ont fait un établissement dans les Pays étrangers. 3°. Les Transfuges chez les ennemis, & les Fugitifs pour fait de Religion. 4°. Les Moines. 5°. Toutes les personnes qui ont été condamnées à la mort, ou à une peine qui emporte mort civile, ou confiscation de biens; au nombre desquelles on peut mettre les Hérétiques, les Criminels de Lese-Majesté, & ceux qui se tuent eux-mêmes volontairement.

5. Troisième classe. Ceux qui n'ont pas les qualités de l'esprit ou du corps pour pouvoir régler leur volonté.

La troisième, est de celles qui n'ont pas les qualités de l'esprit ou du corps pour pouvoir régler leur volonté. De ce nombre sont, 1°. les impubères dans le Pays du Droit écrit, & ceux qui n'ont pas l'âge requis par les Coutumes dans le Pays Coutumier. 2°. Les furieux, imbécilles, insensés & autres que la Loi appelle *mente capti*, ceux qui sont dans le délire, & ceux qui ont été privés de l'administration de leurs biens à cause de leur prodigalité. 3°. Ceux qui sont actuellement ivres, parce qu'ils sont incapables de faire usage de la raison. 4°. Ceux qui à cause de leurs infirmités corporelles ne peuvent pas déclarer leur volonté de parole ou par écrit.

6. Personnes de la première classe. Les Esclaves ne peuvent tester. Première raison.

A commencer par les personnes de la première classe, il ne peut y avoir de doute que les Esclaves ne soient incapables de tester, *l.* 16, *l.* 19, *ff. qui testam. fac. poss. l.* 8, *cod. de petit. hæred. & l.* 4, *cod. commun. de succes.* & cela par deux ou trois raisons : la première, parce que cette faculté est refusée à ceux qui sont en la puissance d'autrui, *statim enim ii, qui alieno juri subjecti sunt, testamenti faciendi jus non habent*, dit l'Empereur Justinien aux institutes *quibus non est permiss. fac. testam. in princip.*

7. Seconde raison. La Loi des douze Tables ne permet de tester qu'aux pères de famille.

La seconde, parce que la Loi des douze Tables n'accorde cette faculté qu'aux pères de famille, *paterfamilias uti legassit, &c.* Or, les Esclaves ne sont pas de ce nombre, ils sont donc incapables de tester.

8. Troisième raison. Les Esclaves n'ont

La troisième, parce que les Esclaves n'ont aucune participation au Droit Civil, *l.* 20, §. 7, *ff. qui testam. fac. poss.* ils ne sont point Citoyens; cependant il faut avoir cette qualité pour pouvoir tester, *l.* 1, *ff. ad l. falcid.* & ils sont regardés comme morts, *servitutem mortalitati ferè comparamus*, *l.* 209, *ff. de Reg. Juris*; c'est par ces raisons que

aucune participation au Droit Civil. l'Édit du mois de Mars 1685, pour la Police des Isles de l'Amérique Françoise, déclare dans *l'art.* 28 les Esclaves incapables de disposer, il est même remarquable que le testament fait par un Esclave, & par conséquent nul, ne deviendroit pas bon, quand même il seroit libre au temps de sa mort, *l.* 19, *ff. qui testam. fac. poss.* parce qu'il faut avoir la capacité requise au temps du testament, & que *quod initio nullum est, tractu temporis convalescere non potest*, *l.* 29, *ff. de Reg. jur. & l.* 1, *ff. de Reg. Caton.*

9. *Quid* de l'Esclave qui est regardé publiquement comme libre.

Ce qui doit avoir lieu non-seulement par rapport à celui qui est considéré publiquement comme Esclave, mais encore à l'égard de celui qui étant de condition servile, est regardé néanmoins comme libre dans l'esprit du Public, & l'on ne peut pas appliquer à la faction du testament ce que la Loi décide sur la faculté de porter témoignage dans un testament. La raison de la différence est, que pour pouvoir tester, il faut avoir réellement & non par fiction les capacités & les qualités requises au temps du testament; parce qu'il s'agit uniquement de l'intérêt du Testateur, au lieu que quand il s'agit de la validité du testament d'une autre personne, on n'examine que l'opinion commune sur l'état & la liberté du témoin qui y a assisté, parce que l'intérêt public exige qu'une erreur commune excuse, & fasse valoir une disposition où l'on a appellé pour témoin une personne qui étoit réputée libre, & qui agissoit publiquement comme telle.

10. De l'Esclave du Public ou au Préteur.

Cependant l'ancien Droit Romain permettoit à l'Esclave public, ou du Préteur, de disposer par testament de la moitié de ses biens, *servus publicus Prætorisve, parte dimidia testamenti faciendi habet jus* : *Ulpien* dans ses Fragmens, *tit.* 20, §. 15.

11. Si les gens de main-morte peuvent tester.

L'incapacité des vrais Esclaves au sujet de la faction du testament s'étend, mais d'une manière imparfaite, sur les personnes de condition servile, qui sont appellées *gens de main-morte*, dans les Coutumes où cette espèce de servitude est reçue & autorisée; comme le remarquent les Auteurs, & notamment *Tronçon sur l'art.* 292 *de la Coutume de Paris*, *& M. Dunod dans son traité de la main-morte, chap.* 4, *sect.* 1; cependant il faut distinguer deux sortes de Coutumes; car dans les unes la servitude affecte les personnes, comme dans le Nivernois & autres semblables. Dans les autres elle n'affecte point les personnes, mais les biens, comme dans le Duché de Bourgogne, dans ces cas les mains-mortables sont des gens vraiment libres quant à leur personne, & leur servitude ne tombe que sur leurs biens, dont elles n'ont pas une liberté absolue de disposer par testament, elles peuvent seulement disposer par contrat entre-vifs ſous les modifications portées par les Coutumes. V. *Taiſand ſur la Coutume de Bourgogne*, *tit.* 9, *art.* 1, & *art.* 10 & 11.

La raiſon pourquoi les mains-mortables ne peuvent pas teſter, eſt ſelon M. *Dunod*, que ces mains-mortes ſont ſemblables en cela aux Eſclaves qui n'obtenoient qu'un affranchiſſement impartait, *cum Latina libertate donabantur.* Cette eſpèce de perſonnes qui n'étoient pas à la vérité tout-à-fait Eſclaves, n'étoient pas néanmoins entièrement & parfaitement libres, elles avoient la liberté de donner entre-vifs, & de contracter, mais elles n'avoient pas la faculté de teſter. *Vivebant ut liberi*, *ſed moriebantur ut ſervi*, *l.* 1, *cod. de latina libert. tollenda.* §. *ult. inſtit. de ſucceſſ. libert. l.* 1, *cod. Theod. de petit. hæred.* & *Ulpien* dans ſes Fragmens, *tit.* 20, §. 13. C'eſt à ces affranchis que l'on compare les gens de main-morte; mais cette comparaiſon n'eſt bonne que dans les Coutumes de la première eſpèce par rapport à la faculté de teſter, & non pour les autres; car les affranchis Latins étoient regardés en mourant comme vrais Eſclaves, & par conſéquent incapables de teſter par une incapacité légale, publique & perſonnelle; au lieu que les gens de main-morte ſont & vivans & mourans, des gens de condition vraiment libre pour ce qui concerne leur perſonne, ſoit pendant leur vie, ou à la mort; la prohibition de diſpoſer par teſtament n'étant fondée que ſur l'intérêt du Seigneur, du moins dans la Coutume du Duché de Bourgogne. Dans la Coutume du Comté de Bourgogne, il ſemble qu'on doive en penſer différemment; car l'art. 14 du tit. 15 de la main-morte, déclare que *l'homme de main-morte ne peut diſpoſer de ſes biens meubles*, *ni héritages*, *quelque part qu'ils ſoient aſſis*, *par ordonnance de dernière volonté*, *ni par donation à cauſe de mort*, *réſervé au profit de ceux étant en biens communs avec lui.* Et par l'art. 16 il eſt dit: *gens de main-morte ne peuvent ſuccéder les uns aux autres*, *ſinon tandis qu'ils ſont demeurans en commun;* cette Coutume ſemble donc affecter la perſonne; mais l'art. 4 du titre cité établit le contraire, puiſqu'il eſt permis au main-mortable de devenir franc en abandonnant au Seigneur les biens dont cet article parle, que même on leur permet de teſter en faveur de leurs parens communiers, ſuivant la remarque de *Chaſſanée ſur la Coutume de Bourgogne*, *rub.* 9 *des mains-mortes*, §. 11, verb. *par teſtament ni ordonnance*; & de M. *Dunod* au lieu cité; on peut voir dans *Chaſſanée* & *Dunod*, & dans *Coquille* ſur la coutume de Nivernois, chap. 8, les autres queſtions qui regardent cette eſpèce de gens de condition ſervile par rapport à leurs diſpoſitions.

12. Raiſons pourquoi les mains-mortables ne peuvent pas teſter.

13. Si l'incapacité de tester pour les mains-mortables est absoluë.

Il convient néanmoins d'observer que l'incapacité des mains-mortables pour tester n'est pas absolue, comme celle du fils de famille, qui ne peut pas tester, même avec le consentement de son père, *l. 6, ff. qui testam. fac. poss.* puisque la Coutume du Duché de Bourgogne, tit. 9, art. 11, ne défend aux mains-mortes de tester quand elles n'ont pas le consentement du Seigneur; elle le leur permet donc avec le consentement du Seigneur, même en faveur de ceux qui ne sont pas communiers; il n'y a donc que l'intérêt du Seigneur qui serve de motif à cette prohibition, & non une incapacité personnelle, *Taisand sur l'art. 1 du tit. 9 de la Coutume de Bourgogne.*

14. Si les enfans de famille peuvent tester.

Venons aux enfans de famille. La Loi des douze Tables n'accordant qu'aux seuls pères de famille la faculté de tester, il est évident qu'elle l'interdit aux enfans de famille. Aussi est-il déclaré par plusieurs textes du Droit Romain, que les fils de famille sont incapables de tester, *instit. quib. non est permiss. fac. testam. l. 3, §. 1, cod. cod. qui testam. fac. poss. l. 6, l. 16, & l. 19, ff. eod. tit.* La loi 6, & le texte cité des Instituts, déclarent même que le fils de famille ne peut point tester, quoique son père lui en accorde la permission, *adeò ut quamvis pater ei permittat nihilo magis tamen jure testari potest.* La raison en est, que *testamenti factio non privati sed publici juris est, l. 3, ff. eod. tit.* & le testament du fils de famille est tellement nul, qu'il n'est pas confirmé, quoiqu'il décède père de famille, *l. 19, ff. qui testam. fac. poss. & instit. quib. mod. testam. infirmentur in principio*, à cause de la Règle Catonienne, & par la raison expliquée dans les Loix 29 & 210, *ff. de Reg. Jur.* Que si le testament du fils de famille contenoit la clause codicillaire, il seroit converti en codicille, & il vaudroit non comme testament, mais comme codicille, sans avoir besoin d'aucune confirmation, si le Testateur décédoit père de famille, comme nous l'avons dit du codicille, nombre 180 de cette section 2, & de la clause codicillaire au chapitre 13, nombres 29 & 32. Mais selon le Droit Romain, lorsque le père de famille, après avoir testé, se faisoit adopter, & passoit en la puissance d'autrui, son testament étoit révoqué: cependant pour le faire revivre, il suffisoit, qu'étant redevenu *sui juris*, il eût déclaré qu'il vouloit que son testament fut exécuté, ce qu'il pouvoit faire par un Codicille ou par Lettre revêtue des formalités du Codicille, *l. 11, §. 2, ff. de bonorum possess. secund. Tabulas.* La Loi 1, §. 1, *ff. de leg. 3*, décide deux choses remarquables. La première, que le fidéicommis laissé par le fils de famille hors du testament, ne vaut pas s'il meurt en la puissance de son père; mais qu'il devient valable si le fils de famille devient *sui juris*, & qu'il ne change pas de volonté, sans qu'il ait besoin de faire aucune autre disposition pour confirmer le fidéicommis, quand il est devenu père de famille. La seconde, qu'il n'en est pas de même du testament fait par le fils de famille où la clause codicillaire ne se trouve pas, lequel étant nul dans son principe, n'est pas rendu valide, lorsque le Testateur cesse d'être en la puissance d'autrui; parce que la règle Catonienne empêche qu'un Testament nul dans le moment qu'il est fait, puisse jamais devenir valable. Mais le testament qui n'est pas nul dans son principe, & qui est rompu par quelqu'événement, reprend sa validité, lorsque la cause qui l'a rompu vient à cesser, comme dans le cas de la Loi 12, *ff. de injusto rupto*; que si le fils de famille devenu *sui juris*, confirmoit par Codicille le testament fait, tandis qu'il étoit en la puissance de son père, cette confirmation devroit le faire valoir comme fidéicommis, *l.* 2, §. 4, *ff. de jure codicillor.*

De ce que nous avons remarqué, l'on peut tirer, ce me semble, la décision d'une question fort controversée parmi les Interprètes, qui consiste à savoir si le fils émancipé par son père pour faire testament seulement, & non pour les autres effets, est capable de faire testament. Car il ne peut point y avoir de doute que cette émancipation ainsi bornée ne soit insuffisante, pour attribuer au fils la faculté de tester, quoiqu'en ayent pû penser quelques Auteurs.

15. Si le fils de famille peut être émancipé pour tester seulement.

Plusieurs raisons nous déterminent à prendre ce parti. La première, qu'une telle émancipation ne peut être considérée que comme une simple permission donnée en fraude de la Loi. Et comme le père ne peut pas habiliter son fils pour tester, en lui donnant une permission directe & expresse, parce que *testamenti factio non privati sed publici juris est*, il ne peut pas lui donner une permission indirecte & oblique en l'émancipant pour la forme, & pour tester seulement.

16. Raisons pour la nullité de l'émancipation & du testament.

La seconde, parce qu'on ne peut tester qu'en devenant père de famille; il faut donc nécessairement que les liens de la puissance paternelle soient entièrement rompus par une émancipation totale, l'émancipation *ad hoc* ne pouvant pas faire passer le fils à l'état de père de famille; tandis que son père le retient dans sa puissance pour tout le reste, & qu'il ne renonce à cette puissance que pour la seule faction du testament, & non pour les autres effets; parce que la puissance paternelle est indivisible, & qu'il implique que la même personne soit en même temps père de famille, & fils de famille.

17. On n'a la faculté de tester qu'en devenant père de famille.

La troisième, parce que l'émancipation est un des actes

18. L'émancipa-

tion est un acte légitime qui ne reçoit ni division, ni condition. légitimes qui ne peuvent recevoir ni division ni condition; & qui sont nuls & invalides, s'ils ne sont faits purement & sans restriction, *l. actus legitimi* 77, *ff. de Reg. Jur.* Ainsi l'émancipation *ad hoc* qui est compliquée d'un tel vice, doit être regardée comme non-avenue.

19. Si le fils de famille peut tester en faveur de la cause pie avec le consentement de son père. Nous pouvons encore tirer des mêmes principes établis par les Loix 3 & 6, *qui testam. fac. poss.* la décision d'une autre difficulté contre la résolution de plusieurs Auteurs qui ont pensé que le fils de famille pouvoit tester en faveur de la cause pie avec la permission de son père; car tout cela est visiblement contraire à l'esprit du Droit Romain, & à la pureté de ses maximes.

20. Raisons pour prouver que le fils de famille ne peut pas tester en faveur de la cause pie ou de ses enfans. En effet les Loix qui ont déclaré les enfans de famille incapables de tester, même avec la permission de leur père n'ont pas excepté les cas où les fils de famille disposeroient en faveur de la cause pie où de leurs enfans; quoiqu'elles ayent fait d'autres exceptions. On doit donc dire qu'ils doivent être compris dans la règle générale prohibitive de la liberté de tester; parce que les exceptions confirment la règle, & font qu'on doit l'appliquer à tous les autres cas qui n'ont pas été spécialement exceptés. D'ailleurs l'Empereur Justinien s'est expliqué si nettement là-dessus, qu'il y a lieu d'être surpris qu'on ait pensé que les enfans de famille fussent capables de tester dans ce cas; mais encore qu'on ait pû en faire la matière d'un doute raisonnable; voici quelles sont ses paroles aux Instit. *quib. non est permiss. facere testam. in principio : præter hos igitur qui castrense peculium vel quasi-castrense habent, si quis alius filius familias testamentum fecerit, inutile est, licet suæ potestatis factus decesserit.*

21. Réponse aux raisons de l'opinion contraire. On ne peut pas autoriser l'opinion contraire par le chap. *licet* 4, *de sepult. in* 6°. quoique les Auteurs y ayent fondé leur opinion erronée, parce qu'il ne parle point du testament, mais d'une dernière volonté, comme l'explique la Glose. Ce texte suppose même que le fils de famille doit être capable de cette dernière volonté, avec le consentement de son père, ce qui ne peut convenir qu'à la donation à cause de mort que le fils de famille peut faire avec le consentement de son père; mais non à un Testament comme le remarque *Dumoulin* dans sa note sur ce chapitre. Après tout quand ce texte seroit précis & formel, il ne pourroit pas corriger la Loi Civile hors des Etats où le Pape est Prince Souverain, comme nous l'avons remarqué ailleurs.

22. La permission du père ne peut servir de rien, parce La permission du père ne peut non plus servir de rien, parce que *Testamenti factio non privati sed publici juris est*, & que le père ne peut pas habiliter son fils dans le cas où la Loi qui déclare le fils de famille incapable de tester, ne

lui permet pas par disposition expresse d'user de la faculté de tester.

que *Testamenti factio publici juris est.*

23. Usage de quelques Parlemens qui permettent aux enfans de famille de tester en faveur de leurs enfans & de la cause pie.

Cependant par l'usage & la Jurisprudence de quelques Tribunaux Supérieurs du Royaume, & notamment du Parlement de Toulouse, on autorise les testamens faits par les enfans de famille en faveur de la cause pie avec la permission du père, ou en faveur des enfans, sans la permission du père; & quand le père n'auroit pas permis le testament de son fils de famille au profit de la cause pie, on ne laisse pas de le faire valoir, lorsque le Testateur décède père de famille, comme l'attestent *MM. Maynard, livre 5, chapitre 1, livre 7, chap. 19, & liv. 9, chap. 36; Duranty, quest. 21; Catellan, liv. 2, chap. 40; Duval, dans ses Institutions du Droit François, liv. 1, chap. 4; Cambolas, liv. 2, chap. 31; & Ferriere sur la question 54 de Guy-Pape.*

24. Si le Testament du fils de famille fait avec la permission de son père vaut, quand il contient la clause qu'il vaudra comme donation à cause de mort.

Toutefois le testament du fils de famille fait avec la permission de son père vaudroit comme donation à cause de mort, en faveur de toutes sortes de personnes, même en faveur de son père, s'il contenoit la clause que ne pouvant pas valoir comme testament, il vaudroit comme donation à cause de mort, parce qu'alors il seroit converti en donation à cause de mort, qui n'est pas interdite aux enfans de famille. *MM. Maynard, liv. 5, chap. 2; Albert*, verb. *testam. art. 30; Ranchin, sur la question 223 de Guy-Pape; Catellan, liv. 2, ch. 40; & Basset, tom. 1, liv. 3, tit. 1, ch. 20.*

25. L'incapacité du fils de famille de tester, s'étend à tous ses biens, quoiqu'il en ait la pleine propriété.

La règle que nous avons établie ci-dessus que les enfans de famille sont incapables de tester, a lieu par rapport à toutes sortes de biens, soit que leur père en ait l'usufruit, soit qu'ils les possédent en pleine propriété & usufruit, comme le décide textuellement l'Empereur Justinien aux Instit. *quib. non est perm. fac. testam. in princip.* où il dit que lorsque le fils teste d'autre chose que de son pécule castrense ou quasi-castrense, le testament est inutile. Il ne peut donc pas tester de son pécule adventif, ni des biens qui lui appartiennent en pleine propriété, autres que le pécule castrense, ou quasi-castrense; car l'incapacité de tester ne se règle pas par la nature ou la qualité des biens, si l'on en excepte le pécule castrense ou quasi-castrense, comme nous l'avons dit, & que nous l'expliquerons ci-après; mais elle dépend du défaut personnel, de ce qu'ils sont sujets à la puissance d'autrui, & qu'ils n'ont pas la qualité de père de famille, nécessairement requise pour pouvoir user de la liberté de tester.

26. La faculté de tester ne dé-

Cela est si vrai, que si la faculté de tester dépendoit de la nature des biens, le père pourroit, en renonçant à l'usufruit, ou en permettant à son fils de disposer, le rendre

pend pas de la nature des biens.

habile à tester ; cependant la Loi déclare nommément que le consentement ou la permission du père, ne peuvent rien opérer à cet égard, parce que *testamenti factio non privati sed publici juris est.* Voilà pourquoi on ne doit pas induire des termes dont la Loi dernière, §. 5, *cod. de bonis quæ liberis*, est conçue, qu'elle permette aux enfans de famille de disposer par testament des biens dont leur père n'a pas l'usufruit ; car postérieurement à cette Loi, l'Empereur Justinien a expressément déclaré dans la Loi 11, *cod. qui testam. facere possunt*, qu'il n'avoit pas entendu déroger aux Loix anciennes, qui refusoient la liberté de tester aux enfans de famille, hors des cas, où les mêmes Loix le leur permettent ; ensorte que la disposition dont il est parlé dans la Loi dernière, *cod. de bonis quæ liber.* doit s'entendre d'une disposition entre-vifs, & l'on doit dire la même chose par rapport à la Novelle 117, chapitre premier, ou quoique l'Empereur permette aux enfans de famille de disposer à leur gré des biens dont ils jouissent en pleine propriété, il n'a point donné d'atteinte au Droit ancien, au sujet de la faculté de tester, parce que le mot grec qui est dans l'original, & que l'on a traduit par le terme Latin *disponere* ne se rapporte qu'à une disposition entre-vifs, ainsi que l'ont observé plusieurs Auteurs ; d'ailleurs, pour pouvoir induire une correction du Droit ancien, & afin que le fils de famille put être autorisé à rester de cette espèce de biens, il ne suffiroit pas d'un terme équivoque, & qui put s'appliquer aux contrats comme aux testamens, il faudroit des paroles claires, & qui ne pussent convènir qu'à la disposition testamentaire, parce que la défense de tester est déclarée par des Loix claires, multipliées & suivies pendant un très-long espace de temps ; qu'ainsi, pour les abroger & pour introduire un Droit contraire, il seroit nécessaire que l'Empereur Justinien se fut expliqué aussi clairement pour rendre les enfans de famille capables de tester des biens par eux possédés en pleine propriété, que la défense portée par les Loix antérieures est claire & précise.

Explication de la Loi dernière §. 5, *cod. de bonis quæ liberis.*

Explication de la *Novelle* 117, *c.* 1.

La qualité des biens n'influe pas sur la faculté de tester, excepté pour le pécule castrense ou quasi-castrense.

Nous pouvons ajouter que la nature & la qualité des biens influent si peu sur la faculté de tester, quand il ne s'agit point de pécule castrense, ou quasi-castrense, qu'il est certain, selon les principes du Droit Romain, qu'une personne n'a pas moins la liberté de tester, quoiqu'elle n'ait aucuns biens, ou qu'elle laisse une hérédité épuisée par les dettes passives ; & une telle hérédité peut non-seulement être acceptée en vertu du testament, mais encore l'héritier qui l'accepte sans inventaire est tenu indéfiniment de toutes les dettes, & il doit satisfaire *de suo* tous les créanciers, *l. scimus 22, §. sin verò 12, cod. de jur. delib.*

Venant aux exceptions, & aux cas marqués par le Droit Romain, où les enfans de famille ont la liberté de tester ; ils se bornent uniquement à la disposition du pécule castrense ou quasi-castrense, *instit. quib. non est permiss. facere Testamenta, in principio : præter hos igitur qui castrense peculium vel quasi-castrense habent, si quis alius filius familias Testamentum fecerit inutile est, licet suæ potestatis factus decesserit.* 27. Des cas auxquels il est permis aux fils de famille de tester.

Le pécule castrense convient spécialement aux Soldats, & il est composé de ce que le Soldat a acquis à la Guerre, *de eo quod in castris acquisierunt, instit. quib. non est permiss. facere Testamenta in principio*, ou à l'occasion de la Guerre, *l. 1, cod. de castrens. pecul. milit.* 28. Le pécule castrense convient au Soldat & comprend ce qu'il a acquis à la Guerre ou à l'occasion de la Guerre.

Ceux qui possédent un tel pécule peuvent en disposer de deux façons : 1°. *Jure militari*, tandis qu'ils sont occupés aux expéditions militaires ; ou bien *jure communi*, quand ils sont vétérans, ou qu'ils ne sont pas occupés aux expéditions militaires, *l. ult. cod. de inoff. Testam.* ainsi que nous l'avons expliqué au chapitre 2, en parlant du Testament militaire ; mais les enfans de famille en testant de leur pécule castrense, ne peuvent pas tester en même temps de leurs autres biens, lesquels doivent appartenir à ceux auxquels la Loi les défére *ab intestat*, *l. ult. cod. de inoff. Testam. Instit. quib. non est permiss. facere Testamenta in princip.* 29. Le fils de famille Soldat peut disposer par testament de son pécule de deux façons.

Pour connoître la nature des biens dont le fils de famille Soldat peut disposer, il faut savoir ce qui est compris ou n'est pas compris dans le pécule castrense, ce qui est bien distingué & expliqué dans la Loi 1, *cod. de castrensi peculio militum*, par les Loix 8 & 11, *ff. de castrensi peculio*, & la Loi 4, *cod. famil. ercisc.* 30. Quels biens sont compris dans le pécule castrense.

1°. On met dans ce rang les meubles & effets mobiliers qui sont donnés à celui qui va ou qui est à la guerre, par son père, sa mère, ses parens ou ses amis, mais non les immeubles. 31. Les meubles ou effets mobiliers qui sont donnés au Soldat qui va à la guerre par ses parens ou amis, non les immeubles.

2°. Les choses que les Soldats ont acquises à l'occasion de la guerre, du nombre desquelles on doit mettre les hérédités qui leur ont été déférées par les dispositions des personnes qui ne les ont connus qu'à l'occasion de la guerre, quoique ces hérédités soient composées d'immeubles, *l. 5, ff. de castrensi peculio, & l. 1, cod. eod.* 32. Les choses que le Soldat a acquises à l'occasion de la guerre même les hérédités.

3°. Les choses que les Soldats ont acquises de l'argent qu'ils ont gagné à la guerre, quoiqu'elles soient immeubles, *l. 1, cod. eod.* mais les hérédités qui sont déférées au Soldat, autrement qu'à l'occasion de la guerre comme celle de sa mère, ou de quelqu'autre parent, ni les im- 33. Les biens que

Les Soldats ont acquis de l'argent qu'ils ont gagné à la guerre.

meubles qui leur sont donnés, ni ce qu'il a acquis autrement qu'à l'occasion du Service militaire, ne sont point du pécule castrense, *l.* 11, *ff. de castrensi peculio*, & *l.* 1, *cod. eod.*

34. *De l'hérédité d'un parent qui est en même-temps le camarade du Soldat.*

Que si un parent du Soldat qui est en même-temps son camarade & qui sert avec lui, l'institue son héritier, l'hérédité sera réputée du pécule castrense, si le testament est fait pendant le Service, non s'il avoit été fait auparavant, *l.* 19, *ff. de castrensi peculio.*

35. *Ce qui n'entre point dans le pécule castrense.*

On ne fait donc point entrer dans le pécule castrense, 1°. ce que le fils de famille acquiert autrement que par le Service militaire, ou à l'occasion du Service militaire, *l.* 11. *ff. de castrensi peculio.* 2°. L'hérédité de la mère déférée au Soldat pendant son service, *l.* 1, *cod. eod.* 3°. L'hérédité déférée au Soldat par son camarade par testament qui précéde le Service, *l.* 19, *ff. eod.* 4°. Ce que le père ou quelqu'autre personne donne au Soldat après son congé, *l.* 15, *ff. eod.* 5°. La dot payée ou promise au Soldat, *l.* 16, *ff. eodem.* 6°. Les biens immeubles donnés au fils de famille Soldat en allant au Service, *l.* 1, *cod. eod. & l.* 4. *cod. famil. ercisc.*

36. *Quelles personnes peuvent avoir un pécule castrense.*

Les Loix qui parlent du pécule n'en font mention que relativement aux Gens de guerre, ce qui doit s'entendre des personnes qui sont engagées au Service militaire, & comprend non-seulement ceux qui sont appellés proprement Soldats; mais encore toutes sortes d'Officiers qui servent dans les Troupes, parce qu'ils ne sont pas moins privilégiés que les simples Soldats; & les mots *milites* dont les Loix se servent, signifient les Officiers comme les simples Soldats; mais les Loix n'attribuent le droit de pécule castrense qu'aux Officiers & aux Soldats des Troupes, & non aux autres personnes qui sont dans les Armées sans engagement. Elles ne sont donc pas capables de tester de ce qu'elles ont acquis, lorsqu'elles sont en la puissance de leur père, parce que la Loi ne leur accorde point ce privilége; mais la Loi dernière, *cod. de pecul. castrens. milit.* l'accorde à ceux qui étoient appellés *Præfectiani*, en ces termes: *Jus castrensis peculii tam Scriniarios quam exceptores cæterosque qui in officio tui culminis* (c'est-à-dire du Préfet du Prétoire) *merendi licentiam habere noscuntur: ac si in legione prima adjutrice nostræ reipublicæ militent, inviolatum habere præcipimus.*

Quid des personnes qui sont dans les Armées sans être ni Officiers ni Soldats.

Præfectiani qui sint.

37. *De l'Officier ou Soldat qui a été cassé ignominiæ causa.*

Il faut encore remarquer que l'Officier ou le Soldat qui a été cassé ou renvoyé *ignominiæ causa* n'a pas le droit de tester de son pécule castrense, *jus testandi de castrensi peculio, quod filiis familias militantibus concessum est, ad eos qui ignominiæ causa missi sunt, non pertinet, quod hoc præmii loco merentibus tributum est*, *l.* 26, §. 1. *ff. de Testam. milit.*

A l'égard du pécule quasi-castrense, il faut savoir, 1°. ce qu'il comprend. 2°. Quelles sont les personnes qui ont le droit d'avoir un tel pécule, & qui peuvent en disposer par Testament. 38. Du pécule quasi-castrense.

Mais auparavant, il convient d'observer que quoique le droit de disposer du pécule quasi-castrense ait été accordé à l'exemple & à l'imitation du pécule castrense, néanmoins, ceux qui veulent en disposer par Testament doivent le faire *jure communi*, c'est-à-dire, en observant les règles & les formalités prescrites pour la validité du Testament paganique, §. *sciendum* 6, *instit. de milit. Testam. l. ult. cod. de inoff. Testam. & l. omnes* 12, *cod. qui Testam. fac. poss.* Il est parlé de la faculté de tester du pécule quasi-castrense accordée aux enfans de famille, aux inst. *quib. non est permiss. fac. Testam. in princip.* Dans la Loi dernière, *cod. de inoff. Testam.* Dans la Loi 34 & *l'Authent. Præsbyteros, cod. de Episcop. & Cleric.* Dans la Loi 4, *cod. de Advocat. divers. judicior.* & dans la Novelle 123, chap. 19. 39. On ne peut en disposer que par un testament fait *jure communi.* Textes qui parlent de la faculté de tester du pécule quasi-castrense.

On doit faire entrer dans le pécule quasi-castrense, tout ce que le fils de famille acquiert en exerçant une dignité, un emploi, une administration, ou une profession qui lui donne le droit d'avoir un pécule quasi-castrense, ou à l'occasion de cette profession, administration ou dignité, ou ce qu'il réserve des gages qui lui sont donnés par le Prince ou par le Public. Cela paroît clairement des dispositions de la Loi dernière *cod. de inoff. Testam.* & de la Loi 4, *cod. de Advocat. divers. judic.* comme aussi les biens tant meubles, qu'immeubles qui ont été donnés au fils de famille par le Roi ou Prince Souverain, ou par la Reine son épouse, suivant la Loi 7, *cod. de bonis quæ liberis.* 40. Des biens qui entrent dans le pécule quasi-castrense.

Le droit d'avoir un pécule quasi-castrense ne fut d'abord accordé qu'aux Magistrats du premier ordre, tels qu'étoient les Proconsuls, les Préfets des légions, les Présidens des Provinces; & tous ceux qui revêtus de quelque dignité, ou administration, reçoivent des gages du Prince ou du public, suivant la Loi dernière, *cod. de inoff. Testam.* 41. Droit d'avoir un pécule quasi-castrense accordé d'abord aux Magistrats du premier ordre.

Mais la même Loi étendit ce privilége à plusieurs autres personnes; & premièrement aux Avocats, *viris disertissimis Patronis causarum.* 2°. A ceux qui étoient préposés pour écrire ou faire écrire les Loix & les rescrits qui sont appellés *memoriales*: *virisque devotissimis memorialibus.* 3°. A ceux qui étoient appellés *agentes in rebus*, dont il est 42. Extension à quelques autres personnes.

parlé au *cod. lib.* 12, *tit.* 20. où les Auteurs, & entr'autres *Perezius*, *Corvinus*, & *Brunemannus*, expliquent quelles étoient les fonctions de ces Officiers, & plus particulièrement *Jean Calvin dans son Lexicon.* 4°. Aux Professeurs ou Principaux des Colléges où l'on enseigne les Sciences & les Arts libéraux, *Magistris studiorum liberalium*, duquel nombre sont la Réthorique, la Grammaire, la Géométrie, la Jurisprudence, & la Médecine, *l.* 1, *in principio*, §. 1, & §. 10, *ff. de extraordin. cognit.* 5°. Aux Médecins du Prince, *Archiatris*; car ce mot signifie proprement le premier Médecin, ou les Médecins du Prince appellés *Medicorum Principes.* Enfin, à toutes les personnes qui reçoivent des gages ou des salaires du Public, & *aliis omnibus omninò, qui salaria vel stipendia percipiunt publica.*

Quels sont les Arts libéraux.

43. Suite des personnes auxquelles il est permis d'avoir un pécule quasi-castrense.

Les Loix 34 & 50, l'Authentique *Præsbyteros cod. de Episcop. & Cler.* & la Novelle 123, chapitre 19, ajoutent: les Evêques, les Prêtres, les Diacres, Sous-Diacres, les Chantres, les Lecteurs, & tous les autres Clercs, lesquels peuvent avoir un pécule quasi-castrense, & en disposer librement par testament, nonobstant la puissance paternelle; les *Loix du code* que l'on vient de rapporter, & la Loi dernière, *cod. qui Test. am. fac. poss.* vouloient même qu'un tel testament ne put pas être attaqué par la plainte d'inofficiosité; mais cela a été corrigé par la Loi dernière, *cod. de inoff. Testam.* & par la *Novelle* 123, *chapitre* 19.

44. Extension à d'autres personnes par l'usage du Parlement de Toulouse.

Exclusion des Notaires, des Chirurgiens, Procureurs & Greffiers des Siéges subalternes.

Quid des Huissiers.

Par l'usage du Parlement de Toulouse on a étendu le même privilège aux Conseillers, & autres Juges, à tous les Médecins, aux Secrétaires du Roi, aux Greffiers des Cours Supérieures, & aux Procureurs au Parlement, & *Maynard*, *livre* 5, *chapitre* 1, & *Ferriere sur la question* 190 *de Gui-Pape*; mais on en a exclu les Notaires, les Chirurgiens, les Procureurs & Greffiers des Siéges subalternes, selon *Ferriere* au lieu cité, & *la Roche*, *livre* 6, *titre* 77, *article* 4, contre le sentiment de *M. Maynard.* Ce privilège doit encore être refusé aux Huissiers selon M. *Cujas* sur la Loi 2, *cod. de apparit. Magist. milit.* cependant les Appariteurs du Préfet du Prétoire jouissoient du droit du pécule castrense, & de son privilège, selon la remarque de *Perezius*, sur le titre du code *de castrens. pecul. num.* 8, conformément à la Loi dernière du même titre au code. Voy. *Dolive*, *livre* 5, *chap.* 7 in fin. *le Président Faber* dans son code *livre* 1, *titre* 2, *defin.* 40, & *Ragueau* sur la Loi dernière, *cod. de inoff. testam.*

45. Le fils de fa-

Mais il faut prendre garde que comme les Soldats ou Vétérans, enfans de famille, qui ont un pécule castrense,

ne peuvent tester, que des biens qui sont partie de ce pécule, & non des autres, quoiqu'ils leur appartiennent en pleine propriété & usufruit; ceux qui possédent un pécule quasi-castrense ne peuvent tester aussi que des biens dépendans de ce pécule, & nullement des autres biens qui leur appartiennent en pleine propriété & usufruit, *l. ult. cod. de inoff. testam. & instit. quibus non est permissum facere testam. in princip.* mais ils doivent être recueillis par les personnes auxquelles la Loi les défére *ab intestat*; ainsi le fils de famille décède dans ce cas *partim testatus, & partim intestatus*, ce qui est une exception à la règle qui établit le contraire. Les règles que nous avons expliquées au sujet de l'incapacité de tester des enfans de famille, & les exceptions que nous avons marquées du pécule *castrense* ou *quasi-castrense*, ont lieu dans les Pays du Droit écrit, même dans ceux qui sont du ressort du Parlement de Paris, & dans certaines Coutumes, qui assujettissent les enfans à la puissance de leur père ou de leur ayeul; mais dans les autres Pays Coutumiers, les enfans peuvent pendant la vie de leur père ou de leur ayeul, disposer par testament, ou codicille, des biens qui leur appartiennent lorsqu'ils ont l'âge requis par les Coutumes, en se conformant néanmoins à ce que les mêmes Coutumes portent pour la défense de disposer d'une certaine portion des propres. La raison est, parce que la puissance paternelle ne produit pas les mêmes effets dans ces Pays, que dans ceux du Droit écrit.

Fils de famille ne peut tester que du seul pécule quasi-castrense, non des autres biens, quoiqu'il en ait la pleine propriété.

Le fils de famille décède *partim testatus partim intestatus*.

Quid dans les Pays Coutumiers.

46. Le Prince Souverain peut dispenser le fils de famille pour faire testament.

Comme l'incapacité de tester du fils de famille dériva du Droit Civil, duquel le Prince Souverain a incontestablement le droit de dispenser, parce qu'il est au-dessus des Loix; le fils de famille deviendroit donc capable de tester, s'il en obtenoit la permission & la dispense du Prince; mais une telle permission qui le rendroit habile à tester, ne le dispenseroit pas d'observer les formalités requises au testament, *l. si quando* 35, *cod. de inoff. Testam.*

47. Si la puissance paternelle a lieu dans les Pays Coutumiers.

Dans les Pays Coutumiers, la puissance paternelle ne produit pas les mêmes effets que dans les Pays du Droit écrit, & sans distinction du pécule, les enfans, soit du vivant de leurs père & mère, ou après leur décès, ou de l'un d'eux, peuvent tester, sans l'autorité du père, des biens qui leur appartiennent, lorsqu'ils sont parvenus à l'âge requis par les Coutumes, selon la remarque de *Ferriere dans ses institutions du Droit François, livre 2, titre 12*, in principio. *Duplessis sur la Coutume de Paris, Traité des testamens, chapitre 2, section 1. La Lande sur la Coutume d'Orléans article 292, nomb. 7 & 10, & le Grand sur celle de Troyes, article 95, glose 1, nombre 17*; on l'observe de même dans le Brabant, soit que le fils possède les biens en pleine propriété, ou que son père en ait l'usufruit & l'administration, *Stokmans, décis.* 8. On peut voir l'article 276 de la Coutume du Poitou, & *Boucheul sur cet article, nombres* 249 *& suivans.*

48. Si ceux qui sont incertains de leur état peuvent tester.

Ceux qui sont incertains sur leur état, ou qui sont dans l'erreur, comme si l'on ignore que l'on soit libre ou esclave, père de famille, ou fils de famille, ou si étant libre ou père de famille, on croit néanmoins être esclave, ou fils de famille, ne peuvent point tester. *L. de Statu* 15, *ff. qui Testam. fac. poss.* La raison en est, selon *la Loi* 14 *du même titre*, parce que *qui incertus de suo statu est, certam legem Testamenta dicere non potest*, & que suivant la Loi 76, *ff. de reg. jur. in totum omnia quæ animi destinatione agenda sunt, non nisi vera & certa scientia perfici possunt.*

49. Quelles sont les personnes qui peuvent être incertaines de leur état.

Il peut y avoir quatre espèces différentes de cette incertitude. La première, lorsqu'on doute si on est libre ou Esclave, Citoyen ou Etranger; *l.* 1. *ff. de legat.* 3. La seconde, lorsque l'on erre sur son état, comme quand celui qui a été relégué croit avoir souffert un changement d'état, ou une mort civile, ce qui résulte du mot *errantes* que l'on trouve dans la Loi 15, *ff. qui Testam. fac. poss.* La troisième lorsque celui qui a été affranchi par le testament de son Maître, ignore la mort du Maître, ou le testament par lequel il est déclaré libre, & l'acceptation d'hérédité, *L.* 14, *ff. qui Testam. fac. poss.* La quatrième, lorsque le fils de famille ignore la mort de son père qui est en voyage, & que par-là il soit devenu père de famille. *Ulpien*, dans ses fragmens, *tit.* 20, §. 10, *& l.* 9, *ff. de jure codicil.* à moins qu'il ne fût Soldat ou Vétéran; mais dans ce cas le Testament ne vaudroit que pour le pécule castrense, *l.* 11, §. 1 *&* 2, *ff. de Testam. milit.* On doit dire la même chose de celui qui a un pécule quasi-castrense, parce que la même raison milite en sa faveur, puisqu'il peut tester de son pécule, quoiqu'il soit en la puissance de son père, ainsi l'incertitude de l'état ne peut rien faire à l'égard du pécule. On peut voir la *Novelle* 37 *de l'Empereur Léon*, qui déroge au Droit ancien, par rapport à l'Esclave qui ignore son affranchissement; mais les Novelles de cet Empereur n'ont aucune force, lorsqu'elles corrigent le Droit ancien.

50. Personnes de la seconde classe.

Nous avons dit que les personnes de la seconde classe qui sont incapables de tester, sont celles qui n'ont pas originairement le Droit de Cité, ou qui l'ont perdu par quelqu'événement qui les rend incapables des effets civils. Il faut examiner en détail les questions qui regardent ces personnes, au sujet de la faction du testament.

Les Aubains ou Etrangers non naturalisés ne peuvent

point

point tester, pas même en faveur des enfans ou de la cause pie; c'est une maxime constamment reçue en France, comme l'enseignent les Auteurs François, notamment *Bacquet, du Droit d'Aubaine; chap. 3, 17 & 18; Ferriere, sur la Coutume de Paris, art. 292, glose 1, nombre 40; M. le Bret, partie 1, livre 3, décision 7, & Ricard, des donations, tome 1, partie 1, nombre 202 & suivans*, maxime qui est fondée sur les principes du Droit Romain, selon lequel les Etrangers appellés *Peregrini* n'avoient aucune participation au Droit civil, & étoient par conséquent incapables des effets civils, *l. 1, cod. de hæred. instit. & l. 6*, §. 2, *ff. eod.* D'ailleurs, pour pouvoir tester, il falloit être Citoyen Romain, *l. 1, ff. ad l. falcid.* Qualité dont les Etrangers non naturalisés, c'est-à-dire, qui n'ont pas obtenu des Lettres de naturalité, manquent. 51. Si les aubains peuvent tester.

Il est vrai que l'Auth. *omnes peregrini, cod. com. de success.* déclare les Etrangers capables de tester: mais comme cette Authentique a été, non des Constitutions de l'Empereur Justinien, dont on a adopté les décisions, mais d'une constitution de l'Empereur Federic, elle n'a jamais eu d'autorité. 52. L'Auth. *omnes peregrini* n'a aucune autorité.

On peut être Aubain ou Etranger d'origine & de naissance, ou le devenir, ce qui arrive quand le Regnicole va faire un établissement dans une Monarchie étrangère, dans l'esprit de ne point revenir dans le Royaume. 53. On peut être aubain d'origine, ou le devenir par un établissement dans une Monarchie étrangère.

Mais les Etrangers d'origine & de naissance peuvent tester en France & sont capables des effets civils, lorsqu'ils ont obtenu du Roi des Lettres de naturalité, regis-trées en la Chambre des Comptes, comme l'enseignent *Basset, tome 2, en l'addition mise à la fin de l'ouvrage, & Ferriere au lieu cité, nombre 45.* Par les Lettres de naturalité, le vice de la naissance est effacé, & cela équipole au Droit de Cité, que les Empereurs Romains accordoient à ceux qui étoient nés hors des terres dépendantes de leur Empire. 54. Les étrangers naturalisés peuvent tester en France

Les Etrangers non naturalisés ont droit de tester dans les Provinces, Villes ou lieux du Royaume, où par privilége spécial le Droit d'Aubaine n'a pas lieu, comme à Toulouse, & dans le Languedoc, où ce privilége a été accordé pour ceux qui y vivent chrétiennement, & non pour les Juifs par des Lettres-Patentes de l'an 1475, rapportées par *Cazeneuve dans son Traité du Franc-aleu*, conformément auxquelles le Parlement de Toulouse a rendu divers Arrêts qui sont rapportés par *MM. Maynard, livre 4, chapitre 57, & livre 8, chapitre 48; Duranty, question 67; la Roche-Flavin*, verb. *testament, liv. 4, article 5, & livre 6, titre 9; Cambolas, livre 5*, 55. Des Villes ou Provinces où le droit d'aubaine n'a pas lieu. A Toulouse & dans la Province de Languedoc. *Quid* des Juifs.

chap. 49; *& Duval, dans ses Institutions du Droit François, liv.* 1, *chap.* 9.

56. A Bordeaux. A Bordeaux, il y a un semblable privilége rapporté à la suite de *la question* 13 *de M. le Président Boyer, V. Duranty, question* 67, *liv.* 5, *chap.* 39, *& Lapeirere.*

57. De ceux qui fréquentent les foires de Lyon. L'on prétend que ceux qui fréquentent les Foires de Lyon, sont réputés François & Regnicoles par privilége spécial pour cette Ville & son commerce. *Bugnion, des Loix abrogées, livre* 1, *chap.* 7, fait mention de ce privilége.

58. Du Vicomté de Turenne. *M. Maynard, livre* 8, *chap.* 48, assure qu'il y a un semblable privilége pour le vicomté de Turenne.

59. De ceux qui sont réputés Regnicoles dans une Monarchie étrangère. Ceux de Milan de Bourgogne de Flandres, d'Artois, de Brabant, de la Navarre. Les Etrangers, quoique dépendans d'une autre Monarchie, & non naturalisés en France, y ont pourtant la faculté de faire testament, lorsqu'ils sont originaires d'un Pays dont les Habitans sont réputés Regnicoles en France, tels sont, selon *Basset*, sur la fin du tome 2, page 532, ceux de Milan, de Bourgogne, de Flandres & d'Artois, à cause des prétentions légitimes que le Roi a sur ces Terres; cequ'il faut appliquer aux Pays & aux Villes qui ne sont pas sous la domination du Roi; car ceux qui sont sous sa domination sont vrais Regnicoles. *Voyez Montholon, Arrêt* 107, à l'égard de ceux de Brabant & de la Navarre, possédés par le Roi d'Espagne.

Les descendans des François, Habitans dans la nouvelle France, & les Sauvages, qui sont convertis à la foi Chrétienne, & en font profession, sont censés & réputés naturels François, & comme tels, peuvent venir habiter en France quand bon leur semblera, & y acquérir, tester, succéder, accepter des dons & legs, tout ainsi que les vrais Regnicoles & originaires François, sans être tenus de prendre aucunes Lettres de déclaration, ni de naturalité, par Edit ou Déclaration du Roi Louis XIII. de l'année 1627. *Voyez* l'histoire & description de la nouvelle France, par le P. Charlevoix, Jésuite, liv. 4, tome 1, page 256 de l'édition in-12.

60. Des Habitans d'Avignon. Tels sont les Habitans d'Avignon, parce que la propriété de cette Ville appartient à sa Majesté. *Graverol sur la Roche, liv.* 6. *titre* 9.

61. Des Lorrains. Tels sont encore les Lorrains, qui par une Déclaration du Roi du 15 Mai 1702, ont été exemptés du Droit d'Aubaine; il en est de même des originaires de la Savoye par rapport au Dauphiné; car ils y sont réputés Regnicoles comme les Dauphinois sont aussi réputés Regnicoles en Savoye. *Basset*, au lieu cité, & liv. 3, chap. 1; mais il en est autrement de ceux de la Principauté de Piémont,

Des Savoyards par rapport au Dauphiné.

qui ont besoin des Lettres de naturalité selon la remarque du même Auteur. Mais non les Piémontois.

62. Des Genevois.

A l'égard des Genevois, ils sont aussi réputés Regnicoles en France, *Journal des Audiences, tome 5, livre 5, chapitre 41. Voyez Carondas, liv. 10, rép. 15.*

63. Des Suisses.

Les Suisses, comme alliés de la Couronne, furent déclarés exempts du Droit d'Aubaine par des Lettres-Patentes de l'année 1581; mais comme en les enregistrant la Chambre des Comptes y avoit opposé la modification, que les héritiers seroient Regnicoles, par des nouvelles Lettres-Patentes, cette modification fut levée, & il fut déclaré que les Suisses décédans dans le Royaume, auroient pour héritiers leurs plus proches parens, quoiqu'ils ne soient pas Regnicoles. *Voyez Carondas, liv. 10, rép. 15, & Bardet, tome 2, liv. 5, chap. 16.* A l'égard de ceux qui sont nés dans les Terres dépendantes de l'Etat Ecclésiastique, il y a des Lettres-Patentes du mois d'Octobre 1364, dont *Rebuffe* fait mention dans son Traité *de pacificis possessoribus, num. 265*, qui les déclarent exempts du Droit d'Aubaine en France, mais *Chopin, sur la Coutume d'Anjou, livre 1, chap. 41, nombre 13*, remarque que ces Lettres-Patentes n'ont jamais été enregistrées, & il rapporte un Arrêt d'Audience du Parlement de Paris, du 6 Février 1597, qui adjugea au Roi les biens de Fabio Monbas, natif de Rome, qui étoit mort en France. Par Arrêt du 11 Juillet 1741, rapporté par M. Rousseau de la Combe fils, dans son Recueil d'Arrêts, chapitre 96, il a été jugé que les Habitans de Mons, en Hainault, & ceux des Pays-Bas de la domination de l'Empereur, ne sont pas sujets au droit d'Aubaine. *Quid* de ceux qui sont nés dans les Terres dépendantes de l'état Ecclésiastique.

64. Des Matelots étrangers.

Par un Edit du mois d'Avril 1687, les Matelots originaires des Pays étrangers, sont déclarés exempts du Droit d'Aubaine, après avoir servi cinq ans du jour de leur enrôlement. A l'égard des autres cas concernant le Droit d'Aubaine, & les personnes qui y sont ou n'y sont pas sujettes on peut voir *le Traité du Droit d'Aubaine de Bacquet, Mornac*, sur la Loi première, *Versic. quos clementiæ, cod. de summa Trinitate, & fide Catholica* : & *Vrevin sur la Coutume de Chaulny, tit. 8. art. 43.* Auteurs qui ont parlé du droit d'aubaine.

65. De ceux qui sont originairement Regnicoles & qui deviennent aubains.

Pour ce qui est de ceux qui sont originairement Regnicoles, ils peuvent devenir Aubains en se retirant dans une Monarchie étrangère. A cet égard, il faut user de cette distinction; car ou celui qui quitte le Royaume se retire dans un Pays ennemi, ou dans les Etats d'un allié ou de quelque Prince avec lequel il n'y a point de guerre.

66. De celui qui

Au premier cas, c'est-à-dire, quand le naturel François se retire en Pays ennemi, il perd de plein droit la qualité de Regnicole, le Droit de Cité, & devient incapable des effets Civils, *L. amiſſione* 5, §. 1, *ff. de capite minutis. Ricard, des Donations, tome premier, partie première, nombres* 224 *&* 229 : *& Boucheul ſur l'article* 276, *nombre* 107, *& ſur l'article* 298 *de la Coutume de Poitou.*

ſe retire dans un Pays ennemi.

67. Au ſecond cas, & s'il ſe retire ſans la permiſſion du Roi, dans un Pays allié, ou qui n'eſt point en guerre avec la France pour autre cauſe que pour fait de Religion, alors il eſt réputé Aubain, quand il s'y fait un établiſſement ſtable par mariage, acquiſition d'immeubles & tranſport de ſa famille & biens, auquel cas ceux qui ont abandonné le Royaume ne peuvent pas être réhabilités, ni leurs enfans naturaliſés pour quelque cauſe que ce ſoit, ſuivant l'Edit du mois d'Août 1669, ils perdent par conſéquent le Droit de Cité, & la faculté de teſter, même en faveur des enfans ou d'autres parens Regnicoles, & réſidans dans le Royaume. *M. le Bret, dans ſes déciſions, livre* 3, *déciſion* 7, *queſtion* 2 ; *Ferriere ſur la Coutume de Paris, art.* 291, *gloſe* 1, *nombre* 46 ; *l'Auteur du Journal des Audiences, tom.* 3, *liv.* 11, *ch.* 6, *de la nouvelle édition, & Soefve, tome* 2, *Centurie* 2, *chap.* 11. Ces deux derniers Auteurs rapportent un Arrêt du Parlement de Paris du 19 Fév. 1660, qui a même jugé que Noel le Fevre, François d'origine, qui avoit demeuré plus de dix ans à Bruxelles, qui y avoit teſté, & y étoit mort, devoit être conſidéré comme Aubain, & incapable de teſter, quoiqu'il ne s'y fût pas marié, qu'il n'y eût point acquis d'Office, maiſon ou héritages, & qu'il ne s'y fût pas fait naturaliſer ; on crut que le ſéjour de plus de dix ans, & la mort arrivée hors du Royaume, devoit faire préſumer que le défunt avoit entièrement abandonné, & oublié la France pour ſe donner à l'Eſpagne. Il y avoit néanmoins deux circonſtances dans l'eſpèce de cet Arrêt : la première, que Noel le Fevre avoit emmené ſa mère en Flandres, & qu'il en avoit recueilli la ſucceſſion, ce qui prouvoit qu'il avoit perdu l'eſprit de retour, & qu'il s'étoit fixé à Bruxelles ; la ſeconde, que pendant le ſéjour de Noel le Fevre, du teſtament duquel il s'agiſſoit, la guerre avoit été déclarée entre la France & l'Eſpagne, & néanmoins il avoit continué ſon ſéjour à Bruxelles, qui étoit devenu Pays ennemi de la France. Il ſemble qu'aux termes de l'Edit de 1669, le ſeul ſéjour dans le Pays étranger, ſans y prendre un établiſſement par mariage, acquiſitions d'immeubles, & tranſport de ſa famille, ne ſuffit pas pour faire réputer Aubain, parce que l'Edit exige ces circonſtances comme des conditions, pour que la mort civile ſoit encourue ; mais par l'exception marquée par cet Edit, en faveur de ceux qui

De celui qui ſe retire ſans permiſſion du Roi dans un Pays allié ou qui n'eſt point en guerre avec la France.

ſortent de temps en temps du Royaume pour aller travailler & négocier dans les Pays étrangers, pourvu qu'ils n'y tranſportent pas leurs domiciles, & qu'ils ne s'y établiſſent pas par mariage ou autrement, il ſuffit qu'il paroiſſe que le naturel François a perdu *animum redeundi* pour le faire réputer Aubain, quoiqu'il ne ſe ſoit pas marié ou qu'il n'ait pas acquis des héritages dans le Pays étranger, où il eſt mort. Selon la réflexion de M. l'Avocat Général Talon, dans ſon plaidoyer rapporté au Journal des Audiences au lieu cité, celui qui habite dans un Pays étranger eſt réputé François pendant ſa vie, parce qu'il peut revenir en France; mais s'il y décède, il meurt étranger, s'il paroît qu'il avoit perdu l'eſprit de retour.

68. De ceux qui ſortent du Royaume pour fait de Religion, avec la permiſſion du Roi.

A l'égard de ceux qui ſortent pour fait de Religion avec la permiſſion du Roi, ils ne ſont réputés Aubains, & ne deviennent incapables des effets civils, que quand ils perſéverent juſqu'à leur mort naturelle à réſider dans les Pays étrangers, auquel cas, ils ſont incapables de teſter, comme il a été jugé par un Arrêt du Parlement de Paris du 11 Mai 1705, rapporté par *Augeard, tome 1, chap. 57, & dans la Conſultation 29 de Dupleſſis au tome 2 de ſes Œuvres, page* 178, ce qui eſt fondé ſur les articles 7 & 8 de l'Edit du mois de Décembre 1689, qui veulent que les biens de ces perſonnes ſoient régis en la forme qui y eſt expliquée, & que leur ſucceſſion ſoit déférée à leur mort naturelle en la forme expliquée par l'article 2 du même Edit; mais les perſonnes qui ſortent du Royaume pour autre cauſe, comme par exemple, pour accompagner les Filles de France, & demeurer à leur ſuite, ne perdent pas le droit de Cité, *Chopin, du Domaine, liv.* 1, *tit.* 11, *n.* 30. *Journal des Aud. tome* 1, *liv.* 8, *ch.* 15.

De ceux qui ſortent du Royaume pour accompagner les filles de France.

69. De ceux qui ſortent du Royaume pour fait de Religion, ſans permiſſion du Roi.

Mais les perſonnes qui ſortent du Royaume pour fait de Religion ſans permiſſion du Roi, encourent de plein droit *ipſo facto*, du moment de leur ſortie, une mort civile qui les rend incapables des effets civils, ainſi que l'a jugé l'Arrêt du Parlement de Paris du 26 Février 1706, que l'on trouve au *tome 2 du Recueil d'Augeard, chapitre* 67; & par conſéquent, elles ſont incapables de teſter, parce que la raiſon, & la cauſe de la ſortie font comprendre qu'on n'a plus l'eſprit de retour, & que l'on abandonne le Royaume pour toujours; d'ailleurs, les Déclarations du Roi prononçant la peine de confiſcation de corps & de biens, contre ceux qui au mépris des défenſes, ſortiront du Royaume ſans permiſſion du Roi, & cette confiſcation étant déclarée acquiſe à Sa Majeſté par l'Edit de 1685, portant révocation de celui de Nantes, & par la Déclaration du premier Juillet 1686, & l'Edit de 1689 ayant déclaré la ſucceſſion des fugitifs ouverte du jour de leur ſortie tout comme par la mort naturelle pour la déférer non aux héritiers teſtamentaires, mais bien aux ſucceſſeurs légitimes, conformément à la diſpoſition des Loix & des Coutumes des lieux, comme le porte l'art. 2; il n'y a pas lieu de douter que ſans examiner ſi les fugitifs ont fait quelqu'établiſſement ou non dans le Pays étranger, ils ne perdent le Droit de Cité, & ne doivent être conſidérés comme Aubains du jour de leur ſortie, comme le prouve fort bien *Dupleſſis dans ſa Conſultation* déjà citée, *& le Plaidoyer de M. l'Avocat Général Joly de Fleury*, rapporté par *Augeard, tome 2, chap.* 67.

70. De ceux qui ſortent du Royaume par ordre du Roi.

Le même *Dupleſſis* obſerve encore que les perſonnes qui ſont ſorties du Royaume par ordre du Roi, pour n'avoir pas voulu ſe convertir, doivent être regardées comme retranchées du corps de l'Etat, & mortes civilement du jour de leur ſortie; ainſi elles ſont incapables de teſter. *Voyez Augeard* au lieu cité.

71. Des Religieux, s'ils peuvent teſter.

Paſſons aux Moines: mais pour connoître les règles ſur cette matière, & ſe mettre à portée de décider exactement les queſtions qui ſe préſentent, il faut reprendre les choſes dès leur origine, en remarquer le progrès, & connoître les maximes qui ſont aujourd'hui en uſage.

72. Dans les premiers temps ceux qui embraſſoient l'état Religieux ne ſouffroient aucun changement d'état.

Dans les premiers temps les perſonnes qui embraſſoient la vie ſolitaire, où l'état Monaſtique, ne ſouffroient aucun changement d'état, & ils retenoient la capacité des effets civils, ils conſervoient donc la capacité de teſter & de ſuccéder qu'elles avoient auparavant. Nous en avons la preuve dans le Teſtament de S. Paul Hermite, dont il eſt fait mention dans le Canon *perlatum* 8, §. *è contra, cauſa* 19, *quæſt.* 3.

73. Sentiment de Gratien.

Gratien pour concilier le trait hiſtorique qu'il rapporte avec les Canons qu'il a inſérés dans le même endroit, dit: *Sed aliud eſt de his qui in Monaſterium ingreſſi, ſe & ſua tradiderunt: aliud de his, qui ſolitariam vitam ducentes, ſe nulli Eccleſiæ tradiderunt. Illi ſemel tradita, nulli tradere poſſunt; iſti nulli liberè teſtari valent.* Mais il auroit donné une meilleure conciliation, s'il avoit diſtingué les temps

Défaut d'exactitude de Gratien.

& remarqué la différence dans la diſcipline ſur cette matière; car non-ſeulement les Solitaires, mais encore les Moines, c'eſt-à-dire, ceux qui ſe dévouoient à une Egliſe, & à un Monaſtère, avoient la faculté de teſter dans le quatrième ſiècle de l'Egliſe, comme le prouve l'hiſtoire que Saint Jérôme rapporte dans la vie de Saint Malch Moine, *lib.* 3; *epiſtol.* 3. ils l'avoient encore en 455, comme le juſtifie la Loi *générali* 13, *cod. de Sacro Sanct. Eccleſ.* qui eſt des Empereurs Valentinien & Marcien, &

qui fut portée cette année 455 ; car cette Loi déclare bonnes & valables les dispositions testamentaires faites par les Moines & par les Vierges consacrées à Dieu par la Profession Religieuse, même en faveur des Moines, soit qu'elles fussent générales ou particulières, pourvu que le Testateur y eut observé les formalités requises.

Dans la suite l'Empereur Justinien donna quelqu'atteinte 74.
à la liberté de tester qui avoit été conservée aux Solitaires & aux Moines, non en attachant quelqu'incapacité à l'état Monastique, & en déclarant que la Profession Religieuse produisoit un changement d'état capable d'exclure de la participation aux effets civils ; mais par une autre raison prise de ce que celui qui se dévouoit à la vie Religieuse, en consacrant sa personne au Monastère, lui transportoit généralement tous les biens par lui possédés, & dont il n'avoit pas disposé entre-vifs ; cela paroît clairement des dispositions de *la Novelle* 5, *chapitre* 5, *& de la Novelle* 76, *chapitre premier*, desquels textes a été tirée *l'Auth. Ingressi, cod. de Sacro Sanct. Eccles.* qui porte : *Ingressi Monasteria ipso ingressu, se suaque dedicant Deo nec ergo de his testantur ut potè nec Domini rerum.*

Des changemens faits par l'Empereur Justinien.

Cela est si vrai que *la Novelle* 123, *chapitre* 38, d'où 75.
a été tirée *l'Authent. si qua mulier cod. de Sacro Sanct. Eccles.* conserve aux Religieux après leur entrée & leur Profession, la faculté de tester en faveur de leurs enfans, & la liberté de diviser leurs biens entr'eux, sans diminution néanmoins de la légitime d'un chacun, & en cas qu'ils disposassent de la totalité des biens en faveur de leurs enfans, ils devoient se réserver une portion qui devoit appartenir au Monastère dans lequel ils avoient fait Profession. De plus, la même Novelle, *chapitre* 41, conserve tellement aux Moines la capacité de succéder, qu'elle défend à leurs parens de les exhéréder, même sous prétexte d'ingratitude, parce que le vice d'ingratitude est purgé & effacé par l'entrée en Religion, selon la remarque de *la Glose* sur le Canon *non liceat* 11, *causa* 19, *quæst.* 3.

Suite, la faculté de tester est conservée aux Religieux après leur Profession.

Faculté de succéder conservée aux Moines.

Les pères ne pouvoient pas exhéréder leurs enfans Moines.

Les Constitutions Canoniques n'ont apporté aucun changement aux règles établies par l'Empereur Justinien 76.
dans les Novelles 5, 76 & 123, on les a insérées en abrégé dans le Décret de Gratien, elles furent même adoptées par une Déclaration du Pape Saint Grégoire le Grand, dont le précis est rapporté au Canon *quia ingredientibus* 7, *causa* 19, *quæst.* 3, *quia ingredientibus Monasterium*, dit ce texte, *convertendi gratia ulterius nulla sit testandi licentia, sed ut res eorum ejusdem Monasterii sint, aperta legis definitione decretum est.* Ces dernières paroles se rapportent clairement à la Loi portée par l'Empereur

Si les constitutions canoniques ont porté quelque changement au Droit établi par l'Empereur Justinien.

Justinien. Le Pape déclare que les Moines n'ont pas la liberté de tester, parce que leurs biens appartiennent au Monastère où ils ont fait Profession, comme la Loi civile l'avoit déterminé. Il n'y a donc point d'incapacité de tester dans la personne du Moine; mais un simple défaut de puissance, parce qu'ils n'ont aucuns biens pour pouvoir faire la matière d'une disposition testamentaire, suivant l'esprit & la décision du texte Canonique.

77. Usage de la France sur la faculté de tester pour les Moines.

Les Moines sont incapables de tester & de succéder dès leur Profession.

En France, on s'est écarté des règles du Droit Romain adoptées par les Constitutions Canoniques, & l'on y tient pour maxime généralement reçue, tant dans le Pays du Droit écrit, que de Coutume, que les Moines du moment de leur Profession, sont incapables de succéder, & de tester, parce qu'ils sont réputés morts quant au monde, & pour les effets civils, & que cette mort civile opère à cet égard le même effet que la mort naturelle; c'est ce qu'enseignent tous les anciens Praticiens & entr'autres, *Mazuer*, *l'Auteur du grand Coutumier*, *Chassaneus sur la Coutume de Bourgogne*, *Benedicti*, *Jean Faber & Jean le Coq*. Cet usage peut être fondé sur le Concile d'Aix-la-Chapelle de l'année 816, chapitre 115, qui déclare que les Religieux ne peuvent rien avoir en propre.

78. Autorités qui prouvent cet usage.

Cette maxime a été autorisée par *l'Ordonnance de Blois*, *article* 28, qui veut que si les Religieux n'ont pas disposé de leurs biens avant leur Profession, ils appartiennent à leurs plus proches parens & successeurs *ab intestat*; elle est encore autorisée par la Jurisprudence des Arrêts des Cours Supérieures, & par la décision de tous les Auteurs modernes François, notamment de *Ricard*, *dans son traité des Donations*; *Ferriere sur la Coutume de Paris*, *article* 292, *glose* 1, *nombre* 58; *Brodeau sur M. Louet*, *lettre C. sommaire* 8, & plusieurs autres que le dernier cite.

79. Le Pape ne peut dispenser les Religieux pour faire Testament.

On va plus loin, & l'on soutient que le Pape ne peut pas dispenser un Religieux pour le rendre capable de tester, ou de succéder, à quoi est conforme *l'article* 26 *des Libertés de l'Eglise Gallicane*, & le sentiment des Auteurs anciens & modernes, nommément de *Carondas sur le grand Coutumier*, *page* 430, qui remarque fort bien que le Pape *ne peut pas déroger aux Coutumes*, *ni disposer des choses temporelles au préjudice des Loix du Royaume*; *de Mornac*, *sur le titre* de peculio, *au digeste*; *de Duval*, *aux institutes du Droit François*, *liv.* 2, *ch.* 10; *de Chenu Centurie* 2, *question* 16; *de M. Maynard*, *liv.* 1, *ch.* 17; *de Chopin*, *de Domanio*, *liv.* 1, *tit.* 13, *nombre* 7; *de Jacques de Ferriere sur la question* 6; *de Duranty*, & d'une foule d'autres rapportés par *Brodeau sur M. Louet*, *Lettre C. sommaire* 8.

Cette décision est fondée, 1°. sur ce que les Loix civiles 80.
& temporelles du Royaume font considérer le Moine comme mort civilement. Or, la puissance du Pape qui est purement spirituelle, peut bien opérer son effet pour le spirituel; mais elle ne peut pas agir sur le temporel, qui n'est point de son ressort, ni de sa Juridiction, ni dispenser des Loix émanées d'une Puissance & d'une Juridiction séculière & temporelle, qui ne dépend pas de lui, & qui ne lui est point assujettie.

Fondement de cette décision.

La puissance du Pape ne peut pas toucher au temporel.

2°. Que s'il s'agit de permettre au Moine de tester des 81.
biens qu'il avoit au temps de sa profession, comment la dispense ou la permission du Pape pourra-t-elle avoir son effet, au préjudice de l'Ordonnance de Blois, émanée d'une Puissance qui ne reconnoît point de Supérieur pour le temporel, tandis que cette Ordonnance déclare nommément qu'au moment de la Profession du Religieux, ses biens ont été acquis à ses plus proches parens & successeurs *ab intestat*. Cette dispense ne pourroit donc tomber que sur des biens qui ont cessé d'appartenir au Moine, & dont la propriété ast acquise à d'autres personnes par la disposition expresse de la Loi du Prince, qui est le seul qui puisse faire des Règlemens & des Loix au sujet des choses séculières, & temporelles. Une telle dispense seroit donc diamétralement opposée à la Loi du Prince, & par conséquent, on pourroit l'attaquer par l'appel comme d'abus.

Suite des fondemens de l'usage de France.

3°. S'il est question de rendre le Moine habile pour tes- 82.
ter de son pécule, la dispense tombera également sur un bien qui appartient, non au Religieux, mais au Monastère qui en a toléré la possession au Moine. Elle sera donc pareillement abusive comme nuisant au droit d'autrui & à la propriété du pécule dont le Monastère est saisi de droit.

Suite.

De-là vient que le sentiment contraire soutenu par *M.* 83.
Duranty question 13, *& par M. Dolive, liv.* 1, *chap.* 15, est tout-à-fait opposé aux règles & aux maximes du Royaume.

Auteurs qui ont pensé le contraire mal fondés.

Les raisons dont M. Duranty appuie son opinion, & 84.
qu'il prend de ce que le Pape peut par sa puissance absolue, dispenser pour cause légitime du vœu de chasteté, qu'il est au-dessus des Loix & qu'il peut en dispenser, comme le dit *M. Duranty*, n'affoiblissent nullement celles sur lesquelles nous nous fondons, parce que le vœu de chasteté a pour objet, non un bien temporel, mais un bien purement spirituel.

Les dispenses du Pape ne peuvent avoir lieu que pour le spirituel.

Du reste, le Pape a bien le pouvoir de dispenser des 85

Suite.

Loix Eccléſiaſtiques, comme le diſent les Canoniſtes cités par M. Duranty; mais ſuivant les maximes conſtamment obſervées dans le Royaume, le Pape ne peut pas diſpenſer des Loix civiles & ſéculières, parce que la Juridiction ſpirituelle n'a rien de commun avec la temporelle; il ne peut non plus rien faire qui déroge directement ni indirectement aux maximes reçues parmi nous, ni qui touche au temporel.

86. Arrêts qui ont déclaré abuſives les Diſpenſes de teſter accordées aux Moines par le Pape.

Auſſi les livres ſont-ils pleins d'Arrêts qui ont déclaré y avoir abus dans l'obtention ou exécution des diſpenſes de teſter accordées par les Papes à des Religieux Profés. Ces Arrêts ſont rapportés par *M. Maynard*, *liv.* 1, *chap.* 17; *Chenu*, *Centurie* 2, *chap.* 16, & pluſieurs autres, même par rapport aux Chevaliers de Malthe qui ſont attachés au Saint Siége d'une manière encore plus ſpéciale, que les autres Religieux, puiſque par les Statuts & les Conſtitutions de leur Ordre, le Pape en eſt le Supérieur Souverain & immédiat.

87. Faculté de teſter accordée par Saint Grégoire le Grand. Comment doit être entendue.

Nous voyons, à la vérité, dans l'Hiſtoire Eccléſiaſtique de *M. Fleury*, *liv.* 36, *nombre* 34, que le Pape Saint Grégoire le Grand accorda dans un Concile tenu à Rome l'an 600, à Probus, Abbé du Monaſtère de Saint André, la permiſſion de teſter; mais il n'y avoit point alors de Loi civile qui déclarât les Moines incapables de teſter, à cauſe d'une incapacité produite par la mort civile; on obſervoit dans ce temps-là les Loix de l'Empereur Juſtinien, qui ne privoient les Moines de la faculté de teſter, que par cette raiſon, qu'en ſe dévouant au Monaſtère, ils y tranſportoient en même-temps la liberté de teſter en faveur de leurs enfans qui étoient demeurés dans le ſiècle; enſorte que c'étoit moins une diſpenſe qu'une permiſſion d'uſer de la faculté accordée par la Loi même.

88. Suite.

D'ailleurs, il paroît de l'Épître de Saint Grégoire, de laquelle l'Hiſtorien a extrait le fait par lui rapporté, que ce Pape avoit fait Probus Abbé de ce Monaſtère malgré lui, qu'il l'avoit obligé d'obéir à ſes ordres ſur le champ, & ſans lui donner le temps de diſpoſer de ſes biens en faveur d'un fils unique, que cet Abbé ſavoit devoir lui ſuccéder *ab inteſtat* avant de prendre la charge d'Abbé; tout cela eſt expoſé dans la Requête de Probus, & reconnu véritable par le Pape même. C'eſt pourquoi, ajoutoit cet Abbé en parlant du Pape: *Je vous ſupplie de me permettre de diſpoſer de mes biens, afin que mon obéiſſance ne ſoit pas préjudiciable à mon fils qui eſt pauvre.*

89. Suite.

Il ne pouvoit être queſtion que de la portion des biens de cet Abbé qu'il devoit réſerver à ſon Monaſtère, en diſposant de ses biens en faveur de son fils, comme l'avoit ordonné *la Novelle* 123, *chap.* 38. Dans ces circonstances, où il ne s'agissoit que de l'intérêt du Monastère, la dispense étoit juste, parce que la prompte obéissance de cet Abbé dont l'intention étoit de laisser tous ses biens à son fils, & de n'en réserver rien pour son Monastère, ne devoit pas lui nuire, ni à son fils, ni profiter au Monastère, attendu que Probus n'avoit pas accepté volontairement la Charge d'Abbé : ainsi, c'est plutôt une permission émanée de la Justice de ce Pape & du Concile, qu'une dispense.

90. L'exemple de la dispense accordée par St. Grégoire ne peut pas être tiré à conséquence.

On comprend donc que cet exemple ne doit pas être tiré à conséquence, soit à cause des circonstances des ordres précis du Pape, auxquels l'Abbé avoit été forcé de se soumettre par obéissance, soit parce qu'alors les Moines n'avoient pas perdu proprement la faculté de tester, & qu'en embrassant l'état Religieux, ils n'encouroient pas une mort civile, soit parce que ne s'agissant que de résoudre le droit acquis au Monastère, contre la volonté de l'Abbé qui n'avoit pas volontairement accepté la charge d'Abbé, c'étoit une espèce de restitution en entier, fondée sur une juste & légitime cause, c'est-à-dire, sur le défaut de volonté & de liberté, qui est essentielle pour la validité des vœux de Religion.

91. Les Abbés tout comme les Moines sont incapables de tester. *Quid* du Religieux devenu Evêque.

La règle qui rend les Religieux Profès incapables de tester, a lieu non-seulement à l'égard des simples Moines ; mais encore à l'égard des Abbés & Abbesses Réguliers, parce qu'en devenant les Chefs de l'Abbaye, ils n'acquierent pas la capacité qu'ils avoient perdue par leur Profession, *Carondas liv.* 11, *réponse* 64, rapporte des Arrêts qui l'ont ainsi jugé. Il en est autrement du Religieux devenu Evêque, parce que la promotion à l'Episcopat, résout la Profession Monastique, *cum statutum un. caus.* 18, *quæst.* 1, *electio canonica à jugo regulæ Monasticæ Professionis absolvit.* Voilà pourquoi les Evêques peuvent tester des biens par eux acquis depuis leur promotion, quoiqu'auparavant ils fussent Réguliers, *Ferriere sur la Coutume de Paris*, *article* 292, *glose* 1, *nombre* 60, & leurs parens leur succèdent, suivant l'Arrêt rapporté par *M. Louet*, *lettre E*, *sommaire* 4. *Voyez Duranty*, *question* 10. Cependant le Parlement de Paris, par un Arrêt du 11 Mai 1638, rapporté par *Bardet*, *tom.* 2, *liv.* 7, *chap.* 22, a exclus un Religieux fait Evêque, de la succession de son frère déférée *ab intestat*, ce qui est conforme à nos maximes.

92. Conditions

Mais afin que le Moine soit incapable des effets civils, &

de faire Testament, il faut qu'il ait fait Profession publique & volontaire dans une Règle approuvée, & qu'il se soit lié par les trois vœux de chasteté, pauvreté & obéissance, acceptés & reçus par le Supérieur du Monastère ou autre personne, qui ait le pouvoir de les accepter ou recevoir. La plupart de ces conditions sont exprimées dans *l'article 287 de la coutume de Poitou*, les autres sont fondées sur le Droit Commun du Royaume.

nécessaires afin qu'un Religieux soit incapable de tester.

93. Il faut une Profession publique acceptée.

1°. Il faut une profession publique, & qu'elle soit acceptée; car il ne suffiroit pas qu'une personne eût fait les trois vœux en son particulier, parce qu'on ne devient véritablement régulier que par la Profession publique, & l'on ne peut être lié au Monastère & à la Religion quant au fort extérieur que par l'acceptation qu'elle fait du vœu.

94. Il ne suffiroit pas d'avoir pris & porté long-temps l'habit.

On ne connoît en France que la Profession expresse & publique.

Il ne suffiroit pas non-plus d'avoir pris l'habit & de l'avoir porté pendant long-temps; car quoique le Droit Canonique reconnoisse deux sortes de Professions, l'une expresse par l'émission publique des vœux, & l'autre tacite par la prise d'habit, après l'avoir porté pendant un an, *cap. 22, extra de regularib.* on ne reconnoît en France que la Profession expresse & publique; & c'est la seule qui puisse produire l'incapacité de tester, & des autres effets civils, suivant l'Arrêt du 16 Juillet 1657, rapporté *au Journal des Audiences.*

95. Les Frères Convers qui n'ont pas fait Profession peuvent tester.

De-là vient que les Auteurs décident que les Frères Convers qui n'ont pas fait la Profession publique ne sont pas Religieux, & ils peuvent tester de leurs biens, comme n'étant pas liés à la Religion, *Ferriere sur la question 6 de Duranty, & M. Maynard, liv. 9, chap. 21.*

96. La Profession doit être faite volontairement.

2°. Il est nécessaire que la Profession ait été faite volontairement; car si on y avoit été contraint par force ou violence, elle seroit nulle, & pourvu que le Religieux ait réclamé dans les cinq ans, depuis que la cause de la violence a cessé, il seroit restitué en entier, les vœux seroient annullés, & le Religieux seroit rétabli dans le siècle & dans les mêmes droits qu'il avoit avant sa Profession, parce que ce seroit une restitution de Justice *ex antiqua causa*, laquelle a un effet rétroactif, & résout les choses de la même manière que si elles n'avoient jamais été faites. Il en seroit de même si la Profession étoit annullée par quelqu'autre défaut ou nullité, parce que les vœux se trouvent vicieux dans leur principe, & que quand on restitue le Moine en le faisant rentrer dans le siècle, c'est avec le même avantage que s'il n'avoit pas fait des vœux, puisqu'il est jugé qu'il n'y en a pas eu dans la vérité; *Ri-*

La restitution de Justice *ex antiqua causa* a un effet rétroactif.

Quid si la Profession est nulle.

card des donations, tome 1, part. 1, n. 315, & Duret, sur l'art. 28 de l'Ordonnance de Blois.

67. De la restitution accordée par grace après les cinq ans.

Que si la restitution étoit faite par grace, après les cinq ans, dans lesquels il doit réclamer suivant la disposition du Concile de Trente, elle n'opéreroit pas les mêmes effets, du moins quant à l'effet rétroactif, on peut voir là-dessus *M. Dolive, liv. 1, ch. 5, & M. de Cambolas, liv. 4, chap. 3.*

98. La Profession doit être faite dans une Religion approuvée.

3°. Il faut de plus, pour que la Profession publique acceptée produise l'incapacité quant aux effets civils, qu'elle soit faite dans une Religion approuvée; car autrement, elle ne seroit pas obligatoire, attendu que le Monastère ou la Religion non-approuvée, ne seroit pas capable de faire valablement l'acceptation du vœu, laquelle forme l'obligation du Moine & le lie véritablement à la Religion.

99. La Profession doit être faite après un an de probation & après la seizième année accomplie.

4°. Outre ces conditions, il est nécessaire encore que la Profession soit faite après une année de probation, que le Religieux ait accompli la seizième année de son âge, autrement il pourroit tester, nonobstant la Profession, dans les trois mois depuis l'accomplissement de la seizième année, suivant *l'article 28 de l'Ordonnance de Blois;* il faut encore qu'il n'y ait point de nullité, ou autre défaut dans la Profession; car en la déclarant nulle, on devroit la regarder comme non avenue, & elle ne pourroit produire aucun effet, ainsi qu'il a été dit.

100. La Profession doit être prouvée par écrit.

Ordonnance de 1629, sur les Professions tacites après cinq ans. *V. sup. n. 94.*

Enfin, il est nécessaire que la Profession soit prouvée par écrit suivant *l'art. 55 de l'Ordonnance de Moulins*, c'est-à-dire, par le registre qui doit être tenu pour cet effet, par les Monastères en la forme prescrite par *l'Ordonnance de 1667, tit. 20, articles 15 & 16*, & par *la Déclaration du Roi du 9 Avril 1736, articles 26 & 27*; cependant, *l'Ordonnance de 1629, article 9*, veut *que toutes personnes qui après l'an de probation, auront pris l'habit de Religieux Profès en quelqu'Ordre que ce soit & demeuré cinq ans avec ledit habit dans le Monastère, où ils auront fait profession, seront censés & réputés Profès, & partant incapables de disposer de leurs biens, de succéder à leurs parens, & de faire aucune donation.* Cette Ordonnance est conforme aux Synodes Provinciaux tenus en France, comme le remarque *le Grand sur la Coutume de Troyes, art. 105, nombre 22*; mais elle n'a point été exécutée à cause de la disgrace de son Auteur.

101. Si les Chevaliers de Malthe peuvent tester.

Les Religieux de Saint Jean de Jérusalem, appellés *Chevaliers de Malthe*, sont vrais Réguliers, liés par des vœux solemnels, & par conséquent, ils sont incapables de tester, *M. Maynard*, *liv.* 1, *chap.* 17, *Brodeau*, & les Auteurs qu'il cite, *lettre C*, *sommaire* 8.

102. Suite. Par un Décret du Chapitre général de cet Ordre tenu à Cezarée en 1260, il fut défendu aux Chevaliers de Saint Jean de Jérusalem de tester, d'instituer des héritiers, & de faire aucuns legs ; ainsi que le remarque *l'Abbé de Vertot dans l'Histoire de Malthe*, *liv.* 3, *tom.* 1, *page* 521 *de l'édition de* 1727.

103. Suite. Mais par un Décret de l'année 1534, ils ont la liberté de tester, pourvu qu'ils en obtiennent la permission du Grand Maître, non de tous les biens qu'ils possèdent, mais seulement à concurrence du quint de leur pécule, les quatre quints restans devant demeurer à l'Ordre. C'est ce qui a été ainsi jugé par plusieurs Arrêts, & notamment par celui du 29 Janvier 1604, rapporté dans le Recueil des Priviléges de l'Ordre de Malthe ; ils ne peuvent pas même tester, sans la permission du Grand Maître, ni du surplus de leur pécule, quand ils en obtiendroient la permission ou la dispense du Pape, & une telle permission seroit déclarée abusive. Il y a plusieurs Arrêts qui l'ont jugé de même ; ils sont rapportés par *MM. Maynard & Brodeau* aux endroits cités, *Pithou sur l'art.* 105 *de la Coutume de Troyes*, *& par Chenu*, *Centurie* 2, *chap.* 16. Voyez *Ricard des donations*, *tome* 1, *part.* 1, *nombres* 346, 350.

104. Comment peut être constatée la qualité de la Religion de S. Jean de Jérusalem. Afin que la qualité de Religieux dans l'Ordre de Malthe puisse être constatée par rapport à ceux qui y font Profession, & qui sont originaires François, *l'Ordonnance de* 1667, *titre* 20, *article* 17, veut que les Grands Prieurs de l'Ordre de Malthe soient tenus dans l'an & jour de la Profession faite par un des Sujets de Sa Majesté, de faire registrer l'acte de Profession dans un registre qui doit être tenu à cet effet, relié & paraphé à chaque feuille par les Grands Prieurs, pour y être écrit la copie des actes de Profession, & le jour auquel elles auront été faites, & l'acte d'enregistrement signé par le Grand Prieur, pour en être délivré des extraits à ceux qui le requéreront, à peine de saisie de leur temporel, nonobstant tous priviléges & usages, comme le porte l'art. 18, ce qui a été renouvellé par l'article 31 de la Déclaration du 9 Avril 1736.

105. Si les Chanoines Réguliers peuvent tester. *Quid* s'ils sont sécularisés. Les Chanoines Réguliers étant vrais Religieux, ils sont par conséquent incapables de tester ; & quoique leur Monastère vienne à être sécularisé, ceux qui ont fait leurs vœux ne laissent pas de demeurer incapables de tester, nonobstant la sécularisation qui ne change point leur état, par rapport à la vie civile, & n'empêche pas qu'ils ne soient incapables des effets civils, parce que ce n'est pas

ex antiqua causa; mais par pure grace, qu'ils sont sécularisés. Voilà pourquoi les vœux qu'ils ont fait subsistent toujours, quant à l'incapacité des effets civils, comme il a été jugé par plusieurs Arrêts rapportés par *Brodeau sur M. Louet, lettre C. sommaire* 8, & c'est ainsi que le décide *Ricard, des donations, tom.* 1, *part.* 1, *n.* 318, 319.

Il y a en France plusieurs Congrégations de Prêtres qui vivent en commun, portent l'habit Régulier, & sont en quelque façon considérés comme Réguliers, au sujet desquels on peut douter s'ils peuvent tester, tandis qu'ils sont dans leur Compagnie, & qu'ils vivent sous l'obéissance d'un Supérieur, ou après qu'ils ont quitté ou qu'ils ont été congédiés. Tels sont les Prêtres de Saint Lazare, les Oratoriens, les Doctrinaires & les Jésuites. 106. Si les Prêtres qui vivent en Congrégation peuvent tester.

Les Prêtres de la Mission appellés *de Saint Lazare*, sont véritablement séculiers; ils ne font point de Profession publique, ils conservent leurs biens, quoiqu'ils vivent en commun dans leur Congrégation, jusqu'au vœu solemnel, selon la remarque du *Pere d'Avrigny en ses Mémoires Chronologiques pour l'Histoire Ecclésiastique, tome* 4, *page* 383; & par conséquent ils ont la liberté de disposer par Testament, qui ne peut avoir son effet qu'après leur mort naturelle, comme on l'observe à l'égard des simples Prêtres Séculiers, & qui ne vivent dans aucune Congrégation, ou après le vœu solemnel qui les rend vrais Religieux. *Le Pere d'Avrigny*, au lieu cité, observe encore que les Filles de l'Union Chrétienne retiennent aussi leurs biens, comme les Prêtres de Saint Lazare. 107. Des Prêtres de S. Lazare. Les Filles de l'Union Chrétienne.

Il en est de même des Prêtres de l'Oratoire de la Congrégation de France, ils conservent la propriété de leurs biens, & quoiqu'ils ayent leurs Supérieurs, ils sont entièrement soumis aux Evêques, & sont du Corps du Clergé Séculier des Diocèses où ils se rencontrent, ils vivent seulement en communauté; mais ils ne font point des vœux, & n'ont ni règles ni constitutions qui les distinguent du Clergé Séculier; ils font une espèce de Noviciat, qu'on appelle *Institution*, ce n'est que pour apprendre à régler leurs mœurs. Ils sont libres, & peuvent se retirer quand il leur plaît, comme aussi la Congrégation les peut congédier. La Bulle de leur Institution en France porte que cette Communauté sera composée de Prêtres qui ne seront liés d'aucun vœu solemnel, & qu'elle sera capable de recevoir les dons & les libéralités des Fidelles de quelque manière qu'ils se fassent. Le Roi Louis XIII. par deux Déclarations des années 1611 & 1629, admet les Prêtres de l'Oratoire à tous Bénéfices, Dignités & Charges de l'Eglise, & leur donne 108. Des Prêtres de l'Oratoire.

tous les priviléges des Maisons de Fondation Royale, & les déclare capables de tous les biens, droits & héritages à l'avenir. C'est tout ce que nous avons besoin de savoir pour en conclure qu'ils sont capables de tester de leurs biens, même tandis qu'ils vivent dans les Maisons de leur Ordre.

109. Des Prêtres de la Doctrine Chrétienne.

A l'égard des Prêtres de la Doctrine Chrétienne, nous trouvons que dans leur premier établissement, ils furent purement Séculiers ; cependant le bienheureux César de Bus qui en est le Fondateur, voulut l'affermir par un vœu simple d'obéissance ; ils voulurent ensuite embrasser l'état Régulier, & le Pape Paul V. leur ayant permis de le faire en s'unissant à quelque Congrégation Réguliere déjà établie, ils s'unirent aux Somasques en 1616. De-là vient que nous trouvons dans *M. Dolive, liv. 5, aux Additions*, un Arrêt du Parlement de Toulouse du 8 Juillet 1636, qui déclara un Prêtre de la Doctrine Chrétienne déchu d'une pension qu'il s'étoit réservée, en résignant un Bénéfice, comme étant vrai Religieux, depuis sa profession dans cet Ordre ; on en trouve encore un autre dans le Journal des Audiences, tom. 1, liv. 4, chap. 23, de l'année 1645.

Leur union avec les Somasques.

Ont été vrais Religieux tandis que cette union a subsisté.

110. Desunion des Doctrinaires d'avec les Somasques, & redeviennent Séculiers.

Cette union ayant causé de grands troubles, le Pape Innocent X. y mit fin par un Bref du 30 juillet 1647, il rétablit la congrégation de la Doctrine Chrétienne dans son premier état, lequel étoit purement Séculier, ce qui a été observé malgré les entreprises de quelques-uns qui firent de vains efforts pour être mis au rang des Réguliers; aussi avons-nous vû ces Prêtres regardés comme Séculiers, pourvus sans dispense des Bénéfices Séculiers & les posséder sans trouble. Mais le Pere Griffon leur Général obtint une Déclaration ou Lettres-Patentes du mois de Septembre 1726, enregistrées au Parlement de Paris le 15 Octobre de la même année, qui les range dans la cathégorie des Séculiers à certains égards, & qui les déclare Réguliers pour d'autres égards. Le Roi y déclare, 1°. que la Congrégation de la Doctrine Chrétienne est Séculiere & soumise à la Juridiction de l'Ordinaire, tant pour ce qui concerne le Service divin, que pour ce qui regarde l'administration des Sacremens & autres fonctions Ecclésiastiques. 2°. Que tout ce qui regarde le temporel, le gouvernement des Maisons & la discipline intérieure, appartiendra aux Supérieurs de la Congrégation, sans que les Ordinaires des lieux puissent s'y ingérer, si ce n'est dans le cas de négligence ou d'appel. 3°. Que les particuliers qui auront fait des vœux suivant les Brefs de 1659 & 1676, ne pourront recueillir aucune succession directe ou collatérale, & néanmoins

Dernier état des Doctrinaires fixé en 1726. Sont Séculiers à certains égards, & Réguliers à d'autres égards.

moins que ceux qui après avoir fait les vœux seront congédiés avant l'âge de 25 ans pourront rentrer dans tous leurs droits échus ou à échoir, sans néanmoins qu'il leur soit permis de se pourvoir contre les dispositions entre-vifs, ou à cause de mort, ni contre les Jugemens rendus, & les actes passés par eux avant le mois de Septembre 1726. 4°. Que ceux qui composent la Congrégation pourront posséder des Bénéfices Séculiers, à la charge que si le Bénéfice requiert résidence, ils ne puissent l'obtenir sans le consentement du Définitoire, ou du Conseil de la Province, qu'il sera nécessaire de faire ratifier par le Définitoire dans deux mois, faute dequoi le bénéfice sera impétrable. L'Auteur *du Dictionnaire des Arrêts*, verb. *vœux*, *tom.* 6, *pag.* 940, rapporte le précis des mémoires de part & d'autre sur la question de la régularité ou sécularité des Doctrinaires. *V. le Journal des Audiences*, *tom.* 1, *liv.* 4, *chap.* 23; *Ferriere sur l'art.* 337, *n.* 27 *de la Coutume de Paris*, & les mémoires chronologiques & dogmatiques pour servir à l'Histoire Ecclésiastique depuis 1600 jusqu'en 1716, du Pere d'Avrigni Jésuite, tom. 1, pag. 233 & suiv.

Nous pouvons conclure de-là que tandis que les Doctrinaires ont été considérés comme Séculiers, ils avoient la faculté de disposer par testament, mais que ceux qui ont persisté à demeurer dans leur Congrégation ne le peuvent plus aujourd'hui, s'ils ne sont congédiés avant l'âge de vingt-cinq ans, parce qu'ils sont regardés comme Réguliers à cet égard; cependant ceux qui ont quitté à cause de cet événement ont la liberté de tester tout comme s'ils n'étoient jamais entrés dans cette Congrégation, parce qu'ils n'ont jamais été Réguliers. 111. Conclusion sur la faculté de tester.

A l'égard des Jésuites, il n'y a point de doute qu'ils ne soient vrais Religieux, & par conséquent incapables de tester, & des autres effets civils, après qu'ils ont fait le troisième vœu qui est public & solemnel. 112. Si les Jésuites peuvent tester.

Pour ce qui regarde leur état avant le dernier vœu, il y a des Arrêts rapportés par *Chenu*, *Centur.* 2, *quest.* 17, qui ont déclaré les Jésuites, quoique Prêtres, & qu'ils eussent exercé des Charges dans leur Société, capables de succéder; mais ceux qui ont été rendus postérieurement ont jugé, & plusieurs Auteurs ont décidé qu'ils étoient incapables des effets civils, après le premier vœu fait ensuite du Noviciat, quand même ils seroient congédiés par le Général avant le dernier vœu. C'est le sentiment de *l'Auteur du Journal des Audiences*, *tom.* 1, *liv.* 2, *chap.* 90; *de Ricard*, *des Donations*, *tom.* 1, *part.* 1, *n.* 310 *& suiv. de Ferriere sur la Coutume de Paris*, *art.* 113. Etat des Jésuites avant le dernier vœu.

837, *n.* 15 *& suiv. Fevret, de l'abus, liv.* 4, *chap.* 7, *n.* 14, *& Bardet, tom.* 1, *liv.* 4, *chap.* 5. rapportent plusieurs Arrêts qui l'ont jugé de même.

114. Disposition de la Déclaration de 1715. Cependant par cette manière de juger, on s'écartoit de la disposition de *l'art.* 5 *de l'Edit de* 1603. Aussi *l'art.* 1 *de la Déclaration du Roi du* 16 *Juillet* 1715 en dispose-t-elle autrement, non tandis que les Jésuites demeurent dans la Société, mais quand ils sont congédiés avant la trente-troisième année accomplie; car elle veut que *du jour de l'enregistrement* de cette Déclaration, *tous ceux qui après être entrés dans la Compagnie par l'émission des vœux simples, en seront licentiés & congédiés avant l'âge de trente-trois ans accomplis, rentreront dans tous leurs droits échus & à échoir, avant ou depuis lesdits vœux simples, pour exercer lesdits droits, suivant l'art.* 5 *de l'Edit de* 1603, *sans néanmoins aucune restitution des fruits, jusques au jour qu'ils en feront la demande, après qu'ils seront sortis de ladite Compagnie.*

115. Les Jésuites congédiés avant l'âge de trente-trois ans peuvent tester. Il résulte donc de cette Déclaration: 1°. que les Jésuites congédiés avant la trente-troisième année accomplie, rentrant dans les droits échus ou à échoir, ils peuvent en disposer par testament après leur congé. C'est une espèce de dispense que le Prince leur accorde, en les rétablissant dans l'état où ils étoient avant l'émission des premiers vœux simples, & en les rendant capables de posséder des biens en particulier.

116. S'ils sont congédiés après l'âge de trente-trois ans, ils ne peuvent pas tester. 2°. Que s'ils sont congediés après les trente-trois ans accomplis, ils demeurent incapables des effets civils, & par conséquent de la faculté de tester qui en est une suite, puisqu'étant vrais Religieux, & mis au niveau des autres Religieux, selon les paroles & l'esprit de la Bulle de 1584, & de l'Edit de 1603, ils demeurent dans le même état, nonobstant leur congé après cet âge; attendu que par la Déclaration de 1715, ils ne sont point reçus à rentrer dans leurs droits, ni à prendre part aux successions échues ou à échoir; que de plus, *l'art.* 6. *de l'Edit de* 1603, veut que les biens de ceux *qui entreront dans leur Société soient réservés à leurs héritiers, ou à ceux en faveur desquels ils en auront disposé avant que d'y entrer*; & que l'art. 7 porte: *Seront aussi ceux de ladite Société sujets en tout & par-tout aux Loix de notre Royaume.* Ils sont donc sujets à la Règle qui défend aux Réguliers de disposer des biens qu'ils avoient avant leur profession, & qui sont déférés à leurs parens.

Disposition de l'Edit de 1603.

117. Tandis que 3°. Que tandis qu'ils demeurent dans leur Compagnie ils sont incapables de tester: car d'un côté ils sont déclarés

vrais Religieux par la Bulle de 1584, & par l'Edit de 1603, qui les met au niveau des autres Religieux; d'autre part, les mots *rentreront dans tous leurs droits, ou pourront rentrer dans leurs droits, comme auparavant*, qui se trouvent dans la Déclaration du 16 Juillet 1715, & dans l'Edit du mois de Septembre 1603, supposent que par l'entrée en Religion, & par l'émission des vœux simples, les Jésuites s'en sont privés, suivant les maximes du Royaume; d'ailleurs par l'art. 5 de l'Edit de 1605, ils sont déclarés incapables de toute succession comme les autres Religieux; & par l'art. 6, les biens qu'ils avoient avant leur entrée sont déférés à leurs héritiers, ou à ceux en faveur desquels ils en ont disposé avant leur entrée dans la Compagnie, & par conséquent ils sont incapables d'en disposer, tandis qu'ils restent dans le même état de régularité; puisque par le moyen des premiers vœux, quoique simples, ils sont véritablement Religieux, & déclarés tels par la Bulle du Pape Grégoire XIII. du 25 Mai 1584, confirmative de leur Institut, en ces termes: *Omnes & quoscumque, qui in ipsam Societatem admissi, biennio probationis à quolibet eorum peracto, tria vota substantialia prædicta, tametsi simplicia, emiserint aut emittent in futurum, verè & propriè Religiosos fuisse, & esse, ac fore, & ubique semper, & ab omnibus censeri, & nominari debere, non secus atque ipsos, tum Societatis, tum quorumvis aliorum Regularium Ordinem professos*, & encore par *l'art. 5 de l'Edit de 1603*.

les Jésuites demeurent dans leur Compagnie, ils sont incapables de tester.

118. Les Jésuites étant vrais Religieux après l'émission des trois vœux simples, cela les rend incapables de tester, tandis qu'ils demeurent dans le même état.

Or cet état, & cette qualité de Religieux & de Réguliers suffisent pour les rendre incapables des effets civils, & de la possession des biens temporels en particulier, suivant les maximes du Royaume que nos Auteurs appellent fondamentales, auxquelles les Jésuites ont été assujettis par l'art. 7 de l'Édit de 1603, tandis qu'ils demeurent dans le même état, nonobstant les Constitutions des Papes, & les Règles du même Ordre qui leur permettent la possession & la disposition de leurs biens; parce qu'elles sont contraires à nos maximes, & qu'il y est dérogé à cet égard par l'Édit de 1603, & ce n'est qu'en rentrant dans leurs biens & droits échus & à échoir, lorsqu'ils sont congédiés avant la trente-troisième année accomplie, qu'ils peuvent devenir capables d'en disposer par testament; parce qu'ils en sont dispensés par la Loi du Prince qui leur rend les biens & droits que leur état régulier leur avoit fait perdre.

119. Auteurs qui parlent des trois vœux des Jésuites.

On peut voir dans *Chenu*, *Centur.* 2, *quest.* 17, & dans *Bardet*, *tom.* 1, *liv.* 4, *chap.* 5, quels sont les trois vœux que les Jésuites font selon leur Institut; on trouve encore

L'Édit de 1607 est rapporté par Chenu.

dans *Chenu* au lieu cité l'Édit donné à Rouen au mois de Septembre 1603, qui contient dix articles, où sont expliquées les conditions sous lesquelles les Jésuites furent rétablis dans le Royaume. *Louis Molina*, *Jésuite*, dans son Traité *de Justitia*, *& jure disput.* 139, explique les cas où les Jésuites peuvent ou ne peuvent pas tester, il observe même que les Jésuites qui sont dans le Noviciat ne peuvent tester qu'avec la permission des Supérieurs.

Après avoir expliqué ce qui regarde les Moines, il faut
120. voir ce qui concerne les autres personnes comprises dans la seconde classe de ceux qui n'ont pas la faculté de tester.

120. Des autres personnes comprises dans la seconde classe.

D'abord ceux qui ont été condamnés à la peine de mort naturelle, ou à une peine qui emporte mort civile, sont de ce nombre. Il est vrai que c'est une grande question
121. parmi les Interprètes du Droit Romain, si le Droit des Novelles n'a pas corrigé le Droit ancien à cet égard, en déclarant dans la *Novelle* 22, *chap.* 8, que ceux qui sont condamnés ne deviennent plus esclaves de la peine, *nos autem hoc remittimus : & nullum ab initio benè natorum ex supplicio permittimus fieri servum*, dit ce texte, & en abrogeant par la *Novelle* 134, *cap.* 13, la peine de la confiscation, qui étoit la principale raison qui empêchoit de tester, selon les maximes du Droit ancien, & la Loi 8, §. 1, *qui testam. fac. poss.*

121. De ceux qui sont condamnés à mort naturelle, ou à une peine qui emporte mort civile.

122. Quoique *M. le Président Faber*, *de error. Pragmat. decad.* 73, ait pris à tâche de fortifier le sentiment de *Julius-Clarus*, §. *testamentum*, *quæst.* 29, *de Vasquius illust. controver. cap.* 10 *& cap.* 96, & de quelques autres qui pensoient que le Droit ancien avoit été corrigé par le nouveau, & que ceux qui avoient été condamnés à une peine capitale conservoient la faculté de tester, il ne sera pas difficile de s'appercevoir que cette opinion n'est pas fondée, & que la vérité se découvre dans le sentiment contraire qui a été soutenu par Accurse sur la Loi 8, §. 4, *ff. qui testam. fac. poss.* & par plusieurs autres Docteurs qui l'ont suivi, si l'on examine les règles du Droit ancien, & les raisons sur lesquelles la défense de tester est fondée.

122. Opinion du Président Faber pour l'affirmative.

Résolution pour l'opinion contraire.

La Loi 6, §. 6, *ff. de injusto rupto & irrito facto testam.*
123. décide que celui qui a été condamné à une peine capitale est incapable de tester, en disant que le Testament qu'il avoit fait auparavant est annullé ; elle décide encore que l'incapacité est encourue au moment que le Jugement de condamnation est prononcé, même avant l'exécution, *sed & si quis fuerit damnatus, vel ad bestias, vel ad gladium, vel alia pœna quæ vitam adimit, testamentum ejus irritum*

123. Celui qui est condamné à une peine capitale est incapable de tester.

fiet, & non tunc cum consumptus est, sed cum sententiam passus est, nam pœnæ servus efficitur.

Les Loix ont donné plusieurs raisons de cette décision; la premiere est exprimée dans ces paroles du texte cité, *nam pœnæ servus efficitur*, & en effet celui qui est condamné à une peine capitale devient esclave de la peine, comme le décident les Loix 12 & 29, *ff. de pœnis.* 124. Premiere raison où le condamné *pœnæ servus efficitur.*

La seconde raison expliquée dans la Loi 8, §. 1. *ff. qui testam. fac. poss.* est que les biens du condamné sont confisqués. Si ces deux raisons étoient les seules qui ont donné lieu à déclarer les personnes condamnées à une peine capitale, incapables de tester, la servitude de la peine & la confiscation étant abrogées par le Droit des Novelles, il faudroit se ranger à l'avis *du Président Faber*, parce que la disposition de la Loi doit cesser, quand les raisons sur lesquelles elle est fondée cessent. 125. Seconde raison tirée de la confiscation des biens. Les Novelles abrogent ces deux raisons.

La troisième raison qui subsiste encore & qui n'a pas été abrogée, est que pour conserver la faculté de tester, il ne suffit pas de persévérer dans l'état de liberté, & de ne pas être assujetti à la servitude, il faut encore, ainsi que nous l'avons expliqué ci-devant, avoir le droit de Cité, que ceux qui ont été condamnés à une peine qui emporte mort civile, ont perdu; car la mort civile détruit nécessairement le droit de Cité, & toute participation au Droit civil; il ne suffit donc pas que la *Novelle* 22, *chap.* 8, ait abrogé la servitude de la peine, ni que la *Novelle* 134, *chap.* 13, ait aussi abrogé la confiscation, pour que le condamné soit capable de tester, s'il n'y a quelque texte dans les Novelles qui permette expressément au condamné de tester, ou qui déclare qu'il retient encore le droit de Cité; car tandis qu'on ne trouvera rien de semblable dans les Novelles, il faut nécessairement conclure que le condamné est incapable de tester, parce que l'une des raisons fondamentales de cette prohibition établies par le Droit ancien subsiste encore, & par conséquent on ne peut pas induire des corrections faites au Droit ancien par les Novelles, que l'incapacité de tester déclarée par le Droit ancien ait été ôtée par le Droit nouveau. 126. Troisième raison qui subsiste prise de ce qu'il faut avoir le droit de Cité & être capable des effets civils.

Cependant il est certain que l'on peut perdre le droit de Cité, sans perdre la liberté; quoiqu'on ne puisse pas perdre la liberté, sans perdre en même temps le droit de Cité, comme le décident les §§. 1 & 2, *instit. de capitis diminut.* 127. On peut perdre le droit de Cité, sans perdre la liberté.

Il est vrai que celui qui étoit condamné à une peine capitale, comme celui qui étoit réduit en servitude, per- 128. Celui qui étoit condamné à une peine capitale, perdoit la liberté & le droit de Cité.

La Novelle ne dit pas que le condamné conserve le droit de Cité, de même que la liberté.

doit en même temps le droit de Cité & la liberté, suivant le §. 1 que nous avons cité; mais lorsque la *Novelle* 22, *chap.* 8, a déclaré que le condamné ne perdoit pas la liberté, elle n'a pas dit en même temps qu'il conservoit le droit de Cité; cependant il est certain que celui qui a perdu le droit de Cité, en retenant la liberté, ce qui arrivoit au Déportat, ou à celui *cui aquæ & igni interdictum fuit*, §. 2, *instit. de capitis diminut.* n'a pas la liberté de tester; puisque le Testament fait auparavant est annullé, §. 4, *instit. quib. mod. testam. infirm.* comme le décide nommément à l'égard de ceux qui ont souffert l'une de ces deux peines, la Loi 8, §. 1, & §. 2, *ff. qui testam. fac. poss.* ainsi il est clair que le condamné à une peine capitale n'a pas la liberté de tester, quoique par le Droit nouveau il n'y ait plus de confiscation de ses biens, & qu'il ne soit pas esclave de la peine; parce qu'il cesse d'être Citoyen & d'avoir part au Droit civil, qu'il a perdu par la condamnation à une peine qui emporte mort civile.

129.
Les Déportats qui ne perdoient pas la liberté, & ne perdoient que le droit de Cité, ne pouvoient pas tester.

Les raisons que nous venons d'expliquer, paroîtront encore plus sûres, si l'on réfléchit que la Loi première, *cod. de hæred. instit.* décide que les Déportats qui ne perdoient pas la liberté, & ne souffroient que le moyen changement d'état, §. 2, *instit. de cap. diminut.* devenoient néanmoins étrangers *tanquam peregrini*, & étoient par cette raison incapables de recevoir des libéralités par Testament, & par la même raison ils étoient aussi incapables de tester, comme ayant perdu le droit de Cité, dans lequel le droit nouveau ne les rétablit pas, en abrogeant la confiscation, & la servitude de la peine.

130.
La perte du droit de Cité est la seule raison décisive, les autres raisons alléguées par les Auteurs sont fausses.

Explication de la Loi *post contractum* 13, *ff. de donationib.*

C'est la vraie raison décisive, & la seule capable de résoudre les argumens & les raisonnemens du *Président Faber*; car l'incapacité de tester encourue par le condamné, n'est pas fondée comme le pense *Ricard*, *des donat. tom.* 1, *part.* 1, *n.* 237, sur l'indignité qu'il contractoit par son crime, ou en conséquence de la condamnation intervenue contre lui, ni sur la Loi *post contractum* 15, *ff. de donationibus*, qui improuve la donation, quoique faite avant la condamnation; elle improuve seulement celle qui a été faite depuis le crime commis, en cas que la condamnation survienne. Cette Loi ayant pour fondement cette raison particulière, que la donation faite après le crime commis, est présumée avoir été faite en fraude du fisc, & pour éluder la confiscation que la condamnation sur le crime doit entraîner. Ce qui est si vrai que si la donation avoit été faite avant le crime, & qu'il n'y eût aucune présomption de fraude, elle ne seroit pas révoquée par la condamnation survenue; comme l'enseignent les Auteurs après la Loi 45, *ff. de jure fisci.*

131. Cette décision est encore plus sûre en France, où l'on tient pour maxime que qui confisque le corps, confisque les biens.

Si cette raison est certaine, suivant les principes du Droit Romain, & si le condamné à une peine capitale ne peut pas tester, nonobstant les changemens faits par l'Empereur Justinien dans ses Novelles, la chose est encore moins susceptible de doute, selon les règles du Droit de ce Royaume, où l'on tient pour maxime générale, que *qui confisque le corps, confisque les biens*, qui a lieu dans le Pays du Droit écrit, *paucis exceptis*, & dans le Pays Coutumier, comme l'enseignent les Auteurs anciens & modernes, & notamment *Benedicti*, *Boërius*, & *M. Laroche*, *liv.* 4. verb. *testament*, *art.* 16.

132. Conditions requises, afin que la condamnation à mort naturelle ou civile puisse produire l'incapacité de tester. Première condition,

Mais afin que la condamnation à mort naturelle ou civile puisse produire l'incapacité de tester, il est nécessaire, suivant le Droit Romain: 1°. qu'elle ait été prononcée par un Juge compétant; car s'il étoit incompétant, la condamnation ne pourroit pas lier le condamné, & opérer son effet, *l.* 6, §. 10, *ff. de injusto rupto*, *si quis cum qui non erat Jurisdictionis suæ, damnaverit: Testamentum ejus non erit irritum, quemadmodum est constitutum.*

133. Seconde condition, que la peine ne soit pas injuste, & la condamnation illicite.

2°. Que la peine ne soit pas injuste, & la condamnation illicite, comme si elle a été prononcée au préjudice d'un privilége attaché à la personne d'un condamné, si par exemple un Décurion avoit été condamné *ad bestias*, ce qui ne se pouvoit point, selon le Droit Romain, lorsque le condamné n'a pas souffert la peine. *Quid si quis erit damnatus illicitè, pœna non sumpta? An testamentum ejus irritum fiat, videamus: ut puta Decurio ad bestias, an capite minuatur, testamentumque ejus irritum fiat? Et non puto cum sententia eum non tenuerit*, dit la Loi 6, §. 10, *ff. de injusto rupto.* Et quoiqu'en France on tienne pour maxime que les voies de nullité n'y ont pas lieu; qu'ainsi la condamnation illicite, ou prononcée par un Juge incompétant, tient & opère son effet, tandis qu'elle n'est pas attaquée par les voies de Droit, néanmoins on peut y faire usage de la décision du Droit Romain sur les deux points que nous venons de toucher, en prenant les voies de Droit pour faire tomber la condamnation.

134. Troisième condition, que la condamnation a été prononcée par des Juges de

3°. Selon les maximes du Royaume, il est encore nécessaire, afin que la condamnation puisse produire l'incapacité de tester, qu'elle ait été prononcée par des Juges de la Monarchie; car si elle étoit émanée d'autorité des Juges d'une Monarchie étrangère, l'incapacité ne seroit pas encourue, même le Testament antérieur fait en Fran-

la Monarchie Françoise. ce ne feroit pas annullé & révoqué par la condamnation ; quoiqu'elle eût été exécutée hors du Royaume. La raison est, parce qu'en France on ne reconnoît pas les Jugemens rendus par les Juges d'une autre Monarchie, & qu'on ne les regarde que comme de simples titres dont il faut faire ordonner l'exécution en France par les Juges qui en doivent connoître, devant lesquels on peut opposer les mêmes exceptions, que si la chose n'avoit pas été jugée par Sentence, ou Arrêt rendu dans une Monarchie étrangère, suivant *l'art.* 121 *de l'Ordonnance de* 1629.

135. Arrêt contraire rapporté par la Roche. Les Arrêts du Parlement de Paris opposés à celui de la Roche, sont plus conformes aux maximes du Royaume.

Néanmoins *M. de la Roche-Flavin, liv.* 4, verb. *testam. art.* 16, *& liv.* 6, *tit.* 23, *art.* 6, rapporte un Arrêt du Parlement de Toulouse du 23 Décembre 1580, qui déclara les biens d'un François condamné à mort en Espagne, confisqués au profit du Roi, en vertu de la condamnation des Juges d'Espagne, quoiqu'ils lui eussent accordé la faculté de tester ; mais le Parlement de Paris observe le contraire, comme le remarque *Ricard des donations, tom.* 1, *part.* 1, *n.* 263, & sa manière de juger paroît plus conforme aux maximes du Royaume ; aussi *Graverol sur M. de la Roche*, observe-t-il que l'Arrêt du Parlement de Toulouse ne doit pas être tiré à conséquence.

136. Trois questions pour connoître les autres conditions.

4°. Pour connoître les autres conditions qui sont requises, afin que la condamnation à peine afflictive produise l'incapacité de tester ; on peut former trois questions assez difficiles à résoudre. La premiere, faut-il que la condamnation contradictoire soit exécutée ? La seconde, l'exécution figurative n'est-elle pas requise dans les condamnations qui sont rendues par coutumace ? La troisième, la mort civile est-elle encourue du moment que la Sentence de contumace est exécutée figurativement, ou bien est-elle suspendue durant les cinq années qui sont accordées aux condamnés par les Ordonnances pour purger la contumace ; ensorte que si le condamné décède dans ce délai, il soit réputé *integri status* ?

137. S'il faut que la condamnation contradictoire soit exécutée.

Sur la première question, on peut dire qu'elle a été si nettement décidée par le Droit Romain en la Loi 6, §. 6, *ff. de injusto rupto*, & en la Loi 29, *ff. de pœnis*, qu'on ne peut pas former de doute, que le condamné souffre la mort civile, non quand il est exécuté seulement, mais au moment qu'il a été condamné, *non tunc cum consumptus est, sed cum sententiam passus est.* Il n'est donc

Raisons pour la négative.

point nécessaire que l'Arrêt soit exécuté pour produire la mort civile ; mais elle est, pour ainsi dire, dans la bouche du Juge qui porte sa Sentence, & qui prononce la condamnation ; ainsi que le prévenu décède avant l'exécution réelle, ou qu'il s'évade des prisons, il évite la peine ; mais il ne laisse pas de perdre la faculté de tester, parce qu'il est retranché de la société & du corps de l'Etat par la mort civile produite par la condamnation.

D'autre côté, on peut dire que M. *de la Roche, liv.* 6, *tit.* 23, *art.* 5, rapporte un Arrêt qui juge qu'un prévenu condamné à mort par Sentence contradictoire, confirmée par Arrêt contradictoire, étant décédé avant l'exécution réelle, la condamnation devoit être regardée comme non avenue ; sur lequel Arrêt *Graverol* observe qu'un prévenu mourant avant la prononciation de sa condamnation à mort, la confiscation des biens n'a pas lieu, par la raison de la Loi *cum principalis* 178 *de regul. jur.* car le prévenu décédant *integri statu*, les biens qui sont un accessoire de la personne non-confisquée par le défaut d'exécution, doivent passer aux héritiers du condamné. 138.

Raisons pour prouver que la condamnation doit être exécutée.

Si la confiscation a lieu lorsque le prévenu décède avant la prononciation de la condamnation par Arrêt.

Que *l'Ordonnance de* 1670, *tit.* 17, *art.* 29, exigeant une exécution, afin que la condamnation par contumace produise la mort civile ; l'exécution est pareillement requise, lorsque la condamnation est contradictoire. 139.

Autre raison tirée de l'Ordonnance de 1670.

Enfin, que suivant M. *Dolive, liv.* 5, *chap.* 8, la condamnation à mort, quoique contradictoire, ne donne pas lieu à l'ouverture du fidéicommis, ni au droit de retour, quand elle n'est pas exécutée ; mais il faut attendre la mort naturelle du condamné. *Berault & Basnage sur l'art.* 143 *de la Coutume de Normandie*, décident encore que, quoique la condamnation soit prononcée contradictoirement, si le condamné décède avant l'exécution, la confiscation n'a pas lieu. 140.

Autre raison tirée des Arrêts rapportés par Dolive.

Nonobstant les raisons que nous venons d'expliquer, il y a lieu de décider, que la mort civile est encourue au moment que la condamnation contradictoire est prononcée, quoique le prévenu évite l'exécution, soit par sa mort naturelle, ou par sa fuite, ou évasion. 141.

Résolution que la mort civile est encourue avant l'exécution.

Car il n'y a point de Règle, ni de Loi du Royaume de laquelle on puisse induire que la décision du Droit Romain qui déclare la mort civile encourue au moment de la prononciation, ait été abrogée. 142.

Il n'y a point de Loi dans le Royaume qui déroge à cet égard au Droit Romain.

L'Arrêt rapporté par M. *de la Roche*, est fondé sur des circonstances particulières expliquées par M. *Maynard*, *liv.* 4, *ch.* 52, qui le rapporte aussi, lesquelles circonstances empêchent que la question n'ait été jugée en thèse ; cet Auteur assure en effet, que sur une Requête présentée au nom du prévenu, dans laquelle on exposoit divers faits, qui tendoient à prouver qu'il étoit dans la démence, 143.

Réponse à l'Arrêt de la Roche.

on avoit défendu au Greffier de délivrer l'Arrêt, qui avoit confirmé la Sentence de condamnation, pour délibérer, plus amplement sur cette Requête, & informer plus exactement des faits y contenus; ensorte que l'Arrêt avoit en quelque façon été déclaré *pro non lato*; voilà pourquoi la mort du prévenu étant survenue, elle avoit éteint le crime, tout comme s'il étoit décédé pendant l'appel.

144. Réponse à l'Ordonnance de 1670.

Il n'est pas tout-à-fait clair que l'Ordonnance de 1670 exige une exécution figurative de la condamnation par contumace, afin que la mort civile soit encourue; mais seulement pour faire remonter cette mort civile, & lui faire produire son effet dans les cinq ans accordés pour purger la coutumace, prescrits par *l'art.* 28 *de l'Ordonnance de Moulins*; quoiqu'il en soit, cette Ordonnance ne parlant que des condamnations par contumace, qui ont leurs règles à part, elle ne peut pas être étendue aux condamnations contradictoires, dont l'effet ne peut pas être suspendu, parce qu'il ne manque rien à la défense du prévenu, au lieu qu'il lui est libre de mettre au néant la condamnation par contumace, en se représentant.

145. M. Dolive décide que la mort civile est encourue au moment de la condamnation.

Bien-loin que M. *Dolive* soit d'avis que la mort civile n'est pas encourue par la condamnation quand elle n'est pas exécutée, il décide nommément au *liv.* 5, *chap.* 7, que cette mort civile est infligée au condamné du jour de la condamnation, même par défaut, quoiqu'il n'y ait point d'exécution figurative, & s'il dit au chap. 8, que la condamnation à mort, même contradictoire, ne donne pas lieu à l'ouverture du fidéicommis, si elle n'est réellement exécutée, c'est parce qu'il croit que la seule mort civile ne peut pas produire cet effet: mais les nouveaux Arrêts du même Parlement qui sont rapportés par M. *de Catellan*, ont jugé le contraire sur ce dernier point.

146. Si l'exécution figurative des Sentences de contumace est requise afin que la mort civile soit encourue.

A l'égard de la seconde question, il y a plusieurs textes du Droit Romain qui défendent de condamner les absens accusés de crime capital, & notamment la Loi 1, *cod. de requirendis reis*; la Loi 1, *ff. eodem*; la Loi, 6, *cod. de accus. Absentem in criminibus damnari non debere, Divus Trajanus Julio Frontoni rescripsit*, *l.* 5. *ff. de pœnis* On ne peut donc pas trouver dans le Droit Romain des principes pour décider une question sur une matière qui n'étoit pas en usage parmi eux.

147. Usage de France différent selon le temps.

Quoiqu'en France on eut d'abord adopté la disposition de la Loi Romaine à cet égard, comme il paroît des Capitulaires de Charlemagne, *lib.* 7, *cap.* 202 & 354, qui contiennent la même défense de condamner les absens, néanmoins on s'est départi dans la suite de cet usage, & l'on condamne les absens, tout comme ceux qui se présentent, ou qui sont arrêtés. Il semble donc qu'on doive faire opérer à la Sentence par contumace les mêmes effets qu'à la Sentence contradictoire, & que la première, tout comme l'autre, produise la mort civile par la seule force de la condamnation, sans exiger l'exécution figurative, & c'est ainsi que le décide M. *Dolive*, *liv.* 5, *chap.* 7. *l'Edit du* 26 *Novembre* 1639, concernant les mariages, *art.* 6, semble le supposer de même ; puisque sans exiger que la Sentence de contumace ait été exécutée, il déclare les enfans de ceux qui ont été condamnés à mort par défaut, & qui se sont mariés après la condamnation, incapables de succéder ; & cela à cause de la mort civile encourue par leur père.

Argument tiré de l'Ordonnance de 1639.

148. Si l'Ordonnance de 1670 exige l'exécution figurative pour faire encourir la mort civile.

Quoique *l'Ordonnance de* 1670, *tit.* 17, *art.* 29, semble exiger l'exécution figurative, il y a néanmoins des Auteurs qui ont cru le contraire, & qui ont soutenu que cette Ordonnance n'avoit pas dérogé aux principes du Droit Romain.

149. Raisons des Auteurs pour le prouver.

Ils disent en effet, que c'est mal entendre cette Ordonnance, que de supposer qu'elle exige une exécution figurative, afin que le condamné souffre la mort civile. Pour donner la véritable intelligence de l'Ordonnance de 1670, il faut savoir que les Parlemens de Paris & de Toulouse avoient différemment expliqué l'art. 28, de l'Ordonnance de Moulins, qui accorde aux condamnés un délai de cinq années pour purger la contumace. Celui de Toulouse avoit cru que cette Ordonnance n'avoit pas dérogé au Droit commun, & qu'encore qu'elle eut accordé cinq ans aux condamnés pour purger la contumace, la condamnation ne laissoit pas d'opérer son effet, & de rendre le condamné incapable des effets civils.

150. Suite.

Au contraire le Parlement de Paris entendoit cette Ordonnance de manière, que les cinq années pour purger la contumace étoit un interstice légal, durant lequel la condamnation étoit entièrement suspendue, de même que ses effets ; ensorte que quand le prévenu venoit à décéder après les cinq années, il n'étoit réputé mort civilement, que du jour de l'expiration du délai de cinq années, suivant *Brodeau sur M. Louet*, *Lett. C. somm.* 25, *n.* 1.

151. Difficulté résolue par l'Ordonnance de 1670.

Pour faire cesser cette difficulté, l'Ordonnance de 1670 a pris un milieu entre les deux interprétations, que l'on donnoit à *l'art.* 28 *de l'Ordonnance de Moulins*, en décidant que si le condamné venoit à décéder après les cinq années, sans s'être représenté, ou avoir été constitué prisonnier, il devoit être réputé mort civilement du jour de l'exécution de la Sentence de contumace.

152. Suite. Si le Législateur avoit entendu faire une règle générale capable de déroger au Droit commun, il se seroit expliqué en termes négatifs, & auroit dit que le condamné ne seroit réputé mort civilement que du jour de la Sentence de contumace; mais comme ce n'a pas été l'intention de Sa Majesté, elle s'est expliquée en termes affirmatifs, qui ne renferment pas la négative.

153. Résolution que l'exécution figurative est nécessaire pour faire encourir la mort civile. Nonobstant ces raisons qui sont plus spécieuses que solides, on doit tenir que la Sentence de contumace, ne doit produire l'incapacité, que quand elle a été exécutée en la forme expliquée par les art. 16 & 17 du tit. 17 de l'Ordonnance de 1670, & cela se pratiquoit anciennement, comme il paroît de l'Ordonnance du pénultième Août 1536, pour la Bretagne, chap. 2, art. 29, qui porte: *Et la condamnation faite par contumace, & le fourban donné, l'on fera attacher aux portes & entrées des lieux les tableaux & cordeaux au désir de la coutume, & fera bon bannir l'effet de la Sentence donnée, & que qui prendra le malfaiteur, le rende à Justice, & si après il est pris, les Sentences contre lui données, tant corporelles que pécuniaires, seront exécutées tout promptement, & sans délai, sans autre nouvelle procédure.*

154. Différences entre la condamnation contradictoire, & la condamnation par contumace. Il y a en effet une grande différence entre les condamnations contradictoires, & celles qui sont prononcées par contumace: dans les premières, le prévenu a eu la liberté de se défendre; on prononce avec connoissance de cause; on doit donc leur attribuer un effet présent indépendamment de l'exécution.

155. Suite. Lorsque les condamnations sont par contumace, il n'y a pas une preuve complète que le prévenu soit véritablement coupable, & la contumace sert beaucoup à aggraver la peine; on ne doit donc pas appliquer aux condamnations par contumace, les règles du Droit Romain, qui ne sont faites que pour les condamnations contradictoires, pour la justice desquelles on doit toujours présumer, parce qu'il n'a rien manqué à la défense du prévenu.

156. Dans les matières rigoureuses & pénales on doit favoriser l'accusé. C'est même une matière rigoureuse & pénale, dans laquelle on doit être ingénieux à favoriser un prévenu, & comme l'exécution est ce qui doit attribuer l'effet aux condamnations par contumace, on ne doit avoir aucun égard à celles qui n'ont pas été exécutées.

157. Les cinq ans Cela est même fondé sur l'esprit de l'Ordonnance de 1670. On voit dans *l'art.* 28 *du tit.* 17, que les cinq

années accordées pour purger la contumace, ne doivent commencer de courir que du jour de l'exécution, & non du jour de la condamnation. Preuve certaine que la condamnation ne doit produire aucun effet, si elle n'a été exécutée; & *l'art.* 29 ajoute, que le condamné qui décédera après les cinq années sans se représenter, ou avoir été constitué prisonnier, sera réputé mort civilement du jour de l'exécution de la Sentence de contumace; d'où l'on peut conclure que l'exécution est de l'essence de la condamnation pour lui faire opérer la mort civile, & que sans cette exécution le condamné conserve toujours son état, & demeure capable des effets civils.

pour purger la contumace ne commencent à courir que du jour de l'exécution figurative.

Peu importe que l'Ordonnance ne soit pas conçue en termes négatifs; car en décidant que la mort civile est encourue du jour de l'exécution, elle décide en même temps qu'elle n'est pas encourue avant l'exécution: ainsi les termes affirmatifs renferment la négative dans le cas contraire, & comme la Loi du Prince est la règle qu'on doit suivre, on ne peut pas s'en tenir aux Arrêts précédens; parce que l'Ordonnance y a dérogé, & a introduit un droit nouveau.

158. Réponse à la raison prise de ce que l'Ordonnance n'est pas conçue en termes négatifs.

Quant à la troisième question, elle a été diversement décidée par les Auteurs; les uns ont cru que la condamnation par contumace est suspendue pendant les cinq années, nonobstant l'exécution figurative, même depuis l'Ordonnance de 1670, de ce nombre sont *Domat des Loix civiles, liv.* 1 *des succes. tit.* 1, *sect.* 2, *art*, 36, *pag.* 423; *le Brun, des success. liv.* 1, *chap.* 2, *sect.* 3; *Ricard, tom.* 1, *part.* 1, *n.* 259; *Ferriere, sur la Coutume de Paris, art.* 318, §. 6, *n.* 6; *Basset, tom.* 1, *liv.* 6, *tit.* 6, *chap.* 1; *& Basnage sur l'art.* 235 *de la Coutume de Normandie.* Il y a à la vérité dans le Journal du Palais un Arrêt du 31 Mars 1678, qui semble avoir jugé le contraire; mais il y avoit cette circonstance, qu'il s'agissoit de la demande faite par un donataire de la confiscation des biens d'une personne condamnée par contumace, auquel on opposoit que la confiscation ne lui donnoit pas le droit de recueillir les biens avenus à la personne condamnée depuis la condamnation & la confiscation, suivant *Dumoulin sur le conseil* 438 *de Philippe Dece; M. Dolive, liv.* 5, *chap.* 7, décide au contraire que la mort civile est encourue, quoique le prévenu décédé dans les cinq ans de la contumace, & que le condamné est incapable de tester & de succéder.

159. Si la mort civile est encourue du jour de l'exécution de la Sentence, ou seulement après les cinq ans pour purger la contumace.

Autorités que la mort civile n'est encourue qu'après les cinq ans.

Opinion contraire de M. Dolive.

Pour appuyer le premier avis, on dit: 1°. que *l'Ordonnance de Moulins, art.* 28, est conçue de manière à

160. Raisons pour

le premier avis. faire entendre que tous les effets de la condamnation par contumace sont suspendus durant les cinq ans. Sa Majesté y déclare d'abord que le Roi, ni les Seigneurs ne pourront faire don des confiscations qu'après ce délai; elle laisse donc aux condamnés la propriété de leurs biens qui ne passant point sur la tête de ceux à qui la confiscation est adjugée, doit nécessairement demeurer sur la tête du condamné.

161. Suite. 2°. Qu'elle laisse encore au condamné la liberté d'anéantir par sa représentation, les défauts & contumaces, ce qui suppose la conservation des effets civils; car s'il en étoit privé, il ne pourroit ester à droit, que par la restitution obtenue du Prince, & par le rétablissement au premier état.

162. Suite. 3°. Que l'Ordonnance de 1670 ne change rien, à cet égard, à ce qui est décidé sur ce point par l'Ordonnance de Moulins; elle décide seulement, que quand le prévenu décède après les cinq ans de la contumace, il doit être réputé mort civilement depuis l'exécution de la Sentence de contumace, ce qui ne conclut rien sur l'état du prévenu, quand il décède dans les cinq années. On doit donc s'en tenir, à cet égard, à ce qui est réglé par l'Ordonnance de Moulins.

163. Suite. 4°. Que dans le doute il faut faire pencher la balance du côté qui tend à favoriser le prévenu; parce qu'il s'agit d'une peine; que *odia sunt restringenda, favores ampliandi*, & que s'agissant de faire perdre à un Citoyen le droit de Cité qui est infiniment précieux, on ne doit prendre le parti de la rigueur, que quand on y est forcé par une Loi claire & précise.

164. Raisons pour l'opinion de Dolive. Pour appuyer l'opinion contraire, & l'incapacité même dans les cinq années, on peut observer, que puisque l'on a trouvé à propos en France d'introduire les condamnations par contumace; ce n'a pas été pour les rendre illusoires, & pour qu'elles ne pussent produire aucun effet; mais afin qu'elles fussent efficaces pour servir d'exemple, & réprimer les malfaiteurs; ce qui est si vrai, qu'anciennement on exécutoit réellement les condamnations prononcées par contumace, dès que le condamné étoit pris, comme l'enseignent les anciens Praticiens, & notamment *Mazuet, tit. 3, n. 23*, & que le justifie *l'Ordonnance de 1536 pour la Bretagne, chap. 2. art. 29.* ci-dessus transcrit; de-là vient qu'on inséroit encore avant l'Ordonnance de 1670, la clause *si pris & appréhendé peut être*, dont l'usage a été abrogé par l'art. 15 du tit. 17 de cette Ordonnance; que même depuis que cet usage a été abrogé

Les Sentences de contumace étoient exécutées quand le condamné étoit arrêté.

De la clause *si pris & appréhendé peut être.*

pour l'exécution quant à la mort naturelle, on a laissé subsister l'effet de la mort civile, comme il paroît de l'art. 6. de l'Edit du 26 Novembre 1739, concernant les mariages. Et par conséquent les condamnations par défaut doivent avoir la même force que celles qui sont contradictoires, sauf dans les cas où les Ordonnances ont mis quelque différence entre les Sentences de contumace & les contradictoires, & où elles ont suspendu l'exécution des condamnations prononcées par contumace.

Que l'Ordonnance de Moulins suppose cette règle comme vraie & incontestable ; puisque le Roi pour y déroger, a cru nécessaire de porter une Loi expresse, & comme cette Loi ne suspend durant les cinq années que les amendes & confiscations, elle laisse dans leur force tous les autres effets que doit produire la Sentence de contumace. 165. Suite des raisons pour l'opinion de Dolive.

Il est vrai que cette Ordonnance laisse au prévenu la faculté de se représenter, & d'anéantir par-là la condamnation & tous ses effets ; ce qui est encore mieux expliqué par l'Ordonnance de 1670, au titre des défauts & contumaces ; mais c'est une faveur que le Prince accorde au condamné, laquelle faveur ne suppose pas que tandis que la condamnation subsiste, elle ne doive pas produire la mort civile, tout ce que l'on peut dire est que la condamnation, & ses effets, quoiqu'actuels, peuvent être résolus sous condition, laquelle condition n'étant pas remplie, la condamnation doit être regardée comme pure & absolue. 166. Suite.

Cela est si vrai, que si la condamnation par contumace ne pouvoit produire aucun effet durant les cinq années, la mort du prévenu éteindroit le crime, & par voye de conséquence la condamnation & tous ses effets ; ensorte qu'il en devroit être de même du condamné par contumace, que de celui qui a été simplement accusé ; ou de celui qui étant condamné par Sentence d'un Juge subalterne décède pendant l'appel, lequel décède constamment *integri status*, quand il ne s'agit pas de ces crimes dont la poursuite peut être faite, & la condamnation prononcée contre la mémoire du défunt. 167. Suite.

Cependant l'Ordonnance de 1670 en décide autrement au tit. 27, où elle prescrit la forme & la procédure à l'effet de purger la mémoire d'un défunt. L'art. 1 porte : *La veuve, les enfans, & les parens d'un condamné par Sentence de contumace qui sera décédé avant les cinq ans à compter du jour de son exécution, pourront appeller de la Sentence, & si la condamnation de contumace est par Arrêt ou Jugement en dernier ressort, ils se pourvoiront pardevant les mêmes Juges qui l'auront rendu.* 168. L'Ordonnance de 1670 prescrit la procédure pour purger la mémoire d'un condamné par contumace qui est mort.

avant les cinq ans.

Cet art. qui parle indéfiniment de toute sorte de condamnations par contumace, & qui ne se borne pas

169. Suite. aux seuls crimes pour lesquels on peut poursuivre la mémoire du défunt, fait comprendre d'une manière bien claire, que la condamnation par contumace exécutée, a flétri la mémoire du condamné, & que cette flétrissure n'est pas effacée ou éteinte par son décès dans les cinq ans, & c'est la raison pourquoi elle permet à la veuve, aux parens, aux enfans du condamné de se pourvoir par Appel, ou par Requête, pour faire réformer ou rétracter les condamnations par contumace pour l'effacer par une absolution.

170. Suite. Or ce remède & cette ressource qui procédent de la clémence du Prince, seroient inutiles & superflus, s'il étoit vrai, comme le supposent ceux qui soutiennent le premier avis, que la condamnation est suspendue pendant les cinq ans, qu'elle ne produit aucun effet, & que si le prévenu décède dans ce délai, il est capable des effets civils, & meurt *integri status*; car pourquoi recourir à la procédure pour purger la mémoire d'un défunt, si cette mémoire n'a souffert aucune atteinte par la condamnation, quand le condamné décède dans les cinq années de la contumace ? Il faut donc que l'on convienne ou que le bénéfice & la grace du Prince sont inutiles, puisque sans ce secours la mémoire du défunt est à l'abri de toute atteinte, ce qui seroit faire injure à la sagesse du Prince, ou que la condamnation a produit une mort civile, & une flétrissure qui n'est pas effacée par le décès du condamné dans les cinq ans.

171. Résolution pour la dernière opinion. C'est pour n'avoir pas fait attention à ces raisons, & pour n'avoir pas assez pésé sur la disposition *de l'Ordonnance de 1670, au titre de la procédure à l'effet de purger la mémoire d'un défunt*, que certains Auteurs ont soutenu que la sentence de contumace n'infligeoit point une mort civile, lorsque le contumax venoit à décéder dans les cinq années, ce qui est visiblement contraire à l'esprit de cette Ordonnance & des anciennes; ainsi cette dernière opinion nous paroit très-conforme aux règles, & devoir mériter la préférence.

172. L'art. 28 de l'Ordonnance de Moulins ne fournit aucun argument pour la première opinion. Si l'on examine avec attention l'art. 28 de l'Ordonnance de Moulins, on n'y trouvera rien qui puisse fournir quelqu'argument pour autoriser la première opinion; car le Roi n'a pas entendu rendre absolument inefficaces les condamnations par contumace, son objet est d'accorder un délai de cinq années dans lequel le condamné ait la liberté, en se représentant, d'anéantir les condamnations; mais il

il faut pour cela, ou qu'il se représente, ou qu'il soit constitué prisonnier, comme l'explique l'Ordonnance de 1670; sans quoi les condamnations demeurent dans leur force, parce que la condition qui doit ou peut les résoudre, manque. avant les cinq ans.

173. Explication de l'art. 28 de l'Ordonnance de Moulins.

Lors donc que l'Ordonnance de Moulins dit, que *les condamnés ayant été en contumace de se représenter pendant cinq ans, perdront &c.* cela signifie que la contumace de cinq années rend irrévocable, & sans retour, la perte des biens prononcée par la condamnation; car il faut expliquer les termes que nous avons transcrits par ceux qui les suivent immédiatement: *Et demeureront aux parties civiles leurs adjudications, sans pouvoir être répétées, & à Nous, & aux Sieurs Hauts-Justiciers, ce qui aura été adjugé pour amende ou confiscation*, expressions qui supposent la validité & l'efficace de la condamnation, & que les biens sujets aux adjudications ne sont plus au pouvoir du condamné, mais entre les mains des Parties civiles, du Roi, ou des Seigneurs Hauts-Justiciers; puisqu'il est dit qu'ils leur *demeureront sans pouvoir être répétés*; voilà pourquoi la perte des biens & les adjudications dont cette Ordonnance parle après les cinq ans, ne tombant que sur l'irrévocabilité, elle ne détruit point la condamnation, ni pour les effets civils, ni pour l'adjudication des amendes & confiscations prononcées, dont l'irrévocabilité est seulement suspendue durant les cinq années, & purifiée par les laps de ce délai, sans que le condamné ait profité de la grace du Prince, & rempli la condition.

174. Suite.

Si le Roi s'est mis dans l'impuissance volontaire de ne point disposer des biens confisqués du contumax, s'il a imposé la même Loi aux Seigneurs Hauts-Justiciers pendant les cinq années, c'est une preuve de sa modération pour prévenir les inconvéniens & les embarras causés par la représentation du prévenu, dans les cas que le Roi ou le Seigneur auroient disposé des biens; mais ce n'est pas un effet du droit de propriété qui soit conservé au condamné, puisqu'il n'a ni la faculté de disposer du fonds, ni même celle de se servir des fruits pour sa subsistance: ces fruits étant perçus par les Receveurs du Domaine, ou par les Seigneurs Justiciers, en la forme expliquée par *l'art. 30. du tit. 17. de l'Ordonnance de* 1670. Cette discussion est même assez indifférente, car quand on pourroit induire, que l'Ordonnance de Moulins & celle de 1670, auroient suspendu les effets de la Sentence de contumace par rapport à la confiscation, & aux amendes pendant les cinq années, on ne pourroit pas induire que la mort civile encourue par la condamnation eût été pareillement suspendue ; puisque ces Ordonnances n'en parlent pas, que même celle de 1670 suppose le contraire, dès qu'elle prescrit la procédure pour purger la mémoire du condamné décédé dans les cinq ans de la contumace ; ce qui suppose bien nettement, qu'il n'est pas décédé *integri status*, & qu'il avoit au contraire encouru la mort civile, au moment de l'exécution de la Sentence de contumace.

175. Celui qui a encouru la mort civile par une condamnation par contumace ne peut pas tester, même en faveur de ses enfans.

L'incapacité de tester produite par la mort civile encourue par la condamnation à une peine capitale a lieu, quand même les dispositions seroient faites en faveur des enfans, ou de la cause pie, selon *M. Duranty, quest.* 27, & *M. Dolive, liv.* 5, *chap.* 7 ; parce que l'on considére, non la faveur des héritiers institués, ou de ceux qui sont appellés pour recueillir les libéralités, mais la capacité du Testateur.

176. Il en est de même, quoique le Juge eut permis de tester.

Les Juges sont les Ministres de la Loi, mais ils ne peuvent pas en dispenser.

Elle a lieu encore quand même le Juge qui auroit prononcé la condamnation, auroit permis au condamné de faire testament, *Duranty quest.* 27, parce que la faculté de tester étant de Droit public, *l.* 3, *ff. qui testam. fac. poss.* les Juges qui sont les Ministres de la Loi, n'ont pas le pouvoir d'en dispenser ; car comme le remarque fort bien *Gæddeus* sur la Loi 20, *ff. de verbor. signif. n.* 9. *Prætor lege non est major ut eam infringere possit, sed custos ejus est* ; il en seroit autrement, si le Prince souverain accordoit une telle permission ; parce qu'il est au-dessus des Loix, & que par conséquent il peut accorder la dispense, & déroger à la Loi quand & comme il trouve à propos ; ainsi que l'a fort bien observé *Ricard* ; mais s'il s'agissoit d'un délit militaire, par lequel le Soldat eût été condamné à la mort, il pourroit valablement tester, s'il en avoit obtenu la permission de ses Juges, *l.* 6, §. 7. *ff. de injusto rupto*, c'est une exception à la règle établie par la Loi même. Enfin, elle a lieu, quoique celui qui a souffert la mort civile par la condamnation, auroit prescrit le crime & la peine, parce que la prescription le libère bien de la peine, mais elle n'efface pas l'effet de la mort civile, infligée par la condamnation, laquelle affecte la personne pendant toute sa vie, à moins qu'elle ne soit effacée par la restitution & la réhabilitation du Prince. Cela a été ainsi jugé par un Arrêt du Parlement de Paris, du 6 Mars 1738, rapporté par M. Rousseau de la Combe, fils, chap. 28 de son Recueil d'Arrêts.

177. La condamnation qui emporte mort civile, annul-

La condamnation annulle même le Testament antérieur; parce que le Testateur cesse d'avoir le droit de Cité qui est nécessaire au temps du décès, afin que le Testament vaille, *l.* 6, §. 5, *ff. de injusto rupto*, & s'il s'agit d'un crime qui puisse être puni après la mort, comme lorsqu'on est coupable du crime de Leze-Majesté, *l. 6, cod. ad l. Jul. Majest.* la condamnation survenue après le décès du prévenu, annulle le Testament fait même avant l'accusation, *l. 6, §. 11, ff. de injusto rupto*, ou s'il s'est tué lui-même volontairement pour se soustraire à la punition, *l. 2. cod. qui testam. fac. poss. l. 6, §. 7, ff. de injusto rupto, l. 45, §. 2, ff. de jure fisci.* le le Testament antérieur,

178. Distinction entre celui qui s'est tué volontairement pour éviter la peine *aut tædio vitæ.*

Ces textes distinguent à la vérité celui qui se tue volontairement, *tædio vitæ*, sans être prévenu d'aucun crime, d'avec celui qui se tue pour éviter la punition d'un crime à raison duquel il est en prévention : au premier cas, sa mémoire ne peut pas être condamnée ; mais au second elle le peut ; cependant on n'observe point cette distinction en France, où l'on condamne la mémoire de ceux qui se défont volontairement, & par conséquent cette condamnation emporte leur testament.

179. De ceux dont la mémoire est condamnée pour hérésie.

On doit dire la même chose de ceux dont la mémoire est condamnée pour crime d'hérésie, quand ils ont renoncé à la Religion Catholique, & qu'ils sont morts Relaps, suivant les Déclarations du Roi, & notamment celle du 14 Mai 1724.

180. Si le Testament ou Codicille rompu par la condamnation, reprend sa force par le rétablissement du condamné.

Mais le testament fait avant la condamnation qui emporte mort civile, ou tandis que le condamné n'a aucune participation au Droit civil, reprend-il sa force lorsque le condamné est rétabli par le Prince ; & que doit-on dire des Codicilles faits avant ou après la condamnation dans le même cas que le condamné est rétabli ? Nous avons remarqué ci-dessus, que suivant la Loi *posthumus* 12, *ff. de injusto rupto*, le testament bon dans son principe, & qui étoit rompu par la naissance d'un posthume, étoit rétabli par équité, sans avoir besoin d'autres confirmations, dès que le posthume venoit à décéder avant le Testateur. D'où il semble qu'on doive conclure, que quand le condamné vient à être rétabli par le Prince, le testament fait avant la condamnation reprend sa force, tout comme celui qui est rompu par la naissance d'un posthume qui vient à décéder, parce que la cause de la rupture cesse. Néanmoins la Loi 11, §. 2. *ff. de bonor. posses. secund. Tabulas*, qui est dans un cas plus approchant, exige une confirmation de testament par un Codicille, ou autre disposition de dernière volonté semblable au Codicille : ce qui semble devoir être appliqué au testament rompu par la condamnation qui produit une mort civile. Mais l'argument tiré de ce dernier texte ne peut rien faire au cas particulier que nous examinons, parce que la Loi 6, §. 12, *ff. de injusto rupto*, décide nettement que le testament fait avant la condamnation qui emporte mort civile, eſt rétabli de plein Droit, & reprend ſa force, ſans avoir beſoin d'aucune confirmation, dès que le condamné eſt rétabli par le Prince, *ergo & ſi quis damnatus capite in integrum indulgentia Principis ſit reſtitutus, teſtamentum ejus convaleſcet.* A l'égard du teſtament fait après la condamnation, il ne peut pas être rétabli par les Lettres du Prince condamné dans ſon premier état, ſuivant le principe renfermé dans la Loi 1, §. 1. *ff. de leg.* 3, qui décide que le teſtament fait par le fils de famille ne laiſſe pas de demeurer nul, quoique le Teſtateur décède père de famille; mais il peut être confirmé par un Codicille, lequel fait valoir le teſtament, quoique nul, comme fidéicommis, *l.* 2, §. 4, *ff. de jure codicillor. & l.* 1, *cod. de codicillis*; car quoiqu'en ayent penſé *Henris, tom.* 2, *liv.* 5, *queſt.* 5, *& Ricard, tom.* 1, *part.* 1, *n.* 1619 *& ſuiv.* un teſtament nul peut être confirmé par un Codicille, ſans qu'il ſoit néceſſaire d'y rappeller les diſpoſitions contenues dans le teſtament; ces Auteurs n'ayant pas fait attention à la Loi 2, §. 4, *ff. de jure codic.* & ayant donné une mauvaiſe explication à la Loi 1, *cod. de codicillis*, ainſi que nous le montrerons en parlant des Codicilles, chap. 12, nombre 53. A l'égard du Codicille ſans teſtament, ſoit qu'il ait été fait avant ou après la condamnation, il eſt valable dès que le condamné eſt rétabli; parce que pour la validité des Codicilles, on ne

En quel tems conſidère-t-on la capacité pour les Codicilles.

conſidére la capacité de celui qui diſpoſe que par rapport au temps de ſa mort, *l.* 1, §. 1, & §. 5, *ff. de leg.* 3; il ſuffit donc qu'il ſoit capable des effets civils lorſqu'il décède, quoiqu'il ne le fût pas lorſqu'il a diſpoſé par Codicille, & l'on doit dire la même choſe du teſtament qui contient la clauſe codicillaire, parce que cette clauſe le convertit en Codicille, dès qu'il ne peut pas valoir comme teſtament, & qu'il eſt indifférent, à cet égard, que le Codicille ſe trouve dans le teſtament même, ou dans un acte ſéparé, comme nous l'expliquerons au chapitre 13, n. 29 & 32.

181. Si les Hérétiques ont la faculté de teſter.

Suivant la diſpoſition du Droit Romain dans la Loi 4, §. 2, 4, 5 & 6, *cod. de hæreticis*, les Hérétiques ne pouvoient pas teſter, ni ſuccéder, néanmoins il leur étoit permis de teſter en faveur de leurs enfans orthodoxes, *Auht. idem eſt cod. eod, & Novelle.* 115, *cap.* 3, §. 14; mais par l'Edit du mois de Janvier 1686, la faculté de teſter & de diſpoſer des biens, a été abſolument retranchée aux Hérétiques. Cet Edit veut que les femmes des nouveaux Convertis qui refuſeront de ſuivre l'exemple de leurs maris, enſemble les veuves qui perſiſteront dans la Religion prétendue Réformée, ſoient déchus du pouvoir de disposer de leurs biens, soit par testament, donation entre-vifs, aliénation ou autrement. Et à l'égard de l'usufruit des biens, qui pourroit leur avenir, ou leur être échu, par donations à elles faites par leurs maris en contrat de mariage, ou entre-vifs, augment de dot, & autres avantages, il doit appartenir à leurs enfans Catholiques, suivant la disposition des Coutumes des lieux; mais comme depuis la révocation de l'Edit de Nantes par celui de 1685, il n'y a en France qu'une seule Religion, & que tous ceux qui y habitent sont censés Catholiques, les nouveaux Convertis sont tous regardés comme Catholiques, à moins qu'en mourant ils n'ayent renoncé à la Religion Catholique, ou qu'il paroisse qu'ils ont refusé les derniers Sacremens de l'Eglise; auquel cas leur mémoire pourroit être condamnée, & le testament qu'ils avoient fait seroit annullé: autrement ils n'ont pas moins la faculté de tester que les autres Catholiques.

Il n'y a en France qu'une seule Religion & tous sont censés Catholiques.

182. Quelles étoient les peines capitales chez les Romains.

Chez les Romains on avoit introduit trois sortes de peines capitales pour la punition des Criminels. La première est celle qui infligeoit la mort naturelle par plusieurs espèces de supplices, comme explique la Loi *Capitalium* 82, *ff. de pœnis*, & ces supplices en privant de la vie naturelle, faisoient aussi perdre la vie civile, & la liberté par le Droit ancien, *l.* 12, *ff. eod. & l.* 6, §. 6, *ff. de injusto rupto*.

183. Celle qui faisoit perdre la liberté & le droit de Cité.

La seconde est celle qui en conservant la vie naturelle au coupable, lui faisoit perdre la liberté & le droit de Cité, ce qui arrivoit par la condamnation *in metallum* aux mineurs, *l.* 28, *ff. de pœnis*, *& l.* 8, §. 4. *ff. qui testam. fac. poss.* par la condamnation *ad ferrum*, c'est-à-dire, comme l'explique *M. Cujas*, à combattre contre les Gladiateurs, ou par la condamnation *ad bestias*, à combattre contre les bêtes dans les spectacles publics, *l.* 8, §. 4. *ff. qui testam. fac. poss.* c'étoit ce qu'on appelloit *maxima capitis diminutio*.

184. Celle qui faisoit perdre le droit de Cité seulement.

La troisième est celle qui conserve la vie & la liberté, & fait perdre le droit de Cité. Ce qui arrivoit par la déportation, *l.* 28, *ff. de pœnis. L.* 8, §. 1, *ff. qui testam. fac. poss. &* §. 2, *instit. de capitis diminut.* & par l'interdiction de l'eau & du feu, *si cui aqua & igni interdictum sit*, *l.* 8, §. 1, *&* §. 2, *ff. qui testam. fac. poss. l.* 1, §. 2. *ff. de leg.* 3, *&* §. 2, *instit. de capitis diminut.* ce que ce dernier texte appelle *media capitis diminutio*.

185. Des peines pratiquées en France.

En France on pratique de plusieurs manières le supplice qui inflige la mort naturelle, & ce supplice inflige en même-temps, comme chez les Romains, la mort civile, suivant la décision des Auteurs, & de *l'Ordonnance de* 1670, *tit.* 17, *art.* 29.

186. La condamna-

A l'égard du second genre de peines capitales, on y

tion aux Galères perpétuelles est comparée à la condamnation *ad metalla*, & produit la mort civile.

pratique la condamnation aux Galères perpétuelles que l'on compare à la condamnation *ad metalla*, aux Minières, ſelon la remarque des Auteurs, & notamment de *Duranty, queſt.* 27. L'Ordonnance de 1670 en l'endroit cité, déclare nommément que cette peine emporte mort civile; mais on n'y connoît point les condamnations au combat des Gladiateurs, ou des bêtes, qui étoient en uſage parmi les Romains.

187. Le banniſſement perpétuel hors du Royaume eſt comparée à la déportation, & produit la mort civile.

Pour ce qui eſt de la troiſième eſpèce de peines capitales, le banniſſement perpétuel hors du Royaume a pris en France la place de la déportation des Romains, ſuivant les mêmes Auteurs, laquelle déportation faiſoit encourir une mort civile, *deportantes enim mortuorum loco habendos, l.* 1. §. 8, *ff. de bonor. poſſeſſ. contr. Tab.* Auſſi l'article cité de l'Ordonnance de 1670, déclare-t-il que cette condamnation produit la mort civile.

188. 189. 190. 191. Autres peines quiproduiſent la mort civile.

On pratique encore en France deux autres peines qui emportent mort civile, ſavoir la condamnation à une priſon perpétuelle, & à mutilation de membre, *Duranty, queſt.* 23. *& Coquille ſur la Coutume de Nivernois, chap.* 2 *des confiſcations, art.* 2, parce que la perpétuité de la peine fait perdre le droit de Cité & la liberté. Il faut néanmoins prendre garde, ſelon Coquille, à l'égard de la condamnation à une priſon perpétuelle, qu'il eſt néceſſaire qu'elle ſoit prononcée par un Juge laique: il y a même des Auteurs qui croyent que ſi le condamné conſervoit ſes biens, il pourroit en diſpoſer; ainſi que le remarque *le Grand ſur la Coutume de Troyes, art.* 133, *n.* 47, ce qui ne nous paroît pas vrai, à cauſe de la mort civile encourue par la condamnation à une priſon perpétuelle par forme de peine qui produit une confiſcation du corps, & que la faculté de teſter dépend, non de la propriété des biens que l'on retient après la condamnation, mais de la vie civile, & de la participation aux effets civils. Mais ſi la condamnation étoit émanée d'un Juge Eccléſiaſtique, elle ne pourroit pas infliger la mort civile, ni avoir aucun effet pour le temporel. V. *Fevret de l'abus, liv.* 8, *chap.* 4, *n.* 9, *aux notes, & le Grand ſur l'art.* 95 *de la Coutume de Troyes, gloſſ.* 1, *n.* 16.

Si la femme condamnée pour adultère encourt la mort civile.

Si une femme qui a été condamnée à être raſée & enfermée pour le reſte de ſes jours dans un Couvent pour avoir commis adultère, encourt la mort civile & eſt incapable des effets civils, V. *Auzanet ſur l'art.* 292 *de la Coutume de Paris, pag.* 246. *Le Journal des Audiences du Parlement de Bretagne, tome* 2, *chapitre* 11. *Fevret de l'abus, liv.* 5, *chapitre* 3, *n.* 15, *M. le Preſtre, centurie* 2, *chapitre* 25. *Soefve, tom.* 2, *centur.* 2, *chap.* 53, *& Bretonnier ſur Henris, tom.* 1, *liv. 4, chap. 6, quest. 65.* De ces Auteurs que nous venons de citer, les uns tiennent la négative, & les autres l'affirmative; les raisons des uns & des autres sont expliquées dans le Plaidoyer de M. l'Avocat Général Talon rapporté par Bretonnier. Mais l'opinion de ceux qui estiment que la femme condamnée pour adultère, & qu'ils appellent authentiquée, encourt la mort civile, est la plus conforme aux vrais principes du Droit Romain. En effet la Loi 30, *cod. ad l. Jul. de adult.* déclare capitale la peine infligée aux adultères, *gladio puniri oportet.* Cette même Loi, & la Loi 1, *ff. de pub. jud.* mettent encore l'adultère au rang des crimes publics: que si l'Empereur Justinien par la *Novelle* 134, *chap.* 10, a changé la peine de mort en une clôture perpétuelle dans un Monastère, cet adoucissement ne change rien à l'effet que la condamnation doit produire par rapport à la mort civile; puisque la femme condamnée perd en quelque façon la liberté & le droit d'en user, ce qui suffit pour la rendre incapable des effets civils, attendu que son corps est, pour ainsi dire, confisqué; c'est ce qui a été jugé par l'Arrêt du 8 Janvier 1648, rapporté par Soefve au lieu cité.

Il est vrai que l'Arrêt du 21 Juin 1684, rapporté au 189.
Journal des Audiences & par Bretonnier, permit à une femme condamnée pour adultère à une clôture perpétuelle dans un Monastère de se marier; mais outre qu'il est difficile de comprendre qu'une telle femme ait pu être soustraite à sa punition par un Arrêt, sans l'intervention de l'autorité suprême du Prince à qui seul il appartient de remettre les peines, d'ailleurs la mort civile n'est pas un empêchement du mariage pour ce qui concerne le for intérieur, & le Sacrement, elle empêche seulement que les enfans qui en naissent ne soient capables des effets civils, qui n'ont rien de commun avec le Sacrement, comme le remarque fort bien l'Auteur des nouvelles notes sur Fevret, tom. 2, pag. 323; ainsi l'Arrêt du 21 Juin 1684, ne fait rien contre le sentiment que nous embrassons. Que si M. l'Avocat Général Talon a pensé que la femme authentiquée n'encouroit point la mort civile, M. Bignon, autre Avocat Général non moins fameux, a pensé le contraire. C'est aussi l'opinion du judicieux *Coquille sur la Coutume de Nivernois, chap. 2, des confiscations, art.* 8, qui décide, que le Clerc condamné par le Juge laïque à être perpétuellement enfermé dans un Monastère, perd la liberté.

Ceux donc qui ont souffert quelqu'une de ces condam- 190.
nations qui infligent mort civile, sont non-seulement in-

capables de tester, mais encore leur testament fait avant la condamnation, l'accusation & le crime, est annullé, *l.* 6, §. 5 & 6, *ff. de injusto rupto*; parce que le changement d'état, quand même il feroit perdre simplement le droit de Cité, prive de la faction du testament, & annulle le précédent, §. *alio autem* 4, *instit. quib. mod. testam. infirm.*

Quoique *l'Ordonnance de* 1670, *tit.* 17, *art.* 29, ne fasse mention que de la peine de mort, de la condamnation aux Galères, & du bannissement perpétuel hors du Royaume, pour leur faire produire la mort civile, il ne faut pas penser qu'elle ait abrogé les autres deux condamnations à mutilation de membre, & à prison perpétuelle, & qu'elles ne doivent pas produire la mort civile. L'Ordonnance ne s'est bornée aux trois peines dont elle parle, que parce qu'elle ne fait mention que des condamnations prononcées par contumace; & qu'on n'est point dans l'usage de condamner un contumax, ni à une prison perpétuelle, ni à mutilation de membre.

192. Des condamnations qui ne produisent pas la mort civile.

Mais il n'y a point d'autre peine dont la condamnation emporte la mort civile du condamné: la condamnation au fouet, à l'amende-honorable, au bannissement à temps du Royaume, ou à perpétuité d'une Province, ni la condamnation aux Galères à temps, même au-delà de neuf ans, n'infligeant point de mort civile, elles laissent au condamné l'intégrité de son état & la liberté de tester.

193. Des cas où ceux qui ont souffert la mort civile peuvent tester.

Il y a pourtant certains cas où ceux qui ont souffert une condamnation qui inflige la mort civile, ont néanmoins la liberté de tester.

Premièrement, celui qui en a obtenu la permission du Prince, comme nous l'avons dit ci-dessus; parce que le Prince étant au-dessus des Loix, il peut dispenser de leur exécution.

194. Quand le condamné a obtenu la permission du Prince.

En second lieu, ceux qui après avoir souffert la condamnation, ont été restitués & réhabilités par la puissance souveraine du Prince, auquel cas non-seulement ils ont la liberté de tester, mais encore le testament fait avant la condamnation, & qui avoit été annullé par la condamnation, reprend sa force, *l.* 6, §. 12, *ff. de injusto rupto*, ce qu'il faut entendre de la manière que nous l'avons expliqué au nomb. 187.

195. Ceux qui ont été rétablis par Lettres du Prince.

196. Lorsque le condamné décède pendant l'appel.

En troisième lieu, si après avoir été condamné par Sentence dont il y a appel, le prévenu décède avant l'Arrêt, & la confirmation de la Sentence, l'on doit dire la même chose que dans le cas de l'exception précédente, *l.* 6,

§. 8, *ff. de injusto rupto*, *l.* 13, §. *ult. ff. qui testam. fac. poss.*

En quatrième lieu, lorsque le Soldat est condamné à mort pour délit militaire, en obtenant la permission de ses Juges, il peut tester, nonobstant la condamnation, *l.* 6, §. 6, *ff. de injusto rupto*, *l.* 11, *ff. de testam. militis*, & *l.* 32, §. 8. *ff. de donat. inter vir. & uxor.* il ne peut néanmoins tester que de son pécule castrense, *l.* 13, *cod. de testam. militis*, & s'il a fait précédemment un testament *jure communi*, & qu'avant de mourir ensuite de sa condamnation, il le confirme en vertu de la permission par lui obtenue de tester, ce testament devra valoir tout comme s'il l'avoit fait après la condamnation, en usant de la permission à lui donnée, parce que la confirmation du précédent le fait regarder comme si le condamné venoit de le faire, *l.* 6, §. 6, *ff. de injusto rupto. Dubitari non oportet, quin si voluit id valere, fecisse id credatur*; mais il ne doit valoir que pour le pécule castrense, comme nous l'avons dit, & non pour ses autres biens qui doivent appartenir au fisc, suivant la *Loi* 13, *cod. de testam. militis.* 197.

Le Soldat condamné pour délit militaire qui en a obtenu la permission de ses juges.

Il peut confirmer le Testament précédent fait *jure communi*.

Mais il ne vaut que pour le pécule castrense.

En cinquième lieu, la condamnation prononcée par un Juge incompétant, ou si elle est d'une peine qu'on ne pouvoit pas infliger au prévenu à cause de son privilége, ne lui ôteroit pas la faculté de tester, *l.* 6, §. 10, *ff. de injusto rupto*; mais en France il faudroit attaquer & faire rétracter la condamnation, parce que les voies de nullité n'y ont pas lieu. 198.

Quand la condamnation est prononcée par un Juge incompétant

Chez les Romains, ceux qui étoient condamnés pour libelle diffamatoire, *ob carmen famosum*, & qui par la condamnation étoient déclarés intestables, *ut intestabilis sit*, ne pouvoient pas faire testament, ni porter témoignage, *l.* 18, §. 1. *ff. qui testam. fac. poss.* Ce n'étoit pas en vertu de la condamnation à la peine du crime; mais à cause que le Condamné étoit nommément déclaré intestable, *si Senatus-Consulto expressum est ut intestabilis sit.* Depuis la peine infligée à ceux qui composent ou divulguent des libelles diffamatoires, a été déclarée capitale, *l.* 1. *cod. de famosis lib.* & les Ordonnances Royaux l'ont déclaré de même; mais comme en France on n'est pas dans l'usage de déclarer intestable par la Sentence ou Arrêt de condamnation, lorsqu'on est condamné pour libelle diffamatoire, on ne devient intestable, que quand la peine infligée est du nombre de celles qui produisent la mort civile, selon les règles que nous avons expliquées ci-dessus. 199.

Si ceux qui étoient déclarés intestables par le Droit Romain, pour libelle diffamatoire, perdoient la faculté de tester.

Quid en France.

Il nous reste à examiner les personnes de la troisième 200.

Personnes de

la troisième classe. classe, que nous avons dit au commencement de cette section être celles qui manquent des qualités de l'esprit ou du corps, pour régler & expliquer leur volonté.

201. Les pupilles dans les Pays du Droit écrit.

On doit mettre dans ce rang, 1°. les pupilles ou impubères dans les Pays du Droit écrit, c'est-à-dire, les mâles qui n'ont pas accompli la quatorzième année, & les filles qui n'ont pas accompli la douzième année de leur âge, *l. 5, ff. qui testam. fac. poss.* §. 1, *instit. quib. non est permiss. facere testament.* sauf qu'ils peuvent tester, comme nous l'avons dit ci-dessus, sur la fin du dernier jour, auquel la quatorzième ou la douzième année sont accomplies selon la différence du sexe; car ce qui est dit des mâles dans la Loi 5, *ff. qui testam. fac. poss.* doit être entendu des filles à l'égard du dernier jour de leur pupillarité.

202. Ceux qui n'ont pas l'âge requis par les Coutumes.

Ceux qui n'ont pas pareillement accompli l'âge que les Coutumes exigent, ne peuvent pas non plus tester, en leur appliquant néanmoins ce qui est dit du dernier jour par rapport aux impubères dans le Droit Romain; & si les mineurs ont l'âge requis pour disposer des meubles & des acquêts, & qu'ils n'ayent pas celui que les Coutumes requierent pour disposer de la portion des propres, dont ils ont la libre disposition, le testament ne vaudra que pour les biens, à raison desquels ils ont l'âge requis pour disposer, & non pour les autres.

203. Comment doit-on se régler dans les Coutumes où l'âge pour tester n'est pas fixé.

Différentes opinions des Auteurs.

Auteurs qui ont écrit qu'il falloit se régler par le Droit Romain.

Il y a des Coutumes qui ont réglé l'âge auquel il est permis de tester; il y en a d'autres qui ne l'ont pas réglé, ce qui a fait naître, dans les Coutumes de cette dernière espèce, une grande question qui a été diversement décidée par les Auteurs & par les Arrêts du Parlement de Paris, pour savoir s'il falloit régler l'âge pour tester par ce qui est prescrit par le Droit Romain ou par la Coutume de Paris, ou par la Coutume voisine, ou bien par l'âge requis pour l'aliénation des biens. Chacune de ces quatre manières a eu ses Défenseurs; mais la difficulté n'a subsisté qu'entre l'opinion qui donnoit la préférence au Droit Romain, & celle qui donnoit au contraire la préférence à la Coutume de Paris, *Mornac*, sur la Loi *quod si minor* 24, §. 1, *de minoribus*. Ricard, *sur l'article* 293 *de la Coutume de Paris*, *& dans son Traité des Donations*, & plusieurs autres ont soutenu qu'il falloit se régler par le Droit Romain. *Ferriere sur le même article*, *nombre* 9, rapporte huit Arrêts qui l'ont jugé de même.

204. Auteurs qui ont cru qu'il

Au contraire *Carondas* est d'avis qu'il faut s'en tenir à l'âge déterminé par la Coutume de Paris. *Ferriere au lieu cité*, *nombre* 10, rapporte quatre Arrêts qui ont autorisé

falloit suivre la Coutume de Paris.

cette opinion, & c'est aujourd'hui la Jurisprudence de ce Parlement, comme l'attestent le même *Ferriere, nombre* 11, *& Augeard, tome* 1, *chapitre* 29. Ce dernier Auteur rapporte un Arrêt du 31 Janvier 1702, que l'on doit regarder comme un Règlement, puisqu'il ordonne qu'il seroit lu & publié au Bailliage de Senlis sur la Coutume duquel il fut rendu. *Ferriere dans la Conférence sur l'article* 293 *de la Coutume*, indique les différens articles des Coutumes qui ont réglé l'âge pour tester. On peut encore voir *Coquille dans ses Institutions au Droit François des testamens.*

Par quelle coutume doit-on régler la capacité de tester par rapport à l'âge.

Pour régler la capacité de tester par rapport à l'âge 205.
requis par les Coutumes, il faut avoir égard à la Coutume du domicile du Testateur, & non à celle où il a été par occasion, selon la remarque de *le Grand, sur la Coutume de Troyes, article* 95, *glose* 1, *nombre* 29. C'est aussi le sentiment de *Ferriere*, au lieu cité, *n.* 12, & dans ses *Instit. du Droit François*, sur le §. 1, *quib. non est perm. fac. test.* qui ajoute deux ou trois règles des Pays Coutumiers sur cette matière, quand il y a diversité de Coutumes; l'une, qu'il faut tester selon les règles prescrites par la Coutume du lieu où le testament est fait, & l'autre que les dispositions testamentaires prennent leur force par les Coutumes des lieux où les biens sont situés, c'est-à-dire, que l'effet & l'exécution des dispositions dépendent des Coutumes de la situation des biens, parce qu'elles sont réelles, ce qui s'entend des immeubles & des biens qui sont réputés immeubles; car à l'égard des choses mobiliaires, & qui suivent la personne du Testateur, elles doivent être réglées par la Coutume de son domicile, comme l'expliquent les *articles* 68, 69, *& suivans de l'Ordonnance de* 1735.

Règles sur cette matière.

L'impubère ne peut pas tester même avec l'assistance de son Tuteur.

L'incapacité des impubères, ou de ceux qui n'ont pas 206.
l'âge requis par la Coutume, n'est pas levée par l'assistance du Tuteur; parce que la faction du testament est de Droit public, & ne peut pas dépendre du Tuteur, ou du Curateur, & que d'ailleurs les dispositions ne doivent pas non plus dépendre de la volonté d'autrui, elles doivent au contraire avoir leur principe dans la volonté du Testateur, qui doit avoir la capacité lorsqu'il teste.

Testament fait avant l'âge requis n'est pas rendu valide, quoique le Testateur décède après l'âge.

De-là vient que le testament n'est pas rendu valide, 207.
quoique le pupille ou le mineur parvienne à l'âge de puberté ou à celui qui est requis par les Coutumes. *Nec ad rem pertinet si impubes postea pubes . . . factus fuerit, & decesserit*, §. 1, *instit. quib. non est permiss. fac. testam. l.* 19, *ff. qui testam. fac. poss. & l.* 1, §. 8, *ff. de bonor. possess. secundum tabulas*, parce que *quod initio vitiosum*

est, non potest tractu temporis convalescere, l. 29, ff. de regul. jur. & que suivant la règle Catonniene, le testament auroit été nul si le Testateur étoit décédé un moment après avoir testé, & n'est pas validé, *ex post facto, l. 1, ff. de reg. Catoniana*, & quoique le pupille soit Soldat, néanmoins, son testament est nul, quand même il testeroit *jure militari*, parce que l'âge pour tester est requis à l'égard des Soldats, tout de même que pour les autres Particuliers, *l. ult. cod. de testam. militis.*

208. Du furieux, imbécille, insensé de celui qui est dans le délire ou en phrénésie.

2°. Le furieux, l'imbécille, l'insensé, celui qui est dans le délire ou en phrénésie, & les autres personnes qui n'ont pas liberté de leur esprit ne peuvent tester, tandis qu'ils sont atteints de cette infirmité, *in adversa corporis valetudine mente captus, eo tempore testamentum facere non potest, l. 17, ff. qui testam. fac. poss. l. 16, §. 1, ff. eod. §. 1, instit. quib. non est permiss. fac. testam.* & le testament fait dans cet état demeure nul, quoique le Testateur vienne à recouvrer son bon sens, & la liberté de son esprit, *l. 19, ff. qui testam. fac. poss. l. 1, §. 9, de bonor. possess. secundum tabulas, & §. 1, instit. quib. non est permiss. fac. testam.* par la raison que *in eo qui testatur, ejus temporis quo testamentum facit integritas mentis exigenda est, l. 2, ff. qui testam. fac. poss.* mais le furieux, ou autre personne attaquée du côté du bon sens, a la liberté de tester dans les intervalles dilucides, où il possède sa raison, pourvu qu'il soit commencé & fini dans l'intervalle dilucide, *l. furiosum 9, cod. qui testam. fac. poss.* Et le testament de ceux qui ont disposé avant leur accident n'est pas rompu par la fureur ou imbécillité survenue, *§. 1, instit. quibus non est permiss. fac. testam.* Le testament est encore nul quand il est fait durant l'infirmité d'esprit, quoiqu'il soit fait en faveur des enfans, & que l'on n'y trouvè que des dispositions sages, quoiqu'en ayent pensé quelques Auteurs, parce que les Loix n'exceptent pas ce cas, & que les dispositions sages ne peuvent pas être l'ouvrage d'un furieux ou d'un insensé; on peut néanmoins se servir de la sagesse des dispositions, pour en tirer des inductions, & des argumens, dans le doute, comme le testament a été fait pendant l'intervalle dilucide du retour du bon sens, selon la remarque de *Duarenus*, & de quelques autres Auteurs.

Le testament fait dans cet état ne devient pas bon, quoique le Testateur revienne en son bon sens.

Le testament fait dans l'état de bon sens n'est pas rompu par la démence survenue.

La sagesse des dispositions peut être un argument du bon sens du Testateur.

209. L'imbécillité & tout autre vice de l'esprit doivent être prouvés

Comme le bon sens est naturel à l'homme, & que la fureur, l'imbécillité, & les autres infirmités de l'esprit sont des accidens, la présomption du Droit est pour le bon sens, *l. nec codicillos 5, cod. de codicillis.* C'est donc à ceux qui alléguent la fureur, ou quelqu'autre infirmité d'esprit, à en faire la preuve, à laquelle les intéressés sont recevables, quoique le testament porte que le Testateur a paru au Notaire & aux Témoins être dans son bon sens, même sans impugner de faux le testament, *M. Dolive*, *livre* 5, *chapitre* 9 : mais cette preuve ne seroit pas nécessaire, si le testament contenoit des dispositions qui fussent suffisantes pour proûver que le Testateur n'étoit pas en son bon sens, lorsqu'il l'a fait, *l.* 27, *ff. de condit. instit.* n'étant pas nécessaire de prouver ce qui est constaté par le testament même. Il n'est pas nécessaire d'articuler les faits desquels on veut faire résulter la preuve de l'imbécillité, ou de la démence. Il suffit d'alléguer la démence, & d'en offrir la preuve. Il y a un Arrêt du Parlement de Paris du 10 Janvier 1696 au Journal des Audiences, & encore un autre du Parlement de Provence du 11 Décembre 1675, au Journal du Palais, qui l'ont ainsi jugé.

par ceux qui les alléguent. Cette preuve peut être faite quoique le testament porte que le Testateur étoit en son bon sens.

3°. Celui qui est dans un état actuel d'ivresse, n'ayant pas l'usage libre de sa raison, ne peut pas tester, parce qu'il est incapable de régler sa volonté ; cependant c'est de la volonté qui a son principe dans l'esprit du Testateur, que dépend la validité du testament. 210.

210. Celui qui est dans un état d'yvresse ne peut pas tester.

4°. Le prodigue auquel l'administration de ses biens a été judiciairement interdite, ne pent pas tester, & s'il le fait après l'interdiction, le testament est nul de plein droit, *l. is cui* 18, *ff. qui testam. fac. poss.* & §. 2, *instit. quib. non est permiss. fac. testam.* L'Empereur Leon dans sa Novelle 39, veut que le testament du prodigue soit exécuté quand il contient des dispositions justes & sensées ; quoique les Novelles de l'Empereur Leon n'ayent pas force de Loi, néanmoins cela est reçu par l'usage du Parlement de Flandres, suivant M. Pollet, dans ses Arrêts, partie 3, Arrêt 125, mais le testament qu'il a fait auparavant est bon, nonobstant l'interdiction survenue, comme le décident le §. déjà cité, & la Loi 1, §. 9, *ff. de bonor. possess. secundum tab.* l'interdiction ne produit donc que l'incapacité pour l'avenir, sans toucher au passé ; car elle n'est pas mise au rang des changemens d'état, capables de donner atteinte aux testamens qui sont faits, & puisque le prodigue n'a pas la liberté de tester, tandis qu'il est dans cet état d'interdiction, il n'a pas par conséquent la liberté de révoquer le testament antérieur qu'il a déjà fait, parce que la novation d'un testament déjà fait, dépend de la liberté de tester.

211. Le prodigue interdit par Justice ne peut pas tester. L'interdiction survenue n'annulle pas le testament antérieur.

Selon *M. Maynard*, *livre* 7, *chapitre* 19, le prodigue après l'interdiction peut tester en faveur de ses enfans, & de la cause pie, conformément à la disposition de la

212. Si l'interdit peut tester en faveur de ses

enfans ou de la cause pie.

Novelle 39 de l'Empereur Leon, qui veut encore que le testament du prodigue fait en faveur des successeurs *ab intestat* soit valable ; mais comme les Novelles de cet Empereur n'ont pas force de Loi en France, lorsqu'elles corrigent le Droit ancien dans les Pays autres que le ressort du Parlement de Toulouse, dans lesquels la disposition de cette Novelle n'a pas été nommément reçue & autorisée, le prodigue interdit ne peut pas tester, même en faveur de ses enfans, ni de la cause pie, parce que la Loi déclare le Testateur absolument incapable de tester, & le Testament nul de droit sans distinction des personnes qui sont l'objet de ses dispositions ; car comme nous l'avons déjà remarqué plusieurs fois, on ne doit considérer que la capacité du Testateur, & non la faveur des héritiers ou Légataires, quand il s'agit de décider de la validité d'un testament, *l. 4, ff. qui testam. fac. poss.*

213. Conditions afin que l'interdiction produise l'incapacité de tester.

Afin que l'interdiction du prodigue puisse produire l'incapacité de tester, il faut qu'elle soit juridique & régulière, c'est-à-dire, qu'elle ait été prononcée par le Juge compétant avec connoissance de cause, Partie appellée, & après une inquisition des faits de prodigalité, suivant *M. la Roche-Flavin, dans son Recueil d'Arrêts*, verb. *prodigue, livre 3, titre 17, article 1* ; que si elle manquoit dans la forme, elle seroit nulle, & ne pourroit produire aucun effet.

214. Si le prodigue interdit par Sentence revenant à résipiscence reprend l'administration de plein droit, ou s'il faut une Sentence qui leve l'interdiction.

Auteurs qui tiennent que le prodigue est rétabli de plein droit.

C'est une question diversement décidée par les Auteurs, si le prodigue interdit par sa Sentence, revenant à résipiscence, reprend de plein droit l'administration de ses biens, & rentre dans son premier état. Certains du nombre desquels est *Guy-Pape, question 260*, tiennent qu'il rentre dans ses droits sans qu'il soit besoin de Sentence déclaratoire, si le prodigue se comporte en homme prudent & sage pendant un intervalle de deux ou trois ans, & cet avis paroît fondé sur la disposition de la Loi 1, *ff. de curator. furios.* non pour le délai de deux ou trois ans dont cette Loi ne parle pas ; mais pour la cassation de la curatelle décernée ; car elle dit que du moment que le furieux recouvre son bon sens, & que le prodigue revient à résipiscence, ils cessent de plein droit d'être en la puissance de leur Curateur ; *& tamdiù erunt ambo in curatione, quamdiù vel furiosus sanitatem, vel ille sanos mores receperit. Quod si evenerit ipso jure desinunt esse in potestate curatorum.*

215. Auteurs qui tiennent qu'il faut une Sentence.

Au contraire, *Balde, Ranchin, sur la question 260 de Guy-Pape* & quelques autres ont cru qu'il falloit une Sentence pour lever l'interdiction tout comme pour la produire, ce qui est fondé sur la règle, *nihil tam naturale est, quam eo genere quidve dissolvere, quo colligatum est, l. 35, ff. de regul. jur.* & cette opinion paroît plus conforme à nos maximes; car nous tenons que les dispositions des Sentences doivent subsister jusqu'à ce qu'elles ayent été emportées juridiquement; ce parti paroît même le plus raisonnable, & le plus sûr pour éviter les embarras & les discussions dans lesquelles il faut entrer, soit pour déterminer le délai, soit pour faire la preuve de la résipiscence après la mort de l'interdit, pour savoir s'il avoit fait un bon ménage pendant un temps suffisant pour le faire rentrer dans ses droits, & lui faire reprendre la faculté de tester que l'interdiction lui avoit fait perdre.

216. Le muet de naissance ou par accident & qui ne sait pas écrire, ne peut pas tester.

Quid du Soldat sourd & muet.

Enfin, celui qui est muet de naissance, ou par accident, lorsqu'il ne sait pas écrire, est incapable de tester, §. *instit. quib. non est permiss. fac. Testam.* Le Droit Romain exceptoit le soldat; car quoiqu'il fut sourd & muet, il lui étoit néanmoins permis de tester par signes, ne le pouvant autrement, §. 2, *instit. de milit. Testam.* mais cette exception ne peut pas avoir lieu en France depuis l'Ordonnance de 1735, qui en *l'article 2* déclare *nulles toutes dispositions qui ne seront faites que par signes, encore qu'elles eussent été rédigées par écrit sur le fondement desdits signes.*

217. Le testament fait par ceux qui n'ont pas la faculté de tester est nul, sans aucun égard à la qualité des héritiers ou Légataires.

Nous devons ajouter, en finissant ce chapitre, une observation générale, dont l'application devra être faite à chacun des cas où nous avons expliqué ci-dessus l'incapacité de tester. C'est que le testament des personnes, qui n'ont pas la liberté ou la capacité de tester, par quelqu'une des causes dont nous avons fait le détail, est nul, sans considérer la qualité, ni la faveur des personnes qui peuvent avoir été instituées ou appellées pour recueillir les libéralités, quand même les enfans du Testateur ou la cause pie seroient l'objet de l'institution ou de la libéralité, parce que l'incapacité en la personne du Testateur rend absolument nul le testament, indépendamment de toute autre considération, & que la faveur de l'héritier ou du Légataire, ne peut pas autoriser, ni faire valoir une disposition que le Testateur n'a pas pu faire, à cause de la prohibition de la Loi, *l. 4, ff. qui testam. fac. poss.* par la raison que *testamenti factio non privati sed publici juris est, l. 3, ff. eod.* & que selon les expressions de la Loi 19 du même titre, *nullæ sunt tabulæ testamenti quas is facit, qui testamenti faciendi jus non habuerit.*

CHAPITRE V.

De la liberté requise pour faire des Testamens, & des défauts contraires qui peuvent annuller les dispositions. De la Crainte & Violence. Du Dol & de la Fraude. De la Captation & Suggestion. Du Testament fait sur l'interrogat d'autrui. De l'Erreur & de la fausse Condition, fausse Cause, fausse Démonstration, & autres semblables.

SOMMAIRE.

1. *De quelle liberté est-il question dans ce chapitre?*

De la liberté dans l'exercice de la volonté.

2. *La liberté consiste à pouvoir faire un premier testament ou à en faire un nouveau, & à changer un précédent.*

3. Ambulatoria est hominis voluntas usque ad extremum vitæ exitum.

4. *La volonté libre est de l'essence des dispositions testamentaires.*

Elles sont donc nulles quand il y a quelque cause qui ôte ou qui diminue la liberté.

5. *Le testament est l'ouvrage du seul Testateur.*

6. *Le testament est l'acte ou d'une personne mourante, ou qui a la mort en vue.*

Trouble que l'idée de la mort porte dans l'esprit des Testateurs.

On est moins en état de résister aux impressions, & de prévenir les surprises que dans les contrats.

Circonstances à examiner pour juger si la liberté a été ôtée ou diminuée.

7. *Pour annuller les dispositions testamentaires, on ne doit pas exiger des moyens qui fussent capables d'annuller un contrat.*

Si les prières, les services, les sollicitations affectueuses annullent les dispositions testamentaires.

Ce sont des causes qui meuvent librement & volontairement.

8. *Explication du volontaire & de l'involontaire.*

Plusieurs sortes de volontaires.

Du volontaire pur.

9. *Du volontaire mixte.*

10. *De l'involontaire.*

Le volontaire pur est requis dans les dispositions testamentaires; le volontaire mixte les annulle.

11. *Si les dispositions qui ne sont pas purement volontaires, tiennent de plein droit, ou s'il faut les faire rescinder.*

12. *Différentes opinions des Auteurs qui empruntent les*

les raisons de la matière des contrats.

13. *On ne doit pas prendre pour règle ce qui est dit pour les contrats.*

14. *Règles qu'il faut suivre pour la décision de cette difficulté.*

Résolution que les dispositions sont nulles de plein droit, sans renoncer à l'action rescisoire.

15. *Preuve par témoins des causes qui rendent les dispositions nulles par défaut de volonté libre.*

16. *Preuve de cette proposition.*

17. *S'il faut prendre la voie du faux.*

Preuve par témoins de la fureur, imbécillité & autres défauts de bon sens.

1. De quelle liberté il est question dans ce chapitre.

NOUS n'entendons point parler ici de la liberté d'esprit que tout Testateur doit avoir, & qui est considérée comme une des principales qualités, ou dispositions, que doit avoir une personne qui veut tester, comme nous l'avons dit dans le chapitre précédent; mais notre intention est de traiter de cette liberté, qui doit servir au Testateur, à régler ses dispositions par sa propre volonté, exclusivement de toute impression étrangère, capable d'ôter ou de diminuer l'usage actuel de la liberté de disposer, comme il trouve à propos.

De la liberté dans l'exercice de la volonté.

2. La liberté consiste à pouvoir faire un premier testament, ou à en faire un nouveau, & à changer un précédent.

Cette liberté doit rouler sur deux points principaux. Le premier consiste à pouvoir faire un testament, premier ou second, peu importe, sans empêchement. Le second consiste en la faculté de faire librement les dispositions qu'il trouve à propos.

3. *Ambulatoria est hominis voluntas usque ad extremum vitæ exitum.*

Car le Testateur ne se liant point par un premier testament, il peut en faire autant qu'il le désire, parce que *ambulatoria est hominis voluntas usque ad extremum vitæ exitum*, *l. 4, ff. de adim. leg.* Il doit donc avoir la liberté d'en faire un second, un troisième, &c. sans que personne puisse s'y opposer, à moins que d'encourir les peines infligées par les Loix, comme nous l'expliquerons en son lieu.

4. La volonté libre est de l'essence des dispositions testamentaires.

D'autre côté, le testament devant être selon la définition de la Loi 1, *ff. qui testam. facere possunt*, *voluntatis nostræ justa sententia*, & toutes les dispositions qu'il renferme devant avoir leur fondement dans la volonté du Testateur; volonté pleinement libre, réfléchie & délibérée, ou tout au moins adoptée par de bonnes considérations, quand on lui en fait naître l'idée, comme nous l'avons expliqué au commencement du *chapitre 2*, & au *chapitre 3*, les dispositions doivent être regardées comme essentiellement nulles, dès qu'il se rencontre quelqu'une des causes qui ôtent ou qui diminuent l'exercice de la liberté dans la volonté du Testateur.

5. Le testament est l'ouvrage du seul Testateur.

Cela paroît d'autant plus certain, que les testamens ne sont pas comme sont les contrats, l'ouvrage de plusieurs personnes, qui tâchent de pourvoir chacune de son côté à ses intérêts. C'est l'ouvrage du seul Testateur; c'est sa volonté qui doit servir de règle, sans qu'il soit nécessaire que celle des héritiers ou des Légataires concoure dans l'acte même par leur présence, ou par leur acceptation, pour rendre les dispositions efficaces. Voilà pourquoi si cette volonté manque ou si elle est incertaine par le défaut de liberté, le seul fondement de la disposition manquant, la disposition doit nécessairement tomber par voie de conséquence.

6. Le testament est l'acte ou d'une personne mourante, ou qui a la mort en vue.

On est moins en état de résister aux impressions & de prévenir les surprises que dans les contrats.

Il faut encore prendre garde que le testament est l'acte, ou d'une personne mourante, ou d'une personne qui doit nécessairement avoir la mort en vue quand elle teste. Voilà pourquoi cette idée affreuse causant du trouble dans l'esprit des Testateurs, comme les Législateurs l'ont bien compris, & l'ont exprimé dans plusieurs textes, un Testateur est dans cet instant moins en état de résister aux impressions capables de donner atteinte à cette liberté, avec laquelle il doit nécessairement régler sa volonté, & ses dispositions, & il est par conséquent plus exposé à la surprise qu'il ne le seroit, s'il s'agissoit des contrats faits en pleine santé, ou qui n'ont pas la mort pour objet. Ainsi, en examinant les circonstances capables d'ôter ou de diminuer la liberté dans la personne d'un Testateur, on doit considérer, non-seulement les différens sexes, & la différence de l'âge des Testateurs; mais encore l'état de la maladie plus ou moins griève, ou de santé, pour juger de la suffisance des causes qui sont alléguées pour rendre inutiles les dispositions testamentaires, comme n'étant pas entièrement libres, & n'ayant pas leur fondement dans la volonté du Testateur.

7. Pour annuller des dispositions testamentaires, on ne doit pas exiger des moyens qui fussent capables d'annuller un contrat.

Si bien que quand il s'agit de la nullité d'un testament, pour quelqu'une des causes qui ôtent ou diminuent la liberté, on ne doit pas exiger des moyens tels qu'ils doivent suffire pour faire rescinder un contrat entre-vifs; mais ils doivent suffire pour faire casser les dispositions testamentaires, s'il paroît que le Testateur n'eût pas fait la disposition, s'il n'y avoit été porté, engagé, & induit par l'impression étrangère, de manière que la disposition n'a pas son fondement dans la volonté du Testateur, si la manière par laquelle le Testateur a été porté, engagé ou induit à faire la disposition, n'est pas du nombre de celles que la Loi autorise ou permet ; car si l'impulsion est de telle nature que la Loi ne l'improuve pas, comme sont les prières, les services réciproques, les sollicitations affectueuses, ainsi que le décident la Loi 70, *ff. de hæred. instit.* la Loi dernière, *cod. si quis aliquem testari prohib.* & la Loi *dernière*, *du même titre au digeste.* Cette impulsion ne rendroit pas la disposition nulle, quand même elle auroit servi à faire naître la pensée dans l'esprit du Testateur, & feroit la première cause de la libéralité, parce que les faits ou les paroles qui produisent l'impulsion, n'ôtent ni ne diminuent pas la liberté du Testateur, ce ne sont que des simples considérations, qui meuvent à la vérité, mais qui meuvent librement & volontairement ; ainsi la disposition n'a aucun principe vicieux ou réprouvé.

Si les prières, les services, les sollicitations affectueuses annullent les dispositions testamentaires.

8. Explication du volontaire, & de l'involontaire.

Plusieurs sortes de volontaires.

Du volontaire pur.

Pour faire une juste application de ce qui a été observé, il faut savoir que l'on peut considérer le volontaire ou l'involontaire par rapport à trois degrés différens, ou à trois classes diverses ; c'est-à-dire, le volontaire pur, le volontaire mixte, & ce qui n'est point volontaire. On appelle volontaire pur, ce qui procède librement de la pensée, du mouvement, & de la volonté, ou bien ce qui est adopté par de bonnes & justes considérations sur les idées qu'on en conçoit par le mouvement d'autrui, *cum cognitione finis*, ainsi que s'expliquent les Théologiens ; car comme nous venons de l'expliquer, la volonté se déterminant librement dans ce cas, la chose n'est pas moins purement libre, quoiqu'un autre en ait le premier conçu l'idée. On peut voir ce qui en sera dit dans la section 3 de ce chapitre.

9. Du volontaire mixte.

Le volontaire mixte est celui par lequel nous voulons une chose sur des motifs & des considérations qui nous déterminent, sans lesquels motifs nous n'aurions pas voulu. On peut mettre dans cette cathégorie tout ce qui est forcé par violence, tout ce qui est l'effet du dol, de la surprise, de la tromperie & de l'erreur. Il y a, à la vérité, dans ces cas une volonté forcée, surprise, trompée ou erronée ; mais cette volonté n'est pas pure, puisque les impressions étrangères l'ont produite & déterminée, & c'est une espèce d'involontaire selon la description des Théologiens qui disent, *sicut voluntarium est illud quod habet ortum à principio intrinseco cum cognitione finis, ita involuntarium dicitur esse illud, quod non habet ortum à voluntate veluti à principio intrinseco.*

10. De l'involontaire.

Enfin, le pur involontaire est celui où il n'y a absolument aucune volonté de faire ce qui se trouve fait, comme dans cet exemple rapporté par Aristote, de ce Philosophe, qui voulant tuer un chien, jetta une pierre qui tua sa belle-mère, & autres cas semblables. Dans les dispositions tes-

Le volontaire pur eſt requis dans les diſpoſitions teſtamentaires, le volontaire mixte les annulle.

tamentaires, il n'y a que le pur volontaire qui puiſſe leur ſervir de fondement, & il ſuffit qu'il ſe rencontre un volontaire mixte pour les rendre inefficaces, parce qu'elles ſont de pures libéralités qui dépendent abſolument de la ſeule & nue volonté du diſpoſant, comme le remarque fort bien *Louis Molina de juſtitia & jure tractat.* 2, *diſput.* 135, *num.* 2.

11\. Si les diſpoſitions qui ne ſont pas purement volontaires tiennent de plein droit, ou s'il faut les faire reſcinder.

Les Interprètes du Droit Romain traitent & décident diverſement la queſtion de ſavoir, ſi lorſqu'il paroît que le Teſtateur n'a pas diſpoſé librement, & que ſes diſpoſitions ſont l'effet des impreſſions étrangères, ſoit par violence, dol, ſurpriſe ou autre mauvaiſe voie, les diſpoſitions tiennent de plein droit, & s'il faut les faire annuller, comme on le pratique à l'égard des contrats, ou bien ſi elles ſont nulles de plein droit, dès que le fait eſt établi, ſans qu'il ſoit beſoin de recourir à l'action reſciſoire.

12\. Différentes opinions des Auteurs qui empruntent les raiſons de la matière des contrats.

Les uns tiennent pour l'affirmative, les autres pour la négative, & ils empruntent leurs raiſons & leurs argumens dans les principes, qui ont réglé les contrats dont ils font l'application aux teſtamens.

13\. On ne doit pas prendre pour règle ce qui eſt dit pour les contrats.

Mais il me ſemble que cette manière de raiſonner n'eſt pas exacte, parce que les contrats & les teſtamens ont chacun leurs règles à part, *verba contraxerunt, geſſerunt, non pertinent ad jus teſtandi, l.* 20, *ff. de verb. ſignific.* On ne doit donc pas appliquer aux teſtamens les règles qui ne ſont faites que pour les contrats.

14\. Règles qu'il faut ſuivre pour la déciſion de cette difficulté.

Réſolution que les diſpoſitions ſont nulles de plein droit, ſans recourir à l'action reſciſoire.

Pour décider donc d'une manière ſûre la difficulté propoſée, il faut ſe fixer aux principes propres à la matière teſtamentaire, & comme c'eſt la volonté du Teſtateur qui doit être la règle immuable de ſes diſpoſitions, & que cette volonté doit avoir ſon fondement dans l'eſprit du Teſtateur, qu'il doit par conſéquent diſpoſer en pleine liberté, toute diſpoſition qui manque de ce caractère eſt eſſentiellement & radicalement nulle, enſorte que dès auſſitôt que le moyen qui produit la nullité eſt établi, la diſpoſition doit être caſſée & annullée, ſans qu'il ſoit néceſſaire de recourir à l'action reſciſoire, quoiqu'on le doive par rapport aux contrats pour les faire annuller; cela eſt ſi vrai, que nos Ordonnances qui ont réglé les délais pour ſe pourvoir par la voie de la reſciſion, n'ont parlé que des contrats & des diſtracts, & nullement des teſtamens. Donc il ſuffit d'alléguer & de prouver les moyens de nullité, pour faire caſſer les teſtamens, même après les délais preſcrits par les Ordonnances, pour demander la reſciſion des contrats.

15\. Preuves par témoins des

Les faits qui tendent à annuller les teſtamens ou les diſpoſitions qu'ils renferment, comme ſont ceux de violence, dol, persuasions & inductions frauduleuses, peuvent être prouvés par témoins, même sans avoir besoin d'impugner de faux le testament qui énonceroit le contraire, comme le décide *l'article 47 de l'Ordonnance de 1735.*

causes qui rendent les dispositions nulles par défaut de volonté libre.

16.

Preuve de cette proposition.

Car d'un côté, les Ordonnances de Moulins & de 1667, qui excluent la preuve par témoins à raison des choses dont la valeur excède 100 liv. n'ont lieu que pour ce qui peut faire la matière des conventions, comme le décident les Auteurs, & notamment *Argentré sur l'article 176 de la nouvelle Coutume de Bretagne*, & *Ricard*, qui parle nommément des faits de suggestion.

17.

S'il faut prendre la voie du faux.

D'autre part, il y a à la vérité, des Auteurs qui ont décidé, qu'il falloit prendre la voie du faux contre le testament, quand il énonce le contraire du moyen employé pour l'annuller; mais comme il importe que les dispositions extorquées par de mauvaises voies, ne sortent pas leur effet, & que ceux qui se servent de ces mauvaises voies, ne profitent pas de leur crime, tout comme il importe que la volonté libre, & sincère des mourans, soit exécutée, Sa Majesté a trouvé à propos, suivant en cela la Jurisprudence de divers Parlemens, de permettre par la nouvelle Ordonnance, de proposer toutes les nullités de Droit, sans avoir besoin d'attaquer le testament par l'inscription de faux, qui n'est qu'une pure formalité extrêmement dispendieuse, & d'ailleurs presqu'inutile, attendu que les moyens peuvent tomber sur le temps qui a précédé le testament, dont le Notaire & les Témoins ne peuvent pas rendre témoignage, que même on peut avoir disposé l'esprit du Testateur, & pris si bien ses mesures, que le Notaire & les témoins n'ayent pas été informés des voies mauvaises pour extorquer ou surprendre la disposition, si bien que selon l'esprit de la nouvelle Ordonnance, on n'a pas besoin d'attaquer le testament par la voie du faux, soit que les moyens allégués tombent sur le temps auquel le testament a été fait, ou sur un temps qui a précédé la faction du testament; tout comme on est reçu à prouver la fureur, l'imbécillité, le délire & tout autre défaut de bon sens du Testateur; quoique le testament porte que le Testateur étoit en son bon sens, lorsqu'il a testé, sans avoir besoin d'impugner le testament qui énonce le contraire.

Preuve par témoins de la fureur, imbécillité & autre défaut de bon sens.

SECTION PREMIERE.

De la Crainte & Violence.

SOMMAIRE.

1. *Nullité du testament extorqué par violence.*

Le Testateur doit être dans une pleine liberté de régler sa volonté.

Le testament est nul si quelqu'un des témoins n'assiste pas volontairement, & s'il y est retenu par violence.

Quid *des dispositions faites en faveur des enfans ou de la cause pie.*

2. *Plusieurs difficultés à examiner.*

3. *Quelle doit être la violence capable d'annuller les dispositions. Pour annuller une disposition testamentaire, il ne faut pas une violence suffisante pour annuller un contrat.*

Il suffit que le Testateur ait disposé non sua sponte.

4. *Conséquences qui peuvent être tirées des propositions du nombre précédent.*

Du Testateur envers lequel on a usé d'excès réels.

5. *Du Testateur auquel on a soustrait les alimens ou le service.*

6. *Des menaces de laisser le Testateur sans alimens, & sans service.*

Menaces d'excès réels.

7. *Il suffit de prouver une violence sans laquelle le Testateur n'auroit pas disposé.*

Tout ce qui blesse, altère, ou diminue la liberté de disposer à sa volonté, annulle les dispositions.

La crainte révérentielle si elle n'est accompagnée de menaces ou de vives sollicitations, n'annulle pas les dispositions.

8. *En quel temps la violence doit intervenir pour annuller.*

9. *Si la violence en un point annulle toutes les dispositions contenues dans le testament.*

10. *Si la violence peut être présumée, ou s'il faut la prouver, & comment.*

Quid *si le Testateur dispose en prison.*

11. *Cas où les dispositions sont annullées par la présomption qu'elles ont été extorquées.*

Du mineur qui dispose en faveur de son Tuteur ou Curateur.

Du malade qui dispose en faveur de son Médecin, Apothicaire ou Chirurgien.

Du pénitent qui dispose en faveur de son Confesseur.

12. *Si la violence est suffisamment prouvée par la déclaration du Testateur.*

13. *Si celui qui a usé de violence pour forcer à tester, est privé du droit qu'il pourroit avoir* ab inteſtat.

1. Nullité du testament extorqué par violence.

LE testament qui a été extorqué par force ou violence est-il nul ? Il y a deux opinions parmi les Docteurs sur ce point. Les uns tiennent que la disposition extorquée par force ou violence, n'est pas nulle de plein droit, parce que *voluntas coacta voluntas est* ; mais que dans ce cas, la libéralité doit être ôtée à celui qui l'a extorquée par violence, & qu'elle doit être déférée au fisc. Les autres tiennent que les dispositions faites par violence, sont radicalement nulles, & comme non écrites. Ce dernier avis est sans contredit le meilleur. Cela a lieu, soit que la violence ait été commise par l'héritier ou par quelqu'autre personne, & celui qui a causé la violence est punissable. *L.* 1, *cod. si quis aliquem testari prohib. l.* 3, *ff. eod.* C'est le sentiment unanime de tous les interprètes, qui en donnent plusieurs raisons. La principale, est que le Testateur doit être dans une pleine liberté de régler sa volonté, comme il trouve à propos, *l.* 1, *cod. de Sacro Sanct. Eccles.* Cependant rien n'est plus contraire à cette liberté que la force & la violence exercée sur la volonté du Testateur, en lui faisant faire ce qu'il ne veut pas, & le contraire même de ce qu'il veut, *l.* 116, §. *ult. ff. de regul. jur.* & l'on exige tellement la liberté dans cet acte, que si un des témoins appellés au testament n'y assiste pas librement, s'il y est retenu par violence ou par

Le Testateur doit être dans une pleine liberté de régler sa volonté.

Le testament est nul si quelqu'un des témoins n'assiste pas volontairement, & s'il y est retenu par violence.

contrainte, le testament est nul, *l.* 20, §. *qui testam. fac. poss.* Cette règle doit encore être observée, quoique les dispositions forcées ayent été faites en faveur des enfans, ou de la cause pie ; car la faveur des personnes ne change rien à cet égard, attendu que les dispositions faites à leur profit ne doivent pas moins être fondées sur la volonté libre du Testateur, que celles qui regardent les autres personnes moins favorables.

2. Plusieurs difficultés à examiner.

Pour l'éclaircissement de cette matière, on doit examiner quelques difficultés qui peuvent se présenter. La première, quelle doit être la violence pour être capable d'annuller les dispositions, & en quel temps doit-elle être intervenue? La seconde, si la violence étant intervenue, toutes les dispositions sont annullées, ou seulement pour cette partie, à raison de laquelle la violence a été exercée. La troisième, si la violence peut être présumée, ou s'il faut la prouver, & comment. La quatrième, si celui qui a exercé la violence doit être privé du droit qu'il pouvoit avoir en la succession, & si l'hérédité est déférée au fisc, ou bien aux héritiers légitimes. La cinquième, si la crainte est purgée lorsque le Testateur survit, & qu'il ne change point le testament extorqué par violence.

3. Quelle doit être la violence capable d'annuller les dispositions.

Sur la première difficulté, nous disons, en premier lieu, que pour déterminer le caractère de la violence, il faut avoir égard comme nous l'avons expliqué : 1°. au sexe. 2°. A l'âge. 3°. A l'état de santé ou de maladie du Testateur. 4°. A la grièveté de la maladie. 5°. Nous ajoutons qu'après la diversité des circonstances, il faut examiner la nature des faits de crainte, ou de violence, pour savoir s'ils ont été capables de contraindre le Testateur à faire ce qu'il n'auroit pas voulu, ni fait volontairement; car il ne faut pas se figurer qu'il faille, pour annuller une disposition testamentaire, une violence capable d'ébranler un homme ferme & constant, & comme les Loix l'exigent pour annuller un contrat entre-vifs, parce qu'il y a diversité de raison, comme nous l'avons expliqué. Ce sont là les règles que l'on peut donner en général sur cette matière, qui dépend beaucoup de l'arbitre, & de la prudence des Juges; on peut néanmoins observer que la réflexion que nous venons de faire est clairement autorisée par les paroles & l'esprit de la Loi 1, *cod. si quis aliquem testari prohib.* Car elle n'exige pas une crainte capable d'ébranler un homme constant, ou une femme qui a de la fermeté ; elle veut seulement que les faits soient tels que l'on puisse en conclure que le Testateur n'a pas disposé de son pur gré, *si Testator non sua sponte testamentum fecit*, ou que la violence produise une compulsion capable d'engager le Testateur à faire ce qu'il

Pour annuller une disposition testamentaire, il ne faut pas une violence suffisante pour annuller un contrat.

Il suffit que le Testateur ait disposé *non sua sponte.*

n'a pas voulu, *sed compulsus ab eo qui hæres est institutus, vel à quolibet alio, quos noluerit scripsit hæredes.*

En second lieu, de ce qui a été dit, on peut tirer quelques conséquences qui éclaircissent cette matière. La première, que les dispositions testamentaires doivent être annullées, lorsqu'il est intervenu des excès réels, & des mauvais traitemens sur la personne du Testateur, ou lorsqu'on a usé d'une telle violence, qui suffiroit pour faire rescinder un contrat entre-vifs; car s'il faut une moindre violence pour faire casser une disposition testamentaire que pour faire rescinder un contrat, il est évident que la violence capable de faire casser un contrat, doit suffire pour faire annuller une disposition testamentaire.

4. Conséquences qui peuvent être tirées des propositions du nombre précédent.

La seconde, que la soustraction des alimens, ou du service au Testateur malade, pour le forcer à disposer, seroit un moyen suffisant pour faire annuller les dispositions; parce que rien n'est plus capable d'ébranler une personne malade, & de faire une vive impression sur son esprit, que de se voir abandonné, & sans secours, dans un temps où le secours & le service lui sont plus nécessaires.

5. Du Testateur auquel on a soustrait les alimens ou le service.

La troisième, la seule menace faite d'une manière sérieuse de laisser le malade sans alimens & sans service, s'il ne dispose ainsi qu'on le lui inspire, seroit un sujet de crainte suffisant pour rendre sa disposition inefficace, comme n'ayant pas son principe dans la volonté libre du Testateur. Il en devroit être de même à plus forte raison des menaces qu'on feroit d'user d'excès réels sur la personne du Testateur; sur quoi l'on peut voir *Pekius de testam. conjug. lib.* 1, *cap.* 9, *Mantica de conjectur. ult. vol. lib.* 2, *tit.* 7. *Sichandus* & les autres Docteurs sur le tit. du code *si quis aliq. testari prohib. vel coegerit.*

6. Des menaces de laisser le Testateur sans alimens & sans service. Menaces d'excès réels.

La quatrième, en un mot, qu'il suffit de prouver une crainte, ou une violence sans laquelle le Testateur n'auroit pas disposé, sans examiner si une personne ferme & constante y auroit pû résister, quoique plusieurs Auteurs ayent pensé le contraire; en quoi il me semble qu'ils se sont éloignés de l'esprit des Loix en matière de testamens; car une telle crainte n'est nécessaire que pour annuller un contrat qui n'exige pas une si grande étendue de liberté que le testament en requiert, & ce n'est pas le cas d'appliquer la règle *voluntas coacta, voluntas est;* car les Loix n'exigent pas pour tester valablement une volonté telle quelle, & en général elles veulent que cette volonté soit libre, & parfaitement libre, *ut libero arbitrio cui testandi facultas suppetit*, selon les expressions de la Loi *omnium* 19, *cod. de testam.* qu'elle soit conçue,

7. Il suffit de prouver une violence sans laquelle le Testateur n'auroit pas disposé.

Tout ce qui blesse, altère ou diminue la liberté de disposer à sa volonté annulle les dispositions.

ou reçue librement dans l'esprit du Testateur, & qu'elle soit expliquée avec la même liberté; voilà pourquoi tout ce qui blesse, altère, ou diminue cette liberté, rend les dispositions nulles. Mais ce que l'on appelle crainte révérentielle, n'est pas capable de donner atteinte à la disposition testamentaire, si elle n'est accompagnée, ou de menaces, ou de sollicitations vives, pressantes, ou importunes, parce que des démarches de cette nature, de la part d'une personne que l'on doit respecter, ne laissent pas au Testateur une liberté suffisante.

8. En quel temps la violence doit intervenir pour annuller.

A l'égard du second point de la première difficulté, qui consiste à savoir en quel temps la violence doit être intervenue. Il ne faut pas s'enquérir si la volonté du Testateur a été violentée au moment auquel il a testé, ou auparavant, il suffit qu'il ait testé sans avoir la liberté nécessaire; ce que l'on doit présumer, dès que la violence est intervenue avant la faction du testament, lequel doit être censé l'effet de cette violence, s'il ne s'est écoulé un intervalle de temps qui puisse faire juger que le sujet de crainte avoit cessé lorsque le testament a été fait, ce qui doit dépendre des différentes circonstances; & c'est ainsi que les Auteurs le décident.

9. Si la violence en un point annulle toutes les dispositions contenues dans le testament.

Sur la seconde difficulté, il est certain que si la violence est intervenue pour extorquer l'institution d'héritier dans le Pays du Droit écrit, où l'institution est la base du testament, §. 34, *instit. de leg.* toutes les dispositions tombent, lorsque l'institution extorquée par violence est emportée. Autrement si le Testateur a disposé librement pour certains chefs, & qu'il n'ait été violenté qu'en d'autres, on doit annuller seulement les dispositions arrachées par violence, & laisser subsister les autres qui ont été faites librement; parce que les dispositions des testamens ne sont pas indivisibles, & que la nullité pour certaines, ne doit pas entraîner celles qui n'ont point de vice.

10. Si la violence peut être présumée ou s'il faut la prouver, & comment.

Quid si le Testateur dispose en prison.

Touchant la troisième difficulté, la violence est un fait, c'est même une espèce de crime, on doit donc la prouver, autrement elle ne doit pas être présumée, *l.* 23, *ff. quod met. causa*, & *l.* 13, *cod. de transact.* c'est ainsi que le décident unanimement tous les Auteurs, parce que les faits & les crimes ne se présument pas; ce qui doit avoir lieu, quand même le Testateur auroit disposé étant détenu en prison, selon *Mantica de conjectur. ult. volunt. lib.* 2, *tit.* 7, *n.* 1. Ceci néanmoins doit être entendu pourvu que le Testateur n'eût pas été emprisonné dans le dessein de l'obliger à tester, & qu'il n'ait pas disposé directement ou indirectement en faveur de celui qui l'a fait emprisonner; car dans ce cas on casseroit, selon l'avis de certains Auteurs, un contrat passé en prison, à plus forte raison devroit-on casser un testament.

Il y a néanmoins des cas, où sans qu'il soit besoin de prouver la violence, les dispositions sont annullées à cause de la qualité des personnes qui sont appellées pour les recueillir; parce que l'on présume que le Testateur ne les a pas faites librement. Telles sont celles qui ont été faites par le mineur en faveur de son Tuteur ou Curateur avant d'avoir rendu son compte, suivant l'Ordonnance de 1539, art. 131, en quoi on s'est écarté de la disposition du Droit Romain qui permettoit ces sortes de dispositions, comme il paroît de la Loi *Aurelius* 28, §. 4, *ff. de liberat leg.* telles sont celles qui ont été faites par les personnes malades en faveur de leur Médecin, Apothicaire ou Chirurgien qui les soignent dans cette maladie; telles sont celles qui sont faites par le Pénitent en faveur de son Confesseur, & autres semblables où la même raison milite; cela est fondé sur l'esprit de la même Ordonnance de 1539. 11.

Cas où les dispositions sont annullées par la présomption qu'elles ont été extorquées.

Du malade qui dispose en faveur de son Médecin, Apothicaire ou Chirurgien.

La disposition seroit encore annullée sans autre preuve de violence, si le Testateur déclaroit en présence d'un Notaire & de deux témoins, qu'il avoit testé par violence, contre sa volonté, & qu'il révoqueroit le Testament, s'il n'avoit encore sujet de craindre. Il en devroit être autrement si le Testateur se contentoit de dire verbalement qu'il avoit été contraint de tester, sans expliquer par qui, ni les autres circonstances de la violence; parce que le Testateur, ne pouvant pas révoquer un testament parfait par une simple déclaration, *l. sancimus* 27, *cod. de testam.* & §. *ex eo autem* 7, *instit. quib. mod. testam. infirm.* La déclaration verbale de la violence ne pourroit pas opérer un plus grand effet, comme le remarque *Mantica de conjectur. ult. vol. lib.* 2. *tit.* 7, *n.* 5; cependant une telle déclaration devroit suffire pour annuller une disposition particulière; parce qu'elle peut être révoquée sans refaire le Testament, & par la simple déclaration d'une volonté contraire, *l.* 36, §. 3, *ff. de testam. milit. l.* 3, §. 11. *ff. de adimend. leg.* 12. & *l.* 16, §. 2, *ff. de his quæ ut indign. aufer.* 12.

Si la violence est suffisamment prouvée par la déclaration du Testateur.

La quatrième difficulté doit être décidée avec distinction; car ou celui qui s'est fait instituer héritier par violence, a commis ou fait commettre la violence, ou non: au premier cas, il doit être privé de l'hérédité, même du droit qu'il auroit pû y prétendre comme successeur *ab intestat*; parce qu'il s'en rend indigne par la violence qu'il a commise ou fait commettre. 13.

Si celui qui a usé de violence pour forcer à tester, est privé du droit qu'il pourroit avoir *ab intestat*.

Il doit être privé de l'hérédité ou de la libéralité, parce

14. Si celui qui a usé de violence pour tester doit être privé de la libéralité contenue dans le testament forcé.

que la disposition est radicalement nulle, & ne peut point valoir, il doit être déclaré indigne du droit qu'il auroit pû prétendre *ab intestat*, parce qu'il a contraint le Testateur de disposer autrement qu'il n'auroit fait; qu'ainsi ayant contre lui la volonté du Testateur, qui l'auroit exclus s'il avoit testé librement, il ne doit pas profiter du bénéfice de la Loi, qui ne défére les successions qu'aux personnes qui ne s'en sont pas rendues indignes, & à celles que le défunt auroit vraisemblablement appellées s'il avoit disposé librement, *quando quidem cogendo illum vi aut metu, ut se aut alium instituat hæredem aut legatarium, quem seclusa illa vi aut metu non instituisset, prohibet illum testari, ut alioquin foret testaturus*, comme dit *Molina de justitia & jure disput.* 135, *num.* 5, *tractat.* 2. Or dans ce cas il y a une preuve du contraire; puisque le Testateur n'auroit pas eu besoin d'être forcé s'il avoit voulu tester librement en faveur de celui qui le force. Il doit donc être exclus par l'exception du dol, parce qu'il a contre lui la volonté du Testateur, *l.* 36, §. 3, *ff. de testam. milit. l.* 12 *ff. quæ ut indign. aufer. & l.* 4, §. *præterea* 10, *ff. de doli mali, & metus except.*

15. Celui qui fait violence commet un crime. Le fils qui fait violence à son père peut être exhérédé & privé de sa légitime.

D'ailleurs en commettant la violence, il commet un crime qui le rend indigne de prendre part à la succession du défunt, cela résulte clairement de l'esprit de la Loi 1, & de la Loi 2, *cod. si quis aliquem testari prohib.* de la Loi 1, & de la Loi 3, *ff. eod.* Il est vrai que ces textes sont dans le cas de l'empêchement de tester; mais on les applique par identité de raison au cas de la violence commise pour obliger à tester, *sed tamen idem de utroque receptum est, propter similitudinem rationis*, Duaren sur le titre du ff. *si quis aliquem test. prohib. cap.* 3; & si c'est un des enfans du Testateur, il peut être exhérédé & privé de la légitime, *Novell.* 115, *cap.* 3, §. 9.

16. Si les biens ôtés à celui qui a fait violence doivent être appliqués au fisc.

Ce qui est ôté à l'indigne n'est pas adjugé au fisc.

Mais les biens, ou la libéralité ne doivent pas être appliqués au fisc; on ne doit pas non plus appliquer au fisc le droit qui pouvoit compéter *ab intestat* à celui qui a commis la violence, & dont il est déclaré indigne; mais on le laisse dans l'hérédité, ou aux autres successeurs légitimes; parce qu'en France, & sur-tout au Parlement de Toulouse, ce qui est ôté à l'indigne, n'est pas adjugé au fisc, comme l'enseignent *Bugnon des Loix abrogées, liv.* 5, *chap.* 26; *Louet & Brodeau, let. S. somm.* 20; *Maynard, liv.* 7, *chap.* 94; *Dumoulin sur la Coutume de Paris*, §. 13, suivant l'ordre de la nouvelle Coutume, *glos.* 3, *n.* 6, *& M. de Catellan, liv.* 2, *chap.* 83.

17. Quand l'hé-

Au second cas, si l'héritier, ou le légataire n'ont pas fait ou fait faire la violence, la disposition sera nulle;

parce qu'il importe peu de savoir par qui le Testateur a été forcé de disposer, suivant la Loi 1, *cod. si quis aliquem testari prohib.* mais celui en faveur duquel la violence a été faite, n'est pas privé du droit qui lui compète *ab intestat*, parce qu'il n'est coupable en rien, qu'il ne doit point souffrir du fait d'autrui, ni être puni d'une faute à laquelle il n'a aucune part : il suffit donc de laisser les choses dans l'état où elles seroient, si la violence n'avoit pas été commise, & s'il n'avoit point été fait de disposition forcée.

ritier ou le légataire n'ont pas commis ni fait commettre la violence, les dispositions ne laissent pas d'être nulles; mais ils ne sont pas privés de leur droit *ab intestat.*

18. Si la crainte est purgée lorsque le Testatenr survit & qu'il ne change point son Testament.

La cinquième difficulté, si la crainte est purgée, lorsque le Testateur survit, & qu'il ne change point le testament extorqué par violence, est diversement décidée par les Auteurs. Les uns veulent que le testament soit toujours nul.

Les autres sont d'avis qu'il est bon, & qu'il est confirmé par le silence du Testateur ; c'est le sentiment de *Menochius de arbit. casu* 395. *n.* 25.

19. Auteurs qui tiennent pour la validité des dispositions.

Si la cause de la crainte a duré pendant la vie du Testateur, sa survivance ne peut jamais rendre le testament valide ; parce que réellement il n'a point eu la liberté de le changer, & par conséquent on ne peut pas présumer qu'il l'ait approuvé par son silence.

20. *Quid* si la cause de la crainte a duré.

Mais si la cause de la crainte avoit cessé, dans ce cas il peut y avoir quelque difficulté, & le sentiment de ceux qui tiennent pour la confirmation, n'est pas destitué de raisons plausibles ; il y a même dans *Basset*, *tom.* 2, *liv.* 8, *tit.* 1, *chap.* 7, un Arrêt du Parlement de Grenoble du 26 Février 1663, par lequel les successeurs *ab intestat* d'une femme qui avoit disposé en faveur de son mari, furent déboutés de la demande en preuve des faits de violence commise par le mari, pour obliger cette femme à disposer comme elle avoit fait, sur ce que la Testatrice avoit vêcu douze ans après son testament sans l'avoir changé, & que les parens de la femme n'avoient intenté leur action, qu'après la mort du mari, ce qui rendoit leur action suspecte de vexation, & de calomnie, ainsi que le remarque l'Auteur qui rapporte cet Arrêt.

21. *Quid* si la cause de la crainte avoit cessé avant la mort du Testateur. Arrêt du Parlement de Grenoble.

22. Résolution pour la nullité des dispositions, nonobstant la survivance du Testateur, après que la cause de la crainte a cessé.

Cependant l'opinion contraire paroît véritable, & fondée sur l'esprit & la décision des Loix ; car, 1°. si le testament a eté extorqué par violence contre la volonté du Testateur, étant essentiellement nul dans son principe, il ne peut pas devenir valide par le seul laps du temps, & par le silence du Testateur, suivant cette règle du Droit, *quod initio vitiosum est, tractu temporis convalescere non potest*, *l.* 29, *ff. de règ. jur.* & cette autre, *quæ ab initio inutilis fuit institutio, ex post facto convalescere non potest, leg.* 210, *ff. eod. tit.*

23. Suite. 2°. Ces règles s'observent plus particulièrement aux testamens qu'aux autres actes, on en trouve la preuve dans plusieurs textes, & notamment dans ceux qui décident que les testamens faits par le fils de famille, le pupille, le furieux sont nuls; car les testamens ne sont pas confirmés, & ils ne deviennent pas valides, quoique le Testateur devienne père de famille, pubère, qu'il recouvre son bon sens, & qu'il décède dans un état auquel il pourroit valablement tester, *l.* 19, *ff. qui testam. fac. poss.* & §. 1, *instit. quib. non est permiss. fac. testam.* Or le testament du furieux & de l'impubère, n'étant nuls que par le défaut de volonté, & n'étant pas néanmoins confirmés, quoique le Testateur devienne capable de régler & de diriger cette volonté; on doit dire la même chose du testament extorqué par violence, parce qu'il péche également du côté de la volonté, & par conséquent il ne peut point être confirmé par le seul silence du Testateur pour être décédé sans l'avoir revoqué, quoiqu'il eût la liberté de le faire.

24. De ceux qui font violence pour empêcher de tester. Du reste, nous ne parlons point dans cet endroit des peines qui sont encourues par ceux qui font violence pour empêcher qu'une personne ne dispose par testament, soit pour conserver la succession *ab intestat* dont un testament troubleroit l'ordre, soit pour empêcher la révocation d'un précédent testament; les difficultés qui peuvent naître de ces cas, seront examinées dans le Chap. 6, Sect. 3, nomb. 100, 104 & suiv. où nous parlerons de l'indignité des héritiers.

SECTION II.

Du Dol & de la fraude.

SOMMAIRE.

1. *Effets du dol suivant le droit Romain.*
Action de dolo.
Exception de doli.
Nullité des Traités surpris par dol.
2. *Les deux premiers effets du dol ne regardent pas la matière testamentaire.*
3. *Définition du dol selon le Jurisconsulte* Servius.
4. *Autre définition du dol par le Jurisconsulte* Labeon.
5. *De ce qui doit être mis au rang du dol.*
6. *La fraude renferme le dol.*
Le dol renferme la fraude.
7. *La fraude a plus d'éten-*

due que le dol.
S'il peut y avoir du dol sans fraude, ou de fraude sans dol.
8. *Preuves qu'il ne peut y avoir du dol sans fraude.*
Qu'il peut y avoir de fraude sans dol.
Fraude de deux espèces.
Il ne peut y avoit de dol sans propos de tromper.
Il peut y avoir de fraude sans propos de tromper.
9. *Signification du mot* fraude *en France.*
Le dol & la fraude sont synonimes.
10. *Le dol & la fraude sont un moyen efficace pour annuller les dispositions.*
L'erreur exclut la volonté & le consentement.
11. *Le dol est un moyen pour faire rescinder les contrats.*
12. *Les dispositions testamentaires surprises par dol, sont inefficaces.*
13. *Il n'importe de savoir par qui le dol a été pratiqué.*
Dolus nemini patrocinari debet.
14. *Application au dol & à la fraude de ce qui a été dit de la crainte & violence.*
Qu'il ne faut pas recourir à l'action rescisoire, & la nullité est produite de plein Droit.
15. *Le dol & la fraude ne se présument pas.*
16. *Opinion de* Cujas *qui corrige la Loi 6,* cod. de dolo.
Que doit-on considérer pour connoître s'il y a du dol.
Les indices sont admis pour la preuve du dol.
17. *On ne peut pas déterminer les cas où il peut y avoir du dol.*
Que faut-il considérer pour la preuve du dol.
Pour annuller les dispositions testamentaires il ne faut pas un dol tel que pour rescinder les contrats.
18. *Il importe peu que le dol soit intervenu lors du testament ou après.*
19. *Il faut examiner les faits pour savoir s'ils sont suffisans.*
20. *On ne doit annuller que les dispositions qui ont été surprises.*
21. *Le dol & la fraude produisent une nullité radicale qui n'est pas couverte, quoique le Testateur survive.*

SELON l'esprit des Loix Romaines, le dol produit trois effets différens. 1°. Une action appellée *de dolo*, dont il est parlé dans les titres du Digeste & du Code *de dolo malo*. 2°. Une exception dont les cas sont détaillés dans le titre du Digeste *de doli mali, & metus exceptione*. Cette exception avoit lieu, non-seulement aux contrats, mais encore aux testamens, *l.* 1, §. 3, *ff. de doli mali, & metus exceptione*. 3°. Une nullité des traités, conventions & autres actes surpris par dol, ou compliqués de ce vice, ou un moyen de restitution en entier, *l.* 7, §. 1, *ff. de in integr. rest.*

I. Effets du dol suivant le Droit Romain. action *de dolo*. Exception *doli*. Nullités des traités surpris par dol.

2. Les deux premiers effets du dol ne regardent pas la matière testamentaire.

Les deux premiers effets du dol ne sont pas de notre matière; ainsi nous nous bornerons au troisième, pour ce qui concerne la nullité des dispositions testamentaires, extorquées, ou surprises par dol.

3. Définition du dol selon le Jurisconsulte Servius.

Selon le Jurisconsulte *Servius* dont le sentiment est rapporté & improuvé dans la Loi 1, §. 2, *ff. de dolo malo.* le dol est défini de cette manière, *dolum malum, Servius quidem ita definit, machinationem quandam alterius decipiendi causa, cum aliud simulatur, aliud agitur.*

4. Autre définition du dol par le Jurisconsulte Labeon.

Mais le Jurisconsulte *Labeon* le définit autrement, & sa définition a été approuvée par *Ulpien* dans la Loi citée. *Itaque ipse sic definit, dolum malum esse omnem calliditatem, fallaciam, machinationem, ad circumveniendum, fallendum, decipiendum alterum adhibitam.* Selon les Interprètes, le premier substantif *calliditas* s'applique aux paroles, *loquendo*, comme sont les mensonges & les autres paroles artificieuses; le second, *fallacia*, au silence frauduleux; & le troisième, *machinatio*, aux faits *faciendo.*

5. De ce qui doit être mis au rang du dol.

On doit donc mettre au rang du dol toute parole, tout fait, & tout artifice qui tend à surprendre, à tromper & à séduire la volonté, & qui engage à faire ce que l'on ne feroit pas, si l'on n'y étoit induit par l'artifice pratiqué.

6. La fraude renferme le dol.

Le dol renferme la fraude.

La fraude renferme en soi le dol, comme le genre comprend les différentes espèces qui en dépendent, & elle est souvent prise dans le sens du dol. Il y a plusieurs textes qui se servent du mot *fraus*, à la place du mot *dolus*, comme on le voit dans la Loi 7, §. 1, *ff. de in integr. restit.* Dans la Loi 63, *ff. de rei vindic.* & plusieurs autres. Le dol renferme aussi la fraude, *inest enim dolo & fraus, l. 7, §. 10, ff. de pactis.*

7. La fraude a plus d'étendue que le dol.

S'il peut y avoir de dol sans fraude, ou de fraude sans dol.

Mais la fraude a beaucoup plus d'étendue que le dol, le mot latin *fraus* est un terme générique qui comprend plusieurs espèces particulières: selon certains égards il embrasse le dol; selon d'autres, il ne le renferme pas; comme l'explique fort bien *Gœddeus* sur la Loi 131, *ff. de verbor. signif.* où ce Docteur prend la défense de M. *Cujas* contre la critique de *Jean Robert*, Professeur à Orléans, qui prétend que dans le Droit Romain il ne peut point y avoir de fraude sans dol, quoiqu'il puisse y avoir du dol sans fraude; cependant *Gœddeus* prouve par plusieurs exemples tirés des textes du Droit, qu'il faut renverser la proposition, & dire qu'il ne peut point y avoir de dol sans fraude, mais qu'il peut y avoir de fraude sans dol.

8. Preuves qu'il ne peut y avoir de dol sans fraude.

La première partie de cette proposition renversée se vérifie, quand on employe la ruse & l'artifice pour surprendre & pour tromper: alors il y a sans contredit

du

du dol, *l.* 1, *ff. de dolo malo*, *l.* 7, §. 9, *ff. de pactis*; la seconde partie se vérifie quand on n'use point de ruse & d'artifice, & qu'il n'y a qu'un fait nuisible ou préjudiciable par faute, négligence ou autrement, ce que l'on appelle fraude *ex eventu*, *non ex consilio*; car peut-il y en avoir de ces deux espèces? *L.* 79, *ff. de reg. jur.* On en voit des exemples dans la Loi 1, *ff. ad l. Falcid.* dans plusieurs Loix du titre *si quid in fraud. patron.* dans le §. 3, *instit. cui & quib. ex caus. manumitt. non licet*, & autres textes; cependant il ne peut point y avoir de dol sans propos de tromper, comme il paroît de la définition du dol rapportée dans la Loi 1, §. 2, *ff. de dolo malo*: au lieu qu'il peut y avoir de fraude sans propos de tromper, & par le seul événement, *eventu non consilio.* On peut voir là-dessus les différentes opinions des Docteurs qui sont rapportées & expliquées par *Bargelius de dolo*, *lib.* 5, *cap.* 5.

Qu'il peut y avoir de fraude sans dol.

Fraude de deux espèces.

Il ne peut point y avoir de dol sans propos de tromper.

Il peut y avoir de fraude sans propos de tromper.

9. Signification du mot *fraude* en France.

En France le mot *fraude* n'a pas une si grande étendue que le mot Latin *fraus* en avoit chez les Romains; voilà pourquoi les Auteurs François regardent comme synonimes les termes *dol & fraude*; ce qu'il faut néanmoins entendre en matière de rescision de contrats; car il y a des cas où la fraude se vérifie *ex solo eventu*, sans qu'il y ait du dol. Et c'est dans ce sens que nous devons considérer la fraude, c'est-à-dire, comme ayant la même signification que le dol dans la matière que nous traitons; ainsi le dol & la fraude ne constituent pas deux espèces différentes de nullité des dispositions testamentaires, mais une seule qui est de même nature, soit qu'on la tourne du côté du dol, ou du côté de la fraude. Les mêmes règles & les mêmes décisions doivent donc s'appliquer à l'un & à l'autre.

Le dol & la fraude sont synonimes.

10. Le dol & la fraude sont un moyen efficace pour annuller les dispositions.

Le dol & la fraude sont un moyen très-efficace pour rendre nulles les dispositions testamentaires surprises de cette manière. Cela se démontre par les principes que nous avons expliqués; car ces dispositions pour être valables devant avoir leur principe dans l'esprit du Testateur qui doit régler sa volonté, elles ne sauroient subsister, dès qu'elles sont surprises par artifice; car alors c'est la volonté d'autrui & non celle du Testateur qui produit la disposition; l'artifice dont on use jettant le Testateur dans l'erreur qui exclut la volonté & le consentement, *l.* 116, §. *ult. ff. de regul. jur.* La disposition se trouve manquer dans son principe fondamental qui est la volonté parfaitement libre.

L'erreur exclut la volonté & le consentement.

11. Le dol est un moyen pour faire rescin-

D'ailleurs le dol étant un bon moyen pour faire rescinder les actes entre-vifs, il doit, à plus forte raison, détruire les dispositions testamentaires qui se résolvent

der les contrats. bien plus facilement que les contrats entre-vifs, comme nous l'avons expliqué dans la Section précédente.

12. Les dispositions testamentaires surprises par dol sont inefficaces.

Enfin la Loi 1, §. 1, & la Loi 3, *ff. si quis aliquem testari prohib.* décident nettement que les dispositions testamentaires sont inefficaces, quand elles ont été surprises par dol.

13. Il n'importe de savoir par qui le dol a été pratiqué.

Il importe même peu que le dol ait été commis par la personne en faveur de laquelle la disposition surprise a été faite, ou par quelqu'autre personne, suivant la Loi 1, §. 1, *ff. si quis aliquem testari prohib.* parce que dans l'un & l'autre cas elle est également vicieuse, comme n'ayant point son fondement dans la volonté du Testateur. Lorsque l'héritier ou le légataire ont commis le dol, ils ne peuvent en tirer aucun avantage; parce que *dolus nemini patrocinari debet, l.* 1, *ff. de dolo malo*; que si c'est un tiers qui l'a commis, il doit nuire à l'héritier ou au légataire; parce que, comme disent les Interprètes, *ubi dolus alterius est causa immediata acquisitionis, ei, cui acquisitum fuit, nocet*, & que d'ailleurs la disposition est nulle, pour n'avoir pas son fondement dans la volonté du Testateur.

Dolus nemini patrocinari debet.

14. Application au dol & à la fraude de ce qui a été dit de la crainte & violence.

Ce que nous avons dit en parlant de la crainte ou violence au sujet de la nullité des dispositions testamentaires sans recourir à l'action rescisoire & de la privation, ou de l'indignité du droit qu'on pouvoit prétendre *ab intestat*, doit être appliqué aux cas où le légataire ou l'héritier auront employé le dol ou la fraude; parce que la violence & le dol sont conjoints, pour opérer les mêmes effets, dans la Loi 3, *ff. si quis aliq. testari prohib.* par ces paroles, *qui non per vim, nec dolum.*

15. Le dol & la fraude ne se présument pas.

Le dol & la fraude ne sont pas présumés; mais il faut les prouver, *l. dolum* 6, *cod. de dolo malo*, & c'est à celui qui les allègue, à les justifier, *dolum ex indiciis perspicuis probari convenit.*

16. Opinion de Cujas qui corrige la Loi 6, *cod. de dolo.*

M. Cujas prétend, qu'au lieu du mot *indiciis*, il faut lire *insidiis* dans le texte que l'on vient de citer, & comme la Loi 1, §. 2, *ff. de doli mali & metus exceptione*, donne pour règle, que pour juger s'il y a du dol, il faut considérer le fait même, *an dolo quid factum sit, ex facto intelligitur*, il faut examiner les piéges que l'on a tendus, & l'artifice dont on a usé pour discerner le dol, ce qui est vrai; mais il est vrai aussi que le dol peut être prouvé par des indices clairs, *ex indiciis perspicuis*, comme le décide le tetxe de la Loi, & si cette espèce de preuve n'étoit pas reçue, il y auroit plusieurs cas où il seroit impossible de prouver autrement le dol, à cause des précautions que l'on prend pour en dérober la connoissance; &

Les indices sont admis pour la preuve du dol.

que les voies de l'homme étant impénétrables à tout autre qu'à Dieu qui est le Scrutateur des cœurs, ce n'est que par les indices & les conjectures qui résultent des faits & des démarches extérieures qu'on peut juger de la qualité & du mérite des actions, & de l'intention de celui qui les produit au-dehors.

Comme les voies que l'on peut prendre, & les artifices 17.
dont on peut user pour surprendre les dispositions, sont infinis, il n'est pas possible de déterminer les cas où il peut y avoir un dol & une fraude suffisans pour annuller les Testamens, ou les dispositions qu'ils renferment. Nous observerons seulement qu'il faut appliquer au cas du dol, ce que nous avons dit au sujet de la crainte ou violence; c'est-à-dire qu'il faut considérer le sexe, l'âge, l'état de santé ou de maladie du Testateur, & la grièveté de la maladie; parce que selon ces différens états on est plus ou moins susceptible des impressions capables d'induire
à faire ce que l'on ne veut pas, à se laisser surprendre aux 18.
ruses & à l'artifice qu'on met en usage, & l'on est moins en état de se garantir des piéges qu'on tend; voilà pourquoi les Juges ne doivent pas exiger un dol tel que les Loix exigent pour la rescision des contrats.

On ne peut pas déterminer les cas où il peut y avoir du dol.

Que faut-il considérer pour la preuve du dol.

Il importe peu que le dol soit intervenu lors du testament ou après.

Qu'il importe peu que le dol soit intervenu au moment
où le Testament a été fait, ou bien auparavant, dès qu'on 19.
a lieu de penser que le dol précédent a été la cause de la disposition subséquente.

Il faut examiner les faits pour savoir s'ils sont suffisans.

Qu'il faut examiner les faits pour connoître s'ils ont
été capables de déterminer le Testateur à disposer autre- 20.
ment qu'il n'auroit fait s'il n'avoit pas été surpris & trompé.

On ne doit annuller que les dispositions qui ont été surprises.

Qu'il ne faut annuller que les dispositions surprises, & non celles qui procèdent de la volonté libre & déterminée du Testatenr, comme n'étant pas indivisibles. 21.

Qu'enfin le dol & la fraude produisant une nullité radicale, la disposition surprise ne devient pas valide, quoique le Testateur survive à sa disposition, par les règles & les raisons que nous avons expliquées, en parlant de la violence. On peut voir les autres questions qui regardent cette matière dans *Basgalius*, *tract. de dolo*, *lib.* 3, *cap.* 7.

Le dol & la fraude produisent une nullité radicale qui n'est pas ouverte, quoique le Testateur survive.

SECTION III.

De la captation, & de la suggestion, & du Testament fait à l'interrogat d'autrui.

SOMMAIRE.

1. *Variété & embarras dans les écrits des Auteurs sur cette matière.*
2. *D'où provient cette variété.*
3. *Les Interprètes du Droit Romain ont évité cet embarras.*

La captation & la suggestion ne sont bonnes qu'autant qu'elles sont accompagnées du dol & de la fraude.

Elles sont une branche & une dépendance du dol.

4. *Première discussion de la signification du mot* captare.
5. *Seconde discussion, quelles dispositions ont été improuvées.*
6. *Troisième discussion, qu'est-ce que suggestion.*
7. *Quatrième discussion, dans quel sens entend-t-on la suggestion dans certaines Coutumes.*
8. *Cinquième discussion, dans quels cas la preuve de la suggestion est recevable.*
9. *Le mot* captare *n'est pas pris en mauvaise part dans les Loix.*
10. *De la Loi 25,* cod. de transactionibus.
11. *De la Loi 1,* cod. de commerciis.
12. *De la Loi 2,* cod. sine censu vel reliquis.
13. *De la Loi 1,* ff. si quis aliquem testari prohibuerit.
14. *Qu'est-ce qui produit l'indignité dans le cas de cette Loi.*
15. *Divers moyens employés chez les Romains pour s'attirer des libéralités.*

On n'a fait aucune Loi pour défendre ces moyens.

Il est permis de s'attirer des libéralités par des prières, des caresses & des services.

16. *Quelles sont les dispositions captatoires que le Droit Romain déclare nulles.*

Forme de l'institution captatoire.

17. *La disposition captatoire n'étoit pas nulle si elle n'étoit conditionnelle.*

On n'appelle proprement condition que celle qui dépend d'un événement futur.

18. *Ce que l'on appelle captation n'est pas un moyen de nullité fondé sur le Droit Romain.*

Preuve de cette proposition.

Si les présens, les services, les amitiés rendent les dispositions nulles.

Dolus bonus *ne doit pas nuire à celui qui le pratique.*

19. *Le Droit Romain approuve les dispositions attirées par des caresses.*
20. *Conclusion que la capta-*

faveur de la cauſe pie. *ſur l'interrogat d'autrui par*
7°. *Des diſpoſitions faites* *Codicille.*

IL n'y a guère de matière où l'on trouve plus de variété, & d'embarras dans les Ecrits des Auteurs François, & dans la Juriſprudence des Arrêts des Cours Supérieures, que dans les Queſtions qui naiſſent de la captation & de la ſuggeſtion des diſpoſitions teſtamentaires. 1. Variété & embarras dans les écrits des Auteurs ſur cette matière.

Cela vient de ce que les Auteurs François abandonnant les règles du Droit Romain, ſe ſont fait une idée particulière de la captation & de la ſuggeſtion ; idée qu'ils ſe ſont formée ſur la diſpoſition de quelques Coutumes qui ſont en trop petit nombre pour pouvoir former le Droit commun du Royaume, encore moins dans les Pays où l'on ſuit le Droit Romain. 2. D'où provient cette variété.

Les Interprètes du Droit écrit ne ſont pas tombés dans cet inconvénient, parce qu'ils ont pris pour guide les Loix, à l'eſprit deſquelles ils ſe ſont conformés ; par-là ils ont compris la véritable nature de la ſuggeſtion & de la captation, & les conditions qui doivent accompagner ces moyens pour rendre inefficaces les diſpoſitions teſtamentaires. Ils ont donc cru que ces moyens ne pouvoient être bons, qu'autant qu'ils ſeroient accompagnés de dol & de fraude, *ſi falſæ, & doloſæ ſuggeſtiones adhibitæ ſint*, ſelon les expreſſions de *Menochius de arbit. caſ.* 395, *n.* 4, par où la captation & la ſuggeſtion ne ſont pas des moyens propres & particuliers pour annuller les diſpoſitions teſtamentaires, ils ſont une branche & une dépendance du dol qui doit leur ſervir de fondement ; c'eſt ce que nous tâcherons d'établir, ſans nous arrêter à ce que les Auteurs François ont dit de cette matière. 3. Les Interprètes du Droit Romain ont évité ces embarras.

Pour y parvenir, nous examinerons, 1°. quelle eſt la ſignification du terme Latin *captare*, duquel dérive le mot Francois *captation*. 4. Première diſcuſſion de la ſignification du mot *captare.*

2°. Quelles ſont les diſpoſitions qui ont été improuvées par le Droit Romain, lorſqu'elles avoient du rapport à la captation. 5. Seconde diſcuſſion. Qu'elles diſpoſitions ont été improuvées.

3°. Ce que c'eſt que la ſuggeſtion ; ſi dans le Droit Romain ce mot étoit pris en mauvaiſe part, de quelle façon on l'entend communément en France, & ſi c'eſt une eſpèce de faux comme certains Auteurs l'ont cru. 6. Troiſième diſcuſſion. Qu'eſt-ce que ſuggeſtion.

4°. Dans quel ſens doit être entendu le mot *ſuggeſtion* dans les Coutumes qui en parlent ou qui exigent qu'il ſoit exprimé, c'eſt-à-dire, que le teſtament a été dicté par le Teſtateur *ſans ſuggeſtion*. 7. Quatrième diſcuſſion. Dans quel ſens entend-on la ſuggeſtion dans certaines Coutumes.

Enſuite nous examinerons dans quels cas la preuve des faits de ſuggeſtion eſt recevable, s'il faut diſtinguer 8. Cinquième diſcuſſion.

Dans quels cas la preuve de la ſuggeſtion eſt recevable.

les teſtamens olographes des autres teſtamens; s'il ſuffit d'alléguer vaguement la ſuggeſtion pour être reçu à la preuve ſans articuler aucun fait, & de quelle nature doivent être les faits afin que la preuve doive être permiſe.

9. Le mot *captare* n'eſt pas pris en mauvaiſe part dans les Loix.

Il y a pluſieurs textes dans le Droit où le mot *captare* eſt employé, mais il n'y en a aucun où il ſoit pris en mauvaiſe part; c'eſt-à-dire, d'où l'on puiſſe induire qu'une diſpoſition captée doive être annullée.

10. De la Loi 15, *cod. de tranſactionibus.*

La Loi 25, *cod. de tranſactionibus*, fait mention d'une tranſaction dont on demandoit la caſſation, ſous prétexte que des neveux avoient fait des relâchemens à leur oncle dans l'eſpoir de profiter un jour de ſa ſucceſſion. *Si majores viginti quinque annis, cum patruo ſive avunculo veſtro tranſegiſtis, vel è debita donationis cauſâ, ſine aliqua conditione remiſiſtis; non idcircò, quòd hoc ejus hæreditatis captandæ cauſâ, id eſt ſpe futuræ ſucceſſionis vos feciſſe proponatis, aliis ei ſuccedentibus inſtaurari finita debent.* Dans cette Loi les mots *captandæ hæreditatis cauſâ*, ſont expliqués dans un ſens honnête & licite par ceux qui ſuivent, *id eſt, ſub ſpe futuræ ſucceſſionis*, dans l'eſpérance d'avoir un jour la ſucceſſion de l'oncle.

11. De la Loi 2, *cod. de commerciis.*

Dans la Loi 1, *cod. de commerciis*, il eſt dit, *ut per cunctos qui emolumenta negotionis captant*; le mot *captant* eſt pris dans un ſens honnête & licite, & ne ſignifie autre choſe dans cette Loi, ſinon que ceux à qui il étoit permis de négocier dans l'Empire Romain, profitant du fruit & des avantages de leur commerce, devoient payer les penſions que les Loix ordonnoient être payées aux perſonnes puiſſantes.

12. De la Loi 2, *cod. ſine cenſu vel reliquis.*

Dans la Loi 2, *cod. ſine cenſu vel reliquis fund. compar. non poſſe*, les mots *captantes momentarias neceſſitates*, déſignent des perſonnes qui mettoient à profit les circonſtances d'une néceſſité paſſagère pour obliger les vendeurs à ſe charger du payement des impoſitions des fonds vendus. La Loi ne ſuppoſe point quelque choſe d'illicite dans un tel achat; puiſqu'elle ne le déclare pas nul, elle aſſujettit ſeulement l'acquéreur & le poſſeſſeur du fonds au payement des impoſitions réelles du même fonds.

13. De la Loi 1, *ff. ſi quis aliquem teſtari prohibuerit.*

La Loi 1, *ff. ſi quis aliquem teſtari prohib.* qui eſt le texte dont on peut avoir abuſé, pour mettre la captation au rang des moyens capables d'annuller les diſpoſitions, ne décide rien moins; elle porte: *Qui, dum captat hæreditatem legitimam, vel ex Teſtamento, prohibuit teſtamentarium introire, volente eo facere teſtamentum, vel mutare: Divus Adrianus conſtituit denegari ei debere actiones; denegatiſque ei actionibus, fiſco locum fore.* En traduiſant ce texte littéralement, on y trouve que l'Empereur Adrien a ordonné qu'il falloit priver de la succession légitime ou testamentaire, celui qui pour se ménager la succession qui lui étoit destinée par la disposition de la Loi, ou par un testament, a empêché le défunt de faire testament, ou de changer celui qu'il avoit fait, en défendant l'entrée de la maison à celui qui étoit requis de recevoir le testament, & que cette succession est déférée au fisc.

14. Qu'est-ce qui produit l'indignité dans le cas de cette Loi.

On voit donc que c'est la violence ou l'empêchement qui fait le crime, qui rend indigne l'héritier légitime ou testamentaire, & qui fait déférer la succession au fisc; il ne s'agit pas d'une captation pour faire faire une disposition; c'est tout le contraire, puisque le successeur empêche la faction du testament. Ainsi à prendre dans leur véritable sens les mots, *dum captat hæreditatem legitimam vel ex testamento*, ils n'ont aucun rapport avec la captation, ils signifient seulement, que pour se ménager l'hérédité à lui destinée *ab intestat*, ou par testament, le successeur a empêché le testament qui pourroit la lui ôter; il n'y a point d'autre texte où le mot *captare* soit pris dans le sens de la captation, telle que l'entendent certains Auteurs, & considérée comme un moyen capable d'annuller les dispositions. Du moins ces Auteurs n'en ont allégué aucun, nous ne connoissons non plus aucune Coutume qui parle de la captation dans ce même sens.

15. Divers moyens employés chez les Romains pour s'attirer des libéralités.

Ce n'est pas que chez les Romains on n'employât divers moyens pour s'attirer des libéralités, comme l'affectation de rendre des services, les présens, les assiduités, les complaisances, les amitiés déguisées, & autres voies obliques désapprouvées par les gens qui se piquoient d'une exacte probité, pour engager les vieillards & les veuves qui n'avoient point d'enfans, à leur faire des libéralités; les Livres sont pleins d'exemples de cette espèce. Voyez *Pline l'ancien*, *Hist. natur. lib.* 20, *cap.* 14; *Pline le jeune*, *lib.* 2, *epist.* 20; *Séneque*, *epist.* 8; *Quintilien dans ses déclamations*; *Martial*, *lib.* 4, *epigram.* 56, *lib.* 5, *epigram.* 18, *lib.* 6, *epigram.* 63, *& lib.* 8, *epigram.* 27, & plusieurs autres Livres des anciens Romains; mais on n'a jamais fait aucune Loi pour défendre ces voies, & les dispositions attirées de cette manière, n'ont jamais été déclarées nulles; on les trouve confirmées au contraire par deux ou trois textes formels, & précis, dans la Loi 70, *ff. de hæred. instit.* dans la Loi dernière, *cod. si quis aliq. testari prohib.* & dans la Loi dernière, *ff. eod. tit. Captatorias institutiones*, dit le premier de ces textes, *non eas Senatus improbavit, quæ mutuis affectionibus judicia provocaverunt, sed quarum con-*

On n'a fait aucune Loi pour défendre ces moyens.

Il est permis de s'attirer des libéralités par des prières, des caresses & des services.

ditio confertur ad secretum alienæ voluntatis. Ou comme s'explique la Loi dernière, *cod. si quis aliquem testari prohib. Judicium uxoris postremum in se provocare maritali sermone, non est criminosum.*

16. Quelles sont les dispositions captatoires que le Droit Romain déclare nulles.

Les Loix n'ont annullé les dispositions qu'autant qu'elles tendoient à s'attirer des libéralités de même nature que celles que les Testateurs faisoient, *captatoriæ scripturæ simili modo neque in hæreditatibus neque in legatis valent, l. 64, ff. de leg. 1, & l. 11, cod. de testam. milit.* ce qui n'étoit pas fondé précisément sur ce que l'on appelle *captation*; mais sur ce que ces libéralités ainsi faites, & qui sont appellées *captatoires*, étoient conditionnelles, & dépendoient du secret de la volonté d'autrui. La chose s'éclaircit par la forme dont ces libéralités devoient être conçues pour être nulles : *J'institue Titius en la même portion en laquelle il me sera son héritier.* Une telle institution étoit nulle, non pas tant parce qu'elle tendoit à capter une pareille libéralité; mais parce qu'elle étoit conférée au secret de la volonté d'autrui, *l. captatorias 70, ff. de hæred. instit.* & cela est si vrai, que la disposition est nulle, quoiqu'elle ne tende pas à procurer à celui qui l'a faite, une libéralité semblable; comme si par exemple il est dit, *j'institue Titius en la même portion en laquelle il instituera Mævius, l. 71, §. 1, ff. de hæred. instit.* la nullité ne vient dans ce cas que de ce que la disposition est conférée au secret de la volonté d'autrui.

Forme de l'institution captatoire.

17. La disposition captatoire n'étoit pas nulle si elle n'étoit conditionnelle.

C'est tout ce que l'on trouve avoir été défendu & improuvé par la Loi Romaine, pour ce qui peut avoir du rapport avec la captation; il faut même prendre garde, que si la disposition n'étoit pas proprement conditionnelle, & ne dépendoit pas d'un événement futur, elle ne seroit pas nulle, comme s'il étoit dit, *j'institue Titius en la même portion en laquelle il m'a institué, l. 29, & l. 81, §. 1, ff. de hæred. instit.* parce que la disposition ne dépend plus de la volonté d'autrui; mais elle dépend d'un événement qui doit être arrivé pour rendre la disposition valable; que s'il n'est point arrivé, elle tombe par un effet naturel de la modification que le Testateur y a apposée, ou si l'on veut par un effet de la condition impropre; car on ne peut appeller proprement condition, que celle qui a pour objet un événement futur.

On n'appelle proprement condition que celle qui dépend d'un événement futur.

18. Ce que l'on appelle captation n'est pas un moyen de nullité fondé sur le Droit Romain.

De ce que nous venons d'observer, il paroît clairement, non-seulement que ce que l'on appelle captation, n'est pas un moyen fondé sur le Droit Romain, & capable d'annuller une disposition, autant qu'on voudra distinguer la captation, du dol & de la fraude, mais encore que la captation séparée du dol & de la fraude, n'empêche pas la validité des dispositions, & que le Droit Romain autorise expressément les dispositions qu'on peut appeller captées, dans le sens propre de ce mot.

Preuve de cette proposition.

Puisque d'un côté, il n'improuve que les dispositions captatoires, c'est-à-dire, celles qui tendent à capter, il faut même pour cela qu'elles soient conférées au secret de la volonté d'autrui; ce qui est le fondement de la nullité, & il n'improuve point les dispositions captées, & attirées par des présens, des services, des amitiés affectées, & autres voies qui caractérisent proprement la captation, non-compliquée néanmoins de dol & de fraude; car les présens, les affections vraies ou simulées, les services, les complaisances, les caresses, les prières, dans la vue d'attirer des libéralités, n'ont pas, à la vérité, toute la pureté d'intention, & ne sont pas louables, à cause du motif d'intérêt sordide, qui en est le mobile, mais ces voies ne sont pourtant pas déclarées illicites, parce qu'elles n'ont pas une liaison nécessaire avec le dol & la fraude, ce sera tout-au-plus ce qu'on appelle *dolus bonus*, qui ne doit point nuire à celui qui le met en usage.

Si les présens, les services, les amitiés rendent les dispositions nulles.

19. Le Droit Romain approuve les dispositions attirées par des caresses.

D'autre part, le Droit Romain approuve expressément les dispositions, quoiqu'elles ayent été attirées par des caresses, par des prières, par les affections mutuelles, suivant les textes cités.

20. Conclusion que la captation, indépendamment du dol, n'est pas un moyen de nullité.

D'où nous pouvons conclure sûrement que la captation ne peut être un moyen pour faire annuller les dispositions testamentaires, qu'autant qu'elle a le dol & la fraude pour fondement, & que pour pouvoir employer un tel moyen, il est nécessaire d'y joindre le dol ou la fraude, & d'articuler des faits capables d'induire le dol ou la fraude, sans quoi la captation doit être considérée comme un moyen impuissant & inefficace, & la preuve ne doit point en être reçue.

21. Suggestion. En quoi certains Auteurs ont fait consister la suggestion.

Il faut présentement passer à la suggestion. Il y a des Auteurs qui ont cru qu'il y a nullité par suggestion, lorsque le Testateur interrogé s'il ne vouloit pas faire telle ou telle chose, répond simplement *oui*. D'autres font consister la suggestion en la simple persuasion, sans examiner si l'on a employé de mauvaises voies pour persuader. D'autres enfin sont d'avis que les persuasions qui forment la suggestion, doivent être accompagnées, sinon de force & de violence, du moins d'une induction & circonvention frauduleuses.

Variété dans les sentimens des Auteurs.

22. Il n'y a point de texte dans le Droit Ro-

Pour connoître quel de ces trois avis est le bon, il faut prendre la chose dans la source, & en développer les principes. Nous observerons donc qu'on ne trouve

main qui mette la suggestion au nombre des nullités des dispositions.

dans le Droit Romain aucun texte d'où l'on puisse induire que la suggestion soit par elle-même un moyen capable de faire casser les dispositions testamentaires ; mais elle ne peut opérer cet effet, qu'autant qu'elle a pour fondement le dol & la fraude.

23. Suggestion que signifie.

Le mot *suggestion*, est un substantif qui dérive du verbe *suggérer*, ce verbe a été tiré du mot Latin *suggerere*, & le mot *suggestion* n'est qu'une traduction du terme Latin *suggestio*. En connoissant donc la véritable signification du verbe Latin *suggerere*, on ne peut pas se tromper sur la signification des mots *suggérer* & *suggestion*.

24. Suggérer. Ce que c'est, & dans quel sens il est employé dans les Loix.

Suggérer est proprement informer, instruire, inspirer, faire ressouvenir, conseiller ; & la suggestion est l'action de faire ces choses. C'est dans ce sens que les mots Latins *suggerere & suggestio*, sont employés dans plusieurs textes du Droit, & notamment dans la Loi 2, §. 2, *ff. ubi pup. educ. deb.* la Loi 1, §. 21, *ff. de quæst.* la Loi 5, *cod. de verbor. signif.* la Loi 5, *cod. de bonis quæ lib.* la Loi 5, *cod. de solutionib.* il n'y en a aucun où ces termes soient pris dans un sens qui désigne un moyen capable d'annuller les dispositions testamentaires.

25. Le Droit Romain autorise les dispositions suggérées ou inspirées.

Bien plus, tant s'en faut que la suggestion soit mise au rang des nullités des dispositions testamentaires par le Droit Romain, il autorise au contraire celles qui se trouvent suggérées, quand on n'a pas employé le dol ou la fraude, puisque quand on prie, quand on inspire par des caresses, des services, *& mutuis affectionibus*, on suggère d'une manière bien formelle ; cependant cela ne rend point les dispositions nulles, & nonobstant ces caresses, & les autres voies qui renferment la suggestion, les libéralités sont approuvées, *l. 70, ff. de hæred. instit. l. ult. cod. si quis aliq. test. prohib. & l. ult. ff. eod. tit.* Ce que nous croyons devoir être observé, quand même les prières & les caresses seroient vives, pressantes, & même importunes, parce qu'elles n'empêchent pas que la volonté ne soit libre, sans aucun mélange d'involontaire, pourvu qu'on n'ait point employé la violence ou le mensonge, & la fraude, quoiqu'en ayent pu penser quelques Auteurs qui n'ont pas examiné cette difficulté sur les vrais principes, ou qui du moins n'ont pas raisonné conséquemment à ces principes. Car les prières quoique vives, réitérées & importunes, ne sont pourtant que des prières ; & par conséquent elles sont incapables de produire l'involontaire, *quia hæc omnia voluntarium non tollunt, sed augent*, comme le disent les Théologiens, & notamment *Tourneby, de actibus humanis, part. 3, de restitutione in particulari.*

D'où il s'ensuit manifestement que la suggestion n'est un moyen de cassation des dispositions, qu'autant qu'elle rend la disposition involontaire, & qu'elle est fondée sur le dol, & que la preuve des faits de suggestion n'est recevable que quand ils tendent à la preuve du dol; c'est-à-dire, que les dispositions ont été surprises par des inspirations & des suggestions artificieuses & frauduleuses, & c'est avec fondement que *Menochius de arbitr. casu* 395, *num.* 45, & les autres Interprètes du Droit Romain exigent *quòd falsæ, & dolosæ suggestiones adhibitæ sint.* 26.

26. La suggestion n'est un moyen de cassation qu'autant qu'elle est fondée sur le dol.

Delà, nous pouvons tirer encore cette autre conséquence, que les Auteurs qui ont cru que la suggestion étoit une espèce de faux, & que la simple persuasion suffisoit pour annuller les dispositions testamentaires, se sont formé une fausse idée de la suggestion; puisque la suggestion proprement dite, telle que nous l'avons désignée ci-dessus, & qui n'est autre que l'inspiration, ou si l'on veut, que la simple persuasion, non-seulement n'a rien de commun avec le faux, & n'est pas un moyen capable d'annuller les dispositions; mais encore la suggestion pour devenir un moyen efficace, doit avoir pour fondement le dol, qui est un moyen distinct & séparé du faux; aussi les Auteurs qui s'étoient formé cette idée de la suggestion, ont-ils été extrêmement embarrassés, lorsqu'ils ont voulu expliquer la nature & les effets de cette persuasion, & de quelle manière on devoit entendre que les dispositions suggérées n'étoient pas volontaires. Ils ont été obligés de recourir à des distinctions frivoles, & d'en imaginer de nouvelles pour discerner les choses qui sont volontaires d'avec les involontaires; distinctions qui n'aboutissent à rien, & qui sont plus propres à obscurcir qu'à résoudre les difficultés, au lieu que quand on se fait une juste idée de la suggestion, qu'on la resserre dans ses justes bornes, qu'on n'attribue pas à la simple persuasion la vertu d'annuller les dispositions testamentaires, comme ont fait ces mêmes Auteurs, toutes ces discussions sont inutiles; il n'est plus nécessaire d'inventer de nouvelles distinctions pour connoître en quoi la suggestion rend les dispositions involontaires; car dès qu'il est nécessaire que la suggestion soit accompagnée de dol, de fraude, ou d'artifice, pour surprendre, ce sera par les règles du dol qu'on devra juger des effets de la suggestion; on connoîtra sans peine, en quoi consiste ce qu'il y a d'involontaire; car le dol & l'artifice jettent dans l'erreur, & l'erreur excluant la volonté, & le consentement, on conçoit sans peine, comment les dispositions suggérées par le dol, se trouvent involontaires.

27. La suggestion n'est pas une espèce de faux, & la simple persuasion n'annulle pas les dispositions.

Embarras des Auteurs lorsqu'ils ont voulu expliquer la nature & les effets de la persuasion.

28. De quelle manière les Coutumes ont parlé de la suggestion.

Il y a quelques Coutumes qui ont parlé de la ſuggeſtion ; c'eſt par leurs termes & par leur eſprit, que l'on doit juger de la valeur & du ſens du mot *ſuggeſtion*, dont elles ſe ſervent.

29. De la Coutume de Poitou.

De celle de Peronne, de Châlons, & d'Amiens.

L'article 268 de la Coutume de Poitou, après avoir marqué certaines formalités, afin qu'un Teſtament ſoit bon & valable, ajoute : *Et ſoit eſdits cas, par ledit Teſtateur, dicté ou nommé ſans ſuggeſtion de perſonne, & que mention en ſoit faite audit Teſtament.* Celle de Peronne, article 162, contient une diſpoſition ſemblable, & les Arrêts ont jugé que dans celles de Châlons & d'Amiens, le Teſtament devoit faire mention qu'il avoit été dicté ſans ſuggeſtion de perſonne ; ils ſont rapportés par *Ricard & Dufreſne ſur l'article 55 de la Coutume d'Amiens, par Billecart ſur l'article 67 de celle de Châlons.* Dans ces Coutumes & autres ſemblables, on doit remplir cette formalité, à peine de nullité.

30. Des Coutumes de Rheims & de Touraine.

Il y en a d'autres qui veulent que le teſtament ſoit dicté, & nommé par le Teſtateur au Notaire, & aux autres perſonnes publiques qui reçoivent le teſtament, & aux Témoins qui y aſſiſtent, *ſans ſuggeſtion*, ou *ſans être ſuggéré*, & n'exigent pas néanmoins que le teſtament porte, qu'il a été dicté ſans ſuggeſtion. Telles ſont celles de *Rheims*, *article* 289, & celle de *Touraine*, *article* 322.

31. De la Coutume du Berry.

D'autres, comme celle de *Berry*, *titre* 18, *articles* 8 *&* 18, joignent la ſuggeſtion avec l'induction, le dol, la fraude, la fauſſeté ; *& pour obvier dorénavant aux ſuggeſtions, inductions, dol, fraude, & fauſſeté, que l'on pourroit commettre aux teſtamens & autres diſpoſitions de dernière volonté, &c.* dit l'article 8 ; mais elle n'exige point que le teſtament faſſe mention qu'il a été dicté *ſans ſuggeſtion, induction, &c.*

32. Explication de la Coutume de Poitou.

Dans la Coutume de Poitou, & celles qui ont une diſpoſition ſemblable, en introduiſant comme une formalité néceſſaire & indiſpenſable, que le teſtament fit mention qu'il avoit été dicté ſans ſuggeſtion, elle a ſuppoſé que la ſuggeſtion devoit être préſumée ſans preuve, & ſi le teſtament ne détruit cette préſomption en établiſſant le contraire, il doit être nul, comme n'ayant pas ſon fondement dans la volonté libre du Teſtateur ; car c'eſt l'effet naturel de cette formalité, puiſqu'on n'exige point des formalités pour prouver une choſe fondée ſur la diſpoſition ou la préſomption du Droit, ou qui ſe préſume d'elle-même ſans autre preuve.

33. Suite.

Il ne ſeroit pas raiſonnable de penſer que la Coutume eut fait une telle diſpoſition, ſi elle avoit pris la ſuggeſtion dans le ſens des Auteurs qui prétendent que c'eſt une eſpèce de faux, ni dans celui des Auteurs qui la regardent comme une branche du dol & de la fraude ; il y a donc lieu de croire que dans ces Coutumes les mots, *sans suggestion*, ne sont employés que pour signifier que le Testateur a dicté ses dispositions de son pur mouvement, & sans que personne les lui ait inspirées, ou l'ait interrogé s'il le vouloit ainsi, sans aucun rapport avec le faux, ni avec le dol & la fraude, ni même avec la simple persuasion, ce qui peut être fondé sur ce que dans les Pays de la France Coutumière, la faculté de tester n'est pas si étendue, & la faveur des testamens n'est pas si grande qu'elle l'étoit chez les Romains, comme le remarque *Pasquier dans ses Recherches, livre 2, chap. 17.*

Car, pourquoi exiger que le testament porte, à peine de nullité, qu'il a été dicté sans suggestion, puisqu'en prenant ce mot dans le sens du dol ou du faux, les Coutumes exigeroient une preuve comme il n'est point intervenu de vice qui tende à la fausseté, au dol, ou à la fraude, tandis que l'on doit présumer de droit pour l'exclusion de ces vices, & que le contraire doit être justifié par celui qui les allégue & qui les employe, comme une nullité des dispositions ; ce qui feroit absurde. 34. Suite.

Mais la même absurdité ne se rencontre point en prenant la suggestion dans le sens qu'elle signifie, une simple inspiration ou un interrogat, qui sont l'opposé de l'action de dicter, & de nommer, que les mêmes Coutumes veulent être exprimées dans les testamens ; & c'est eu égard à la disposition de ces Coutumes, que les Auteurs ont eu raison de dire, que la persuasion simple devoit annuller les dispositions, comme n'ayant pas été dictées sans suggestion, puisque ces Coutumes n'exigent que le simple interrogat, pour annuller les dispositions, comme nous le dirons bientôt ; car comme il arrive assez souvent, que ceux qui sont autour du Testateur lui inspirent ce qu'il doit faire en disposant, & lui suggèrent de faire des libéralités, qu'il ne dicte pas par conséquent, de son pur mouvement, on a pu porter la présomption du côté de ce qui arrive assez communément, sans même qu'il y ait de crime de la part de ceux qui le font ; mais le faux & le dol étant des crimes, il seroit absurde de les supposer sans preuve, de tourner de ce côté la présomption de droit, & d'exiger une preuve comme ils n'ont pas été commis. 35. La suggestion dans la Coutume de Poitou est prise dans le sens de l'inspiration ou de l'interrogat. L'inspiration & l'interrgat sont le contraire de la dictation.

La réflexion que nous venons de faire est appuyée sur l'avis de plusieurs Auteurs, & notamment de *Labbé, sur la Coutume de Berry, titre 18, article 8 ; Buridan, sur celle de Rheims, article 289, nombres 15 & 17 ; Du-* 36. Avis de plusieurs Auteurs, conforme.

fresne, sur celle d'Amiens, article 55, nombre 27; Adrien Deheu sur le même article, nombres 46, 47, & suivans; Lalande, sur l'article 289 de celle d'Orléans, nombre 26; du judicieux Coquille, sur la Coutume de Nivernois, chapitre 33 des testamens, article 13, & de Billecart, sur l'article 67 de la Coutume de Châlons.

37. En quoi certains Auteurs font consister la suggestion.

Labbé, expliquant en quoi consiste la suggestion, dit en propres termes, *que l'on commet suggestion ès testamens ou autres dispositions de dernière volonté, quand l'on demande au Testateur, s'il ne veut pas instituer un tel son héritier, s'il ne veut pas donner à tel telle chose. Suggerere enim est indicare, monere.* Buridan, au lieu cité, dit encore, *si celui qui reçoit le testament, ou quelqu'autre personne demande ou interroge le Testateur, s'il veut & ordonne telle chose, sans que de lui-même il l'ait premièrement dicté & nommé ainsi, le testament sera aussi nul & argué de suggestion. Billecart* fait consister la suggestion au seul interrogat, auquel le Testateur répond *oui*, & *Godet* sur le même article 67, en dit autant.

38. Sentiment de Coquille.

Coquille insinue la même chose, lorsqu'il dit qu'il faut que le premier mouvement vienne du Testateur, & que quand on interroge spécialement de tel, ou de tel, c'est suggestion.

39. Le Testament est nul selon les Auteurs cités, quand la minute a été apportée toute prête.

Les cinq ou six Auteurs que nous avons cités décident encore que le testament est nul, lorsque la minute en a été apportée toute dressée, & que le Testateur n'a fait que la signer, après en avoir entendu la lecture; quelques-uns disent que c'est par l'effet de la suggestion. *Buridan* tient que c'est parce qu'il n'a pas été dicté par le Testateur au Notaire en présence des témoins; mais les uns & les autres s'accordent à regarder comme suggérées, dans les Coutumes qui parlent de la suggestion, toutes les dispositions que le Testateur ne dicte pas de son pur & premier mouvement, sans examiner, si l'on a employé des voies mauvaises pour surprendre sa volonté. C'est précisément la disposition de ces Coutumes, qui a fait équivoquer les Auteurs, qui ont traité la matière de la suggestion, lorsqu'ils ont voulu allier la disposition du Droit Romain avec les règles prescrites par les Coutumes, en confondant le défaut de *dictation* avec la suggestion, qui sont pourtant deux choses différentes.

On appelle dans les Pays Coutumiers, suggérées, les dispositions que le Testateur n'a pas dictées de son premier mouvement.

40. Avis des Auteurs dans les Coutumes qui n'exigent pas qu'il soit exprimé que le

A l'égard des autres Coutumes, qui n'exigent pas comme une formalité, que le testament porte, qu'il a été dicté sans suggestion, *Labbé*, *Buridan*, *Coquille*, *Lalande*, *Godet* & *Billecart*, s'expliquent de façon à faire comprendre, que les dispositions doivent être regardées comme suggérées, & par conséquent nulles, lorsque le

premier

premier mouvement ne vient pas de la volonté du Testateur, & qu'elles ont été inspirées par un simple interrogat du Notaire, ou de quelqu'autre personne, même sans employer le faux, ou le dol & la fraude; d'autres pensent qu'il faut que les persuasions qui forment la suggestion, soient accompagnées sinon de force & de violence, du moins d'une induction, ou circonvention frauduleuse; c'est-à-dire, que la suggestion soit fondée sur le dol & la fraude *Boucheul sur la Coutume de Poitou*, *art.* 268 & 270, est de cet avis.

Testament a été dicté sans suggestion.

41. Résolution de la difficulté.

Quoique la première opinion soit plus conforme à la disposition, & à l'esprit des Coutumes, qui exigent la *dictation*, & qui parlent de la suggestion, comme de l'opposé de la dictation; nous croyons néanmoins que le second avis ne peut pas souffrir aujourd'hui de doute dans tout le Royaume, soit en Pays de Droit écrit, où l'on ne suit point les Règles prescrites par les Coutumes, soit en Pays Coutumier, parce que, comme nous l'avons prouvé, la suggestion n'est un moyen de cassation, qu'autant qu'il est fondé sur le dol, & la fraude, & que la nouvelle *Ordonnance de* 1735, *article* 23, ayant abrogé la formalité d'exprimer que le testament a été dicté, & nommé sans suggestion, il faut revenir à la veritable idée que l'on doit concevoir de la suggestion, & ne lui attribuer d'effet qu'autant que la volonté du Testateur se trouvera avoir été surprise par dol & fraude, sans toucher néanmoins à la question que nous examinerons bientôt, si le testament & les dispositions sur l'interrogat d'autrui sont ou ne sont pas bonnes; car il ne faut pas confondre ce moyen avec la suggestion, parce que leurs principes sont différens.

42. Explication de la Loi, §. *persuadere*, *ff. de servo corrupto.*

Du reste, nous ne devons pas omettre que plusieurs Auteurs ont fait une mauvaise application de la Loi 1, §. *persuadere* 3, *ff. de servo corrupto*, qui porte, *persuadere autem est plus quàm compelli atque cogi sibi parere*, pour en induire que la suggestion consistant en la simple persuasion, selon eux, a quelque chose de plus dangereux, & de plus mauvais que la violence; car en cela, il faut considérer les voies que l'on prend pour persuader. Persuader des choses justes, ou même persuader des choses qui ne sont pas défendues, & n'employer que des voies légitimes, comme de faire quelque libéralité par des bonnes considérations, & des motifs justes, ce ne seroit pas le cas de la nullité par suggestion, on ne pourroit se plaindre de la disposition, & l'attaquer, que dans le cas qu'on eut usé de dol, de fraude, ou d'artifice pour surprendre la volonté du Testateur. En effet, la Loi op-

Toute persuasion n'est pas défendue; mais seulement celle qui tend au mal, ou qui se fait *malis artibus*.

posée n'improuve pas toute persuasion, elle n'improuve que celle qui tend à corrompre l'esprit de l'esclave dont elle parle ; car, ajoute le même texte, on peut persuader le bien ou le mal. Au premier cas, on n'est point coupable, c'est le second seulement que la Loi défend, *nam & bonum consilium quis dando potest persuadere, & malum, & ideò Prætor adjecit dolo malo quo eum deteriorem faceret, neque enim delinquit, nisi qui tale aliquid servo persuadet ex quo eum faciat deteriorem.* Ainsi, il est clair que les Auteurs qui ont employé ce texte pour en induire que toute persuasion étoit mauvaise, & annulloit la disposition, en ont abusé.

43. Preuve de la fausseté de l'opinion des Auteurs par leurs perplexités.

Rien ne prouve mieux le peu de fondement de l'opinion des Auteurs, qui font consister la suggestion en la simple persuasion, que l'aveu qu'ils sont obligés de faire, que quoique leur théorie ait beaucoup d'étendue, comme elle en a véritablement, selon leur idée, elle n'a pourtant pas beaucoup d'effet dans la pratique, ce n'est pas néanmoins par les raisons qu'ils alléguent, mais c'est parce qu'il est assez difficile, qu'un Juge équitable conçoive, que la simple persuasion, sans être caractérisée de dol, de fraude, ou d'artifice suffise pour annuller une disposition, tandis qu'il y a des Loix expresses qui décident nettement, que les prières & les caresses qui ont quelque chose de plus fort que la simple persuasion, n'empêchent pas la validité des dispositions testamentaires, & que l'on voit par une expérience que tout homme raisonnable fait pour ainsi dire chaque jour, qu'il y a une infinité de choses, que l'on agrée & que l'on fait volontairement, sans qu'on soit le premier à en concevoir l'idée, & que l'on ne fait que par l'inspiration d'autrui ; cependant l'action n'en est ni moins libre, ni moins volontaire, parce que dans ce cas, la volonté inspirée se détermine librement par les convenances & par le plaisir qu'elle prend à la chose. Cela se développe & se confirme par la connoissance de ce qui est volontaire ou involontaire.

S'il est de l'essence du volontaire que la première idée vienne de l'intérieur de la personne.

Les Théologiens qui ont mieux connu & expliqué ce point que les Jurisconsultes qui ont raisonné là-dessus sans principes, disent : *Sicut voluntarium est illud quod habet ortum à principio intrinseco, cum cognitione finis ; ita involuntarium dicitur esse illud, quod non habet ortum à voluntate veluti à principio intrinseco ; Joannes Puteanus* dans son Commentaire sur la somme de Saint Thomas, 1, 2, question 6, article 5 ; ainsi, tout ce que la volonté reçoit ou approuve, *cum cognitione finis*, est purement volontaire, parce que, selon la remarque de *Saint Thomas*, au lieu cité, *ad secundum, voluntarium dicitur quod est secundum inclinationem voluntatis*; mais il n'est pas nécessaire que le principe intrinsèque qui forme le volontaire soit le premier principe de l'acte volontaire, il suffit que la volonté l'adopte librement & avec connoissance, *licet de ratione voluntarii sit quod principium ejus sit intra; non tamen est contra rationem voluntarii, quod principium intrinsecum causetur vel moveatur ab exteriori principio, quia non est de ratione voluntarii quod principium intrinsecum sit principium primum.* Ce sont les propres paroles de *Saint Thomas*, 1, 2, question 6, article 1, *ad primum.* Et selon les Philosophes, ce qui constitue l'essence d'un acte libre est, 1°. la perception ou première notion. 2°. Le jugement par lequel on examine & l'on juge de la bonté & de la connoissance de l'acte. 3°. Après cet examen la volonté se détermine & agit en conséquence. Une personne à laquelle on inspire de faire une libéralité, fait toutes ces opérations, & dispose librement.

44. Conclusion. Il n'y a que les voies que l'on prend pour persuader qui puissent rendre la disposition nulle.

Il n'y a donc que les voies que l'on prend pour inspirer & pour persuader, qui puissent rendre l'action involontaire; si l'on est persuadé par des raisons insidieuses, ou par des artifices capables de surprendre, alors il n'y a point de volonté libre qui puisse servir de fondement à la disposition, & c'est le cas de l'involontaire mixte; que si l'on est induit ou persuadé que par des bons motifs, la volonté se déterminant par son propre choix, par le mérite & la solidité des raisons, qui font trouver la chose bonne ou convenable, *cum cognitione finis*, il y a une volonté purement & parfaitement libre, qui sert de fondement solide à la disposition. Voyez le commencement de ce chapitre, nombres 8, 9 & 10.

45. La captation & la suggestion séparées du dol ne sont pas des moyens de nullité.

Dès que l'on s'est formé une juste idée de la suggestion & de la captation, & que l'on est persuadé, comme il nous paroît qu'on doit l'être, que ce ne sont pas des moyens de nullité différens du dol & de la fraude, on s'apperçoit que la première opinion qui déclare suggérées les dispositions faites sur l'interrogat d'autrui, & la seconde, qui la fait consister en la simple persuasion, n'ont aucun fondement dans le Droit, & que la troisième qui la fait consister au dol, ou en la fraude, est la seule véritable; après quoi les doutes qui peuvent naître de cette matière ne paroîtront plus si difficiles à résoudre.

46. Disposition de l'Ordonnance de 1735, sur la captation & la suggestion.

L'Ordonnance de 1735 ne règle rien sur cela, elle se contente de réserver dans l'article 47, les nullités tirées des dispositions des Loix ou des Coutumes, & nommément la suggestion & captation, lesquelles pourront être alléguées, sans qu'il soit nécessaire de s'inscrire en faux à cet effet, pour y avoir, par les Juges, tel égard qu'il appartiendra. Elle laisse donc les nullités prises de la suggestion & captation, dans les termes du Droit commun.

47. Quand est-ce que la preuve des faits de captation & de suggestion est recevable.

Venant donc au détail des difficultés qui se présentent sur cette matière, nous disons premièrement, que la preuve des faits de suggestion est recevable toutes les fois que ces faits tendront à prouver que les dispositions ont été surprises par dol, fraude, artifice, instigations frauduleuses, capables d'avoir déterminé le Testateur à disposer contre sa volonté, & que cette preuve peut être faite par témoins, nonobstant les Ordonnances de Moulins & de 1667, parce qu'il est question de faits qui ne peuvent pas faire la matière des conventions.

48. La preuve des faits de captation & suggestion est recevable, quoique le testament soit olographe.

En second lieu, que les testamens olographes pouvant avoir été surpris par dol & par des instigations frauduleuses & artificieuses, on ne peut pas moins attaquer & faire casser ces testamens que ceux d'une autre espèce, quoiqu'en ayent pu dire certains Auteurs; car le dol & la fraude ne sont pas des moyens moins efficaces pour annuller les testamens olographes, quoiqu'écrits, datés & signés par les Testateurs, que les autres testamens, puisque rien n'empêche que l'esprit du Testateur n'ait pu être ménagé par des artifices, au point de lui faire écrire des dispositions suggérées; mais il faut toujours en revenir à cette règle, que les dispositions qu'il a couchées étant l'effet de la ruse & de l'artifice, & n'étant pas fondées sur sa volonté libre & dégagée de toute impression étrangère, elle n'est pas moins nulle, que si le Testateur ne l'avoit pas écrite, tout comme on ne laisse pas de casser des conventions frauduleuses, & compliquées de dol, quoique celui des contractans qui les attaque les ait écrites & signées de sa propre main.

46. Il faut articuler les faits desquels la preuve de la suggestion artificieuse peut résulter.

En troisième lieu, qu'il ne suffit pas de demander vaguement la preuve de la captation & suggestion pour y être reçu. Si l'on a des preuves écrites, qui établissent par des conjectures & des indices clairs le dol & la fraude dont on a usé, on peut les faire valoir; mais pour être reçu à la preuve testimoniale, il faut articuler les faits, il est nécessaire que ces faits soient concluans; c'est-à-dire, qu'ils tendent à prouver du moins par des conjectures violentes, & par des indices clairs, que le dol & la fraude ont servi de fondement aux dispositions; & comme l'explique Claude-Joseph de Ferriere: *Il faut appercevoir au moins du côté du Testateur, les traces d'une volonté contraire aux dispositions qu'il a faites, & du côté de ceux auxquels on impute la suggestion des vestiges de cet artifice qui la caractérise, à la faveur de quoi on découvre qu'ils sont parvenus à déterminer le Testateur à adopter comme sienne une volonté étran-*

gère. Il faut donc que les faits tendent à ces deux objets, lesquels étant remplis, la preuve se trouvera suffisante. En user autrement, ce seroit exposer les héritiers testamentaires & les légataires à la vexation & à la calomnie, dont on ne voit que trop d'exemples. Il importe donc que les Juges soient extrêmement réservés sur ces preuves, & qu'ils suivent à cet égard ce qu'ils ont accoutumé de pratiquer lorsqu'ils ordonnent la preuve des faits articulés pour établir le dol & la fraude, quand il s'agit de la rescision d'un contrat compliqué de ce vice, ce qui est fondé sur la disposition de l'article 1 du titre 22 de l'Ordonnance de 1667, qui veut qu'aux matières, *où il échera de faire des enquêtes, le même Jugement qui les ordonnera, contiendra les faits des Parties dont elles informeront respectivement si bon leur semble*. Il est vrai qu'avant cette Ordonnance l'usage étoit d'ordonner les enquêtes sans avoir choisi les faits; les Parties dressoient un *intendit* où elles comprenoient tous les faits qu'elles vouloient prouver, & le Juge interrogeoit les témoins sur ces faits, ensuite en jugeant le Procès, les Juges choisissoient les faits afférans; mais cet usage a été abrogé, & par conséquent, on ne peut plus s'arrêter à l'opinion des Auteurs antérieurs à l'Ordonnance de 1667, qui ont cru sur le fondement de l'ancien usage, que les faits ne devoient pas être articulés avant d'ordonner la preuve, & nous croyons qu'il doit en être de même des faits de crainte & de violence par la même raison.

Les faits qui doivent être prouvés doivent être exprimés dans le Jugement qui ordonne la preuve.

On doit articuler les faits de crainte & de violence pour être admis à la preuve.

Du reste nous ne parlons point de la fausseté qui se commet aux testamens, elle a trop d'étendue, & feroit une diversion trop considérable; nous nous contentons de renvoyer à ce qu'en a écrit *Ricard, des Donations, tome 1, part. 3, chap. 1*. Nous observerons seulement que *l'Ordonnance de 1735, article 48*, donne à entendre que c'est une espèce de faux, lorsque les Notaires, Tabellions, ou autres personnes publiques, ou les témoins signent les testamens, codicilles ou autres actes de dernière volonté, ou les actes de suscription des testamens mystiques, sans avoir vu le Testateur, & sans l'avoir entendu prononcer ses dispositions, sans avoir vu présenter l'écrit qui les contient lors de la suscription, puisqu'elle veut que ces personnes soient poursuivies extraordinairement à la Requête des Procureurs du Roi ou des Seigneurs, & que les Notaires, Tabellions ou autres personnes publiques soient condamnés à la mort, & les témoins à telles peines afflictives, & infamantes qu'il appartiendra.

50. De la fausseté dans les Testamens.

C'est une espèce de faux lorsque les Notaires ou autres personnes publiques, ou les témoins signent hors la présence du Testateur.

Le rapport que le testament fait sur l'interrogat d'autrui a avec la suggestion, selon le sens que lui donnent certaines Coutumes, & l'opinion des Auteurs cités, nous

51. Du Testament sur l'interrogat d'autrui.

engage à examiner ici la validité ou invalidité de ce testament.

52. Dans quels cas la difficulté peut s'élever. La contestation peut s'élever, 1°. dans les testamens écrits. 2°. Dans les testamens nuncupatifs. 3°. Par rapport aux enfans, & à la cause pie. 4°. Par rapport aux legs & fidéicommis particuliers contenus dans les testamens nuncupatifs. 5°. Par rapport aux dispositions contenues dans les codicilles : nous allons examiner tous les cas particuliers.

53. Du Testament solemnel écrit. Dans le testament écrit, la difficulté peut se présenter, si au lieu par le Testateur, en présentant l'écrit au Notaire & aux témoins, pour y apposer l'acte de suscription, de déclarer de sa bouche, que cet écrit est son testament, & qu'il contient sa volonté, il est seulement interrogé si l'écrit est son testament, & qu'il réponde oui.

54. Partage d'avis des Interprètes. Sur cette difficulté les Interprètes sont partagés, les uns tiennent que le testament est bon, ils sont rapportés en grand nombre par *Menochius*, *lib.* 4, *præsumpt.* 8, *& par Manzius de testam. valido & invalido*, *tit.* 3, *quæst.* 5 ;

Avis pour la validité du Testament. ils prétendent même que c'est l'opinion la plus commune, ils se fondent principalement sur la Loi *Pamphilo* 39, §. 1, *ff. de leg.* 3, & sur ce qu'il doit être indifférent, que le Testateur fasse connoître sa volonté par lui ou par autrui, tout comme il est indifférent qu'il écrive ou qu'il fasse écrire le nom de l'héritier, & ses autres dispositions. Voyez *Cambolas*, *liv.* 3, *chap.* 12.

55. Sentiment contraire, qui est le bon. D'autres soutiennent l'opinion contraire, & prétendent qu'un testament fait à l'interrogation d'autrui est nul. Ce sentiment nous paroît sans contredit, le seul bon, & le seul soutenable, selon les principes établis par les Loix.

56. Raisons de cette opinion. En effet, la forme des testamens a été réglée par les Loix, elle est de Droit public, les Testateurs ne peuvent ni s'en dispenser, ni s'en écarter, elle doit être exactement suivie, autrement le testament est nul.

57. Il ne suffit pas que la volonté du Testateur paroisse, il faut qu'elle soit revêtue de la formalité requise. Pour faire valoir un testament, il ne suffit pas que la volonté du Testateur paroisse, il faut encore que cette volonté soit appuyée des formalités, que les Loix veulent être observées, pour la rendre efficace.

58. Les Loix exigent que le Testateur déclare que l'écrit qu'il présente est son Testament. Or les Loix veulent & ordonnent expressément, que quand un Testateur aura écrit ou fait écrire sa volonté par une personne affidée, il déclare lui-même de sa bouche, que l'écrit qu'il présente aux témoins, est son testament, & qu'il contient sa volonté. Cette formalité est essentielle pour donner la force aux dispositions. Il faut donc la remplir en la forme prescrite, autrement le testament est nul & inefficace, *dum tamen testibus præsentibus*, *Testator suum esse Testamentum dixerit*, *quod offertur*, selon les

expressions de la Loi *hac consultissima* 21, *cod. de testam.* Ainsi il n'est pas indifférent, comme l'ont pensé les Auteurs qui tiennent la première opinion, que le Testateur déclare sa volonté par lui ou par autrui, puisque la Loi exige qu'il la déclare lui-même de sa propre bouche.

Disposition de la Loi 21, *cod. de testam.*

59. Renouvellée par l'art. 9 de l'Ordonnance de 1735.

La disposition de cette Loi ayant été renouvellée par *l'article 9 de l'Ordonnance de* 1735, qui veut que le Testateur déclare que le contenu au papier est son testament, il faut que cette formalité soit remplie en la manière qu'elle est prescrite, sans pouvoir y suppléer par des équipolens, & il n'y a plus aucun lieu de douter qu'en France le testament ne soit nul si le Testateur n'a pas fait lui-même cette déclaration, nonobstant le sentiment contraire des Interprètes, comme ayant été abrogé & proscrit par cette nouvelle Loi, qui rétablit dans la pureté le Droit Romain, de l'esprit duquel les Interprètes s'étoient éloignés; mais cette nullité ne vient pas de la suggestion, comme le pensent les Auteurs Coutumiers que nous avons cités, elle vient d'une autre cause, c'est-à-dire, de ce que le Testateur ne fait pas la déclaration que la Loi exige en pareil cas, & que la formalité prescrite n'est pas remplie.

60. Explication de la Loi 39, §. 1, *ff. de Leg.* 3.

La Loi 39, §. 1, *ff. de leg.* 3, ne fait rien pour appuyer le sentiment contraire; car dans l'espèce de cette Loi, il ne s'agit pas de la substance de la volonté du Testateur, comme dans notre cas, il est question de l'explication d'une circonstance que le Testateur n'avoit pas éclairci. Voilà pourquoi la réponse sur l'interrogat d'autrui devoit suffire pour lever le doute.

61. La nouvelle Ordonnance auroit abrogé cette Loi.

Quoiqu'il en soit de cette Loi, dès que la nouvelle Ordonnance a rétabli la disposition de la Loi 21, *cod. de testam.* si la Loi 39, §. 1, *ff. de leg.* 3, disoit quelque chose de contraire, ce qui n'est pas, elle seroit abrogée, & dès qu'il est nécessaire que le Testateur fasse lui-même la déclaration, il ne peut pas remplir la formalité prescrite par une simple réponse à l'interrogat d'autrui.

62. Du Testament nuncupatif, s'il peut être fait à l'interrogat d'autrui.

La même diversité d'opinions que nous venons de remarquer touchant le testament écrit, se rencontre par rapport au testament nuncupatif. Il y a même plus, c'est que le Parlement de Toulouse a rendu des Arrêts, qui tantôt ont cassé les Testamens faits sur l'interrogat d'autrui, comme on peut le voir dans *M. Maynard, livre* 5, *chapitre* 6, & tantôt ont confirmé ces testamens, *M. de Cambolas, livre* 5, *chap.* 5.

63. Résolution pour la nullité du Testament.

Mais comme il n'y a point de différence à faire à cet égard entre le testament écrit & le testament nuncupatif, & que dans l'un & l'autre le Testateur doit lui-même faire la déclaration sur l'écrit ou sur sa volonté, le testament nuncupatif fait sur l'interrogat d'autrui est nul, soit que l'on considère l'esprit du Droit Romain & des Coutumes qui exigent *la diction* de la volonté, ou la disposition de la nouvelle Ordonnance.

64. Preuves de cette résolution.

La Loi *hæredes palam* 21, *ff. qui testam. fac. poss.* veut que le Testateur prononce lui-même, en présence des témoins, le nom de ses héritiers, *hæredes palam ita ut exaudiri possint, nuncupandi sunt.* La Loi *hac consultissima* 21, §. *per nuncupationem* 2, *cod. de testam.* & le §. dernier aux *instit. de testam. ordin.* exigent aussi comme une formalité essentielle, que le Testateur explique sa volonté aux témoins, de manière qu'ils puissent l'entendre, autrement le testament est nul. *Testamenta non alias valere sancimus.* Les Coutumes sont encore plus expresses, & doivent être observées plus rigoureusement.

65. Confirmation des Loix par l'Ordonnance de 1735.

La disposition de ces Loix a été confirmée & renouvellée par *l'article 5 de l'Ordonnance de 1735*, qui porte, *lorsque le Testateur voudra faire un testament nuncupatif, il en prononcera intelligiblement toutes les dispositions en présence de sept témoins.* Or si le Testateur doit prononcer lui-même intelligiblement toutes ses dispositions, il est clair qu'il ne suffit pas qu'étant interrogé sur ses dispositions, il réponde simplement *oui*, ou par quelqu'autre parole qui démontre un consentement, parce que la Loi exige autre chose; mais ce n'est pas de la suggestion que la nullité émane, elle dérive d'un défaut de formalité prescrite par les Loix & par l'Ordonnance, qu'il ne faut pas confondre avec la suggestion qui attaque la disposition par le défaut de volonté, ce que ne fait pas le défaut de formalité.

66. Si les legs ou fidéicommis faits sur l'interrogat d'autrui sont nuls.

Le Testateur devant prononcer intelligiblement toutes les dispositions qu'il fait par testament, il s'ensuit que quand il ne s'agiroit que d'un legs ou d'un fidéicommis particulier contenu dans un testament, il seroit nul, s'il n'avoit été fait que sur l'interrogation d'autrui, & si le Testateur ne l'avoit pas prononcé; quoique suivant la Loi 22, *cod. de fideicomm.* le fidéicommis puisse être laissé *nutu*; car cela ne s'entend, selon *M. Cujas, Consult.* 36, que des fidéicommis faits hors du testament; & quand la Loi devroit être entendue autrement, elle seroit abrogée par la nouvelle Ordonnance, dès qu'elle exige que le Testateur prononce toutes les dispositions de son testament n'y ayant pas lieu de douter que les mots *toutes les dispositions*, ne comprennent les legs & les fidéicommis particuliers, tout comme les institutions, les substitutions & les fidéicommis universels, & la même formalité doit être observée à cet égard aux dispositions particulières, qu'aux dispositions universelles, parce que la Loi l'exige ainsi.

67. Si l'on peut expliquer quelque circonstance sur l'interrogât d'autrui.

Il est vrai que s'il ne s'agissoit pas de la substance de la disposition, mais qu'il fût question seulement de quelque circonstance nécessaire pour expliquer la disposition, circonstance omise par le Testateur, il suffiroit qu'étant interrogé pour expliquer cette circonstance, il répondit *oui*, ou par quelqu'autre terme qui dénotât son consentement, suivant la Loi 39, §. 1, *ff. de leg.* 3 : car c'est le véritable cas de cette Loi, à laquelle l'Ordonnance n'a pas dérogé à cet égard.

68. *Quid* dans les Testamens faits *inter liberos*.

La nullité des dispositions que le Testateur n'a pas prononcées lui-même doit avoir lieu, non-seulement par rapport aux étrangers, mais encore *inter liberos*, comme le décident *M. Maynard, livre 5, chapitre 7, Chopin*, & quelques autres Auteurs ; & cela est encore plus indubitable par la nouvelle Ordonnance, qui n'a pas excepté les dispositions *inter liberos* de cette formalité, & ne les en a pas dispensées, elle a seulement réduit le nombre des témoins à deux par *l'article* 15, sans toucher aux autres formalités requises dans les testamens en faveur des personnes d'une autre qualité ; elle exige aussi la même formalité dans toutes les autres espèces de testamens dont elle parle, comme le militaire, en temps de peste, & les autres, quoiqu'ils ayent des formalités particulières ; parce que l'Ordonnance n'a pas non plus dispensé ces testamens de la formalité qu'elle exige, que le Testateur prononce ou dicte ses dispositions en présence des témoins & de la personne publique qui les reçoit.

Quid du Testament militaire.

69. *Quid* des dispositions en faveur de la cause pie.

Elle doit encore avoir lieu à plus forte raison, à l'égard de la cause pie, quoiqu'en ayent pu dire quelques Auteurs, parce que la cause pie est assujettie aux mêmes formalités que les personnes étrangères, par *l'article 78 de l'Ordonnance de* 1735.

70. Des dispositions faites sur l'interrogat d'autrui par codicille.

A l'égard des dispositions contenues dans les codicilles, nous croyons qu'elles sont valables en Pays de Droit écrit, quoique le Codicillant ne les prononce pas lui-même, & qu'il ne fasse que répondre à l'interrogatoire d'autrui, pourvu que d'ailleurs, il n'y ait point de fraude pratiquée, que le Testateur connoisse ce qu'il fait, & qu'il articule bien ses réponses. La raison est parce que ni le Droit Romain, ni l'Ordonnance n'exigent pas cette formalité dans les codicilles. L'Ordonnance ne parlant que des dispositions testamentaires, il n'y a donc pas lieu d'étendre sa disposition aux codicilles, qui, selon les textes du Droit, n'exigent aucune solemnité, *nullam solemnitatem ordinationis desiderant*, §. *ult. instit. de codicillis*. V. Cambolas, *liv.* 3, *chap.* 12, & Cujas, *Consult.* 36.

SECTION IV.

De l'erreur, de la fausse Cause, fausse Condition, fausse démonstration, & autres semblables.

SOMMAIRE.

1. *Si l'erreur annulle les dispositions testamentaires.*
2. *De l'erreur qui tombe sur la personne du Légataire ou sur le corps de la chose léguée.*

Quid *sur le nom* appellatif.

Quid *sur la fausse opinion d'une qualité qui est la cause finale de la libéralité.*

3. *De l'erreur dans le nom propre de l'héritier ou du Légataire ou de la chose léguée.*
4. *Quand est-ce que l'erreur tombe sur la personne?*
5. *Quand est-ce que l'erreur tombe sur la chose léguée?*
6. *Quand est-ce qu'il y a erreur dans le nom* appellatif?

Rerum nomina immutabilia sunt.

Nomina hominum sunt mutabilia.

Omission d'ajouter une condition que le Testateur s'étoit proposée, annulle la disposition.

7. *Nullité de l'institution faite sous la qualité de fils du Testateur, lorsque la qualité se trouve fausse.*

Cause finale.

Cela est restraint à la filiation & ne s'étend point aux autres qualifications.

A moins qu'il ne parut que le Testateur s'étoit fondé sur cette qualité.

Quid *si le Testateur le déclare.*

8. *De l'erreur sur un fait qui est la cause finale de la disposition.*
9. Quid *s'il n'y a qu'une erreur de Droit considérée comme la cause finale.*
10. *Exemple tiré de la Loi dernière* ff. de hæred instit.
11. *Suite.*

Si la preuve de l'erreur peut être faite autrement que par le testament même.

12. *Des legs contenus dans un testament qui contient une institution fondée sur une erreur qui est une cause finale.*

Erreur dans une partie du testament, même dans l'institution, ne nuit pas pour les legs.

13. *De l'erreur dans le propre nom du Testateur.*
14. *De l'erreur qui tombe sur le nom de l'héritier, ou sur le nom du Légataire.*

De l'erreur qui tombe sur le nom propre de la chose léguée.

Quid *de l'erreur sur la portion ou sur la quantité.*

15. *De l'erreur dans la qualité de la personne.*

Natus habetur pro non nato favore testamenti.

16. *Suite de l'erreur sur la qualité de la personne.*

17. *De l'erreur de l'Ecrivain.*

18. *A qui appartient l'hérédité ou le legs, lorsqu'il est annullé par l'erreur.*

Renvoi pour les autres questions touchant l'erreur.

19. *La fausse condition ne vicie point.*

Quid *si la condition devient impossible.*

Différence entre la fausse condition & celle qui est remplie par le Testateur.

Arrêts du Parlement de Toulouse.

Résolution contre ces Arrêts.

20. *Explication de la Loi* 75, §. 2, ff. de leg. 1.

Quand est-ce que la fausse condition ne vicie point.

21. *De la fausse cause & qu'elle ne vicie point.*

La cause est présumée impulsive si le contraire n'est prouvé.

22. *Suite de la cause fausse.*

Quid *si la fausse cause est conçue en termes conditionnels.*

23. *De la fausse cause qui est finale.*

C'est à celui qui soutient la nullité à prouver que la cause est finale.

24. *Avis de quelques Auteurs qui ont cru que la cause est finale dès qu'elle est exprimée.*

Résolution du contraire.

25. *De la fausse démonstration, & qu'elle ne vicie pas.*

26. *S'il faut distinguer la fausse démonstration qui tombe sur la personne ou sur la chose.*

La démonstration doit-elle prévaloir sur le nom aut vice versa.

Si la fausse démonstration peut servir de prétexte à demander un legs qui n'a pas été fait, & qui est simplement énoncé.

La fausse cause ne fait point un legs.

27. *Quelle est la démonstration dont la fausseté ne vicie point, & quelle est celle qui vicie.*

Exemple tiré de la Loi 108, §. 10, ff. de leg. 1.

28. *Si la fausseté du mode vicie.*

29. *Des cas où la démonstration rend inutiles les dispositions.*

Du legs d'une somme tanquam corpus loco & recumscriptum.

Legs de dix mesures de vin d'un tel tonneau, ne vaut que pour ce qui s'y trouve.

30. *Du legs d'une somme due par un tiers.*

Ou de ce qui est dû par un tiers sans expression de somme.

Du mari qui lègue à sa femme ce qu'elle lui a apporté en dot sans exprimer les choses.

Conciliation de diverses Loix.

Quand le corps de la dette est légué, l'héritier en est quitte, en cédant au Légataire l'action du Testateur.

Si avant la cession le Légataire peut intenter l'action utile.

Du legs d'une somme certaine due par le Légataire.

31. *De la démonstration qui dégénère en condition, par des paroles conditionnelles.*

1. Si l'erreur annulle les dispositions testamentaires.

LA volonté du Testateur devant être purement libre, délibérée, réfléchie, & sans aucun mélange d'involontaire hypothétique, comme nous l'avons dit ci-dessus, il semble que s'il y a erreur en quelque chose, la disposition doit être nulle indistinctement, parce que l'erreur exclut la volonté, ou rend la disposition involontaire par événement, cependant les Loix n'ont pas admis crument cette conséquence, mais elles ont considéré la nature de l'erreur, & surquoi elle porte.

Lorsque l'erreur tombe sur la personne de l'héritier, ou du légataire, ou sur le corps de la chose léguée, alors cela attaque la substance de la volonté, & la disposition est nulle. Elle l'est encore si l'erreur tombe sur le nom appellatif de la chose léguée, ou si la disposition est fondée sur la fausse opinion d'une qualité, qui a été la cause finale de la libéralité, ou bien si le Testateur erre sur un fait qui l'engage à faire la libéralité qu'il n'auroit pas faite s'il n'avoit été dans cette erreur. Il en est de même s'il erre sur son propre nom.

2. De l'erreur qui tombe sur la personne du Légataire, ou sur le corps de la chose léguée.

Mais l'erreur dans le nom propre de l'héritier ou du légataire, ou dans le nom propre de la chose léguée, ne vicie point la disposition; pourvu que d'ailleurs la personne, ou la chose soient connues. On éclaircit ces règles par l'application que l'on en fait aux cas particuliers.

3. De l'erreur dans le nom propre de l'héritier ou du Légataire, ou de la chose léguée.

L'erreur peut tomber sur la personne, lorsque le Testateur ayant en vue de gratifier une personne, en nomme, ou en désigne une autre. Dans ce cas la libéralité ne peut valoir, ni en faveur de la personne désignée, ou nommée, parce qu'elle n'est pas fondée sur la volonté du Testateur, à cause que *errantis nullus est consensus*, ni en faveur de celle, que le Testateur avoit intention de gratifier, parce qu'elle n'a point de titre pour intenter son action. *L. 9, ff. de hæred. instit.*

4. Quand est-ce que l'erreur tombe sur la personne.

L'erreur tombe sur la chose léguée, lorsque le Testateur nomme ou désigne une chose qu'il n'avoit pas intention de laisser, & qu'il ne parle point de celle qu'il vouloit léguer, alors la chose léguée ne peut pas être demandée; parce que la volonté du Testateur, qui doit servir de fondement à la libéralité manque. Celle qu'il avoit intention de léguer ne peut pas non plus être demandée à cause de l'incertitude, & que le Testateur n'a pas fait connoître à cet égard sa volonté. *Si in corpore errabit non debebitur, L. 4, ff. de Leg. 1, & L. 9, §. 1, ff. de hæred. instit.*

5. Quand est-ce que l'erreur tombe sur la chose léguée.

Si, par exemple, le Testateur qui a intention de léguer un habit, se sert du terme générique de meubles, il y a erreur dans le nom appellatif de la chose léguée, qui vicie la disposition. *Quod si quis cum vellet vestem legare supellectilem adscripsit, Pomponius scripsit vestem non deberi, L. 4, ff. de leg. 1, rerum enim vocabula immutabilia sunt: hominum mutabilia*, selon les expressions de la même Loi.

6. Quand est-ce qu'il y a erreur dans le nom appellatif.

La disposition est encore nulle, si le Testateur omet par erreur une condition qu'il s'étoit proposé d'ajouter à l'institution, *L. 9, §. 5, ff. de hæred. instit.* Autre chose seroit s'il avoit achevé sa disposition, & qu'il se fût seulement réservé d'y ajouter dans la suite une condition; car quoiqu'il ne l'impose pas, la disposition n'en est pas moins valable. *Grassus, §. institutio, quæst. 29, n. 5.*

Omission d'ajouter une condition que le Testateur s'étoit proposée annulle la disposition.

7. Nullité de l'institution faite sous la qualité de fils du Testateur, lorsque la qualité se trouve fausse. Cause finale. A moins qu'il ne parut que le Testateur s'étoit fondé sur cette qualité.

Un Testateur institue un tel comme son fils, *quasi filium suum*, on découvre ensuite que l'héritier n'est pas le fils du Testateur; la disposition est nulle, & l'hérédité doit être ôtée à l'héritier institué, parce que la fausse opinion de la filiation est présumée la cause finale de l'institution, & que sans cette qualité le Testateur n'auroit pas disposé en sa faveur. *L.* 5, *cod. de testam. & L.* 4, *cod. de hæred. instit. Carondas*, *liv.* 1, *rép.* 17, rapporte un Arrêt qui l'a jugé de même; mais cela doit être restraint dans le cas particulier de la filiation, car si l'héritier ou légataire étoit appellé frère, ou parent, & qu'il ne le fût pas, cette fausse désignation ne rendroit pas la disposition nulle, *L.* 33, *ff. de condit. & demonstrat. L. nemo* 58, §. 1, *ff. de hæred. instit. & L.* 5, *cod. eod.* à moins qu'il ne fût clairement prouvé, que le Testateur n'avoit considéré que la qualité de frère, ou de parent, & que s'il n'avoit pas été dans cette erreur, *alias non fuisset legaturus. Argum. L.* 72, §. 6, *ff. de condit. & demonstrat.* La preuve seroit assez claire si le Testateur l'exprimoit, *L. ult. ff. de hæred. instit.* comme s'il avoit dit, parce que Titius est mon frère, ou mon parent, je l'institue, je lui légue telle chose, puisque le Testateur l'auroit lui-même déclaré pour témoigner que sans cette qualité il n'eût pas ainsi disposé.

Quid si le Testateur le déclare.

8. De l'erreur sur un fait qui est la cause finale de la disposition.

La disposition est encore nulle, si elle a pour fondement, ou pour cause finale, un fait erroné sans lequel le Testateur ne l'auroit point faite, alors le légataire est exclus de son action par l'exception de dol, *sed plerumque doli exceptio locum habebit si probetur alias legaturus non fuisse. L.* 72, §. 6, *ff. de condit. & L.* 1, *cod. de falsa causa adjecta leg.*

9. *Quid* s'il n'y a qu'une erreur de droit considérée comme la cause finale.

Et cela a lieu quand même la disposition ne seroit fondée que sur une erreur de droit considérée comme la cause finale, ainsi que le Parlement de Toulouse l'a jugé par l'Arrêt du 5 Avril 1630, rapporté par M. d'Olive, liv. 5, chap. 17.

10. Exemple tiré de la Loi dernière, *ff. de hæred. inst.*

La Loi dernière, *ff. de hæred. instit.* fournit un exemple fameux, & fort célébré par les Auteurs, de l'erreur considérée comme la cause finale qui vicie les dispositions, en voici l'espèce : Androsthènes avoit, par un premier testament, institué *Pactumeia magna* sa niéce *ex fratre*. Le père de l'héritière étant décédé, il courut un bruit qui parvint au Testateur, que sa niéce étoit aussi morte. En faisant son testament il dit, *parce que je n'ai pû avoir les héritiers auxquels j'avois destiné mes biens, j'institue Novius Rufus;* & dans le même testament il fit divers legs.

Le Testateur étant décédé dans cette volonté, sa niéce & son héritière attaqua ce testament, & demanda devant l'Empereur la maintenue en l'hérédité de son oncle, laquelle lui fut adjugée à cause de la volonté présumée du Testateur, qui n'avoit changé son premier testament, que dans l'erreur, ou la fausse opinion où il étoit que son héritière étoit décédée : ayant clairement marqué son intention dans son testament.

11. Suite.

Si la preuve de l'erreur peut être faite autrement que par le testament même.

Dans l'espèce de cette Loi le testament portoit lui-même la preuve de l'erreur, ou de la fausse opinion du Testateur, ce qui a fait dire à la *glose*, à *Bartole*, & à quelques autres Docteurs, que si la cause de l'erreur n'étoit pas énoncée dans le testament même, elle ne vicieroit pas de plein droit la disposition, & ils se fondent sur la *Loi 27, §. dernier, ff. de inoff. testam.* Mais cette restriction est mal fondée, & il faut dire que l'erreur & la fausse opinion peuvent être prouvées autrement, & que de quelle manière qu'elles soient justifiées, elles doivent opérer leur effet, puisque la Loi 72, §. 6, *ff. de condit. & demonstr.* décide qu'il suffit de prouver que le Testateur auroit disposé autrement, s'il n'avoit pas été dans l'erreur, *si probetur alias legaturus no. fuisse*, ce qui embrasse généralement tout genre de preuve. La *Loi 27, §. dernier, ff. de inoff. testam.* ne conclut rien pour l'opinion de Bartole, elle décide seulement, que quand la mère a disposé en faveur d'un tiers, dans l'opinion que son fils étoit mort, ce fils pouvoit intenter la plainte d'inofficiosité, ce qui n'exclut pas le moyen qui résulte de l'erreur, & dans le cas de la *Loi 28 du même titre*, ce testament ne contenoit aucune preuve de l'erreur ; cependant l'hérédité fut adjugée au fils.

12. Des legs contenus dans un Testament qui contient une institution fondée sur une erreur qui est une cause finale.

Il est à remarquer que comme les legs contenus dans le dernier testament n'avoient pas pour fondement la même erreur, dans l'espèce proposée, l'héritière, en vertu du premier testament, fut chargée de les payer. On peut donc tirer de la Loi dernière, *ff. de hæred. instit.* cette règle, que l'erreur dans une partie ne vicie que cette partie, & non les autres, qui ne sont pas compliquées du même vice ; parce que les dispositions contenues dans un même testament ne sont pas indivisibles, & que la nullité des unes n'empêche pas la validité des autres, *Molina de Justitia, & Jure, tractat. 2, disput. 135, n. 4*, le décide ainsi, *v. L. 27, §. 4, & L. 28, ff. de inoff. testam.* qui sont dans le cas d'une erreur à peu près semblable ; mais il faut prendre garde que dans le cas de la Loi dernière, *ff. de hæred. instit.*, il y avoit une héritière en vertu du premier Testament, & que l'institution se trouvant

Erreur dans une partie du Testament, même dans l'institution ne nuit pas pour les legs.

anéantie à cause de l'erreur dans le second testament, les autres dispositions devoient valoir comme Codicille. Voilà pourquoi, s'il n'y avoit qu'un seul testament, & que l'institution fût nulle à cause de l'erreur, les legs ne devroient pas valoir, parce que l'institution étant emportée, tout ce qui est écrit dans le testament est inutile & caduc, vû que c'est l'institution qui fait valoir toutes les autres dispositions, §. *ante hæredis* 34, *instit. de legatis.*

13. De l'erreur dans le propre nom du Testateur.

Si le Testateur a erré dans son propre nom, le testament est absolument nul, parce qu'on ne peut pas penser qu'un Testateur soit dans une ignorance si supine, qu'il ignore son propre nom, & qu'il soit capable de tester, comme le décide la Loi 14, *cod. de hæred. instit.* Si le Testateur, qui, par exemple, s'appelle Mœvius, dit, *Sempronius Plotii hæres esto.* Mais si le Testateur étoit héritier, ou substitué de Plotius, l'institution seroit bonne, à cause de la règle qui veut que l'héritier de l'héritier soit héritier du Testateur; que s'il ne se rencontre rien de semblable, la disposition est nulle.

14. De l'erreur qui tombe sur le nom ou surnom de l'héritier ou du légataire.

Mais si l'erreur ne tombe que sur le nom, ou le surnom de l'héritier ou du légataire, la disposition n'est pas annulée; pourvu qu'il conste de la personne par quelque démonstration, ou désignation, qui le fasse connoître sans équivoque, §. *si quidem* 29, *instit. de legatis.* Il en est de même si l'erreur tombe sur le nom propre de la chose léguée, comme si le Testateur nomme le fonds Cornelien pour le Sempronien, qu'il vouloit léguer; & pourvu qu'il conste, qu'il a voulu léguer le fonds Sempronien, le legs sera bon, *l.* 4, *ff. de leg.* 1. Il en est de même si le Testateur a erré seulement sur la portion en laquelle il vouloit instituer, ou sur la quantité qu'il vouloit léguer, comme s'il institue en la moitié, ou s'il lègue deux cens, tandis qu'il ne vouloit instituer qu'en un quart ou ne vouloit léguer que cent, *& vice versa*, *l.* 9, §§. 2, 3 & 4, *ff. de hered. instit.*

De l'erreur qui tombe sur le nom propre de la chose léguée.

15. De l'erreur dans la qualité de la personne.

L'erreur dans la qualité de la personne, qui n'est pas substantielle, & ne peut pas être regardée comme la cause finale, ne vicie pas l'institution, ni le legs, comme s'il est dit *j'institue Titius mon frère, mon parent, ou fils de Mœvius*, ou qui est d'un tel Pays, ou autres semblables; quoique Titius ne soit pas fils de Mœvius, ou qu'il soit d'un autre Pays, ou que la désignation, quelle qu'elle soit, se trouve fausse, la disposition n'en sera pas moins bonne, *l.* 48, §. *ult. ff. de hæred. instit. l. nemo* 58, §. 17, *ff. eod. & leg.* 5, *cod. de hæred. instit.* parce que dans ce cas la qualité désignée n'est qu'une démonstration, dont la fausseté ne vicie point, §. 30, *instit. de legatis*,

& l. 33, ff. de condit. & demonstrat. ou bien si le Testateur appelle posthume son héritier, ignorant qu'il fût né, *l. 25, §. 1. ff. de liber. & posthum. quia favore testamenti, & propter ignorantiam Testatoris natus habetur pro non nato*, Godefroy sur cette Loi.

Si au contraire le Testateur avoit institué quelqu'un, comme son nourrisson, tandis qu'il étoit son fils dont il ignoroit la qualité, l'erreur dans la démonstration, ou le défaut de connoissance de qualité substantielle, ne devroit pas vicier l'institution, parce que le Testament doit être pris du côté le plus doux, & le plus utile au fils, comme le remarque *Dumoulin sur le Cons. 37 d'Alexandre, lib. 1.* 16. Suite de l'erreur sur la qualité de la personne.

Il faut encore remarquer, que l'erreur commise par celui qui est chargé d'écrire le Testament, ne peut point nuire; mais il faudra exécuter la volonté du Testateur, si elle est connue, malgré l'erreur de l'Ecrivain, *l. errore 7, Cod. de Testam.* 17. De l'erreur de l'Ecrivain.

Lorsque l'institution ou le legs sont annullés par l'erreur, où le Testateur étoit, dans les cas ci-dessus exprimés, l'hérédité ou le legs ne sont pas déférés au fils; mais l'hérédité devra appartenir aux successeurs *ab intestat*, & le legs demeurera dans l'hérédité comme non écrit. On peut voir dans *Barry de success. lib. 2, tit. 6*, les autres cas qui concernent l'erreur dans les dispositions testamentaires. 18. A qui appartient l'hérédité ou le legs lorsqu'il est annullé par l'erreur.

La fausse condition ne vicie point la libéralité, parce qu'elle est considérée comme impossible, & par conséquent elle doit être rejetée, *l. 3 & l. 72, §. 7, ff. de condit. & demonstrationib.* comme s'il est dit, *je lègue la liberté à Pamphilus mon Esclave, s'il paye à Titius ce que je lui dois*, & qu'il ne se trouve rien dû à Titius, parce que cette condition en renferme tacitement une autre, qu'il soit dû quelque chose à Titius par le Testateur, autrement il est impossible que la condition imposée à la liberté soit exécutée; que si le Testateur se trouve débiteur, & paye lui-même la somme qu'il devoit à Titius, la condition manque, *defecisse conditionem intelligi, l. 72, §. 7, ff. de condit. & demonstrat.* Ainsi le legs ne seroit point dû, cependant la glose dit, que le legs de la liberté seroit dû à cause de la faveur de la liberté. *M. Cujas*, sur ce texte, *lib. 18, rep. Papin.* décide avec raison le contraire; parce que la condition ne peut plus être remplie par le Légataire, pour obtenir la liberté, & que *conditio semel defecta non resumitur. Ricard* le décide encore de même dans *son Traité des Dispositions conditionnelles, n. 436.* Autre chose est donc que la condition soit fausse 19. La fausse condition ne vicie point. *Quid* si la condition devient impossible.

Différence entre la fausse condition & celle qui est remplie par le Testateur.

& impossible, parce qu'elle n'empêche pas la validité de la disposition, autre chose est que la condition soit remplie par le Testateur lui-même ; car alors la disposition est anéantie. Il y a néanmoins des Arrêts du Parlement de Toulouse rapportés par M. *Maynard*, *liv.* 7, *chap.* 7, & par M. *de Cambolas*, *liv.* 1, *chap.* 49, qui ont jugé que quand le Testateur payoit lui-même la somme dont il avoit chargé le Légataire par forme de condition, le legs n'en souffroit pas d'atteinte ; mais l'opinion de *Ricard*, & de *Cujas* est plus conforme à l'esprit de la Loi.

Résolution contre ces Arrêts.

20. Explication de la Loi 75, §. 2, *ff. de Leg. 1.*

Il est vrai que la Loi *si sic* 75, §. 2, *ff. de leg.* 1, semble décider que la fausse condition vicie la disposition, lorsqu'elle dit *inter falsam demonstrationem*, *& falsam conditionem*, *sive causam multùm interest* ; car dans l'espèce de cette Loi, la fausse condition tombe sur un fait présent ou passé qui affecte la substance de la disposition, & non sur l'accessoire ; il est dit, *decem quæ mihi Titius debet lego.* C'est un legs fait par forme de corps. Un legs limitatif ou conditionnel, qui ne peut valoir qu'autant que Titius se trouve débiteur : *esse enim debitor debet* ; voilà pourquoi s'il n'est rien dû, il n'y a point de legs. Mais il en est autrement quand la fausse condition tombe sur un fait accessoire futur, que le Testateur veut être accompli, & qu'il est impossible ; car alors elle est regardée comme non écrite ; ceci est fondé sur la Loi 16, *ff. de injusto rupto & irrito facto testamento.*

21. De la fausse cause, & qu'elle ne vicie point.

A l'égard de la fausse cause, la règle est qu'elle ne vicie point les dispositions, soit que le Testateur ait connu, ou ignoré la fausseté de la cause, comme s'il est dit, *parce que Mævius a fait mes affaires*, *je l'institue mon héritier*, *ou je lui lègue telle chose.* Quoique ce Mævius n'ait pas fait les affaires du Testateur, la disposition n'en est pas moins bonne, §. *longè* 31, *inslit. de legat. l.* 3, *cod. de falsa causa adjecta leg. l.* 17, §. 2, *& l.* 72, §. 6, *ff. de condit. & demonstrat. quia ratio legandi legato non cohæret.* Ainsi la cause est présumée impulsive, si le contraire n'est prouvé.

22. Suite de la cause fausse.

Cette règle a lieu, soit que la cause se trouve conçue en termes qui désignent le passé, ou le futur ; parce qu'à cet égard il n'y a point de différence à faire, comme l'observe M. *Cujas* au lieu cité. Toutefois si la fausse cause étoit conçue en termes conditionnels, & qu'il fût dit, *je lègue à Titius un tel fonds*, *s'il a fait mes affaires*, le legs seroit nul si Titius n'avoit pas fait les affaires du Testateur, § 31, *instit. de leg. & l.* 17, §. 3, *ff. de condit. & demonstrat.*

Quid si la fausse cause est conçue en termes conditionnels.

La fausseté de la cause rendroit encore la disposition nulle, si la cause exprimée n'étoit pas simplement impulsive ; mais qu'elle fût finale, de manière que le Testateur n'eût pas fait la disposition s'il ne l'avoit pas cru vraie, ce qui devroit être établi par celui qui l'oppose comme une nullité, *quia ratio legandi legato non cohæret, sed plerumque doli exceptio locum habebit si probetur alias legaturus non fuisse*, *l.* 72, §. 6, *ff. de condit. & demonstrat. M. d'Olive*, *liv.* 5, *chap.* 17. 23.

De la fausse cause qui est finale.

C'est à celui qui soutient la nullité à prouver que la cause est finale.

Menochius, *lib.* 4, *præsumpt.* 24, & quelques Auteurs ont cru qu'il suffit que la cause soit exprimée dans le Testament, pour qu'elle doive être considérée comme finale ; mais cette décision est visiblement fausse, & contraire aux Loix qui ne laissent pas de confirmer les dispositions, quoique la cause exprimée dans le testament se trouve fausse, §. 31, *instit. de leg. l.* 17, §. 2, & *l.* 72, §. 6, *ff. de condit. & demonstrat.* Par cette raison, *quia ratio legandi legato non cohæret.* Il est donc clair qu'il ne suffit pas que la cause soit exprimée dans le testament pour la faire regarder comme finale ; mais il faut qu'elle soit d'une nature à faire comprendre sans équivoque, que sans cette cause, que le Testateur croyoit vraie, il n'auroit pas fait la libéralité, comme dans le cas de l'Arrêt rapporté par M. *d'Olive*, *liv.* 5, *cap.* 17, ou qu'il soit prouvé par celui qui oppose la fausseté de la cause, que le Testateur *alias legaturus non fuisset*, comme le porte en termes exprès la Loi 72, §. 6, *ff. de condit. & demonstrat.* 24.

Avis de quelques Auteurs qui ont cru que la cause est finale, dès qu'elle est exprimée.

Résolution au contraire.

La règle que nous avons établie au sujet de la fausse cause, a lieu aussi par rapport à la fausse démonstration, laquelle ne vicie point les dispositions ; comme s'il est dit : *je lègue à Titius une telle maison que j'ai achetée de Mævius* ; car quoique la maison appartienne au Testateur, autrement que par achat fait de Mœvius, la disposition n'en est pas moins bonne, §. 30, *instit. de leg. l.* 17, & §. 1, *l.* 33, & *l.* 40, §. 4, *ff. de condit. & demonstrat. l.* 75, §. 1, *ff. de leg.* 1, *l.* 76, §. 3, *ff. de leg.* 2, *l.* 25, *ff. de lib. leg.* & *l.* 2, *cod. de falsa causa adjecta legato.* La raison est, parce qu'une telle désignation est superflue & surabondante ; voilà pourquoi il importe peu qu'elle soit vraie ou fausse, puisqu'elle ne touche point à la substance de la chose, d'ailleurs suffisamment connue. 25.

De la fausse démonstration, & qu'elle ne vicie pas.

Cette règle a lieu, soit que la fausse démonstration tombe sur la personne, ou sur la chose, *nominatim alicui legatur ita, Lucio Titio : an per demonstrationem corporis, vel artificii, vel officii, vel affinitatis, nihil interest. Nam demonstratio plerumque vice nominis fungitur : nec interest* 26.

S'il faut distinguer la fausse démonstration qui tombe sur la personne, ou sur la chose.

falsa an vera sit, si certum sit quem Testator demonstravit, *l. nominatim* 34, *ff. de condit. & demonstrat.* Comme s'il est dit, *je lègue telle chose à Mœvius fils de Titius, ou j'institue Mœvius qui est d'un tel Pays.* La disposition est bonne, quoique Mœvius ne soit pas fils de Titius, ou qu'il ne soit pas du Pays désigné par le Testateur, *l.* 48, §. 3, *ff. de hæred. instit.* ou qu'il n'ait pas la qualité de frère, de parent, ou autre que le Testateur lui a donnée, *l.* 33, *ff. de condit. & demonstrat. l. quotiens* 9, §. *si quis* 8, *ff. de hæred. instit.* même lorsque le nom n'est pas connu au Testateur, la démonstration doit prévaloir au nom qu'il a donné à la chose léguée; que si le nom étoit connu au Testateur, s'il l'a exprimé, il doit prévaloir à la désignation qui a été donnée par la qualité de la chose, *l. qui habebat* 28, *ff. de reb. dub.* Que si la démonstration étoit incertaine, & que le nom de la personne, en faveur de laquelle la disposition est faite, ne fût pas exprimé, la disposition seroit nulle, *l. in tempus* 61, §. 1, *ff. de hæred. instit.* mais quoique la fausse démonstration n'annulle pas la disposition, elle ne peut pas servir de prétexte pour demander une libéralité, qui n'a pas été faite, & qui n'est que simplement énoncée, comme s'il est dit, *je lègue à Titius cinquante de cent que j'ai légué à Mœvius.* Le legs de cinquante fait à Titius est bon, quoique les cent n'ayent pas été légués à Mœvius; mais Mœvius ne pourra point demander le legs de cent, ni les cinquante restans. *L.* 72, §. *ult. ff. de condit. & demonstrat.* parce que, comme dit ce texte, la fausse cause ne fait point un legs.

La démonstration doit-elle prévaloir sur le nom, *aut vice versa*?

Si la fausse démonstration peut servir de prétexte à demander un legs qui n'a pas été fait, & qui est simplement énoncé.

27. Quelle est la démonstration, dont la fausseté ne vicie point, & quelle est celle qui vicie?

Cependant cette règle n'est pas reçue dans tous les cas & sans distinction; car les démonstrations surabondantes, accessoires, & superflues, qui sont entièrement détachées de la libéralité, ne la rendent pas inutile; mais il est autrement de celles, qui sont nécessaires & principales, & qui ne sont autre chose que *jus ipsum legati, & status potius principalis quam accessio.* Si celles-ci se trouvent fausses, elles anéantissent la disposition, & la rendent inutile. *M. d'Olive, liv.* 5, *chap.* 17. Ce qui est fondé sur l'esprit de la Loi 4, *cod. de hæred. instit.* & de la Loi 5, *cod. de testam. v. Ricard des donat. tom.* 1, *part.* 3, *n.* 326 & *suivans*; la Loi *si servus* 108, §. *qui quinque* 10, *ff. de leg.* 1, fournit un exemple du second membre de notre distinction, *qui quinque in arca habebat ita legavit, decem quæ in arca habeo*, le legs ne sera bon que pour cinq; parce que la démonstration tombe sur la substance du legs qui n'est fait que comme un corps, lequel n'existant que

Exemple tiré de la Loi 108, §. 10, *ff. de Leg.* 1.

pour cinq, n'est dû que pour cinq, & non pour le surplus qui n'est point *in rerum natura*.

La fausseté du mode ajouté à la disposition ne la vicie point, à moins qu'il ne pût être considéré comme la cause finale, sans laquelle la disposition n'auroit pas été faite, suivant la décision de la Loi dernière, *ff. de hæred. instit.* qui renferme en même-temps la règle, *licet modus institutione contineretur, quia falsus non solet ob...*, & l'exception *tamen ex voluntate testantis putavit Imperator ei subveniendum.* Ce qui est fondé également sur l'esprit de la Loi 72, §. 6. *ff. de condit. & demonstrat.* 28.

Si la fausseté du mode vicie.

Nous avons expliqué les règles générales au sujet de la fausse démonstration, il reste à examiner quelques cas où la démonstration rend inutiles les dispositions auxquelles elle est ajoutée : ce qui peut arriver de deux manières, ou parce que la démonstration indique une chose qui n'existe point, *quæ non est in rerum natura*, ou bien à cause que la démonstration dégènère en condition, ou qu'elle renferme une condition tacite. Si par exemple un Testateur dit, *je lègue à Mævius cent écus que j'ai dans mon coffre*, ou *qui ont été déposés chez moi par Sempronius*, & que cette somme ne se trouve pas dans le coffre, ou qu'elle n'ait pas été remise en dépôt au Testateur, le legs est inutile, *l.* 1, §. 7, *ff. de dote præleg. & l. si servus* 108, §. *qui quinque* 10, *ff. de leg.* 1. La raison est, que le legs quoique, d'une somme certaine, est néanmoins considéré comme le legs d'un corps circonscrit dans un lieu, suivant la Loi *Planè* 34, §. *sed hoc* 4, *la Loi* 108, §. 10, *ff. de leg.* 1, *& la Loi* 51, *ff. eod.* ainsi que le remarque fort bien *M. Cujas sur la Loi* 1, §. 8, *ff. de dote præleg.* sur la Loi *si sic* 75, §. 1, *ff. de leg.* 1, & sur la Loi *cum tale* 72, §. *falsam ff. de condit. & demonst. lib.* 18, *quæst. Papiniani.* & que le corps légué n'est pas *in rerum natura*, que de plus les mots *que j'ai dans mon coffre*, ou *qui ont été déposés*, forment, non une démonstration accessoire, mais une condition, par le relatif *qui* ou *que*, suivant la Loi 6, *ff. de leg.* 1, *stichum qui meus erit cum moriar hæres meus dato ; magis conditionem legato injecisse, quam demonstrare voluisse pater familias, apparet.* Voilà pourquoi le Légataire ne peut demander que ce qui se trouve existant lorsque le Testateur décède ; mais la perte qui survient après doit être supportée par l'héritier, comme le décide la Loi 108, §. 10. *ff. de legat. Qui quinque in arca habebat ita legavit ..... decem quæ in arca habeo, legatum valebit : ita tamen ut sola quinque ex testamento debeantur. Ut verò quinque quæ deerunt ex testamento peti possint, vix ratio*

29.

Des cas où la démonstration rend inutiles les dispositions.

Du legs d'une somme, *tanquam corpus loco & recumscriptum.*

patietur : nam quodammodo certum corpus, quod in rerum natura non sit, legatum videtur. Quod si mortis tempore plena summa erat, & posteà aliquod ex ea deperierit, sine dubio soli hæredi deperit. la Loi 8, §. 2, *ff. de leg.* 2, décide aussi que le Testateur lègue dix mesures du vin de celui qui est dans un tel tonneau, le legs ne sera bon que pour la quantité qui s'y trouvera, & s'il y en a moins que le nombre des mesures léguées, le legs sera inutile pour ce qui manquera : *Si quis legaverit ex illo dolio amphoras decem : & si non decem sed pauciores inveniri possint, non extinguitur legatum, sed hoc tantummodo accipit quod invenitur.* Le legs est donc limitatif, parce que la quantité est léguée, *tamquam corpus circumscriptum loco*; qu'ainsi pour ce qui manque, il est d'une chose, *quæ non est in rerum natura.*

Legs de dix mesures de vin d'un tel tonneau ne vaut que pour ce qui s'y trouve.

30. Il est de même limitatif, ou à parler plus exactement, conditionnel ; car il renferme une condition tacite, lorsqu'un Testateur dit, *je lègue à Mævius la somme de cent écus qui m'est due par Sempronius, l.* 75, §. 1 & 2, *ff. de leg.* 1, ou bien le billet d'un tel, *l.* 44, §. 5, *& 6 cod.* ou l'action d'un tel, *l.* 34, *& l.* 59, *ff. de legat.* 3. La raison est que, lorsque la somme n'est pas exprimée, on ne peut pas connoître ce qui a été légué; de-là vient que quand le mari lègue à sa femme ce qu'elle lui a apporté en dot, elle ne peut demander que ce qu'elle justifiera avoir été reçu par son mari à titre de dot, *l.* 1, §. 7, *ff. de dote præleg. & l.* 3, *cod. de falsa causa adjecta legato*, parce que le legs renferme implicitement la condition qu'elle ait apporté une dot; & lorsque la somme est exprimée, elle est léguée comme un corps ou comme une espèce, ainsi que l'observent *Loyseau du Déguerpissement, liv.* 1, *chap.* 8, & *M. Cujas* aux endroits cités, & que le Testateur ne lègue pas une somme *in abstracto*, mais l'action qu'il pouvoit avoir sur le débiteur indiqué, tout comme s'il avoit dit, *lego chirographum, aut nomen, l.* 44, §. 5, & *l.* 105, *ff. de leg.* 1, *leg.* 34, *& l.* 59, *ff. de leg.* 3; & que s'il n'y a point de débiteur, il n'y a point de legs, *esse enim debitor debet.* C'est par-là que l'on peut concilier la Loi 75, §. 2, *ff. de leg.* 1, avec le §. 1 de la même Loi, & la Loi *legavi* 25, *ff. de liberatione leg.* qui décident que quand le Testateur lègue dix écus qu'il doit, le legs est bon, quoiqu'il ne doive rien, parce que les mots, *qu'il doit*, ne forment qu'une démonstration, qui ne vicie pas le legs, & non une condition ; & que d'ailleurs on ne peut pas dire dans ce cas, qu'il n'y ait point de débiteur, puisque le Testateur se le déclare lui-même;

Du legs d'une somme due par un tiers.

Ou de ce qui est dû par un tiers sans expression de somme.

D'un mari qui lègue à sa femme ce qu'elle lui a apporté en dot, sans exprimer les choses.

Conciliation de diverses Loix.

qu'ainsi si la déclaration ne vaut pas comme dette, à cause qu'il n'en conste pas autrement, elle doit valoir comme legs ou fidéicommis, *l. Lucius* 93, §. 1, *ff. de leg.* 3; cependant, à suivre le sens grammatical, il faudroit dire pareillement que les mots, *qui m'est dû par Sempronius*, tierce personne, forment aussi une démonstration sans condition, qui ne devroit pas vicier, parce qu'elle est toujours la même, & qu'elle est conçue par des paroles, qui ont absolument le même sens. Mais le legs devant être expliqué par la volonté présumée du Testateur, il faut dire que quand il lègue cent écus qui lui sont dûs par un tiers, il n'est censé léguer que l'action, il faut donc qu'il y ait un débiteur, *esse enim debitor debet*, suivant les expressions de la Loi 75, §. 2, *ff. de leg.* 1. Voilà pourquoi l'héritier n'est obligé que de céder l'action du défunt, & de remettre les actes justificatifs s'il en a, sinon de jurer qu'il n'en a pas, comme il a été jugé par un Arrêt du Parlement de Toulouse du 16 Mai 1651, rapporté par *M. de Catellan*, *liv.* 2, *chap.* 41. On doit dire la même chose si le Testateur dit, *je lègue cent écus la moitié de deux cens qui me sont dûs par Sempronius*; parce que le cas est le même, & que le Testateur ne lègue que l'action sur le débiteur, *l. Lucius* 88, §. *civibus* 8, *ff. de leg.* Ainsi le legs ne pourra être demandé qu'au débiteur indiqué contre lequel le Légataire pourra intenter l'action utile, même avant la cession des actions du Testateur, *l.* 18, *cod. de legatis*, & l'héritier en sera quitte en cédant ses actions au Légataire, comme le Parlement de Toulouse l'a jugé par un Arrêt du 26 Juin 1584, rapporté par M. la Roche, *liv.* 6, *tit.* 16, *Arrêt* 61, pour un legs fait par un mari à sa femme de la moitié d'une somme à lui due par un tiers; que si le débiteur indiqué ne doit rien, le legs sera inutile; c'est ce que les Interprètes appellent legs limitatif, ou avec un assignat limitatif; mais qui, selon l'esprit des Loix, devroit être appellé conditionnel, comme nous le montrerons sur la fin du n°. 40 de cette section. Plusieurs Auteurs, entr'autres *M. Cujas*, *& la Glose* sur la Loi *legavi* 25, *ff. de liberatione leg. Donnellus in Commentar. jur. civ. lib.* 8, *cap.* 14, *& Vinnius sur le* §. 30, *instit. de leg.* enseignent que le legs est pareillement limitatif & borné à la seule libération, s'il est dit, *je lègue à Titius dix écus qu'il me doit*, ce qui semble être décidé de même dans la Loi *legavi* 25, *ff. de liberatione legat.* Par ces paroles, *quod si dixit: hæres meus centum aureos quos mihi Titius debet, damnas esto ei dare; etiam illud tentari poterit ut petere possit, quasi falsa demonstratione adjecta. Quod mihi nequa-*

Quand le corps de la dette est légué l'héritier en est quitte, en cédant au Légataire l'action du Testateur.

Si avant la cession le Légataire peut intenter l'action utile.

Du legs d'une somme certaine due par le Légataire.

quam placet, eum dandi verbum ad debitum referre se Testator existimaverit. Cependant M. le Président *Faber de conjectur. lib. 5, cap. 2*, décide que dans ce cas le legs est démonstratif ; ce qu'il fonde sur la même Loi dans l'endroit où il est dit, *quod si etiam centum aureorum, vel fundi debiti mentionem fecit : si quidem debitor fuisse probatur liberandus est : quod si nihil debeat, poterit dici, quasi falsa demonstratione adjecta, etiam peti, quod comprehensum est, posse.* Ce qui renferme, selon cet Auteur, non une raison de douter, mais une vraie décision. En effet, lorsqu'il est dit, *je lègue à Titius cent écus qu'il me doit*, les mots, *qu'il me doit*, forment bien clairement une démonstration, qui laisse le legs entier & parfait d'une somme de cent écus *in abstracto* ; quoiqu'on retranche les paroles, *qu'il me doit*, qui forment la démonstration : Ce qui suffit pour caractériser le legs démonstratif, suivant le principe reçu par *Dumoulin sur la Coutume de Paris*, §. 18, *n.* 21, *M. Cujas sur la Loi* 1, §. 8, *ff. de dote præleg. & Vinnius au lieu cité.* Voilà pourquoi, si le Légataire est débiteur, il doit être libéré ; que s'il n'est pas débiteur, il peut demander la somme léguée, *quasi falsa demonstratione adjecta.* Cette opinion, qui paroît d'abord spécieuse, n'est pourtant pas conforme aux principes généraux ; car quoiqu'il semble qu'on ne peut pas douter, que les mots, *qu'il me doit*, ne fassent une démonstration tout comme les mots, *que je dois*, dont la fausseté ne vicie point le legs, néanmoins il y a une différence considérable d'un cas à l'autre, à cause que quand le Testateur lègue cent écus, que le Légataire lui doit, il n'y a point de débiteur, & par conséquent le legs est inutile ; au lieu que quand le Testateur dit qu'il doit, il y a un débiteur, sinon à titre de créance, du moins à titre de legs, suivant la Loi 93, §. 1, *ff. de leg.* 3, & que de plus, lorsque le Testateur lègue une somme due par le Légataire, son intention est de ne léguer que la libération. Nous ferons une analyse plus étendue de la Loi *legavi* 25, *ff. de liberat. leg. au chap.* 7, *sect.* 3, *n.* 58 *& suivans ;* mais il faudra entendre ce que nous dirons dans cet endroit, relativement à ce que nous avons dit ici.

31. De la démonstration qui dégénère en condition par des paroles conditionnelles.

La démonstration dégénère en condition & rend le legs inutile, lorsque le Testateur s'est servi de paroles qui forment la condition, comme s'il est dit, *je lègue à Titius le fonds Tusculan, s'il a été donné ou vendu par Sempronius*; & si la démonstration conditionnelle se trouve fausse, elle rend le legs inutile, comme nous l'avons dit ci-dessus de la fausse cause exprimée par des paroles conditionnelles, après le §. 31, *instit. de leg.* & la Loi 17, §. 3, *ff. de condit. & demonstrat.* parce qu'encore que la condition *de futuro*, qui est impossible de fait, ne vicie pas la disposition; comme nous l'avons montré ci-dessus, il en est autrement de la condition *de præterito* qui se trouve fausse, suivant le §. *conditiones* 6, *instit. de verbor. oblig.* & *l.* 16, *ff. de injusto, rupto, irrito facto testamento.*

Distinction entre la condition *de præterito & de futuro.*

32. De la démonstration qui dégénère en condition par des expressions équipolentes.

La démonstration peut dégénérer en condition, quoiqu'elle soit exprimée par des paroles qui ne forment pas de leur nature la condition, dans les cas où les Loix les déterminent dans le sens de la condition. Nous en avons quelques exemples. Comme s'il est dit, *Stichum qui meus erit cum moriar hæres meus dato;* si l'Esclave légué n'appartient pas au Testateur, au temps de sa mort, le legs sera inutile; parce que la démonstration, *qui meus erit*, dégénère en condition, selon l'intention du Testateur, *l.* 6. *ff. de leg.* 1. On en trouve un autre exemple dans la Loi 5, *ff. de tritico, vino & oleo legato*, laquelle est dans le cas d'un Testateur qui lègue une certaine quantité de fruits ou de denrées une fois payables qui naîtront d'un certain fonds, parce que les mots, *quod natum erit*, forment une condition tacite, suivant la Loi 1, § dernier, *ff. de condit. & demonstrat.* la Loi 83, §. 5, *ff. de verb. oblig.* & la Loi 39, §. 1, *ff. de contrah. empt. & vicem taxationis obtinent*, *l.* 5, *ff. de tritico, vino & oleo leg.* Ensorte que si le fonds ne produit pas ces fruits, ou s'il en produit une moindre quantité, le Légataire ne pourra pas demander, que l'héritier parfournisse ce qui manquera: mais il en seroit autrement si le legs étoit annuel d'une certaine quantité, *l.* 17, §. 1, *ff. de ann. leg.* & *l.* 13, *ff. de tritico, vino & oleo leg.* comme je l'expliquerai plus bas, n. 42.

Du legs d'une certaine quantité de fruits qui naîtront d'un fonds.

33. De la démonstration ignominieuse.

Il y a encore un autre cas où la démonstration vicie la disposition, sans considérer si elle est vraie ou fausse: savoir lorsque la démonstration est ignominieuse & infamante en haine du Légataire, *l. turpia* 54, *ff. de leg.* 1. Mais, selon la remarque de *Donnellus in comment. juris civilis*, *lib.* 8, *cap.* 14, cela ne doit avoir lieu, que quand le Légataire a été seulement désigné par une qualification infamante, sans y ajouter son nom; ce qui semble fondé sur la Loi 9, §. *si quis nomen* 8, *ff. de hæred. instit.*

34. Règle pour connoître si le legs est démonstratif.

Nous ajouterons quelques cas où l'on peut appliquer la règle, que la fausse démonstration ne donne aucune atteinte à la disposition; ce qui arrive lorsqu'indépendamment de la démonstration, & en la retranchant, le legs se trouve parfait, & que la disposition *per se stat*, la chose léguée étant d'ailleurs assez connue, comme le remarquent Me. *Charles Dumoulin sur la Coutume de Paris* §. 18, *n.* 21, *M. Cujas sur la Loi* 1, §. 8, *ff. de liberat. leg.* sur la Loi *si sic* 75, §. 1, *ff. de leg.* 1, & sur la Loi *cum tale* 72, §. *falsam*, *ff. de condit. & demonstr. lib.* 18, *quæst. Papinian. & Vinnius sur le* §. 30. *instit. de leg.* C'est la marque distinctive du legs démonstratif, d'avec le legs qui se trouve conditionnel ou taxatif, que les Auteurs appellent limitatif, si l'on excepte les deux cas que nous avons expliqués, c'est-à-dire, lorsque le Testateur lègue une somme fixe qui lui est dûe par un tiers, ou par le Légataire; car quoiqu'en retranchant les mots *qui est due par un tel*, le legs se trouve parfait, il n'est pourtant pas bon s'il y a un débiteur, parce que les mots, *qui est due par un tel*, ne sont pas une démonstration d'une chose assez connue, ils désignent la chose léguée, non comme une quantité, mais comme un corps; ou une action pour laquelle il faut un débiteur, afin que le legs soit efficace.

35. Du legs conçu en ces termes, *je lègue à Titius cent écus que je lui dois.*

Ou *qu'il me doit.*

Si donc il est dit, *je lègue à Titius cent écus que je lui dois*, le legs est bon, quoique le Testateur ne doive rien au Légataire, *l.* 75, §. 1, *ff. de leg.* 1, *l. legavi* 25, *ff. de liberat. leg. & l.* 21, *ff. de leg.* 2, parce qu'il y a un débiteur, comme nous l'avons dit, & qu'en retranchant les mots, *que je lui dois*, ou *qu'il me doit*, qui forment la démonstration, le legs est parfait, la disposition *stat per se*, le Testateur lègue une somme ou une quantité, & non un corps circonscrit, ni une espèce, & qu'on ne peut pas dire qu'il ait légué une obligation sur autrui, ni la libération, puisque le Testateur ne dit pas que le Légataire lui doit la somme, au contraire il s'en déclare débiteur. Ainsi les mots, *que je lui dois*, forment une démonstration, fausse à la vérité, mais qui ne donne aucune atteinte au legs: *cum si decem quæ Titio debeo legavero nec quicquam Titio debeam, falsa demonstratio non perimit legatum*, dit la Loi 75, §. 1, *ff. de leg.* 1. Mais que doit-on décider, lorsque le Testateur dit, *je lègue à Titius dix écus que je dois à Sempronius?* Vinnius sur le §. 30, *instit. de leg.* est d'avis que le legs est nul, parce que le débiteur ne peut léguer sa dette qu'à son créancier, & non à un autre, & que par conséquent en retranchant la fausse démonstration le legs demeure nul. Mais *Donnellus in comment. juris civilis*, *lib.* 8, *cap.* 14, décide avec raison au contraire, que le legs est bon; parce qu'on ne peut pas présumer que l'intention du Testateur ait été de léguer une action, puisqu'il ne lui étoit rien dû; on ne peut pas dire non plus, qu'il ait voulu léguer la libération,

Legs fait à Titius d'une somme fixe due par le Testateur à un tiers.

vû qu'il se déclare débiteur & non créancier ; il ne reste donc dans le legs, en retranchant les paroles, *que je dois à Sempronius*, qui forment la démonstration, que la somme de dix écus *in abstracto*, qui peut être prise sur le patrimoine du Testateur, vû que *tantum quisque pecuniæ relinquit, quantum ex bonis ejus refici potest, l. 88, ff. de verb. signif.* Que la somme n'est pas léguée comme un corps circonscrit, dans un certain lieu : Qu'enfin il y a un débiteur, savoir le Testateur qui se déclare tel ; & quoique la démonstration paroisse fausse, lorsqu'il n'est pas prouvé autrement, que le Testateur fut débiteur de Sempronius, cela n'empêche pas la validité du legs. Cette opinion peut être autorisée par l'argument de la Loi 72, §. dernier, *ff. de condit. & demonstrat.* qui décide que si le Testateur lègue à Titius cinquante des cent qu'il a légués à Mœvius, le legs de cinquante est bon, quoiqu'il n'ait rien légué à Mœvius ; parce que le cas est fort approchant.

36. Du legs d'une somme à prendre sur un tiers.

De même lorsqu'il est dit, *je lègue à Titius cent écus à prendre sur Mœvius*, ou *sur ce qui m'est dû par Mœvius*, quoique Mœvius ne doive rien au Testateur, le legs sera bon & valable ; & le Légataire aura une action sur l'héritier ; *l. quidam 96, ff. de legat.* 1, *& l. Paula 27, §. ult. ff. de legat.* 3, dont la décision est autorisée par plusieurs Arrêts du Parlement de Paris, rapportés par *Soëfve, tom.* 1, *centur.* 4, *ch.* 84, & du Parlement de Toulouse, dont *M. Maynard, liv.* 7, *chap.* 9. *& liv.* 8, *chap.* 52, fait mention. La raison est, parce que le Testateur n'a fait que démontrer d'où la somme léguée pourroit être payée.

Si dans le cas d'un legs démonstratif le Légataire doit discuter la personne indiquée pour le payement.

Mais c'est une difficulté qui mérite d'être approfondie ; si le Légataire est obligé de discuter le débiteur indiqué, & s'il doit prendte les revenus légués sur la chose même, sauf en cas d'insuffisance à revenir sur l'héritier pour ce qui manquera, ou ne pourra pas être exigé après la discussion. D'abord il semble que le Légataire a une action directe contre l'héritier pour demander le legs, & que c'est à celui-ci à retirer la somme du débiteur indiqué, comme il trouvera à propos ; ensorte que non-seulement il n'en doit pas être quitte, en offrant de céder l'action contre le débiteur, mais encore que le Légataire n'est tenu de faire aucune diligence contre le débiteur, comme l'insinue la Loi *quidam 96, ff. de leg.* 1, qui dit, que dans le cas d'un legs d'une somme fixe à prendre, c'est une simple démonstration qui indique à l'héritier d'où il peut faire le payement du legs, *respondi vero similius est patrem familias demonstrare potius HÆREDIBUS*

Raisons pour la négative.

voluisse unde aureos quadringentos sine incommodo rei familiaris contrahere possint, quam conditionem fideicommisso injecisse, quod initio purè datum esset: & ideò quadringenti Pamphilæ debebuntur. La Loi *Paula* 27, §. *dernier, ff. de leg.* 3, en dit autant, & finit en disant, *& ideò hæres Severi hæc præstare debet.* Il y a plusieurs Arrêts des Parlemens de Paris & de Toulouse qui l'ont jugé de même, ils sont rapportés par *Charondas, liv.* 7, *rép.* 121, *Papon, liv.* 20, *tit.* 5, *Arr.* 4, *M. Mainard, liv.* 8, *chap.* 52, *& Albert, lett. L. chap.* 4, de la nouvelle édition; ce qui semble devoir être observé, soit qu'il s'agisse d'un legs une fois payable ou d'un legs annuel.

37. Résolution pour l'affirmative.

Cependant si l'on examine exactement l'esprit & le sens des Loix, on sera obligé de prendre le parti opposé, & de décider que le Légataire doit discuter l'assignat avant de pouvoir intenter son action contre l'héritier. Il est vrai que la démonstration du payement à prendre sur un tel, ne rend pas le legs limitatif; mais il est également vrai que le Testateur veut que la somme léguée soit prise sur le débiteur indiqué, & que la forme du payement marquée par le Testateur fait partie du legs; par conséquent sa volonté ne doit pas moins être exécutée sur ce point, que pour le chef qui contient le legs de la somme fixe: car il n'y a point de Loi qui dispense le Légataire de suivre l'indication que le Testateur a faite, quand il peut agir utilement, & se procurer le payement par cette voie. Cette raison suffiroit donc pour faire adopter cette opinion. Il y a de plus divers textes du Droit qui le déterminent ainsi d'une manière indubitable. Un Testateur lègue à ses affranchis une certaine somme pour leur nourriture & leurs habits, à prendre sur les revenus d'un certain domaine qu'il affecte à cet effet. On demande au Jurisconsulte Paulus, si les revenus d'une année ne suffisant pas pour payer la somme léguée pour les alimens, l'héritier en sera quitte en délivrant le montant des revenus, ou du moins si ce qui manquera ne devra pas être suppléé au moyen de ce qui se trouvera de plus dans les revenus des années subséquentes? Le Jurisconsulte répond, que les alimens sont dûs en entier, & qu'encore que le Testateur ait engagé le domaine sur lequel les alimens doivent être pris, il n'est pas censé avoir diminué ni augmenté le legs. C'est la décision de la Loi *Lucius* 12, *ff. de alimentis & cibar. leg.* Le Jurisconsulte suppose donc dans sa réponse relativement à la demande qui lui étoit faite, que l'insuffisance d'une année devoit être suppléée par l'abondance d'une autre année, & c'est dans ce sens

Textes qui décident pour la discussion de l'assignat dans le legs annuel.

qu'il dit, que le legs entier est dû, & que l'engagement du Domaine ne diminue ni n'augmente pas le legs. Il faut donc que le Légataire discute l'assignat, & que quand le legs est annuel, il attende une année abondante pour prendre sur les revenus indiqués, ce qui pourra manquer dans les années moins abondantes. Ceci est encore plus clair dans la Loi 17, §. 1, *ff. de annuis leg.* & dans la Loi 13, *ff. de tritico, vino & oleo leg.* Dans le premier de ces deux textes il est dit, que si le Testateur a légué annuellement deux mesures de vin de celui qui se recueilliroit dans ses biens, s'il ne s'en recueille point dans les biens du Testateur certaine année, le Légataire ne pourra demander son legs, que dans le cas qu'il s'en soit recueilli suffisamment aux autres années, *etiam pro eo anno quo nihil vini natum est, deberi duos culeos: si modo ex vindemia cœterorum annorum dari possit.* La Loi 13, *ff. de tritico, vino, & oleo legato*, est dans une espèce toute semblable, & sa décision est la même. Si donc dans le cas de l'assignat, quoique démonstratif, le Légataire ne peut demander le supplément de ce qui manque en quelque année, que quand il se rencontre des fruits à suffisance en d'autres années, il est clair que le Légataire n'a pas une action directe pour convenir l'héritier, en laissant à côté la personne, ou le fonds indiqué, & par conséquent il est obligé à la discussion. Voilà pour ce qui concerne le legs annuel. Voici pour le legs une fois payable : La Loi *Firmio* 26, *ff. quando dies leg. ced.* est dans cette espèce : un Testateur dit, *je veux qu'il soit donné à Firmius Heliodorus mon frère cinquante écus, du revenu de mes fonds de l'année prochaine.* Le Jurisconsulte Papinien décide que le legs n'est pas conditionnel ; mais qu'il y a un délai pour le payement : ensorte que s'il n'y a pas assez des fruits pour payer cette somme la première année, ce qui manquera devra être pris sur les fruits de la seconde année, *fructibus fini relictæ pecuniæ non perceptis, ubertatem esse necessariam anni secundi* ; cependant il auroit fallu répondre tout autrement, si le Légataire avoit eu une action directe sur l'héritier, & s'il avoit pu laisser à l'écart l'assignat, & dire que le délai tacite n'étant que d'un an, *futuri anni*, d'abord après l'échéance de l'année le Légataire auroit pu convenir l'héritier au payement de l'entière somme de cinquante écus, sans examiner s'il y avoit des fruits suffisans, ou non, la première année. L'Auteur du Journal du Palais dans l'Arrêt du 31 Août 1675, a adopté cette opinion, & avec raison, à mon avis.

Texte qui décide pour la discussion de l'assignat dans le legs une fois payable.

38. Explication

Les Loix qui sont opposées pour fondement de l'opi-

des Loix opposées pour l'opinion contraire. nion contraire ne concluent rien contre la discussion. Dans l'espèce de la Loi *quidam 96*, *ff. de leg.* 1, un Testateur avoit légué quatre cens écus à prendre, savoir sur Julius son Agent, tant, sur les Fermiers de tel Domaine, tant, en argent comptant que le Testateur avoit, tant. Depuis le Testateur avoit disposé à d'autres usages des sommes qu'il avoit indiquées pour le payement du legs. On demande au Jurisconsulte Julien, si le legs est dû, *an debeatur*? Il répond, que le legs est dû, parce que le Testateur n'y avoit point ajouté de condition, qu'il avoit seulement désigné le lieu d'où les héritiers pouvoient en faire le payement. Dans le cas de cette Loi le doute ne pouvoit pas rouler sur la discussion, puisque le Testateur depuis son testament avoit dénaturé toutes les sommes indiquées, il ne restoit donc au Légataire qu'une action sur les héritiers, qui étoient demeurés seuls débiteurs du legs: vu qu'il ne restoit plus d'action à exercer sur les débiteurs indiqués qui avoient cessé d'être débiteurs: Et s'il est dit que le Testateur avoit indiqué aux héritiers d'où ils pourroient faire le payement, c'est parce qu'ils devoient avoir une action directe sur les débiteurs indiqués pour les contraindre à payer, & que le Légataire, en vertu du legs, ne pouvoit avoir qu'une action utile, *l.* 18, *Cod. de legatis.*

39. Explication de la Loi 27, §. dernier, *ff. de Leg.* 3. La Loi 27, §. dernier, *ff. de leg.* 3, est aussi dans le cas d'un débiteur indiqué qui avoit cessé d'être débiteur; delà vient que le Jurisconsulte dit, que la somme léguée devoit être payée par l'héritier, *& ideò hæres Severi hæc prestare debet*, car le débiteur indiqué ayant vidé ses mains, il ne restoit plus aucune action même utile au Légataire, ni par conséquent aucune nécessité de discuter l'assignat. Il est même remarquable que la Loi dit, que le Testateur avoit indiqué, non à l'héritier, mais au Légataire, d'où il pourroit prendre son payement; ce qui serviroit à favoriser l'opinion de la discussion, plutôt que l'avis contraire. Ainsi les deux textes que nous venons d'examiner, & qui servent de fondement à l'opinion contraire sont au moins absolument étrangers; car ils ne peuvent pas avoir décidé ni expressément, ni par voie de conséquence, la question de la discussion, de laquelle il ne s'agissoit pas dans les cas proposés; & ce seroit contrevenir à la volonté du Testateur, qui a fait l'assignat, que de le rendre inutile, en dispensant le Légataire d'agir contre le débiteur indiqué, avant d'en venir à l'héritier, que le Testateur n'a voulu assujettir qu'à une action subsidiaire, soit en cas d'insuffisance ou d'insolvabilité, ou qu'il ne

fût rien dû. Il faut même prendre garde que les Loix qui décident que dans le cas du legs avec assignat, il peut être demandé par le Légataire, quoique le Testateur ait dénaturé les fonds destinés au payement du legs, ou que le débiteur ne doive rien, ne font pas rouler la difficulté sur le point de savoir, si l'assignat rend le legs limitatif ou démonstratif; mais bien s'il le rend conditionnel; & elles décident nettement que le legs n'est pas conditionnel: voilà pourquoi, s'il est dû, comme les Loix le déclarent, ce n'est que relativement à la modification ajoutée par le Testateur, c'est-à-dire, que le Légataire en devra prendre le payement sur le fonds, ou sur la personne qu'il a indiqués; ce ne sera donc qu'après la discussion, que le Légataire pourra agir contre l'héritier en cas d'insuffisance. Pour se convaincre de cette vérité, dont les Auteurs ne se sont pas apperçus, on n'a qu'à lire la Loi 96, *ff. de leg.* 1, & la Loi 26, *ff. quando dies leg. cedat.*

Les Loix qui déclarent le legs démonstratif, font rouler la difficulté à savoir, s'il y a une condition & non s'il y a une limitation.

40. Du mari qui lègue à sa femme une certaine somme, ou un fonds qu'elle a apporté en dot.

La fausse démonstration n'empêche pas non plus la validité du legs, lorsqu'un mari dit dans son Testament, *je lègue à ma femme cent écus, ou un tel fonds qu'elle m'a apporté en dot;* car, soit que la femme ait apporté moins, ou qu'elle n'ait rien apporté, ou que le fonds n'ait pas été constitué en dot par elle, le legs n'en sera pas moins bon, *l.* 1, §. 8, *l.* 6, *ff. de dote præleg. l.* 40, §. 4, *ff. de condit. & demonstr. l.* 21, *ff. de leg.* 2, *& l.* 3, *cod. de fals. causa adjecta legato.* Il en sera de même, s'il est dit, *je lègue à ma femme ce qui est contenu en notre contrat de mariage*, suivant la Loi dernière, *cod. de falsa causa adjecta legat.* parce que la relation au contrat de mariage, qui parle d'une somme certaine, équipolle à l'expression de la somme qui seroit faite dans le Testament même. Le legs sera pareillement bon, s'il est dit, *je lègue à ma femme ce qu'elle m'a apporté en dot, qui se monte à cent écus, suivant le contrat de mariage*, *l. ult.* §. 1, *ff. de dote prælég.*

Quid du legs de la somme exprimée dans le contrat de mariage.

41. Du legs annuel à prendre sur certains fonds.

Lorsque le Testateur lègue une certaine somme, ou une quantité de fruits à prendre sur certains fonds qu'il désigne, le legs sera purement démonstratif, & ce qui manque une année doit être suppléé les années suivantes, *l.* 17, §. 1, *ff. de annuis leg. & l.* 13, *ff. de tritico, vino & oleo legato*, & quoique le Testateur aliène les fonds désignés, le legs sera dû par l'héritier. Que si les fonds non aliénés par le Testateur ne produisent pas le revenu légué, l'héritier sera tenu de suppléer ce qui manquera, *l. Lucius* 12, *ff. de alim. & cibar. legatis.* Il y a un Arrêt rendu au Parlement de Paris le 3 Avril 1699, rapporté par *Augeard, tom.* 1, *chap.* 15, qui l'a jugé ainsi dans une espèce fort ambigue, à cause des expressions impropres, dont le Testateur s'étoit servi. Il sera de même démonstratif, si le Testateur lègue une somme fixe une fois payable à prendre sur le revenu d'un certain fonds désigné, *l. Firmio* 26, *ff. quando dies leg. ced.*

Du legs une fois payable à prendre sur les revenus d'un fonds.

42. Comme les doutes qui peuvent se former sur les legs démonstratifs ou limitatifs dépendent principalement de l'interprétation de la volonté du Testateur, cette volonté, qu'il faut rechercher dans les circonstances qui paroissent par le Testament, doit être la première règle; & l'on ne doit avoir recours à celles que les Loix ont établies, & que nous avons expliquées ci-dessus, que quand les circonstances tirées de la volonté, ne déterminent pas le legs comme limitatif ou démonstratif. Sur le fondement de cette règle qui est sûre, le Parlement de Toulouse a jugé un legs limitatif dans une espèce où il sembloit être démonstratif. Demoiselle Marthe Privat, qui étoit Légataire du sieur de Tourtoulon, fit son Testament le 12 Avril 1697, par lequel elle institua héritière universelle Dame Marie Privat sa nièce, épouse de noble Jean de Vallat, Seigneur de Lisside, & fit un legs à demoiselle Anne Privat aussi sa nièce, *de la somme de 700 livres, icelle somme à prendre sur le légat fait à la Demoiselle Testatrice par feu noble Jean-Jacques de Tourtoulon, Seigneur de Banieres, son cousin, pour par elle s'en faire payer, comme la Testatrice pourroit faire, & avec ce veut qu'elle soit contente, & autre chose ne puisse demander sur ses biens, la faisant son héritière particulière.* Ces sont les termes du testament. Vingt-six ans après la mort de la Testatrice, Anne Privat Légataire demanda le legs de 700 liv. au sieur François de Vallat de Lisside, fils de la Dame Marie Privat, devant le Sénéchal de Nîmes, qui rendit Sentence le 9 Juin 1733, par laquelle demeurant le consentement donné par le sieur de Lisside, que le Légataire se fit payer sur le legs fait à Marthe Privat, Testatrice, par le sieur de Tourtoulon, il fut relaxé des demandes à lui faites à la charge de délivrer les actes justificatifs avec dépens. Sur l'appel de cette Sentence, Me. Jean Fages, Notaire, & Demoiselle Marthe-Bastide Maries, cette dernière héritière d'Anne Privat, Légataire de la somme de 700 livres, soutenoient que les mots *à prendre* caractérisoient le legs démonstratif, suivant la Loi 96, *ff. de leg.* 1, la Loi 27, §. dernier, *ff. de leg.* 3, & la décision des Auteurs; au contraire le sieur de Vallat de Lisside prétendoit que la Testatrice n'avoit fait

Pour juger si un legs est démonstratif ou limitatif, il faut examiner la volonté du Testateur.

Ensuite les Règles du Droit.

fait qu'un legs de l'action qu'elle avoit sur le sieur de Tourtoulon à concurrence de 700 liv. puisqu'elle avoit imposé à la Légataire la nécessité de se faire payer comme la Testatrice pourroit faire : au moyen de quoi elle avoit été mise à la place de la Testatrice ; & par conséquent elle ne pouvoit avoir aucune action contre l'héritière. L'Arrêt qui fut rendu en la troisième Chambre des Enquêtes, au rapport de M. l'Abbé de Catellan, le 7 Août 1742, confirma la Sentence avec dépens, & jugea par conséquent le legs limitatif. Cependant dans le doute il faut expliquer le legs dans le sens, qui tend à le rendre démonstratif, plutôt que limitatif, comme le marque *Dumoulin sur la Coutume de Paris*, §. 9. *glos.* 2, *n.* 7, & parce que quand la disposition est ambigue, *commodissimum est id accipi, quo res de qua agitur magis valeat quam pereat*, *l.* 12, *ff. de reb. dub.* & qu'une disposition est présumée pure plutôt que conditionnelle. Au surplus, quand il y a du doute, & qu'il est difficile de connoître si la somme ou la quantité ont été léguées, *tamquam corpus vel species*, ou bien comme une quantité, on peut se servir de la distinction de *Dumoulin*, §. 18, *n.* 21, en examinant si indépendamment de la démonstration, la disposition est parfaite, *& per se stat*; ensorte que la désignation du fonds ou de la personne n'augmente, ni ne diminue le legs. Auquel cas il devra être considéré comme démonstratif, mais il devra être regardé comme limitatif, quand la désignation ou la démonstration est dans la disposition, qu'elle la rend parfaite, & qu'en la retranchant on ne peut pas connoître ce qui est légué. *Loyseau du Déguerpissement*, *liv.* 1, *chap.* 8, *n.* 17, *& Ferriere sur la question* 432 *de Guy-Pape*, approuvent dans ce cas la distinction de *Dumoulin*, & avec raison, quoiqu'en dise *Bretonnier sur Henris*, *tom.* 4, *consult.* 2.

Dans le doute le legs est présumé plutôt démonstratif que limitatif.

Règle pour connoître si le legs est fait comme un corps, ou comme une quantité.

43. Si les legs pour alimens, ou en faveur de la cause pie avec assignat, sont sujets aux mêmes Règles que les legs avec assignat

Du reste, quoique plusieurs Auteurs, entr'autres *Jacques de Ferriere*, *sur la question* 8 *de Guy-Pape*, *& M. Dolive*, *liv.* 1, *chap.* 6, ayent pensé, que dans les legs faits pour alimens, ou en faveur de la cause pie, l'assignat doit toujours être réputé démonstratif & non limitatif, à moins que le Testateur ne se soit expliqué disertement, qu'il vouloit que sa disposition fût limitée & bornée à l'assignat, quand même il se seroit servi des paroles qui feroient juger le legs limitatif, s'il étoit fait pour autre cause ; je crois que cette décision n'a aucun fondement sur les Règles du Droit, & qu'il n'y a point d'exception à faire pour les legs d'alimens, ou en faveur de la cause pie : qu'ainsi ces legs doivent être jugés démonstratifs, ou limitatifs & conditionnels, par les paroles dont le Testateur s'est servi, tout comme on doit le faire, & que nous l'avons expliqué, pour les legs & autres dispositions qui ne sont pas considérées comme ayant une faveur particulière. Les Loix 2, 3 & 8, *ff. de alim. & cibar. leg.* citées par Ferriere ne font absolument rien à la question. La Loi *Lucius* 12, du même titre, est dans le cas d'un legs démonstratif par les paroles dont le Testateur s'est servi. On ne peut non plus tirer aucun argument de la Loi *Liberto* 21, §. *Lucius* 3, ni des Loix 23 & 24, *ff. de annuis leg.* ni de la Loi 10, *ff. de pollicitationib.* citées par M. Dolive. Il faut même prendre garde que l'opinion de M. Dolive a d'abord eu pour fondement un Arrêt rapporté par *Ferriere*, lequel Arrêt étoit dans l'espèce d'un legs purement démonstratif, c'est-à-dire, d'un legs de six setiers de bled à prendre sur un Moulin, ce qui caractérisoit le legs véritablement démonstratif, & non un legs conditionnel ni taxatif. N'y ayant donc point de Loi qui excepte les legs pour alimens, ou en faveur de la cause pie, des règles établies pour les autres cas, il y a lieu d'y assujettir ces legs, comme les autres. Il importe peu que le Testateur ait fait une fondation perpétuelle, elle doit toujours être réglée par sa volonté exprimée par les paroles, dont il s'est servi, & par conséquent il faut examiner par les expressions, s'il a fait un legs conditionnel & taxatif, ou bien un legs démonstratif, & il faut en juger sur les règles que les Loix ont établies pour les legs avec assignat. Nos pères, par une espèce de vénération qui dégénéroit en superstition, avoient attribué à la cause pie un nombre infini de priviléges, qui n'ont aucun fondement dans le Droit. *M. Tiraqueau* en a fait un Recueil très-ample. A présent qu'on examine les choses avec plus d'attention, & qu'on s'attache plus exactement aux Règles, on ne considére plus la cause pie avec cette faveur, que les anciens Auteurs lui avoient attribuée. L'art. 78 de l'Ordonnance de 1735 nous donne lieu de penser que la cause pie doit être mise au niveau des personnes étrangères, par rapport aux dispositions testamentaires : puisqu'elle veut que tout ce qui est prescrit dans cette Ordonnance, soit sur la forme, ou sur le fonds des Testamens, Codicilles, & autres Actes de dernière volonté, soit exécuté, encore que les dispositions, de quelque espèce qu'elles soient, ayent la cause pie pour objet. Mon avis est même fondé sur plusieurs Arrêts du Parlement de Paris, rapportés par *Chopin, Monasticon, lib. 2, tit. 1, art. 28 ; Charondas, liv. 13, rép. 14, & dans ses résolutions des questions de Droit, part.*

4, tit. 9, chap. 2; & Ferriere sur la question 432 de Guy-Pape, adopte le sentiment de *Chopin*.

CHAPITRE VI.

Des personnes qui ont, ou n'ont pas la capacité passive; & de l'indignité

SOMMAIRE.

1. De la capacité pour recevoir les libéralités.

2. La capacité de recevoir consiste en la faculté de pouvoir demander, recevoir & conserver les libéralités qui sont faites.

Capacité.

Incapacité.

Indignité.

Avant d'entrer en matière, il est bon d'expliquer quelques Règles.

3. Première Règle.

Ceux qui sont capables des institutions universelles sont capables des legs.

4. Deuxième Règle.

Ceux qui sont capables des legs ne sont pas toujours capables des institutions.

5. Troisième Règle.

On ne peut pas argumenter de l'incapacité active à l'incapacité passive.

On peut être capable de recevoir, sans être capable de tester.

6. On peut être capable de tester, sans être capable de recevoir des libéralités.

Si l'argument de la capacité active à la capacité passive est concluant.

7. Quatrième Règle.

Ceux qui sont capables des effets civils sont capables de recevoir des libéralités.

On est réputé capable de recevoir si par quelque Loi, Statut ou Coutume on n'est déclaré incapable.

Même les personnes inconnues au Testateur.

8. Cinquième Règle.

On ne considère que les extrêmes, & non le temps intermédiaire.

9. En quel temps la capacité doit être considérée.

10. Quels sont les temps que l'on considère pour la capacité des institutions universelles.

Distinction entre les héritiers étrangers & les hé-

ritiers siens, suivant le Droit Romain.

Quid *si l'institution est conditionnelle.*

11. *Suite & raisons de la doctrine expliquée.*

Par rapport au temps du Testament.

La règle Catonienne a lieu dans les institutions.

Dans la donation à cause de mort on n'exige pas la capacité lors de la donation. V. infr. n. 51.

On ne considère pas le temps du testament dans les institutions conditionnelles.

12. *Par rapport à la mort du Testateur.*

13. *Par rapport au temps de l'adition de l'hérédité.*

Hæreditas non adita non transmittitur.

Selon le Droit Romain.

Quid *des descendans.*

14. *La règle Catonienne est la raison pourquoi la capacité est requise au temps du testament.*

Elle n'est pas requise dans les institutions conditionnelles, il suffit d'être capable lors de l'événement de la condition.

Non au temps du Testament.

Ni au temps de la mort du Testateur.

15. *Explication du* §. 4, instit. de hæred. qual. & differ.

On doit être capable lors de l'adition.

16. *Usage de France dans les Pays du Droit écrit.*

Maxime le mort saisit le vif, *est observée aux institutions testamentaires.*

L'hérédité non acceptée, mais déférée, est transmise aux héritiers même étrangers.

Le temps de l'adition n'est pas considéré pour la capacité.

17. *Droit François touchant les institutions conditionnelles.*

18. *L'institution d'héritier ne peut valoir en aucun cas si l'héritier n'est né ni conçu lors du décès du Testateur.*

Cela doit avoir lieu quoique l'institution soit conditionnelle.

Mais ne touche pas à la capacité de l'héritier né ou conçu pour l'institution conditionelle.

19. *L'Ordonnance de* 1735, *ne déroge pas au Droit Romain, au sujet de la capacité requise lors du testament dans les institutions pures.*

L'institution d'une personne à naître est conditionnelle.

20. *Cas où l'on n'examine pas la capacité lors du Testament.*

21. *Premier cas à l'égard de ceux qui sont* sui hæredes.

La succession des enfans est une continuation de propriété.

Aujourd'hui on ne considère point la puissance paternelle pour la manière de déférer la succession aux enfans.

22. *Raisons pourquoi on ne considère la capacité des enfans qu'au temps de la mort du Testateur.*

S'il en doit être de même des ascendans institués par les descendans.

23. *Second cas.*

De ceux qui étoient prisonniers de guerre chez les ennemis.

24. *Troisième cas.*

De ceux qui sont institués par le Soldat.

On ne considère la capacité qu'au temps de la mort du Soldat Testateur.

25. *De la capacité pour les fidéicommis universels. Diversité d'opinions des Auteurs.*

26. *Dans les fidéicommis purs la capacité doit être considérée dans les mêmes temps que pour les institutions pures.*

La règle Catonienne a lieu aux fidéicommis universels.

Et dans toutes les dispositions pures par Testament ou codicille.

La maxime le mort saisit le vif, *a lieu aux fidéicommis pour l'acquisition du Droit & la transmission.*

On ne considère la capacité qu'eu égard au temps du Testament, & de la mort du Testateur, ou de l'ouverture du fidéicommis.

27. *On doit appliquer aux fidéicommis universels, tout ce qui est dit de l'institution par rapport à la capacité.*

28. *Du fidéicommis conditionnel.*

On ne considère la capacité qu'eu égard au temps de l'échéance de la condition.

29. *De la substitution pupillaire.*

On considére la capacité du substitué au temps de la mort du pupille seulement.

Quid *si l'héritier a profité de l'hérédité du Testateur.*

La capacité au sujet de l'hérédité du père, ne fait rien pour celle du pupille.

30. *De la substitution vulgaire comprise dans la pupillaire lorsque le pupille décède avant le substituant.*

31. *De la capacité dans le cas de la substitution vulgaire expresse.*

Cas où la règle Catonienne cesse.

32. *En quel temps doit-on considérer la capacité des Légataires.*

Variété dans l'opinion des Auteurs.

33. *Raisons de l'opinion de ceux qui tiennent qu'on ne considère la capacité qu'au temps de la mort du Testateur.*

34. *Résolution pour l'opinion qui exige la capacité lors du Testament, & au temps de la mort du Testateur.*

35. *Raisons de cette résolution.*

36. *Explication de la Loi*

NOUS avons parlé dans le Chapitre 4 de la capacité active & nous avons expliqué quelles sont les personnes qui ont, ou n'ont pas la faculté de tester, en quoi consiste la capacité ou l'incapacité active. L'ordre exige que nous parlions présentement de la capacité passive, qui consiste en la faculté autorisée par le Droit, de recevoir les libéralités testamentaires, & que nous expliquions quelles sont les personnes qui ont, ou n'ont pas cette capacité passive, qui ont les qualités requises pour pouvoir demander, recevoir & conserver les libéralités qui leur sont faites par Testament ou autre disposition de dernière volonté, ou qui manquent de ces qualités qui les rendent habiles.

1. De la capacité pour recevoir les libéralités.

Nous avons dit *pour pouvoir demander, recevoir & conserver les libéralités*; parce que dans le Droit on connoît deux sortes de personnes auxquelles on peut, ou l'on ne peut point faire efficacement des libéralités; les premières sont celles auxquelles on peut laisser par Testament, *cum quibus Testamenti factio est*, qui sont appellées capables, les autres sont celles auxquelles on ne peut pas laisser efficacement, & elles sont encore de deux espèces; parce qu'on en use diversement à leur égard: car on refuse aux unes toute l'action, & on les exclut de la demande de la libéralité; au lieu qu'on accorde aux autres la faculté de recevoir la libéralité, mais on la leur ôte. Les personnes de la première espèce sont appellées *incapables*, celles de la seconde sont appellées *indignes*; car selon la remarque de M. *Cujas sur le tit. du cod. de his quæ ut indig. aufer. Indignus jus capiendi habet, non retinendi; incapax non habet jus capiendi.* Nous expliquerons donc dans ce Chapitre quelles sont les personnes capables, quelles sont les incapables, & quelles sont les indignes.

2. La capacité de recevoir consiste en la faculté de pouvoir demander, recevoir & conserver les libéralités qui sont faites.

Capacité.

Incapacité.

Indignité.

Mais avant d'entrer dans ce détail qui fera la matière des trois sections dont ce chapitre sera composé, il est nécessaire d'expliquer quelques règles qui serviront à décider par principes les difficultés qui peuvent se présenter, & qui ne sont pas expressément décidées.

Avant d'entrer en matière il est bon d'expliquer quelques règles.

La première règle est, que ceux qui sont capables de recueillir les institutions universelles sont à plus forte raison capables des legs & des fidéicommis particuliers; ainsi, on peut fort bien argumenter, en disant, je suis capable pour recueillir une institution universelle, donc je suis capable de recueillir une libéralité particulière. La raison est que l'institution universelle comprend l'entière succession, tous les effets, & les corps héréditaires qui la composent. Voilà pourquoi celui qui est habile pour

3. Première règle. Ceux qui sont capables des institutions universelles sont capables des legs.

recevoir la totalité eſt pareillement habile pour en recevoir une partie, ſoit par manière de quote, ſoit que cette partie ne conſiſte qu'en une ſomme, ou en un ou pluſieurs effets héréditaires.

4. Deuxième règle. Ceux qui ſont capables des legs ne ſont pas toujours capables des inſtitutions.

La ſeconde règle eſt, que quoiqu'on puiſſe argumenter d'une manière abſolue de la capacité pour recevoir les inſtitutions univerſelles, pour en induire la capacité pour les diſpoſitions particulières, on ne peut pas renverſer l'argument, & dire que ceux qui ſont capables des diſpoſitions particulières, ſont pareillement capables des diſpoſitions univerſelles, parce qu'il y a des cas où l'on eſt capable de recevoir les legs & fidéicommis particuliers, & cependant on ne peut pas profiter d'une diſpoſition univerſelle, ſoit pour le tout, ſoit pour une quote, comme ſont les bâtards, par rapport à leurs pères naturels; toutefois l'argument renverſé ſera bon, s'il n'y a point de Loi qui établiſſe l'incapacité pour les diſpoſitions univerſelles.

5. Troiſième Règle. On ne peut pas argumenter de l'incapacité active à l'incapacité paſſive.

La troiſième, que l'on ne peut pas valablement argumenter de l'incapacité active de faire Teſtament, à l'incapacité paſſive de recevoir par teſtament; car il y a pluſieurs perſonnes qui ſont capables de recevoir, quoiqu'elles ſoient incapables de teſter, comme ſont les fils de famille, l'eſclave d'autrui, le ſourd & muet, le poſthume, le prodigue interdit par Juſtice, le furieux, imbécille ou inſenſé, qui ſont incapables de teſter, & néanmoins ils ſont capables de recueillir les libéralités teſtamentaires. *L. 16, ff. qui teſtam. fac. poſſ. & §. in extraneis 4, inſtit. de hæred. qualit. differ.*

6. On peut être capable de teſter, ſans être capable de recevoir des libéralités.

Il y a même d'autres perſonnes qui ſont capables de teſter, & qui néanmoins ſont incapables de recevoir dans certains cas; mais comme cela n'arrive que par la prohibition particulière de quelque Loi, l'argument de la capacité active eſt concluant pour la capacité paſſive, à moins qu'on ne ſe rencontre dans quelqu'un des cas de la prohibition.

7. Quatrième règle. Ceux qui ſont capables des effets civils ſont capables de recevoir des libéralités.

La quatrième, que toutes les perſonnes qui ſont capables des effets civils, ſont auſſi capables de recueillir les libéralités teſtamentaires, même à titre univerſel, ſoit mâles ou femelles, libres ou eſclaves; car les eſclaves d'autrui prennent leur capacité de la perſonne de leur Maître, auquel la libéralité eſt acquiſe. Que s'il s'agit de l'eſclave du Teſtateur, dès-là qu'il l'inſtitue, il eſt cenſé lui donner la liberté, *inſtit. de hæred. inſtit. in princip. l. 3, cod. eod. & §. in extraneis 4, inſtit. de hæred. qualit. & differ.* En un mot, toute perſonne eſt réputée capable de recevoir par testament, si par quelque Loi, Statut, ou Coutume elle n'est déclarée incapable, *instituì hæredes possunt omnes non prohibiti*, comme le décident tous les Auteurs; il n'est pas même nécessaire d'être uni au Testateur par le lien du sang ou de l'amitié; car les personnes tout-à-fait étrangères à la famille, & même inconnues au Testateur, peuvent recevoir les libéralités universelles ou particulières qu'il leur fait. *L. 9, & L. 11, cod. de hæred. instit.*

On est réputé capable de recevoir, si par quelque Loi, Statut ou Coutume, on n'est déclaré incapable.

8. La cinquième, que la capacité ne doit être considérée que par rapport au temps auquel les Loix veulent qu'on examine si l'héritier, le Légataire ou le fidéicommissaire peuvent recevoir, & que les temps intermédiaires ne devant point entrer en considération, il importe peu que les personnes gratifiées ayent été incapables dans ces temps intermédiaires. *Medio autem tempore inter factum Testamentum, & mortem Testatoris, vel conditionem institutionis existentem mutatio juris non nocet hæredi. Instit. de hæred. qual. & differ. §. in extraneis 4, l. 6, §. 2, ff. de hæred. instit. & l. 49, §. 1, ff. eod.*

Cinquième règle. On ne considère que les extrêmes & non le tems intermédiaire.

9. Pour connoître quels sont les temps auxquels l'héritier, le fidéicommissaire, le Légataire doivent être capables de recevoir, il faut examiner la difficulté sur les différentes dispositions; savoir, sur celles qui sont universelles, sur les particulières, sur celles qui sont pures, & sur celles qui sont conditionnelles, y ayant des différences entre ces espèces de dispositions; il faut encore prendre garde que le Droit François a dérogé en partie à ce qui étoit exigé à cet égard par le Droit Romain.

En quel temps la capacité doit être considérée.

10. A commencer par les dispositions à titre d'institution universelle, le Droit Romain exige la capacité dans trois temps à l'égard des héritiers étrangers, au nombre desquels on mettoit, suivant les règles de l'ancien Droit Romain, toutes personnes qui n'étoient pas en la puissance du Testateur: savoir, lors du Testament, lors de la mort du Testateur, & lors de l'acceptation de l'hérédité, §. *in extraneis 4, instit. de hæred. qual. & differ. & l. 49, §. 1, ff. de hæred. instit.* L'héritier institué doit nécessairement être capable dans ces trois temps, afin que l'institution soit bonne; s'il est incapable dans quelqu'un de ces trois temps, l'institution est inutile; mais quoique l'institution soit conditionnelle, on n'exige pas que l'héritier soit capable dans un quatrième temps; les évènemens qui peuvent être arrivés hors de ces temps, n'étant d'aucune considération, comme le décident expressément le §. 4, *de hæred. qualit. & differ. aux instit.* & la Loi 49, §. 1, *ff. de hæred. instit.*

Quels sont les temps que l'on considère pour la capacité des institutions universelles.

Distinction entre les héritiers étrangers & les héritiers siens, suivant le Droit Romain.

11. Suite & raison de la doctrine expliquée. Par rapport au temps du Testament.

Les raisons sont, 1°. par rapport au temps du testament *ut constet institutio*; car la règle Catonienne qui a lieu aux institutions, comme le prouve *M. Cujas*, sur la Loi 3, *ff. de reg. Caton. lib.* 15, *quæst. Papin.* veut qu'une disposition qui ne seroit pas bonne si le Testateur décédoit immédiatement après qu'il a testé, ne devienne pas valable *tractu temporis*, *l.* 1, *ff. de reg. Caton.* ce qui est si vrai que quand la règle Catonienne cesse, comme au cas de la donation à cause de mort, on n'exige point la capacité au temps du Testament, ou de quelqu'autre acte, *L.* 22, *ff. de mortis causa donnat.* Voilà pourquoi on ne s'arrête pas au temps du testament dans les dispositions conditionnelles, parce que la règle Catonienne n'y a pas lieu. *L.* 59, §. 4, *ff. de hæred. instit. L.* 41, §. 2, *ff. de leg.* 1ª. & *l.* 4, *ff. de reg. Caton.* Ainsi que nous le dirons ci-après, n. 14 & suiv.

Dans la donation à cause de mort, on n'exige pas la capacité lors de la donation. V. *infr. n.* 52.

12. Par rapport à la mort du Testateur.

2°. Par rapport au temps de la mort *ut effectum habeat*, parce que c'est alors que le testament est confirmé, & que la succession est ouverte; ainsi l'héritier doit être capable pour la recueillir.

13. Par rapport au temps de l'adition de l'hérédité.

3°. Par rapport au temps de l'acceptation, parce que l'hérédité n'est véritablement acquise, suivant le Droit Romain, aux étrangers, que par l'acceptation; c'est alors seulement qu'ils peuvent la transmettre à leurs héritiers, & non auparavant; mais suivant la Loi unique, *cod. de his qui ante apert. tab. hæreditatem transmittunt*, les enfans & les autres descendans, à quelque degré qu'ils soient, transmettent à leurs héritiers les hérédités de leurs descendans paternels ou maternels, quoiqu'ils ne les ayent pas acceptées.

Hæreditas non adita non transmittitur, selon le Droit Romain. *Quid* des descendans.

14. La règle Catonienne est la raison pourquoi la capacité est requise au temps du testament. Elle n'est pas requise dans les institutions conditionnelles, il suffit d'être capable lors de l'événement de la condition.

Comme la règle Catonienne, qui est la raison fondamentale, qui fait exiger la capacité au temps du testament, ainsi que nous venons de le dire, n'a pas lieu aux institutions conditionnelles, *l.* 4, *ff. de reg. Caton.* & que l'héritier n'a aucun droit sur l'hérédité à lui déférée sous condition, avant qu'elle soit arrivée, on n'exige la capacité de l'héritier qu'en un seul temps; savoir, lorsque la condition conférée après la mort du Testateur, a été accomplie, ou est arrivée, quand il s'agit d'une institution conditionnelle, *l.* 59, §. 4, *ff. de hæred. instit. aut si sub conditione hæres institutus est quo tempore conditio existit.* Aussi la Loi *in tempus* 62, *ff. de hæred. instit.* décide-t-elle que lon peut instituer une personne incapable, pour recueillir l'hérédité dans un temps auquel elle sera capable: *in tempus capiendæ hæreditatis institui hæredem posse benevolentiæ est: veluti, Lucius Titius cum capere poterit, hæres esto.* On n'exige donc point dans ce cas, qu'il soit capable, ni au temps du testament, ni au temps de la mort, il suffit qu'il le soit quand la condition arrive.

15. Explication du §. 4, *instit. de hæred. qualit. & differ.*

Le §. 4 aux *instit. de hæred. qual. & differ.* ne décide rien de contraire dans le cas de l'institution conditionnelle, il dit seulement que l'héritier doit être capable de recevoir au temps auquel il accepte l'hérédité, soit qu'elle lui ait été déférée purement, ou sous condition, *nam jus hæredis eo maxime tempore inspiciendum est quo acquirit hæreditatem*, mais il ne dit pas que quand l'institution est conditionnelle, la capacité de l'héritier soit requise lors du testament & lors de la mort du Testateur, ne requérant cette double capacité que par rapport aux institutions pures, & l'on doit expliquer de la même manière la Loi 49, §. 1, *ff. de hæred. instit.* d'où le texte des Institutes a été tiré.

On doit être capable lors de l'adition.

16. Usage de France dans les Pays du Droit écrit.

Mais comme en France, & dans les lieux où l'institution d'héritier a lieu, on observe, suivant la maxime *le mort saisit le vif*, que l'héritier étranger est saisi de plein droit de l'hérédité déférée purement, au moment du décès du Testateur, tout comme l'étoit par le Droit Romain celui qui étoit *suus hæres*, *l.* 11, *ff. de lib. & posthum.* & qu'il la transmet à ses héritiers, quoiqu'il décède sans l'avoir acceptée, pourvu que ce soit après le décès du Testateur, on ne considère dans les Pays du Droit écrit, que deux temps pour les institutions pures; savoir, celui du testament & celui de la mort du Testateur, & non celui de l'acceptation de l'hérédité, parce que la nécessité de l'acceptation de l'hérédité pour l'acquérir, & la transmettre, étant abrogée par la maxime *le mort saisit le vif*, la capacité lors de cette troisième époque se trouve abrogée par voie de conséquence, comme l'a fort bien remarqué *Duval dans ses institutions du Droit François, livre 2, chapitre 15.*

Maxime *le mort saisit le vif*, est observée aux institutions testamentaires.

Le temps de l'adition n'est pas considéré pour la capacité.

17. Droit François touchant les institutions conditionnelles.

A l'égard des institutions conditionnelles, le Droit François n'ayant point dérogé au Droit Romain, en ce qu'il exige la capacité de l'héritier au temps de l'événement de la condition seulement, il est nécessaire que l'héritier soit capable de recueillir l'hérédité lorsque la condition arrive; mais il n'est pas nécessaire qu'il soit capable, ni au temps du testament, ni lors de la mort du Testateur.

18. L'institution d'héritier ne peut valoir en aucun cas, si l'héritier n'est

L'article 49 de l'Ordonnance de 1735, veut que l'institution d'héritier faite par testament, ne puisse valoir en aucun cas, si celui ou ceux au profit de qui elle aura été faite, n'étoient ni nés, ni conçus lors du décès du Tes-

né ni conçu lors du décès du Testateur.

tateur ; ainsi, l'on doit excepter du cas que nous venons de décider au sujet de la capacité pour recueillir les institutions conditionnelles, ceux qui ne sont ni nés ni conçus lors de la mort du Testateur, parce que l'Ordonnance veut que sa disposition ait lieu dans tous les cas, pour les institutions testamentaires ; elle veut donc qu'elle ait lieu à l'égard des institutions, quoique conditionnelles ;

Mais ne touche pas à la capacité de l'héritier né ou conçu pour l'institution conditionelle.

mais nous ne croyons pas que quand l'héritier est né lors de la mort du Testateur, l'institution conditionnelle ne doive avoir son effet, quoique l'héritier soit incapable au temps de la mort du Testateur, pourvu qu'il soit capable lorsque la condition arrive, parce que l'Ordonnance ne dit point que l'institution sera nulle hors du cas du défaut de naissance ou de conception de l'héritier ou des héritiers institués, & qu'il ne faut pas étendre cette Ordonnance hors de son cas, à l'égard duquel elle s'est conformée à l'esprit du Droit Romain ; car suivant la Loi 14, *ff. de jure codicillor. esse enim debet cui datur*, au lieu qu'il n'en est pas de même des autres cas ; ainsi, on ne pourroit point l'y étendre, sans supposer qu'elle déroge au Droit Romain, ce qui ne peut s'induire que d'une disposition expresse & littérale, que l'on ne trouve pas dans l'art. 49 déjà cité.

19. L'Ordonnance de 1735 ne déroge pas au Droit Romain au sujet de la capacité requise lors du testament dans les institutions pures.

Nous croyons aussi par la même raison, que cet article n'a pas non plus dérogé au Droit Romain, ni aux principes du Droit François, qui exigent la capacité de l'héritier pour recueillir les institutions pures, au temps du testament, tout comme au temps de la mort du Testateur, si l'on excepte le seul cas du défaut de naissance ou de conception ; car il est bien vrai que suivant l'esprit de l'Ordonnance, & par un argument *à contrario sensu*, l'institution d'une personne à naître, & qui n'est née, ni conçue lors du testament, est bonne, si cette personne est née ou conçue lors de la mort du Testateur, quoique n'étant point *in rerum natura* lors du testament, elle fût incapable lors du testament ; mais il ne s'ensuit pas qu'elle ait déclaré ni expressément, ni par voie de conséquence, qu'il suffit qu'un héritier soit capable lors de la mort du Testateur, elle ne fait que décider une grande difficulté diversement traitée, & décidée par les Interprètes, si les personnes à naître pouvoient être instituées, & elle confirme l'opinion de ceux qui tenoient la négative, à moins que l'héritier ne soit né, ou conçu lors de la mort du Testateur, en quoi le Législateur a pris un milieu entre les deux opinions sur ce fondement, que l'institution d'une personne non encore née ni conçue, renferme cette con-

L'institution d'une personne à naître est conditionnelle.

dition tacite, si elle vient à naître, auquel cas, même selon le Droit Romain, la capacité au temps du testament, n'est pas considérée comme nous l'avons prouvé. Le cas de l'article 49 est donc particulier, & il ne doit pas être tiré à conséquence pour les autres cas où la capacité est ou n'est pas requise, selon les Loix, lors du testament.

20. Cas où l'on n'examine pas la capacité lors du Testament.

Outre les deux cas déjà expliqués, où l'on ne considère point la capacité de l'héritier au temps du testament; savoir, quand l'institution est conditionnelle, & quand une personne à naître est instituée, il y en a encore trois autres, suivant le Droit Romain, où l'on n'examine pas non plus si l'héritier est capable ou incapable lors du testament.

21. Premier cas à l'égard de ceux qui sont *sui hæredes*.

La succession des enfans est une continuation de propriété.

Le premier est à l'égard des enfans qui sont appellés *sui hæredes*, aussi la Loi 49, §. 1, *ff. de hæred. instit.* & le §. 4, aux *instit. de hæred. qual. & diff.* qui exigent la capacité en trois temps, ne parlent que des héritiers étrangers, les héritiers siens devenoient héritiers de plein droit par la mort de leur père. C'étoit plutôt une continuation de propriété, qu'une acquisition nouvelle, suivant les expressions de la Loi *in suis* 11, *ff. de liber. & posthum.* Ils étoient même héritiers nécessaires, & ce ne fut que par le bénéfice de l'Édit du Prêteur, qu'ils purent s'abstenir de l'hérédité, §. *sui autem* 2, *instit. de hæred. qual. & differ.* Voilà pourquoi la faveur de ces héritiers fait qu'on n'exige pas qu'ils soient capables lors du testament, & l'on n'exige la capacité à leur égard, qu'au temps de la mort du Testateur; *hæc autem verba: institui non possunt, ad mortis tempus referuntur*, *l.* 3, §. 10, *ff. de bonor. possess. contra. tab.* & l'on doit dire la même chose de toutes sortes d'enfans & descendans, à quelque degré qu'ils soient, par rapport aux hérédités de leurs ascendans paternels ou maternels, sans considérer le lien civil de la puissance paternelle, parce que le Droit nouveau dans la *Novelle* 118, *chap.* 1, & dans la *Novelle* 115, *chapitre* 3, ne fait plus dépendre le droit de succéder de ce lien civil, mais l'attache au sang & à la descendance, & qu'à cet égard, la différence entre les héritiers siens, & les émancipés, ou ceux qui descendent de la ligne maternelle, a été abrogée & retranchée, si bien qu'aujourd'hui les descendans maternels ont le même privilége & la même faveur que les descendans du côté paternel, & qui étoient en la puissance du père ou de l'ayeul; on ne doit donc considérer la capacité des descendans pour les institutions pures, qu'eu égard au temps de la mort du Testateur, & non

Aujourd'hui on ne considère point la puissance paternelle pour la manière de déférer la succession aux enfans.

lors du testament, quoiqu'en ayent pu penser certains Auteurs.

22. Raisons pourquoi on ne considère la capàcité des enfans qu'au temps de la mort du Testateur.

Ce que nous venons de dire est fondé sur les principes du Droit Romain nouveau, qui a changé les règles du Droit ancien, & sur les règles de l'équité; il seroit en effet très-singulier qu'un descendant qui par sa seule qualité, & par les liens du sang, doit recueillir la succession de son ascendant, par le bénéfice de la Loi, & par le vœu commun de la nature & des parens, *naturæ simul, & parentum, communi voto, l. scripto 7, ff. si tab. testam. nullæ extab. & l. 7, ff. de bonis damnat.* s'il n'est point dans un état d'incàpacité lors de la mort de l'ascendant, sans que l'on doive s'arrêter à aucun autre temps, dût avoir la même capacité lors du testament, & ne put pas recueillir la succession qui lui est déférée par disposition expresse de l'ascendant; sous prétexte qu'il étoit incapable lorsque la disposition a été faite, ensorte qu'il doive être admis quand il n'a qu'une volonté tacite du défunt, & qu'il en doive être exclus quand la disposition expresse du Testateur s'unit & se lie avec la disposition de la Loi. *Claude de Ferrière* qui est de ce sentiment dans ses *Institutes du Droit François*, sur le §. 4, *instit de hæred. qual.* estime même avec raison, que cela doit encore être observé pour les ascendans institués par leurs descendans, & que l'on ne doit considérer leur capacité, qu'eu égard au temps de la mort du défunt, parce que la même raison milite.

23. Second cas. De ceux qui étoient prisonniers de Guerr chez les ennemis.

Le second cas est de ceux qui étoient prisonniers chez les ennemis, lesquels pouvoient valablement être institués durant leur captivité, quoiqu'ils fussent incapables de droit; mais comme par leur retour ils étoient rétablis dans tous leurs droits, & qu'ils étoient considérés comme s'ils n'avoient jamais été captifs, ils avoient la liberté d'accepter l'hérédité, quoique le Testateur fût décédé avant le retour de l'héritier. *Itaque si reversus fuerit ab hostibus, adire hæreditatem poterit, l. 32, §. 1, ff. de hæred. instit.*

24. Troisième cas. De ceux qui sont institués par le Soldat. On ne considère la capacité qu'au temps de la mort du Soldat Testateur.

Le troisième cas est de ceux qui sont institués par le Soldat; car par un privilège qui lui est particulier, il peut instituer les déportats, & les autres personnes qui sont incapables des effets civils, *& deportati & ferè omnes qui testamenti factionem non habent, à milite hæredes institui possunt;* il est vrai qu'ils ne pouvoient pas instituer ceux qui étoient faits *servi pœnæ*; mais il suffisoit qu'ils fussent rétablis lors de la mort du Soldat Testateur, pour que l'institution fût valable, ce qui a lieu généralement à l'égard de toutes les personnes que le

Soldat institue, si elles sont telles à sa mort qu'il puisse les instituer, & *generaliter in omnibus id poterit dici, quos miles scribit hæredes, ut institutio incipiat vires habere, si mortis tempore talis inveniatur, ut à milite institui poterit.* Tout cela est ainsi décidé par la Loi 13, §. 2, *ff. de Testam. milit.* & par la Loi 5, *cod.* Voyez *l.* 7, §. 1, *ff. de leg.* 3.

Venons présentement aux fidéicommis universels. Il y a des Auteurs qui ont tenu indistinctement, qu'on ne devoit considérer la capacité du fidéicommissaire, qu'eu égard au temps de l'échéance du fidéicommis; d'autres ont distingué les fidéicommis purs d'avec les conditionnels: ils ont exigé, à légard des premiers, la capacité du fidéicommissaire, dans les mêmes temps que pour les institutions; & pour ce qui regarde les fidéicommis conditionnels, les uns ont exigé la capacité au temps du testament, & au temps de l'échéance de la condition ou de l'ouverture; les autres n'ont considéré d'autre temps que celui de l'échéance.

25. De la capacité pour les fidéicommis universels.

Diversité d'opinions des Auteurs.

Mais le véritable esprit des Loix Romaines est que dans les fidéicommis purs, le fidéicommissaire doit être capable dans les mêmes temps que l'héritier doit l'être, pour recueillir l'institution pure, à cause de la règle Catonienne, qui, comme le prouve fort bien M. Cujas sur la Loi 3, *ff. de reg. Caton.* a lieu aux legs, aux fidéicommis, aux institutions, & pour toutes les dispositions pures des testamens, & des codicilles; ainsi le fidéicommis universel pur devant être nul, si le Testateur étoit décédé au moment qu'il a testé, le fidéicommissaire étant alors incapable, il ne peut pas devenir valable, *tractu temporis*, avec cette différence néanmoins, que la maxime *le mort saisit le vif*, ayant lieu aux fidéicommis universels, quant à l'acquisition du Droit, au moment de l'ouverture, & pour la faculté de la transmission, quoique le fidéicommissaire ne puisse point intenter les actions possessoires, qu'il doive former la demande en ouverture, & le recevoir de la main de l'héritier, comme l'observe, avec raison, le Parlement de Toulouse, on ne doit considérer la capacité du fidéicommissaire étranger, qu'eu égard au temps du testament, & à celui de la mort du Testateur, & non eu égard à celui de l'acceptation de l'hérédité, ou de la demande en ouverture du fidéicommis, parce que sans cette formalité, le droit en est acquis au fidéicommissaire du jour de la mort du Testateur, qui a fait le fidéicommis purement & sans condition.

26. Dans les fidéicommis purs la capacité doit être considérée dans les mêmes temps que pour les institutions pures.

La règle Catonienne a lieu aux fidéicommis universels.

On ne considère la capacité qu'eu égard au tems du Testament & de la mort du Testateur, ou de l'ouverture du fidéicommis.

27. On doit appliquer aux fidéicommis universels tout ce qui est dit de l'institution par rapport à la capacité.

Il faut donc appliquer au fidéicommis universel pur, ce que nous avons dit de l'institution d'héritier pure, & n'exiger des fidéicommissaires étrangers la capacité qu'en deux temps; c'est-à-dire, lors du testament & lors de la mort du Testateur ; & en un temps seulement, c'est-à-dire, lors de la mort du Testateur, pour les fidéicommis purs faits en faveur des enfans ou descendans, sans aucun égard à la puissance paternelle, ni à la différence du sexe, & de la descendance ; ou pour ceux qui sont faits par les descendans en faveur de leurs ascendans, auxquels les Loix attribuent un droit de légitime qui les met au même degré de faveur, & qui sont en quelque façon *sui hæredes*, selon les règles du Droit nouveau, qui défend aux descendans de les passer sous silence, ou de les exhéréder, sans une des causes exprimées dans *la Novelle* 115, *chap.* 4.

28. Du fidéicommis conditionnel.

On ne considère la capacité qu'eu égard au tems de l'échéance de la condition.

Que si le fidéicommis est conditionnel, soit que la condition se trouve expresse & littérale, ou qu'elle soit seulement tacite & implicite, comme quand la restitution doit en être faite à jour incertain, ou en faveur des enfans à naître, dont la naissance est une condition inhérente. Dans ce cas on ne doit considérer la capacité du fidéicommissaire qu'eu égard au temps de l'échéance de la condition, & de l'ouverture du fidéicommis, comme le décident *Ranchin dans ses conclusions*, *tit. fideicommissum*, *art.* 31, *M. Cujas*, *sur la Loi* 3, *ff. de reg. Caton lib.* 15, *quæst. Papin.* & plusieurs autres Auteurs ; que si l'on exigeoit la capacité en un autre temps, il s'ensuivroit qu'on ne pourroit point admettre au fidéicommis les enfans qui ne sont nés que long-temps après la mort du Testateur, lesquels étoient bien clairement incapables lors du testament & lors de la mort du Testateur, ce qui seroit contre les règles & l'usage constamment reçu dans tous les Tribunaux du Royaume.

29. De la substitution pupillaire.

On considère la capacité du substitué au temps de la mort du pupille seulement.

Pour ce qui est de la substitution pupillaire, comme elle est conditionnelle, *si pupillus intra pupillarem ætatem decesserit*; on ne doit considérer la capacité du Substitué qu'eu égard au temps du décès du fils pupille, auquel temps la substitution est ouvette ; il pourra donc la recueillir s'il est capable alors, quoiqu'il fut incapable lors de la mort du Testateur, ou lors du testament, & même dans ces deux temps ; mais au contraire il ne pourra point en profiter s'il est incapable lors du décès du pupille, quand même il auroit été capable lors du testament & lors du décès du Testateur, & qu'il eut même profité de l'hérédité du Testateur, en laquelle il

eut

eut été institué, parce que ce sont deux hérédités. C'est ainsi que le décide la Loi 11, *ff. de vulgar. & pupill. si is qui hæres institutus est, filio substitutus sit, nihil oberit ei in substitutione, si tunc capere possit, cum filius decessit; contra quoque potest pœnas in testamento pupilli pati, licet in patris passus non sit.* Ainsi, la capacité au sujet de l'hérédité du père, ne fait rien par rapport à l'hérédité du fils, tout comme l'incapacité par rapport à l'hérédité du père, ne fait non plus rien pour l'hérédité du fils. Despeisses & les autres Auteurs qui ont expliqué cette Loi autrement, ne l'ont point entendue.

La capacité au sujet de l'hérédité du père, ne fait rien pour celle du pupille.

30. De la substitution vulgaire, comprise dans la pupillaire, lorsque le pupille décède avant le Substituant.

Mais comme la substitution pupillaire comprend tacitement la vulgaire; si le fils décède avant le père substituant, il suffira que le Substitué soit capable lors de la mort du père, parce que c'est alors que la substitution est ouverte, sans examiner la capacité au temps du testament, parce que la condition renfermée dans la substitution, fait qu'on ne doit exiger la capacité qu'au temps de l'échéance, & de l'ouverture de la substitution, suivant les règles que nous avons établies ci-dessus, en parlant de l'institution conditionnelle, & celles que nous allons expliquer au sujet de la vulgaire.

31. De la capacité dans le cas de la substitution vulgaire expresse.

Cas où la règle Catonienne cesse.

Il en doit être de même au sujet de la substitution vulgaire expresse, parce qu'elle est conditionnelle, *si hæres noluerit aut non potuerit esse hæres*, quand même la condition arriveroit pendant la vie du Testateur; car la règle Catonienne a bien lieu aux dispositions générales ou particulières qui sont pures, comme nous l'avons dit après plusieurs textes & M. Cujas; mais elle cesse pour celles qui sont conditionnelles. *L.* 4, *ff. de reg. Caton. ad conditionalia Catoniana non pertinet*, *l.* 41, §. 2, *ff. de leg.* 1; elle cesse aussi pour celles qui sont conférées en un autre temps qu'à celui où le testament est fait, ensorte que si le Testateur décédoit un moment après avoir testé, la disposition ne fut pas échue par un effet de quelque condition expresse ou tacite, en quelque temps qu'elle doive s'accomplir, soit pendant la vie du Testateur, ou à sa mort, ou bien après sa mort connue, comme il résulte clairement de la Loi 1, §. 1 & 2, & de la Loi 3, *ff. de reg. Caton. quia non est initio inutiliter datum*, tandis que la disposition est conférée en un autre temps que celui du testament par la volonté expresse du Testateur, *sed magis non datum*, *l.* 1, §. 1, *ff. de reg. Caton.* car suivant la Loi 167, *ff. de reg. juris*, *non videntur data quæ eo tempore quo dantur accipientes non fiunt.* Les trois exemples qui sont rapportés dans la Loi 1, §. 1, §. 2, & dans la Loi 2, *ff. de reg. Caton.* prouvent cette vérité d'une manière incontestable; c'est-à-dire, que la règle Catonienne cesse toutes les fois que l'institution ou le legs ne seroient pas échus, si le Testateur décédoit au moment du testament; & dans tous ces cas, on ne considère point la capacité de l'héritier, du Légataire ou du substitué au temps du testament, on la considère seulement au temps de la mort du Testateur, si la condition arrive pendant sa vie, ou bien lors de l'événement de la condition, quand elle arrive après sa mort.

32. En quel temps doit-on considérer la capacité des Légataires. Variété dans l'opinion des Auteurs.

Il reste à examiner eu égard à quel temps on doit considérer la capacité des Légataires: les Docteurs ont formé des opinions différentes au sujet du legs pur, & sans condition; les uns tiennent que l'on doit considérer seulement si le Légataire est capable de recueillir le legs au temps de la mort du Testateur, les autres sont d'avis qu'il doit être capable au temps du testament, & au temps de la mort du Testateur.

33. Raisons de l'opinion de ceux qui tiennent qu'on ne considère la capacité qu'au temps de la mort du Testateur.

Les premiers se fondent sur la Loi 24, *ff. de leg. præstandis*, qui décide qu'il suffit que les Légataires soient au nombre des enfans du Testateur lors de sa mort, afin que le fils qui demande la possession des biens *contra tabulas*, soit obligé de leur payer les legs contenus au testament, contre les dispositions duquel la possession des biens est accordée; ils appuyent encore leur avis sur la Loi 3, §. 2, *ff. de jure fisci*, & sur la Loi 19, *ff. de reb. dub.*

34. Résolution pour l'opinion qui exige la capacité lors du Testament & au temps de la mort du Testateur.

Mais cette opinion est contraire aux vrais principes du Droit Romain, qui exigent que le Légataire soit capable non-seulement lors de la mort du Testateur, mais encore lors du testament, *l.* 59, §. 4, *ff. de hæred. instit.*

35. Raisons de cette résolution.

En effet, la règle Catonienne veut, ainsi que nous l'avons dit, que le legs qui ne seroit pas bon, si le Testateur venoit à décéder immédiatement après avoir testé, ne puisse pas être rendu valide *tractu temporis*, *l.* 1, *ff. de reg. Caton.* Or le legs fait à une personne incapable lors du testament, seroit nul, si le Testateur décédoit alors; il demeure donc toujours nul à cause de l'incapacité du Légataire, & par conséquent, la capacité est requise au temps du testament, quand le legs est pur, & sans condition expresse ou tacite.

36. Explication de la Loi 24, *ff. de Leg. præstandis.*

La Loi 24, *de leg. præstandis*, ne dit rien de contraire, elle décide un cas différent, & qui n'a rien de commun avec la capacité; elle veut donc que pour que le Légataire puisse demander le legs, quoique le testament soit renversé par la demande du fils, d'être maintenu en la possession des biens, en conséquence de la Loi première du même titre, qui conserve les legs faits aux enfans, aux parens, à la femme & à la bru du Testateur, malgré la rescision du testament par la possession des biens demandée par le fils, il suffit qu'il soit prouvé que le Légataire étoit au nombre des enfans lors de la mort du Testateur; la Loi ne considère donc point dans ce cas, la capacité, mais la qualité d'enfant. La Loi 19, *ff. de reb. dub.* veut que l'on considère la qualité de cognat au temps de la mort pour faire part des legs faits aux cognats; & la Loi 3, §. 2, *ff. de jure fisci*, décide que pour savoir si l'on doit appliquer au fisc une libéralité faite sous le nom d'une personne capable, avec charge d'un fidéicommis tacite en faveur d'une personne incapable, il faut considérer l'événement, & non le simple dessein ou le projet, lorsque celui qui doit recueillir le fidéicommis tacite qui étoit incapable lors du testament, se trouve capable lors de la mort du Testateur, ce qui est fondé sur cette règle, que dans le doute, il faut se déterminer contre le fisc. Voilà pourquoi dans ce cas particulier, il suffit que la personne se trouve capable lors du testament ou lors du décès du Testateur; mais on ne doit pas tirer à conséquence cette décision.

37. Conséquence que l'on peut tirer de cette Loi.

On ne doit considérer la capacité qu'au temps de la mort du Testateur, pour les legs faits aux enfans.

Tout ce qu'on pourroit induire de la Loi 24, *ff. de legat. præstandis*, même par un argument bien éloigné, ce seroit qu'à l'égard des enfans ou descendans du Testateur, on ne doit considérer leur capacité que par rapport au temps de l'échéance du legs; c'est-à-dire, lors de la mort du Testateur, parce que *dies legati cedit à morte Testatoris*, *l. un.* §. *cum igitur* 1, *cod. de caducis tollendis.* Ce que nous croyons très-véritable pour les legs, tout comme nous l'avons dit pour les institutions.

38. Capacité du Légataire lors de la mort du Testateur.

A l'égard du temps de la mort du Testateur, le Légataire doit nécessairement être capable, afin qu'il puisse l'acquérir, parce que le temps de l'acquisition est plus considérable, §. 4, *instit. de hæred. qual. & differ.* ainsi que tous les Docteurs en demeurent d'accord.

39. Exception de la règle qui exige la capacité du Légataire lors de la

Cette règle, que le Légataire doit être capable lors du Testament, & lors de la mort du Testateur, souffre quelques exceptions; la première, pour les legs qui ne sont point transmissibles, comme de l'usufruit, de l'usage & de l'habitation, parce que *dies non cedit ab adita hæreditate*, *l.* 2, & *l.* 3, *ff. quando dies legat. cedat.*

mort du Testateur & lors du testament.

Car la règle Catonienne cesse pour les legs qui ne sont pas acquis au jour de la mort du Testateur, *regula catoniana non pertinet ad ea legata quorum dies non mortis tempore, sed post aditam cedit hæreditatem, l. 3, ff. de regula Catoniana*. Il suffit donc pour ces sortes de legs, que le Légataire soit capable lors de l'acceptation de l'hérédité, selon le Droit Romain.

La règle Catonienne cesse pour les legs *quorum dies cedit ab adita hæreditate.*

40. Du legs de la liberté.

La seconde est pour le legs de la liberté, parce que *dies non cedit nisi ab adita hæreditate, l. 7, §. ult. & l. 8, ff. quando dies legat. cedat*, sauf, selon les règles du Droit ancien, quand un héritier nécessaire est institué; auquel cas on ne considère que le temps de la mort du Testateur, & non l'adition qui n'est pas nécessaire en ce cas, *l. 86, ff. de condit. & demonstrat.* Ce que nous pouvons appliquer, selon notre usage, à l'institution de toutes sortes d'héritiers, parce qu'ils n'ont pas besoin d'accepter pour être revêtus de l'hérédité, attendu qu'ils en sont saisis de plein droit en vertu de la maxime *le mort saisit le vif.* Ainsi, dans tous les cas le jour des legs n'arrivoit qu'après l'acceptation de l'hérédité, suivant le Droit Romain: ils échéent en France au jour de la mort du Testateur, parce que l'héritier est saisi de l'hérédité même avant l'adition. Il suffit donc d'être capable lors de la mort du Testateur.

En France on ne considère point le tems de l'adition à cause de la maxime *le mort saisit le vif.*

41. Des legs annuels.

La troisième est pour les legs annuels qui ont cela de particulier, que celui de la première année est pur; mais à l'égard des autres années, il y a autant de legs que d'années, durant lesquelles il peut être demandé, & ils renferment cette condition tacite, *si vivat, l. 4, ff. de annuis legatis*; & par conséquent, il faut que le Légataire soit capable lors du Testament & lors de la mort du Testateur, pour recueillir le legs de la première année comme pur, & de plus, il doit être capable chaque année pour recueillir les legs des autres années, lorsqu'il n'est pas fait pour alimens; car le legs des alimens peut être fait, même en faveur d'une personne incapable des effets civils, comme nous le dirons en son lieu.

Du legs pour alimens.

42. Du legs conditionnel.

Quand le legs est conditionnel, il suffit au Légataire d'être capable lors de l'échéance de la condition, sans examiner s'il étoit incapable lors du testament, ou lors de la mort du Testateur, parce que la règle Catonienne, qui est la raison fondamentale pour laquelle la capacité est requise lors du testament, ainsi que nous l'avons remarqué, cesse à l'égard des dispositions conditionnelles, *l. 41, §. 2, ff. de leg. 1, & l. 4, ff. de regula Catoniana.*

La Loi 59, §. 4, *ff. de hæred. instit.* le décident de même d'une manière expresse & formelle, pour les institutions & les legs conditionnels: *aut si sub conditione hæres institutus est, quo tempore conditio existit. Idem & in legatis, & in bonorum possessionibus.*

Il est vrai que ce dernier texte parle de la capacité lors du testament; mais ce n'est que par rapport à l'institution ou aux legs purs & sans condition; car pour les dispositions conditionnelles, il n'exige la capacité, qu'au temps où la condition arrive. 43. Explication de la Loi 54, §. 4, *ff. de hæred. instit.*

D'ailleurs, la Loi *in tempus 62, ff. de hæred. instit.* permettant de faire des institutions & des legs pour être recueillis, lorsque l'héritier ou le Légataire seront capables, il est clair que soit que la condition se trouve expresse, ou simplement tacite, comme dans le cas de cette Loi, il suffit que le Légataire se trouve capable lorsque l'échéance du legs arrive, sans examiner le temps du testament, ni celui de la mort du Testateur; ainsi on ne doit point s'arrêter à l'opinion des Auteurs qui ont décidé le contraire, & qui ont cru que la capacité étoit requise lors du testament. 44. Les institutions & legs peuvent être faits pour être recueillis lorsqu'on sera capable.

Il y a cette considération particulière au cas du legs conditionnel, que la prévoyance du Testateur n'a lieu que pour l'avenir, & pour le temps auquel il a voulu que sa volonté eut son effet; c'est-à-dire, lors de l'événement de la condition qu'il a marquée, de sorte que quand le Légataire seroit incapable lors du testament, on doit présumer que le Testateur a prévu que le Légataire pouvoit acquérir la capacité dans l'intervalle du temps qui se passeroit entre l'époque du testament & celle de l'événement de la condition; tous ses soins & sa volonté, dans cet ouvrage, n'étant attachés qu'à la considération du temps futur, & non pas de celui auquel il agit: ainsi, ne voulant faire la libéralité que dans le cas que la condition arrivera, le legs, à proprement parler, n'a son commencement, ou du moins, sa perfection, à l'égard du Légataire, que quand il a son effet, par l'événement de la condition, ainsi que le remarque fort bien *Ricard, des Donations, tome 1, part. 1, n. 830.* 45. Le legs conditionnel n'acquiert sa perfection que quand la condition arrive.

Dans les Pays Coutumiers, où l'institution d'héritier n'a point lieu, où du moins elle n'est point nécessaire, & où les dispositions universelles ne valent que comme des legs, suivant *l'article 299 de la Coutume de Paris*, on ne considère la capacité des Légataires, pour les dispositions pures, qu'eu égard au temps de la mort du Testateur, & l'on n'y observe point la règle Catonienne, 46. De la capacité dans les Pays Coutumiers.

C'eſt l'opinion commune du Palais, & l'uſage du Parlement de Paris, comme l'obſervent *Ferriere dans ſes Inſtitutions du Droit François*, ſur le §. 4, *inſtit. de hæred. & Ricard*, au lieu cité, *nombres* 829, *&* 830.

47. Les legs & les fidéicommis particuliers étant égalés, ce qui eſt dit des uns doit être appliqué aux autres.

Du reſte, comme les legs & les fidéicommis ont été égalés en tout, *l.* 1, *ff. de leg.* 1, *&* §. 3, *inſtit. de legatis*, on doit appliquer aux fidéicommis particuliers, ce que nous avons dit ci-deſſus au ſujet de la capacité des Légataires, par rapport au temps où l'on doit conſidérer cette capacité ſelon la nature des legs purs ou conditionnels.

48. Capacité pour la donation à cauſe de mort. Ceux qui ſont capables ou incapables de recevoir des legs, ſont capables ou incapables de recevoir des donations à cauſe de mort.

Quant à la donation à cauſe de mort, la Loi, *omnibus* 9, *ff. de mortis cauſa donat.* décide que ceux qui ſont capables de recevoir des legs ſont auſſi capables de recevoir des libéralités par donation à cauſe de mort, *omnibus mortis cauſa capere permittitur, qui ſcilicet & legata accipere poſſunt*; & la Loi, *Senatus* 35, *ff. eod.* déclare que ceux qui ſont incapables de recevoir des legs, ſont également incapables des donations à cauſe de mort: *Senatus cenſuit, placere mortis cauſa donationes factas, in eos quos lex prohibet capere, in eadem cauſa haberi, in qua eſſent quæ Teſtamento his legata eſſent, quibus capere per legem non liceret*; & les donations à cauſe de mort étant comparées aux legs, tout ce qui a lieu aux legs doit avoir lieu aux donations à cauſe de mort, *l.* 17, *& l.* 37, *ff. de mortis cauſa donat.*

49. Suite.

Il y a pluſieurs autres Loix qui veulent que les donations à cauſe de mort, ſe règlent de la même manière que les teſtamens; ceux qui ont la faculté de teſter peuvent auſſi faire des donations à cauſe de mort, *mortis cauſa donare poterit, cui teſtari permiſſum eſt*, *l.* 32, §. 8, *ff. de donat. inter vir. & uxor.* les donations à cauſe de mort ſe révoquent tout comme les legs, *ad exemplum legatorum mortis cauſa donationes revocatæ ſunt*, *l.* 15, *ff. de donat. cauſa mortis.*

50. Si la capacité pour les donations à cauſe de mort, eſt requiſe pour les mêmes temps que pour les legs.

D'où il ſemble qu'on doive conclure que le Donataire à cauſe de mort doive être capable dans les même temps, où les Loix exigent que le Légataire ſoit capable de recevoir.

51. Réſolution qu'on ne conſidère la capacité qu'au temps de la

Cependant il eſt certain, ſelon la déciſion & l'eſprit du Droit Romain, qu'on ne doit conſidérer la capacité du Donataire qu'eu égard au temps de la mort du Donateur, ſuivant la déciſion expreſſe de la Loi 22, *ff. de donat. cauſa mortis*, qui dit, *in mortis cauſa à donationibus, non tempus donationis, ſed mortis intuendum eſt, an quis capere poſſit*, parce que la donation à cauſe de mort a trait de temps à la mort, elle n'est parfaite qu'alors, & c'est alors que la libéralité peut être recueillie, *l.* 32, *ff. de mortis causa donat.* C'est tout comme si le Donateur disoit, je vous donne, en cas que vous soyez capable au temps de ma mort; & comme la règle Catonienne n'est point faite pour les donations à cause de mort, elle n'a point lieu, selon la remarque de M. Cujas, sur la Loi 3, *ff. de reg. Caton. lib.* 15, *quæst. Papin.* cependant, c'est en vertu de cette règle que l'on exige la capacité de l'héritier ou du Légataire lors du testament ou du codicille; on ne doit donc pas exiger du Donataire à cause de mort, qu'il soit capable lors de la donation; mais il suffit qu'il soit capable lors de la mort du Donateur, quand la donation à cause de mort est pure; que si elle est conditionnelle, & que la condition l'étende après la mort du Donateur, il doit suffire que le Donataire soit capable lors de l'événement de la condition, auquel temps la donation doit avoir son effet.

mort du Donateur.

Si la règle Catonienne a lieu dans les donations à cause de mort. *V. sup. n.* 11.

C'est en vertu de la règle Catonienne que l'on exige la capacité du Légataire lors du Testament ou du Codicille.

52. Réponse aux Loix 9 & 35, *ff. de mortis causa donat.*

La Loi 9 & la Loi 35, *ff. de mortis causa donat.* ne sont pas contraires à cette décision, parce qu'elles déterminent bien la qualité des personnes qui sont capables ou incapables, relativement à celles qui peuvent ou ne peuvent pas recevoir les legs; mais elles ne déterminent point, ni expressément, ni par voie de conséquence, le temps auquel la capacité du Donataire doit être considérée; & comme la règle Catonienne, qui fait exiger la capacité au temps du testament, cesse à l'égard des donations à cause de mort, & qu'il n'y a aucun texte qui exige la capacité du Donataire au temps de la donation, il s'ensuit que la donation sera bonne, pourvu que le Donataire soit capable quand elle devra être exécutée, parce qu'il faut prendre le parti qui fait valoir l'acte, plutôt que celui qui le détruit. *L.* 12, *ff. de rebus dub.*

53. Réponse à l'argument tiré de ce que la donation à cause de mort est comparée au legs.

Il est vrai que la donation à cause de mort est comparée aux legs, *legatorum instar obtinet*, aux termes de la Loi 17, *ff. de mortis causa donat.* & que suivant la Loi 37, *ff. eod.* ce qui est ordonné pour les legs doit avoir lieu à l'égard des donations à cause de mort; mais la comparaison & la ressemblance ne sont pas parfaites, ce que l'Empereur Justinien a bien reconnu en disant, au §. 1, *instit. de donat. ut per omnia ferè legatis connumerentur.* En effet, si le legs & la donation à cause de mort se ressemblent en plusieurs choses, ils différent aussi en plusieurs autres; ils conviennent en ce que le même nombre de témoins est requis pour la validité de la donation à cause de mort & du legs; que l'un & l'autre peuvent

En quoi les legs & les donations à cause de mort se ressemblent & conviennent.

être révoqués, qu'on peut substituer au Donataire à cause de mort, de même qu'au Légataire ; que la falcidie diminue l'un & l'autre ; que l'insinuation n'est requise ni pour l'un ni pour l'autre, & c'est dans ce cas, & dans quelques autres, que les Interprètes rapportent qu'il faut entendre les textes opposés ; mais on ne doit point en faire une application pour décider du temps auquel la capacité du Donataire est requise, ni aux autres cas auxquels la donation à cause de mort diffère des legs.

54. En quoi les legs & les donations à cause de mort diffèrent.

Car, par exemple la donation à cause de mort est confirmée par la mort du Donateur, *l.* 32, *ff. de mortis causa donat.* au lieu que le legs est confirmé par l'adition de l'hérédité. Celui qui impugne le testament de faux, ou propose la plainte d'inofficiosité, est privé du legs; mais il ne perd pas la donation à cause de mort, *l.* 5, §. 5, 6 & 7, *ff. de his quæ ut indign. aufer.* La donation annuelle est une. L. *Senatus* 35, §. 7, *ff. de donat. causa mortis*, au lieu que le legs annuel se divise en autant de legs qu'il y a d'années, *l.* 4, *ff. de annuis legatis.* La donation à cause de mort est une espèce de contrat où l'on peut faire intervenir la stipulation, *l.* 34, *ff. de mortis causa donat.* & qui doit être faite par une personne présente à une autre personne présente, *quo præsens præsenti dat l.* 38, *ff. eod.* au lieu que le legs est fait par testament ou codicille, sans qu'il soit besoin de la présence du Légataire. Si donc toutes ces différences subsistent nonobstant la comparaison des donations à cause de mort, aux legs, pourquoi celle qui n'exige la capacité du Donataire qu'au temps de la mort du Donateur, & non au temps de la donation, ne subsisteroit-elle pas, tandis qu'elle est fondée sur une Loi expresse, à laquelle il n'a point été dérogé ?

SECTION PREMIERE.

Des personnes qui sont capables de recueillir les Libéralités testamentaires.

SOMMAIRE.

1. Toutes personnes sont capables de recueillir les libéralités testamentaires.

2. Les dispositions testamentaires sont des Loix domestiques.

On ne doit pas s'enquérir si le Testateur a eu des justes motifs pour disposer.

On peut disposer en faveur des personnes étrangères à la famille & inconnues au Testateur.

Même au préjudice des enfans & des collatéraux.

Il suffit que la volonté paroisse, & qu'elle soit revêtue des formalités afin qu'elle soit exécutée.

3. Le Testateur peut disposer en faveur des personnes qu'il n'a jamais vues.

4. On peut faire des libéralités à ceux qui n'ont pas la faculté de tester.

5. Si les posthumes sont capables de libéralités.

6. Si les enfans à naître peuvent être institués.

Variété dans le sentiment des Auteurs.

L'usage étoit pour l'affirmative.

7. L'Ordonnance de 1735, a décidé pour la négative.

8. Réflexions sur cette Ordonnance.

Elle doit être resserrée dans son cas & ne doit pas avoir lieu aux fidéicommis, legs & autres dispositions particulières.

9. Elle doit avoir lieu pour la substitution vulgaire.

10. Elle ne doit pas avoir lieu pour les institutions contractuelles.

11. Elle doit être observée quoiqu'il y ait une condition expresse ajoutée à l'institution.

12. La nullité a lieu quand même l'institution seroit d'un enfant à naître, descendant du Testateur.

13. Si les Esclaves sont capables de libéralités.

14. De l'Esclave du Testateur.

15. De l'Esclave appartenant à une hérédité non acceptée.

16. De l'Esclave de celui qui étoit en captivité.

17. Des Esclaves des Villes, Colléges, & confréries licites.

Du legs fait à l'Esclave du Testateur.

18. En France on ne con-

EN posant la quatrième règle sur la capacité passive au commencement de ce chapitre, nous avons dit, qu'on devoit regarder comme capables de recueillir les libéralités testamentaires, toutes les personnes non prohibées, & qui ne sont pas déclarées incapables par la Loi, Ordonnance, Statut ou Coutume ; il faut présentement entrer dans le détail des cas, où cette règle a lieu, & faire l'énumération des personnes qui sont capables. 1.

1. Toutes les personnes non prohibées sont capables de recueillir les libéralités testamentaires.

Comme les dispositions testamentaires sont autant de Loix domestiques que le Testateur a droit d'imposer à sa famille, suivant ces paroles de la Loi des douze tables, *uti legassit quisque de sua re ita jus esto*, rapportées dans la *Novelle 22, chapitre 2*, & dans la Loi 120, *ff. de reg. jur.* 2.

2. Les dispositions testamentaires sont des Loix domestiques.

& selon les expressions de la *Novelle* que nous venons de citer, *disponat unusquisque super suis ut dignum est, & sit lex ejus voluntas*; on ne doit point s'enquérir si le Testateur a eu ou n'a pas eu de justes motifs pour disposer comme il a fait, il faut toujours le supposer & le présumer toutes les fois qu'il n'est pas prouvé que sa volonté a été séduite, surprise ou trompée, que la mauvaise intention n'est pas justifiée. Voilà pourquoi tout Testateur a le droit de faire des legs, & d'autres libéralités à titre universel à des personnes, non-seulement étrangères à sa famille, mais encore qui lui sont tout-à-fait inconnues, *l. 9. & l. 11, cod. de hæredibus instituendis, extraneum etiam penitùs ignotum hæredem quis instituere potest*, dit ce dernier texte, même au préjudice des enfans des ascendans, ou des collatéraux, comme il résulte clairement de la Loi *dernière, cod. commun. utriusque jud.* de la Novelle 18, chap. 1, & du §. 7, aux *instit. de hæreditat. quæ ab intestato defer.* en satisfaisant néanmoins à la formalité de l'institution à titre particulier, à l'égard des descendans & des ascendans, auxquels la légitime est due, dans les Pays où l'institution d'héritier est nécessaire pour la validité du Testament, suivant la disposition du Droit Romain dans la *Novelle 115, chapitre 3 & 4, & l'article 50 de l'Ordonnance de 1735*, il suffit que la volonté du Testateur paroisse pour qu'elle doive être exécutée, si elle est revêtue des formalités requises.

On ne doit pas s'enquérir si le Testateur a eu de justes motifs pour disposer.

On peut disposer en faveur des personnes étrangères à la famille & inconnues au Testateur.

Même au préjudice des enfans, & des collatéraux.

3.

Le Testateur peut disposer en faveur des personnes qu'il n'a jamais vues.

On peut encore, à plus forte raison, instituer ceux que le Testateur n'a jamais vûs, *ii quos nunquam Testator vidit hæredes institui possunt . . . ignorantia enim testantis inutilem institutionem non facit, §. ult. instit. de hæred. instit.*

4.

On [illegible] faire des libéralités à ceux qui n'ont pas la faculté de tester.

On peut laisser une succession testamentaire, & des libéralités particulières à plusieurs personnes qui n'ont pourtant pas la faculté active de tester, comme sont l'Esclave d'autrui, le fils de famille, le furieux, imbécille, & autres de même espèce, le sourd & le muet même de naissance, l'enfant ou pupille, le posthume, parce que toutes ces personnes ont ce qu'on appelle *Testamenti factionem passivam*, & que suivant les expressions des Loix *licet Testamentum facere non possint, attamen ex Testamento, vel sibi vel alii acquirere possunt*, §. *in extraneis 4, instit. de hæred. qual. & differ. & l. 16, ff. qui Testam. fac. poss.* & l'on doit dire la même chose du prodigue interdit par Justice, *l. 5, §. 1, ff. de aquir. hæred.*

5.

Si les posthumes sont capables des libéralités.

Il y a plusieurs textes dans le Droit Romain qui font mention des institutions, legs & autres libéralités en faveur des posthumes, pour les faire valoir; il y en a un titre exprès *de liberis & posthumis hæredib. instituendis*, & notamment la

Loi 4, les §§. 26 & 28, *inſtit. de legatis*, & le §. 4, *inſtit. de hæred. qual. & differ.* Il paroît de ces textes, 1°. que non-ſeulement les poſthumes, qui en naiſſant devenoient héritiers ſiens, pouvoient être inſtitués en quelque choſe; mais encore qu'ils devoient être inſtitués en quelque choſe, autrement s'ils étoient prétérits, ils annulloient ou rompoient le teſtament de leur père ou autre aſcendant, *l.* 8, *& l. poſthumus* 12, *ff. de injuſto rupto.* 2°. Que les poſthumes étrangers, au nombre deſquels on mettoit ceux qui en naiſſant ne devoient pas tomber en la puiſſance du Teſtateur, §. 26, *inſtit. de leg.* pouvoient être inſtitués héritiers & recevoir des legs & autres libéralités, à moins que le poſthume ne fut dans le ſein d'une mère incapable de contracter mariage, §. *poſthumus autem* 28, *inſtit. eod.* Telles étoient les Vierges conſacrées à Dieu, comme l'explique *Vinius*, ou celles avec leſquelles le Teſtateur qui avoit procréé de ſes œuvres le poſthume, ne pouvoit pas valablement ſe marier à cauſe de la parenté, ou parce qu'elle étoit mariée à un autre, *l.* 9, §. 1, *ff. de lib. & poſthum. hæred. inſtit.* mais on ne doit pas induire de cette Loi, qu'on ne peut pas inſtituer le poſthume étranger qui eſt dans le ſein de ſa mère, que le Teſtateur ne peut pas épouſer; il faut que la circonſtance du mauvais commerce avec le Teſtateur ſe vérifie, autrement ce ne ſeroit plus *turpis inſtitutio*, qui eſt la raiſon déciſive de ce texte.

Mais c'étoit une grande queſtion parmi les Interprètes, ſi l'on pouvoit inſtituer des enfans à naître ou des poſthumes qui n'étoient ni nés ni conçus au temps de la mort du Teſtateur. *M. Duval de reb. dub. tractat.* 4, ſoutenoit fortement la négative. *Hotman dans ſes queſtions illuſtres, queſtion* 6, défendoit l'affirmative, fondé principalement ſur la Loi *ejus* 64, *ff. de hæred. inſtit.* qui permet d'inſtituer l'Eſclave de celui qui ſeroit né après la mort du Teſtateur, cependant l'Eſclave ne pouvoit être capable qu'autant que ſon Maître futur, & à naître le ſeroit. Il falloit donc que l'enfant non né, lors de la mort du Teſtateur, fut jugé capable, & le ſentiment de ce dernier Auteur avoit été reçu dans l'uſage & la pratique des Tribunaux du Royaume, comme on peut le voir dans *M. Louet, lettre S. ſommaire* 9, *nombre* 28; *Brodeau, lettre D. ſommaire* 51; *Mornac ſur la Loi* 7, *ff. de ſtatu hominum*; *Domat, des Loix Civiles, livre* 3, *partie* 2, *titre* 1, *ſection* 2, *article* 22; *Taiſand, ſur la Coutume de Bourgogne, titre* 7, *article* 4, *nombre* 18, & pluſieurs autres; & l'on jugeoit que les inſtitutions faites en faveur des enfans à naître, les

6. Si les enfans à naître peuvent être inſtitués.

Variété dans le ſentiment des Auteurs.

L'uſage étoit pour l'affirmative.

legs, les ſubſtitutions & autres diſpoſitions étoient efficaces, quoiqu'ils ne fuſſent point nés ni conçus au temps du Teſtament, ni de la mort du Teſtateur, par cette raiſon qu'il eſt permis par pluſieurs Loix, de faire des inſtitutions, des legs, des fidéicommis aux poſthumes, & que ces libéralités étant conditionnelles, *ſi naſcatur poſthumus*, on ne doit conſidérer la capacité qu'eu égard au temps de l'échéance de la condition, & non au temps du teſtament, ni de la mort du Teſtateur.

7. L'Ordonnance de 1735 a décidé pour la négative.

Cependant l'*Ordonnance de* 1735, *article* 49, déclare *que l'inſtitution d'héritier faite par Teſtament, ne pourra valoir en aucun cas, ſi celui ou ceux au profit de qui elle aura été faite, n'étoient ni nés ni conçus lors du décès du Teſtateur.*

8. Réflexions ſur cette Ordonnance. Elle doit être reſſerrée dans ſon cas, & ne doit pas avoir lieu aux fidéicommis, legs & autres diſpoſitions particulières.

Sur quoi on peut faire quelques réflexions pour en faire connoître l'application. La première, que ne parlant que de l'inſtitution d'héritier, & introduiſant un droit contraire à l'uſage reçu, il faut reſſerrer ſa diſpoſition dans le cas précis de l'inſtitution par Teſtament, ſans pouvoir l'étendre aux ſubſtitutions fidéicommiſſaires, ni aux legs ou fidéicommis particuliers, parce que n'en parlant point, elle laiſſe ſubſiſter la Juriſprudence en l'état où elle étoit avant cette Ordonnance, ſans que l'on puiſſe tirer à conſéquence ce qu'elle ordonne touchant l'inſtitution, parce qu'il y a diverſité de raiſons; car l'inſtitution d'héritier ne peut point être ſuſpendue, elle doit avoir ſon effet après la mort du Teſtateur, ce qui ne peut point arriver quand l'héritier n'eſt ni né, ni conçu alors, auquel inconvénient les fidéicommis ni les legs ne ſont pas expoſés. Cette reſtriction eſt fondée ſur l'eſprit des articles 10 & 11 de l'Ordonnance de 1731.

9. Elle doit avoir lieu pour la ſubſtitution vulgaire.

La ſeconde, que la ſubſtitution vulgaire n'étant qu'une inſtitution en ſecond, elle doit être compriſe dans la prohibition de l'Ordonnance, parce que la même raiſon milite quand le premier héritier eſt décédé avant le Teſtateur, & que par-là l'inſtitution eſt devenue caduque, à cauſe que le Subſtitué prenant ſa place, & lui étant ſubrogé, il ſe trouve vraiment héritier en premier rang, & la ſubſtitution devient une vraie inſtitution, & que dans le cas de la ſubſtitution vulgaire, comme dans celui de l'inſtitution, l'hérédité ne doit pas demeurer en ſuſpens.

10. Elle ne doit pas avoir lieu pour les inſtitutions contractuelles.

La troiſième, que l'article ſe borne aux inſtitutions teſtamentaires pour faire comprendre qu'elle n'entend pas que celles qui ſont faites par contrat de mariage, qui ſont permiſes, & favorablement accueillies par l'uſage univerſel du Royaume, ſoient nulles, quoiqu'elles ſoient faites en faveur des enfans à naître, qui ne ſoient nés ni conçus lors de la mort du Donateur.

La

La quatrième, que la disposition de l'*article 49 de l'Ordonnance de 1735* doit avoir lieu, quand même, outre la condition tacite, *si nascatur*, l'institution seroit faite sous une condition expresse, qui auroit trait de temps après la mort du Testateur, ce qui résulte clairement des mots, *ne pourra valoir en aucun cas*; car ils ont été ajoutés pour assujettir à la nullité les institutions conditionnelles par disposition expresse.

11. Elle doit être observée, quoiqu'il y ait une condition expresse ajoutée à l'institution.

La cinquième, que la nullité doit avoir lieu, soit qu'un posthume étranger se trouve institué, soit que l'institution ait été faite d'un descendant du Testateur qui ne seroit ni né ni conçu lors de sa mort. Cela s'induit des mêmes paroles dont l'article est conçu, *ne pourra valoir en aucun cas*, qui ne souffrent aucune exception, restriction, ni limitation, toutes les fois qu'il s'agira d'une institution en faveur d'une personne non née, ni conçue lors du décès du Testateur.

12. La nullité a lieu, quand même l'institution seroit d'un enfant à naître descendant du Testateur.

Les Esclaves n'avoient, selon le Droit Romain, aucune participation au Droit Civil, & ils étoient regardés comme morts civilement, *servitutem mortalitati ferè comparamus*, *l.* 209, *ff. de Reg. Jur.* A suivre à la rigueur cette règle, ils devoient être incapables d'institution, & des autres libéralités testamentaires. Cependant les Loix en avoient décidé autrement, en leur accordant la capacité passive, qu'ils tenoient, non de leur propre personne, mais de celle de leurs Maîtres, auxquels les institutions faites aux Esclaves étoient acquises, suivant la Loi 16, *ff. qui testam. fac. poss.* *& le* §. 4, *aux Instit. de hæred. qual. & differ.* Ce que nous venons de dire doit s'entendre de l'Esclave d'une personne autre que le Testateur.

13. Si les Esclaves sont capables des libéralités.

A l'égard de l'Esclave qui appartient au Testateur, suivant le Droit ancien, il ne pouvoit être institué par son Maître, que quand la liberté lui étoit laissée en même-temps, parce qu'alors il devenoit capable *ex propria persona*; mais par le Droit nouveau l'Esclave du Testateur peut être par lui institué héritier, parce que la liberté lui est censée donnée, *instit. de hæred. instit. in princip. &* §. *idemque juris Instit. quib. ex causis manumitt. non licet.* Dans ce cas l'Esclave devenoit héritier nécessaire, il ne pouvoit point répudier l'hérédité de son Maître, & il lui évitoit l'ignominie de la vente générale de ses biens par autorité de Justice, §. 1, *instit. de hæred. instit.* à moins qu'étant institué sous une condition, il n'eut mérité la liberté par quelque fait, & indépendamment du testament, avant l'événement de la condition, *l.* 90 *ff. de hæred. instit.* auquel cas il n'étoit point héritier nécessai-

14. De l'Esclave du Testateur.

re, & il avoit la liberté d'accepter, ou répudier l'hérédité.

15. De l'Esclave appartenant à une hérédité non acceptée.

On pouvoit encore instituer héritier l'Esclave d'une hérédité non encore acceptée, parce que l'hérédité représente, non la personne de l'héritier futur, mais celle du défunt; il en étoit de même de l'Esclave de celui qui étoit dans le sein de sa mère, §. *servus etiam* 2, *instit. de hæred. instit. l.* 31, §. 1, *ff. eod. l.* 34, & *l.* 61, *de acquir. rer. dominio*; ce qu'il faut néanmoins entendre, pourvu que le Maître défunt de l'Esclave, ou non encore né, eût les qualités qui le rendissent capable de recevoir des libéralités de la part du Testateur, *servus hæreditarius hæres institui potest, si modo Testamenti factio fuit cum defuncto, licet cum hærede instituto non sit*; *l.* 52, *ff. de hæred. instit.*

16. De l'Esclave de celui qui étoit en captivité.

De plus, il étoit permis d'instituer l'Esclave de celui qui étoit en captivité chez les Ennemis, *l.* 32, §. 1, *ff. de hæred. instit.* car si le Captif revenoit, il étoit regardé *jure post liminii*, comme s'il avoit toujours été Citoyen Romain; que s'il mouroit chez les Ennemis, son héritier pouvoit recueillir la libéralité faite à l'Esclave du Captif.

17. Des Esclaves des Villes, Colléges & Confréries licites. Du legs fait à l'Esclave du Testateur.

Les Esclaves des Villes, Colléges, & Confréries licites pouvoient également être institués héritiers, *l. si quis* 25, §. 1, *ff. de acquir. hæreditate*; mais il n'étoit pas permis de faire des legs purs, & sans condition, à l'Esclave propre du Testateur, ni à celui qu'il avoit en commun avec un autre, quand même l'Associé en la propriété de l'Esclave seroit institué héritier : cependant les legs faits sous condition à l'Esclave propre étoient valables; si avant l'événement de la condition il parvenoit à la liberté, le legs lui appartenoit : que s'il étoit aliéné, le legs devoit appartenir à l'Acheteur, qui se trouvoit Propriétaire de l'Esclave, lors de l'événement de la condition, *l. si socius* 89, *ff. de hæred. instit.*

18. En France on ne connoît point l'esclavage. Des Esclaves qui sont dans les Isles de l'Amérique Françoise.

Nous ne nous étendons pas davantage sur cette matière, quoique le Droit renferme une infinité d'autres décisions; parce qu'elles ne peuvent pas être d'un grand usage parmi nous où l'Esclavage n'est pas connu. Ces décisions ne pourront servir que par rapport aux Esclaves qui sont dans les Isles de l'Amérique, au sujet desquels on trouve un Règlement très-ample dans l'Edit du mois de Mars 1685, rapporté à la fin du second tome du nouveau Recueil de Néron.

19. De la capacité des Gens de main-morte.

Mais que doit-on dire des personnes de condition servile, & de main-morte. Nous avons parlé de ces personnes au *chap.* 4, *sect.* 2, par rapport à la faculté active de tester.

Nous ajoutons à ce que nous avons dit, qu'elles ſont capables des ſucceſſions *ab inteſtat*, & même des ſucceſſions teſtamentaires, qui leur ſont déférées par leurs parens communiers, comme l'explique M. *Dunod*, *Traité de la main-morte*, *chap.* 4, *ſect.* 1, *& ſect.* 2; il y a même lieu de croire qu'elles ſont capables des libéralités qui leur ſont faites par des Gens de condition franche, & qui ont la capacité de teſter, parce que les main-mortables vivant comme libres, & étant même libres quant à leur perſonne, comme l'obſerve *Taiſand ſur la Coutume de Bourgogne*, *tit.* 9, *art.* 1, *not.* 1; car leur ſervitude ne tombe que ſur leurs biens, dont ils ne peuvent diſpoſer à cauſe de mort, que par le conſentement de leur Seigneur, ſuivant *la Coutume du Duché de Bourgogne*, *tit.* 9, *art.* 11, ils ont la participation au Droit Civil, & ſont par conſéquent capables de recueillir les diſpoſitions teſtamentaires; ce qui devroit avoir lieu, à plus forte raiſon, s'ils étoient ſitués dans une Coutume qui attribuât au Seigneur les biens acquis par les perſonnes de condition ſervile, auquel cas on devroit leur appliquer ce que le Droit Romain décide par rapport aux Eſclaves, qui empruntent leur capacité paſſive, de la perſonne de leur Maître, auquel les libéralités teſtamentaires ſont acquiſes, comme nous l'avons dit.

Si les main-mortables ont la participation au Droit Civil.

20. De la capacité de ceux qui ſont Priſonniers chez les Ennemis.

Puiſque le Droit Romain dans la Loi 32, §. 1 *ff. de hæred. inſtit.* permettoit d'inſtituer les perſonnes qui étoient en captivité chez les Ennemis, quoiqu'elles fuſſent miſes au rang des Eſclaves; à plus forte raiſon doit-il être permis de faire des inſtitutions, & d'autres libéralités à ceux qui ſont priſonniers de guerre; puiſqu'ils ſont conſidérés parmi nous comme libres, & par conſéquent comme capables, *ex perſonna ſua*, des effets civils. On doit dire la même choſe de celles qui ſont en captivité chez les Turcs, ou Corſaires, *ſelon Barry de ſucceſſ. lib.* 1, *tit.* 8, *n.* 87.

21. De la capacité du fils qui a été exhérédé par ſon père dans un premier Teſtament.

Le père qui a exhérédé ſon fils pour juſte cauſe, dans un premier teſtament, a néanmoins la liberté de l'inſtituer héritier dans un poſtérieur, *l. ſi filium* 21 *ff. de liber. & poſthum. hæred. inſtit.* Le Teſtateur pouvant remettre une injure commiſe à ſon égard, & rappeller ſon fils après l'avoir exclus de ſa ſucceſſion.

22. De la capacité de l'excommunié.

L'excommunié n'étant point incapable des effets civils, pouvant même faire Teſtament, ainſi que nous l'avons dit dans le chapitre 4, & n'y ayant point de Loi qui le déclare incapable de recueillir les libéralités, il peut être inſtitué héritier, & recevoir des legs, ou des fidéicommis universels ou particuliers, comme l'enseignent plusieurs Auteurs, & notamment *Perezius dans ses prèleçons* sur le titre *de hæred. instit. n. 2.*

23. *De la capacité des Hérétiques, des Apostats, des Juifs.* A l'égard des Hérétiques, des Apostats, & des Juifs, on peut voir les Loix 4 & 5, & dernière, *cod. de hæreticis*, les Loix 1 & 2, *cod. de apostat.* la Loi 1, *cod. de Judæis*, la Novelle 115, chap. 3. *Mantica de conject. ult. vol. lib.* 3, *tit.* 2, *n.* 20, & ce que nous avons dit ci-dessus dans le chap. 4, en parlant de la capacité active des Hérétiques. *En France il n'y a qu'une seule Religion, & les nouveaux Convertis sont capables. Quid de ceux qui sont condamnés comme relaps.* Comme nous n'avons en France qu'une seule Religion depuis l'Edit de 1685, portant révocation de celui de Nantes, tous les sujets du Roi, qui sont dans le Royaume, sont présumés Catholiques; on ne peut donc pas contester aux nouveaux Convertis la capacité de recevoir par testament. Il est vrai que s'ils étoient condamnés comme relaps, soit pendant leur vie, soit après leur mort, la condamnation les rendroit incapables des effets civils, & par conséquent de la faculté de recevoir des libéralités par testament, & celles qu'ils auroient recueillies pendant leur vie, seroient confisquées avec le reste de leurs biens.

24. *De la capacité des personnes non mariées. Cœlibes.* Suivant le droit ancien des Romains, le jeune homme à marier appellé *Cœlebs*, qui avoit plus de vingt-cinq ans, ou les filles qui avoient passé vingt ans, ne pouvoient pas être institués héritiers, ni gratifiés par des legs faits par un Etranger, à moins qu'ils ne se fussent mariés dans l'espace de cent jours après la mort du Testateur, *Ulpien dans ses fragmens, tit.* 17, *in princip. v. ibid. tit.* 16; mais ils étoient capables de recueillir les libéralités qui leur étoient faites par les cognats jusques au sixième degré, selon les Loix *Julia & Papia*, dont on voit encore des vestiges dans divers textes du Droit, & notamment dans la Loi 62, *ff. de hæred. instit.* & dans la Loi *Senatus* 35, *ff. de mortis causa donat.*

25. *Suite. Orbi patres.* Les mêmes Loix *Julia & Papia* vouloient encore, que ceux qui ayant été mariés, avoient eu des enfans, qu'ils avoient perdus par leur mort, lesquels étoient appellés *orbi patres*, ne fussent capables de recueillir que la moitié des libéralités qui leur étoient faites; comme l'expliquent *Sozomene dans son Histoire Ecclésiastique, liv.* 1, *chap.* 9, *& Corvinus dans ses énarrations sur le titre du Code de infirm. pœnis cœlibatus.*

26. *De la capacité des mariés entr'eux.* De plus, le mari & la femme ne pouvoieut se gratifier entr'eux qu'à concurrence du dixième de leurs biens; que si l'un d'eux avoit des enfans d'un premier lit, il pouvoit recevoir autant de dixièmes qu'il avoit d'enfans, *præ-*

ter decimam quam matrimonii nomine capiunt; les enfans communs, quoique morts, donnoient la capacité à leur père ou mère de recevoir autant de dixièmes d'augmentation, *Ulpien*, *tit.* 15.

Mais toutes ces incapacités ont été abrogées, savoir celle des personnes à marier, qui avoient plus de vingt ans, ou de vingt-cinq ans, suivant la différence du sexe, & celle des personnes qui n'avoient point d'enfans, par une Loi qui fut portée par les Empereurs Constantin, Constance & Constans l'année 339, qui est la première au *Code de Justinien de infirmandis pœnis cœlib.* ensorte qu'aujourd'hui les personnes à marier, & celles qui n'ont point d'enfans, sont aussi capables de recueillir les institutions & autres libéralités, que si elles étoient mariées, & avoient des enfans. 27. Abrogation de toutes ces incapacités.

Celle des mariés entr'eux a été abrogée par la Loi 2, *cod. de infirmandis pœnis cœlibatus*, qui est de l'année 410, & fut faite par les Empereurs Honorius & Théodose. Les mariés peuvent donc s'instituer, & se faire toute sorte de libéralités, ce qui est encore décidé de même par la Loi dernière, *ff. si quis aliq. testar. prohib.* & par la Loi dernière, *cod. eod.* Mais la Loi 2, *cod. de infirm. pœnis cœlib.* excepte les cas où l'incapacité seroit établie par d'autres Loix, elle conserve donc le retranchement ordonné par la Loi *hac Edictali*, *cod. de secundis nuptiis.* Dans les Pays Coutumiers il n'est pas permis aux conjoints de se faire des libéralités, autrement que par don mutuel après la célébration de leur mariage; mais il leur est permis de se faire toutes les libéralités qu'ils trouvent à propos par donation réciproque & mutuelle, selon les règles prescrites par les Coutumes, & par les Auteurs qui les expliquent. Sur quoi on peut voir *Ricard au Traité du don mutuel.* 28. Les mariés peuvent se faire des libéralités. Sans préjudice des Loix des secondes nôces. Si dans les Pays Coutumiers les mariés peuvent s'avantager.

Quoique par notre usage la fille, qui, dans son contrat de mariage, en recevant une dot, renonce aux successions de ses père ou mère, ne puisse prendre aucune part aux successions auxquelles elle a renoncé, contre ce qui se pratiquoit chez les Romains, qui rejetoient ces sortes de renonciations prématurées & anticipées, *l.* 3, *cod. de collat.* néanmoins une telle fille peut, nonobstant la renonciation, être instituée par ses père & mère, & recevoir toute sorte de libéralités, tout de même que si elle n'avoit pas renoncé; parce que le père & la mère ont la liberté de la rappeller à la succession, tout comme nous avons dit que le père peut rappeller le fils qu'il a justement exhérédé, *l.* 21, *ff. de liber. & posthum.* Ce qui doit avoir lieu, soit que la renonciation ait été faite en faveur du père, ou en faveur 29. Si la fille qui a renoncé peut être rappellée à la succession. La renonciation anticipée ne s'applique point à la succession testamentaire.

de ses frères, parce qu'elle ne s'applique qu'à la succession *ab intestat*, & non à la succession testamentaire.

30. De la fille excluse par Statut ou Coutume, si elle peut recevoir des libéralités de ses père & mère.

Ce que nous venons de dire touchant la renonciation doit avoir lieu dans les cas du Statut, ou Coutume qui exclut la fille de la succession, soit par la force d'une renonciation précédente, ou pour avoir reçu une dot, ou bien *stantibus masculis*, comme le décident les Auteurs, entr'autres *Antoine Gomes Var. resol. tom.* 1, *cap.* 11, *n.* 9, *& Grassus*, §. *institutio*, *quæst.* 10. La raison en est, que la Coutume qui exclut simplement la fille de la succession, ne s'entend que de celle arrivée *ab intestat*, afin qu'elle puisse être prétérite, sans pouvoir annuller le Testament de son père; mais non pour qu'elle ne puisse point être rappellée & instituée; à moins que la Coutume ne portât une exclusion littérale & précise, tant de la succession testamentaire qu'*ab intestat*; auquel cas il ne seroit pas permis au père de la rappeller au préjudice de la prohibition portée par la Coutume; à moins que la cause de la prohibition ne cessât, comme si elle avoit été faite pour déférer l'une & l'autre succession testamentaire & *ab intestat* aux mâles; car n'y ayant plus de mâles, la fille pourroit non-seulement être rappellée par testament, mais encore recueillir la succession *ab intestat*; & ce que nous avons dit par rapport à la succession du père doit avoir lieu pareillement à l'égard de celle de la mère, lorsque la Coutume y applique l'exclusion: sur quoi on peut voir *Denis le Brun des Successions*, *liv.* 3, *chap.* 10, *sect.* 1 *&* 2; *Guy-Pape*, *quest.* 599; *& Barry de success. l.* 1, *tit.* 8, *n.* 23 *&* 24.

31. De la capacité des Villes Bourgs & Villages.

Anciennement chez les Romains, les Communautés des Villes, Bourgs & Villages, étoient incapables des institutions héréditaires, à cause qu'elles étoient regardées comme des corps incertains; toutefois le Senatus-Consulte Apronien leur avoit permis de recueillir les successions testamentaires de leurs affranchis, elles étoient encore capables de recevoir, & de recueillir des fidéicommis; tout cela est ainsi expliqué par *Ulpien dans ses fragmens*, *tit.* 21, §. *nec municipia* 4; *Pline le jeune*, *lib.* 5, *epistol.* 7 *Calvino*, parle de cette incapacité en ces termes: *nec hæredem institui, nec præcipere posse rempublicam constat.*

32. Les Communautés de Villes & lieux sont capables des institutions.

Mais cette incapacité a été retranchée, & les Communautés des Villes, Bourgs & Villages peuvent aujourd'hui recueillir des institutions universelles, des legs, des fidéicommis, des donations, & autres libéralités, *l.* 12, *cod. de hæred. instit. hæreditatis, vel legati, seu fideicommissi, aut donationis titulis domus, aut annonæ civiles, aut quælibet ædificia, vel mancipia ad jus inclitæ Urbis, vel alterius cujuslibet Civitatis pervenire possunt.* La Loi *civibus* 2, *ff. de reb. dub.* la Loi 73, §. 1; la Loi 32, §. dernier; la Loi *si quid* 117; la Loi *civitatibus* 122, *ff. de leg.* 1, & la Loi *omnibus* 26, *ff. ad Senat. consult. Trebell.* sont conformes à cette décision.

33. Les Communautés représentent une personne par fiction.

La raison en est, parce que les Communautés des Villes sont des corps qui représentent une personne par fiction de droit, *l. proponebatur* 76, *ff. de Jud.* & *l.* 1, *ff. quod cujuscumque universit. non.*

Les institutions & autres libéralités en faveur des Citoyens d'une Ville sont valables.

Bien plus, les institutions, ou les autres libéralités faites aux Citoyens d'une Ville désignée, sont valables, *l. Lucius* 88, §. *civibus* 8, *ff. de leg.* 2, mais elles doivent appartenir, non aux Citoyens en particulier, mais au corps de la Ville ou Communauté, *l.* 2, *ff. de reb. dub.*

34. Des Villes situées dans un Pays ennemi. Des Villes qui sont dans une autre Monarchie.

Il faut néanmoins excepter de la Règle, qui rend capables les Communautés des Villes, celles qui sont situées dans un Pays ennemi; parce que ce seroit favoriser & aider l'ennemi. Il n'est pas non plus permis de faire des libéralités aux Villes qui sont dans une autre Monarchie; le Droit Romain, & notamment la Loi 26, *ff. ad Senat. consult. Trebell.* n'attribue la capacité, qu'aux Villes situées dans les bornes de l'Empire Romain, ce qui doit avoir lieu à plus forte raison en France à cause du droit d'aubaine.

35. Capacité des Colléges, Confréries & Sociétés.

Les Colléges, Confréries & Sociétés de certains Particuliers étoient anciennement incapables de toute sorte de libéralités, & cela par plusieurs raisons; la première, parce qu'ils étoient considérés comme des Corps incertains, à bien plus forte raison, que les Communautés des Villes, *Ulpien dans ses fragmens, tit.* 22, §. 4. La seconde, parce que les Colléges & Confréries étoient défendus chez les Romains, *l.* 1, *ff. de Collegiis, & Corporibus.*

36. Des Colléges, Confréries & Associations non autorisées.

Cette incapacité subsiste encore aujourd'hui, par rapport aux Colléges, Confréries & associations, qui ne sont pas autorisés, & qui n'ont pas obtenu un privilége spécial, *Collegium, si nullo speciali Privilegio subnixum sit, hæreditatem capere non posse, dubium non est*, *l.* 8, *cod. de hæred. instit.* Mais elle a été abrogée à l'égard des Colléges & Confréries qui ont été établis, approuvés & autorisés, *l.* 20, *ff. de reb. dub.* & *l.* 8, *cod. de hæred. instit.* Selon le Droit Romain, dans la Loi 3, §. 1, *ff. de Collegiis, & Corporib.* l'autorisation & l'approbation des Colléges pouvoient être faites par le Senat, & par le Prince; mais par le Droit François il n'y a que le Prince, qui puisse permettre ou autoriser les Colléges ou Confréries, pour les rendre licites; comme le remarque *Jacques de Ferriere, sur la*

Autorisation par qui étoit faite chez les Romains.

En France il n'y a que le Roi qui puisse accorder l'autorisation des Colléges. question 106 de Guy-Pape. Et l'autorité souveraine du Prince doit nécessairement intervenir, afin que les Colléges & Confréries soient capables de recueillir des libéralités testamentaires; ce qui se fait ordinairement en France par des Lettres-Patentes, qui doivent être enregistrées aux Cours supérieures, afin que les établissemens, ou les autorisations soient valables ou efficaces, jusques-là-même que l'autorité du Pape, ou des Evêques ne seroit pas suffisante, *Ricard des donations, tom.* 1, *part.* 1, *n.* 601, 602 & 605.

Lettres-Patentes enregistrées.

37. Les dispositions faites en faveur des Colléges non autorisés sont, comme non écrites.

Il faut néanmoins prendre garde, que quoique les institutions & autres libéralités faites en faveur des Colléges & Confréries illicites, & non autorisés, soient nulles & comme non écrites à cause de l'incapacité actuelle par l'argument tiré de la Loi 3, *ff. de his quæ pro non scriptis habentur*, toutefois celles qui sont faites en faveur d'un Collége, Confrérie, ou quelqu'autre Corps que ce soit, non encore établi, ni érigé pour servir à sa fondation, ou érection, ne sont pas nulles, *l. Sancimus 46, cod. de Episcop. & Clericis*, parce qu'elles renferment cette condition tacite, si elles sont fondées, érigées, & autorisées : voilà pourquoi l'effet de la libéralité étant conféré en un temps où le Collége sera capable, il n'y a point de doute qu'elle ne soit bonne, *l. in tempus 62, ff. de hæred. instit.* & c'est ce qui fait la différence entre la disposition pure, comme étant nulle dans son principe, avec celle qui est conditionnelle, & dont l'effet est suspendu jusqu'à l'événement de la condition, suivant les principes que nous avons établis ci-dessus, lorsque nous avons expliqué la difficulté sur le temps auquel la capacité devoit être considérée par rapport aux dispositions conditionnelles; c'est ainsi que le décide *Ricard, tom.* 1, *des donations, part.* 1, *n.* 612 & 613.

Celles qui sont faites pour établir un Collége ou Confrérie, sont valables.

38. Arrêt du Parlement de Toulouse.

De-là vient que par un Arrêt du Parlement de Toulouse du 17 Mars 1654, rapporté par Albert, *verb. Testament, art.* 18 *de l'ancienne édition, & lett. F. chap.* 15 *de la nouvelle*, il fut jugé qu'une substitution faite en faveur des PP. Jésuites de Pamiers, à la charge de tenir trois de ces Peres dans la Ville de Foix, pour l'instruction de la jeunesse, non-seulement étoit bonne, mais encore qu'il falloit remplir la charge imposée, & que faute par les Jésuites d'y satisfaire dans le mois, le Syndic de la Ville de Foix y satisfairoit, à la charge de tenir trois Régens.

39. Suite.

Cet Arrêt cassa une Sentence arbitrale, qui avoit ordonné, que les revenus de la substitution seroient appliqués au Collége de Pamiers, & une transaction qui avoit liquidé à 8000 liv. le produit de cette substitution. Les Jésuites alléguoient, que les biens n'étoient pas suffisans pour la fondation d'un nouveau Collége dans la Ville de Foix, ni pour l'entretien des personnes qui devoient le composer; que selon la pratique de leur Société, ils ne pouvoient pas envoyer trois de leurs Peres seuls pour régenter; qu'ainsi la condition ou charge étant impossible, il falloit la rejeter; mais on ne s'y arrêta point, & l'Arrêt, en cassant la Sentence arbitrale & la Transaction, ordonna que le Syndic des PP. Jésuites satisfairoit à la condition dans le mois, autrement que le Syndic de la Ville y satisfairoit.

40. Suite

Ricard au lieu cité, *n. 612 & 613*, rapporte des Arrêts qui ont jugé, que lorsque les libéralités sont faites pour l'établissement d'un Monastère, on ne pouvoit pas opposer le défaut d'autorisation par des Lettres-Patentes. Il seroit en effet impossible autrement d'ériger de nouveaux Colléges ou Monastères, parce qu'on ne souffre pas qu'il s'en fasse, sans être précédés d'une fondation, & l'on observe même d'attacher l'acte de fondation, sous le contre-scel des Lettres-Patentes pour en faciliter l'obtention.

41. On peut faire des libéralités aux Particuliers qui composent les Colléges non approuvés & autorisés.

Mais quoiqu'il ne soit pas permis de faire des libéralités aux Colléges non approuvés, on peut néanmoins en faire à chacun de ceux qui le composent, *nisi singulis legatur; hi enim non quasi Collegium, sed quasi certi homines admittentur ad legatum*, *l. cum Senatus 20, ff. de rebus dub.*

42. De la capacité des Communautés Ecclésiastiques.

Après avoir parlé des Communautés Laïques, & des Colléges & Confréries, venons aux Communautés Ecclésiastiques, & à ce qui y a du rapport, & examinons si les libéralités faites à Dieu, aux Saints, aux Eglises, aux Chapitres & Congrégations des Prêtres, aux Monastères, aux Hôpitaux, aux Pauvres, & aux Captifs, sont valables, ce qui renferme huit différens chefs que nous allons discuter en particulier.

43. Des institutions & libéralités faites à Dieu.

Droit ancien des Romains.

1°. Le Jurisconsulte *Ulpien* nous apprend, que chez les Romains, tandis qu'ils étoient plongés dans les ténébres du Paganisme, il n'étoit pas permis d'instituer pour héritiers toute sorte de Dieux; on ne pouvoit faire des libéralités, qu'à ceux dont le culte étoit reçu & autorisé, & auxquels il étoit permis, par les Constitutions des Empereurs, de faire des institutions: *Deos hæredes instituere non præter eos, qui Senatusconsulto, constitutionibus Principium instituere, concessum est: sicuti Jovem Tarpejum,*

Appollinem Dydimeum, ficuti Martem in Gallia, Minervam Melienſem, Herculem Gaditanum, Dianam Epheſiam, matrem Deorum Cybelem, eamque Smirnæ colitur, & Cæleſtum Salinenſem Carthaginis. Ulpien dans ſes Fragmens, *tit.* 22, §. 5. Il y a dans le texte que nous venons de tranſcrire des fautes de Copiſte, qui ont été remarquées par le Clerc dans ſa Bibliothéque ancienne & moderne, *tom. 6. pag.* 441 & 442; les Curieux pourront les voir corrigées dans l'endroit que nous indiquons.

44. Droit moyen du Digeſte.

La Loi 1, §. 5, *ff. ad L. falcid.* ſuppoſe que les legs faits à Dieu ſont valables, en diſant qu'ils ſont ſujets à la falcidie, ce qui a été changé depuis par les Droits *des Novelles*, qui ont déclaré les legs pies exempts de la falcidie, *Novell.* 131, *cap.* 12, & *Authent. ſimiliter, cod. ad L. falcid.*

45. Droit nouveau.

Suivant cette même *Novelle* 131, *chap.* 9, les inſtitutions & les legs faits à Dieu, & à notre Sauveur J. C. ſans autres expreſſions, ni déſignation, ſont non-ſeulement autoriſés, mais encore il eſt déclaré qu'ils doivent appartenir à l'Egliſe du domicile du Teſtateur : *Si quis in nomine magni Dei & Salvatoris noſtri Jeſu Chriſti, hæreditatem, aut legatum reliquerit, jubemus Eccleſiam loci illius, in quo Teſtator domicilium habuerit, accipere quod dimiſſum eſt*, & cette Egliſe doit s'entendre de la Paroiſſiale, comme l'explique Zipæus, *conſult. canon. lib.* 3 *de Parrochiis, Conſult.* 1, *ubi de Eccleſiis agitur eam quæ ei propria eſt, uti eſt Parrochialis ſub qua degat, ubi ſpiritualia accepit ut temporalia interſuiſſe cenſeatur, cui decimæ, primitiæ, oblationes debentur*, v. *l.* 26, *cod. de Sacro ſanct. Eccleſ.* qui en ordonnoit l'emploi à la ſubſiſtance des Pauvres.

Les inſtitutions ou legs faits à Dieu, ou à Notre Seigneur J.C. à qui doivent appartenir.

46. Des libéralités faites aux Archanges & aux Martyrs, ou aux Saints.

2°. Les inſtitutions, les legs, & les autres libéralités faites aux Archanges, aux Martyrs, ou aux Saints, ſont également valables, quand même le Teſtateur n'auroit point déſigné l'Egliſe, où l'Archange, le Martyr, ou autre Saint par lui nommé, eſt révéré, *l.* 26, §. 1, *cod. de Sacro ſanct. Eccleſ.* & *Novell.* 131, *cap.* 9.

47. A quelle Egliſe ces libéralités doivent appartenir.

Ces libéralités ainſi faites doivent appartenir à l'Egliſe, ou Oratoire qui eſt dans la Ville, ou dans le voiſinage du domicile du Teſtateur, dans laquelle Egliſe ou Oratoire l'Archange, ou le Saint nommé eſt révéré & invoqué; que ſi dans la Ville où le Teſtateur avoit ſon domicile, il y a pluſieurs Oratoires, ſous l'invocation du Saint déſigné, l'inſtitution ou le legs doit appartenir au plus pauvre. S'il n'y en a point dans la même Ville, la libéralité doit appartenir à l'Oratoire du Saint ſitué dans le Territoire : mais ſi dans la Ville, ni dans le Territoire, il n'y a aucun Ora-

Quid s'il y a pluſieurs Egliſes ſous le nom du même Saint.

toire sous l'invocation du Saint institué, l'institution devra appartenir à l'Eglise du domicile du Testateur, *l.* 26, §. 1, *cod. de Sacro sanct. Eccles. & Novell.* 131, *cap.* 9. c'est-à-dire, à l'Eglise Paroissiale, comme nous venons de le dire, *v. Zipæus*, au lieu déjà cité.

3°. Dans la primitive Eglise, & du temps des Apôtres, les Fidelles convertis à la foi de Jesus-Christ, vendoient leurs possessions, & en apportoient le prix aux pieds des Apôtres, pour servir à l'entretien des Apôtres, des Disciples, & des Fidelles ; comme il est rapporté aux actes des Apôtres. Tous les biens temporels étoient donc alors communs entre les premiers Chrétiens. 48. Usage de la primitive Eglise de vendre les biens, & d'en porter le prix aux pieds des Apôtres.

Cette communion cessa dans la suite, les Empereurs Payens regardoient les Chrétiens avec exécration. Nous voyons dans quelques textes du Droit, que le Jurisconsulte *Ulpien* qualifioit de superstition, le Culte Religieux des Chrétiens, de même que *Pline le jeune*, dans une de ses lettres à *Trajan*, *Tacite*, & *Quintilien*. Ils souffrirent de très-violentes persécutions qui s'élevèrent de temps en temps, ce qui fait croire qu'alors les Eglises n'étoient pas regardées comme capables de recueillir des libéralités, & qu'elles étoient comprises dans la défense de laisser des libéralités aux Colléges illicites. 49. Les Chrétiens étoient regardés avec exécration par les Empereurs Payens. Leur Culte Religieux étoit qualifié de superstition.

Dans la suite l'Empereur Constantin le Grand, qui embrassa le Christianisme, porta une Loi en 321 ; par laquelle il permit aux Eglises Catholiques, & à tous les corps Ecclésiastiques de recevoir toutes les libéralités qu'on leur feroit par Testament : *Habeat unusquisque licentiam sanctissimo Catholico, venerabilique Concilio decedens, bonorum, quod optaverit relinquere, & non sint cassa judicia ejus. L.* 1, *cod. de Sacro sanct.* 50. Changement fait par l'Empereur Constantin le Grand.

Les Ecclésiastiques ayant abusé de cette permission, & plusieurs d'entr'eux ayant témoigné trop d'avidité pour se procurer des libéralités, sur-tout de la part des femmes ; les Empereurs Valentinien, Valens & Gratien porterent une Loi en 371, qui est la vingtième au Code Théodosien *de Episcopis, Ecclesiis, & Clericis*, par laquelle il fut défendu aux Ecclésiastiques, & à ceux qui avoient fait vœu de continence, d'appocher des veuves & des filles : il leur fut encore défendu, non pas comme certains Auteurs l'ont pensé, de recevoir des libéralités testamentaires de la part de toutes sortes de personnes indistinctement ; mais de la part des veuves, & des orphelins, ou, comme le pense *Jacques Godefroy*, des femmes en général. 51. Limitation de la faculté indéfinie de faire des libéralités aux Eglises.

S. Jerôme dans son Epître à *Nepotien*, *lib.* 2, *epistol.* 12, prend occasion de cette défense, de se plaindre, 52. Réflexion de Saint Jérôme touchant cette limitation. non de la Loi qui étoit juste dans les circonstances ; mais de la cupidité des Ecclésiastiques, qui l'avoient rendu nécessaire. Voici les termes dont il se sert : *Pudet dicere Sacerdotes idolorum, mimi & aurigæ, & scorta hæreditates capiunt, solis Clericis, & Monachis hoc lege prohibetur, & prohibetur non à persecutoribus, sed à Principibus Christianis. Nec de lege conqueror, sed doleo, cur meruimus hanc legem.*

53. Défenses aux Eglises, aux Ecclésiastiques, & aux Pauvres, de rien recevoir par testament des Diaconesses.

Il fut encore défendu par une Loi des Empereurs Valentinien, Théodose, & Arcadius de l'année 390, qui est la vingt-septième au Code Théodosien *de Episcopis, Ecclesiis, & Clericis*, aux Eglises, aux Ecclésiastiques, & aux Pauvres, de rien recevoir par testament de la part des Diaconesses, & ces sortes de libéralités étoient regardées comme non écrites.

54. Révocation de cette défense.

Mais cette dernière Loi fut révoquée la même année 390, par une autre qui est la vingt-huitième au Code *Théodosien* du titre cité. Ensuite l'Empereur Martien dans sa *Novelle de Testamentis*, révoque la défense contenue dans la Loi 20 déjà citée, & rétablit les choses dans l'état où Constantin le Grand les avoit mises au sujet de la capacité des Eglises, & des Communautés Ecclésiastiques.

55. Par le droit de Justinien les Eglises & les Communautés Ecclésiastiques sont capables des institutions & legs.

L'Empereur Justinien, en compilant son Code, n'y a point inséré les trois Loix du Code Théodosien, ni la *Novelle* de Martien, il s'est contenté de rapporter la Loi de l'Empereur Constantin, qu'il a confirmée par plusieurs autres, & notamment par la *Novelle* 131, *chap.* 9 & 12, ensorte que par le dernier état de la Jurisprudence Romaine, les Eglises & les Communautés Ecclésiastiques sont capables des institutions & des legs.

56. Des libéralités faites à l'Eglise, sans en désigner aucune.

Nous devons appliquer aux Eglises ce qui a été dit par rapport aux Saints ; c'est-à-dire, que si le Testateur institue l'Eglise simplement, sans la nommer ou désigner, l'institution devra appartenir à l'Eglise Paroissiale du domicile du Testateur. Pour décider les autres questions, qui peuvent naître sur cette matière, lorsque la volonté du Testateur n'est pas expliquée, comme s'il est dans les confins des deux Paroisses ; si après le testament il a transféré son domicile dans une autre Paroisse, à quelle des deux l'institution ou le legs devront-ils appartenir ? On peut voir *Mantica de conject. ult. vol. lib.* 8, *tit.* 6.

57. Capacités des Corps & Communau-

4°. Des observations que nous venons de faire au sujet des Eglises, & des textes que nous y avons rapportés, il résulte clairement, que les Chapitres, Congrégations de

Prêtres, Conforces, Séminaires, & autres Corps & Communautés Ecclésiastiques, sont capables de toute sorte de libéralités, non-seulement à titre particulier, mais encore à titre universel. La disposition de la Loi 1, *cod. de Sacro sanct. Eccles.* est trop précise pour que l'on puisse révoquer en doute cette vérité. Et cette capacité a lieu, non-seulement pour les sommes en deniers, & pour les meubles & effets mobiliers, mais encore pour les immeubles, *l.* 14, *l.* 22, *& l.* 23, *cod. de Sacro sanct. Eccles.* & cela s'observe constamment en France dans toute l'étendue du Royaume, pourvu que ces Corps ou Communautés ayent été établis ou approuvés par l'autorité du Prince, par des Lettres-Patentes dûment enregistrées.

tés Ecclésiastiques.

Quid en France.

58. Capacité des Monastères d'hommes ou de filles.

5°. A l'égard des Monastères, soit d'hommes, ou de filles, ils sont également capables de toute sorte de libéralités universelles ou particulières, des meubles & immeubles indistinctement, suivant le Droit Romain, *l.* 1, *l.* 22, *l.* 23, *cod. de Sacro sanct. Eccles.*

59. *Quid* en France.

Il y a des Auteurs qui ont cru qu'en France les Communautés Religieuses étoient bien capables de legs, & autres libéralités à titre particulier, mais non à titre universel; se fondant sur un Arrêt de Règlement du Parlement de Paris de l'année 1619, rapporté par *Ricard des Donations*, *tom.* 1, *part.* 1, *n.* 610.

60. Suite.

Cependant *Ricard* observe fort bien, que ce Règlement est dans l'espèce particulière d'une libéralité à titre universel faite au préjudice des enfans, ou des ascendans du Testateur; dans ce cas ce Règlement, comme très-juste, doit être observé; mais lorsqu'il ne s'agit pas d'un préjudice des ascendans, ou descendans, les Communautés Religieuses sont capables des institutions & des legs universels en France, comme elles le sont par la disposition du Droit Romain: pourvu néanmoins qu'elles ayent été établies, ou approuvées par des Lettres-Patentes du Prince dûment enregistrées; le même *Ricard* au lieu cité, *n.* 611 *& suivans*, rapporte des Arrêts qui l'ont ainsi jugé, & assure qu'il n'y en a point de contraire rendu en thèse; & cela est confirmé par les Arrêts rapportés par *Bretonnier*, dans ses nouvelles observations sur *Henrys*, *tom.* 1, *liv.* 1, *quest.* 73.

61. Conditions afin que les Communautés Religieuses soient capables de libéralités.

Mais afin que les Communautés Religieuses établies depuis l'année 1666, soient capables des libéralités, il est nécessaire que l'on ait observé, en les fondant, toutes les formalités prescrites par l'Edit du mois de Décembre 1666, autrement elles sont déclarées par le même Edit illicites, incapables d'ester en Jugement, de recevoir aucuns dons & legs de meubles & immeubles, & de tous autres effets civils; comme auſſi toutes les diſpoſitions tacites, ou expreſſes faites en leur faveur, nulles & de nul effet, & les choſes par elles acquiſes ou données, confiſquées aux Hôpitaux Généraux des lieux.

62. Des Communautés Religieuſes, qui ne peuvent poſſéder aucuns biens en commun. Avis de Guy-Pape en faveur de ces Communautés.

Mais que doit-on dire des Communautés Religieuſes qui ne peuvent poſſéder aucuns biens, même en commun, & qui en ont fait volontairement une abdication abſolue, comme ſont les Religieux de S. François de la grande Obſervance, les Recolets, les Capucins & autres ſemblables? Les Auteurs ne ſont pas d'accord là-deſſus; *Guy-Pape*, *queſt.* 327, eſt d'avis que ces Religieux peuvent être inſtitués à la charge de vendre les immeubles dans l'an. Cet Auteur dit que de ſon temps tel étoit l'uſage du Parlement de Grenoble; mais cet uſage a été changé par l'Edit de Châteaubriant de 1532, particulier pour le Dauphiné, qui déclare les Réguliers incapables de toutes ſucceſſions, comme le remarque *M. Expilly dans ſes Arrêts*, *chap.* 220, *n.* 3 *&* 4; mais cette Loi, qui n'eſt pas générale, ne peut pas s'étendre hors de la Province de Dauphiné.

63. Auteurs qui penſent que les Religieux qui ne peuvent poſſéder aucuns biens ſont incapables des libéralités.

D'autres, comme *Julius Clarus*, §. *Teſtamentum*, *quæſt.* 29, penſent qu'ils ſont incapables des ſucceſſions, & de toute ſorte de libéralités qui conſiſtent en immeubles, & *Ricard*, *des Donations*, *tom.* 1, *part.* 1, *n.* 616 *&* 617, ſoutient qu'ils ſont incapables des inſtitutions & des legs, même à titre particulier, autres que pour le bâtiment de leurs Maiſons, & autres néceſſités abſolues.

64. Tiers-avis qui diſtingue.

Enfin il y a un troiſième ſentiment, qui diſtingue entre les diſpoſitions à titre univerſel, dont ils croyent que les Religieux de S. François ſont incapables, & les diſpoſitions à titre particulier qui peuvent être valablement faites en faveur de ces Religieux; *Albert verb. teſtament. art.* 25, rapporte un Arrêt du Parlement de Toulouſe qui a accueilli cette diſtinction, en déclarant nulle une ſubſtitution faite en faveur des Capucins, & en confirmant des legs contenus dans le teſtament de la même perſonne en faveur des mêmes Capucins.

65. Réſolution pour la capacité de ces Communautés Religieuſes,

Le premier avis, qui déclare ces Religieux capables des inſtitutions, même univerſelles, paroît le mieux fondé, dès que l'on ſuppoſe, comme on ne peut pas le conteſter, que ſuivant le Droit Romain toute ſorte de Corps & Communautés Catholiques ſont capables des libéralités, que les Fidelles voudront leur faire, comme il paroît de la Loi 1, *cod. de Sacro ſanct. Eccleſ.* & des autres textes, & qu'il n'y a point de Loi du Royaume qui y ait dérogé: il ſuffit que les Religieux de S. François profeſſent une Règle approuvée, & que leurs Couvens ſoient légitimement établis, pour qu'on ne doive pas les diſtinguer des autres Ordres, qui ſont déclarés capables des inſtitutions, comme des diſpoſitions à titre particulier, ainſi que le décident *Benedicti* ſur le chapitre *Raynutius, verb. in uxorem de ſucceſſ. ab inteſtato, n.* 217; *Maynard, liv.* 1, *chap.* 19, *& liv.* 5, *chap.* 28. Ce dernier Auteur rapporte des Arrêts qui ont déclaré les Cordeliers capables des ſucceſſions teſtamentaires; c'eſt encore l'opinion de *Mornac* ſur la Loi *ſi quis ad declinandum* 37, *cod. de Epiſcop. & Clericis*. Sauf néanmoins qu'étant incapables, ſelon leur Règle, de poſſéder aucuns biens immeubles, ils doivent vendre tous ceux qui ſe trouvent dans la ſucceſſion, & en employer le prix aux néceſſités de leur Ordre, ainſi que les Supérieurs le jugeront convenable, comme l'enſeigne M. *Maynard* au lieu cité.

Il n'y a point de Loi générale dans le Royaume qui déroge au Droit Romain.

Elles doivent vendre les biens immeubles.

66. Le renoncement volontaire qu'ils ont fait à la poſſeſſion de toute ſorte de biens en général & en particulier, ne doit pas les faire conſidérer comme incapables des inſtitutions, tandis qu'il n'y a aucune Loi du Royaume qui produiſe cette incapacité, l'Edit de Châteaubriant étant particulier pour le Dauphiné, il ne peut ſervir de Loi que pour cette Province.

Le renoncement volontaire aux biens ne les rend pas incapables des libéralités.

67. Si l'incapacité de poſſéder des biens étoit une incapacité ſuffiſante pour exclure des libéralités à titre univerſel, elle feroit commune à tous les Religieux, & à toutes les Communautés qui ſont miſes au rang des main-mortes, car ſelon les Loix générales du Royaume, toutes les main-mortes ſont incapables de poſſéder des immeubles, & des biens qui ſont mis au rang des immeubles: elles ſont obligées d'en vider leurs mains, à moins qu'elles n'obtiennent de Sa Majeſté des Lettres d'amortiſſement; ſur quoi on peut voir *Baquet* & les autres Auteurs qui ont traité du droit d'amortiſſement & des main-mortes; cependant les main-mortes ne ſont pas pour cela déclarées incapables des inſtitutions & autres libéralités. La raiſon de l'abdication n'eſt donc pas ſuffiſante pour faire déclarer les Religieux de S. François incapables des diſpoſitions, non-ſeulement particulières, mais encore à titre univerſel; pourvu qu'il n'y ait d'ailleurs aucune raiſon, qui puiſſe donner atteinte au Teſtament, ni faire préſumer que le Teſtateur n'a pas diſpoſé ſelon ſa volonté, ou que la diſpoſition univerſelle ſoit faite au préjudice des aſcendans, ou des deſcendans du Teſtateur, auquel cas il faudroit faire l'application de l'Arrêt de Règlement du Parlement de Paris de l'année 1619,

Suite.

Les main-mortes ſont incapables de poſſéder des immeubles.

Quid des diſpoſitions univerſelles faites en faveur des Communautés Religieuſes au préjudice des deſcendans ou ascendans du Testateur. dont nous avons parlé ci-dessus après *Ricard*. Cependant il faut convenir que suivant le chapitre *exiit de verb. signif. in 6°.* & la Clémentine 1, §. *cupientes de verb. significatione*, les Religieux de S. François sont déclarés incapables, non-seulement des successions universelles *ab intestat*, & par testament, mais encore des legs d'une partie considérable de l'hérédité, s'ils peuvent être regardés comme faits en fraude : *Declarando dicimus quod successionum hujusmodi, quæ etiam ex sui natura indifferenter ad pecuniam, & etiam ad alia mobilia, & immobilia se extendunt* (considerata sui puritate voti) *nullatenùs sunt capaces. Nec licet eis valorem hæreditatum talium, vel tantam eorum partem, quod præsumi posset hoc in fraudem fieri, quasi sub modo & forma legati, sibi dimitti facere, vel sic demissa recipere : quin potius ista sic fieri ab ipsis simpliciter prohibemus.*

68. Si les Religieux en particulier peuvent être institués.

C'est une autre question également controversée, si les Religieux, que l'on reconnoît en France comme incapables des effets civils étant institués héritiers en leur particulier, ou leur ayant été fait d'autres libéralités testamentaires, ces dispositions doivent être regardées comme non écrites, à cause de l'incapacité des héritiers ou légataires, ou bien si elles doivent être déclarées bonnes & acquises au Monastère où se trouve le Religieux institué héritier ou légataire.

69. Avis de quelques Auteurs qui ont décidé l'affirmative.

Les uns ont cru que cette difficulté devoit être décidée sur les principes établis par le Droit Romain au sujet des Esclaves, qui quoique réputés morts civilement, & incapables des effets civils, ne laissoient pas d'avoir la capacité passive, qu'ils empruntoient de la personne de leur Maître auquel les libéralités étoient acquises, suivant la Loi 16, *ff. qui testam. fac. poss.* & les autres textes que nous avons rapportés, en parlant de la capacité des Esclaves : voilà pourquoi ils ont cru que les Monastères où le Religieux, héritier institué ou légataire, étoit Profès, devoit profiter de l'institution, ou du legs. C'est le sentiment de plusieurs Auteurs, & notamment de *Molina, de justitia, & jure tractat.* 2, *disput.* 140, *n.* 19, & ce sentiment se trouve autorisé par les Auteurs & les Arrêts du Parlement de Toulouse, comme on peut le voir dans M. *le Président Duranty, quest.* 6, *M. Maynard, liv.* 9, *ch.* 21 ; *M. de Cambolas, liv.* 5, *chap.* 28, & *M. d'Olive, liv.* 1, *ch.* 4.

70. Distinction de quelques Auteurs.

Julius Clarus, §. *testam. quæst.* 29, distingue les Religieux qui peuvent posséder des biens en commun avec ceux qui n'en peuvent pas posséder. Il croit que les libéralités faites aux Religieux

gieux des Ordres de la première espèce, sont acquises au Monastère; mais non celles qui sont faites aux Religieux d'un Ordre qui ne peut posséder aucuns biens en général, ni en particulier, parce qu'il croit dans ce cas, que le Monastère est incapable, de même que le Religieux.

71. Arrêt du Parlement de Toulouse qui adjuge l'usufruit au Monastère.

M. Dolive, au lieu cité aux additions, rapporte un Arrêt du Parlement de Toulouse, qui adjuge au Monastère l'usufruit des biens laissés aux Religieux, & qui lui refuse la propriété.

72. Quatrième avis pour la nullité des libéralités faites aux Particuliers Religieux autrement qu'à titre d'alimens.

Enfin, il y a un quatrième avis selon lequel les institutions & autres libéralités qui ne sont pas faites à titre d'alimens aux Religieux en particulier, sont nulles à leur égard, & à l'égard du Monastère auquel elles ne sont point acquises: *Duval, dans ses Institutions du Droit François, livre 1, chap. 2, pag. 52, & liv. 2, c. 9, p. 341*, & plusieurs autres.

73. Résolution pour cette dernière opinion.

Abrogation de l'Authentique *ingressi, cod. de Sacro sanctis Eccles.*

Cette dernière opinion est la seule véritable, selon les maximes du Royaume: en effet, il est certain, & tous les Auteurs en demeurent d'accord, que l'Authent. *ingressi cod. de Sacro sanct. Eccles.* est abrogée en France, & que celui qui entre en Religion n'y apporte point les biens qu'il possédoit auparavant. Cette maxime du Royaume est si ancienne, que *Jean Faber*, *Joannes Gallus*, *Benedicti*, au lieu cité, *nomb.* 221 & suivans, & *Mazuer*, Auteurs très-anciens & très-versés dans la pratique du Royaume, en ont fait mention. *Benedicti*, *nombre* 224, ajoute même qu'on n'a jamais pratiqué en France, que le Monastère peut vendiquer les hérédités déférées aux Moines qui y ont fait Profession, & cela est confirmé par des Arrêts rapportés par *Mornac*, sur ce texte.

74. Ce qui est laissé aux Religieux Profès n'est pas acquis au Monastère.

D'où l'on peut induire, que l'acquisition de ce qui est laissé aux Religieux particuliers, n'est pas faite au Monastère, parce que le fondement de cette acquisition est abrogé: ainsi le Religieux étant incapable des effets civils, comme mort civilement, & étant également incapable de recueillir les libéralités testamentaires, elles doivent être regardées comme nulles, & non écrites, suivant la Loi 3, *ff. de his quæ pro non scriptis habentur*.

75. Réponse à l'argument tiré de la comparaison des Religieux aux Esclaves.

La comparaison que l'on fait des Religieux avec les Esclaves est tout-à-fait mal imaginée, parce que l'obéissance des Religieux à leurs Supérieurs n'est pas servile, mais filiale, comme le remarque *Duval*, au lieu cité; ceux-ci sont les pères, & non pas les Maîtres, ils ne peuvent les gouverner que par la raison & la charité; & la renonciation à toutes les choses temporelles, bien loin de leur imprimer une marque de servitude, les élève au contraire à un état de perfection, qui les met au-dessus du commun des hommes.

76. Réponse à l'Arrêt rapporté par Dolive.

L'Arrêt rapporté par M. Dolive, & qui fut rendu après partage, contre son sentiment, fut cassé par un Arrêt du Conseil, comme l'observe cet Auteur. Cette cassation suppose une contravention aux Ordonnances ou aux maximes du Royaume, & doit faire considérer l'opinion autorisée par l'Arrêt cassé, comme contraire à ces mêmes Ordonnances & à ces maximes; on peut voir dans *M. Dolive, liv. 1, chap. 4*, les autres raisons qui servent à établir l'opinion que nous embrassons, & qui est généralement approuvée par tous les Auteurs, & par les Arrêts du Parlement de Paris.

77. Exception des legs pour alimens, pension annuelle, ou usufruit.

La dispensation du legs appartient au Supérieur & non aux Religieux Légataires.

On doit néanmoins excepter les legs qui sont faits aux Religieux pour alimens, pension annuelle, usufruit de quelqu'effet qui peut tenir lieu d'alimens, parce que les personnes incapables des effets civils, sont capables des libéralités pour alimens, *l. 3, ff. de his quæ pro non scriptis habentur, l. 10, ff. de capite minutis*: Mornac sur l'Authentique *ingressi, cod. de Sacro sanct. Eccles. Robert, rer. judic. lib. 4, cap. 3*: Ferriere *sur l'article 337 de la Coutume de Paris, nombre 28*, & suivans: *M. Louet & Brodeau, lettre L. sommaire 8*, & plusieurs autres; cependant l'action & la dispensation du legs est accordée non aux Religieux légataires, mais au Supérieur, & c'est au nom du Syndic que l'action doit être intentée, le Religieux en étant incapable. *M. Maynard, liv. 1, chap. 21.*

78. Des cas auxquels les communautés Religieuses ne peuvent pas recevoir des libéralités.

Des libéralités faites par les Novices.

Quoique les Communautés Religieuses soient capables des institutions & des autres libéralités qui leur sont faites, sauf quand l'institution est faite au préjudice des ascendans ou descendans du Testateur, ainsi que nous l'avons montré; cette règle souffre une autre exception; savoir, lorsque les libéralités à titre universel ou particulier, sont faites par les Novices en faveur des Couvents où ils doivent entrer, ou en faveur des autres Couvents du même Ordre, auquel cas, elles sont nulles, comme prohibées par *l'art. 28 de l'Ordonnance de Blois*, à cause de la présomption de Droit que ces sortes de dispositions ont été extorquées par un effet du pouvoir que les Supérieurs du Monastère ont sur les Novices, qui ne leur laisse pas la liberté nécessaire pour disposer selon leur volonté.

79. Arrêt du Parlement de Toulouse.

Avis de Ricard qu'un

M. de Cambolas liv. 5. chap. 28, rapporte un Arrêt du Parlement de Toulouse, du 20 Décembre 1626, qui jugea valable l'institution faite par un Novice en faveur de son Couvent; mais il en rapporte un autre du 13 Février 1631, qui cassa un testament contenant une semblable institution, & il ajoute que la question a été depuis jugée de la sorte par divers Arrêts. C'est aussi le sentiment le mieux fondé, comme le prouve fort bien *Ricard*, *des Donat. tom.* 1, *part.* 1, *n.* 486 & suivans. Cet Auteur passe même plus loin, il soutient au n. 390, non-seulement que les Novices ne peuvent pas faire des dispositions en faveur des Monastères où ils ont fait profession, ni d'aucun autre du même Ordre; mais encore en faveur de tout autre Monastère de quelqu'Ordre qu'il soit, ce qui est fondé sur les termes précis de l'Ordonnance de Blois, art. 28, *non toutefois d'aucun Monastère directement ou indirectement*, ce qui comprend toutes sortes de Monastères, même d'un Ordre différent de celui où le Novice veut faire profession.

Novice ne peut disposer en faveur d'aucun Monastère de quelqu'Ordre qu'il soit.

80. De la capacité des Hôpitaux & autres Maisons de Charité.

6°. Les Hôpitaux & autres Maisons de Charité destinés pour le soulagement des Pauvres malades & autres espèces, sont infiniment favorables, on peut même dire que de tous les lieux pieux, ils sont les plus dignes de faveur. Voilà pourquoi ils sont déclarés capables de toutes sortes de libéralités à titre particulier, ou universel, *l.* 1, *l.* 14, *l.* 22, *l.* 23, *cod. de Sacro sanct. Eccl.* & *l. si quis ad declinandam* 49, *cod. de Episcop.* & *Cler.*

81. La libéralité doit appartenir à l'Hôpital qui est désigné.

Lorsque l'institution ou toute autre libéralité sont faites en faveur d'un Hôpital nommé ou désigné par le Testateur, cet Hôpital devra la recueillir, *l.* 49, §. *hæc autem* 7, *cod. de Episcop.* & *Cler.* parce que la volonté est claire, & déterminée, & *ubi nulla est ambiguitas non debet admitti voluntatis quæstio*, *l.* 25, *ff. de leg.* 3.

82. A quel Hôpital doit appartenir la libéralité quand le Testateur n'en a désigné aucun.

Si les libéralités sont faites à l'Hôpital sans le nommer ou désigner, elles doivent appartenir à l'Hôpital du lieu du domicile du Testateur, & s'il n'y en a point dans le lieu du domicile, l'Hôpital qui est dans le Territoire, & au défaut celui qui est le plus proche du domicile du Testateur devra profiter des libéralités, par l'argument tiré de la Loi 26, *cod. de Sacro sanct. Eccels.* & de la *Novelle* 131, *chap.* 9, ainsi que nous l'avons expliqué en parlant des libéralités faites aux Eglises; cela s'induit même de la disposition de la Loi 49, §. 3, & §. 5, *cod. de Episcop.* & *Cler.*

83. *Quia* s'il y a plusieurs Hôpitaux dans la même Ville.

Que si dans le même lieu ou dans la même Ville où le Testateur résidoit, il y a deux ou plusieurs Hôpitaux, l'institution ou toute autre libéralité faite à l'Hôpital sans autre désignation, devra appartenir à celui de ces Hôpitaux qui est le plus pauvre, *hoc videlicet discutiendo à viro Reverendissimo locorum Antistite* & *sub eo constitutis Clericis*, *l.* 49, §. 5, *cod. de Episcop.* & *Cler.*

84. Des dispositions faites pour fonder des Hôpitaux. Les dispositions testamentaires sont valables, non-seulement lorsqu'elles sont faites en faveur des Hôpitaux fondés & établis; mais encore lorsqu'elles sont faites pour en construire & fonder des nouveaux; auquel cas, la volonté du Testateur doit être exécutée dans l'an, *l. sancimus* 46, *cod. de Episcop. & Cler.*

85. Des dispositions faites en faveur des Pauvres. 7°. Les dispositions testamentaires, générales ou particulières, en faveur des Pauvres, sont bonnes & valables, & l'on ne peut point les attaquer, sous prétexte de l'incertitude, *id quod pauperibus testamento, vel codicillis relinquitur, non ut incertis personis relictum evanescat; sed omnibus modis ratum firmumque consistat, l.* 24, *cod. de Episcop. & Cler.* ce qui a lieu, quoiqu'un Hôpital n'ait point été désigné, ni que l'on n'ait point exprimé la qualité des Pauvres auxquels les libéralités sont faites, *l.* 49, §. 1, *cod. de Episcop. & Cler.* & dans ce cas les libéralités appartiendront aux Pauvres du lieu, où le Testateur avoit son domicile, selon *Mornac* sur la Loi 24, *cod. de Episcop. & Cler.*

86. A qui doivent appartenir les dispositions en faveur des Pauvres dont le Testateur a fixé la qualité. L'institution & toute autre disposition faite aux Pauvres sans autre désignation, doit appartenir à l'Hôpital des malades du lieu du domicile du Testateur, *l.* 49, §. 3, *cod. de Episcop. & Cler. quis enim pauperior est hominibus, qui & inopia tenti sunt, & in xenone repositi, & suis corporibus laborantes, necessarium victum sibi non possunt afferre?* Que s'il n'y a point d'Hôpital dans le lieu, la distribution des biens laissés doit être faite aux Pauvres Mandians, & autres qui sont dans la Ville ou dans le lieu où le Testateur avoit son domicile. *L.* 49, §. 6, *cod. eod. qui in civitate sunt, vel penitùs mendicantibus, vel alia sustentatione egentibus, eædem pecuniæ distribuantur.* Voyez *Novell.* 131, *cap.* 11.

87. Les libéralités doivent appartenir aux Pauvres dont le Testateur a fixé la qualité. Mais si le Testateur a nommé & expliqué la qualité des Pauvres auxquels il laisse ses libéralités, ceux qui sont nommés ou désignés devront en profiter à l'exclusion de l'Hôpital & de tous autres pauvres, *sin autem in personam certam, venerabilemve certam Domum respexerit, ei tantummodò hæreditatem vel legatum competere sancimus, l.* 49, §. 7, *cod. de Episcop. & Cler.*

88. Déclaration de 1681, en faveur de l'Hôpital de Toulouse. *L'article 9 de la Déclaration du Roi du mois d'Avril* 1681, portant Règlement pour l'Hôpital Général de Toulouse, déroge aux dispositions du Droit Romain, que nous venons d'expliquer par rapport à cet Hôpital. Il est dit, *que tous les dons & legs qui seront faits à l'avenir par contrats, testamens, & autres dispositions & adjudications d'aumônes qui seront ordonnées tant dans la Ville qu'aux lieux*

du Diocèse, en termes généraux, aux Pauvres, sans autre désignation, seront & appartiendront audit Hôpital Général Saint Joseph de Lagrave, & à l'Hôpital Saint Jacques de Toulouse, chacun par moitié, à l'exception toutefois des lieux où il n'y a point d'Hôpital & Maison de Charité. Le Roi transporte donc à l'Hôpital de Toulouse, le droit qui pourroit appartenir aux Hôpitaux & Maisons de Charité des Villes & lieux du Diocèse de Toulouse, en vertu des legs faits simplement aux Pauvres sans autre désignation, & ne change rien pour les lieux où il n'y a point d'Hôpital. Ce Règlement ne peut avoir lieu, que pour le Diocèse de Toulouse, & ne peut pas servir de Loi pour les autres lieux du Royaume. l'Hôpital de Toulouse.

89. Des dispositions faites en faveur des Captifs.

8°. Quoiqu'il semble d'abord que les dispositions à titre universel ou particulier, faites en faveur des pauvres Captifs, soient nulles à cause de l'incertitude des héritiers ou Légataires, néanmoins le droit en décide autrement, en déclarant les pauvres Captifs, sans autre désignation, capables de toutes sortes de libéralités testamentaires. Il y a plusieurs textes dans les titres du code *de Sacrosanct. Eccles.* & de *Episcop. & Cler.* qui supposent cette capacité, & notamment la Loi *si quis ad declinandum* 49, *cod. de Episcop. & Cler. cum desiderat* (*quis*) *totam suam substantiam pro redemptione captivorum relinquere, eos ipsos Captivos scripserit hæredes, ne videatur quasi inventis personis hæredibus institutis judicium suum opugnandum reliquisse, sancimus, ejusmodi & talem institutionem pietatis intuitu valere, & non esse respuendam.*

90. L'Evêque de la Ville ou l'Econome doivent prendre possession des libéralités faites pour la rédemption des Captifs.

Le §. 2 de la même Loi, veut que quand les pauvres Captifs sont institués héritiers, l'Evêque de la Ville où le Testateur avoit son domicile, ou l'Econome, prennent la possession de l'hérédité, & qu'ils en fassent l'emploi à la rédemption des Captifs, soit au moyen des revenus, soit par la vente des meubles & effets mobiliers, sans que l'Evêque ou l'Econome puissent en retirer aucun émolument, & diminuer par-là l'hérédité, ce qui est encore ordonné de même par la Loi *Nulli* 28, §. 2, *cod. eod.*

91. L'Evêque ou l'Econome peuvent exercer les actions héréditaires.

Suivant le §. 4 *de la même Loi* 49, l'Evêque & l'Econome ont le droit d'exercer les actions héréditaires, & d'exiger les dettes actives pour les employer à la rédemption des Captifs, & comme ils peuvent exiger les dettes actives, ils doivent aussi répondre aux créanciers héréditaires, & acquitter les dettes passives.

92. Lorsque le Testateur a nommé un

Ce que nous venons de dire du pouvoir de l'Evêque & de l'Econome, doit avoir lieu seulement dans le cas que le Testateur n'a point nommé une personne pour recevoir

Exécuteur testamentaire, l'Evêque ou l'Econome ne peuvent pas s'en mêler.

la libéralité, & l'employer à la rédemption ; car si un Exécuteur testamentaire est nommé, c'est à lui à procurer l'exécution du testament, l'Evêque n'en ayant la puissance qu'en défaut d'autre disposition, & que le Testateur n'y ait pas pourvu ; mais il faut que la volonté du Testateur soit exécutée dans l'an, soit que l'Evêque ou l'Exécuteur testamentaire soient nantis de la libéralité, *l. Nulli* 28, §. 1, *cod. de Episcop. & Cler. Novell.* 131, *cap.* 11.

93. L'Evêque du lieu où le Testateur est décédé peut promouvoir l'exécution du testament.

Si le Testateur, qui n'a point nommé d'Exécuteur testamentaire, pour accomplir les dispositions faites en faveur des Captifs, est étranger, & que son Pays ne soit pas connu, alors l'Evêque du lieu où il sera décédé, devra exécuter la volonté du défunt, *l.* 28, §. 3, *cod. de Episcop. & Cler.*

94. Quand le Testateur a réglé la forme de l'exécution de son testament, on doit s'y conformer.

Il faut néanmoins prendre garde que quand le Testateur a réglé la manière dont il veut que sa volonté soit exécutée, l'Exécuteur testamentaire, ou à son défaut l'Evêque ou l'Econome doivent se conformer entièrement à la volonté du Testateur, & à ce qu'il a ordonné, *Novell.* 131, *cap.* 11, d'où il s'ensuit qu'on ne peut point changer l'usage ni la destination pour appliquer la libéralité à autre chose.

95. C'est au Métropolitain a faire exécuter les libéralités faites par un Evêque, en faveur des Captifs.

Que si la disposition en faveur des Captifs est faite par un Evêque, ce sera au Métropolitain à en promouvoir l'exécution, *Novell.* 131, *cap.* 11, *in fine* ; ce qui s'entend lorsque le Testateur Evêque n'a pas nommé un Exécuteur testamentaire, à moins qu'il n'y eût de la négligence de la part de cet Exécuteur, auquel cas le Métropolitain pourroit interposer son autorité, tout comme l'Evêque le peut à l'égard des dispositions pieuses qui sont faites dans son Diocèse, suivant la *Novelle* 131, *chap.* 11, que nous venons de citer.

96. De la capacité des personnes infames. Comédiens, Bâteleurs. Plainte d'inofficiosité par les frères *turpi persona instituta*.

Les personnes notées d'infamie, ou qui exercent un métier infâme, comme sont les Bâteleurs & autres qui sont appellés *turpes personæ*, ne laissent pas d'être capables de toutes sortes de dispositions testamentaires à titre universel ou particulier, sans que les libéralités puissent être vendiquées par les successeurs *ab intestat*, ou par le fisc, *Barry*, *de success. lib.* 1, *tit.* 8, *num.* 38, sauf que quand le Testateur a des frères ou sœurs germains, ou consanguins, ils peuvent attaquer le testament par la plainte d'inofficiosité, *turpi persona instituta*, lorsque leur frère ne leur a pas laissé la légitime, §. 1, *instit. de inoff. testam. l.* 1 *& l.* 21, *cod. eod.* mais les frères & sœurs utérins sont exclus de cette action, *l.* 27, *cod. eod.* de même que tous les autres parens plus éloignés, *dict.* §. 1, & la plainte d'inofficiosité est en usage dans ce cas au Pays du

Les frères utérins sont exclus de cette plainte,

Droit écrit, *M. Dolive*, *livre* 3, *chapitre* 8 : cependant les frères & sœurs germains ou consanguins, peuvent être exhérédés pour trois causes, qui doivent être exprimées dans le testament *turpi persona instituta*, & prouvées. La première, si le frère exhérédé a formé contre son frère une accusation pour crime. La seconde, s'il a attenté sur sa vie. La troisième, s'il lui a causé ou procuré la perte d'une partie considérable de ses biens, *Novell.* 22, *cap.* 47. Lorsque la plainte d'inofficiosité a lieu, & est bien fondée, elle emporte le testament; car c'est l'effet naturel de cette plainte dans tous les cas où elle peut être proposée. Voyez *l'article* 50 *de l'Ordonnance de* 1735.

de même que les autres parens plus éloignés.

Des cas auxquels les collatéraux peuvent être exhérédés.

Effet de la plainte d'inofficiosité.

97. La plainte d'inofficiosité n'a pas lieu dans les Pays Coutumiers.

Usage du Pays Coutumier.

Dans la France Coutumière, cette Jurisprudence n'est point en usage, suivant *Ferriere dans ses Institutions du Droit François*, *sur le* §. 1, *de inoff. testam.* Car ou le Testateur a disposé de ses biens dont il pouvoit disposer par la Coutume de son domicile, ou par les Coutumes des lieux de la situation des biens, ou il a disposé des biens dont il ne pouvoit pas disposer, & en l'un & l'autre cas, ou la disposition a été faite au profit d'une personne capable ou d'une personne incapable; que si le Testateur a disposé des biens dont il pouvoit disposer en faveur d'une personne capable, la disposition est valable; & ne peut pas être contestée, de quelque valeur que soient les biens, dont il a disposé par testament; & dans ce cas, il n'a pas besoin d'exhérédation, ni de rien laisser aux héritiers collatéraux.

98. Suite. Disposition en faveur d'un incapable est nulle.

Que si la disposition est faite au profit d'une personne incapable de recevoir, elle est nulle & sans effet, le testament ayant son exécution pour les autres chefs qui y sont contenus, parce que *utile per inutile non vitiatur*.

99. De la disposition des biens dont le Testateur ne peut pas disposer.

Lorsque la disposition est faite des biens dont le Testateur ne pouvoit pas disposer, elle est nulle de plein droit, quant à ces biens, & valable quant aux autres; ensorte qu'il n'est pas nécessaire que les frères & sœurs, & autres parens se plaignent contre le testament, ils n'ont qu'à abandonner aux Légataires les biens dont le Testateur pouvoit disposer valablement, & prendre ceux dont il n'avoit pas la faculté de disposer; ce qui est fondé sur les *articles* 292 *&* 295 *de la coutume de Paris*.

100. Si les parens collatéraux peuvent être privés par exhérédation de la portion des

Que si les parens collatéraux héritiers des propres, ont donné lieu à une exhérédation pour quelqu'injure atroce & considérable, ils peuvent être privés de la portion des propres que la Coutume leur laisse, ce qui ne reçoit point de difficulté; car si la légitime des enfans, laquelle est dûe par un titre plus fort & plus favorable, peut leur

propres que la Coutume leur destine. A qui doivent appartenir les portions des exhérédés.

être ôtée, à plus forte raison, la portion destinée aux collatéraux, peut-elle leur être ôtée; mais dans ce cas, le Testateur n'en peut point disposer au profit des étrangers, les portions des propres destinés par la coutume, doivent appartenir aux autres parens les plus proches en degré, après ceux qui sont exhérédés, ou la portion des exhérédés doit appartenir par droit d'accroissement à ceux qui sont au même degré, & qui ne sont pas exhérédés. Voyez le même *Ferriere*, *Jurisprudence des Novelles*, sur la *Novelle* 22, *chapitre* 47.

SECTION II.

Des personnes qui sont incapables de recueillir les libéralités testamentaires en tout ou en partie.

SOMMAIRE.

1. *L'incapacité ou l'indignité ont une grande affinité, quoique ce soient des moyens différens.*
2. *Incapacité. Ce que c'est, & d'où elle dérive.*
3. *L'incapacité est une exclusion de recevoir & d'acquérir ce qui a été laissé.*

L'indignité n'est pas toujours une exclusion de l'action.

4. *L'incapacité fait considérer la disposition comme non écrite.*

A qui devoit appartenir ce qui étoit ôté à l'indigne, suivant le Droit Romain.

Quid *par le Droit François.*

De la substitution de ce qui est laissé à l'incapable.

5. *En quel temps l'incapacité doit se vérifier.*

En quel temps que l'indignité arrive elle opère son effet.

6. *Incapacité pour partie.*

L'indignité est pour le tout.

Exception.

7. *De l'incapacité totale, ou pour partie.*

Quels sont les cas de l'incapacité.

8. *Quelles sont les personnes dont l'incapacité est absolue.*
9. *Les personnes* cum quibus testamenti factio non est, *sont incapables* absolutè.
10. *Des étrangers non naturalisés.*

Aubains de deux sortes.

Les Aubains peuvent acquérir par contrat entre-vifs, non à cause de mort.

Les Princes étrangers sont sujets à cette règle.

11. *Exception des étrangers qui sont considérés comme Regnicoles.*
12. *Et de ceux qui ont obtenu des Lettres de naturalité.*
13. *Le Roi seul peut naturaliser les étrangers en France.*

Formalités de la naturalisation.

14. *Les étrangers non naturalisés sont capables des dispositions pour alimens.*
15. *Lorsque l'institution est*

Des

1. *Que les enfans soient nés* ex soluto & solutâ.

Le mariage subséquent ne peut pas légitimer les enfans nés ex nefaria vel adulterina conjunctione.

Transactions nulles.

179. *Le mariage subséquent légitime les enfans procréés par des parens, quand il y a dispense.*

Arrêt du Parlement de Toulouse.

Arrêt du Parlement de Paris qui semble contraire.

180. *Doit-on considérer le temps de la conception ou celui de la naissance, pour savoir, si les enfans peuvent être légitimés par le mariage subséquent.*

Loix & autorités qui décident qu'il faut prendre le temps le plus avantageux aux enfans.

181. *Résolution qu'il faut toujours considérer le temps de la conception.*

Raisons de cette résolution.

182. *Les enfans nés d'une personne engagée dans les Ordres sacrés, ne sont pas légitimés par le mariage subséquent contracté avec dispense.*

Quid *des enfans nés d'un Bénéficier à simple tonsure.*

De l'enfant né d'une femme qui étoit fiancée à un autre.

183. *Si le mariage intermédiaire fait obstacle à la légitimation par le mariage subséquent.*

Quid *s'il y a des enfans légitimes du mariage intermédiaire.*

Si l'enfant légitimé profite du droit d'aînesse au préjudice de ceux qui sont nés d'un mariage intermédiaire.

Le droit d'aînesse n'est qu'une espérance tandis que le père vit.

Aliud *des successions & fidéicommis échus.*

184. *Deuxième condition, afin que les enfans soient légitimés par le mariage subséquent.*

Le mariage nul ou putatif n'opère pas la légitimation.

185. *Le mariage subséquent n'opère pas la légitimation, s'il est clandestin, ou s'il est contracté* in extremis.

186. *Si l'état des enfans qui ont été regardés comme légitimés par un mariage subséquent, peut être attaqué après la mort de leur père ou mère.*

Autorités & raisons pour la négative.

Aucune prescription ne court contre le mariage.

Si l'état de légitimité peut être acquis par prescription.

Résolution pour l'affirmative.

Quid *si la légitimité a été reconnue pendant plus de trente ans.*

187. *Le fils, quoiqu'illégitime, peut prescrire par la possession de trente ans, les biens de son père.*

Les biens sont prescriptibles, mais l'état de légitimité ne peut être acquis par prescription.

188. *Si l'état des enfans peut*

ne peut pas le charger de fidéicommis, quoiqu'il devienne son héritier ab intestat.

230. *Dispositions de l'Arrêt du 6 Septembre 1736.*

231. *Sept points jugés par cet Arrêt.*

1°. *Que l'enfant légitimé est capable de l'entière succession.*

232. 2°. *Que dans les Pays du Droit écrit le consentement des collatéraux n'est pas nécessaire.*

233. 3°. *Que la prétérition de l'enfant légitimé annulle le testament du père.*

234. 4°. *Que la clause codicillaire n'opère rien.*

235. 5°. *Que le consentement du fils légitimé n'est pas nécessaire.*

236. 6°. *Que la légitimation opère son effet, quoique le père & la mère soient en état de se marier ensemble.*

237. 7°. *Que les fruits doivent être restitués depuis la mort du père.*

238. *Les ayeuls peuvent faire légitimer par rescrit leurs petits bâtards.*

239. *Les bâtards & leur postérité étoient odieux.*

Le Droit ancien des Romains les considéroit comme des Etrangers.

Dans la suite ils furent faits Citoyens Romains.

Sont capables de toute sorte de dispositions contractuelles ou testamentaires, même à titre universel de la part des personnes étrangères & des collatéraux.

S'ils peuvent être institués par celui qui a été institué par leur père.

Doit-on présumer un fidéicommis tacite en fraude de la Loi?

Preuve par témoins.

240. *Si les enfans naturels font défaillir la condition* si sine liberis.

241. *Si ce qui est retranché aux bâtards est appliqué au fisc.*

Quid *dans le cas d'un fidéicommis tacite.*

242. *Suite.*

243. *L'incapable ne peut pas recevoir directement, ni par personnes interposées.*

L'INCAPACITÉ & l'indignité sont des moyens, qui ont une grande affinité, puisque l'un & l'autre produisent l'exclusion & la privation; ils sont néanmoins très-différens dans leur cause, & dans leurs effets. 1. L'incapacité & l'indignité ont une grande affinité, quoique ce soient des moyens différens.

L'incapacité est une inhabilité qui procède du Droit public, & qui dérive d'une cause publique; au lieu que l'indignité vient d'une cause particulière, & ne touche ordinairement que l'intérêt du Testateur, comme nous l'expliquerons plus amplement dans la section 3 du présent chapitre.

L'incapacité est une exclusion qui empêche de recevoir, 2. Incapacité. Ce

3. L'incapacité est une exclusion de recevoir & d'acquérir ce qui a été laissé.

L'indignité n'est pas toujours une exclusion de l'action.

& d'acquérir suivant M. *Cujas* sur la Loi 12, *ff. de his quæ ut indign. confer. lib.* 16, *quæst. Papiniani*, & qui fait obstacle à l'action dans son origine ; au lieu que l'indignité n'est pas toujours une exclusion de l'action, puisqu'elle peut arriver même après avoir reçu la libéralité ; mais elle opère toujours cet effet, qu'elle fait priver de la libéralité la personne qui s'en rend indigne. Toutefois si la cause de l'indignité précède la délivrance du legs, ou l'acceptation de l'hérédité, l'héritier ou le légataire qui forme la demande peut être exclus de son action par son indignité tout comme par l'incapacité, *l.* 9, *ff. de his quæ ut indignis aufer. & l.* 25, *cod. de legatis.*

4. L'incapacité fait considérer la disposition comme non écrite.

A qui devoit appartenir ce qui étoit ôté à l'indigne, suivant le Droit Romain.

Quid par le Droit François.

De la substitution de ce qui est laissé à l'incapable.

Il y a encore cette différence entre l'incapacité & l'indignité, c'est que la première fait considérer le legs & toute autre disposition comme non écrite, & comme nulle de plein droit ; ensorte que ce qui fait le sujet de la disposition demeure dans l'hérédité, ou aux héritiers *ab intestat*, & n'est point déféré au fisc, *l.* 3, *ff. de his quæ pro non scriptis habentur*, & M. *Cujas* au lieu cité ; au lieu que ce qui est ôté à l'indigne devoit appartenir au fisc en certains cas, selon la disposition du Droit Romain ; cependant il en est autrement par le Droit François, & par l'usage du Royaume, où ce qui est ôté à l'indigne, n'est pas appliqué au fisc, comme nous l'expliquerons dans la section suivante. Il faut néanmoins prendre garde, que quand ce qui est laissé à l'incapable est substitué à une personne capable, la chose laissée demeure dans l'hérédité, *cum onere fideicommissi*, *l. ult. ff. de his quæ pro non scriptis hab.* de même si l'héritier ou légataire incapable a un conjoint dans la même disposition, la portion de l'incapable accroîtra & appartiendra au conjoint, *l. un.* §. *pro secundo* 4 & 5, *in novissimo* 5, *cod. de caduc. toll. Peregrinus de jure fisci, lib.* 3, *tit.* 1, *n.* 4.

5. En quel temps l'incapacité doit se vérifier.

En quelque temps que l'indignité arrive elle opère son effet.

L'incapacité doit nécessairement exister, lorsque l'hérédité ou le legs, & autres dispositions sont déférées, suivant les règles que nous avons expliquées, en examinant la difficulté touchant le temps auquel la capacité doit être considérée ; mais il est indifférent que la cause de l'indignité existe avant ou après l'acquisition du legs & de l'hérédité ; car en quelque temps que l'indignité arrive, la libéralité est ôtée à l'héritier, ou au légataire devenu indigne ; & si elle précède l'échéance de la libéralité, elle produit une exception pour repousser & exclure l'indigne, auquel cas elle opère le même effet que l'incapacité, *l.* 25, *cod. de leg. & l.* 9, *in princ. &* §. 1, *ff. de his quæ ut indign. aufer.*

6. Incapacité pour partie. L'indignité est pour le tout.

Enfin l'incapacité peut n'être que pour une partie de la disposition, l'autre partie demeurant dans sa force, *l. Plautius* 43, §. *item* 2, *ff. de condit. & demonstr.* selon que les Loix le déterminent; au lieu que l'indignité, lorsqu'elle dérive d'une cause qui touche l'intérêt du Testateur où la prohibition des Loix ne peut être que pour la totalité, elle peut néanmoins n'être que pour une partie, lorsque, comme dans l'espèce de la Loi 4, *ff. de his quæ ut indignis aufer.* le légataire attaque de faux le testament, & impute la fausseté à un des co-héritiers, auquel cas il n'est déclaré indigne, que de la portion du legs qui devoit être payée par l'héritier accusé de faux, & non pour les portions qui devoient être supportées par les autres co-héritiers, que le légataire n'a point offensés, v. *Bacquet du Droit d'Aubaine*, *chap.* 25, *n.* 7, 8, 9 & 10, qui remarque quelques-unes de ces différences entre l'incapable & l'indigne.

Exception.

7. De l'incapacité totale ou pour partie.

Outre l'incapacité pour une partie de la libéralité seulement, dont nous venons de parler, il y a d'autres incapacités, dont les unes produisent une exclusion absolue de la totalité, & par rapport à toute sorte de personnes, telles sont celles des Aubains non naturalisés, & de ceux qui sont incapables des effets civils. Il y en a d'autres qui sont respectives seulement; les premières affectent la personne de celui qui est inhabile pour recueillir les libéralités; & les secondes n'affectant point leurs personnes, elles sont relatives à ceux de qui elles ne peuvent point recevoir, & dans les cas d'exclusion respective marqués par les Loix. Tels sont les enfans illégitimes, qui sont capables de recueillir toute sorte de dispositions de la part des personnes étrangères, & qui ne sont capables de recevoir, de la part de leurs pères naturels, que certaines libéralités, comme nous l'expliquerons en son lieu.

Quels sont les cas de l'incapacité respective.

8. Quelles sont les personnes dont l'incapacité est absolue.

Voyons présentement quelles sont les personnes dont l'incapacité est absolue. Le §. 4 *aux Instit. tit. de leg.* dit, *legari illis solum potest cum quibus testamenti factio est*; quoique cette règle ne parle que des legs, elle doit être appliquée aux institutions, même à plus forte raison.

9. Les personnes *cum quibus testamenti factio non est*, sont incapables *absolutè*.

Selon l'esprit de ces textes, on peut regarder comme capables toutes les personnes, *cum quibus testamenti factio est*, c'est-à-dire, celles qui ont la participation au Droit Civil, & qui sont capables des effets civils, & comme on ne peut faire des dispositions qu'en faveur de ces sortes de personnes, *legari illis solum potest*, il est clair qu'on ne peut point disposer efficacement en faveur des personnes qui sont incapables des effets civils.

10. Des Etrangers non naturalisés.

De ce nombre sont, 1°. les Etrangers qui étoient appellés *Peregrini* chez les Romains, & qui n'ayant pas le droit de Cité, ni aucune participation au Droit Civil, ne pouvoient pas être institués, ni recevoir des legs, & autres libéralités particulières, *l.* 1, *cod. de hæred. instit.* En France on les appelle Aubains, selon les Mémoires de la Chambre des Comptes, rapportés par *Bacquet, du Droit d'Aubaine, chap.* 3, *n.* 19, 20, 22 *&* 23, ils sont de deux sortes. Les Aubains proprement dits, qui sont les hommes & les femmes nés hors le Royaume, en Ville si prochaine que l'on peut connoître les noms & nativités de tels hommes & femmes. Les autres appellés Epaves, qui sont les hommes & femmes nés hors le Royaume, mais dans des Pays si éloignés, que l'on ne peut avoir dans le Royaume aucune connoissance des lieux de leur naissance, & l'on appelle estrayers, les biens de ces deux espèces d'Etrangers. Les Aubains sont à la vérité capables d'acquérir par des contrats entre-vifs, à titre onéreux ou gratuit; mais ils sont incapables de toute sorte de libéralités testamentaires, ou par donation à cause de mort. C'est une maxime du Royaume enseignée par tous les Auteurs François, & notamment *Bacquet du Droit d'Aubaine, chap.* 26, *n.* 5. *Domat, des Loix Civiles, liv.* 1, *tit.* 2, *sect.* 2, *art.* 11. *Basset, tom.* 2, *pag.* 531. *Ricard, des Donations*; *Ferriere sur la coutume de Paris, art.* 292, & plusieurs autres: règle à laquelle les Princes étrangers, quoique Souverains dans leurs Etats, sont sujets, comme le prouve fort bien *Gillet dans son quatrième Plaidoyer; Soefve, tom.* 1, *centur.* 3, *chap.* 85, rapporte un Arrêt du 3 Août 1651, qui l'a ainsi jugé contre le Duc de Mantouë, & la Princesse Palatine.

(Aubains de deux sortes. — Les Aubains peuvent acquérir par contrat entre-vifs, non à cause de mort. — Les Princes étrangers sont sujets à cette règle.)

11. Exception des Etrangers qui sont considérés comme Regnicoles.

On doit excepter de cette règle, en premier lieu, ceux qui sont déclarés Regnicoles, & qui sont originaires des pays auxquels nos Rois ont communiqué par quelque Déclaration, ou Lettres-Patentes dûment vérifiées, le privilége d'être regardés comme Regnicoles, ou qui sont déclarés exempts du droit d'aubaine; sur quoi on peut voir *Bacquet*, & ce que nous avons dit ci-dessus, touchant l'incapacité de tester par rapport aux Aubains dans le *chap.* 4, *sect.* 2.

12. Et de ceux qui ont obtenu des Lettres de naturalité.

En second lieu, ceux qui ont obtenu des Lettres de naturalité, parce qu'au moyen de ces Lettres dûment enregistrées, ils deviennent capables des effets civils, sont réputés Regnicoles, & jouissent des mêmes avantages que ceux qui sont nés & résidans dans le Royaume, *Bacquet du Droit d'Aubaine*, *ch.* 23.

13. Le Roi seul peut naturaliser les Etrangers en France. Formalités de la naturalisation.

Le Roi seul dans ce Royaume peut naturaliser les Etrangers, & les Seigneurs n'ont pas ce pouvoir, non plus qu'aucune autre Puissance étrangère, sans même qu'il soit nécessaire d'appeller le Seigneur Justicier, à la vérification des Lettres de naturalité, lesquelles doivent être enregistrées en la Chambre des Comptes; mais il n'est pas nécessaire d'en faire l'enregistrement au Parlement; *Bacquet* au lieu cité, *ch.* 24. V. *Soesve*, *tom.* 1, *centur.* 3, *ch.* 85, touchant l'enregistrement au Parlement.

14. Les Etrangers non naturalisés sont capables des dispositions pour alimens.

En troisième lieu, quoique les Aubains non naturalisés soient incapables d'institution & de legs, ils sont néanmoins capables des dispositions qui leur sont faites à titre d'alimens, *la Loi* 1, *cod. de hæred. instit.* compare les Déportats aux Etrangers, & les déclare incapables des dispositions; toutefois les Déportats peuvent recueillir des libéralités à titre d'alimens, *l.* 3, *ff. de his quæ pro non scriptis habentur*, *& l.* 16, *de interdictis & releg.* les Aubains qui leur sont comparés doivent donc avoir la même capacité.

15. Lorsque l'institution est nulle pour être faite en faveur d'un Etranger, la substitution est aussi nulle, quoique faite en faveur d'un Regnicole.

Lorsque l'institution est nulle, comme faite en faveur d'un Aubain, la substitution fidéicommissaire subordonnée à cette institution, quoique faite en faveur d'un Regnicole est pareillement nulle, parce que *ubi institutio non valet nec substitutioni locus esse potest.* C'est ainsi que cette question a été jugée par un Arrêt du Parlement de Paris du 10 Juillet 1600, rapporté par *Peleus dans ses Actions Forenses*, *liv.* 3, *act.* 13.

16. Si les Aubains sont capables de recueillir les dispositions faites par des Etrangers naturalisés.

Certains Auteurs ont cru, que les Aubains étoient incapables de recueillir les dispositions testamentaires faites en leur faveur par les Regnicoles; mais qu'ils étoient capables de celles qui leur étoient faites par des Etrangers qui avoient obtenu des Lettres de naturalité. D'autres ont cru qu'indistinctement les Aubains sont incapables de toutes dispositions testamentaires, & à cause de mort. Ce dernier sentiment est incontestablement le mieux fondé, parce que l'incapacité des Aubains n'est pas respective, & ne se borne pas aux libéralités qui leur sont faites par les Regnicoles; elle est absolue, & affecte leur personne, comme étant incapables des effets civils en France. Ainsi que les dispositions soient faites par des Regnicoles, ou par des Etrangers naturalisés en France, l'incapacité de l'Aubain attachée à sa personne subsiste toujours.

17. Si l'Etranger

Selon *Brodeau sur Louet*, *lett. C. somm.* 15, *& lett. S.*

redevient Aubain quand il quitte la France.

somm. 15, *n.* 14, comme les choses retournent facilement, & retombent par une pente naturelle dans leur premier état : si un Etranger naturalisé, quelque temps qu'il ait demeuré en France, retourne dans son Pays, y transfére son domicile avec sa famille, y exerce des Charges, & fait les fonctions de vrai Citoyen, ou donne d'autres preuves d'une volonté ferme & constante, d'y fixer sa demeure à l'avenir, il perd le droit d'adoption qu'il avoit acquis par des Lettres de naturalité, & il demeure privé de tous les effets de la grace du Roi, à laquelle il renonce tacitement, ou dont il se rend indigne, en quittant la France, & en retournant au Pays de sa naissance, ou dans un autre Pays étranger, pour y fixer son domicile. Ensorte qu'il retombe dans le même état d'incapacité où il étoit avant d'avoir obtenu les Lettres de naturalité, quand même il s'agiroit du legs d'une somme en deniers, ou de quelqu'autre effet mobilier; à moins que quand il en demande la délivrance, il ne se présente en personne, & ne donne de bonnes assurances pour demeurer en France à l'avenir avec sa famille, par des cautions solvables & resséantes dans le Royaume; car celles qu'il bailleroit dans le Pays étranger, ne seroient pas recevables. Il rapporte un Arrêt conforme du Parlement de Paris du 29 Mars 1640, qui est aussi rapporté *dans le Journal des Audiences, & par Soefve, tom. 2, centur. 1, chapitre 4.*

18. Si les Aubains peuvent recevoir des libéralités de la part des Testateurs Soldats.

Raisons pour l'affirmative.

La Loi 13, §. 2, *ff. de Testam. militis*, permet au Soldat d'instituer toute sorte de personnes incapables des effets civils, même les Déportats auxquels les Etrangers sont comparés, *& vice versâ, l. 1, cod. de hæred. instit.* d'où naît cette difficulté, si les Soldats ont la faculté d'instituer des Aubains non naturalisés en France, ou leur laisser des legs, il semble d'abord que l'on doive décider pour l'affirmative conformément aux textes du Droit Romain; mais il paroît plus probable, que le privilége du Soldat ne doit pas avoir lieu par rapport à l'Aubain non naturalisé, parce que son incapacité dérive, non du Droit Romain, mais d'une Loi du Royaume, de laquelle les Soldats ne sont point dispensés; à moins que l'Aubain, héritier ou légataire du Soldat, ne fût au service du Roi dans ses Armées, auquel cas son enrôlement, & les services actuels qu'il rendroit au Roi, devroient le faire excepter de la règle, par l'argument de *l'article 40 de l'Ordonnance de 1735*, v. *Bacquet du Droit d'Aubaine, chap. 13, n. 4.*

Résolution pour la négative.

19. Si les Habi-

Par un Arrêt du Parlement de Paris du 6 Septembre

1707, rapporté par Augeard, tom. 1, chap. 88, il a été jugé que les Habitans d'une Province conquise par le Roi acquièrent, au moment de la conquête, le privilége des Regnicoles, & meurent en possession de leur état de capacité; qu'ainsi ils doivent jouir de tous les avantages des Regnicoles, quand même le lieu de leur naissance seroit retourné sous la domination de l'ancien Souverain, avant la mort de celui qui étoit sorti de ce lieu pour venir en France; mais il est nécessaire pour cela qu'il ait toujours demeuré en France, & qu'il ne soit pas retourné dans le lieu de sa naissance, après qu'il a été reconquis par son ancien Souverain.

tans des Provinces conquises acquièrent de plein droit la naturalité.

Quid si le lieu de leur naissance est retourné en la possession d'un Prince étranger.

20. De l'incapacité des Moines.

2°. Les Moines étant considérés en France comme morts civilement, & comme incapables des effets civils, ils sont par conséquent en leur particulier incapables des institutions, legs, fidéicommis, & autres dispositions testamentaires, autres néanmoins qu'à titre d'alimens, sans que les libéralités qui leur sont faites, soient acquises aux Monastères où ils ont fait Profession: ainsi que nous l'avons expliqué dans la *section première de ce chapitre, n.* 68 *& suivans.*

21. Des Chevaliers de Malthe.

A l'égard des Chevaliers de Malthe, qui ont fait leur Profession suivant la Règle & les Statuts de leur Ordre, ils sont incapables des successions testamentaires, même de la part de leurs père & mère, qui ne peuvent leur laisser que de simples pensions. *M. Duranty, quæst.* 6, *& Bardet, tom.* 1, *liv.* 3, *ch.* 20, v. *Brodeau sur M. Louet, lett. C. somm.* 8, parce qu'ils sont vrais Religieux, de même nature, & de même qualité que les autres Religieux qui ont fait Profession publique.

22. Si les Jésuites sont capables des libéralités testamentaires.

Selon ce que nous avons observé au chapitre 4, en parlant de la capacité de tester par rapport aux Jésuites, ils sont incapables de recueillir les dispositions testamentaires après le premier vœu simple, & avant le vœu solemnel, tandis qu'ils demeurent dans l'Ordre; mais quand ils ont quitté, ou s'ils ont été congédiés par leurs Supérieurs avant le dernier vœu, ils sont capables de recueillir toute sorte de dispositions testamentaires, tout de même que pour les successions *ab intestat*, parce que quiconque est capable de succéder *ab intestat*, est également capable de succéder par testament, & à plus forte raison de profiter des autres dispositions testamentaires à titre particulier.

23. Les Jésuites & les autres Religieux sont capables de

Il faut excepter le cas du legs des alimens, ou de quelque chose qui tient lieu d'alimens, dont les Jésuites, tout comme les autres Religieux, sont capables, même tandis qu'ils sont dans leur Ordre, & après leur vœu so-

legs pour alimens. lemnel; car à cet égard ils ne doivent pas être de pire condition que les autres Religieux.

24. De l'incapacité de ceux qui ont souffert une mort civile par condamnation. *Quid* pour alimens. *Quid* pour les Soldats.

3°. Ceux qui ont été condamnés à une peine, qui emporte mort civile, ou confiscation de biens, étant incapables des effets civils, sont par conséquent incapables de toute sorte de dispositions testamentaires à titre universel ou particulier, si l'on excepte les legs faits pour les alimens, *l.* 11, *ff. de alim. & cibar. leg.* 3, *ff. de his quæ pro non scriptis habentur, & l.* 16, *de interdictis*, & les dispositions qui sont faites en leur faveur par les Soldats, *l.* 13, §. 2, *ff. de testam. militis.*

25. De ceux qui sont condamnés à mort naturelle contradictoirement, ou par contumace. De la condamnation aux galères perpétuelles. Au bannissement perpétuel hors du Royaume. A une prison perpétuelle. Des Fugitifs pour fait de Religion. Des Transfuges chez les ennemis.

On doit mettre au nombre des personnes incapables des effets civils celles qui ont été condamnées à mort naturelle par Arrêt contradictoire, quoiqu'elles ayent échappé au supplice; ou par contumace, quand il y a exécution figurative, ce qui a lieu, quoique la condamnation par contumace soit prononcée par un Juge subalterne. Celles qui ont été condamnées aux galères perpétuelles, au bannissement perpétuel hors du Royaume, à une prison perpétuelle, à mutilation de membres avec confiscation, soit en contradictoire défense, ou par défaut, pourvu que dans ce dernier cas il y ait exécution figurative; celles qui ont fait un établissement stable dans les Pays étrangers; les Transfuges qui se sont retirés chez les Ennemis de l'Etat, & les Fugitifs pour fait de Religion, ce qui doit être entendu selon les explications, restrictions & limitations, que nous avons détaillées dans le *chapitre* 4, *section* 2, en parlant de l'incapacité de tester par rapport à ces mêmes personnes; parce que ce qui a été dit sur l'incapacité active de tester, doit avoir lieu pour l'incapacité passive, & ceux qui pour quelqu'une de ces causes ne peuvent pas tester, ne peuvent pas non plus recueillir des libéralités testamentaires à titre universel ou particulier. Sauf pour les alimens, ou par disposition d'un Soldat, ainsi que nous venons de le dire.

26. De l'incapacité des Colléges, Communautés, & Confréries non approuvées. *Quid* si elles sont faites pour fondations.

4°. Les Colléges, les Communautés, Confréries, & autres Corps & Communautés illicites, c'est-à-dire, qui n'ont pas été approuvés par des Lettres-Patentes dûment enregistrées, sont incapables de toutes sortes de dispositions testamentaires, sauf néanmoins de celles qui leur seroient faites pour fondation, & dans le cas qu'elles viendroient à être approuvées, auquel cas les dispositions devront valoir, quand la condition de l'approbation sera arrivée, ainsi que nous l'avons expliqué en la *section* 1, *de ce chapitre.*

5°. Les enfans mâles de ceux qui ont été condamnés pour crime de leze-Majesté sont déclarés incapables de toutes dispositions testamentaires, même de la part de leurs parens collatéraux, & de ceux qui ne leur sont point unis par le lien du sang : *A materna vel avita, omnium etiam proximorum hæreditate ac successione habeantur alieni, testamentis extraneorum nihil capiant, sint perpetuò egentes, & pauperes, l. quisquis 5, cod. ad l. Jul. Majestatis.* De ces derniers termes de la Loi *sint perpetuò egentes, & pauperes*, & des autres, *nihil capiant*, il résulte clairement qu'ils sont même déclarés incapables de recevoir des libéralités à titre d'alimens ; car le mot, *nihil*, qui est universel négatif, exclut tout, & ne peut souffrir aucune exception : la Loi voulant qu'ils soient toute leur vie dans la misére & dans l'infamie, comme l'ajoute la même Loi, *infamia eos paterna semper comitet.*

27. Incapacité des enfans mâles des condamnés pour crime de leze-Majesté.

Quid des libéralités à titre d'alimens.

A l'égard des filles de ceux qui ont été condamnés pour le même crime, la Loi n'est pas si rigoureuse ; elle leur conserve une portion appellée falcidie, & qui doit être le quart dans la succession de leur mère, & leur permet d'avoir quelque chose pour leur servir d'alimens, *l. 5, §. 3, cod. ad l. Jul. Majestatis, v. Barry de successf. lib. 1, tit. 8, n. 6.*

28. *Quid* des filles des condamnés pour crime de leze-Majesté.

6°. Il y a deux autres cas auxquels la nullité des dispositions est absolue & totale, cependant on ne peut pas mettre cès cas au rang des incapacités personnelles ; la nullité étant fondée sur d'autres raisons. Le premier est à cause de l'incertitude de l'héritier, ou du légataire, *l. quotiens 9, §. hæres 9, & l. in tempus 62, §. 1, ff. de hæred. instit.* Le second, quand l'héritier ou le légataire écrit lui-même la disposition faite en sa faveur. Comme chacun de ces deux cas peut renfermer plusieurs difficultés, nous les examinerons séparément.

29. De l'incertitude de l'héritier ou du légataire.

De celui *qui sibi adscripsit in testamento.*

A commencer par le premier, c'est-à-dire, par l'incertitude de la personne de l'héritier ou du légataire, suivant le §. *incertis 25, instit. de leg.* il n'étoit pas permis par le Droit ancien de faire des dispositions en faveur des personnes incertaines, quoiqu'elles pussent être connues par quelqu'évenement ; comme s'il étoit dit, *quicumque filio meo filiam suam in matrimonium dederit, ei hæres meus illum fundum dato* ; & cela avoit lieu même par rapport aux dispositions des Soldats ; cependant si le legs, ou le fidéicommis fait à des personnes incertaines, avoient été payés ou délivrés, ils ne pourroient pas être répétés. Il étoit néanmoins permis de disposer en faveur des

30. Droit ancien sur l'incertitude des personnes.

De la personne incertaine parmi un nombre certain.

personnes incertaines, parmi des personnes d'une certaine qualité, comme s'il étoit dit, *ex cognatis meis, qui nunc sunt, si quis filiam meam uxorem duxerit ei hæres meus illam rem dato.*

31. Droit nouveau touchant les libéralités faites aux personnes incertaines.

Une personne incertaine ne peut pas être donnée pour Tuteur.

Dans le §. *sed nec 27, instit. cod.* l'Empereur Justinien dit qu'il a porté une Loi, par laquelle il a changé le Droit ancien, non-seulement par rapport aux dispositions à titre particulier, mais encore pour celles qui sont faites à titre universel, *non solùm in hæreditatibus, sed etiam in legatis, & fideicommissis*; cependant une personne incertaine ne peut pas être donnée pour Tuteur testamentaire, *quia certo judicio debet quis pro tutela suæ posteritati cavere.*

32. La Loi dont l'Empereur Justinien parle n'est pas dans le Code.

Sentiment des Interprètes touchant cette Loi qui manque.

La Loi dont l'Empereur Justinien parle dans ce §. n'est point dans le Code compilé par son ordre, les Interprètes & notamment *Vinnius* croyent que cette Loi vouloit, que l'incertitude de la personne de l'héritier, ou du légataire n'empêchoit pas la validité de la disposition, si cette incertitude pouvoit être levée par quelque événement présent ou futur, au moyen duquel la personne pût être connue d'une manière certaine; comme dans les deux premiers exemples proposés dans le §. 25 *du même titre*; savoir, quand le legs est fait à celui qui épousera la fille du Testateur, ou qui sera nommé Consul le premier après le décès du Testateur, ou autre cas semblable. De-là vient que par un Arrêt du Parlement de Paris du 25 Avril 1625, *au tom. 1 du Journal des Audiences*, un legs fait aux Ursulines, qui pourroient s'établir dans vingt ans dans la Ville de Troyes, fut confirmé; que si l'incertitude ne peut point être levée par quelque désignation, qui indique la personne d'une manière certaine, ou par quelqu'événement, qui opère le même effet, la disposition est nulle, comme s'il étoit dit, je légue à Jean demeurant dans une telle Ville, ou telle Paroisse.

Quand l'incertitude ne peut pas être levée la disposition est inutile.

33. Opinion de Claude de Ferriere.

Claude de Ferriere dans ses Instituts du Droit François sur le §. 25, instit. de legatis, qui convient de ce que nous venons de dire, croit néanmoins que si le legs n'étoit fondé sur aucune raison, & que le Testateur n'eût aucun motif d'exercer sa libéralité envers la personne incertaine, soit pour récompenser la vertu, comme au cas du legs fait à celui qui sera nommé Consul le premier, ou quelqu'autre prétexte raisonnable, il n'y auroit pas lieu de confirmer le legs, comme si le Testateur léguoit à celui qui passeroit le premier un tel jour sur le Pont-neuf, ou à celui qui entreroit le premier dans un tel lieu; une telle disposition passeroit pour ridicule, & l'on ne devroit y avoir aucun égard.

34. Réfutation de l'opinion de Ferriere.

Cette décision, que l'Auteur ne fonde sur aucun texte ni autorité, me paroît contraire aux règles; car dès qu'il demeure d'accord, que la disposition faite au profit d'une personne incertaine, qui peut néanmoins être connue par quelqu'événement marqué par le Testateur, est valable, suivant l'esprit de la constitution de Justinien dont il est fait mention dans le §. 27 *du même titre*, & que cette décision a été approuvée par le sentiment de tous les Interprètes, il ne faut point examiner la raison ni le motif que le Testateur peut avoir eu pour faire sa disposition, parce que non-seulement les Loix ne l'exigent pas, mais encore elles le défendent, en permettant d'instituer des personnes absolument inconnues au Testateur, *l.* 11, *cod. de hæred. instit.* Il suffit que la volonté du Testateur paroisse pour qu'elle doive être exécutée, parce que c'est une Loi domestique, du motif de laquelle il n'est pas permis de s'enquérir, toutes les fois qu'elle ne vient pas contre la prohibition des Loix. Que si l'on admettoit une fois le principe sur lequel *Ferriere* fonde son avis, & qu'il fût permis d'examiner si le Testateur, en disposant, a eu, ou n'a pas eu un juste motif, on rendroit les dispositions incertaines & arbitraires, à quoi les Loix ont voulu obvier, en permettant d'instituer même des personnes entièrement inconnues au Testateur, sans examiner si sa disposition avoit un juste motif, ou non, & sans pénétrer dans sa pensée, qui doit toujours être présumée juste & raisonnable, quand il ne paroît pas clairement qu'elle porte sur des motifs injustes ou illicites.

Il ne faut point examiner si le Testateur a eu un juste motif de faire une libéralité.

La volonté du Testateur bien marquée sert de motif suffisant.

35. La disposition est bonne, quand l'incertitude peut être levée par quelque démonstration, ou autre preuve.

La disposition faite en faveur d'une personne incertaine est bonne, soit que l'incertitude puisse être levée par quelque démonstration certaine, *l.* 9, §. 9, *ff. de hæred. instit.* ou par quelqu'autre preuve, *l.* 62, §. 1. *ff. eod.* ou par des conjectures capables de lever le doute, sur quoi on peut voir *Menochius de præsumpt. lib.* 4, *præsumpt.* 25.

36. L'incertitude ne vicie pas les dispositions en faveur de l'Eglise, de l'Hôpital, des Pauvres, des Captifs.

L'incertitude ne rend pas non plus les dispositions nulles, lorsqu'elles sont faites en faveur de l'Eglise, de l'Hôpital, des Pauvres, des Captifs, parce que les Loix ont pris le soin de faire l'application des libéralités dans les cas auxquels le Testateur ne s'est pas expliqué d'une manière précise & certaine; ainsi que nous l'avons détaillé ci-dessus dans la *section* 1.

37. De celui *qui sibi adscribit in testamento*.

A l'égard du second cas, touchant celui *qui sibi adscripsit in testamento*, le Senatusconsulte Libonien veut, que celui qui a écrit lui-même la disposition faite en sa faveur, à titre d'institution, legs, & toute autre espèce de libé-

Peine de faux & nullité. ralité & d'émolument, soit nulle, & que de plus, celui qui a écrit la disposition soit puni de la peine de faux, *l. ult. ff. de his quæ pro non scriptis habentur, l.* 1, §. 7 & 8, *l.* 5, *l.* 6, *l.* 10, *l.* 11, *l.* 14, *in princip.* & §. 1, *l.* 15, *l.* 17, *l.* 18 & *l.* 22, §. 1, *ad l. Cornel. de falsis, & toto tit. cod. de his qui sibi adscribunt in testamento, lib.* 9, *tit.* 23.

38. Renvoi pour le crime de faux. Comme la peine de faux n'est pas de notre matière, nous nous contenterons d'expliquer les cas où la nullité de la disposition a lieu, ou n'a pas lieu.

39. De la nullité des dispositions en faveur de celui qui écrit le testament. Des dispositions du Soldat. Elle a lieu, premièrement, pour les dispositions faites par le Soldat, quoiqu'elles ayent été écrites par un autre Soldat son camarade, soit que les dispositions le regardent directement ou indirectement, comme si elles sont faites au profit de son Esclave, *l.* 5, *cod. de his qui sibi adscribunt in testamento, l. ult. ff. de his quæ pro non scriptis habentur, l.* 1, §. 7, *ff. de leg. Cornel. de fals.* v. *l.* 14, *ff. eod.*

40. Du testament de la femme écrit par le mari. En second lieu, dans le testament de la femme qui a été écrit par le mari, quand il y a des dispositions en faveur du mari, *l.* 4, *cod. de his qui sibi adscribunt in testamento;* selon plusieurs Auteurs, & notamment *Perezius sur le même titre, n.* 7, & *Corvin sur le Code*, la nullité a lieu, lorsque le mari a écrit le testament de sa femme, quoiqu'il soit réciproque entre mariés, & il ne vaut que pour la disposition faite en faveur de la femme; mais au Parlement de Toulouse, on excepte le cas du testament réciproque, dont les dispositions ne valent pas moins en faveur du mari, quoiqu'il les ait écrites, qu'en faveur de la femme, suivant *M. de Catellan, liv.* 2, *ch.* 33.

Quid du testament réciproque entre mariés.

41. De l'héritier qui écrit lui-même l'exhérédation des autres personnes. En troisième lieu, la nullité a lieu, lorsque l'héritier institué écrit lui-même l'exhérédation d'un enfant, ou des autres personnes, *l.* 6, §. 1, *ff. de leg. Cornel. de fals.* Il en est de même de celui qui a écrit la clause de la disposition par laquelle la liberté laissée à un Esclave est révoquée; parce que la disposition tourne à son utilité comme héritier, *de l.* 6, §. 2. Quand il a écrit la disposition qui retranche quelque legs, *leg.* 22, §. 7, *ff. eod.* ou quand le légataire dans un testament précédent écrit un Codicille, par lequel le testament est confirmé, *de l.* 22, §. 6.

42. Du fils de famille qui écrit la disposition en faveur de son père, ou de ses frères. En quatrième lieu, lorsque le fils de famille écrit la disposition faite en faveur de son père ou de ses frères, qui sont, comme lui, en la puissance de leur père commun, *l.* 10, *ff. de leg. Cornel. de fals.*

43. Du fils émancipé qui écrit En 5e. lieu, lorsque le fils émancipé écrit une disposition qui tourne à son utilité directement ou indirectement, quoiqu'elle

quoiqu'elle soit faite par son père, *l.* 14, *ff. de lege Cornel. de fals.* comme si le legs est fait à l'esclave du fils; car il n'est pas nécessaire que la disposition soit faite directement en faveur de celui qui l'écrit, il suffit qu'elle tourne à son utilité, si l'acquisition devoit en être faite à l'Ecrivain, en cas que le Testateur vînt à décéder d'abord après son Testament, non si elle arrive *ex post facto*, par quelqu'événement qui survient, *l.* 10, §. 1, & *l.* 22, §. 3, 4 & 5, *ff. eod.* comme si le père ou le maître écrivent la disposition au profit du fils ou de l'Esclave qui sont en sa puissance, auquel cas, le legs leur est acquis par le décès du Testateur, *l. Divus Claudius* 15, *ff. eod.* quand même le fils seroit prisonnier chez les ennemis, *l.* 22, §. 1, *ff. eod.*

le testament de son père, où il y a des dispositions en sa faveur directement ou indirectement.

44. De la disposition faite en faveur de l'Ecrivain & d'un autre conjoint.

Mais si la disposition est faite, ou tourne directement ou indirectement, partie en faveur de celui qui l'a écrite, & partie en faveur d'une autre personne, l'entier legs n'appartient pas par droit d'accroissement à la tierce personne; mais la portion de celui qui a écrit le Testament, & qui est regardée comme non écrite, demeure à l'héritier *l.* 14, §. 1, *ff. de lege Cornel. de falsis. M. Cujas* sur cette Loi, *lib.* 22. *quæst. Pauli.*

45. De ce qui est laissé à l'Ecrivain *conditionis implendæ causa*

En sixième lieu, la nullité a lieu, même pour ce qui est laissé *conditionis implendæ causa*, en faveur de l'Ecrivain, *l.* 22, §. 11, *ff. de l. Cornel. de falsis.*

46. *Quia* s'il paroît que le Testateur a dicté lui-même la disposition écrite.

En septième lieu, quoiqu'il paroisse que le Testateur a dicté lui-même la disposition écrite, & qu'il a ordonné de l'écrire, *l.* 14, *l.* 15, *ff. de leg. Cornel. de falsis*, *l.* 2 & *l.* 3, *cod. de his quæ sibi adscribunt in testamento.*

47. Il y a nullité, soit que la disposition se trouve dans un testament ou dans un codicille.

Enfin, la nullité a lieu, soit que les dispositions ayent été faites par testament ou par codicille écrits de la main de celui, en faveur duquel la disposition doit tourner directement ou indirectement, *l.* 15, *in princip.* §. 1, & §. 2, *ff. de leg. Cornel. de falsis.*

48. Des dispositions en faveur de l'Ecrivain dans un testament nuncupatif.

Les Auteurs ne sont pas d'accord sur la question de savoir si la nullité de l'institution ou du legs fait à celui qui a écrit le testament, a lieu à l'égard du testament nuncupatif, dont le mémoire a été pris par écrit de la main de l'héritier ou du Légataire; les uns tiennent l'affirmative, les autres la négative; mais c'est tout-à-fait mal-à-propos que les Auteurs ont voulu étendre la prohibition du Senatus-Consulte Libonien, au cas que nous venons de proposer; encore plus, lorsqu'ils ont prétendu que la disposition étoit nulle, quand la minute ou le mémoire se trouve écrit de la main de l'héritier, ou du Légataire, quoique l'original soit écrit d'autre main; car aux termes de la Loi

6, *ff. de leg. Cornel. de falſ.* on ne tombe dans la prohibition du Libonien, que quand il s'agit d'un teſtament écrit revêtu de toutes les formalités de Droit, *hoc tamen tunc verum eſt cum teſtamentum perfectum erit : cæterum ſi non ſignatum fuerit, magis eſt ut Senatus-Conſulto locus non ſit.* C'eſt donc contre le droit que l'on veut étendre le Libonien au cas où le teſtament n'eſt pas parfait, & que le mémoire, ou la minute en ont été écrits par le Légataire ou par l'Héritier ; car alors le teſtament ne vaut pas en vertu de ce mémoire ou de la minute, mais en vertu de la réſumption des Témoins, ou en vertu de la rédaction qui a été faite par le Notaire ſur la minute dreſſée auparavant ; c'eſt ainſi que l'a décidé Bartole ſur la Loi 1, § *ex illa quoque, ff. de leg. Cornel. de falſis*, & que le Parlement de Toulouſe l'a jugé par un Arrêt rapporté par *Albert, verb. Teſtam. art.* 16 *de l'ancienne édition, & lettre T. chapitre* 31 *de la nouvelle.*

On ne tombe dans la peine du Libonien que quand le Teſtament eſt revêtu de toutes les formalités.

49. Cependant, quoique la prohibition du Libonien ſoit faite préciſément pour les teſtamens & codicilles, écrits ou ſecrets, elle doit avoir lieu au teſtament nuncupatif écrit qui a été introduit par notre uſage, parce que la même raiſon milite à cet égard, & que la même ſuſpicion de faux a lieu, comme le remarque *Perezius dans ſes Préleçons*, ſur le titre du code *de his qui ſibi adſcribunt in Teſtam. num.* 8, pourvû qu'il ſoit revêtu de toutes les formalités de Droit, peu importeroit néanmoins qu'il fut nul par la prétérition d'un enfant, ou qu'il eût été rompu par la naiſſance d'un poſthume ; car dans ce cas, la nullité & la peine du faux devroit être infligée à l'Ecrivain qui auroit écrit une diſpoſition en ſa faveur, ſuivant la déciſion textuelle de la Loi 6, *ff. de leg. Cornel, de falſ.* & cela eſt encore plus indubitable, ſuivant les règles du Droit nouveau, en la *Novelle* 115, *chapitre* 3, qui veut que dans le cas de prétérition, le teſtament ſoit nul, les legs & les autres diſpoſitions particulières demeurant en leur force.

Si la peine du Libonien a lieu pour le Teſtament nuncupatif écrit.

Quid ſi le Teſtament eſt nul par prétérition ou qu'il ſoit rompu par la naiſſance d'un enfant.

50. Il y a pluſieurs exceptions à la règle expliquée, & dans pluſieurs cas la nullité ceſſe. La première exception eſt, lorſque le Teſtateur, dans le teſtament ou dans le codicille où la diſpoſition eſt contenue, en fait lui-même la reconnoiſſance ; mais à cet égard, on diſtingue les enfans, & les eſclaves qui ſont en la puiſſance du Teſtateur, d'avec les étrangers. Au 1er. cas, une reconnoiſſance générale ſuffit, & que le Teſtateur diſe en général, qu'il a dicté, approuvé, ou reconnu les diſpoſitions, *dictavi & recognovi*, *l.* 15, §. 3, *ff. de leg. Cornel. de falſ.* ſans qu'il ſoit beſoin de rappeller la diſpoſition particulière faite en faveur de celui qui a écrit le teſtament, ou le codicille, ni la perſonne à laquelle le Teſtateur a dicté

Des cas où la nullité ceſſe.

Si une reconnoiſſance générale ſuffit, ou s'il en faut une ſpéciale.

ſa volonté ; c'eſt ce qui eſt appellé dans la Loi première, §. 8, *ff. de leg. Cornel. de falſ. generalis ſubſcriptio.* Le fils de famille & l'Eſclave ſont excuſés, à cauſe de l'obéiſſance qu'ils doivent à leur père ou à leur maître, & qu'ils peuvent profiter de la diſpoſition faite en leur faveur, quoiqu'ils l'ayent écrite, comme l'explique M. Cujas ſur la Loi 14, *ff. eod. lib. 22, quæſt. Pauli* ; cependant la Loi dernière, *cod. de his qui ſibi adſcrib.* veut que quand l'Eſclave a écrit le teſtament, par lequel la liberté lui eſt léguée, le Teſtateur reconnoiſſe, & approuve ſpécialement le legs de la liberté, autrement il eſt nul, & la peine eſt ſeulement remiſe à l'Eſclave légataire.

Que ſi une perſonne étrangère a écrit le teſtament ou le codicille qui contient la diſpoſition en ſa faveur, il eſt néceſſaire que le Teſtateur approuve ſpécialement la diſpoſition, en-la rappellant par ſa propre écriture, ou bien qu'il écrive lui-même de ſa main la clauſe par laquelle il veut gratifier celui du miniſtère duquel il ſe ſert pour écrire le teſtament ou le codicille, ou bien qu'il diſe qu'il reconnoît ce qu'il a dicté à un tel, *quod illi dictavi & recognovi*, *l.* 1, §. 8, *ff. de leg. Cornel. de falſis*, ce que la Loi appelle *ſubſcriptio ſpecialis* ; car il ne ſuffiroit pas qu'il dit dans un codicille poſtérieur, qu'il avoit dicté les diſpoſitions contenues dans un teſtament antérieur, *leg.* 2, *cod. de his qui ſibi adſcribunt in Teſtamento*, *l.* 151, §. 1, *ff. de leg. Cornel. de falſ. & M. Cujas*, au lieu cité. C'eſt ainſi que l'on doit concilier ces deux Loix avec la Loi 1, §. 8, *ff. de leg. Cornel. de falſ.* 51. Quelle doit être la reconnoiſſance du Teſtateur, quand le Teſtament eſt écrit par autre que l'enfant ou l'Eſclave.

La ſeconde eſt, lorſque celui qui écrit la diſpoſition n'en doit pas profiter, & qu'elle ne lui ſeroit pas acquiſe, ſi le Teſtateur décèdoit d'abord après ſon teſtament, comme lorſque la diſpoſition écrite par le père eſt faite en faveur de ſon fils émancipé, ou qu'il a donné en adoption, *l.* 22, §. 2, *ff. de leg. Cornel. de falſ.* & dans les autres cas expliqués aux §§. 3, & 5, de la même Loi, & dans la Loi 22, §§. 9, & 10, *ff. eod.* lorſque le père écrit le teſtament d'un Soldat qui contient des diſpoſitions en faveur du fils de l'Ecrivain, quoiqu'il ſoit en ſa puiſſance, parce que l'acquiſition n'en eſt pas faite par le père, mais au fils Soldat ; la libéralité devant lui appartenir en propre titre de pécule caſtrenſe, *leg.* 11, *ff. eod.* lorſque le fils écrit le teſtament qui contient des diſpoſitions en faveur de ſa mère, *d. l.* 11, §. 1, lorſque la diſpoſition eſt faite en faveur d'un tiers étranger, quoique pendant la vie du Teſtateur il tombe en la puiſſance de celui qui a écrit le teſtament, attendu que ſi le Teſtateur étoit mort 52. La nullité ceſſe quand l'Ecrivain n'en doit pas profiter d'abord, après la mort du Teſtateur. *Quid* ſi le père écrit des diſpoſitions en faveur de ſon fils émancipé. Ou quand la libéralité doit appartenir en pleine propriété au fils.

au moment qu'il fit son testament, l'Ecrivain n'en auroit pas profité, *leg.* 10, §. 1, *ff. eod.* lorsque le mari écrit le testament d'un étranger qui contient des dispositions en faveur de sa femme, *l.* 18, *eod.*

53. De la disposition qui est contre les intérêts de celui qui l'écrit. La troisième, est lorsque la disposition est, contre les intérêts de celui qui écrit le testament, comme s'il y est exhérédé, ou si le Testateur lui ôte un legs qu'il lui avoit fait précédemment, *l.* 22, §. *ult. ff. de leg. Cornel. de falf.* parce que la raison de la suspicion du faux cesse.

54. De la disposition faite en faveur de l'Ecrivain, sous condition. La quatrième, est marquée dans la Loi 15, § dernier, *ff. de leg. Cornel. de falf.* lorsque la disposition en faveur de l'Ecrivain est faite sous condition. L'espèce de cette Loi est telle : le Testateur institue deux héritiers, & en cas que l'un ou l'autre vienne à décéder sans enfans, il substitue l'Ecrivain. Dans ce cas, non-seulement la peine du faux est remise, mais encore celui qui a écrit le testament devra recueillir la substitution fidéicommissaire faite en sa faveur, le cas arrivant.

55. Du fils unique institué qui écrit le Testament. La cinquième, lorsque le fils unique, quoiqu'émancipé, a écrit lui-même le testament, par lequel son père l'institue héritier, parce qu'indépendamment de l'institution testamentaire, le fils auroit succédé à son père, *l.* 1, *cod. de his qui sibi adscribunt in testamento*; *Quid* s'il a des frères. mais il en seroit autrement, par la raison de cette Loi, si le fils qui a écrit le testament avoit des frères ou sœurs qui dussent succéder avec lui, s'il se trouvoit avantagé par la disposition qu'il auroit écrite, auquel cas, elle devroit être regardée comme nulle, & la succession déférée *ab intestat.*

56. De la disposition écrite par un impubère. La sixième, si le testament a eté écrit par un impubère incapable de dol, & par conséquent la disposition faite en sa faveur seroit valable, *l. impuberem* 22, *ff. de leg. Cornel. de falf.* la suspicion du faux ne pouvant pas tomber sur une personne de cet âge.

57. De celui qui est appellé pour dresser & dicter le Testament. Enfin, comme la nullité & la peine du faux ne sont prononcées, que contre celui qui a écrit la disposition, on ne doit pas l'étendre à celui qui à la prière du Testateur, a été appellé pour dresser & dicter le testament, auquel on peut valablement faire des legs, *l. dictantibus* 22. *cod. de testam.*

58. Des cas où la peine du Libonien cesse, & néanmoins la nullité a lieu. Il y a des cas où la peine du faux est seulement remise, demeurant la nullité des dispositions faites en faveur de celui qui les a écrites, comme lorsque l'Esclave a écrit le testament de son Maître qui lui a laissé la liberté, sans qu'il y ait une approbation de cette disposition, *l.* 15, §. 3, *ff. de leg. Cornel. de falf.* & *leg. ult. cod. de*

his qui sibi adscribunt in testam. lorsque c'est un Soldat qui a écrit le testament qui contient des dispositions en sa faveur, parce qu'il est présumé l'avoir fait par erreur, *l. 5 cod. eod.* & quand le Testateur a approuvé en termes généraux la disposition faite en faveur d'un étranger, *l. 2, cod. eod.*

59. De la mère qui écrit le Testament de son fils.

De la fille qui écrit le Testament de sa mère.

Mais il y a du doute, si dans l'espèce de la Loi 15, §. 4 & 5 *ff. de leg. Cornel. de falsis*; c'est-à-dire, quand la mère a écrit le testament de son fils, dans lequel il y a un legs fait en faveur de l'Esclave de la mère, & lorsque la fille a écrit le testament ou codicille de sa mère, qui contient une disposition en faveur de la fille; la glose écrit que la disposition est bonne. *Corvinus, dans ses Enarrations* sur le code, tit. *de his qui sibi adscribunt in testamento*, est d'avis au contraire, que la disposition est nulle, & que la mère & la fille sont seulement excusées & affranchies de la peine du faux, comme étant tombées dans ce cas par erreur ou ignorance du Droit. Cette dernière opinion paroît la mieux fondée, parce que les textes cités disent seulement que la mère & la fille doivent être excusées : *veniam tribuendam Legis Corneliæ*; ce qui ne comprend pas la validité de la disposition, & ne porte qu'une remise de la peine du faux, & que ces deux paragraphes doivent être entendus relativement au §. 1 de la même Loi, dans laquelle il est dit, *veniam dari*, que la peine est remise, *scilicet eo quod relictum est, abstinentibus.* Les Soldats qui ont le même privilége que les femmes, & auxquels on pardonne l'erreur, & l'ignorance du Droit, sont bien mis à couvert de la peine du faux; mais les dispositions qu'ils ont écrites eux-mêmes, sont regardées comme non écrites, *l. 5, cod. de his qui sibi adscribunt in testam.* il en doit donc être de même des femmes *quæ sibi adscribunt.*

Résolution pour la nullité.

60. Dans les cas où la nullité a lieu, les dispositions sont considérées comme non écrites, & les libéralités ne sont pas déférées au fisc.

Dans tous les cas expliqués ci-dessus où la nullité a lieu, les dispositions sont regardées comme non écrites, elles ne sont pas déférées au fisc; mais elles doivent demeurer dans l'hérédité, *leg. 1, & leg. ult. ff. de his quæ pro non script. habentur, leg. 14, §. 1, ff. de leg. Cornel. de fals. & leg. 4, cod. de his qui sibi adscribunt in testamento*, à moins qu'elles ne fussent chargées de substitution, ou de fidéicommis, en faveur d'une autre personne, & le cas de la substitution ou du fidéicommis arrivant, la tierce personne devra les recueillir, *l. ult. ff. de his quæ pro non scriptis habentur.*

61. L'Ordonnance de 1735 n'a rien changé au Droit Romain.

L'Ordonnance de 1735, n'a rien changé à cet égard, à la disposition du Droit Romain, & comme elle permet par l'article 9, au Testateur de faire écrire sa volonté consignée dans un testament solemnel & mystique, tout ce qui est ordonné par les Loix Romaines au sujet des personnes qui écrivent les dispositions testamentaires, devra être observé dans les Pays du Droit écrit, comme avant cette Ordonnance.

62. Le Notaire doit écrire le Testament nuncupatif.

Mais comme elle veut par l'article 5, que le Notaire écrive lui-même les testamens nuncupatifs, dans cette espèce de testament, la disposition du Senatus-Consulte Libonien ne peut avoir lieu qu'à l'égard du Notaire qui auroit écrit en sa faveur des legs, ou d'autres libéralités, & non pour les autres personnes qui auroient écrit ces testamens, ou bien des testamens olographes, parce que dans ce cas, si tout autre que le Notaire ou le Testateur avoient écrit le testament, il seroit nul & imparfait, & l'on se trouveroit dans l'exception de la Loi 6, *ff. de leg. Cornel. de falf.* qui fait cesser la disposition du Libonien.

63. Si la peine du Libonien peut avoir lieu en Pays Coutumier.

Par la même raison, nous croyons que dans les Pays Coutumiers, où les testamens doivent nécessairement être écrits, ou par l'un des Notaires, suivant l'*article 23 de l'Ordonnance de* 1735, ou par le Testateur, quand il fait une disposition olographe selon l'article 20, la peine du Libonien ne peut point y avoir lieu, excepté si le Notaire couchoit dans le testament qu'il a écrit, des dispositions en sa faveur, parce qu'hors de ce cas, le testament seroit nul & imparfait pour la forme.

64. De la veuve qui se remarie dans l'an du deuil.

Par le Droit Romain, dans la Loi 1, *cod. de secund. nuptiis*, la veuve qui se remarie dans l'an du deuil, est notée d'infamie, & elle est déclarée incapable de toutes sortes de libéralités testamentaires, & à cause de mort, à titre universel ou particulier, *ex jure quidem notissimo sit infamis. Omnium præterea hæreditatum, legatorum fideicommissorum suprema voluntate relictorum mortis causa donationum sit expers.* L'application des libéralités laissées à une telle femme n'en est point faite au fisc; mais les héritiers ou co-héritiers testamentaires ou *ab intestat*, doivent en profiter; *hæc namque omnia ab hæredibus vel cohæredibus, aut ab intestato succedentibus vindicari jubemus, ne in his in quibus correctionem morum induximus fieri videantur habere rationem*, ce qui est encore ordonné par la *Novelle 22, chapitre 22.* La même veuve est encore incapable de toutes sortes de successions *ab intestat* de ses parens au-delà du troisième degré, *eandem quoque mulierem infamem redditam hæreditates ab intestato, vel legitimas honorarias, non ultra tertium gradum finimus vindicare, l. 1, cod. de secundis nuptiis.*

65. De celle qui

La Novelle 22, *chapitre* 40, assujettit à la même peine, la femme qui après avoir accepté la tutelle de ses enfans, prêté le serment & renoncé aux secondes nôces, se remarie après l'année du deuil, sans avoir fait pourvoir de Tuteur à ses enfans encore pupilles, rendu compte de son administration, & payé le reliquat.

Se remarie *non petitis tutoribus.*

66. De celle qui malverse dans l'an du deuil.

La même peine a encore lieu contre les femmes qui malversent durant l'année du deuil, & contre celles qui accouchent dans l'onzième mois depuis la mort de leur mari, parce que l'enfant qu'elles mettent au monde, ne peut pas être le fruit des œuvres du mari ; mais l'effet de leur incontinence. *Ne amplius habeat castitate luxuria, Novell. 39, cap. 2.*

67. Correction du Droit Civil par le Droit Canonique au sujet du second mariage dans l'an du deuil, quant à l'infamie.

Le chapitre 4 & le chapitre dernier, *extra de secundis nuptiis*, se conformant à la décision de l'Apôtre Saint Paul, qui déclare la veuve, au moment du décès de son mari, libre & capable de passer à des secondes nôces, ont permis le second mariage, même dans l'année du deuil, en déclarant qu'une telle femme n'encouroit aucune note d'infamie. *Respondemus quod cum Apostolus dicat, mulier viro suo mortuo soluta est à lege viri sui, nubat in domino cui voluerit, per licentiam & auctoritatem Apostoli ejus infamia abeatur.*

68. Si le Droit Canon ôte les autres peines du Droit Civil.

De ces textes du Droit Canonique, plusieurs Auteurs ont induit que toutes les peines infligées par le Droit civil à la femme qui se remarie dans l'an du deuil, avoient été remises & abrogées ; ils sont rapportés par *Sanchés, de matrimonio, lib. 7, disput. 87, num. 23* ; cependant ces textes ne portent autre chose qu'une permission de passer à de secondes nôces dans l'an du deuil, sans encourir l'infamie, comme plusieurs autres Auteurs l'ont fort bien pensé, & entr'autres *Gaspard-Antoine Thesaurus, lib. 1, quæst. 5 ; Forensium, quæst. 28.*

69. Usage de la France sur les peines du convol dans l'an du deuil.

Dans presque toute la France on suit la décision des Canonistes qui ont cru que toutes les peines infligées à la femme qui se remarie dans l'an du deuil, autres néanmoins que celles des secondes nôces en général, étoient abolies, & remises, comme le remarquent *Dumoulin sur la coutume de Paris* §. 43, *nombre* 143, & *Bugnon, des Loix abrogées, livre 1, chapitre 120, & livre 2, chapitre 194*, Voyez *Ferriere sur la Coutume de Paris, article 279, glose 1, nombre 15, & suivans* ; toutefois, le même *Dumoulin*, observe que celles qui sont infligées à la femme qui malverse dans l'an du deuil sont en vigueur, parce que ce n'est qu'en faveur d'un mariage légitime, & permis par le Droit divin, & par les Constitutions canoniques, que l'on s'est relâché sur la rigueur du Droit civil, & que ces peines n'ont pas été corrigées par le Droit canonique, sui-

Si les peines de celle qui malverse dans l'an du deuil sont abrogées.

vant *Sanchés au lieu cité, nombre* 1, *& dispute* 90, *nomb.* 11.

70. Usage du Parlement de Toulouse.

Au Parlement de Toulouse, on y observe à la rigueur, les peines du Droit civil, contre les femmes qui se remarient dans l'an du deuil, on les a même aggravées ; car quoique la femme puisse recueillir *ab intestat* les successions qui lui adviennent du chef de ses parens, jusqu'au troisième degré, dans lequel sont compris les enfans du premier lit, ce Parlement prive néanmoins la femme remariée dans l'an du deuil, de la succession de ses enfans du premier lit, soit qu'il y en ait d'autres suivans ou non, suivant *M. Maynard, livre* 3, *chapitre* 86, *M. de la Roche-Flavin*, verb. *mariage, article* 1 *&* 2, *& M. de Cambolas, au Traité des secondes Nôces, nombre* 9, *& livre* 3, *chapitre* 4 *de ses Arrêts.*

71. Si la femme remariée dans l'an du deuil est incapable des libéralités testamentaires.

A la vérité, les Auteurs du Parlement de Toulouse ne rapportent point d'Arrêt qui ait jugé précisément que la femme remariée dans l'an du deuil étoit incapable des libéralités testamentaires ; mais ils n'en rapportent pas non plus, qui ait jugé que cette incapacité fondée sur la disposition expresse de la Loi, ait été abrogée par une Jurisprudence contraire ; & quoique j'aye vû agiter, & que j'aye traité moi-même, en instruisant des Procès, ou en consultant, presque toutes les questions qui peuvent se présenter sur les peines des secondes nôces dans l'an du deuil, je n'ai jamais vû agiter celle qui regarde l'incapacité de recueillir les dispositions testamentaires, ce qui semble devoir faire croire que cette peine n'est pas en usage même à Toulouse ; mais comme les Loix ne peuvent être abrogées que par un usage contraire, & non pour n'avoir pas été pratiquées, à cause que le cas ne s'est pas présenté, je pense qu'il y auroit de la témérité à dire que le Parlement de Toulouse, qui se conforme au Droit Romain, touchant les peines des secondes nôces, dans l'an du deuil, & qui les a même étendues, voulût s'écarter de la décision de la Loi, sur l'incapacité qu'elle prononce contre les femmes remariées, ou qui malversent dans l'an du deuil, de recueillir des dispositions testamentaires, ou par donation à cause de mort ; d'autant mieux que *M. de Cambolas, livre* 3, *chapitre* 6, *livre* 6, *chapitre* 11, *& au Traité des secondes Nôces, nomb.* 4, *& M. Dolive, liv.* 3, *chap.* 12, parlent de cette peine comme étant en vigueur, & que la décision des textes du Droit donna lieu à un partage d'opinions, pour savoir si une telle femme étoit capable de recueillir une donation entre-vifs ; qu'elle donna lieu encore à un autre partage, pour savoir si la mère remariée dans l'an du

Les Loix ne peuvent être abrogées que par un usage contraire.

Si la femme remariée dans l'an du deuil est incapable des donations entre-vifs.

deuil, pouvoit être instituée héritière par son fils ce qui ne laisse point de doute que cette incapacité ne soit en vigueur, de même que les autres peines infligées à la femme qui se remarie dans l'an du deuil, dans le ressort du Parlement de Toulouse.

Thesaurus, au lieu cité, *nombre* 11, & quelques autres Auteurs ont pensé que l'exclusion de toutes dispositions testamentaires, & à cause de mort, prononcée contre les femmes remariées dans l'an du deuil par la Loi 1, *cod. de secundis nuptiis*, doit être bornée aux dispositions des enfans du premier lit, & des ascendans ou parens du côté du mari; mais cette restriction qui est contraire à l'opinion commune des Docteurs, notamment de *Sanchés*, *de matrimonio*, *lib.* 7, *disput.* 87, *num.* 7, & à la *Novelle* 22, *chapitre* 22, qui parle nomménement des dispositions des étrangers, choque visiblement les termes de la Loi 1, *cod. de secundis nuptiis*, qui porte une exclusion générale de toutes les dispositions testamentaires, ou par donation à cause de mort, & qui embrasse généralement toutes sortes de personnes indistinctement, ce qui résulte clairement des dernières paroles de la Loi, qui permet à la femme remariée dans l'an, de recueillir les successions *ab intestat* jusqu'au troisième degré; & cette faculté de succéder *ab intestat*, la rendant aussi capable de succéder par Testament, selon l'opinion de quelques Auteurs rapportés par *Sanchés*, au lieu cité, *nombre* 9, *& M. de Cambolas*, *livre* 3, *chapitre* 6, du moins à la portion qu'elle auroit recueillie *ab intestat* de ses parens jusqu'au troisième degré, prouve que la défense de recueillir tombe plus naturellement sur toutes les personnes auxquelles la femme remariée ne doit pas succéder *ab intestat*. *Sanchés* croit même que la femme est incapable de recueillir les dispositions testamentaires de la part de ceux auxquels la Loi lui permet de succéder *ab intestat*, ce qui nous paroît trop dur, & contraire à la règle qui veut que celui qui est capable de succéder *ab intestat*, soit à plus forte raison capable de succéder par testament; règle qui est observée au Parlement de Toulouse, à l'égard de la mère remariée dans l'an du deuil, suivant *M. de Cambolas*, *livre* 3, *chapitre* 6.

72. Comment doit s'entendre l'incapacité de la femme remariée dans l'an du deuil de recueillir les libéralités testamentaires. S'étend-t-elle à toutes sortes de personnes.

A l'égard des peines que la Loi Romaine inflige à la femme qui se remarie sans avoir fait pourvoir de tuteur à ses enfans pupilles, rendu son compte & payé le reliquat, j'ai de la peine à croire que même au Parlement de Toulouse, on déclarât une telle femme incapable des dispositions testamentaires, ou par donation à cause de mort, parce que ce Parlement ne s'est pas attaché à la

73. Si la femme remariée *non petitis tutoribus* est incapable des libéralités testamentaires ou à cause de mort.

rigueur du Droit à cet égard, & que dans plusieurs cas, il a adouci les peines insligées par la Loi, vu qu'une telle femme, qui ne viole plus la religion du serment, parce qu'elle n'est pas obligée de renoncer aux secondes nôces, suivant *la Novelle* 94, & qui ne commet qu'une faute d'omission, ne doit pas paroître si odieuse, que celle qui se remarie dans l'an du deuil, laquelle blesse en quelque facon la pudeur & l'honnêteté par un nouveau mariage si précipité, qui est une preuve de son incontinence; au lieu que l'omission ou la négligence de faire donner un tuteur, ne peut blesser que l'intérêt de ses enfans, auquel il est même assez pourvu, en déclarant les biens du second mari affectés & hypothéqués pour le reliquat dû par la femme remariée, *l. si mater* 6, *cod. in quib. causis pignus tacitè contrahitur.*

74. Dans le Pays Coutumier la femme qui se remarie *non petitis tutoribus* ne souffre aucune peine.

Selon la remarque de Ferriere sur la *Novelle* 22, *chapitre* 40, *nombre* 7, dans la France Coutumière, où il est suffisamment pourvu à l'intérêt des enfans dont la mère se remarie, par l'hypothèque qu'ils ont sur les biens de leur beau-père, cette peine n'est point en usage, & les mères qui se remarient ne perdent rien pour n'avoir pas fait nommer un tuteur à leurs enfans. C'est l'usage du Parlement de Paris, & le sentiment de *Papon dans ses Notaires*, *& d'Imbert dans son Enchiridion.*

75. De la femme qui malverse après l'an du deuil, si elle est privée de la succession de ses enfans, & des libéralités de son mari.

Selon quelques Auteurs, la femme qui malverse après l'an du deuil, est privée des libéralités qui lui ont été faites par son défunt mari; *Benedicti*, sur le chapitre *Raynutius*, verb. *qui cum alia matrimonium contrahens*, *num.* 200. *M. la Roche*, verb. *mariage*, *livre* 2, *article* 25, elle est encore privée de la succession de ses enfans auxquels elle a fait injure par sa malversation, *M. Maynard*, *liv.* 3, *chap.* 99; *M. la Roche*, verb. *mariage*, *art.* 24 *&* 25; *M. de Cambolas*, *liv.* 3, *chap.* 45. On a d'abord excepté de cette rigueur la femme qui se remarioit avec la personne avec laquelle elle avoit malversé, par la raison du chap. *tanta est vis*, *extra*, *qui filii sint legitimi. M. de Catellan*, *liv.* 4, *chapitre* 72. Ce qui a été jugé par plusieurs Arrets du Parlement de Toulouse, postérieurs à ceux qui sont rapportés par *M. de Catellan;* mais comme ces peines n'ont aucun fondement dans le Droit, que même la femme qui se remarie dans l'an du deuil, non-plus que celle qui malverse aussi dans l'an du deuil, n'est pas incapable de succéder à ses enfans, le Parlement de Toulouse s'est départi de cette rigueur, & il a jugé par plusieurs Arrêts rendus à la troisième Chambre des Enquêtes, que nonobstant la malversation après l'an du deuil, la femme devoit succéder à ses enfans, quand même elle n'épouseroit pas celui avec lequel elle avoit malversé. On l'a encore jugé de même par un Arrêt de la seconde Chambre des Enquêtes le 2 Septembre 1740, après partage au rapport de M. d'Arbou, Compartiteur M. Monsarrat, en faveur de Marie Paillas, veuve de Jean Calvet, contre Antoine, Anne, Marie & Catherine Calvet. Cette veuve avoit malversé après l'an du deuil, avec le nommé Etienne Durond, pendant la vie d'un fils pupille du premier lit, dont elle étoit tutrice; elle accoucha le 20 Février 1734, & elle fut fiancée avec l'Auteur de sa malversation le 5 Mars de la même année. La mort du fiancé empêcha la célébration du mariage. Le fils du premier lit de cette veuve étant décédé après la malversation, les parens collatéraux demanderent la maintenue en sa succession, à cause de l'indignité de sa mère; mais ils en furent déboutés par cet Arrêt. Il avoit été jugé auparavant par un Arrêt rendu en la troisième Chambre des Enquêtes, au rapport de M. de Celes le 10 Mai 1723, en faveur de la Demoiselle d'Alaret, que cette femme qui avoit malversé après l'an du deuil, ne devoit pas être privée des libéralités à elle faites par son mari dans son testament; il est vrai que cette veuve avoit épousé l'Auteur de la malversation; mais cette circonstance ne change rien à la thèse, parce que l'indignité, lorsqu'il y en a, est encourue par le seul fait, & elle ne peut pas être effacée par un événement postérieur, ni empêcher que le crime ne soit commis, & la peine encourue, *l. qui ea mente 65, ff. de furtis*, & que le mariage subséquent peut bien rendre légitime l'enfant né auparavant, suivant le chap. *tanta est vis, extra, qui filii sint legitimi*; mais il ne peut pas faire que l'injure, supposé qu'il y en eût eu, n'eût été soufferte par le mari, & que si elle avoit été capable dans son origine de produire l'indignité de la veuve, elle n'eût été encourue par le seul fait.

Arrêt du Parlement de Toulouse qui juge que la veuve qui malverse après l'an du deuil n'est pas privée de la succession testamentaire de son mari.

Je viens de faire rendre un Arrêt au Parlement de Toulouse, après une discussion très-exacte, & avec grande connoissance de Cause, qui a confirmé cette Jurisprudence, & jugé qu'une femme instituée par son mari, ne devoit pas être privée de son hérédité pour avoir malversé après l'an du deuil, quoique la personne avec laquelle elle avoit malversé, fut d'un caractère à ne pouvoir pas réparer l'honneur de la veuve par un mariage. Il a encore jugé une autre question fort remarquable, parce qu'elle ne se trouve pas décidée expressément par la Loi, ni par les Auteurs; savoir, que quand la condition ajoutée à l'institution, a un objet particulier, la contravention n'opère

Et que quand la condition

ajoutée à l'institution a un objet particulier, la contravention n'opère aucun effet dès que l'objet de la condition est évacué.

aucun effet, dès que l'objet de la condition est évacué.

Louis Jourdain, Apothicaire d'Annonay, par son testament du 8 Janvier 1731, disposa de ses biens en cette forme : *J'institue & nomme pour mon héritière universelle, Demoiselle Isabeau B... ma chère & bien aimée épouse, par laquelle je veux mes dettes & légats être payés & satisfaits, à la chage par elle de vivre en viduité, voulant qu'au cas qu'elle vint à convoler en secondes nôces, mes biens viennent & appartiennent incontinent à sieur Louis Jourdain mon filleul & neveu, fils à sieur Joseph Jourdain mon frère, lequel je substitue audit cas seulement, & non autrement, bien entendu qu'il ne pourra prétendre au moyen de ladite substitution, & le cas du convol arrivant, que ce qui restera en capital existant de mon héritage, lors dudit convol, sans qu'il puisse demander aucun compte des fruits perçus par mon héritière jusqu'alors, ni prétendre aucun remplacement des capitaux consommés, m'en rapportant, à cet effet, à la seule bonne foi de mon héritière, sans qu'il soit besoin de faire aucun inventaire, sous quelque prétexte que ce puisse être, ni que mon neveu, le cas de la substitution arrivant, puisse inquiéter ni rechercher madite héritière, au prétexte de fausse déclaration, ou spoliation, à lui réservé seulement la preuve par écrit de ce qui se trouvera existant, & en nature de ladite succession, autrement, & à faute par lui de l'exécuter, à cet égard, je révoque ladite substitution, que je déclare dès-à-présent anéantie.*

Louis Jourdain, neveu & substitué, mourut le 19 Décembre 1733, par où la substitution devint caduque. Le Testateur eut connoissance de cette mort, & il décéda le 10 Novembre 1734, sans avoir rien changé à sa disposition, & sans laisser des enfans.

La veuve héritière jouit paisiblement de l'hérédité jusqu'au 12 Novembre 1740, que M. Chomel & autres ses consorts, successeurs *ab intestat* de Louis Jourdain, ayant exposé que la veuve avoit accouché d'une fille le 30 Octobre de la même année, demanderent devant le Juge d'Annonay qu'elle fut déclarée privée de la succession de Louis Jourdain, & qu'elle leur fut adjugée en qualité de plus proches parens, avec restitution des fruits depuis le décès du sieur Jourdain, Testateur, auquel effet qu'il fut ordonné que l'héritière seroit tenue de remettre un état de consistance des biens existans lors du décès du Testateur; ils demanderent encore qu'en cas de spoliation, ils fussent reçus au serment *in litem*, suivant la commune rénommée, pour la valeur des effets de l'hérédité qui pourroient avoir été détournés.

Au contraire, la veuve demanda ſon relaxe par fins de non-valoir & de non-recevoir, des concluſions contre elle priſes, & qu'elle fût maintenue définitivement en tous les biens ayant appartenus au ſieur Louis Jourdain, en qualité de ſon héritière teſtamentaire.

Par Sentence du 18 Avril 1741, le Juge d'Annonay déclara la veuve déchue de l'hérédité de ſon mari, elle fut condamnée au délaiſſement en faveur des ſucceſſeurs *ab inteſtat*, avec reſtitution des fruits depuis le 30 Janvier 1740, neuf mois avant l'accouchement de l'héritière, ſuivant l'eſtimation d'Experts, ſur l'état & conſiſtance des biens délaiſſés par le ſieur Louis Jourdain lors de ſon décès, que la veuve ſeroit tenue de donner dans huitaine, autrement il fut permis aux ſucceſſeurs *ab inteſtat*, de donner cet état, ſauf à prouver les latitations, & la veuve eſt condamnée aux dépens.

Sur l'appel interjetté par la veuve devant le Sénéchal de Niſmes, il fut rendu Sentence le 20 Mars 1742, qui confirme celle du premier Juge, avec dépens.

Toutes les Parties appellerent de cette Sentence au Parlement de Toulouſe; les ſucceſſeurs *ab inteſtat* pour la faire réformer en ce qu'elle n'avoit pas condamné la veuve à la reſtitution des fruits depuis le décès de Louis Jourdain, Teſtateur, & la veuve pour ſe faire maintenir en la ſucceſſion de ſon défunt mari.

Raiſons des Succeſſeurs *ab inteſtat*.

Les ſucceſſeurs *ab inteſtat* diſoient que la veuve n'avoit aucun ſujet légitime de ſe plaindre de ce qu'elle avoit été déclarée privée de la ſucceſſion de ſon mari, vu que cette diſpoſition étoit juſte & juridique par pluſieurs raiſons. La premiere, parce que les libéralités qu'un mari fait à ſa femme, renferment la condition tacite de mener une vie honnête & chaſte, *neque enim credendum eſt quemquam tam in ſana mente reperiri, qui uxori impudicæ de ſuo quidquam dare velit*, dit *Mantica, de conjecturis ult. volunt. lib.* 10, *tit.* 6, *num.* 21, à laquelle condition la veuve avoit contrevenu par une malverſation d'autant plus odieuſe, qu'elle avoit été commiſe avec une perſonne, qui par ſon état & ſon caractère, ne pouvoit pas réparer, par le mariage, l'honneur de cette veuve.

La deuxième, parce que le Teſtateur avoit impoſé la condition expreſſe de viduité, par ces paroles: *A la charge, par elle, de vivre en viduité*; que cette condition vague s'appliquoit à l'inſtitution; & ſi le Teſtateur ajoute, *voulant qu'au cas qu'elle vînt à convoler en ſecondes nôces, mes biens viennent & appartiennent à Louis Jourdain, mon filleul & neveu.* Cette répétition de la condition pour l'attacher à la ſubſtitution ; n'empêchoit pas que la première clauſe vague & générale ne s'appliquât à l'inſtitution ; qu'ainſi la contravention à cette condition a dû faire déclarer la veuve déchue de l'hérédité de ſon mari, pour la déférer aux ſucceſſeurs *ab inteſtat*, en défaut du fidéicommiſſaire, parce que c'eſt l'effet naturel de la condition de détruire & renverſer la diſpoſition, comme ſi elle n'avoit jamais été faite, *tanquam ſi ab initio neque datum fuiſſe videretur*, ſuivant les expreſſions de la *Novelle 22*, *chapitre 44*, §. 6 ; ce qui avoit été ainſi jugé dans une eſpèce toute ſemblable, par un Arrêt du Parlement de Toulouſe du 13 Août 1632, rapporté par *M. Dolive*, *livre* 3, *chapitre* 17, par lequel une femme inſtituée héritière pour les deux tiers, par ſon mari, avec charge de ſubſtitution, en cas qu'elle convoleroit en ſecondes nôces, fut déclarée déchue de cette ſucceſſion, par le convol en ſecondes nôces, quoique le ſubſtitué y eût donné ſon conſentement moyennant une ſomme de 1500 liv. & comme ſi la veuve avoit convolé en ſecondes nôces, elle auroit perdu le fruit des libéralités à elle faites par ſon mari, ſuivant la Novelle citée, elle devoit en être privée à cauſe de ſa malverſation, *ne amplius habeat caſtitate luxuria*, *Novell.* 39, *cap.* 2 ; car la femme qui malverſe eſt beaucoup moins favorable, comme faiſant une choſe illicite, que celle qui contracte des nôces permiſes. Voila pourquoi celle qui malverſe, doit pour le moins être miſe au niveau de celle qui ſe remarie, *l. his ſolis* 7, *cod. de revocand. donat.* & puiſque la condition de viduité interdit à la veuve tout commerce licite dans le mariage légitime, elle doit interdire, à la plus forte raiſon, tout commerce illicite. La condition de viduité renferme donc celle de vivre dans la continence, qui eſt rompue par tout mauvais commerce, encore plus que par un mariage légitime. *Benedicti*, ſur le chapitre *Raynutius*, verb. *qui cum alia matrimonium contrahens*, *num.* 169 ; *Joannes de*, *Garronibus*, *tractat. de ſecundis nuptiis*, *pœna* 28, *num.* 57 ; *l'Auteur des Notes ſur la Peyrere* ; *Gratianus diſcept. forenſ. tom.* 1, *cap* 5 ; *Sanchés*, *de matrimon. lib.* 7, *diſput.* 91, *n.* 41, & pluſieurs autres.

La troiſième raiſon, eſt que la femme qui forfait à ſon honneur, même après l'année du deuil, doit être privée des libéralités qui lui ont été faites par ſon mari, ſuivant la déciſion des Auteurs, notamment de *Benedicti*, ſur le chapitre *Raynutius*, *verb. qui cum aliâ matrimo-*

nium contrahens, *num.* 200 ; *Tiraqueau*, *de nobilitate*, *cap.* 18, *num.* 14 ; *Surdus*, *de alimentis*, *tit.* 7, *quæst.* 24 ; *Gratianus*, *discept. forens. tom.* 1, *cap.* 5, & *Bornier* sur *Ranchin*, *tit. vidua*, *art.* 7. Cette doctrine des Auteurs est autorisée par la Jurisprudence des Arrêts rapportés par *M. Maynard*, *liv.* 3, *chapitre* 99, *M. la Roche*, verb. *mariage*, *articles* 24 & 25, & *M. de Cambolas*, *livre* 3, *chapitre* 45 ; & cela est fondé sur ce que l'incontinence de la veuve réfléchit sur l'honneur du mari ; que la veuve jouit des honneurs de son défunt mari, & retient son domicile, *l. fæminæ ff. de Senatoribus*, *l. filii*, §. *vidua*, *ff. ad municipal.* que le mariage est censé durer pendant la viduité, *in priore matrim. permanet*, *l. ult. cod. de bonis maternis* & *Novell.* 22, *cap.* 20, §. *soluto*. Que la veuve qui malverse après l'an, perd tous les priviléges qui lui avoient été communiqués par la condition de son mari. *Boërius*, *decis.* 338 ; *Tiraqueau*, *de nobilitate*, *cap.* 18, *num.* 13 ; *Julius Clarus*, §. *stuprum*, *num.* 7, & *Brodeau sur M. Louet*, *lettre* I. *sommaire* 4 ; qu'enfin l'intention de l'Empereur Justinien est de punir l'incontinence de la veuve, lorsqu'il dit dans la *Novelle* 2, *chapitre* 3, que la femme ne doit pas être punie pour avoir contracté un mariage légitime, pourvu qu'elle s'abstienne de toute luxure, & qu'elle vive honnêtement, *non est torquenda propter hoc*, *nec interdicendæ sunt ei communes leges*, *sed ad hoc viri alterius veniat nuptias*, *honestè*, & *omni luxuria abstineat* ; que si quelques Arrêts rapportés par *M. de Catellan*, *livre* 4, *chapitre* 72, n'ont pas prononcé la peine de privation contre la veuve qui avoit malversé après l'an du deuil, ce n'est que dans le cas particulier que la veuve s'étoit remariée avec le complice de sa malversation, comme le remarque *M. Boutaric dans ses institutions au Droit François*, *page* 400, & par cette raison, que le mariage qui survient, purifie & affecte tout ce qui pourroit se rencontrer de mauvais dans le commerce illicite, suivant la glose du chapitre *tanta est vis*, *extra*, *qui filii sint legitimi*.

Pour ce qui est du moyen d'appel, pris de ce que le premier Juge & le Sénéchal n'avoient pas ordonné la restitution des fruits depuis le jour du décès de Louis Jourdain, Testateur, les successeurs *ab intestat* le fondoient sur la disposition de la *Novelle* 22, *chapitre* 44, qui veut que la femme à laquelle son mari a fait quelque libéralité, sous la condition de viduité, en soit privée, avec tous les fruits, depuis qu'elle les a perçus, tout comme si la libéralité n'avoit jamais été faite, lorsqu'elle contrevient à la condition : *reddat quod datum est, tale quale percepit, restituens & quas percepit in medio fructus . . . . tamquam si ab initio neque datum fuisse videretur*, sans que la veuve pût tirer avantage de la clause du testament, par laquelle elle n'est chargée de rendre par voie de fidéicommis, dans le cas du convol, que ce qui se trouveroit existant de l'hérédité lors du convol en secondes nôces, parce que le Testateur n'avoit pas pu remettre une peine infligée par le Droit & la Jurisprudence des Arrêts, dans un cas qui intéresse les bonnes mœurs & l'honnêteté.

Raisons de la veuve héritière.

Au contraire, la veuve héritière disoit, que la Sentence du premier Juge & celle du Sénéchal, devoient être réformées, pour toutes leurs dispositions, qu'elle devoit être relaxée des fins & conclusions contr'elle prises, & maintenue en l'hérèdité de son défunt mari.

Elle opposoit d'abord des fins de non-valoir prises de ce que les héritiers *ab intestat* n'avoient rien à voir sur l'hérédité de Louis Jourdain, parce qu'ils en avoient été exclus par son testament. En effet, les successions sont déférées de deux manières : la premiere, par testament ; la seconde, par la disposition de la Loi, en défaut de testament, *l.* 1, *ff. de hæred. petit.* & §. *hactenùs 6, instit. per quas personas cuique acquiritur*, & c'est une maxime indubitable, que la succession légitime cesse toutes les fois que l'hérédité est déférée par testament, *quandiù potest ex testamento adiri hæreditas, ab intestato non defertur*, & comme le testament étoit bon & valable, qu'il avoit été exécuté pendant plusieurs années, que même il n'étoit pas attaqué, il excluoit donc les successeurs *ab intestat*, de tout droit & de toute prétention sur l'hérédité de Louis Jourdain.

A la premiere raison opposée par les successeurs *ab intestat*, & qu'ils prenoient de ce que la condition tacite de vivre dans la continence, devoit être sous-entendue dans toutes les dispositions faites par le mari en faveur de sa femme, l'héritière répondoit, qu'il n'y avoit aucun texte pour établir cette prétendue condition tacite; qu'ainsi, on ne pouvoit pas la suppléer ni la sous-entendre ; il est vrai que les paroles de *Mantica*, rapportées par les successeurs *ab intestat*, semblent supposer cette condition ; mais cet Auteur ne dit pas que la condition doive être sous-entendue, il décide seulement que quand le mari a fait plusieurs libéralités à sa femme, & qu'il a apposé à quelques-unes

la

la condition de chasteté, il faut répéter & sous-entendre la même condition aux autres. Après tout, le sentiment de cet Auteur n'a absolument aucun fondement dans le Droit, & ses expressions ne peuvent être que l'effet d'une imagination Italienne; aussi y a-t-il une foule d'Auteurs qui seront rapportés ci-après, lesquels décident qu'on ne peut suppléer ni sous-entendre aucune condition, & que la femme n'encourt aucune privation par sa malversation, après l'an du deuil, sur-tout, lorsque le mari n'a point laissé d'enfans survivans, comme il étoit arrivé au cas présent.

La veuve soutenoit que la deuxième raison des successeurs *ab intestat* manquoit dans le fait & dans le droit; en effet, le Testateur n'avoit imposé que la condition de viduité, qu'ainsi elle ne pouvoit être enfreinte que par un second mariage, & non par aucun équipolent. Cette condition avoit un seul & unique objet, qui étoit d'obliger l'héritière à rendre l'hérédité à Louis Jourdain, neveu du Testateur, en cas de convol en secondes nôces, & le Testateur avoit borné la condition à ce seul & unique objet, par ces paroles remarquables, *lequel je substitue audit cas seulement, & non autrement*, & la substitution étant devenue caduque par le prédécès du substitué, l'objet de la condition se trouvoit évacué.

La première règle que les Loix ont établie sur la matière des conditions, est qu'il faut consulter la disposition par laquelle le Testateur a marqué sa volonté, pour connoître si la condition est accomplie, ou si l'on y a contrevenu, parce que c'est la Loi que le Testateur a imposée, *in conditionibus primum locum voluntas defuncti obtinet, eaque regit conditiones, leg, 19, ff. de condit. & demonstrat.* Le temps, la forme, la manière, les circonstances dans lesquelles les conditions doivent être accomplies, leur étendue, leur objet, tout cela dépend de la disposition conditionnelle, par laquelle il faut se régler. L'accomplissement ou l'infraction de la condition doivent arriver précisément de la manière & en la forme prescrite par le Testateur, ou, comme disent les Auteurs, *in forma specifica*, sans qu'on puisse y admettre des équipolens. Ce principe est renfermé dans une foule de Loix, notamment dans la Loi *commodissimè* 10, *ff. de liberis & posthumis.* La Loi *fideicommissa* 11, §. *si cui* 11, *ff. de leg.* 3. La Loi *si cum dotem* 22, *ff. soluto matrim.* Et les Loix 44, 55 & 94, *ff. de condit. & demonstrat.* & il a été adopté par tous les Auteurs.

De ce principe il s'ensuit que le Testateur n'ayant imposé que la condition de viduité, & n'ayant défendu à son héritière que de passer à de secondes nôces ; la condition n'a pu être enfreinte que par un second mariage, & non par une malversation après l'an du deuil, d'autant mieux que le Testateur a borné & limité la condition au seul cas du convol à de secondes nôces, par des expressions très-claires, *lequel je substitue audit cas seulement, & non autrement* ce qui fait que l'objection des successeurs *ab intestat* manque du côté du fait.

Si le Testateur s'étoit expliqué moins disertement, il y auroit peut-être lieu de douter que la condition de viduité, si elle avoit été appliquée à l'institution, ne pût être étendue au cas de la malversation, parce que certains Auteurs ont cru que la femme qui mâlverse après l'an du deuil, encourt les mêmes peines que celle qui se remarie après l'an. *Ne amplius habeat castitate luxuria* ; ce que la *Novelle* 39, *chapitre* 2, ne dit néanmoins que par rapport à la femme qui malverse dans l'an du deuil.

Mais ce doute s'évanouit par les expressions dont le Testateur s'est servi, qui excluent d'une manière claire & énergique, tous les cas, autres que le convol en secondes nôces ; car il n'est pas question de chercher une volonté présumée, lorsque l'on en découvre une qui est claire & certaine par les paroles du Testament, *cum in verbis nulla ambiguitas est, non debet admitti voluntatis quæstio*, *leg.* 25, §. 1, *ff. de leg.* 3, vû qu'il ne faut jamais s'écarter de la signification des paroles, à moins qu'il ne paroisse manifestement que le Testateur a pensé autrement, *non aliter à significatione verborum recedi opportet, quam cum manifestissimum est aliud censuisse Testatorem*, *leg.* 69, *ff. eodem.*

Quand la condition auroit pu être enfreinte par un équipolent, contre les règles qui en disposent autrement, c'est-à-dire, par la malversation, la contravention seroit incapable de produire aucun effet, à cause que la condition n'aboutissoit qu'à obliger l'héritière à rendre l'hérédité à Louis Jourdain, substitué, lequel étant décédé avant le Testateur, & la substitution étant devenue caduque, *l. un.* §. *sin autem* 7, *cod. de caduc. tollendis*, *l.* 81, *ff. de acquir. vel amitt. hered. l.* 1, §. 2, *l.* 59. *ff. de condit. & demonstr. l.* 9, *ff. de suis & legitimis*, *l.* 25, *& l.* 78, §. 10, *ff. ad Senatus-Consult. Trebell.* l'hérédité étoit demeurée sur la tête de l'héritière grevée, comme s'il n'y avoit jamais eu de condition ni de charge de fidéicommis ; car lorsque la substitution devient caduque par le prédécès du substitué, on ne s'enquiert point si la condition est arrivée ou si elle a manqué après la mort du fidéicommissaire, paroù l'objection des successeurs *ab intestat* manque encore du côté du Droit.

Vainement les successeurs *ab intestat* ont-ils opposé que la contravention à la condition a dû donner lieu à l'ouverture de la succession *ab intestat*, n'y ayant point de fidéicommissaire qui pût leur faire obstacle, parce que la condition de viduité est d'abord imposée vaguement, & que la caducité de la substitution ne révoque pas les conditions qui ont été imposées personnellement à l'héritier ; car c'est raisonner sur une fausse hypothèse, & contre la teneur du Testament, qui a borné l'objet de la condition, & qui l'a appliquée, non à l'institution pour produire l'effet de la privation en général, & donner lieu à la succession *ab intestat* ; mais à la substitution, en faveur du seul & unique substitué.

Il y a des conditions absolues, & qui n'ont point d'objet particulier ; celles-ci doivent produire leur effet, & l'exclusion par la seule contravention, parce que *quod sub una conditione datur, sub contraria conditione censetur ademptum.* Il y a encore des conditions qui sont respectives, qui ont un objet particulier & limité, & qui ne peuvent produire leur effet que relativement au cas que le Testateur a reglé, à cause de cette maxime vulgaire, *quod sub conditione perindè est ac si contraria conditione datum fuisset, l. 10, adimitur ff. de adim. leg. & l. quod purè 6, ff. quando dies leg. cedat.*

Le Testateur n'ayant donc pas imposé la condition vague de viduité ; mais l'ayant bornée au seul effet d'obliger l'héritière à rendre l'hérédité à Louis Jourdain, en cas qu'elle convoleroit en secondes nôces ; on ne peut pas dire que quand il y auroit une contravention spécifique à la condition, elle eût donné lieu à l'ouverture de la succession *ab intestat*, dès aussitôt que la substitution est devenue caduque par le prédécès du substitué, parce que le Testateur en a disposé tout autrement, en bornant l'effet de la contravention à la seule charge de rendre l'hérédité au substitué, & en n'appellant pas, dans le même cas, les successeurs *ab intestat*, qui sont toujours exclus, tandis que le Testament subsiste, vû que *limitata dispositio, limitatum producit effectum.*

C'est donner une fausse explication aux paroles du Testament qui renferment la condition de viduité, de prétendre qu'elles contiennent deux conditions ; l'une vague & indéterminée, appliquée à l'institution ; & l'autre particulière, & appliquée à la substitution en faveur du fidéicommissaire ; car si immédiatement après l'inſtitution, le Teſtateur a ajouté, *à la charge par elle de vivre en viduité*, il ajoute auſſi tout de ſuite, pour déterminer l'objet & le but de cette condition, & la borner au ſeul cas de la ſubſtitution, *voulant qu'en cas qu'elle vînt à convoler en ſecondes nôces, mes biens viennent .... à Louis Jourdain .... lequel je ſubſtitue audit cas ſeulement, & non autrement* : enſorte qu'il faut néceſſairement joindre les mots, *à la charge de vivre en viduité*, avec ceux qui ſuivent immédiatement, *voulant qu'au cas du convol, mes biens viennent, &c.* qui forment une démonſtration qu'il n'y a qu'une ſeule & unique condition appliquée uniquement & taxativement à la ſubſtitution, afin que la contravention profitât au ſubſtitué & non afin que les ſucceſſeurs *ab inteſtat* puſſent profiter de l'hérédité, même dans le cas du convol en ſecondes nôces. De-là vient qu'il ſeroit inutile que l'on put appliquer la condition de viduité à l'inſtitution qui précede, parce que les paroles qui ſuivent, *voulant, &c.* déterminent d'une manière claire, que la condition de viduité, à quoi qu'on la rapporte, ne pouvoit produire d'autre effet, que celui d'obliger l'héritière à rendre l'hérédité au ſubſtitué, s'il étoit exiſtant lors de la contravention à la condition.

Il faut donc en revenir à ce point, que le Teſtateur n'ayant impoſé qu'une condition de viduité, & l'ayant même bornée à ce ſeul cas, en faveur d'un ſubſtitué qui n'exiſtoit plus, il n'y avoit aucune raiſon de vouloir étendre cette condition au-delà des bornes dans leſquelles le Teſtateur l'a reſſerrée par des expreſſions claires & indubitables, ſelon la remarque de *Ricard, des Diſpoſitions conditionnelles, nombre* 19 ; il faut dans le doute, conſidérer la diſpoſition comme pure, plutôt que comme conditionnelle. Voilà pourquoi la multiplication des conditions ne doit pas être préſumée, & comme ſelon le ſommaire de la Loi *Avia* 77, §. dernier, *ff. de condit. & demonſtrat.* la condition peut être limitée par la volonté tacite du Teſtateur, *conditio limitatur ex præſumpta mente defunct.*, elle doit donc à plus forte raiſon être limitée, lorſque la volonté du Teſtateur paroît par des termes clairs & énergiques, comme au cas préſent.

Quand la condition conſiſte *in non faciendo*, comme de ne pas ſe remarier, elle n'a pas un effet ſuſpenſif ; mais la libéralité laiſſée ſous une telle condition peut être demandée, en prêtant la caution Mucienne, *l.* 7, *ff. de condit. & demonſtrat. & Nov.* 22, *cap.* 44. cette caution doit être baillée aux Intéreſſés, *l.* 18, *ff. de condit. & demonſtrat. &*

l. 65, §. 1, *ff. ad Senat. Consult. Trebel.* c'est-à-dire, à l'héritier testamentaire, lorsqu'il s'agit d'un legs ou d'une portion d'hérédité, ou d'une donation à cause de mort; parce que tout cela doit lui revenir en cas de contravention, *Novell.* 22, *cap.* 44, §. 9; que s'il s'agit d'une substitution faite en cas que l'héritier se remarie, la caution doit être prêtée au substitué, à qui la chose doit revenir; mais s'il n'y a point d'héritier testamentaire ni de substitué, ou s'il n'y a qu'un seul héritier institué, sous la condition de ne point se remarier, la caution *Mucienne* doit être baillée aux héritiers *ab intestat*, à cause qu'en cas de contravention, la libéralité doit leur faire retour suivant le §. 9 déjà cité. *Præfatæ autem à nobis observationes dentur, si institutionis sit pars, aut legatum, hæredibus, aut substitutis, aut illis à quibus hæc relicta sunt; si quidem mortis causa donatio, omninò hæredibus. Si veró ex asse, secundum talem conditionem conscribatur quis hæres, substitutis, si fuerint, aut omnino iis qui ab intestato vocantur ad hæreditatem hujusmodi observationes præstentur.* Lors donc qu'un substitué est appellé pour recueillir l'hérédité, en cas de contravention à la condition, il est seul interessé, & c'est par conséquent à lui seul que la caution doit être prêtée, & nullement aux héritiers *ab intestat*, qui ne sont pas l'objet de la condition. Ainsi lorsque le substitué est prédécédé, & que la substitution est devenue caduque, n'y ayant plus d'intéressé pour recevoir le cautionnement, la condition se trouve évacuée, elle est incapable d'opérer aucun effet, & elle est censée accomplie, *quoniam non est cui caveat ..... jure ipso videtur impleta conditio*, selon les expressions de la Loi 7, §. 1, *ff. de condit. & demonstrat.* car lorsque la substitution tombe en caducité, les biens qui en faisoient le sujet demeurent à celui qui en devoit la restitution, sans examiner si la condition est arrivée ou si elle a manqué, *l. un.* §. 7, *cod. de caduc. toll.* & les successeurs *ab intestat* ne peuvent pas vendiquer les biens, sous prétexte que l'événement qui devoit en priver l'héritier, & l'obliger de rendre au substiué, est arrivé.

L'Arrêt rapporté par *M. d'Olive*, *livre* 3, *chapitre* 17, ne reçoit pas une juste application au cas présent, parce que les circonstances sont différentes. Dans le cas de cet Arrêt, il y avoit un substitué existant lors du convol de la veuve héritière pour les deux tiers, & par conséquent, la condition n'étoit pas évacuée; son objet subsistant donc lorsque la femme convola en secondes nôces, elle encourut de plein droit la peine de la privation, par la contravention à la condition; au lieu qu'au cas présent, il n'y avoit plus de substitué, la substitution étoit devenue caduque, & l'objet de la condition étoit évacué. Il ne restoit donc dans l'espèce de cet Arrêt, que de savoir si le substitué devoit être déclaré indigne du fruit de la substitution qui lui étoit déférée, pour avoir lui-même contrevenu à la condition & avoir consenti au second mariage de l'héritière moyennant une gratification de 1500 liv. & cet Arrêt déclara le substitué indigne; de plus, il jugea, ainsi que le même Auteur l'explique dans le *chapitre* 18, que l'indignité du substitué devoit profiter non aux héritiers *ab intestat*, mais au co-héritier testamentaire; ce qui formoit un préjugé contraire aux prétentions des successeurs *ab intestat* de Louis Jourdain.

En répondant à la troisième raison des successeurs *ab intestat*, prise de l'indignité prétendue encourue par la malversation, la veuve & héritière disoit, qu'à la vérité la Jurisprudence des anciens Arrêts du Parlement de Toulouse avoit prononcé cette indignité; mais que cette Jurisprudence avoit été corrigée par les Arrêts nouveaux, & que cette correction étoit juridique, parce qu'il n'y a point de Loi ni de texte qui puisse servir de fondement à une telle peine; elle observoit que pour se mettre à portée de décider avec connoissance cette question, il falloit, 1°. Rechercher les véritables principes sur lesquels elle doit être décidée. 2°. Examiner comment, par quels degrés, & sur quelles raisons l'affirmative s'étoit introduite. 3°, Voir comment, & par quels degrés on est revenu à l'opinion négative.

En premier lieu, s'il s'agissoit d'une faute commise par une veuve dans l'an du deuil, il ne pouvoit point y avoir du doute, parce que les Loix 1 & 2 *cod. de secund. nupt.* déclarent la femme qui se remarie dans l'an du deuil, privée de toutes les libéralités qui lui ont été faites par son mari, & que la *Novelle* 39, *chapitre* 2, assujettit aux mêmes peines, celle qui malverse dans l'an du deuil, *ne amplius habeat castitate luxuria*; mais cette Novelle ni aucun autre texte, n'assujettit la femme qui malverse après l'an, aux peines qui sont infligées à celle qui se remarie dans l'an du deuil.

Il y a une grande différence entre le mariage ou la malversation dans l'an du deuil, & le mariage ou la malversation après l'an. Au premier cas, la veuve blesse l'honnêteté publique, les droits du premier mariage, qui est censé durer pendant l'année du deuil, vu qu'elle doit être nourrie durant ce temps-là par les héritiers du mari ; elle contrevient à la défense précise de la Loi qui note d'infamie la veuve qui l'enfreint, *l. decreto 15, quod ex quib. causis infamia irrogatur, & l. 1, cod. de secundis nuptiis*, & qui lui inflige encore une espèce de mort civile, en la déclarant incapable de recueillir des libéralités & des successions de la part des personnes étrangères, *Novell.* 22, *cap.* 22, & sa précipitation fait présumer qu'elle a vêcu dans l'adultère pendant la vie du mari, suivant la *Novelle* 39, *chapitre* 2, ainsi que le remarque *Dumoulin*, sur la Coutume de Paris, §. 43, *gloss.* 1, *num.* 143, *propter vicinitatem temporis, & periculum turbationis sanguinis est gravior injuria. Imo . . . . . & suspicio adulterii invita, & sic stuprum actuale est conjunctum cum adulterio præsumpto.*

Au lieu qu'au second cas, la veuve qui se remarie ne blesse aucune règle, & les Loix ne l'assujettissent à aucune autre peine, qu'à celle de la privation de la propriété des biens qui lui aviennent du chef de son mari, pour la réserver à ses enfans, s'il y en a, & non autrement, l'usufruit devant lui demeurer pendant sa vie, suivant la Loi *fœminæ* 3, *cod. de secund. nupt.* & celle qui commet une faute après l'année du deuil, ne blesse que sa conscience, & n'encourt aucune sorte de peine, parce que les Législateurs qui ont connu la fragilité du sexe, n'ont pas jugé convenable de leur en imposer.

L'incapacité & l'indignité sont des qualités accidentelles, & au contraire la capacité pour recevoir & conserver les libéralités, est une qualité naturelle & intrinseque. Il faut donc que celui qui se fonde sur l'incapacité ou l'indignité d'une personne, prouve le fait suffisant pour produire l'indignité, & qu'il y ait quelque Loi qui établisse peine, parce que *pœna non irrogatur nisi expresso jure caveatur*, comme parlent les Docteurs, *quia*, selon la remarque de la glose sur le chapitre dernier, *extra de jure patronatus, pœna non debet imponi nisi exprimatur quod sit imponenda*, & que selon les expressions de *Chassaneus, sur la Coûtume de Bourgogne, rubrique* 4, §. 16, *verb.* pour le prix qu'elle en trouve d'un autre, *numquam habet locum pœna privationis juris, nisi textus expresse dicat.* Cependant, il n'y a aucun texte, ni dans le Droit Civil, ni dans le Droit Canonique, ni dans les Ordonnances, qui assujettisse la femme commettant une faute, après l'an du deuil, à la peine de privation par indignité, ni autrement, des libéralités qu'elle a reçues de son mari.

La Novelle 39, *chap.* 2, n'assujettit à cette peine que la femme qui malverse dans l'an du deuil, & cette peine est fondée sur des raisons qui ne peuvent pas être appliquées à celle qui commet la même faute après l'an du deuil. Il n'y a donc point d'extension à faire d'un cas à l'autre, parce que les peines ne souffrent point d'extension, & qu'au contraire, il faut les resserrer dans leur cas précis, parce que *odia sunt restringenda*, & que suivant la Loi 155, §. 2, *ff. de reg. jur.* & le chap. 49, *de reg. jur. in 6º. in pœnis benignior interpretatio facienda est*, encore plus lorsqu'il y a disparité & diversité de raison, comme il y en a, sans contredit, entre celle qui malverse dans l'an du deuil, & celle qui tombe en faute après l'an, à cause de la présomption d'adultère pendant la vie du mari, que la *Novelle* 39, *chapitre* 2, éleve contre celle qui malverse dans l'an du deuil, laquelle présomption ne peut avoir lieu contre celle qui malverse après l'an, & par les autres motifs qui ont été expliqués ci-dessus.

Sur le fondement de ces principes, plusieurs Auteurs ont décidé que la femme malversant après l'an du deuil, ne devoit encourir aucune peine de privation. *Harmenopule*, dans son Promptuaire, *lib.* 4, *tit.* 7, *num.* 27, distingue, à cet égard, la femme qui malverse dans l'an, de celle qui tombe en faute après l'an, *quæ intra annum lugubrem, admisso adulterio, etiam gravida facta est, privatur & ipsa donatione ante nuptias, quæ ad eos redeat, qui ejus viro genere proximi fuerint.* Voilà pour l'an du deuil. Voici pour le temps postérieur : *Lex dum secundo nubentes prohibet omni viri liberalitate frui, non item eas prohibet, quæ sese stupris macularent*; sur quoi *Denis Godefroi* fait cette observation, *intellige post annum lugubrem, ne superiori adversetur.* La décision d'*Harmenopule* est d'un tres-grand poids lorsqu'il s'agit de l'intelligence des Loix, parce qu'il en avoit une connoissance très-profonde, & *M. Cujas*, Juge très-compétant sur cette matière, se sert de son autorité, toutes les fois qu'il veut combattre quelque erreur des Interprêtes.

Accurse, *sur la Novelle* 39, *chapitre* 2, après avoir expliqué les différentes difficultés qui peuvent se rencontrer pour l'intelligence de ce texte, & rapporté les différens temps de la naissance de l'enfant pour faire remonter sa conception au cours de l'an du deuil, ajoute, *sed si post 19 menses sit natus, potest esse conceptus post annum luctus, & sic cessat pœna ejus legis.* Il décide donc que la femme qui tombe en faute, après l'an du deuil, n'est assujettie à aucune des peines que la *Novelle* 39 inflige à celle qui malverse dans l'an du deuil.

Joannes de Garronibus, Auteur très-considérable dans cette matière, qu'il a traitée fort au long, décide sur l'*Auth. ex Testamento, cod. de secundis nuptiis, n.* 3, que la femme qui malverse après l'an du deuil, ne doit pas être privée de la succession de ses enfans. Il décide aussi sur l'*Auth. eisdem pœnis, n.* 17, que celle qui tombe en faute après l'an, ne souffre aucune des peines que la *Novelle* 39 inflige contre celle qui malverse dans l'an du deuil: *Et istud puto verissimum, quia non est eadem ratio post annum luctus, sicut infrà, & lege aliqua hoc non cavetur. Scipion Gentilis, tractatu de secundis nuptiis, cap. 7, pag.* 43, enseigne la même doctrine en ces termes: *Ex quo colligendum est, si anno luctus exacto pariat, non debere eam puniri vel privari lucris nuptialibus ..... quæ de donatione propter nuptias, eadem & de hæreditatibus, & legatis, & mortis causa donationibus à viro uxori relictis. Peregrinus, de Jure Fisci, lib. 3, tit. 25, n. 7*, est encore du même avis: *Notandum*, dit cet Auteur, *quod si vidua post annum luctus stuprum committat, non quidem incidit in pœnas l. 1, & l. 2, cod. de secundis nuptiis; quia illa lex ultra annum se non extendit. M. Bretonnier sur Henrys, liv. 4, quest.* 66. embrasse la même opinion, & *M. d'Olive, liv. 3, chapitre* 32, reconnoît que cet avis est conforme au Droit, & que la Jurisprudence ancienne du Parlement de Toulouse, qui avoit déclaré l'indignité dans ce cas, est contraire aux principes de la Loi Romaine: *Par nos Arrêts*, dit cet Auteur, *les femmes qui malversent durant leur veuvage, même après l'an du deuil, sont privées de la succession de leurs enfans, ce qui est certainement contre le droit; car la nouvelle Constitution de Justinien* DE RESTITUTIONE, ET EA QUÆ PARIT UNDECIMO MENSE, *qui est la seule qui punit la malversation des veuves, ne parle que de celle qui est commise dans l'an du deuil.*

Enfin *M. Maynard* & son *Abbreviateur, lib. 4, chap.* 2, observent, que si la femme forfait à son honneur après le décès de son mari, il faut distinguer: si c'est dans l'an du deuil, elle encourt les mêmes peines, que si elle se remarie dans la même année du deuil: si c'est après l'an, elle n'encourt nulle peine de privation de ses droits. *M. Maynard* observe en son particulier au chapitre cité, n. 1, *qu'il ne faut point recourir ailleurs, encore moins aux gloses & interprétations des Docteurs du Droit. Ce qui s'entend toujours*, ajoute-il, IN VIDUA POST ANNUM LUCTUS STUPRUM COMMITTENTE; QUIA SI INTRA ANNUM, *elle en est, & demeure privée d'ailleurs, l. 1, cod. de secundis nuptiis.* Ainsi malgré l'Arrêt que cet Auteur rapporte au *livre* 3, *chapitre* 99 ; il pense au *livre* 4, *chapitre* 2 ; que la veuve qui tombe en faute après l'an du deuil ne souffre aucune privation.

En second lieu, si l'on examine les raisons sur lesquelles la Jurisprudence des anciens Arrêts du Parlement de Toulouse étoit fondée, & qui sont détaillées par *M. Maynard*, & par les interprêtes qu'il cite, on n'en trouvera aucune qui ne soit frivole, si l'on veut se déprévenir, & ne consulter que la droite raison & les règles. Ces raisons sont au nombre de cinq. 1°. Que la veuve jouit pendant son veuvage des honneurs & des privilèges que le mariage lui avoit communiqués, *l. fœminæ, ff. de Senatoribus.* 2°. Qu'elle retient le domicile de son défunt mari, *l. filii, §. vidua ff. ad municipal.* 3°. Que le mariage est censé durer encore, *in priore matrimonio permanet, l. ult. cod. de bon. maternis.* 4°. Que l'incontinence de la veuve tombe sur l'honneur du mari, & que sa faute tient de la nature de l'adultère. 5°. *M. Maynard* ajoute, que la glose sur la Loi *sororem, cod. de his quib. ut indignis*, décide que l'héritier qui malverse avec la veuve du Testateur, doit être déclaré indigne, & privé de l'hérédité, ce qui fait conséquence contre la veuve qui malverse, laquelle doit être déclarée également indigne des libéralités qu'elle a reçues de son mari.

Si la veuve jouit des honneurs & des privilèges de son mari, ce sont des avantages que la Loi a voulu lui accorder, & qui n'ont rien de commun avec la privation des libéralités que la femme a reçues de son mari ; & il ne seroit pas juste de retorquer contre la veuve, des avantages que la Loi a introduits en sa faveur. La première raison est donc tout-à-fait étrangère, & n'a rien de concluant.

Que la veuve retienne le domicile de son mari, c'est un fait très-indifférent, & dont on ne peut tirer aucune conséquence. Si la veuve transfére son habitation ailleurs, son domicile sera dans le lieu de sa résidence, elle ne retiendra plus le domicile de son mari. Ainsi la seconde raison est frivole.

La Loi dernière, *cod. de bonis maternis, & la Novelle* 22, *chapitre* 20, §. 1, ne disent pas que le mariage soit censé durer pendant la viduité ; le premier de ces deux textes dit, *sive in priore matrimonio pater, ex quo filios habuit, permanere voluerit, sive novercam filiis superinduxerit*, le père doit avoir l'usufruit des biens maternels dévolus à ses enfans. Le second texte dit à la vérité, *& si hoc egerit, & in prioribus steterit nuptiis* ; mais cela ne signifie pas que le mariage dure, ou soit censé durer; ce sont des expressions métaphoriques pour signifier, que le père ou la mère veufs, ne passent pas à de secondes nôces, ou qu'ils demeurent en viduité.

La mort de l'un ou de l'autre des conjoins rompt absolument les liens du mariage, & délivre le survivant des engagemens qu'il avoit contractés; car, suivant les expressions de l'Apôtre S. Paul, *mulier alligata est legi, quanto tempore vir ejus vivit. Quod si dormierit vir ejus, liberata est.* On ne peut donc pas dire, ni supposer, sans choquer les lumières de la droite raison, que le mariage dure, ou soit censé durer après la mort naturelle de l'un des conjoints, & puisque le lien est absolument rompu, *liberata est, solutum est matrimonium*, suivant les expressions de l'Apôtre & des Loix, il ne reste ni trace ni vestige du premier engagement, parce que *mors omnia solvit*; cependant il ne peut y avoir d'adultère qu'avec une personne actuellement mariée, toutes les autres conjonctions illicites avec des filles ou des veuves sont de simples fornications ou des stupres. Les Loix sont claires & précises là-dessus aux titres du *Digeste* & du *Code ad l. Juliam de adulteriis & stupro*, & le Canon *lex illa 2, causa* 36, *quæst.* 1, suffit pour démontrer l'illusion des Auteurs qui ont prétendu, que la faute d'une veuve devoit être considérée comme un adultère. C'est un renversement des idées les plus familières, & des principes les plus indubitables.

D'ailleurs les Auteurs, entr'autres *Boërius*, *décis.* 338, *n.* 12, & *Arrius Pinellus* sur la Loi 4, *cod. de bonis maternis*, *n.* 11, remarquent que le mariage n'est censé durer pendant la viduité, que par rapport aux privilèges qui sont communiqués à la veuve, & nullement quand il s'agit d'établir des peines contr'elle, *loquuntur enim in favorem conjugis, non in pœnalibus, quod fatentur Doctores.* Il est donc faux que l'incontinence de la veuve après l'an du deuil tienne de la nature de l'adultère, qu'elle en ait la grièveté, & qu'elle doive la faire déclarer indigne des avantages qu'elle a reçus de son mari.

Il est vrai que quelques Auteurs ont cru que l'incontinence de la veuve retomboit sur l'honneur du mari; mais outre que ce n'est qu'une idée frivole & chimérique, c'est qu'une personne morte ne peut pas souffrir réellement du déshonneur par la faute d'une tierce personne; parce que la mort est le dernier terme de l'honneur, comme du déshonneur: attendu qu'elle résout tout, *mors omnia solvit.*

D'ailleurs, ce prétendu déshonneur, en le supposant tel qu'on se l'imagine, n'a jamais été mis par aucune Loi, au rang des causes d'ingratitude & d'indignité. On ne peut donc pas en faire un cas de privation, parce que *non est nostrum legales pœnas extendere*, & que les peines doivent être resserrées. C'est un principe de justice & d'équité, qui est pour ainsi dire gravé dans la substance de l'ame.

Bien plus *Dumoulin* au lieu cité remarque après *Balde*, que quoique le Vassal doive perdre le Fief, lorsqu'il commet un adultère avec l'épouse du Seigneur lui vivant, à cause de l'injure qu'il lui fait, il ne doit pas souffrir la même peine, quoiqu'il malverse avec la veuve; parce que le chap. 2, *de feudo sine culpa non amittendo, lib.* 1, *tit.* 21, *in usibus feudorum*, n'établit la peine que dans le cas de l'adultère pendant la vie du mari, & que *non debet fieri extensio in pœnalibus*. On ne voit dans la faute que la veuve commet après l'an du deuil, si l'on ne consulte que la droite raison & les règles, qu'une simple fornication, ou un stupre, qui est à la vérité une infraction de la Loi de Dieu, mais que les Loix civiles ne punissent d'aucune peine, comme les Auteurs l'enseignent.

La prétendue injure, que l'on dit retomber sur l'honneur du mari défunt, est de toutes les considérations la plus foible; car si l'injure qui réfléchit sur le mari devoit faire priver la veuve de ses libéralités, il faudroit dire par la même raison, que celle qui réfléchit sur les parens pour le même fait, devroit pareillement produire une exclusion de succéder, ou une indignité: & par conséquent exclure la fille ou la veuve de la succession de son père, de sa mère, de ses frères, & de ses autres parens collatéraux, ou l'en priver après qu'elle l'a recueillie, parce que l'injure ne tombe pas moins sur les ascendans, & sur les collatéraux de la veuve, & il y auroit même raison: cependant les Loix n'admettent pas moins à la succession les femmes & les filles qui sont tombées en faute, que celles qui ont vêcu dans la continence. *Mornac* sur la Loi *fratres* 27, *cod. de inoff. testam.* & *Brodeau sur M. Louet*, *lett. I. somm.* 4, *n.* 4, rapportent un Arrêt du Parlement de Paris du 4 Mars 1602, qui cassa le Testament d'une tante, qui avoit exhérédé une niéce, pour la faire déclarer indigne de recueillir la portion des propres déférée par la Coutume, sur ce que cette niéce avoit vêcu impudiquement dans la maison de cette tante, par où cette cause d'indignité fut jugée frivole & insuffisante. La quatrième raison est donc visiblement fausse & insoutenable.

A l'égard de la cinquième, prise de ce que, selon la glose l'héritier qui malverse avec la veuve du Testateur, doit être déclaré, indigne de sa succession ; c'est une erreur sensible, que la glose condamne elle-même dans un autre endroit, en déclarant que la veuve qui malverse après l'an du deuil n'encourt aucune privation. Comment donc pourroit-elle communiquer à l'héritier par sa malversation une indignité qu'elle ne devroit pas encourir, si elle étoit héritière de son mari?

En troisième lieu, on a prouvé dans l'examen que l'on vient de faire des raisons qui ont servi de fondement aux anciens Arrêts, qu'il n'y en a pas une seule qui ne soit fausse ou frivole : aussi cette Jurisprudence a-t-elle été changée, & l'on en est revenu aux véritables principes ; ensorte que l'on juge aujourd'hui constamment, que la veuve qui tombe en faute après l'an du deuil, n'encourt aucune privation, ni de la succession de ses enfans, ni des libéralités de son mari, ni aucune des peines qui sont établies contre celle qui se remarie, ou malverse dans l'an du deuil.

On trouve dans *M. de Catellan*, *liv.* 4, *chap.* 71, un premier Arrêt qui jugea que la malversation après l'an, ne privoit pas la veuve de l'augment, & de la succession des enfans du premier lit. Il en fut rendu un second le 13 Juillet 1711, après partage, Rapporteur M. de Bojat, Compartiteur M. de Burta, en faveur de Rose Gironne, contre Bertrand Biscaye, qui jugea pareillement que la malversation après l'an du deuil ne faisoit pas perdre à la veuve la succession d'une fille unique, qu'elle avoit de son premier mariage.

Il est vrai que dans l'espèce de ces deux Arrêts, la veuve qui avoit malversé étoit fiancée, & avoit épousé le complice de sa faute ; mais on peut dire, sans blesser le respect dû à M. de Catellan, qui croit que cette circonstance est décisive, qu'il tombe lui-même dans une contradiction, puisqu'il remarque dans le même chapitre, qu'un acte postérieur ne peut pas faire que le crime ne soit crime & la peine encourue, *l.* 65, *ff. de furtis*, ce qui est exactement vrai ; au lieu que les raisons qu'il rapporte pour prouver que la circonstance des fiançailles & d'un mariage survenu fournissent à la veuve une excuse, qui devoit la mettre à l'abri de la peine de privation, ne sont que des pures idées, qui n'ont rien de réel ; car une veuve, quoique fiancée, n'en est pas moins veuve, & son action n'est ni plus ni moins criminelle ; parce qu'il n'y a que la célébration du mariage qui rend la conjonction licite. C'est une règle & un dogme qui ne peut être révoqué en doute, sur quoi on peut voir *S. Thomas* 1ª, 2ª, *quæst.* 154, *art.* 1, *le Cardinal Cajetan sur la même question de S. Thomas*, *art.* 4, *& in summula verb. sponsalitia*; *Jacques de Graffiis in decis. aureis casuum conscientiæ*, *lib.* 2, *cap.* 81, *n.* 2, & les autres Théologiens. D'ailleurs les fiançailles ne sont qu'une promesse de laquelle il est libre aux Parties de se dégager : aussi c'est une maxime en France rapportée par Loysel, *que tel fiance qui n'épouse point*.

Si donc la femme fiancée qui malverse est aussi coupable que celle qui n'est pas fiancée; si la malversation de l'une & de l'autre est égale, & la conjonction également illicite avec les fiançailles, tout comme sans fiançailles, elle doit par conséquent produire le même effet dans l'un & dans l'autre cas; parce que c'est le fait coupable & criminel qui produit l'indignité, laquelle etant une fois encourue par le seul fait, ne peut pas être effacée par le mariage qui survient; parce que, comme le remarque *M. de Catellan*, un acte postérieur ne peut pas faire que le crime ne soit crime, & la peine encourue. Ce qui est fondé sur la décision de la Loi 65, *ff. de furtis*, qui déclare que celui qui a volé une chose n'en est pas moins Voleur, & n'en doit pas moins être puni, quoique dans la suite il la restitue, parce que le crime est consommé par le seul fait, & que le répentir n'en fait pas éviter la peine. Que d'ailleurs le mariage qui survient peut bien légitimer les enfans nés de la conjonction illégitime, mais il n'a pas la vertu d'éffacer l'indignité une fois qu'elle a été encourue, en tombant dans le cas qui doit la produire, comme le décident les Auteurs, notamment *Brodeau sur M. Louet*, *lett. I. somm.* 4, *n.* 4, *& Ferriere sur la Coutume de Paris*, *art.* 279, *glose* 1, *n.* 29, dans le cas de la malversation dans l'an du deuil, parce qu'elle produit une véritable indignité. Aussi tandis que l'ancienne Jurisprudence étoit en vigueur, & que l'on jugeoit que la malversation de la veuve après l'an du deuil, devoit la faire déclarer indigne de la succession de ses enfans, & des avantages qu'elle avoit reçus de son mari, on jugeoit qu'elle devoit subir la peine, quoiqu'elle eût succombé sous la foi d'une promesse de mariage, & qu'elle eût épousé celui avec lequel elle avoit malversé, les Arrêts de 1604, 1626, 1627 & 1664, rapportés par *M. de Cambolas*, *liv.* 3, *chap.* 45, & dans son *Traité des secondes Nôces*, *n.* 31. & par *M. de Catellan*, *liv.* 4, *chap.* 72, le prouvent. Lors donc que les Arrêts postérieurs ont jugé, que la veuve tombant en faute après l'an du deuil, ne souffroit aucune privation, on a corrigé l'ancienne Jurisprudence, aussi-bien dans le cas où il n'y a point de fiançailles, ni de second mariage, que dans celui où il y en a; parce que, si l'on ne consulte que la droite raison, ces circonstances sont absolument indifférentes.

Il y a un troisième Arrêt du 22 Août 1720, rendu au rapport de M. de Lauriere, au Procès d'Antoine Bru, & Marie Martin. Un autre du 13 Août 1722, au rapport de M. de Pegueirolles, entre Barbe Puycoujoulet, Feit, & Domerg. Un cinquième du 11 Septembre 1725, au rapport de M. Caussade, en faveur de Gairal, contre Michel Bilhac; encore un autre dans le même mois de Septembre, au rapport de M. Caussade, en faveur de Combeville, contre Castanet; encore un autre plus remarquable, parce qu'il est approprié à la contestation présente, en la troisième Chambre des Enquêtes, au rapport de M. de Celez, le 10 Mai 1723, par lequel on jugea que la Demoiselle Claret n'étoit pas déchue des libéralités de son mari pour avoir malversé après l'an du deuil. Enfin la même question s'étant présentée dans le cas où la faute de la veuve n'avoit pas été réparée par le mariage, elle fut jugée après une discussion très-exacte en la seconde Chambre des Enquêtes, par Arrêt du 2, Septembre 1740, après partage, au rapport de M. Darbou, Compartiteur M. de Monsarrat, en faveur de la veuve nommée Paillas, contre Antoine, Anne & Catherine Calvet; il y avoit même cette circonstance, qu'il se trouvoit quelque affinité entre la veuve & celui qui l'avoit rendue enceinte, & que la malversation étoit arrivée avant que la veuve Tutrice de son fils pupille du premier lit, lui eût fait donner un nouveau Tuteur, & que le fils étoit décédé en pupillarité. Malgré lesquelles circonstances la veuve fut maintenue en la succession de son fils, & le partage fut vuidé tout d'une voix à la Troisième des Enquêtes.

La *Novelle* 2, *chap.* 3, de l'Empereur Justinien n'inflige aucune peine à la veuve qui malverse après l'an du deuil. Ce texte dit, que la femme ne doit pas être punie pour avoir passé à des secondes nôces, qui sont un remède pour éviter l'incontinence. Il est vrai que l'Empereur exhorte les femmes à vivre honnêtement dans un mariage légitime, & à s'abstenir de toute luxure; mais ce conseil n'est accompagné d'aucune peine, en cas de contravention, il ne parle pas même des libéralités du mari; il y est fait mention uniquement de la succession des enfans; car après les mots, *& omni luxuria abstineat*, il est ajouté, *& fruatur successione filiorum*: & tous les Auteurs conviennent qu'il n'y a aucun texte dans le Droit qui prive la femme qui malverse après l'an, de la succession de ses enfans.

L'Arrêt de la Cour des Aydes de Paris du 5 Décembre 1631, rapporté par *Brodeau sur M. Louet*, *lett. I*, *somm.* 4, qui déclara qu'une veuve, qui avoit vêcu impudiquement pendant la viduité, étoit déchue du privilège d'exemption des Tailles de son défunt mari, & la décision des Auteurs qui disent, que la veuve qui malverse doit être privée des privilèges que le mariage lui avoit communiqués, n'ont aucun fondement dans le Droit; & d'ailleurs, quand cette peine seroit légitimément établie, on ne pourroit pas l'étendre à la privation de la succession des enfans, & des libéralités du mari; parce que, comme on l'a prouvé, les peines doivent être resserrées dans leur cas, & que l'on ne peut pas en faire extension d'un cas à l'autre, *in pœnalibus non fit extensio.*

Arrêt du 23 Avril 1743. Sur ces raisons & quelques autres, qui étoient opposées de part & d'autre, que j'ai omises comme superflues & peu concluantes, est intervenu l'Arrêt, qui porte : Notredite Cour, par son Arrêt prononcé le 23 Avril 1743, faisant droit aux Parties, a rejeté & rejete les certificats remis sous cotte R. S. FF. GG. Blary, & sur la demande en rejection des pièces remises dans la continuation dudit Chomel du 7 Mars dernier, a mis & met les Parties hors de Cour & de Procès; a reçu & reçoit ledit Chomel à la correction par lui demandée, & faisant droit sur l'appel & requêtes de ladite B..... sans avoir égard à celles desdits Chomel & consorts, & Justine Bechetocle, a mis & met l'appellation des Sentences dudit Sénéchal de Nîmes, & des Officiers ordinaires du Marquisat d'Annonay, & ce dont a été appellé au néant, & réformant a relaxé ladite B..... des demandes, fins & conclusions contr'elle prises. Ce faisant, l'a maintenue & maintient en la propriété, possession & jouissance de l'hérédité dudit Jourdain son mari, conformément à son Testament du 8 Janvier 1731; faisant Notredite Cour inhibitions & défenses audit Chomel & à ses consorts de, à ce, lui donner aucun trouble, ni empêchement; & à Notredite Cour déclaré & déclare n'y avoir lieu de prononcer sur l'appel & lettres dudit Chomel & consorts, les condamne aux deux tiers des dépens de l'Instance envers ladite B..... chacun comme les concerne, la taxe réservée, l'autre tiers demeurant compensé. Et sera l'amende restituée. M. l'Abbé de Boyer, Rapporteur.

Messieurs

Questions jugées par cet Arrêt.

Messieurs les Juges ne s'arrêterent point à la circonstance relevée par la veuve, que la contravention n'étoit pas spécifique, & que la condition ne pouvoit être enfreinte que par le convol en secondes nôces, qui étoit le cas marqué littéralement & limitativement par le Testateur, & ils crurent que la malversation après l'an du deuil devoit opérer le même effet que le second mariage, par cette raison de la *Novelle* 39, *chap.* 2, *ne amplius habeat castitate luxuria*; mais ils jugerent que la condition ayant un objet particulier & limité pour obliger la veuve à rendre l'hérédité au substitué, cette condition se trouvant évacuée par le prédécès du substitué, & par la caducité de la substitution, il étoit indifférent que la condition eut manqué; ils jugerent encore que la malversation de la veuve après l'an du deuil, ne devoit pas la priver de la succession de son mari.

76. De l'incapacité respective & particulière. Tuteurs, Curateurs, & autres administrateurs à l'égard de leurs mineurs.

Venons à l'incapacité respective & particulière. Quoique les dispositions faites pat les mineurs en faveur de leurs Tuteurs, Curateurs, Gardiens, Baillistres, & autres Administrateurs, jusqu'à ce qu'ils ayent rendu compte, soient prohibées & déclarées nulles par *l'article* 131 *de l'Ordonnance de* 1539, *&* *celle de* 1549, on ne doit pas mettre ces personnes au rang des incapables, parce que réellement il n'y a point en eux d'incapacité personnelle; mais la nullité dérive d'une autre cause, c'est-à-dire, de la puissance qu'ils ont sur l'esprit & les personnes de leurs mineurs, qui forme une présomption de droit, qui n'a pas besoin d'autre preuve, que les dispositions sont extorquées, & qu'elles ne procédent pas de la volonté pure du mineur. Ce n'est donc pas ici le lieu d'examiner les questions qui naissent de l'Ordonnance de 1539, non plus que celles qui naissent de l'extension qu'on lui a donnée, en l'appliquant aux Médecins, Chirurgiens & Apothicaires par rapport aux Malades qu'ils traitent; lorsque les dispositions sont faites aux Juges, Avocats, Procureurs, & Solliciteurs par rapport aux Parties qui ont des Procès actuellement pendans devant les Juges, & dont les Avocats, ou les Procureurs ont la conduite & la direction, aux Pédagogues & Précepteurs par rapport à leurs Ecoliers ou Pensionnaires, aux Maîtres de Métier par rapport aux Apprentifs, aux Confesseurs, ou aux Monastères où ils sont établis, & les autres personnes semblables; d'ailleurs toutes ces questions ont été discutées, & examinées avec beaucoup d'exactitude par *Ricard, des Donations, tom.* 1, *part.* 1, *chap.* 3, *sect.* 9, *Claude de Ferrière, & les autres Commentateurs sur l'article* 276 *de la Coutume de Paris*; *Basnage sur l'ar-*

Des Médecins, Apothicaires, & Chirurgiens à l'égard de leurs Malades.

Des Juges, Avocats & Procureurs à l'égard de leurs Parties.

Des Pédagogues, Précepteurs, Maîtres de Métier, & Maîtres de Pension, Confesseurs & autres semblables.

ticle 434 de la Coutume de Normandie ; Lalande sur l'art. 296 de la Coutume d'Orléans, où il suffit de renvoyer. Nous observerons que nous avons traité la difficulté par rapport aux Avocats & aux Procureurs, dans les questions sur la matière des donations, *quest.* 32. Nous rapporterons ici un Arrêt du Parlement de Toulouse du 10 Mars 1744, qui a confirmé une disposition testamentaire faite par une Malade en faveur de son Médecin, sur des circonstances qui faisoient présumer, que la qualité de Médecin n'avoit pas donné lieu à la disposition, & que la Testatrice pouvoit avoir été déterminée par d'autres motifs d'alliance & d'amitié.

Arrêt en faveur d'un Médecin.

Fait du Procès.

La Dame Elisabeth de Gaillard avoit été mariée avec le sieur Courtial, Professeur de Médecine en la Faculté de Toulouse, & de leur mariage nâquit Françoise Courtial, laquelle fut mariée avec Me. Bertrand Labroquere, Docteur en Médecine à Toulouse; duquel mariage nâquit Raymond Labroquere.

Après le décès de la Dame Courtial, Me. Bertrand Labroquere passa à des secondes nôces. Raymond Labroquere, après avoir pris ses grades en Médecine, s'en alla aux Isles de l'Amérique, où il mourut le 22 Août 1742. Dans le même mois d'Août la Dame de Gaillard tomba malade, elle étoit visitée & soignée par Me. Labroquere, comme son Médecin depuis long-temps. Elle fit son Testament le 30 du même mois d'Août 1742, par lequel elle institua héritier universel Raymond Labroquere son petit-fils; & en cas qu'il décéderoit sans être marié, elle substitua Me. Bertrand Labroquere père de l'héritier, & gendre de la Testatrice, aux biens qu'elle possédoit dans la Juridiction de Montgiscard, & le chargea d'employer le reste de ses biens en œuvres pies & autres usages par elle marqués. La Testatrice mourut dans cette volonté.

Le décès de Raymond Labroquere ayant été connu, Messire Joseph de Gaillard, Avocat du Roi au Bureau des Finances, & Capitoul perpétuel de Toulouse, frère & successeur légitime de la Testatrice, impétra des lettres incidemment à une Instance portée en la Grand'Chambre du Parlement de Toulouse, le 18 Janvier 1744, pour demander la cassation du Testament du 30 Août 1742, & la maintenue en l'hérédité comme héritier.

Raisons du Demandeur en cassation du testament.

La Cause ayant été plaidée à l'Audience de la Grand'-Chambre, Me. Aimar, pour le sieur de Gaillard, dit, que le Testament en question étoit nul par trois moyens. Le premier, parce qu'il avoit été écrit hors la présence de la Testatrice, & dans une autre chambre, ce qui étoit une contravention aux articles 5 & 23 de l'Ordonnance de 1735 ; il offrit la preuve du fait en cas de contestation, & prétendit que la preuve étoit recevable, sans avoir besoin d'attaquer le testament par la voie du faux ; parce que l'usage du Parlement de Toulouse est d'admettre la preuve par Témoins, sans prendre la voie du faux, lorsqu'il s'agit de prouver que le Testateur n'étoit pas en son bon sens lorsqu'il a disposé, quoique le testament énonce que le Testateur étoit en son bon sens, suivant *M. Dolive, liv. 5, chap. 9, M. de Catellan, liv. 2, chap. 34 & 68, & Albert* verb. *testament, chap. 39 de la nouvelle édition* ; que de plus on est reçu en preuve, que le Testateur ne pouvoit pas parler, quoique le testament dise le contraire ; les Arrêts qui l'ont jugé sont rapportés par *M. Maynard, liv 5, chap. 6, M. de Cambolas, liv. 2, chap. 36, & Albert*, verb. *preuve, chap.* 73 ; qu'enfin on admet la preuve que les Témoins ont signé séparément, *M. de Catellan, liv. 2, chap.* 68, ce qui devoit servir de préjugé pour faire admettre la preuve par voie d'Enquête, du fait que le testament avoit été écrit hors la présence de la Testatrice, quoique le testament insinuât le contraire.

Le second moyen du sieur de Gaillard étoit pris de l'incapacité personnelle du sieur Labroquere substitué, à cause de sa qualité de Médecin de la Testatrice, lors de la maladie durant laquelle elle fit sa disposition, & dont elle est décédée. On observoit d'abord, qu'il paroissoit que la Testatrice avoit témoigné par un testament antérieur du premier Août 1736, qu'elle n'avoit aucune intention que le sieur Labroquere père profitât de ses biens, puisque la Dame de Gaillard avoit institué Raymond Labroquere son petit-fils, non-seulement sans faire aucune substitution, ni disposition en faveur du père, mais encore elle avoit expressément prohibé l'administration & l'usufruit au sieur Labroquere père, sur les biens qui devoient être déférés à Raymond Labroquere, en vertu de ce testament ; & de-là on concluoit que la substitution contenue dans le dernier testament, en faveur de Me. Labroquere père, ne pouvoit être que l'effet de l'impression causée par la qualité de Médecin. Ce qui devoit annuller la disposition, comme n'étant pas purement volontaire, & comme extorquée, dans la crainte du péril de la mort, suivant la Loi *Archiatri*, 9, *cod. de Professor. & Medicis*, qui permet aux Médecins de recevoir ce qui leur est offert volontairement des personnes qui se portent bien, mais qui leur défend d'exiger ce que leurs Malades leur promettent, *quos etiam patimur accipere*, *quæ sani offerunt pro obsequiis, non ea quæ periclitantes pro salute promittunt.* Et la Loi 3, *ff. de extraordin. cognit.* déclare nulle une vente faite par un Malade à son Médecin.

D'ailleurs on a appliqué aux Médecins la disposition de l'article 131 de l'Ordonnance de 1539, qui exclut les Tuteurs, Curateurs, & autres Administrateurs, de la faculté de recevoir des libéralités de leurs mineurs, parce que la même raison milite, cette défense étant fondée sur le pouvoir, que les Tuteurs & Curateurs ont sur l'esprit de leurs mineurs, qui fait présumer que les libéralités qui leur sont faites ne sont pas volontaires: or les Médecins ont encore plus d'empire sur l'esprit de leurs Malades, que les Tuteurs & Curateurs n'en ont sur celui de leurs mineurs; aussi les Cours supérieures du Royaume, & notamment le Parlement de Toulouse, ont-elles jugé que les dispositions testamentaires faites par les Malades, en faveur de leurs Médecins, étoient nulles à cause de la présomption d'impression & de suggestion; les Arrêts qui l'ont ainsi jugé sont rapportés par *MM. Maynard, liv. 3, chap. 73, & liv. 9, chap. 12, Cambolas, liv. 2, chap. 3, & liv. 5, chap. 36, & Dolive, liv. 5, chapitre. 19.*

Il est vrai que la Jurisprudence des Arrêts a excepté les Tuteurs & Curateurs, qui se trouvent les plus proches parens du mineur, *M. Maynard, liv. 2, chap. 95*, ou tout au plus ceux qui sont du nombre des plus proches, & qui devront concourir avec d'autres en la succession *ab intestat*, comme l'a jugé l'Arrêt du Parlement de Bordeaux, rapporté par *la Peyrere, lett. T, n. 170*; mais l'exception n'est pas allée plus loin, si-bien que quand le Tuteur, ou son fils, se sont trouvés à un degré plus éloigné, que les autres parens du mineur, les dispositions faites en leur faveur par le mineur ont été déclarées nulles, comme il a été jugé par l'Arrêt rapporté par *M. Maynard, liv. 8, chap. 50.* Le sieur Labroquere ne peut pas se placer dans cette exception, parce qu'il est étranger à la Testatrice, & qu'il n'a aucune qualité pour prétendre part à sa succession *ab intestat.* Il est vrai qu'il étoit son allié, comme ayant épousé en premières nôces la fille de la Testatrice; mais cette alliance étoit rompue par la mort de la Dame Courtial; il n'en restoit même aucune trace, lors du testament du 30 Août 1742, puisque Raymond Labroquere seul enfant procréé de cette alliance, étoit mort avant ce testament, il ne peut donc pas faire valoir la substitution faite en sa faveur en vertu de cette alliance. Le Parlement de Provence l'a jugé ainsi par un Arrêt du 7 Mai 1657, rapporté par *Boniface*, *tom.* 2, *liv.* 1, *tit.* 10, *chap.* 1, qui cassa une donation faite par une malade en faveur de son Apothicaire, quoiqu'il fût mari de sa sœur, & qu'il eût des enfans, qui devoient profiter de la donation. La qualité de Tuteur, Curateur, Médecin, &c. fournit seule une présomption de captation & de suggestion, suivant la remarque des Auteurs, & l'on ne peut détruire cette présomption légale, que quand la qualité de plus proche parent est jointe à celle de Médecin, & soit qu'il s'agisse d'une institution, d'une substitution, ou d'un legs, la nullité est toujours la même, suivant les Arrêts rapportés par *M. de Catellan*, *liv.* 2, *chap.* 77, & par les autres Auteurs.

Le troisième moyen du sieur de Gaillard étoit pris de ce que Raymond Labroquere, héritier institué, étant décédé lorsque le testament fut fait, l'institution étoit inutile : ce qui évacuoit toutes les dispositions y contenues ; parce que le testament, en Pays du Droit écrit, prend sa force de l'institution d'héritier, qui en est la base & le fondement, §. *ante hæredes* 34, *instit. de legatis*, §. 2, *instit. quib. modis testam. infirmentur*, & *leg. un.* §. 3, *cod. de caduc. tollend. Inutile est testamentum in quo nemo hæres instituitur*, ou selon les expressions de la Loi 1, §. dernier, *ff. de vulg. & pupill. substit. sine hæredis institutione nihil in testamento scriptum valet*: & comme l'héritier institué étoit décédé, c'est tout de même que s'il n'y avoit pas eu d'institution, parce que ce qui est laissé à une personne décédée, est regardé comme non écrit, *l.* 4, *ff. de his quæ pro non scriptis habentur.* La substitution faite en faveur du sieur Labroquere père ne peut pas soutenir le testament dont l'institution est caduque, parce qu'elle n'est pas universelle, elle est bornée aux seuls biens possédés par la Testatrice dans la Juridiction de Montgiscard ; voilà pourquoi cette substitution particulière est nulle, bien loin de pouvoir confirmer le testament, parce qu'un Testateur ne peut pas décéder *partim testatus*, *partim intestatus*, *l.* 7, *ff. de Regul. Juris*, & que la substitution particulière ne peut valoir qu'autant qu'il y a un héritier institué qui recueille l'entière hérédité, *si nemo hæreditatem adierit*, *nihil valet ex his*, *quæ testamento scripta sunt*, *l.* 9, *ff. de testam. tutel.*

Réponse du Défenseur, & moyens pour soutenir le Testament.

Me. Desirat pour le sieur Labroquere répondit, que le premier moyen du sieur de Gaillard manquoit dans le fait, parce que le testament porte que la Testatrice avoit dicté sa disposition en présence du Notaire & des Témoins, & qu'elle avoit été écrite à mesure qu'elle avoit été dictée. Voilà pourquoi la preuve offerte par le sieur de Gaillard n'étoit pas recevable, parce que *contra scriptum testimonium, non scriptum testimonium non fertur, l.* 1, *cod. de testib.* & que pour détruire la preuve d'un fait qui résulte d'un acte public, il n'y a d'autre voie que celle de l'inscription en faux : toute preuve testimoniale étant exclue par l'article 2 du titre 20 de l'Ordonnance de 1667. Il importe peu que par la Jurisprudence du Parlement de Toulouse on reçoive la preuve de l'imbécillité du Testateur ; qu'il n'étoit pas en état de parler, lorsque le testament a été fait, & que les Témoins ont signé séparément, cela ne peut rien conclure pour le cas dont il s'agit. D'ailleurs l'Ordonnance de 1735, article 47, n'ayant permis la preuve que des faits de suggestion & captation, sans recourir à la voie du faux, on ne peut plus faire fonds sur la Jurisprudence du Parlement de Toulouse, comme abrogée, du moins pour les faits qui dépendent de la connoissance du Notaire & des Témoins, & qui sont certifiés dans le testament, sans s'inscrire en faux ; parce que le testament qui est un acte public, *est probatio probata*, suivant le langage des Auteurs, contre la foi duquel la preuve testimoniale ne peut pas être admise.

A l'égard du second moyen, il dit qu'à la vérité la qualité de Médecin pouvoit faire présumer, que la disposition du Malade n'étoit pas volontaire, & qu'elle étoit l'effet de l'impression, s'il n'y avoit aucune circonstance, qui pût faire penser que la disposition avoit été faite par le pur mouvement & la volonté de la Testatrice ; mais il n'en est pas de même, quand il y a des circonstances qui peuvent avoir donné lieu à la libéralité ; car, selon la remarque de M. l'Avocat Général Talon, lors de l'Arrêt du 31 Août 1665, rapporté au second tome du Journal des Audiences, liv. 4, chap. 30, *les Médecins, Chirurgiens & Apothicaires n'ont jamais été jugés, par les Arrêts, incapables d'accepter des legs, lorsqu'il s'est rencontré d'autres causes que leur art seul, qui les pouvoient avoir mérités.* Ainsi la Loi & la Jurisprudence qui ont déclaré nulles les dispositions faites par les malades à leurs Médecins, ne pouvoient pas recevoir une juste application à cette espèce particulière, parce que le sieur Labroquere vivoit dans une parfaite union depuis trente ans avec la Dame de Gaillard sa belle-mère. Il étoit sa ressource dans les occasions, il lui avoit souvent prêté de l'argent, il s'étoit chargé de ses affaires, & par ses soins il en avoit procuré un heureux succès ; ce qui lui avoit attiré la reconnoissance de la Dame de Gaillard: & c'est par un effet de cette même reconnoissance qu'elle l'avoit substitué à l'héritier par elle nommé dans son testament.

D'ailleurs, lorsque le testament fut fait le 30 Août 1742, Raymond Labroquere étoit décédé à la vérité huit jours auparavant, mais on ignoroit la mort dans la famille; car son décès étant arrivé dans l'Amérique, deux mille lieues loin de Toulouse, il y avoit une impossibilité physique, que la nouvelle de sa mort fût parvenue à Toulouse dans un espace si court. Or il faut juger de la disposition, eu égard à l'état où se trouvoit la Testatrice. Elle croyoit que son petit-fils étoit vivant, voilà pourquoi elle l'institua héritier. En supposant donc sa vie, la Testatrice ne fit que suivre l'ordre naturel de la succession, en substituant le sieur Labroquere, qui étoit le successeur légitime de son fils, avec même cette différence, que si Raymond Labroquere avoit été vivant lors du décès de la Testatrice, comme on le pensoit, & qu'il fût décédé avant son père, celui-ci auroit dû lui succéder en tous ses biens; au lieu que le sieur Labroquere ne profite, au moyen de la substitution faite en sa faveur, que des biens que la Testatrice possédoit dans la Juridiction de Montgiscard, puisqu'elle le charge d'employer le surplus de ses biens en œuvres pies, & autres causes exprimées dans le testament: ainsi une telle disposition tendoit moins à favoriser le sieur Labroquere, selon l'intention de la Testatrice, qu'à lui ôter la partie la plus considérable de ses biens, en cas que Raymond Labroquere décédéroit avant son père. Il n'est donc pas possible de penser que la qualité de Médecin eût influé en rien sur la disposition de la Dame de Gaillard. Du reste, on ne peut tirer aucune induction utile du testament du premier Août 1736; car, si alors la Testatrice ne fit aucune disposition en faveur de son gendre, on ne peut pas en conclure qu'elle ne l'eût pas substitué librement & volontairement dans le dernier testament; parce qu'*ambulatoria est voluntas usque ad extremum vitæ exitum*, *l.* 4, *ff. de adim. legatis*, & que du moins la Testatrice ne lui ôtoit pas dans le premier testament, l'espérance de la succession légitime, qui auroit pu être plus favorable au sieur Labroquere père, que la substitution contenue dans le dernier testament.

S'il y a des Arrêts anciens qui ont jugé, qu'il ne suffisoit pas d'être parent pour que les Médecins, les Tuteurs & Curateurs pussent recueillir des libéralités de leurs Malades, ou de leurs Mineurs, à moins qu'ils ne fussent les plus proches, ou du nombre des plus proches, il y en a de plus récens, qui ont jugé qu'il suffisoit qu'il y eût une cause probable qui eût pu déterminer la volonté du Testateur, autre que la qualité de Médecin. *Basset*, *tom.* 1, *liv.* 5, *tit.* 1, *chap.* 12, rapporte un Arrêt du Parlement de Grenoble du 15 Mars 1656, qui confirma une institution faite par une femme en faveur de son Apothicaire, parce qu'elle avoit été sa Nourrice. *Soëfve*, *tom.* 2, *centur.* 3, *chap.* 54, rapporte aussi un Arrêt du 18 Janvier 1662, qui confirma un legs de 3000 liv. fait par un malade en faveur de son Médecin, à cause qu'il étoit son parent, quoiqu'il ne fut pas du nombre des successeurs *ab intestat*, *& l'Ordonnance de la Marine du mois d'Août* 1681, *liv.* 3, *tit.* 11, *art.* 3, a adopté cette doctrine, & en a fait une exception à la Règle, lorsqu'elle dit, *ne pourront les mêmes dispositions valoir au profit des Officiers du Vaisseau, s'ils ne sont parens du Testateur.* Cet article s'explique en termes indéfinis, & pour rendre capable une personne qui est incapable des libéralités à cause de sa qualité, il suffit qu'il y ait une cause, qui ait pu déterminer la volonté du Testateur. Il n'exige pas qu'elle soit la plus proche, ni du nombre des plus proches, la parenté suffit à quelque degré qu'elle soit: or, dans l'espèce de cette cause on trouve bien la qualité de Médecin d'une part, il n'auroit pas même convenu que le sieur Labroquere eût réfusé ses services à sa belle-mère; mais on trouve aussi d'autre part l'alliance au premier degré, une amitié qui duroit depuis trente ans, des services d'autre espèce rendus à la Testatrice, & la qualité de père & de seul successeur légitime de l'héritier institué. Dans le concours de ces qualités différentes devra-t-on présumer, que la libéralité est l'effet de l'impression de crainte causée par la qualité de Médecin? Cela ne se peut sans blesser les règles; car la Loi 12, *ff. de reb. dub.* veut que dans le doute on accueille l'interprétation qui fait valoir la disposition, plutôt que celle qui tend à la détruire, *commodissimum est id accipi, quo res de qua agitur, magis valeat quam pereat.* Dans le concours de deux qualités, il est donc naturel de penser, que celle qui peut faire valoir la disposition a déterminé la Testatrice; parce que *maligna est interpretatio quæ actum vitiat*, suivant la remarque de *Denis Godefroy* sur la Loi 126, §. 2, *ff. de verbor. obligat.* que *rapienda est occasio, quæ præbet benignius responsum*, *leg* 168, *ff. de Regul. Juris*, & que selon les expressions de *Brunemanus* sur la Loi *merito* 51, *n.* 4, *ff. pro socio*, *convenit cum præcepto divino, quod omnia in æquiorem, & meliorem partem sint interpretanda, nisi evidentissimè constet contrarium.*

La Loi 9, *ff. de Professor. & Medicis*, ne parle point des libéralités testamentaires faites par les malades à leurs Médecins, elle défend aux Médecins d'exiger des promesses de ceux qui sont en péril de mort, & qui leur confient leur guérison. Et la Loi 3, *ff. de extraordin. cognit.* reprouve l'action d'un Médecin qui avoit obligé son Malade, qui étoit en danger de perdre les yeux, à lui vendre certains héritages, en le menaçant de lui donner des remèdes contraires. Ce qui portoit pour ainsi dire le vice sur le front, & l'on ne se trouve dans aucun de ces cas. Du reste on ne doit pas appliquer aux Médecins l'Ordonnance de 1539, qui n'a été faite que contre les Tuteurs, Curateurs & autres Administrateurs, parce que les Loix pénales ne doivent pas être étendues d'un cas à l'autre, *odia sunt restringenda, favores verò ampliandi.*

On répondoit au troisième moyen pris de la caducité de l'institution, à cause que Raymond Labroquere héritier institué étoit décédé lors du testament, que la substitution qui étoit compendieuse, puisqu'elle étoit faite en cas que l'héritier décéderoit avant de se marier, ce qui embrasse tout le temps de sa vie, devoit faire valoir le testament en vertu de la vulgaire qui s'y trouve comprise; vu que la compendieuse comprend suivant la décision des Auteurs, toutes les différentes espèces de substitutions. Voilà pourquoi encore que le premier degré d'institution fut caduc, le testament devoit être soutenu par la substitution vulgaire qui formoit le second degré, *l. un.* §. 13, *cod. de caduc. tollend. M. Maynard, liv.* 7, *chap.* 10, *Ranchin sur la question* 531 *de Guy-Pape*, & les autres Auteurs. On ne peut pas dire que la substitution faite au profit du sieur Labroquere ne soit que de certains biens particuliers, puisqu'elle est de toute l'hérédité; sauf qu'il est chargé d'employer en œuvres pies ou autres usages marqués par la Testatrice, les biens autres que ceux que la Testatrice possédoit dans la Juridiction de Montgiscard. Il seroit même indifférent que la substitution ne fût que de certains biens, parce que la substitution vulgaire comprise dans la compendieuse étant une seconde institution, elle devroit comprendre l'entière hérédité, *detracta rei mentione*, *l.* 1, §. 4, *leg.* 9, §. 13, *l.* 35, *ff. de hæred. instit. & l.* 13, *cod. eodem.*, & que ce qui est décidé à cet égard pour l'héritier institué en premier rang, doit avoir lieu par rapport au substitué vulgaire, suivant la Loi *cohæredi* 41, §. dernier, *ff. de vulg. & pupill. substit.* parce que, comme disent les Docteurs sur la Loi *in ratione* 11, §. *si filio* 6, *ff. ad leg. falcid. sicut se habet institutio ad institutum, ita se habet ſubſtitutio ad ſubſtitutum.* D'ailleurs ne fut-il queſtion que d'un ſimple fidéicommis, le prédécès de l'héritier, qui étoit ignoré par la Teſtatrice, n'empêcheroit pas que le fidéicommis ne fut bon, ſuivant la Loi 13, §. dernier, & la Loi 14, *ff. de teſtam. militis.*

M. Faget, Avocat Général, ayant conclu pour la validité du teſtament, la Cour rendit Arrêt le 10 Mars 1744, qui, ſans avoir égard aux moyens propoſés par le ſieur de Gaillard, confirma le teſtament avec dépens.

77. Du retranchement ordonné par la Loi *hac edictali, cod. de ſecundis nuptiis.*

A l'égard du retranchement ordonné par la Loi *hac. edictali, cod. de ſecundis nuptiis*, & par l'Édit *des ſecondes nôces*, des libéralités qui ſont faites par les ſeconds conjoints qui ont des enfans du premier mariage, à l'autre conjoint; ce n'eſt pas non plus une incapacité perſonnelle, c'eſt une peine des ſecondes nôces. Ce ſeroit s'écarter de notre ſujet que d'examiner les queſtions qui peuvent naître de cette matière, qui ſe trouve même traitée par pluſieurs Auteurs, principalement par *Ricard des Donations, tom. 1, part. 3, chap. 9*, & par *Claude de Ferriere ſur l'art. 279 de la Coutume de Paris*; ces deux Auteurs ont fait des Commentaires fort étendus ſur l'Édit des ſecondes nôces, où ils examinent toutes les difficultés ſur les principes du Droit Romain, & du Droit François.

78. De l'incapacité produite par la prohibition des Coutumes, qui défendent de diſpoſer d'une portion des propres

Encore moins doit-on mettre au rang des incapacités la prohibition des Coutumes qui ne veulent pas que l'on puiſſe diſpoſer par teſtament d'une partie des propres, & qui la reſervent aux héritiers, & ſucceſſeurs du ſang. Cette prohibition n'a aucun fondement dans le Droit Romain, qui permet au contraire de diſpoſer par teſtament de tous les biens qui appartiennent au Teſtateur, ſans diſtinction des propres d'avec les acquêts, & qui ne reſerve rien pour les parens collatéraux, ſauf lorſqu'une perſonne infâme, & du nombre de celles que la Loi 27, *cod. de inoff. teſtam.* déſigne, eſt inſtituée héritière; auquel cas le Teſtateur doit laiſſer la légitime à ſes frères, ou ſœurs germains ou conſanguins, ainſi que nous l'avons expliqué dans ce chapitre, *ſect. 1, ſur la fin.* Les queſtions qui naiſſent des diſpoſitions réſultant des Coutumes, qui reſervent aux héritiers du ſang les quatre quints, ou autre portion des propres, ſont décidées par *Ricard, des Donations, tome 1, partie 3, chapitre 10, ſection 2.*

De la légitime due aux frères, *turpi perſonna inſtituta.*

79. De l'incapacité entre mariés de s'avantager.

On peut mettre au rang des incapacités particulières & reſpectives celle qui a été introduite par les Coutumes, qui défendent aux mariés, *conſtante matrimonio*, de ſe faire des libéralités autrement que par don mutuel, dont l'étendue & les conditions sont réglées par *l'article 280 de la Coutume de Paris*, & par les autres Coutumes qui sont indiquées par *Claude de Ferriere dans sa Conférence sur cet article.*

80. Disposition de la Coutume de Paris sur ce sujet.

La même Coutume de Paris, *art.* 282, veut que les mariés durant leur mariage ne puissent s'avantager l'un l'autre, par donation entre-vifs, par testament, ou ordonnance de dernière volonté, ni autrement, directement ni indirectement, en quelque manière que ce soit, sinon par don mutuel, tel qu'il est expliqué dans *l'article* 280. Les conjoints ne peuvent non plus donner aux enfans l'un de l'autre d'un premier mariage, en cas qu'ils ayent des enfans communs, ou que l'un d'eux en ait, c'est-à-dire, en cas que le Donateur ou Testateur ait lui-même des enfans, suivant *l'article* 283.

Si l'incapacité s'étend aux enfans du premier lit des conjoints.

81. Autres Coutumes indiquées par Ferrière.

On trouve dans le Commentaire de Claude de Ferriere sur ces articles une indication des Coutumes qui sont conformes ou différentes, & des éclaircissemens sur les questions les plus ordinaires, qui peuvent se présenter. *Ricard* en parle encore dans son Traité des Donations, *tome* 1, *partie* 1, *chapitre* 3, *section* 6. Je me bornerai à examiner deux questions assez impliquées & différemment décidées par les Auteurs. La première consiste à savoir, si lorsque les conjoints domiciliés dans les Pays de Droit écrit, ou dans une Coutume qui permet de s'avantager, les dispositions de l'un en faveur de l'autre doivent avoir leur effet pour les biens qui sont situés dans la Coutume de Paris, ou dans quelqu'autre Coutume, qui défend aux conjoints de s'avantager durant leur mariage, dont néamoins ces Coutumes permettent la disposition par testament. La seconde, les mariés disposant en faveur l'un de l'autre dans une Coutume prohibitive de s'avantager; si cette Coutume empêche l'effet de la disposition pour les biens qui sont situés en Pays de Droit écrit, ou dans des Coutumes qui permettent de se faire des libéralités testamentaires. Ces deux questions sont susceptibles de la même résolution, si l'on ne s'attache qu'à la pureté des règles, parce qu'elles dépendent d'un même principe, savoir si la Coutume prohibitive forme un Statut réel, ou un Statut personnel. Si le Statut est personnel, il ne peut établir qu'une incapacité personnelle attachée à la personne, & qui n'affecte pas les biens. Voilà pourquoi celui des conjoints qui dispose en faveur de l'autre conjoint, peut lui laisser tous les biens dont il a une libre disposition, quoique ces biens soient situés dans des Coutumes qui prohibent aux mariés de

Si les dispositions faites par les conjoints domiciliés en Pays de Droit écrit doivent valoir dans les Coutumes qui prohibent de s'avantager, & *vice versa*.

s'avantager ; parce que *Statuta suo clauduntur territorio ; nec ultra territorium disponunt : statuta enim municipalia numquam disponunt super capacitate aut habilitate eorum qui non sunt in potestate statuti*, suivant *Bartole*, *Paul de Castre*, & les autres Docteurs sur la Loi *cunctos populos*, *cod. de summa Trinitate*, & que d'autre part celui qui est capable ou incapable dans un lieu doit être capable ou incapable par-tout ; parce que la capacité, ou l'incapacité établie par la Loi du domicile doit suivre par-tout la personne. *Et vice versa*, lorsque l'un des conjoints dispose en faveur de l'autre étant domiciliés dans une Coutume qui défend aux mariés de s'avantager, la disposition sera inefficace, même pour les biens situés en Pays de Droit écrit, ou dans les Coutumes qui permettent aux conjoints de s'avantager. Mais il faudra dire tout le contraire, si le Statut, qui porte la prohibition, est réel ; parce que dans ce cas il affecte les biens situés dans son territoire, lesquels doivent être réglés par la Coutume dans le district de laquelle ils sont situés. Tout ceci est fondé sur la distinction faite par *Jean Faber*, *Chopin sur la Coutume de Paris*, *liv.* 2, *tit.* 4, *n.* 6, *Brodeau sur M. Louet*, *lett. C. somm.* 42, *n.* 6, & plusieurs autres, *aut Statutum respicit rem, aut personam ; si rem, tunc inspicitur consuetudo loci ubi res positæ sunt : si personam, consuetudo loci ubi testatur.* La difficulté consiste donc à déterminer la nature du Statut, & s'il est personnel ou réel, ce qui ne peut se faire qu'en examinant les termes dont la Coutume est conçue, & quels sont les motifs de la prohibition. Si elle affecte les biens aux héritiers du sang, & si la prohibition a été faite en leur faveur & à leur considération, ensorte qu'ils en soient l'objet principal, il faut considérer le Statut comme réel, & c'est dans ce cas qu'il me semble qu'on doit suivre l'avis de *M. d'Argentré sur la Coutume de Bretagne*, *art.* 218, *glos.* 6, *n.* 29, *de Nicolas Burgundius ad consuet. Flandriæ*, *tractat.* 1, *n.* 40, *& de Paul Voet*, *de Statutis*, *eorumque concursu*, *sect.* 4, *cap.* 2, *n.* 5, qui décident pour la réalité des Coutumes prohibitives aux mariés de s'avantager, mais non par la raison que Voet allégue, que s'agissant d'une prohibition particulière, & d'une incapacité qui ne regarde pas l'état universel des personnes ; car cette distinction a été condamnée par l'Arrêt du 26 Juillet 1679, rapporté au Journal du Palais. Que si la Coutume n'affecte pas les biens aux héritiers du sang, si ce n'est pas principalement à leur considération, que la prohibition est faite, & si la Coutume a eu pour objet la volonté, l'honneur, & le profit des personnes mariées, pour ne pas les exposer à des persé cutions capables de troubler leur union, afin que leur affection ne fût pas vénale, & que le plus doux ou le plus facile ne fût pas en proie aux désirs déréglés du plus intéressé : pour lesquels motifs le Droit Romain avoit défendu les donations entre-vifs de la part des conjoints entr'eux pendant leur mariage, suivant les Loix 1, 2 & 3, *ff. de donat. inter vir. & uxor.* Il faudroit décider pour la personnalité du Statut, comme l'a fort judicieusement pensé *Coquille dans ses Questions & Réponses sur les articles de sa Coutume, quest.* 131, 135 *&* 227, sur-tout si la même Coutume, qui prohibe les avantages entre mariés, sans affecter les biens aux successeurs légitimes, porte une affectation particulière d'une certaine portion des propres, ou des acquêts au défaut des propres; auquel cas cette affectation spéciale & limitée doit faire comprendre que son intention n'a pas été d'affecter de même aux héritiers du sang, les biens dont elle prohibe la disposition aux conjoints entr'eux, tandis qu'elle permet la disposition des mêmes biens en faveur des personnes autres que les conjoints, ce qui prouve que la prohibition est personnelle, & qu'elle n'affecte en aucune façon les biens. Il y a à la vérité plusieurs Arrêts du Parlement de Paris, rapportés par *Brodeau sur M. Louet, lett. C, somm.* 42, *n.* 6 *&* 7, qui ont jugé que si l'un des mariés domiciliés dans la Coutume de Paris, dispose en faveur de l'autre, la disposition n'est inefficace que pour les biens situés dans le district de cette Coutume, & non pour ceux qui sont situés dans les Pays du Droit écrit, ou dans d'autres Coutumes qui permettent aux mariés de s'avantager; mais ces Arrêts ne se sont départis de la règle qui devoit faire déterminer le contraire, & qui est fondée sur le sentiment d'une foule d'Auteurs cités par *Brodeau* au lieu préallégué, *n.* 5, que par une considération particulière prise de la différence qu'il y a entre la capacité & l'incapacité. La capacité est un état naturel, & par conséquent favorable, au lieu que l'incapacité forme un état accidentel & odieux. De-là vient que quand il s'agit de la capacité, il faut lui donner toute l'étendue dont elle est capable, parce que *favores sunt ampliandi*; mais quand il est question de l'incapacité, il faut la resserrer autant qu'il est possible, parce qu'elle est odieuse, & que *odia sunt restringenda.* Ce qui est autorisé par la décision de *Mascardus de interpret. statutor. conclus.* 6, *n.* 120 *& suivans.*

82. De l'incapacité de la con-

Parmi les Romains le concubinage étant permis, ainsi qu'il est expliqué au Digeste *de concubinis, lib.* 25, *tit.* 7,

cubine & du concubinaire. il n'y avoit aucune incapacité entre ceux qui vivoient ensemble, & qui étoient dans l'habitude du concubinage, *l.* 38, *ff. de donat. inter vir. & uxor. l.* 31, *ff. de donat. l.* 29, *l.* 41, §. 5, & *l.* 49, *ff. de leg.* 3. Il étoit encore permis de faire des libéralités indéfinies aux personnes avec lesquelles on entretenoit un commerce illicite hors du concubinage, *l.* 5, *ff. de donat.*

Capacité indéfinie, suivant le Droit Romain.

83. Restriction de cette capacité par les Novelles.

Par la *Novelle* 89, *chap.* 12, §. 2, il est décidé que l'homme qui a des enfans légitimes ne peut laisser par testament à sa concubine qu'une demi-once, qui est la vingt-quatrième partie de ses biens ; & le §. 4 veut que quand celui qui ne laisse que des parens collatéraux, & qui n'a point d'épouse légitime, décède *ab intestat*, la concubine & les enfans qu'elle a eu du défunt, puissent demander deux onces ou un sixième de ses biens ; mais ce texte ne touche point à la capacité de la concubine pour recevoir des libéralités de la part de celui avec lequel elle vivoit, quand il n'y a point d'enfans légitimes.

84. Des concubines des Soldats.

Il en étoit autrement des femmes avec lesquelles des Soldats étoient en mauvais commerce ; elles etoient incapables de recevoir des libéralités testamentaires de la part des Soldats qui les entretenoient, *mulier in qua turpis suspicio cadere potest, nec in testamento militis aliquid capere potest*, *l. Miles* 41, §. 1, *ff. de testam. Militis*, *l.* 14, *ff. de his quæ ut indign. aufer. & l.* 2, *cod. de donat. inter vir. & uxor.* Le mauvais commerce avec le Soldat produit même une indignité qui, selon la Loi déjà citée, fait appliquer au fisc les dispositions faites au profit de la femme.

85. Usage du Royaume sur la capacité des concubines, & des concubinaires.

Par l'usage du Royaume, on a non-seulement adopté les Loix Romaines, qui déclarent l'incapacité ou l'indignité des dispositions faites par le Soldat à sa concubine appellée *Focaria ;* mais on y regarde la concubine comme incapable des dispositions de la part du concubinaire, quoiqu'il ne soit pas Soldat, & *vice versa :* il y a plusieurs Coutumes qui l'ont expressément ainsi décidé, & entr'autres *celle d'Anjou*, *art.* 342 ; *celle du Maine*, *art.* 354 ; *celle de Tours*, *art.* 296 ; & *celle de Loudun*, *chap.* 25, *art.* 10. L'article 132 de l'Ordonnance de 1629 déclare nulles toutes donations faites à des concubines, & c'est le sentiment de *Lalande sur l'art.* 292 *de la Coutume d'Orléans*, *n.* 30, & *de Ricard*, *des Donations*, *part.* 1, *n.* 408 & *suivans. Charondas*, *liv.* 7, *rép.* 198, rapporte un Arrêt du Parlement de Paris qui casse une donation faite par un concubinaire à sa concubine, & il y en a une infinité d'autres dans les Auteurs : toutefois les dispositions sont résolues quant à la propriété, mais on les laisse subsister en simple usufruit pendant la vie du légataire, *Ricard & Lalande* aux endroits cités.

La raison pourquoi il n'est plus permis, comme il l'étoit par le Droit Romain, de faire des dispositions en faveur de la concubine, *& vice versa*, est, selon la remarque d'*Henris, liv. 5, chap. 2, quest. 12, & de Dupineau sur l'art. 342 de la coutume d'Anjou*, parce que les Loix de notre Religion, & les Constitutions Canoniques défendent le concubinage, qui avoit aussi été défendu par la *Novelle 91 de l'Empereur Léon le Philosophe;* que cette prohibition retranche le reste, & que la cause cessant, pour laquelle on pouvoit disposer en faveur d'une concubine, l'effet doit aussi cesser; cependant les libéralités faites dans ce cas pour alimens sont permises, *Ricard* au lieu cité, *n.* 406, 407, *&* 416. Il est encore permis à celui qui a rendu enceinte une fille, & qui depuis cette faute n'a pas eu avec elle un commerce criminel, de faire des dispositions par testament pour lui tenir lieu de dédommagement, *Brodeau sur* M. *Louet, lett. D. sommaire* 43, *n.* 5, comme aussi les libéralités qui sont faites par le concubinaire, quoiqu'Ecclésiastique, à la fille légitime de sa concubine, sont bonnes, *Soefve, tom.* 1, *centur.* 1, *ch.* 73, V. *le Grand sur la coutume de Troyes, art.* 138, *glos.* 2, *n.* 3, où il explique plusieurs cas, dans lesquels les libéralités faites à des concubines par le concubinaire, ont été confirmées.

86. Raisons pourquoi il n'est pas permis de faire des libéralités aux concubines.

Des libéralités pour alimens faites en faveur de la concubine.

Des libéralités faites à la fille qui a été rendue enceinte.

La Loi *Claudius Seleucus* 13, *ff. de his quæ ut indign. aufer.* décide, que celui qui étant surpris & condamné pour adultère, épouse ensuite celle avec laquelle il a commis l'adultère, quoique non condamnée, ne peut pas l'instituer pour héritière; que la femme ne peut pas non plus instituer son mari, avec lequel elle avoit eu un commerce adultère, & que l'hérédité est appliquée au fisc à cause de l'indignité de l'adultère institué héritier; cela est fondé à la vérité sur ce que le mariage est illicite, & que selon les règles du Droit Romain, lorsque le mariage est illicite, les mariés sont indignes des libéralités qu'ils peuvent se faire, *l.* 4, *cod. de incestis nupt.*

87. Adultères; s'ils peuvent se faire des libéralités, suivant le Droit Romain.

Cependant on a adopté en France la décision de cette Loi 13, quoique spéciale & particulière, & on l'a appliquée au cas où les adultères se feroient des libéralités; ce qui s'observe non-seulement dans les Pays Coutumiers, *selon Ricard, tom. 2, des Donations, part.* 1. *n.* 401 *& suivans, & Brodeau sur M. Louet, lett. D. somm.* 43, mais encore dans les Pays du Droit écrit, suivant *M. Maynard, liv.* 3, *chap.* 14, *& M. de la Roche*, verb. *confiscation, art.* 4, *& liv.* 6, *tit.* 40, *art.* 10. Ce dernier Auteur remarque que cette prohibition a lieu à l'égard des Prêtres

88. Usage de France sur le même sujet.

Des Prêtres & des Gens d'Eglise.

& des Gens d'Eglise ; *Brodeau sur M. Louet* au lieu cité ; *n.* 6, & *Lalande sur la coutume d'Orléans*, *art.* 292, *n.* 30, rapportent plusieurs autorités & Arrêts qui le décident de même, & quoique *M. Maynard*, au lieu cité, dise, que ce qui est ôté à l'adultère est adjugé au fisc, cela ne s'observe plus, & l'on adjuge aux héritiers ou aux successeurs *ab intestat*, ce qui est ôté à l'indigne, comme nous le montrerons dans la section 3, n. 4, du présent chapitre.

Si ce qui est ôté aux adultères est adjugé au fisc.

89. Lorsque le mariage est nul ou illicite, comme ayant été célébré contre les Loix ou les Ordonnances, ou au préjudice de quelqu'empêchement dirimant, les mariés sont incapables de recueillir les libéralités qu'ils se sont faites entr'eux, parce qu'un tel mariage est considéré comme une conjonction illicite ; à moins que les mariés ne fussent dans la bonne foi, & qu'ils n'eussent ignoré l'empêchement : auquel cas celui qui aura été dans la bonne foi, sera capable de recevoir de la part de son conjoint, c'est la décision de la Loi 4, & de la Loi 6, *cod. de incestis & inutil. nupt.* La Loi déjà citée excuse encore les conjoints, *qui ætatis lubrico lapsi sunt*, pourvu que dès qu'ils auront découvert leur erreur, ou qu'ils seront parvenus à un âge légitime, qui doit être sans doute la majorité, ils renoncent à la conjonction illicite : *Quos ita demum legis nostræ laqueis eximi placuit, si aut errore comperto, aut ubi ad legitimos pervenerint annos, conjunctionem hujusmodi sine ulla procrastinatione dirimerint.*

Mariés dont le mariage est nul.

Si l'âge excuse dans ce cas.

90. Il nous reste à parler de l'incapacité des bâtards, que nous diviserons pour l'ordre en sept chefs. Dans le premier, nous examinerons la capacité des bâtards, eu égard à leur père naturel. Dans le second, eu égard à leur mère. Dans le troisième, la capacité des enfans légitimes des bâtards, ou des bâtards des enfans légitimes ou bâtards, eu égard à leurs ayeux. Dans le quatrième, la capacité des pères & mères naturels, eu égard aux libéralités de leurs enfans bâtards. Dans le cinquième, nous parlerons des enfans nés des mariages nuls, ou clandestins, ou contractés *in extremis*, qui, quoique légitimes quant au Sacrement, sont néanmoins considérés comme illégitimes quant aux effets civils. Dans le sixième, nous expliquerons en quoi consiste la capacité des enfans légitimés *per subsequens matrimonium*. Enfin, dans le septième, nous examinerons ce qui regarde les enfans légitimés par rescrit du Prince ; & dans tous ces cas, après avoir expliqué les règles de la Jurisprudence Romaine, nous remarquerons quels sont les usages du Royaume.

Des bâtards & de leur incapacité.

Division de la matière en sept chefs.

91. Les Romains distinguoient les enfans illégitimes ou bâtards

Trois classes

bâtards, & en faisoient trois classes. La première étoit de ceux qui étoient nés d'une concubine que le père gardoit dans sa maison, & qui lui tenoit lieu d'épouse, ainsi qu'il est expliqué dans les Loix du digeste au titre *de concubinis*, par *M. Maynard*, *liv.* 5, *chap.* 30, & par les autres Auteurs. Ceux-ci étoient appellés enfans naturels; c'est de ceux-ci dont il parle dans le titre du code *de naturalib. liberis*, & dans la *Novelle* 89; mais l'Empereur Léon le Philosophe, par sa *Novelle* 91, ayant défendu le concubinage, & abrogé les Loix qui le permettoient, cela a donné occasion à *M. Cujas* de dire dans ses Observations, *lib.* 7, *cap.* 6, qu'on ne connoît plus aujourd'hui les enfans naturels tels que le Droit Romain les désignoit, & que ceux qui naissent d'une concubine sont mis au rang de ceux qui naissent des femmes publiques, & qui étoient appellés *spurii*. *Hodiè concubinatus non legitimæ conjunctioni, sed scortationi deputatur... & nulli hodiè sunt filii naturales*; mais les Novelles de l'Empereur Léon n'ayant pas force de Loi, la réflexion de *M. Cujas* ne peut être soutenue qu'autant que le concubinage se trouve défendu par la Loi divine, & par le Droit Canonique.

des enfans illégitimes chez les Romains.

Enfans naturels nés d'une concubine qui tenoit lieu d'épouse.

Concubinage aboli, ainsi on ne connoît plus ces enfans naturels.

92\. Des enfans illégitimes appellés *spurii*.

La deuxième étoit de ceux qui étoient procréés du commerce avec les personnes appellées *meretrices*, *quæ corporis quæstum faciebant*, ils étoient appellés *spurii* ou *vulgò concepti*, & qui n'avoient point de père certain, *l.* 23, *ff. de statu hominum*.

93\. De ceux qui étoient nés d'une conjonction réprouvée, *ex necessario incesto & damnato coitu aut adulterino*.

La troisième étoit de ceux qui étoient procréés d'une conjonction réprouvée, *ex nefario*, *aut incesto*, *aut damnato coitu*, *Novel.* 89, *cap.* 15, *aut adulterino*. Ceux qui étoient nés d'une personne consacrée à Dieu ou qui avoit été ravie, venoient *ex nefario coitu*; les incestueux étoient procréés de la conjonction entre parens; ceux-là provenoient *ex damnato coitu*, qui naissoient d'un Tuteur & d'une pupille, d'un affranchi & d'une patrone, & d'autre personnes que les Loix prohiboient de se marier ensemble; enfin, les adultérins étoient ceux qui naissoient du commerce avec une personne engagée par les liens du mariage. Les Canonistes mettent au rang des enfans adultérins, les enfans des Prêtres, & des autres personnes engagées dans les Ordres Sacrés.

94\. En France le concubinage n'est ni permis ni toléré, & tous les enfans qui naissent hors du mariage sont bâtards.

En France, où le concubinage n'est ni permis ni toléré, toutes les personnes qui naissent hors du mariage légitime, ou qui ne sont pas légitimées par un mariage subséquent, sont mises au rang des bâtards, suivant *Bacquet*, *du Droit de Bâtardise*, *au chapitre* 1, *& M. Maynard*, *livre* 5, *chapitre* 30, ce qui est fondé sur la Loi divine, &

ſur la diſpoſition du Droit Canonique, ainſi que nous l'avons remarqué.

On n'y connoît que deux eſpèces de bâtards.

On diſtingue donc les bâtards en deux eſpèces ſeulement : les premiers ſont ceux qui ſont nés *ex ſoluto & ſolutâ*. Les ſeconds ſont ceux qui naiſſent d'une conjonction de deux perſonnes incapables de ſe marier enſemble ; on met au rang des premiers ceux qui naiſſent d'une concubine ou d'une femme de mauvaiſe vie indiſtinctement, pourvu qu'elle ſoit libre de contracter mariage avec celui avec lequel elle a un mauvais commerce ; & au rang des ſeconds, on met les adultérins, les inceſtueux & tous les autres. Ces deux eſpèces de bâtards ne different pas même beaucoup entr'eux par rapport à leur capacité de recevoir des libéralités de la part de leurs pères. La différence ne conſiſte guère qu'aux effets de la légitimation par reſcrit du Prince, & en ce que les bâtards de la ſeconde eſpèce ne peuvent pas être légitimés *per ſubſequens matrimonium*, comme nous le verrons bientôt.

Ceux qui ſont nés *ex ſoluto & ſolutâ*.

Et ceux qui ſont nés de toute autre conjonction réprouvée.

95.

En quoi conſiſte l'incapacité des bâtards par rapport à leur père naturel.

Droit ancien du Digeſte.

Droit du Code.

Cela poſé, venons au premier chef concernant la capacité des bâtards par rapport à leurs pères. 1°. Par le Droit ancien du Digeſte, il étoit permis au père d'inſtituer héritier ſon fils naturel, *l. ult. ff. de jure deliberandi* ; il pouvoit encore l'inſtituer cohéritier par portions égales avec un fils légitime, même le ſubſtituer à l'enfant légitime, *l. Lucius 45, ff. de vulg. & pupill.* mais cela fut changé par le Droit du Code. La Loi 2, *cod. de naturalibus, lib.* permet à celui qui en mourant, a des enfans ou autres deſcendans légitimes, ou laiſſe à lui ſurvivant un aſcendant, de laiſſer à ſes enfans naturels & à la concubine leur mère, une once ſeulement, c'eſt-à-dire, un douzième de ſes biens, & tout ce qui leur eſt laiſſé au-delà doit être retranché par les héritiers ou ſucceſſeurs légitimes aſcendans ou deſcendans; mais par la *Loi 8 du même titre*, il étoit permis au père de leur donner juſqu'à la moitié de ſes biens:

96.

Droit des Novelles.

La *Novelle 89, chapitre 12*, a dérogé à la Loi 8, *cod. de naturalibus lib.* & a confirmé la *Loi 2 du même titre*, dans le cas que le défunt laiſſe des deſcendans légitimes ; que s'il ne laiſſe que des aſcendans ou des collatéraux, il lui eſt permis, en donnant la légitime aux aſcendans, de laiſſer le reſte de ſes biens à ſes enfans naturels ; mais s'il décède *ab inteſtat*, laiſſant des enfans légitimes, les enfans naturels n'ont aucune part à la ſucceſſion, ils peuvent ſeulement demander des alimens aux héritiers de leur père naturel ; cependant ſi le père naturel ne laiſſoit que des parens collatéraux, les enfans naturels avoient droit de prendre deux onces ou un sixième de la succession à partager avec leur mère qui devoit avoir autant que tous ses enfans, ce qui avoit été ordonné de même par la *Novelle* 18, *chapitre* 5. La disposition de ces Novelles est rapportée en abrégé dans l'*Auth. nunc soli*, & dans l'*Authent. licet cod. de naturalib. liber.*

97. De ceux qui étoient appellés *spurii & vulgò concepti.*

A l'égard de ceux qui étoient appellés *spurii* ou *vulgò concepti*, ils étoient incapables de toutes sortes de libéralités en propriété de la part de leurs pères, qui ne pouvoient leur laisser que les alimens ou quelque chose tenant la place des alimens, *l.* 5, §. 1, *ff. de agnoscend. & alend. liber.* Il en étoit de même de ceux qui étoient nés d'un mariage injuste ou nul, & qui sont appellés *spurii* dans le §. 12, *instit. de nuptiis*, lesquels sont aussi déclarés incapables de toutes dispositions de la part de leurs pères, *l.* 1, *cod. de naturalib. liber.* aux alimens près.

De ceux qui étoient nés d'un mariage nul.

98. De ceux qui étoient nés *ex nefario & damnato coitu.*

Pour ce qui est des enfans nés *ex nefario, incesto aut damnato, & adulterino coitu*, ils étoient incapables de toutes sortes de libéralités, même à titre d'alimens de la part de leur père; *Novell.* 89, *cap.* 15, *Auth. licet cod. de naturalib. liber. & Auth. ex complexu cod. de incestis, & inutil. nuptiis.*

99. Les enfans naturels & ceux qui étoient appellés *spurii* succédoient à leur mère.

Que les enfans fussent naturels ou bien *spurii & vulgò quæsiti*, de la manière que nous venons de l'expliquer, ils succèdent *ab intestat* ou par testament, à leur mère, qui est toujours certaine, à l'exclusion de tous les autres parens; même en concours avec les enfans légitimes, à moins que la mère ne fût d'une naissance illustre, *leg. si qua illustris* 5, *cod. ad Senatus-Consult. Orphitian. leg.* 1, §. 2, *leg.* 2, §. 1, *ff. ad Senatus-Consult. Tertil. & l.* 2, *ff. unde cognati.* La Loi 29, §. 1, *ff. de inoff. Testam.* décide de même, que le fils qui est du nombre de ceux qui sont appellés *spurii*, a droit de proposer la plainte d'inofficiosité contre le Testament de sa mère; *de inofficioso Testamento matris, spurii quoque dicere possunt.* La *Novelle* 89 ne déroge point à cette Jurisprudence du digeste & du code, par rapport à ces deux espèces de bâtards, on peut néanmoins conclure de cette *Novelle*, que les bâtards de la troisième espèce, & qui étoient nés *ex nefario, incesto vel damnato coitu*, étoient incapables par le Droit Romain, de succéder à la mère par Testament ou *ab intestat*, & que ce qui est ordonné à cet égard pour le père, devoit avoir lieu pour la mère, parce que l'incapacité ne se regle pas tant sur l'incertitude du père que sur le vice de la naissance.

Ils pouvoient proposer la plainte d'inofficiosité contre le Testament de leur mère.

Les enfans nés *ex nefario & damnato coitu* ne succédoient pas à leur mère.

100. Suivant le Droit Canon les enfans adultérins peuvent demander les alimens.

La rigueur du Droit Civil, qui refuse aux bâtards adultérins ou inceſtueux, même les alimens, a été adoucie par l'équité du Droit Canonique, dans le chapitre *cum haberet* 5, *extra de eo qui duxit in matrimonium quam polluit per adulterium*, qui veut que le père ou la mère puiſſent être obligés de fournir ce qui eſt néceſſaire ſelon leurs facultés, pour la nourriture & l'entretien de leurs bâtards adultérins. Pluſieurs Auteurs, & particuliérement *Gudelinus*, *de jure noviſſimo*, *lib.* 1, *cap.* 15, eſtiment que la déciſion du Droit Canon doit être ſuivie comme plus juſte & plus conforme à la nature, préférablement à celle du Droit Civil, comme trop rigoureuſe & trop éloignée des ſentimens d'humanité, n'y ayant pas lieu de traiter avec tant de rigueur des enfans innocens, *qui nihil admiſerunt*, & qui, ſelon les paroles de la Loi 7, *cod. de naturalibus liberis*, *qui alieno laborant vitio*, & qui ne ſont pas indignes de compaſſion & de commiſération, *naſci ex adulterio non eſt ejus culpa qui naſcitur, ſed illius qui generat*, dit le Canon 4, diſtinction 56; c'eſt même l'uſage de preſque toutes les Nations, ſelon la remarque de *Chriſtin. ſur Bugnyon*, des Loix abrogées, *lib.* 1, *ſatyra* 51, *& hoc omnium ferè gentium mores præcipiunt.* Mais le texte des Décrétales déjà cité, ni aucun autre, ne fait aucun changement au Droit Civil, touchant la capacité des autres eſpèces de bâtards.

L'uſage eſt conforme à l'équité du Droit Canon.

101. Quelles ſont les règles du Droit François touchant les bâtards.

Telle eſt la Juriſprudence du Droit Romain au ſujet de la capacité des bâtards, pour recueillir les libéralités de leurs pères & mères, avec la modification du Droit Canonique. Voyons quelles ſont les règles du Droit François & l'uſage du Royaume. Pour ne pas tomber dans la confuſion, & pour mettre cette matière dans ſon véritable jour, & la tirer de l'obſcurité où elle ſemble être plongée par la diverſité des avis des Auteurs, & par la variété des déciſions des Arrêts qui ont été rendus dans les Cours ſupérieures du Royaume, il me ſemble que l'on doit faire une double diſtinction; ſçavoir, de la ſucceſſion teſtamentaire avec la ſucceſſion *ab inteſtat*; & des bâtards nés *ex ſolutâ & ſoluto* avec ceux qui ſont nés d'un adultère ou d'autre conjonction de deux perſonnes qui n'avoient pas la liberté de ſe marier enſemble.

Diſtinction entre la ſucceſſion *ab inteſtat* & les diſpoſitions teſtamentaires.

102. Les bâtards adultérins & autres ſemblables ne ſuccèdent point *ab inteſtat*, à leurs aſcendans ni à leurs collatéraux.

On peut regarder comme une maxime généralement reçue en France, que les bâtards adultérins & autres ſemblables, ne ſuccèdent point *ab inteſtat* à leurs père ou mère, encore moins à leurs autres aſcendans ni aux collatéraux, parce que *neque genus neque gentem habent*, & que le vice de leur naiſſance les exclut de toute ſucceſſion, même à l'égard de leur mère, & il n'y a aucun Parlement en France qui ne le juge de même.

A l'égard des enfans nés *ex ſoluto & ſolutâ*, on peut auſſi regarder comme une maxime généralement reçue, que les bâtards ne ſuccèdent pas à leur père, ni à leurs autres aſcendans ou parens paternels; ils ne ſuccèdent pas non plus *ab inteſtat* à leur mère; ni aux aſcendans ou parens maternels, ſi l'on excepte le Parlement de Grenoble, où le ſimple bâtard ſuccède *ab inteſtat* à ſa mère & à ſon ayeule maternelle; il peut même demander une légitime, ou ſupplément quand la mère a diſpoſé par teſtament. Les Arrêts de ce Parlement qui le jugent ainſi, ſont rapportés par *Guy-Pape, queſtion* 280; *M. Expilly, plaidoyer* 17; *Chorier, dans la Juriſprudence de Guy-Pape, page* 199, *& Baſſet, tome* 2, *liv.* 4, *tit.* 12, *chap.* 3. 103.

103. Des enfans nés *ex ſoluto & ſolutâ*, & qu'ils ne ſuccèdent pas *ab inteſtat* à leur père ni aux autres parens paternels.

Il y a en effet pluſieurs Coutumes qui excluent le bâtard de la ſucceſſion *ab inteſtat* de leur père & mère. La Coutume de Paris, article 158, le ſuppoſe comme une maxime reçue. Lorſqu'elle dit: *Qui n'eſt habile à ſuccéder, comme le bâtard, ne peut venir au retrait.* L'article 3 du titre 8 de la Coutume de Bourgogne, porte: *Le bâtard ou bâtarde ne vient point* ab inteſtat *à la ſucceſſion de père ni de mère.* Celle de Poitou, article 297, dit: *Les bâtards ne ſuccèdent à père ne à mère.* Celle de Bretagne article 450: *Le bâtard ne ſuccède à ſes père ne mère.* Par celle de Bourbonnois, art. 185, *bâtards ne ſuccèdent* ab inteſtat, *ni par teſtament à leurs parens & lignagers, de quelqu'eſtoc qu'ils ſoient.* Pluſieurs autres Coutumes qui ſont indiquées par *Taiſand*, ſur celle de Bourgogne, & par M. *Auroux des Pommiers*, ſur celle de Bourbonnois, renferment une pareille excluſion de la ſucceſſion *ab inteſtat*.

104. Coutumes qui excluent les bâtards de la ſucceſſion *ab inteſtat*.

Tous les Auteurs du Droit Coutumier & du Droit écrit atteſtent cette Coutume générale, & aſſurent qu'elle s'obſerve dans tout le Royaume. *Argentré ſur l'article cité de la Coutume de Bretagne, gloſe* 2. *Chaſſanée ſur celle de Bourgogne, rubriq.* 8, §. 3. *Taiſand, ſur la même Coutume, titre* 8, *article* 1, *notes* 3 *&* 4. *Mazuer, au titre des Succeſſions, nombre* 36. *Rebuffe, ſur les Ordonnances* in proëmio, *gloſe* 5, *nombre* 68. *Bugnyon, des Loix abrogées, liv.* 1, *chapitre* 18. *Bacquet, du Droit de bâtardiſe, chapitre* 2. *Benedicti, ſur le chapitre* Raynut. *Ranchin ſur la queſtion* 280 *de Guy-Pape. M. Maynard, livre* 5, *chap.* 30; *livre* 8, *chapitre* 49, *& liv.* 9, *chapitre* 34. *M. Duranty, queſtion* 19. *M. Dolive, livre* 5, *chap.* 34. *Mornac ſur la Loi* 29, §. 1, ff. de inoff. Teſtam. *Henrys, liv.* 6, *queſt.* 9, & une foule d'autres cités par *Brodeau ſur M.*

105. Auteurs qui décident dans les Pays Coutumiers & de Droit écrit, que les bâtards ne ſuccèdent pas *ab inteſtat*.

Louet, lettre D. sommaire 1, *nombre* 21 ; il eſt même remarquable que *M. Dolive* rapporte un Arrêt qui déclare le fils naturel incapable de la ſucceſſion *ab inteſtat* de ſa mère.

106. De l'incapacité des bâtards de recevoir en France des libéralités teſtamentaires.

Par rapport à la ſucceſſion teſtamentaire & à la faculté de recevoir des libéralités par teſtament, on tient pour maxime dans tout le Royaume, même au Parlement de Grenoble, que les enfans adultérins & les autres bâtards de même eſpèce, & qui ne ſont pas nés *ex ſoluto & ſolutâ*, ne ſont capables que des alimens ou de quelque libéralité qui tienne lieu d'alimens ; on s'eſt éloigné à cet égard de la rigueur du Droit civil, pour ſe conformer à la douceur & à l'équité du Droit Canonique; mais les libéralités exceſſives ſont retranchées & réduites à la meſure des alimens. *Loyſel dans ſes Inſtitutes Coutumières*, en a fait une *règle livre* 1, *titre* 1, *reg.* 41 *&* 43. *L'on juge*, dit cet Auteur, *que qui fait l'enfant doit le nourrir. M. Louet & Brodeau, lettre A. ſommaire* 4, *lettre B. ſommaire* 1, *lettre D. ſommaire* 1. *Bacquet, du Droit de Bâtardiſe, chapitre* 3 ; *Lalande ſur la Coutume d'Orléans, article* 292, *nombre* 34 ; *Baſſet*, au lieu cité ; *Automne, ſur l'article* 73 *de la coutume de Bordeaux* ; *M. Maynard, livre* 6, *chapitres* 13 *&* 14, *M. de Catellan, livre* 2, *chapitre* 95, *& livre* 4, *chapitre* 23, *& M. Raviot, dans ſes obſervations ſur les Queſtions de Perrier, queſt.* 342, *nombre* 5.

Les libéralités exceſſives ſont réduites à la meſure des alimens.

107. De la capacité des bâtards nés *ex ſoluto & ſolutâ*.

Il y a une très-grande variété dans la Juriſprudence des Arrêts, au ſujet de la capacité des bâtards nés *ex ſoluto & ſolutâ* hors des Coutumes qui ne réglent pas cette capacité.

108. De la Coutume de Bourbonnois.

La coutume de Bourbonnois, article 185, & quelques autres qui ſont rapportées par *M. Auroux des Pommiers* ſur cet article, déclarent cette eſpèce de bâtards incapables des ſucceſſions teſtamentaires, tout comme de celles qui ſont déférées *ab inteſtat*, & il y a pluſieurs Auteurs qui ont ſoutenu que c'étoit une maxime dans tout le Royaume.

109. De la Coutume d'Auvergne.

L'article 47 *du chapitre* 14 *de la coutume d'Auvergne*, porte : *En faveur & en contrat de mariage, on peut faire toutes donations & diſpoſitions par convenance de ſuccéder ou autrement au profit de ſon bâtard contractant mariage* dempta legitima.

110. De celle de Bretagne.

Celle de *Bretagne, article* 476, ne permet au père de donner à ſon bâtard que par uſufruit ſeulement, pour alimens, nourriture & entretien.

111. De celle de Tours.

Selon *l'article* 242 *de la coutume de Tours*, on peut donner à ſon bâtard, tant entre-vifs que par teſtament, la quatrième partie de ſes acquêts, à vie ſeulement, & tous ſes meubles à perpétuité.

Celle *de Melun*, *article* 298, déclare le bâtard capable de recevoir des dons de la part de ſes père ou mère & autres parens, comme une perſonne étrangère, pourvu que les dons ne ſoient pas exceſſifs & immenſes. 112. De celle de Melun.

L'article 116 *de celle de Sedan*, ne permet au père de donner à ſon bâtard, que la ſixième partie de ſes meubles & conquêts immeubles, à la charge de retour au profit des héritiers du Donateur, en cas que l'héritier meurt ſans enfans. 113. De celle de Sedan.

Et l'article 297 *de la coutume de Poitou*, après avoir dit que les bâtards ne ſuccèdent à père ni à mère, ajoute : *toutefois le père & la mère, pour les alimenter, nourrir, & entretenir ſelon leur état, leur peuvent faire donation.* 114. De celle de Poitou.

La coutume de Bourgogne, *article* 8, *titre* 3, qui exclut ſimplement les bâtards de la ſucceſſion *ab inteſtat* de leur père & mère, ſemble les déclarer capables des ſucceſſions teſtamentaires, par l'argument des contraires, & la règle *incluſio unius eſt excluſio alterius*; cependant on l'a expliquée avec diſtinction; car ſi le défunt laiſſe des enfans légitimes, il ne peut pas inſtituer ſon bâtard, lorſque le fils légitime n'abſtient point de l'hérédité paternelle; que s'il en abſtient, ou ſi le père naturel ne laiſſe point d'enfant légitime, il peut valablement inſtituer ſon bâtard, & il en eſt de même de la mère, ſuivant *Taiſand ſur cet article*, *note* 2, *& M. Raviot ſur les Queſtions de Perrier*, *queſtion* 342, *nombre* 4, *tome* 2. 115. De celle de Bourgogne.

Brodeau ſur M. Louet, *lettre D. ſommaire* 1; *Ricard des Donations*, *tom.* 1, *part.* 1, *nombres* 429 *& ſuivans*; *Claude de Ferriere*, *ſur la Novelle* 89, *chapitre* 15; *Lalande*, *ſur l'article* 292 *de la coutume d'Orléans*, *nombres* 36 *&* 37, qui ont rapporté les Arrêts du Parlement de Paris qu'ils ont vu rendre, ou rappellé ceux qu'ils ont trouvés dans les Arreſtographes, ont remarqué que la Juriſprudence avoit varié; certains Arrêts ont jugé que les bâtards, autres que les adultérins ou inceſtueux, étoient capables de toutes ſortes de donations & de diſpoſitions, même à titre univerſel; c'eſt-à-dire, de tous les biens dont le père naturel avoit la liberté de diſpoſer, ſuivant les Coutumes, ce qui s'entend néanmoins, en défaut d'enfans légitimes; car ſelon la remarque de *Lalande* au lieu cité, *nombre* 35, l'uſage de France eſt de permettre aux pères naturels qui ont des enfans légitimes, de faire à leurs ſimples bâtards quelque petit legs, à l'exemple du Droit Romain, qui permet au père de teſter en leur faveur d'une douzième partie de ſes biens. 116. Auteurs qui ont traité la queſtion de la capacité des bâtards nés *ex ſoluto & ſolutâ*. Variété dans la Juriſprudence des Arrêts.

Le premier Arrêt qui a déclaré les bâtards capables des 117. Détail de ces Arrêts.

dispositions universelles de la part de leurs père & mère ; a été donné en la Coutume d'Auxerre le 27 Mars 1584, & fut prononcé en robes rouges. Le second est du 5 Février 1614. Le troisième du 25 Mai 1618. Le quatrième donné à l'Audience de la Grand'Chambre, le 9 Mars 1648, au rôle de Paris, rapporté *au tome 1 du Journal des Audiences*. Le cinquième du 8 Mars 1652, rendu sur les conclusions de M. l'Avocat Général Talon, qui dit que les Bâtards étoient capables de toutes sortes de legs & de donations, sans que pour cet effet, il fut besoin de lettres de légitimation. Le sixième fut prononcé à huis clos le Samedi 17 Juillet 1655, conformément aux conclusions de M. l'Avocat Général Bignon.

118. Changement de Jurisprudence par les Arrêts postérieurs qui ont déclaré les simples bâtards incapables des dispositions universelles.

Les Arrêts postérieurs ont changé cette Jurisprudence, & ont jugé que les simples bâtards étoient incapables des dispositions universelles de la part de leurs père & mère. Le premier a été rendu à l'Audience de la Grand'Chambre, au rôle de Paris, conformément aux conclusions de M. l'Avocat Général Talon, qui dit qu'il y avoit lieu de remettre les choses dans les règles, en réduisant les legs universels faits aux bâtards.

119. Suite.

Le second a été rendu à l'Audience de relevée le 26 Mai 1656, par lequel le legs universel fait par la mère à sa fille naturelle de la somme de 18000 liv. tous ses biens ne montant pas à 12000 liv. fut réduit à 8000 livres.

120. Suite.

Le troisième est du 14 Juillet 1661, donné à l'Audience de la Grand'Chambre, par lequel un legs de 60000 livres fait par une mère à sa fille naturelle, fut réduit à 12000 livres.

121. Si la disposition particulière est réduite quand elle est trop considérable, eu égard aux facultés du Testateur.

Mais quoique le legs, lorsqu'il est particulier, soit considérable, il n'est pas néanmoins réduit, si les biens du défunt peuvent le supporter; comme il fut jugé par Arrêt du 19 Mai 1663, rapporté *au Journal des Audiences tom.* 2, par lequel Arrêt un legs particulier de la somme de 600000 liv. fait par M. Hinselin, Contrôleur de la Chambre aux deniers, à son fils naturel, fut confirmé, conformément aux conclusions de M. l'Avocat Général Bignon, qui représenta que le Testateur avoit laissé beaucoup plus de biens, & qu'il s'agissoit d'un legs particulier dont les bâtards sont capables.

122. Raisons pourquoi les bâtards ne sont pas capables des dispositions universelles.

Ferriere au lieu cité observe que l'on tient au Palais que les bâtards ne sont point capables des dispositions universelles de la part de leurs père ou mère, parce que c'est un titre d'honneur, dont ceux que la naissance couvre d'infamie, sont incapables, ce qui peut être fondé sur des raisons d'Etat & de politique, pour détourner les hommes du concubinage, & pour les engager à se borner à des conjonctions légitimes, *& ita ut potius legitimorum liberorum procreationi studeant*, le Public ayant intérêt à la conservation des familles par le moyen des mariages légitimes. Le Parlement de Paris réduit même les legs particuliers d'une certaine somme, quand elle est excessive, eu égard aux biens que le Testateur a laissés ; & par un Arrêt du 28 Mai 1709, rapporté par *Augeard*, *tome 2*, *chapitre* 87, une Sentence qui réduit à 10000 l. un legs de 20000 liv. fait par un père qui n'avoit que 42000 liv. d'effets mobiliers, à son fils naturel, fut confirmée conformément aux conclusions de M. l'Avocat-Général Guillaume de Lamoignon.

Réduction des legs particuliers quand ils sont excessifs, eu égard aux biens du Testateur.

Cette Jurisprudence, qui, à mon avis, est plus conforme aux mœurs des Chrétiens & à la Loi Divine, qui abhorrent toute conjonction illicite, doit faire regarder comme odieux, tous ceux qui en proviennent, peut même être autorisée par une autre raison tirée de la Déclaration du Roi du 26 Novembre 1639, articles 5 & 6, & de l'article 8 de l'Édit du mois de Mars 1697, qui veulent que les enfans nés des mariages que les mariés tiendront cachés pendant leur vie, & que les enfans nés d'un commerce illicite, quoique les personnes se marient ensemble à l'extrêmité de leur vie, soient incapables de toutes successions de leurs pères & mères. Or si le mariage, quand il est clandestin, ou quand il est contracté *in extremis*, quoique bon quant au Sacrement, n'empêche pas que les enfans ne soient incapables de toutes sortes de successions, c'est-à-dire, tant testamentaires qu'*ab intestat* ; à plus forte raison les bâtards qui n'ont en leur faveur ni mariage, ni ombre de mariage pour couvrir le vice de leur naissance, doivent-ils être déclarés incapables des successions testamentaires, & des libéralités à titre universel, & d'institution ; car il ne seroit pas raisonnable de penser que le mariage contracté *in extremis* après une longue malversation, rende la condition des enfans plus odieuse ; le vice est dans la malversation, & non dans le mariage, qui est toujours saint & sacré dans quelque circonstance qu'il soit légitimement célébré ; le mariage n'opère pas à la vérité, l'effet de la légitimation quant aux effets civils ; mais il ne fait que laisser les enfans dans le même état d'incapacité où ils étoient auparavant : Ainsi, la vigueur de la Déclaration & de l'Édit n'est fondée que sur la maxime du Royaume, qui déclare les enfans nés d'une conjonction illégitime, incapables de recueillir des

123. Cette dernière Jurisprudence est la plus conforme à nos mœurs.

Est autorisée par l'Ordonnance de 1639, & par l'Edit de 1697.

Les vrais bâtards ne doivent pas être traités plus favorablement que ceux qui ont en leur faveur l'ombre d'un mariage.

institutions & des successions de la part de leurs pères & mères. A l'égard des enfans nés d'un mariage tenu caché, ce n'est pas en haine du mariage, ni de l'abus que les mariés font du Sacrement qu'ils cachent, que les enfans qui en proviennent sont déclarés incapables des effets civils; mais à cause du scandale que peut causer la fréquentation des mariés, qui ne passent pas pour tels dans le Public, & de la grossesse de la femme qu'on ignore être mariée, comme le remarque le Cardinal *Cajetan, in quæstion. quod liberalib. de matrimonio, quæst. 5 : usus autem clandestini conjugii annexum habet scandalum vitæ socialis, dum scitur commisceri personas quæ nesciuntur conjuges, nec etiam sine scandalo appareret mulier gravida & proles fieret*; car du reste, le mariage caché & son usage n'ont rien d'illicite, *clandestinum conjugium cum ejus usu habet omnia requisita ad substantialia conjugii, & ejus actus, propter hoc dicitur quod neutrum est secundum se malum*, ainsi que s'explique le même Théologien au lieu cité.

124. La raison tirée de l'Ordonnance de 1699 & de l'Edit de 1697 est la plus solide qu'on puisse opposer à ceux qui prétendent que le Droit Romain n'est pas abrogé en France.

C'est à mon sens la raison la plus solide que l'on puisse opposer à ceux qui prétendent que le Droit Romain n'a été abrogé par aucune Loi générale du Royaume, & que les maximes du Droit Coutumier ne peuvent pas avoir lieu dans les Pays du Droit écrit, pour abroger les Loix qui veulent que les bâtards puissent succéder à leurs mères, & recueillir les libéralités qui leur sont faites par leur père, selon la règle & la mesure prescrites dans les différentes hypothèses par le Droit Romain; car les mariages tenus cachés pendant la vie des mariés, ne laissent pas d'être bons, & de rendre légitimes les enfans qui en naissent. La Déclaration de 1639, ne touche point à la validité du Sacrement; mais elle met les enfans au niveau de ceux qui seroient nés *ex soluto & solutâ*, comme s'il n'y avoit point de mariage, qui est réputé invalide quant aux effets civils.

125 Et met ces enfans au niveau de ceux qui naissent hors du mariage.

La Loi du Prince ne fait autre chose que mettre les enfans nés de tels mariages au niveau de ceux qui naissent hors du mariage. Si donc les enfans nés du mariage caché & clandestin, simplement mis au niveau des bâtards, sont déclarés incapables de toutes successions; c'est-à-dire, de la succession testamentaire comme de la succession *ab intestat* de leurs parens, n'est-il pas clair que son intention est de déclarer à plus forte raison, les enfans nés hors du mariage encore plus incapables des successions de leurs pères & mères; car il ne seroit pas raisonnable de dire que les enfans nés sous l'ombre d'un mariage, bon quant au Sacrement, & d'une conjonction approuvée & non criminelle, doivent être traités plus sévèrement que ceux qui sont nés hors du mariage, & d'une conjonction illicite & condamnée par les Loix de l'Eglise. Ainsi, il me semble qu'il ne peut y avoir aujourd'hui sur ce point, à suivre exactement les règles, qu'une seule façon de juger, même dans les Pays du Droit écrit, & que les simples bâtards doivent être déclarés incapables, non-seulement des successions *ab intestat*, mais encore des dispositions testamentaires à titre universel de la part de leurs pères & mères; c'est à quoi aucun Auteur, du moins de ceux que j'ai lus, n'a jamais fait attention.

Conclusion que dans tout le Royaume les bâtards simples sont incapables des successions *ab intestat* & testamentaires de leurs ascendans.

126. Usage conforme du Parlement de Toulouse.

Le Parlement de Toulouse a toujours suivi cette Jurisprudence, même avant la déclaration de 1639. *M. Dolive*, *livre* 5, *chapitre* 34, atteste cet usage relatif à la Coutume générale de France, qui en réprouvant le concubinage, déclare toutes sortes de bâtards incapables des successions testamentaires & légitimes de leurs pères, sauf de pouvoir recueillir le fruit de quelque legs médiocre pour le soutien de leur vie. Cet usage est encore attesté par *M. de Catellan*, *livre* 2, *chapitre* 95 : Ce Parlement juge encore, en se conformant à la déclaration de 1639 & à l'Édit de 1697, que les enfans incapables des effets civils, quoique légitimés par un mariage subséquent contracté *in extremis*, sont néanmoins incapables d'un legs fait avec le titre honorable d'institution; nous rapporterons ci-après, *nombres* 163 & suivans, un Arrêt d'Audience du 6 Septembre 1708, qui l'a ainsi jugé.

127. Arrêt du Parlement de Provence.

Boniface, *tome* 5, *livre* 1, *titre* 23, *chapitre* 1, rapporte un Arrêt du Parlement de Provence du 23 Février 1672, qui a déclaré une fille bâtarde incapable de la succession de sa mère, qui l'avoit instituée héritière par son testament, & lui adjugea une troisième partie des biens pour sa dotation.

128. Du bâtard du fils légitime ou du fils légitime ou illégitime.

Du bâtard par rapport à l'ayeul.

Décision du Droit Romain sur ces difficultés.

La Loi dernière, *cod. de naturalibus liberis*, propose & décide les deux difficultés qui font le sujet du troisième chef que nous avons annoncé, & veut que l'ayeul puisse laisser tous ses biens au bâtard simple de son fils légitime, ou au fils légitime ou bâtard de son bâtard. En voici l'espèce : *Titius* avoit un fils légitime nommé *Mœvius*; celui-ci a eu d'une concubine *domi retenta*, un enfant naturel nommé *Sempronius*, & est ensuite décédé laissant à lui survivant *Titius* son père, *Sempronius* son fils naturel. On demande si *Titius* ayeul, peut laisser par testament, tous ses biens, ou une portion de l'universalité à *Sempronius* son petit-fils *ex filio præmortuo*. C'est la première difficulté.

129. Suite.

On demande encore si *Titius* qui avoit un fils naturel

d'une concubine *domi retenta*, & ce fils ayant un fils légitime, ou bien un fils naturel d'une concubine *domi retenta*, peut laisser par testament tous ses biens au petit-fils légitime ou naturel *ex filio naturali*. C'est la deuxième difficulté, qui comme l'on voit, embrasse deux cas; savoir, celui de l'état légitime du fils du simple bâtard, & celui du bâtard simple du simple bâtard.

130. Suite. L'Empereur Justinien dit qu'il n'y a aucune nécessité à l'ayeul de rien laisser à son petit-fils naturel né de son fils légitime, ni au petit-fils naturel, ou légitime, né du fils naturel; mais que si l'ayeul n'a point d'enfant légitime, il lui est permis de laisser tous ses biens au petit-fils bâtard ou légitime né du fils légitime ou bâtard du Testateur.

131. Suite. Il est remarquable que dans le temps que cette Loi fut portée, il n'étoit permis au père naturel de laisser à son fils que deux onces ou un sixième de ses biens, *l.* 8, *cod. de naturalib. lib.* Mais comme la prohibition qui subsistoit alors, & qui fut ensuite corrigée par la *Novelle* 89, *chapitre* 12, n'étoit fondée que sur une raison qui regardoit le père & non le fils; c'est-à-dire, pour réprimer le vice du père, *quia vitium paternum refrenandum esse existimavimus*. L'Empereur déclare que cette prohibition ne s'étend point au petit fils, *in nepotibus autem non eadem observatio in præfatis speciebus custodienda est, ubi legitima soboles minimè facit impedimentum.*

La prohibition de donner au fils ne s'étend pas au petit-fils par le Droit Romain.

132. *Quid* si le Testateur laisse des enfans légitimes. Mais si le Testateur laisse un, ou plusieurs enfans ou descendans légitimes, alors la défense portée par les Loix, de donner au fils naturel, doit avoir lieu à l'égard du petit-fils, dans les trois cas exprimés ci-dessus, *ea enim subsistente* (*legitima sobole*) *veterum constitutionum tenorem in naturalibus filiis statutum, in nepotes extendimus.*

133. Observation sur la décision de la Loi Romaine. Il faut encore prendre garde à deux choses. La première, que la liberté de donner indéfiniment au petit-fils dans les trois cas mentionnés dans la Loi, ne doit avoir lieu qu'en faveur des petits-fils qui sont vraiment naturels ou nés d'un père vraiment enfant naturel, dans le sens du Droit Romain, & que s'ils sont nés d'une autre conjonction, adultérine, inceftueuse, ou seulement *ex meretrice*, ensorte que le fils ou le petit-fils puissent être mis au rang des enfans appellés *spurii*, cette liberté accordée à l'ayeul, de donner indéfiniment au petit-fils, cesse.

Première observation. La Loi ne parle que des enfans vraiment naturels dans le sens du Droit Romain.

134. Deuxième La seconde, que l'Empereur n'entend pas déclarer les pe-

tits-fils, dans le cas de cette Loi, capables de la succession *ab intestat* de leur ayeul, & des autres ascendans, ni de celle des parens collatéraux; il déclare seulement les petits-fils capables de recueillir toutes les libéralités testamentaires, même à titre universel, dont l'ayeul voudra le gratifier, *sed hoc in his tantummodo sancimus, in quibus voluntate aliquid consecuti sunt. Jura etenim ab intestato in avi successionem nemini eorum penitùs aperimus.*

observation. La Loi ne déclare pas les petits-fils capables de succéder *ab intestat* à leur ayeul ni aux collatéraux.

135. Si la même décision a lieu par rapport au bisayeul.

Mais la permission accordée à l'ayeul de donner indéfiniment à ses petits-fils nonobstant la simple bâtardise, doit avoir lieu par rapport au bisayeul & tout autre ascendant par rapport aux parens collatéraux, *& hæc non solum eis accedere censemus à substantia avi paterni naturalis, sed etiam pro avi, vel ejus cognationis.* Toutes les dispositions de cette Loi ont été confirmées par la Novelle 89, chapitre 12 *in fine*, dans ces paroles, *de nepotibus enim naturalibus, quæ jam à nobis specialiter etiam de ipsis disposita sunt, obtineant.*

136. Variété dans la Jurisprudence du Parlement de Toulouse sur ces questions. Si l'ayeul peut instituer le bâtard de son fils légitime.

Le Parlement de Toulouse a suivi quelquefois la disposition de la Loi dont nous avons fait l'analise; en d'autres occasions il s'en est écarté, en jugeant tantôt que l'ayeul peut instituer le fils légitime de son bâtard né *ex soluto & solutâ, M. la Roche & Graverol, livre* 6, *titre* 40, *article* 8, tantôt qu'il ne le peut pas, *la Roche & Graverol*, verb. *bâtards, article* 4, *livre* 1, *& livre* 6, *titre* 21, *article* 2; ainsi, sa Jurisprudence n'est pas uniforme sur ce point; mais il n'y a point de variété dans la Jurisprudence de ce Parlement, par rapport à la capacité du bâtard du fils légitime: il juge donc que l'ayeul peut instituer le bâtard de son fils légitime, *M. de Cambolas, livre* 1, *chapitre* 1, *& M. Dolive, livre* 5, *chapitre* 34, pourvu que l'ayeul n'ait point d'enfans légitimes, *Graverol, & M. de Cambolas*, aux lieux cités. C'est aussi le sentiment de *Dumoulin sur les Conseils d'Alexandre, Conseil* 74, *vol.* 3.

137. Si l'ayeul peut instituer le fils légitime de son bâtard adultérin, ou d'une autre conjonction réprouvée.

Il juge encore que l'ayeul ne peut pas instituer le fils légitime de son bâtard adultérin, ou qui est né du commerce d'un homme engagé dans les Ordres Sacrés, *M. Maynard, livre* 5, *chapitres* 29 *&* 30, *& livre* 6, *chap.* 13; *M. de la Roche, livre* 6, *titre* 40, *art.* 16 *&* 18, *& M. de Cambolas, livre* 1, *chapitre* 1; il ne peut pas même lui faire un legs modique. C'est ainsi que l'a préjugé un Arrêt rapporté par *M. de Catellan, livre* 2, *chapitre* 95, pour un legs d'une somme de 300 livres fait par un Prêtre en faveur d'un enfant légitime de sa bâtarde. *Dumoulin*, au lieu cité, est du même avis, sauf qu'il pense que l'ayeul peut laisser quelque chose à titre d'alimens au

Avis de Dumoulin touchant les alimens.

fils légitime de son bâtard adultérin, ou incestueux.

138. Sentiment de Ricard, si l'incapacité du fils adultérin passe à son fils légitime.

Ricard, des Donations, tome 1, part. 1, nombre 419, estime que l'incapacité du fils adultérin ou incestueux, de recevoir de la part de son père, s'étend au petit-fils, quoique né *ex legitimo matrimonio*. Cette décision est même la plus conforme à l'esprit du Droit Romain & aux règles du Droit François; cependant *Henrys, livre 6, quest. 10*, rapporte un Arrêt du Parlement de Paris du 21 Avril 1637, qui confirme une donation faite par l'ayeul aux enfans légitimes d'une fille adultérine, qui avoit été mariée & dotée par son père d'une somme de 15000 liv. Il est vrai que cette fille avoit été légitimée par rescrit du Prince, & que c'est par cette circonstance que *Ricard* croit que cet Arrêt ne doit pas être tiré à conséquence; mais la légitimation par rescrit ne pouvant rien opérer pour rendre les bâtards adultérins capables de succession ni de plus grandes libéralités, comme nous l'expliquerons bientôt, la circonstance de la légitimation ne change rien à la décision en thèse, comme le reconnoît *Henrys*, qui avoit vu prononcer cet Arrêt, & qui en faisant mention de cette légitimation, observe qu'elle ne peut opérer d'effet que *ad honores*, & pour exclure le fisc de ses droits, ou pour rendre capable de tenir des Offices ou Bénéfices.

Si la légitimation par rescrit d'un bâtard adultérin peut opérer quelqu'effet.

139. Arrêt du Parlement de Provence.

Boniface, tome 2, livre 3, titre 5, chapitre 1, rapporte un Arrêt du Parlement de Provence, qui a déclaré une fille adultérine, & ses descendans légitimes, capables des legs, de la part de leur père ou ayeul, lorsque le Testateur n'a point d'enfans légitimes.

140. Résolution de la question contre les enfans légitimes du bâtard.

Selon les raisonnemens que nous avons fondés ci-dessus, nombres 123 & suivans, sur la Déclaration de 1639, & sur l'Edit de 1697, il nous semble que les Arrêts du Parlement de Toulouse, qui déclare incapable des successions testamentaires, les enfans légitimes des bâtards, ne sont pas si exacts que ceux qui ont autorisé l'opinion contraire, & qui sont rapportés par *M. Maynard, livre 5, chapitre 30*; *M. le Président Duranty, quest. 20*; *M. la Roche & Graverol*, verb. *bâtard, article 4*. Nous croyons donc que l'ayeul peut instituer le bâtard de son fils légitime, parce que la raison qui rend le bâtard incapable de la succession testamentaire de son père, cesse à l'égard de l'ayeul, & ne doit pas avoir lieu pour le petit-fils, comme le décide nettement la Loi dernière, *cod. de naturalibus liberis*, vu que nous n'avons aucune Loi générale dans le Royaume qui abroge à cet égard la décision du Droit Romain; & la Jurisprudence du Parlement de Toulouse y est conforme dans ce cas.

Avis de l'Auteur que l'ayeul peut instituer le bâtard de son fils légitime.

Mais à l'égard du fils légitime du bâtard, il y a lieu de croire que la décision du Droit Romain est abrogée, non-seulement par l'usage du Royaume, qui a proscrit le concubinage, & où les enfans naturels sont considérés comme les bâtards, *vulgò concepti*, ainsi que le remarquent *Bacquet*, *M. Maynard*, *M. Duranty* & les autres Auteurs; lesquels bâtards ne sont capables que des alimens, & que la capacité du fils se mesure par celle du père; mais encore par la déclaration de 1639, & par l'Edit de 1697, qui déclarent les enfans nés d'un mariage que l'on a tenu caché, & ceux qui sont légitimés par un mariage subséquent contracté *in extremis*, incapables de toutes les successions de la part de leurs pères & mères, & qui étendent cette incapacité sur la postérité de ces enfans considérés comme illégitimes, quant aux effets civils, ensorte que l'incapacité des enfans illégitimes étant communiquée à leurs descendans par ces paroles de la Déclaration de 1639, & de l'Edit de 1697, *aussi bien que leur postérité*, il n'est plus permis à l'ayeul d'instituer les enfans légitimes de son fils bâtard, tout comme il ne lui est pas permis d'instituer son propre bâtard, & qu'il ne lui est pas non-plus permis d'instituer les enfans légitimes de son fils, né d'un mariage déclaré légitime pour le for intérieur, mais incapable des effets civils; & même à plus forte raison, parce que dans le cas de la vraie illégitimité du fils au premier degré, la source est beaucoup plus vicieuse, on ne peut pas dire que les peines sont de rigueur, qu'elles doivent être resserrées dans leur cas, & qu'il nè faut pas les étendre d'un cas à l'autre; car ce n'est pas une extension, c'est l'application d'une règle ou d'un principe du Droit François, fait pour un cas plus digne de faveur, à un autre beaucoup plus odieux, & quoique les Loix pénales ne reçoivent point d'extension par la seule identité de raison, suivant la glose sur le chapitre *constitutionem* 3, *verb. prorogamus*, *de regularibus in* 6°. parce que *odia sunt restringenda*, elles en sont néanmoins susceptibles, *quando est in omnibus æquiparatio*, comme disent les Interprètes; & encore plus lorsque le cas où la Loi inflige la peine, est moins défavorable que celui auquel on veut en faire l'application. Or, il y auroit une espèce d'indécence que les enfans des vrais bâtards fussent traités avec plus de faveur que les enfans de ceux qui sont légitimes, & qui sont mis par fiction au niveau des bâtards par rapport aux effets civils; car la vérité & la réalité ne doit pas produire un moindre effet que la simple fiction. C'est ainsi que le Parlement de Toulouse a jugé cette question

141. L'ayeul ne peut pas instituer le fils légitime de son bâtard.

Si les Loix pénales peuvent être appliquées d'un cas à l'autre.

Arrêt du Parlement de Toulouse qui

l'a jugé ainsi dans le cas d'une donation universelle.

par un Arrêt du 6 Juillet 1741, en la première Chambre des Enquêtes au rapport de M. de Lasces, en faveur de Dame Marie de Malian, contre Silvestre Dubois : Messieurs les Juges s'étant déterminés uniquement sur la disposition de l'Ordonnance de 1639, & de l'Edit de 1697, ainsi que me l'a assuré un des Conseillers qui assisterent au Jugement du Procès. Noble Marc-Antoine de Malian de Vignac avoit une bâtarde nommée Françoise, qu'il maria avec Guillaume Dubois, & qu'il dota en la mariant. De ce mariage fut procréé Silvestre Dubois auquel le sieur de Malian son ayeul naturel, fit une donation universelle le 28 Mars 1726, en récompense des services, comme ledit Silvestre Dubois ayant passé sa jeunesse au service du Donateur, en qualité de Valet. Ce Donataire poursuivit devant le Sénéchal de Rodès une Sentence qui condamna la Dame Marie de Malian en la somme de 13000 livres pour les droits paternels & maternels de Marc-Antoine de Malian. Sur l'appel de cette Sentence relevé par la Dame de Malian, elle demanda, en qualité d'héritière *ab intestat* du sieur Marc-Antoine de Malian, la cassation de la donation universelle faite en faveur de Silvestre Dubois ; & par l'Arrêt que je rapporte, cette donation fut cassée à cause que le Donataire étoit né d'une bâtarde du Donateur.

142. Le Droit Romain qui permettoit à l'ayeul d'instituer le fils légitime de son bâtard est abrogé en France.

Quoique la Loi dernière, *cod. de naturalibus liberis*, permet à l'ayeul d'instituer le simple bâtard de son fils naturel ; cette décision ne peut pas avoir lieu en France, parce qu'elle a été abrogée par rapport au fils bâtard, ainsi que nous l'avons dit, & que si aux termes de la Déclaration de 1639, & de l'Edit de 1697, il n'est pas permis à l'ayeul d'instituer les enfans légitimes du fils qui est né dans un mariage tenu caché, ou qui est légitimé par un mariage contracté *in extremis*, quoique l'un & l'autre soient légitimés quant au for intérieur, à plus forte raison ne doit-il pas lui être permis d'instituer le bâtard de son bâtard, qui est beaucoup plus odieux, & moins digne de faveur.

143. Si le père & la mère du bâtard peuvent recueillir des libéralités à eux faites par leur fils naturel.

Voyons présentement ce qui fait le sujet du quatrième chef. Le père & la mère sont-ils capables de recueillir la succession testamentaire de leurs enfans bâtards ? s'il s'agit d'un enfant adultérin ou incestueux, ou d'une autre conjonction plus étroitement réprouvée que celle des personnes qui sont capables de se marier ensemble, il me semble que le père & la mère doivent être regardés comme incapables, non-seulement des institutions universelles, mais encore des autres libéralités particulières, autres que celles qui sont faites à titre d'alimens ou de quelque chose qui tient lieu d'alimens, tout comme les enfans adultérins ou incestueux en sont incapables par rapport à leurs pères & mères ; la réciprocité devant être gardée à cet égard à cause du vice de la naissance, & que les père & mère doivent même être considérés comme plus odieux que les enfans, attendu que ceux-ci sont innocens, au lieu que ceux-là sont coupables, & que ce seroit tirer un profit de leur crime.

144. *Quid* des simples bâtards nés *ex soluto & solutâ.*

Mais il y a plus de difficulté lorsqu'il s'agit de la succession d'un simple bâtard qui a institué son père & sa mère ; car le Droit François a bien déclaré les enfans bâtards incapables des successions testamentaires de leurs pères & mères ; mais il n'y a ni Loi ni Coutume qui ait déclaré les pères & mères incapables des successions testamentaires de leurs bâtards ; ils doivent donc être regardés comme capables, parce que ce qui n'est pas défendu est censé permis, & que toute personne non-prohibée de recevoir par la Loi ou Coutume expresse, est capable de recueillir les libéralités qui lui sont faites, ce qui paroit encore plus certain par rapport à la mère à laquelle le Droit Romain défère la succession *ab intestat* de ses enfans bâtards, §. 7, *instit. de Senat. Consult. Tertullian. & l. 2*, §. 1, *ff. eod.* sans que l'on puisse appliquer à ce cas la raison de la réciprocité, parce qu'elle ne peut avoir lieu en matière testamentaire que quand il y a une prohibition & une incapacité expressément déclarée par quelque Loi.

Raison pour l'affirmative.

145. Jurisprudence du Parlement de Toulouse pour la négative.

Cependant le Parlement de Toulouse a jugé que le bâtard ne peut point instituer son père naturel, selon *M. Maynard, livre 5, chapitre 31, & M. la Roche-Flavin, livre 6, titre 11, Arrêt 2*, ce qui doit avoir lieu même à l'égard de la mère, qui, selon la Coutume générale du Royaume, est aussi incapable que le père de la succession *ab intestat* de ses enfans bâtards. C'est ainsi que le décide *Taisand sur la coutume de Bourgogne, titre 8, article 1, nombre 3* ; cela est fondé sur cette raison particulière que nous avons déjà touchée, que le père & la mère se rendent coupables en mettant des enfans naturels au monde ; il y a plus de raison de les exclure de la succession testamentaire de leurs enfans naturels, qu'il n'y en a d'exclure les enfans naturels des successions testamentaires de leurs pères & mères, parce qu'ils sont innocens ; & comme dit Saint Jérôme, dont les paroles sont rapportées au Canon 4, distinction 56, *non est culpa ejus qui nascitur, sed illius qui generat.*

Raison de cette jurisprudence.

146. Des enfans

Touchant le cinquième chef au sujet de la capacité

nés d'un mariage nul ou clandestin, ou contracté *in extremis* après un mauvais commerce.

des enfans nés d'un mariage nul ou clandestin, ou contracté *in extremis* : il faut d'abord distinguer la cause d'où procède la nullité ; si elle vient d'une contravention aux Loix ou aux Ordonnances, ou pour n'avoir pas suivi les formalités qu'elles prescrivent, les enfans qui en naissent sont réputés bâtards, & ils contractent une incapacité semblable à celle des enfans nés d'une conjonction hors du mariage, §. *si adversus* 12, *instit. de nuptiis, si adversus ea quæ diximus aliqui coierint, nec vir, nec uxor, nec nuptiæ, nec matrimonium, nec dos intelligitur ; itaque ii, qui ex eo coitu nascuntur, in potestate patris non sunt, sed tales sunt quantum ad patriam potestatem pertinet ; quales sunt ii, quos mater vulgò concepit, unde solent spurii appellari, quasi sine patre filii.*

147. La Jurisprudence Françoise est conforme au Droit Romain.

Des mariages injustes & illicites.

Selon la remarque de *Ferriere* sur le texte cité, notre Jurisprudence est en ce point conforme au Droit Romain, & nous tenons que les mariages injustes & illicites ne donnent point lieu aux effets civils ; que ceux qui les ont contractés ne peuvent point prendre le nom de conjoints par mariage, de mari & de femme, & les enfans ne sont point légitimes, & ne peuvent point prendre le nom de leur père, ni les armes de la famille, comme il a été jugé par un Arrêt du 11 Août 1657, rapporté par *du Fresne sur l'article* 251 *de la coutume d'Amiens, nombre* 7, que la femme ne peut point demander ses conventions matrimoniales ; il n'y a ni dot, ni augment, ni communauté, ni préciput, ni douaire, & les enfans sont incapables des successions de leurs pères & mères, parce que les conventions matrimoniales sont les effets du mariage, & il ne peut point y avoir des effets sans une cause qui les produise.

148. *Quid* si la nullité procède d'un empêchement dirimant

Que si la nullité procède de quelque empêchement dirimant, si les mariés en ont connu la cause, le mariage est également nul, & les enfans sont réputés bâtards, *cap. cum inhibitio*, §. *si quis verò, extr. de clandest. desponsat.* Par conséquent ils sont incapables de recueillir les successions testamentaires, & *ab intestat* de leurs pères & mères, comme les autres bâtards nés sans ombre ni figure de mariage, sauf néanmoins les qualifications qui résultent de la nature de l'empêchement, comme s'il vient de la parenté ou d'un mariage précédent, les enfans seront incestueux ou adultérins, & ainsi des autres causes qui produisent l'empêchement. Il en est de même si les conjoints ont ignoré la cause de l'empêchement, lorsqu'ils n'ont pas observé les formalités prescrites suivant le Texte Canonique déjà cité.

Mais si les mariés, ou l'un d'eux étoit dans la bonne foi, & ignoroit la cause de l'empêchement, dans ce cas les enfans nés durant le mariage jusqu'à la Sentence qui le déclare nul, sont légitimés par la bonne foi de l'un des conjoints, ils sont capables de tous les effets civils, & de recueillir toutes les dispositions testamentaires de leurs pères & mères, pourvu que le mariage ait été contracté publiquement selon les formes prescrites par les Canons & les Ordonnances, sans opposition ni contradiction; car l'opposition qui auroit fait connoître l'empêchement, feroit obstacle à la bonne foi, *cap. cum inter* 2, *cap. ex tenore* 14, *extr. qui filii sint legitimi. Mornac*, sur la Loi dernière, §. 1, *ff. de condict. sine causa*; & sur la Loi 57, §. 1, *ff. de ritu nupt. M. Maynard*, livre 4, chapitre 6; *M. de Cambolas*, livre 6, chapitre 1; *Peregrinus de fideicommiss.* article 24, nombres 52 & 66; *M. Louet & Brodeau*, lett. L, sommaire 14; *Journal des Audiences*, tome 2, livre 5, chapitre 14 de la nouvelle édition. *Silvester*, dans sa somme *verb. filii*, nombre 11; *Sanchés, de matrimonio*, & plusieurs autres, ce qui a lieu, quel que soit l'empêchement qui produit la nullité. *Le Grand*, sur la *coutume de Troyes*, art. 83, glos. 1, n. 8 & 9. 149. Du mariage contracté au préjudice d'un empêchement ignoré par l'un des mariés. L'opposition formée feroit obstacle à la bonne foi.

Il faut pourtant observer qu'à l'égard de celui des conjoints qui a été dans la mauvaise foi, & qui a connu la cause de l'empêchement, tout comme il est incapable de succéder *ab intestat* à ses enfans quoique légitimés par la bonne foi de l'autre conjoint, comme l'a décidé *Jacques de Ferriere, tractat. var.* sur le chapitre *Raynut.* page 348; il est également incapable de recueillir leur succession par testament, parce que sa mauvaise foi doit faire considérer à son égard, & contre son utilité, les enfans comme s'ils n'étoient pas légitimes, attendu qu'il ne doit point tirer de profit de son crime. 150. De celui des conjoints qui n'est pas dans la bonne foi. Il est incapable de succéder à ses enfans par testament ou *ab intestat*.

L'Empereur Justinien déclare expressément dans la Loi 6, *cod. de incestis & inutil. nuptiis*, les enfans nés d'un mariage incestueux, incapables de toutes libéralités de la part de leurs pères & mères, directement ou par des personnes interposées, *nihil prorsus prædictis, neque per interpositam quidem personam, vel donet superstes, vel moriturus relinquat*, ce qui doit être entendu selon la restriction portée par *la Loi 4 du même titre*, que nous avons expliquée ci-dessus, nombre 149, en parlant de l'incapacité de ceux qui contractent des mariages illicites. 151. Des enfans nés d'un mariage incestueux. Personnes interposées.

Nous avons parlé, en passant & par occasion, des enfans nés des mariages clandestins & tenus cachés pendant 152. Des enfans nés des mariages clandestins, & tenus cachés pendant la vie des mariés. la vie des mariés. C'est ici le lieu d'expliquer plus particuliérement en quoi consiste l'incapacité de ces enfans, pour recevoir des libéralités de la part de leurs pères & mères, & dans quels cas elle a lieu pour les autres mariages qui ne produisent pas les effets civils.

153. Les mariages clandestins sont défendus. Le chapitre *cum inhibitio* 3, *extr. de clandest. desponsat.* tiré du Concile de Latran tenu sous Innocent III, défend les mariages clandestins, *prædecessorum nostrorum vestigiis inhærendo clandestina conjugia penitùs inhibemus.* Ce même texte ordonne que les mariages à célébrer soient publiés aux Prônes des Eglises par les Prêtres, & fait entendre par-là que les mariages contractés sans cette publication & sans proclamation des bans, ainsi que l'a réglé depuis le Concile de Trente, doivent être regardés comme clandestins.

Des mariages célébrés sans publications des bans.

154. En quel cas le mariage est clandestin selon la glose canonique. La *Glose sur ce chapitre*, dit qu'un mariage est clandestin, 1°. s'il est célébré sans Témoins; 2°. quand on n'y observe pas les formalités prescrites; 3°. quand il est célébré sans proclamation précédente.

155. Les mariages sont déclarés clandestins en six cas selon certains Auteurs. D'autres Auteurs, dont le sentiment est rapporté par *Sanchés*, *de matrimonio*, *lib.* 3, *disput.* 1, ont cru que le mariage devoit être regardé comme clandestin en six cas différens: mais rejettant avec raison l'opinion de ces Auteurs & celui de la Glose, *Sanchés* estime que la clandestinité ne consiste qu'en deux points. Le premier, est quand le mariage est célébré en cachette & sans Témoins, quoique le Curé ait donné la bénédiction nuptiale. Le second, lorsque la proclamation des bans n'a pas précédé. Dans tous les autres cas le mariage peut être nul par défaut de solemnité, mais il n'est pas clandestin. On peut voir sur cette matière l'ample Traité des mariages clandestins, composé par M. *le Prestre*.

Opinion de Sanchés sur ce qui caractérise le mariage clandestin.

156. Publication des bans ordonnée par l'Ordonnance de Blois. Les articles 40 & 41 de l'Ordonnance de Blois veulent que nul ne puisse valablement contracter mariage sans trois publications des bans, dont on ne pourra obtenir dispense qu'après la première; ordonnent qu'il assistera aux mariages quatre personnes dignes de foi au moins, & renouvellent la défense portée par l'Edit de 1556, sur les mariages des enfans de famille sans le consentement de leurs pères & mères, ou sans qu'il paroisse que les mâles qui sont majeurs de trente ans, ou les filles qui ont vingt-cinq ans accomplis, se sont mis en devoir de requérir le consentement de leurs pères & mères.

Quatre Témoins doivent assister aux mariages.

157. Disposition de l'Ordonnance de 1639. L'Ordonnance du 26 Novembre 1639 confirme toutes ces dispositions, & ajoutant à ce qui est porté par les

précédentes Ordonnances, déclare *les veuves, fils & filles moindres de vingt-cinq ans, qui auront contracté mariage contre la teneur desd. Ordonnances, privés & déchus par le seul fait, ensemble les enfans qui en naîtront, & leurs hoirs indignes & incapables à jamais des successions de leurs pères, mères & ayeux, & de toutes autres directes & collatérales: comme aussi des droits & avantages qui pourroient leur être acquis par contrats de mariage & testamens, ou par les Coutumes & Loix de notre Royaume, même du droit de légitime, & les dispositions qui seront faites au préjudice de notre Ordonnance, soit en faveur des personnes mariées ou par elles, au profit des enfans nés de ce mariage, nulles & de nul effet & valeur. Voulons que les choses ainsi données ou transportées, sous quelque prétexte que ce soit, demeurent en ce cas ACQUISES IRRÉVOCABLEMENT A NOTRE FISC, sans que nous en puissions disposer qu'en faveur des Hôpitaux ou autres œuvres pies.*

La même Ordonnance déclare de plus les mariages faits avec ceux qui ont ravi & enlevé des veuves, fils & filles, de quelque âge & condition qu'ils soient, non-valablement contractés, & leurs enfans incapables & indignes de toutes successions directes & collatérales, même du droit de légitime. 158. Du mariage du Ravisseur avec la personne ravie.

Ordonne encore que les majeurs contractent leurs mariages publiquement en face de l'Eglise avec les formalités prescrites par l'Ordonnance de Blois, & déclare les enfans nés du mariage que les Parties tiendront cachés pendant leur vie, incapables de toute succession aussi bien que leur postérité. 159. Les mariages doivent être contractés publiquement, & en face de l'Eglise.

Veut que la même peine ait lieu contre les enfans nés des femmes que les pères ont entretenues, & qu'ils épousent lorsqu'ils sont à l'extrémité de la vie; comme aussi contre les enfans procréés par ceux qui se marient après avoir été condamnés à mort, même par Sentence de contumace (ce qu'il faut entendre s'il y a exécution figurative, conformément à l'Ordonnance de 1670, comme nous l'avons expliqué ci-devant) si avant leur décès ils n'ont été remis au premier état, suivant les Loix prescrites par les Ordonnances. Tout cela a été confirmé par l'Edit du mois de Mars 1697. 160. Des mariages contractés *in extremis* après une malversation. De ceux qui se marient après avoir été condamnés à mort.

Les enfans nés de tels mariages, sçavoir, 1°. de ceux qui ont été contractés sans proclamation des bans, qui sont proprement clandestins. 2°. De ceux qui n'ont pas été célébrés publiquement en face de l'Eglise avec quatre Témoins. 3°. De ceux qui ont été tenus cachés pendant la vie des mariés. 4°. Des enfans de famille sans le consente- 161. Quels sont les mariages incapables de produire les effets civils.

ment de leurs pères & mères. 5°. Des personnes ravies & enlevées. 6°. De ceux qui les ont célébrés *in extremis*, tandis qu'ils étoient en mauvais commerce. 7°. De ceux qui sont condamnés à mort; sont donc mis au rang des illégitimes, & sont incapables, comme les bâtards, des successions testamentaires & *ab intestat* de leurs pères & mères.

162. Ils sont incapables même des institutions particulières ajoutées aux legs.

Ils sont incapables, non-seulement des successions testamentaires à titre universel, mais encore du titre d'institution ajouté à un legs même d'une certaine somme; c'est ainsi que le Parlement de Toulouse l'a jugé par un Arrêt d'Audience rendu en la Grand'Chambre le 6 Septembre 1708, dans le cas d'un mariage contracté *in extremis*.

163. Arrêt du Parlement de Toulouse du 6 Septembre 1708. Fait du Procès.

David d'Ichy ayant entretenu pendant quelques années Françoise Guery, veuve du sieur Delpech, de leur commerce nâquit deux garçons. D'Ichy étant tombé malade, il passa un contrat de mariage avec Françoise Guery sans constitution de dot, stipulation d'augment, ni autre avantage réciproque, le 22 Mars 1708.

164. Suite.

Le 24 du même mois de Mars il fit son Testament, par lequel il institua pour son héritière la Demoiselle Maubert, épouse du sieur David Bonay de la Grassete, légua une pension à sa fiancée, & laissa à titre d'institution à ses deux enfans qu'il avoit eu auparavant de sa fiancée, la somme de 2000 liv. à chacun, payable en fonds de terre. Il ne fit point mention d'un posthume dont Françoise Guery étoit enceinte des œuvres du Testateur.

165. Suite.

Après la publication d'un ban, sur la dispense des deux autres, David d'Ichy épousa Françoise Guery le 26 du même mois de Mars à cinq heures du soir dans son lit, & mourut le 30 du même mois de Mars, laissant à lui survivant ses deux fils, & sa femme enceinte.

166. Appel comme d'abus de la célébration du mariage. Moyens de l'Appellante.

Il y eut procès au sujet de la succession de David d'Ichy; l'héritière instituée par le testament, interjeta appel comme d'abus de la célébration du mariage d'entre le défunt & Françoise Guery, & de la dispense des bans, & soutenoit qu'il étoit nul & abusif, comme fait contre la prohibition des Loix & des Canons, & principalement contre la Déclaration du 26 Novembre 1639, article 6, & de l'Edit du mois de Mars 1697. Elle demanda la cassation de ce mariage, & que les enfans nés & à naître fussent déclarés bâtards, que les legs de 2000 liv. faits à chacun des enfans nés, fussent déclarés nuls, & qu'elle fût maintenue en l'entière hérédité du défunt.

167. Raison de la

Au contraire la Demoiselle Guery, tant de son chef

que comme Administrereſſe de ſes enfans nés, & du poſthume dont elle étoit enceinte, demanda que ſans avoir égard à l'appel comme d'abus, ſon mariage fut déclaré avoir été valablement contracté, & ſes enfans déclarés légitimes, que le teſtament fut caſſé comme nul par la prétérition du poſthume, & la maintenue en l'hérédité de David d'Ichy; & que néanmoins ſa penſion lui fut adjugée conformément au teſtament de ſon mari, à cauſe que ce legs devoit être ſoutenu par l'Authentique, *ex cauſâ cod. de lib. præter.* veuve, tant pour elle que pour ſes enfans.

La Cauſe plaidée pendant pluſieurs Audiences par M. Cauſſade pour la Demoiſelle Maubert, M. Montaudier pour la Demoiſelle Guery veuve, & par M. l'Avocat Général d'Adviſard, qui requit de ſon chef la caſſation des legs à titre d'inſtitution faits par le défunt à ſes deux enfans: la Cour par Arrêt du 6 Septembre 1708, déclare au mariage dont eſt queſtion, & aux diſpenſes accordées par l'Archevêque de Toulouſe, n'y avoir point d'abus; condamne l'Appellante en l'amende de 75 liv. envers le Roi, & moitié moins envers la Partie pour ſes dommages & intérêts: ce faiſant, ſans avoir égard à la demande faite par Françoiſe Guery, en caſſation du Teſtament de ſon mari, dont elle eſt démiſe, ſur les réquiſitions verbalement faites par le Procureur Général, caſſe la clauſe dudit teſtament contenant legs en faveur des enfans à titre d'inſtitution héréditaire, & néanmoins ordonne que ſon précédent Arrêt de proviſion ſera exécuté pour la préſente année, après laquelle Françoiſe Guery ſera payée de la penſion à elle accordée par ledit teſtament; ordonne pareillement que ladite Maubert ſera tenue de payer aux deux enfans de ladite Guery, & au poſthume, lorſqu'il viendroit à naître, la ſomme de 2000 liv. à chacun d'eux en fonds héréditaires, ſuivant l'eſtimation d'experts; condamne ladite Maubert en la moitié des dépens, l'autre moitié compenſée. 168. Réquiſition de M. l'Avocat Général d'Adviſard. Teneur de l'Arrêt.

Cet Arrêt juge donc deux ou trois queſtions importantes; la première, que le mariage n'eſt pas nul pour avoir été contracté *in extremis* avec les autres formalités preſcrites, & qu'il eſt bon au contraire quant au Sacrement, & quant au for intérieur; mais qu'il eſt incapable de produire les effets civils, & qu'il ne peut pas légitimer par rapport aux effets civils les enfans nés ou conçus. 169. Queſtions jugées par cet Arrêt. 1. Qu'il n'y avoit point d'abus, ni de nullité au mariage contracté *in extremis.*

La ſeconde, que ces enfans, quoique légitimés, quant au for intérieur, étant néanmoins mis au niveau des bâtards, étoient incapables, non-ſeulement des inſtitutions univerſelles, mais encore des inſtitutions particulières. 170. 2. Que les enfans nés de ce mariage étoient incapables même du titre honorable d'une inſtitution particulière.

171. 3. Que ces enfans, quoique illégitimes, pouvoient recevoir une libéralité à titre particulier.

La troisième, que ces mêmes enfans, quoique regardés comme illégitimes, sont capables de recevoir, de la part de leur père, une libéralité particulière, pourvu qu'elle ne soit pas conçue aux termes honorables d'une institution ; puisque l'Arrêt adjuge la même somme de 2000 liv. payable en fonds héréditaires, de la même façon que le Testateur l'avoit ordonné, en retranchant néanmoins le titre honorable d'institution. Que de plus il adjugea une pareille somme de 2000 liv. payable en la même forme au posthume, lorsqu'il viendroit à naître.

172. Des enfans légitimés *per subséquens matrimonium.*

A l'égard du sixième chef, les enfans nés hors du mariage sont légitimés si parfaitement par le mariage subséquent célébré entre leurs père & mère, qu'ils sont mis au même degré de faveur, que ceux qui sont nés *ex legitimo matrimonio.* C'est la disposition expresse du chap. 1 & du chap. *tanta est vis 6, extr. qui filii sint legitimi.*

173. Disposition du Droit Romain sur ce point. Ils sont capables de toutes successions, quoiqu'ils naissent des enfans légitimes.

Cette décision a été tirée des Loix 10 & 11, *cod. de naturalib. liber.* & du §. 13, *instit. de nupt.* Les enfans légitimés par le mariage subséquent sont capables de toutes successions de leurs pères & mères, soit qu'il naisse des enfans légitimes du même mariage ou non, *l.* 10 & *l.* 11, *cod. de naturalib. liber.* & quoique les conjoints eussent des enfans légitimes d'un précédent mariage, *Novell.* 12, *cap.* 12, *Novell.* 78, *cap.* 3, *Novell.* 89, *cap*, *Authent. quod jus locum habet*, & *Authent. nova alia constitutio*, *cod. de naturalib. liber.*

174. Ils jouissent de tous les avantages attribués aux enfans vraiment légitimes. Le mariage subséquent a un effet rétroactif. *Quid* au préjudice du droit acquis à un enfant né d'un mariage légitime.

Ils jouissent de tous les avantages attribués aux enfans nés *ex legitimo matrimonio. Resp. consequi omnia jura tam spiritualia & Ecclesiastica, tam civilia & profana ; ita ut in omnibus habeantur & sint legitimi, perindè ac si ab initio ex legitimo matrimonio concepti fuissent*, dit Pirhing sur les Décrétales, *liv.* 4, *tit.* 17, §. 5, *n.* 35. *Molina de Justitia & Jure*, *tractat.* 2, *disput.* 172, *n.* 6, est du même avis. Le mariage subséquent a un effet rétroactif au jour de la conception des enfans nés hors du mariage, quant à la légitimité ; mais non au préjudice du droit acquis à l'enfant né d'un légitime mariage par convention ou testament, ou par succession échue avant le mariage qui a opéré la légitimation. *Berault sur l'art.* 275 *de la Coutume de Normandie*, rapporte un Arrêt du 10 Juillet 1614, qui le juge ainsi sur la succession. Ils prennent les droits & avantages accordés aux aînés par les Coutumes, au préjudice de ceux qui sont nés dans le mariage subséquent, ou dans un autre mariage intermédiaire ; ils sont reçus aux Ordres, aux Honneurs, aux Bénéfices, aux Offices, & aux Dignités Ecclésiastiques & Civiles, sans qu'il soit besoin de dispense, comme le remarque *Claude de Ferriere dans ses Institutes du Droit François, sur le* §. 13, *instit. de nuptiis; Gudelinus de Jure novissimo, lib.* 1, *cap.* 15; *Jacques de Ferriere sur la question* 482 *de Guy-Pape*, & *Pirhing* au lieu cité. Et ils recueillent les fidéicommis tout de même que les enfans nés *ex legitimo matrimonio*; pourvu qu'ils se trouvent légitimés par le mariage subséquent, lors de l'événement de la condition, & non autrement; parce que la légitimation survenue n'auroit pas un effet rétroactif au préjudice du droit acquis à une tierce personne. *Dumoulin sur la coutume de Paris*, §. 13, *glos.* 1, *n.* 35, & *Jacques de Ferriere sur la question* 482 *de Guy-Pape.*

Recueillent les fidéicommis, s'ils sont légitimés lors de l'échéance.

175. Le mariage subséquent légitime les petits-fils & autres descendans.

Le mariage subséquent ne légitime pas seulement les enfans au premier degré, il légitime encore les petits-fils nés d'un mariage légitime *ex filio præmortuo*, ensorte que ces petits-fils entrent à la place de leur défunt père, quoique décédé avant sa légitimation par le mariage subséquent, & ils deviennent successeurs de leurs ayeul & ayeule, qui se marient ensemble, de la même manière que leur père auroit été légitimé, s'il avoit vêcu, §. 2, *instit. de hæred. quæ ab intestat. defer. Charondas, liv.* 12, *rép.* 16, *Fachineus, lib.* 3, *cap.* 56, *Perezius dans ses Prélecons sur le titre du cod. de naturalib. liber. n.* 17, *le Brun des Successions, liv.* 1, *chap.* 2, *sect.* 1, *distinct.* 1, *n.* 21, touchant la légitimation *per subsequens matrimonium*, & ses effets. On peut voir *Peregrinus de fideicomm. art.* 24, où la matière est amplement discutée.

176. Si pour produire la légitimation par le mariage subséquent il est nécessaire qu'il y ait de contrat de mariage.

Certains Auteurs fondés sur la disposition des Loix, & des Novelles de l'Empereur Justinien déjà citées, prétendent que le mariage subséquent ne peut produire la légitimation, que quand il y a un contrat de mariage qui précède la célébration, les textes du Droit civil en parlent même expressément; mais ces Auteurs n'ont pas pris garde, que les Loix civiles ne parlent du contrat de mariage *tabularum nuptialium*, que parce qu'il produisoit sans autre cérémonie, ni bénédiction, la légitimation, & que c'étoit par ce contrat même que les enfans devenoient légitimes; aussi il n'est pas merveilleux qu'elles en parlent comme d'une condition essentielle, puisqu'il n'y avoit point d'autre moyen pour produire la légitimation par le mariage subséquent: toute la solemnité du mariage consistant alors au contrat, & à ce que nous appellons aujourd'hui *pactes de mariage.*

Le contrat étoit ce qui faisoit le mariage sans autre formalité.

177. Changemens arrivés par les Constitutions

Mais tout cela a été changé par les Constitutions Canoniques, & par les Ordonnances de nos Rois, qui les approuvent & confirment, lesquelles ont réglé la forme

Canoniques & les Ordonnances. des mariages ; & en font consister l'essence, non au contrat civil ou aux pactes, mais au consentement mutuel donné & reçu en présence du propre Curé, ou de quelqu'autre Prêtre par lui délégué; ensorte qu'aujourd'hui ce qu'on appelle contrat, ou pactes de mariage, est inutile & superflu, le mariage étant bon & valable, dès que la célébration en a été faite en la forme prescrite par les Canons & Ordonnances, entre personnes capables de se marier ensemble. C'est ce que remarquent fort bien *l'Abbé de Palerme* sur le chapitre *tanta est vis*, *n.* 2, *extr. qui filii sint legitimi. Peregrinus de fideicomm. art.* 24, *n.* 55, *Fachin. lib.* 3, *cap.* 51, *Gudelinus* au lieu cité, & *Perezius dans ses Préleçons sur le titre du Code de naturalib. liber. n.* 9. La légitimation *per subsequens matrimonium* produit même son effet, quoique les enfans nés auparavant n'ayent pas donné leur consentement, & encore quand ils s'y seroient opposés. *Perezius* au lieu préallégué, *n.* 10. *V. Bardet*, *tom.* 1, *liv.* 1, *chap.* 82.

L'essence du mariage consiste, non au contrat civil, mais au consentement donné en présence du propre Curé.

Le mariage subséquent produit la légitimation, quoique les enfans n'y ayent pas consenti.

178. Mais afin que les enfans nés hors du mariage puissent être légitimés *per subsequens matrimonium*, deux conditions essentielles sont requises; la première, qu'ils soient nés de deux personnes qui avoient la liberté de se marier ensemble, *ex soluto & solutâ.* Cette condition est clairement marquée dans le §. 13, *instit. de nupt.* dans la Loi 7 & la Loi 11, *cod. de naturalibus liberis*, qui excluent expressément de cette légitimation les enfans nés *ex nefariâ vel incestâ conjunctione.* Le mariage subséquent ne peut donc pas légitimer les enfans nés d'une conjonction adultérine ou incestueuse, *cap. tanta est vis*, *extr. qui filii sint legitimi.* C'est le sentiment de *Perezius* au lieu cité, *n.* 11, *de Brodeau sur Louet*, *lett. D. somm.* 52, *n.* 13, *& de Charondas*, *liv.* 12, *rép.* 16, même nonobstant des transactions, qui sont nulles à cet égard, suivant les Arrêts rapportés par *M. de Catellan*, *liv.* 4, *chap.* 23.

Deux conditions requises afin que le mariage subséquent produise la légitimation.

1. Que les enfans soient nés *ex soluto & solutâ.*

Transactions nulles.

179. Il ne faut pourtant pas penser que, si, par exemple, des parens en degré prohibé procréoient des enfans d'un mauvais commerce, qu'ensuite ils obtinssent une dispense, en conséquence de laquelle ils contractassent un mariage selon les formalités prescrites, ce mariage fut incapable de produire la légitimation, sous prétexte qu'il faudroit faire concourir deux priviléges, deux choses spéciales, & deux fictions, en faisant remonter en même-temps la dispense, & la célébration du mariage au temps de la conception des enfans, quoiqu'en ayent pensé certains Auteurs; & il est plus raisonnable & plus conforme à

Le mariage subséquent légime les enfans procréés par des parens, quand il y a dispense.

l'équité de faire opérer la légitimation à un tel mariage ; parce que la dispense met les Parties en état de célébrer le mariage, tout comme si elles n'étoient pas en degré prohibé ; cette opinion que nous embrassons est autorisée par des Arrêts du Parlement de Toulouse, rapportés par *Albert*, verb. *mariage*, *art. 6 de l'ancienne édition*, *& lett. A. chap. 3*, *& lett. B. chap. 10*, *de la nouvelle* ; lesquels Arrêts ont jugé que la dispense obtenue par l'un des mariés, quoique fulminée après sa mort, rendoit légitimes les enfans de ce mariage, nonobstant l'empêchement dirimant de parenté, & que cette fulmination devoit avoir un effet rétroactif. C'est encore le sentiment de *Denis le Brun*, *des Successions*, *liv. 1*, *ch. 2*, *sect. 1*, *distinct. 1*, *n. 12 & 13*, & de l'*Auteur des Loix Civiles*, *part. 1*, *chap. 5*, *du Mariage*, *art. 24*, *n. 76 & suivans*. Cependant le Parlement de Paris, par un Arrêt du 11 Décembre 1664, jugea que le mariage subséquent contracté en conséquence d'une dispense du Pape, n'avoit pas pu légitimer des enfans procréés de la conjonction d'un oncle & parrain avec sa niéce & filleule, & que ce mariage n'avoit pu servir qu'à rendre légitimes les enfans nés après la célébration. Cet Arrêt est rapporté *au Journal des Audiences*, *tom. 2*, *liv. 3*, *chap. 58*, *& par Soëfve*. Il déclare y avoir abus dans l'impétration & exécution de la dispense, en ce qu'elle porte légitimation, & cela sans doute à cause que le Concile de Trente porte, que le Pape ne peut dispenser au second degré de consanguinité, *nisi inter magnos Principes*, *& ob publicam causam*. V. *les Conférences de Paris sur le Mariage*, *tom. 4*, *liv. 2*, *confer. 2*, *§. 2*, *p. 101*.

Arrêts du Parlement de Toulouse.

Arrêt du Parlement de Paris qui semble contraire.

Mais doit-on considérer le temps de la conception, ou celui de la naissance des enfans pour connoître, si ceux qui se sont mariés depuis étoient libres ou non, afin que le mariage subséquent produise la légitimation ? *Fachineus*, *lib. 3*, *cap. 50*, *Charondas*, *liv. 12*, *rép. 16*, *Molina de Justitiâ & Jure*, *tractat. 2*, *disput. 172*, *n. 4*, *Sanchés de matrimonio*, & *Merlinus de legitimâ*, sont d'avis qu'il suffit, que les conjoints fussent libres de se marier ensemble lors de la naissance, quoiqu'ils ne le fussent pas lors de la conception ; & *vice versâ*, qu'ils fussent libres lors de la naissance, quoiqu'ils ne le fussent pas lors de la conception, selon qu'il est plus avantageux à l'enfant, attendu qu'on le regarde comme né au moment de la conception, quand il s'agit de son avantage ; au lieu que l'on n'a égard qu'au temps de sa naissance, quand son utilité l'exige, *l. 26*, *ff. de Statu hominum*, *l. 5*, *§. 3*, *& l. 7*, *ff. eod.* A

180. Doit-on considérer le temps de la conception, ou celui de la naissance pour savoir, si les enfans peuvent être légitimés par le mariage subséquent ?

Loix & autorités qui décident qu'il faut prendre

le temps le plus avantageux aux enfans.

quoi l'on peut ajouter que la Loi 11, *cod. de naturalib. liber.* décide que toutes les fois qu'il s'agit de la légitimité des enfans *per subsequens matrimonium*, il faut considérer le temps de leur naissance, & non celui de la conception; à moins que leur utilité n'exige que l'on considère celui de la conception. Ce qui est rappellé dans la *Novelle* 89, *ch.* 8, §. 8.

181. Résolution qu'il faut toujours considérer le temps de la conception.

Perezius au lieu cité, *n.* 12, *Silvester dans sa Somme*, verb. *filii*, *n.* 10, & *Pirhing sur les Décrétales*, *liv.* 4, *tit.* 17, §. 5, *n.* 34, soutiennent l'opinion contraire, quoique plus rigoureuse, & moins favorable à l'enfant, comme plus vraie & plus conforme aux règles. Les raisons sont, que par une fiction de Droit introduite en faveur des enfans, on regarde le père & la mère comme s'ils étoient mariés ensemble, lorsque les enfans ont été conçus, laquelle présomption ne peut pas avoir lieu, quand l'un d'eux est marié à un autre. Que la tâche est contractée par la conception, & non par la naissance. Que cette tâche est imprimée à l'enfant au moment qu'il est conçu, & qu'elle ne peut point être effacée par la naissance; parce qu'elle ne diminue point la faute, & ne fait point que la conjonction ne soit également réprouvée, & que le mariage subséquent ne peut point la laver, ni la purifier; qu'ainsi la femme ayant conçu d'un adultère, son fruit demeure toujours adultérin, quoique l'adultère devienne libre dans l'intervalle de la conception & de la naissance: c'est aussi l'opinion suivie dans l'usage, & autorisée par les Arrêts du Parlement de Paris & de Bordeaux. *Claude de Ferriere sur la Novelle* 74, *ch.* 1, *n.* 5 & 6, & *sur la Coutume de Paris*, *art.* 318, *glos.* 3, *sect.* 2, §. 3, *de la légitimation*, *n.* 4, 5, 6 & 7, *tom.* 4, *pag.* 722, *l'Auteur des Loix Ecclésiastiques*, *part.* 3, *ch.* 5, *du Mariage*, *max.* 38, & *la Peyrere*, *verb. Bâtard*, comme fondée sur la disposition du chapitre, *tanta est vis*, *extrà*, *qui filii sint legitimi*, qui doit prévaloir en cette matière sur la décision du Droit civil. *Si quis autem vir*, dit ce texte canonique, *vivente uxore aliam cognoverit*, & *ex eâ prolem susceperit*, *licet post mortem uxoris eandem duxerit*, *nihilominùs spurius erit filius*, & *ab hæreditate repellendus*; ces mots, *vivente uxore aliam cognoverit*, font voir clairement, qu'il faut considérer le temps du commerce illicite, & de la conception de l'enfant.

Raisons de cette résolution.

182. Les enfans nés d'une personne engagée dans les Ordres sa-

Selon l'Abbé de Palerme sur le chapitre *per venerabilem*, *extrà*, *qui filii sint legitimi*, les enfans nés des personnes engagées dans les Ordres sacrés sont regardés comme adultérins, voilà pourquoi encore qu'ils se marient par dispense avec les personnes, dont ils ont eu des enfans, le mariage subséquent ne les légitime pas; car on ne pourroit pas faire remonter la dispense au temps de la conception ; à cause que l'adultère y fait obstacle ; celui qui est dispensé de l'Ordre sacré devient bien capable de se marier, mais la dispense n'efface pas le vice de la conception, tout comme la mort de l'épouse survenue après la conception de l'enfant, qui met le père en état d'épouser sa concubine, n'effaçant pas le vice d'adultère, n'empêche pas que l'enfant né d'une telle conjonction ne demeure bâtard, nonobstant le mariage subséquent, suivant le chapitre, *tanta est vis 6, extrà, qui filii sint legitimi.*

crés, ne sont pas légitimés par le mariage subséquent contracté avec dispense.

Mais un Bénéficier à simple tonsure, & non engagé dans les Ordres sacrés, ne laisse pas d'être regardé comme personne libre ; voilà pourquoi le mariage subséquent légitimera les enfans nés auparavant. Il y a un Arrêt du Parlement de Paris du 5 Septembre 1675, qui l'a jugé ainsi : & c'est l'opinion de *Perezius* au lieu cité, *n.* 13, où cet Auteur remarque, qu'on doit dire la même chose de l'enfant né d'une femme qui étoit fiancée à un autre, & qui est épousée par celui qui a procréé l'enfant ; car les fiançailles n'empêchent pas qu'on ne doive être considéré comme libre, parce qu'elles ne font pas le mariage, & qu'on a la liberté de les dissoudre, & de se marier ailleurs.

Quid des enfans nés d'un Bénéficier à simple tonsure.

De l'enfant né d'une femme qui étoit fiancée à un autre.

183.

Si le mariage intermédiaire fait obstacle à la légitimation par le mariage subséquent.

Le mariage intermédiaire n'est pas un obstacle à la légitimation *per subsequens matrimonium.* Berault sur l'art. 275 de la Coutume de Normandie, rapporte un Arrêt du 23 Novembre 1582, qui l'a ainsi jugé. Si, par exemple, *Mœvius*, qui est une personne libre, a un commerce avec *Sempronia* aussi personne libre, & qu'il en naisse un enfant, quoique postérieurement l'un ou l'autre, & même tous les deux se marient ailleurs, devenant libres, & se mariant ensemble, l'enfant qu'ils auront eu avant leur premier mariage sera légitimé *per subsequens matrimonium*, quoiqu'il y ait des enfans du mariage intermédiaire, parce qu'il suffit que les conjoints ayent été libres au temps de la conception des enfans, quoique depuis ils ayent cessé de l'être ; car on ne considère point le temps intermédiaire, *Perezius* au lieu cité, *n.* 16 ; même les enfans légitimés *per subsequens matrimonium*, devroient profiter du droit d'aînesse au préjudice d'un enfant mâle né du mariage intermédiaire, quoiqu'en ayent pensé *Dumoulin sur la coutume de Paris*, §. 13, *glos.* 1, *n.* 34, *& Brodeau sur M. Louet, lett. D. somm.* 52, *n.* 9 *&* 10, parce que le mariage subséquent n'a pas seulement un effet dévolutif, il a un effet rétroactif, comme le prouve fort bien *le Brun des Successions, liv.* 1, *chap.* 2, *sect.* 1, *distinct.* 1, *n.* 22 *&*

Quid s'il y a des enfans légitimes du mariage intermédiaire.

Si l'enfant légitimé profite du droit d'aînesse au préjudice de ceux qui sont nés du mariage intermédiaire.

Le droit d'aînesse n'est qu'une espérance tandis que le père vit.

23, & que le droit d'aînesse n'est qu'une espérance, tandis que le père vit. Il en seroit autrement des successions, ou fidéicommis échus & acquis, parce qu'alors *media non sunt habilia*, & que le droit acquis empêche la conjonction des deux extrêmes, & est un obstacle à l'effet rétroactif, comme nous l'avons dit au nombre 171.

184. Deuxième condition afin que les enfans soient légitimés par le mariage subséquent.

La seconde condition essentiellement requise, afin que le mariage subséquent opère la légitimation des enfans nés auparavant *ex soluto & solutâ*, est que le mariage soit légitime, bon & valablement contracté, & célébré en face de l'Eglise, *Claude de Ferriere sur la Novelle* 74, *chap.* 6, *Coquille sur la coutume de Nivernois*, *chap. des Fiefs*, *art.* 20; car s'il étoit nul par quelqu'empêchement dirimant, ou pour n'y avoir pas observé les formalités prescrites par les Canons, ou s'il étoit simplement putatif à cause de la bonne foi des contractans, ou de l'un d'eux, cette bonne foi pourroit être bien suffisante pour rendre légitimes les enfans nés sous la foi d'un tel mariage, comme nous l'avons dit ci-dessus; mais elle ne pourroit être d'aucune utilité pour légitimer les enfans nés auparavant hors du mariage, *Molina de Justitiâ & Jure*, *tractat.* 2, *disput.* 172, *n.* 11 *&* 12, *Peregrinus de fideicomm. art.* 24, *n.* 73, *& l'Auteur des Loix Ecclésiastiques*, *part.* 3, *chap.* 5, *du Mariage*, *art.* 40. La raison est, parce que le mariage nul ne peut produire aucun effet, il ne peut pas même sauver l'état des enfans nés sous ombre d'un tel mariage, *quod nullum est, nullum producit effectum*; à plus forte raison peut-il moins légitimer des enfans nés auparavant, & que le mariage putatif, qui ne légitime les enfans qu'à cause de la bonne foi de l'un des conjoints, ne peut pas avoir un effet rétroactif, attendu que les conjoints n'ont pas pu être dans la bonne foi au temps de la conjonction illicite, on ne peut donc pas y appliquer la raison qui légitime les enfans nés d'un mariage putatif. *Le Brun des Successions*, *liv.* 1, *chap.* 2, *sect.* 1, *distinct.* 1, *n.* 14, *Fachineus*, *lib.* 3, *controvers. cap.* 55; ainsi on ne doit pas s'arrêter au sentiment de *Pirhing* au lieu cité, *n.* 36, qui a cru le contraire au sujet du mariage putatif. *V. cap. cum inhibitio* 3, §. *si quis verò*, *extr. de clandest. desponsat.*

Que le mariage soit légitime, bon & valablement contracté & célébré.

Le mariage nul ou putatif n'opère pas la légitimation.

185. Le mariage subséquent n'opère pas la légitimation, s'il est clandestin ou s'il est contracté *in extremis*.

Sanchés de Matrimonio, *lib.* 3, *disput.* 44, *Pirhing* au lieu cité, *n.* 36, *Molina de Justitiâ & Jure*, *tractat.* 2, *disput.* 172, *n.* 13, *& Perezius* sur le titre du Code, *de naturalib. lib. n.* 14, croyent que le mariage subséquent, quoique clandestin ou contracté *in extremis*, légitime les enfans nés auparavant; mais le chapitre 3, §. *si quis verò*, *extr. de clandestin. desponsat.* semble contraire à cette décision par rapport au mariage clandestin, puisqu'il déclare illégitimes les enfans nés d'une telle conjonction: D'ailleurs, en France les enfans nés d'un mariage tenu caché par les mariés pendant leur vie, ou contracté *in extremis*, sont regardés comme illégitimes par rapport aux effets civils, comme nous l'avons expliqué; ainsi la décision de ces Auteurs ne peut pas avoir lieu en France pour la capacité des enfans nés de ces mariages, ou légitimés *per subsequens tale matrimonium*, *Claude de Ferriere sur l'art.* 318 *de la Coutume de Paris*, *glos.* 3, *sect.* 2, §. 3, *de la légitimation*, *n.* 12, *pag.* 725.

On doit dire la même chose du mariage contracté par une personne qui auroit souffert la mort civile par quelque condamnation; car un tel mariage ne pourroit pas légitimer, quant aux effets civils, les enfans nés auparavant puisqu'il ne rend pas légitimes, quant aux effets civils, les enfans qui en proviennent, suivant l'Ordonnance de 1639, & l'Edit de 1697.

186. Si l'état des enfans qui ont été regardés comme légitimés par un mariage subséquent, peut être attaqué après la mort de leurs père ou mère.

Mais l'état de ces enfans, que l'on a regardés pendant long-temps comme légitimés par de tels mariages subséquens, quoique nuls, ou inefficaces quant aux effets civils, peut-il être attaqué après la mort de leur père ou mère? *L'auteur du Journal du Palais*, *tom.* 1, *pag.* 180, rapporte plusieurs textes du Droit civil pour soutenir la négative; mais ces textes ne parlent que de l'état de liberté, & non de celui de légitimité. Le chapitre 8, *extrà de consanguin. & affinit.* décide, que la longueur du temps ne peut pas servir pour rendre valide un mariage nul, *si quis contra prohibitionem hujusmodi præsumpserit copulari, nullâ longinquitate defendatur annorum.* La glose fait cette remarque sur ce texte, *& ita nullà præscriptio currit contrà matrimonium sicut olim currebat.* Selon *Peregrinus*, & plusieurs Auteurs qu'il cite *de fidéicomm. art.* 23, *n.* 89 *& suivans*, l'état de légitimité ne peut point être acquis par la prescription, quelque longue quelle soit, & l'on peut attaquer en tout temps l'état des enfans qui n'ont pas été légitimés dans les règles, *quia præscriptio non operatur ubi veritas consistere nequit.* Cette décision doit sans difficulté avoir lieu en France, puisque les Ordonnances, Edits & Déclarations de nos Rois font réfléchir l'incapacité des enfans nés de tels mariages, même sur leur postérité indéfiniment; ce qui prouve que l'état de légitimité ne peut être acquis par aucun temps; l'Arrêt de Thibaud du 6 Juillet 1666, rapporté *au Journal des Audiences*, *tom.* 2, ne décide rien de contraire, à cause que dans cette espèce la possession de la légitimité durant trente-cinq ans étoit jointe à la reconnoissance de celui *de cujus successione agebatur*, & à la bonne foi des conjoints.

Aucune prescription ne court contre le mariage.

Si l'état de légitimité peut être acquis par prescription.

Résolution pour l'affirmative.

Quid si la légitimité a été reconnue pendant plus de trente ans.

V. *l'Arrêt de Maillard du 15 Mars 1674, au Journal du Palais ; & Pocquet de Livoniere dans ses Observations sur Dupineau sur l'art. 222 de la Coutume d'Anjou, pag. 564, v. Mornac ad leg. 57, ff. de ritu nupt. le Grand sur la Coutume de Troyes, art. 83, glos. 1, n. 14, & 15, & M. Raviot sur les Arrêts du Parlement de Dijon, tom. 2, quest. 286.*

187. Le fils quoique illégitime peut prescrire par la possession de trente ans les biens de son père.

Cependant si l'enfant, quoique illégitime, avoit paisiblement joui des biens de son père pendant trente ans, il ne pourroit pas en être dépouillé, parce qu'il les auroit acquis *ut quilibet extraneus* par le secours de la prescription, comme le remarque le même *Peregrinus, n. 94*. La raison de différence est que les biens sont prescriptibles, au lieu que l'état de légitimité ne l'est pas, il faut l'acquérir ou par un mariage subséquent valable, ou par rescrit du Prince.

188. Si l'état des enfans peut être troublé après la mort des mariés pour empêchement dirimant.

Texte pour la négative.

Le chapitre *pervenit 11, extrà, qui filii sint legitimi*, selon la lecture de la *glose*, de *l'Abbé de Palerme, & de Gonzales*, décide que quand un mariage a été contracté publiquement en face de l'Eglise avec les formalités prescrites, & que ce mariage n'a point été troublé pendant la vie des mariés, l'état des enfans qui en sont provenus ne peut être recherché sous prétexte de quelque empêchement dirimant, *mandamus itaque quatenùs si est, ita dictam viduam legitimam nuntietis.*

189. Autre texte canonique pour l'affirmative.

Le chapitre *causam 7* du même titre décide tout le contraire, c'est-à-dire, que l'état des enfans peut être recherché, & le mariage déclaré nul, même après la mort des conjoints, quoiqu'ils eussent vécu tranquillement, & sans trouble dans leur mariage, *licet in congruum videatur ut matrimonium genitricis præfati. R. impetatur, quod ea vivente non fuit impetitum* ; mais cette contrariété ne vient que de ce que dans le chapitre 11 on a mis le mot *legitimam*, au lieu qu'il falloit lire *illegitimam*, comme on le trouve dans l'édition du cours du Droit Canon donnée au Public par M. *Charles Dumoulin* à Lyon en 1558. Ainsi l'état des enfans pourra être attaqué, même après la mort des mariés, dans la possession de leur mariage, si celui-qui impugne l'état des enfans prouve que les mariés connoissoient la cause de l'empêchement, & étoient dans la mauvaise foi, *Pirhing sur les Décrétales, liv. 4, tit. 17, §. 8, n. 52* ; car la bonne foi de l'un des mariés suffiroit pour rendre les enfans légitimes, suivant la glose sur le chapitre 11, *extr. qui filii sint legitimi, M. Louet & Brodeau, lett. L. somm. 14, & Journal des Audiences, tom. 2, liv. 5, ch. 14, de la nouvelle édition*, comme nous l'avons dit ci-dessus *n. 149*. Les raisons pourquoi celui qui attaque l'état des enfans est tenu de prouver que les conjoints connoissoient l'empêchement, & étoient dans la mauvaise foi ; sont, parce

Conciliation de ces deux textes.

Résolution pour l'affirmative, pourvu que la connoissance de l'empêchement par les deux mariés soit prouvée.

Raisons pourquoi celui qui attaque l'état des enfans est tenu de prouver la mauvaise foi des conjoints.

parce que c'est le fondement de leur intention, sans quoi le mariage ne peut pas être attaqué, que l'ignorance est présumée, si la connoissance n'est prouvée suivant plusieurs textes du Droit, notamment la Loi 21, *ff. de probat.* & que dans le doute il faut se déterminer pour la légitimité, lorsque les enfans sont dans la possession d'être considérés comme légitimes, *Peregrinus de fideicomm. art.* 24, *n.* 65, & *Pirhing* au lieu cité, *n.* 52; on peut voir les Arrêts rapportés par M[e]. *Raviot* au lieu cité, *n.* 17, 18 & *suivans.*

Il y a des Pays où l'on pratique de mettre sous le poile, les enfans dejà nés lors de la célébration du mariage de leurs père & mère: mais cette formalité n'est pas nécessaire pour opérer la légitimation; puisqu'elle est produite, quand même les enfans s'opposeroient au mariage de leurs père & mère, comme nous l'avons dit ci-dessus, *n.* 174. Elle est pourtant utile, en ce qu'elle assure l'état des enfans par reconnoissance comme ils sont nés des mariés. Cette reconnoissance peut être faite de plusieurs autres manières, c'est-à-dire, en faisant mention des enfans déjà nés dans le contrat de mariage, ou dans l'acte de célébration, ou dans un acte séparé du contrat de mariage, ou de la célébration dans les Registres du Notaire, ou dans celui de la Paroisse; mais si les enfans déjà nés étoient adultérins, une telle reconnoissance n'opéreroit rien pour leur légitimation, parce que leur naissance y fait obstacle, ainsi que nous l'avons observé ci-dessus. 190.

S'il faut mettre les enfans sous le poile, afin que le mariage les légitime.

Comment peut-on constater la légitimation des enfans déjà nés.

Passons au septième chef, & voyons quelle est la capacité que produit la légitimation par rescrit du Prince. On trouve dans le Droit Romain trois espèces de légitimation par rescrit du Prince. La première est marquée dans la Loi 57, §. 1, *ff. de ritu nuptiarum*; une femme s'étoit mariée avec son oncle contre la prohibition des Loix, §. 3, *instit. de nupt.* De ce mariage plusieurs enfans étoient nés, il avoit duré pendant quarante ans, & l'ayeule de la femme l'avoit fait contracter. En faveur de ces circonstances les Empereurs Marcus & Lucius confirmerent ce mariage, & l'état des enfans, tout comme s'ils avoient été conçus dans un mariage légitime: *Movemur & temporis diuturnitate, quo ignora juris in matrimonio avunculi tui fuisti, & quod ab avia tua collocata es, & numero liberorum vestrorum: idcircòque cum hæc omnia in unum concurrunt, confirmamus statum liberorum vestrorum in eo matrimonio quæsitorum, quod ante annos quadraginta contractum est, perindè atque si legitimè concepti fuissent.* Comme dans le temps auquel cette Loi fut faite, on n'observoit d'autre règle que celle du Droit Civil, touchant les mariages entre parens, le 191.

Des enfans légitimés par rescrit du Prince.

Trois espèces de légitimation suivant le Droit Romain.

Première espèce de légitimation par rescrit.

Le Prince a droit de dispenser des Loix civiles sur le mariage.

Prince avoit le droit d'en dispenser, comme il trouvoit à propos, parce qu'il est au-dessus des Loix civiles; mais aujourd'hui que l'Eglise a réglé les empêchemens pour parenté, une confirmation du Prince ne rendroit pas, selon nos usages, le mariage bon, & ne légitimeroit pas les enfans nés d'un mariage incestueux; il faudroit une dispense du Pape (qui est en possession d'accorder ces sortes de dispenses) & il seroit nécessaire qu'elle fut fulminée dans les règles.

192. Seconde espèce de légitimation par rescrit.

La seconde espèce de légitimation par rescrit est expliquée dans la *Novelle* 74, *chapitre premier*, & dans la *Novelle* 89, *chap.* 9.

193. Troisième espèce de légitimation par rescrit.

La forme de la troisième se trouve pareillement dans la *Novelle* 74, *chap.* 2, dans la *Novelle* 89, *chap.* 10, & dans l'*Auth. item sine*, *cod. de naturalib. liber.* Celui qui n'avoit pas des enfans légitimes pouvoit par son testament déclarer, qu'il vouloit que ses enfans naturels nés d'une concubine, fussent légitimés, & lui succédassent. Les enfans naturels ainsi légitimés, & institués héritiers par leur père, obtenoient du Prince la confirmation du testament de leur père, au moyen de quoi ils acquéroient l'état de légitimité, & la capacité pour retenir l'hérédité de leur père; mais cela ne devoit avoir lieu, qu'à l'égard des enfans qui acceptoient la volonté de leur père, & non à l'égard de ceux qui ne vouloient pas y consentir.

194. La première espèce de légitimation par rescrit n'est pas pratiquée en France.

Nous venons de voir que la première espèce de légitimation par rescrit ne peut point être pratiquée selon nos usages. La troisième espèce n'est pas non plus pratiquée, & selon la remarque de *Ferriere sur la Novelle* 74, *chap.* 2, on ne trouve point que cette manière de légitimer ait été autrefois usitée en France. Il suffit donc d'expliquer la légitimation de la seconde espèce, que l'on voit pratiquer tous les jours.

195. Trois conditions afin que la légitimation par rescrit fut bonne.

La *Novelle* 89, *chap.* 9, d'où a été tirée l'*Auth. præterea*, *cod. de naturalib. liber.* exigeoit trois conditions essentielles, afin que la légitimation par rescrit put opérer son effet pour rendre les enfans légitimes.

196. Première condition que les enfans fussent simplement naturels.

La première, que les enfans fussent simplement naturels, c'est-à-dire qu'ils fussent nés d'une concubine, dont le commerce étoit permis par le Droit Romain, comme nous l'avons expliqué ci-dessus; ainsi les enfans nés *ex nefario, incesto vel damnato coitu*, ne pouvoient pas être légitimés, comme le déclare expressément la *Novelle* 89, *chap.* 15.

197. Deuxième condition, que

La seconde, que le père n'eut point d'enfans légitimes, par la raison que la faveur des mariages légitimes, & des enfans qui en sont nés, ne permet pas que ceux qui sont nés dans le concubinage soient rendus légitimes à leur préjudice.

le père n'eut point d'enfans légitimes.

198. Troisième condition, que ceux qui avoient eu des enfans naturels ne pussent pas se marier ensemble.

La troisième, que le mariage ne pût pas être contracté avec la mère des enfans, soit parce qu'elle est morte, ou parce qu'elle a depuis leur naissance commis quelque crime, ou à cause de quelque accusation, ou que le mariage ne puisse point être contracté entre les père & mère, par quelqu'empêchement que ce soit, survenu depuis la naissance des enfans par l'engagement dans les Ordres sacrés, dans la Religion, ou autrement, parce que le rescrit du Prince est un remède extraordinaire, auquel il ne faut avoir recours qu'au défaut de tous les autres moyens ordinaires par l'argument de la Loi 16, *ff. de minorib.*

199. Comment, & pour quels effets les bâtards adultérins peuvent être légitimés par rescrit.

Ferriere, *sur la question* 280 *de Guy-Pape*, dit que les bâtards adultérins, & les autres de même espèce peuvent être légitimés par rescrit du Prince, lorsqu'il est fait mention de leur état. *Fachineus*, *lib.* 3, *cap.* 57, ajoute qu'une telle légitimation opère le même effet que celle des simples bâtards; parce que le Prince qui est au-dessus des Loix, peut y déroger & en dispenser, & cela est vrai, en prenant la chose à toute rigueur: cependant en France la légitimation des bâtards adultérins par rescrit du Prince, n'a d'effet que pour les honneurs, & non pour rendre capable l'enfant adultérin des successions & des libéralités indéfiniment de la part de ses père ou mère., *Bacquet du Droit de bâtardise*, *chap.* 12, *Charondas*, *liv* 12, *rép.* 17, *M. la Roche & Graverol*, verb. *legitimations*, *Brodeau sur M. Louet*, *lett. D. somm.* 52, *n.* 14 & 15. Par un Arrêt de la Chambre des Comptes de Provence du 6 Juin 1676, rapporté *au Journal du Palais*, sur l'opposition des héritiers présomptifs collatéraux, l'enfant adultérin, légitimé par rescrit, fut déclaré incapable de succéder *ab intestat*, & par testament, au préjudice des héritiers légitimes, ce qui est fondé en raison; car l'on ne doit pas donner plus de force à la légitimation du Prince, qu'à celle qui se fait par le mariage subséquent, lequel ne légitime pas les enfans adultérins, quant à la capacité de recueillir les successions, ou les dispositions testamentaires de leurs père ou mère, comme nous l'avons expliqué. On observe donc à cet égard la disposition du Droit Romain, touchant la première condition: sauf que les bâtards nés d'une femme appellée *Meretrix*, peuvent être légitimés par rescrit.

Le mariage subséquent ne légitime pas les bâtards adultérins.

200. Si les bâtards peuvent être légitimés par rescrit au préjudice des enfans légitimes.

A l'égard de la seconde, *Mornac sur la Loi* 10, *cod. de transact.* dit, qu'un bâtard ne peut pas être légitimé par rescrit, au préjudice des enfans légitimes nés avant la

Diversité d'opinions des Auteurs.

Sentimens de Mornac pour la négative.

Opinion de Ferriere pour l'affirmative.

légitimation. Au contraire, *Ferriere sur la question* 482 *de Guy-Pape*, soutient que le Prince souverain peut légitimer les bâtards, même au préjudice des enfans légitimes, pourvu qu'il en soit fait mention dans le rescrit du Prince, & les légitimés par rescrit, succéderont *ab intestat* avec les légitimes, sauf que le père naturel ne peut laisser par testament à son fils légitimé, qu'autant qu'il laisse à un de ses enfans nés *ex legitimo matrimonio cui minùs reliquit*; que si le rescrit ne parle point des enfans légitimes, ceux qui sont légitimés ne deviennent pas capables de succession, ni de recueillir les libéralités de la part de leur père, & la légitimation n'a d'effet que pour les honneurs & dignités.

201. Résolution pour la négative, à moins que les enfans légitimes n'eussent consenti à la légitimation.

Le sentiment de *Ferriere*, quant à l'effet qu'il attribue aux Lettres de légitimation obtenues par un père qui avoit des enfans légitimes, de rendre le bâtard légitimé capable des successions *ab intestat*, & des libéralités de la part de son père, n'étant appuyé sur la décision d'aucun Arrêt, & se trouvant contraire au Droit Romain, & à l'avis de presque tous les Auteurs du Parlement de Paris, on ne doit y avoir aucune attention; mais il faut tenir qu'en France, celui qui est légitimé par rescrit du Prince, obtenu par un père qui a des enfans légitimes, demeure dans la même incapacité, touchant la succession, & les libéralités testamentaires où il étoit avant le rescrit de légitimation, à moins que les enfans légitimes n'y eussent consenti, & qu'ils fussent d'un âge à pouvoir donner un consentement valable. Cette exception est marquée par *le Brun*, *des Successions*, *liv.* 1, *chap.* 2, *sect.* 1, *dist.* 2, *n.* 16.

202. Les enfans peuvent être légitimés par rescrit, quoique leur père & mère puissent se marier ensemble.

Pour ce qui est de la troisième condition requise par le Droit Romain, on ne l'observe point en France, & l'on tient que la légitimation par rescrit du Prince, opère son effet, soit que la mère des enfans naturels soit morte ou vivante, & que le père puisse ou ne puisse pas contracter mariage avec elle, par quelqu'événement ou empêchement survenu, *le Brun*, *des successions*, *livre* 1, *chapitre* 2, *section* 1, *distinction* 2, *nombre* 3, *& Bacquet du Droit de bâtardise*, *chapitre* 12, *nombre* 11. C'est un des points jugés par l'Arrêt du Parlement de Toulouse du 6 Septembre 1736, en faveur de Marguerite Dupuy, qui sera rapporté ci-après.

203. De la légitimation *per oblationem curiæ*.

Lorsque les enfans étoient légitimés selon le Droit Romain, *per oblationem curiæ*, leur consentement étoit nécessaire, *Novell.* 89, *cap.* 3; mais le *chapitre* 5 de cette *Novelle* n'exige point le consentement des enfans pour la légitimation par rescrit du Prince; aussi cette formalité ne doit-elle pas être regardée comme nécessaire, quoiqu'en ayent pu penser certains Auteurs, qui ont confondu les différentes espèces de légitimation. On voit tous les jours en France, obtenir des Lettres de légitimation qui ont leur effet, quoique les enfans n'y ayent pas consenti. Si ce consentement étoit nécessaire, il ne seroit pas permis de légitimer des impubères, parce qu'ils seroient incapables d'y consentir, cependant on voit tous les jours observer le contraire.

Outre les conditions que nous venons de voir être requises par le Droit Romain, pour la légitimation par rescrit, le Droit François en exige quelques autres. 204. Conditions requises par le Droit François, pour la légitimation par rescrit.

La premiere, qu'on explique dans les Lettres de légitimation la qualité du bâtard, s'il est né de personnes libres *ex soluto & solutâ*, ou d'une conjonction adultérine ou incestueuse, il faut encore exprimer si le père impétrant à des enfans légitimes, *Brodeau sur M. Louet*, *lett. L. somm.* 7, *nombre* 10; *Coquille sur la coutume de Nivernois*, *chapitre des Fiefs*, *article* 20. Voyez *Fachin. lib.* 3, *cap.* 61. 205. Première condition. Que la qualité du bâtard soit exprimée.

La deuxième, que les Lettres de légitimation soient obtenues, ou du moins entérinées & vérifiées du consentement exprès de ceux au nom desquels elles auront été obtenues; car le consentement donné après coup seroit inutile, même si celui qui les a obtenues vient à décéder avant l'entérinement & la vérification à la Chambre des Comptes, les Lettres ne pouvant pas rendre les bâtards capables des successions & des libéralités de la part de ceux qui les auroient obtenues, *Brodeau*, au lieu cité, *nombre* 9, *& le Brun*, *des successions*, *livre* 1, *chapitre* 2, *section* 1, *distinct.* 2, *nombres* 8 & 9. 206. Deuxième condition. Que les Lettres de légitimation soient obtenues ou du moins entérinées du consentement de ceux au nom desquels elles ont été obtenues.

La troisième, que les Lettres de légitimation contiennent la clause expresse qui les déclare capables de succéder, autrement elles n'auroient que l'effet d'une simple dispense pour tenir les dignités & honneurs, *le Brun*, au lieu cité, *nombre* 5; mais cela peut être requis, afin que les bâtards puissent recueillir les successions *ab intestat*, & non pour les rendre capables des successions testamentaires; car la légitimation obtenue par le père ou la mère, purgeant en quelque façon le vice de la naissance, le bâtard devient capable par-là des dispositions testamentaires de la part de celui qui l'a fait légitimer, & je ne pense pas que dans les Pays du Droit écrit, cela puisse faire quelque difficulté. 207. Troisième condition. Que la capacité de succéder soit exprimée dans les Lettres.

La quatrième, que tous ceux qui ont intérêt à la légitimation, c'est-à-dire, les héritiers présomptifs y consentent, *le Brun*, au lieu cité, *nombre* 13 & suivans. Cette 208. Quatrième condition. Que ceux qui ont intérêt consentent à la légitimation. condition est requise dans les Pays Coutumiers, parce que les Coutumes destinent aux parens collatéraux une partie des propres de celui qui décède sans enfans légitimes, sans qu'il en puisse disposer par testament; ensorte que pour rendre le bâtard capable de succéder au préjudice de ceux qui sont appellés à cette partie des proprès par les Coutumes, leur consentement doit intervenir lors de la légitimation.

Les successeurs *ab intestat* doivent consentir dans les Pays Coutumiers. Pourquoi?

209\. Dans les Pays du Droit écrit ce consentement n'est pas nécessaire.

Mais dans les Pays du Droit écrit, cette formalité n'est point requise, quand même les Lettres de légitimation le porteroient expressément, suivant *Bacquet, du Droit de bâtardise, chapitre 12, nombre 6; & Papon, liv 21, titre 3, Arrêt 14*, parce que dans ces Pays on ne connoît point la distinction des propres avec les acquêts; que les deux natures des biens ne font qu'un seul & même patrimoine dont le possesseur a la liberté de disposer par testament tout comme par contrat entre-vifs, quoique les Lettres de légitimation portent cette condition, que les parens collatéraux consentiront à la légitimation; cette condition ne devant être remplie que dans les Pays, où par les Coutumes, les collatéraux ont une espèce de droit formé sur les propres de leurs parens collatéraux. C'est un des points qui ont été jugés par l'Arrêt du Parlement de Toulouse du 6 Septembre 1736, que nous rapporterons bientôt; le consentement des parens, n'est requis qu'afin que le bâtard légitimé puisse leur succéder; mais il n'est pas nécessaire, afin que les enfans légitimés puissent succéder à ceux qui les font légitimer, ou qu'ils puissent recueillir les libéralités que ceux-ci leur font, *Coquille, sur la coutume de Nivernois, chapitre des Fiefs, article 24; Benedicti, sur le chapitre* Raynutius, verb. & uxorem, de success. ab intestato, *nombre* 186; *le Bret, de la Souveraineté, livre 2, chapitre 9; Papon, dans ses Arrêts, livre 5, titre 5, Arrêt 2, & livre 21, titre 3, Arrêts 12 & 14; Bacquet, du Droit de bâtardise, chapitre 12, nombre 6; Argentré, sur la coutume de Bretagne, article 456*, de legitimatione, cap. 5, num. 1; *Mornac*, sur la Loi 7, *ff. de adoptionibus*; & c'est le sentiment unanime de tous les Auteurs du Droit écrit.

Arrêt du Parlement de Toulouse.

Pourquoi est requis le consentement des parens.

210\. Cinquième condition. Entérinement des Lettres de légitimation.

La cinquième condition est, que les Lettres de légitimation soient entérinées à la Chambre des Comptes, & encore, il y a une grande variété parmi les Auteurs sur ce point: les uns pensent que l'enregistrement doit se faire au Parlement du ressort de la résidence de l'impétrant, *Duval, dans ses Institutions du Droit François, livre 1, chapitre 5*; la Chambre des Comptes n'ayant pas droit de connoître de l'état des personnes ni des biens, & intérêts des familles, *Brodeau sur M. Louet, lettre L. sommaire 9*, & *le Brun*, au lieu cité, *nombre 20*; *Argentré sur la coutume de Bretagne*, article 456, *de legitimatione, cap. 4, num. 2 & 3*, prétend que l'enregistrement n'est nécessaire ni à la Chambre des Comptes, ni au Parlement, & qu'il suffit que les Lettres soient entérinées & enregistrées au Bailliage ou Sénéchaussée du ressort, *sed apud rationales probari & in curiis Parlamentorum nihil necesse, nisi quod probatis ab inferioribus rescriptis, interjecta quandoque appellatione periclitari impetrantes contingeret.* Enfin *Bacquet, du Droit de bâtardise, chapitre 9, nombre 5*, enseigne que les Lettres de légitimation doivent être enregistrées en la Chambre des Comptes, & n'exige aucun autre enregistrement.

211. S'il suffit de le faire en la Chambre du Trésor ou au Parlement.

Brodeau à l'endroit préallégué, dit que les Lettres de légitimation peuvent être enregistrées au Parlement ou en la Chambre du Trésor, & le Brun parle de la Juridiction ordinaire. Pour l'intérêt des successions dans ce conflit d'opinions, je conseillerois de faire l'enregistrement à la Chambre des Comptes & au Parlement; mais je pense qu'il suffit que l'enregistrement soit fait dans les Tribunaux auxquels les Lettres de légitimation sont adressées.

Si l'enregistrement doit être fait au Bureau des Finances.

On pratique encore, mais surabondamment, de faire enregistrer les Lettres de légitimation au Bureau des Trésoriers, qui dans les Provinces, tient lieu de la Chambre du Trésor établie à Paris.

212. Si la légitimation par rescrit rend les enfans capables des successions universelles.

Brodeau sur M. Louet, lettre L. sommaire 7, nombre 9; *Ricard, des Donations, tome 1, partie 1, nombres 438 & suivans*, & plusieurs autres Auteurs du Pays Coutumier, sont d'avis que les Lettres de légitimation ne rendent pas les bâtards capables des successions, quand même il y auroit clause expresse, ni des libéralités à titre universel de la part de ceux qui ont obtenu le rescrit; *Denis le Brun, des Successions, livre 1, chapitre 2, distinction 2, nombres 4 & 16*, soutient le contraire, & prétend que le sentiment de ceux qui tiennent que les Lettres de légitimation ne levent pas l'incapacité du bâtard, n'est fondé que sur des Arrêts mal entendus.

213. Usage du Parlement de Toulouse.

Le Parlement de Toulouse a toujours été, & est encore aujourd'hui, dans l'usage de déclarer les enfans légitimés par rescrit, capables des successions, & des institutions universelles, de la part de ceux qui les ont fait légitimer; il se fonde sur ce que par le Droit écrit qui est la Loi de cette Province, les pères qui n'ont que des enfans naturels, peuvent les instituer héritiers universels, & ne sont tenus que de laisser la légitime aux ascendans, s'ils en ont; & si par la Coutume générale de France, les bâtards sont déclarés incapables de succéder lorsque le Roi les légitime, il emporte l'effet de cette Coutume, & rétablit celui du Droit Romain qui reprend sa vigueur, quant à la capacité de recueillir les dispositions testamentaires, ne trouvant plus d'obstacle, de la part de la Coutume générale du Royaume, de laquelle le Roi a sans difficulté, la puissance de dispenser.

214. La légitimation par rescrit met l'enfant au niveau de celui qui est originairement légitime.

En effet, les Lettres de légitimation font passer l'enfant légitime sous la puissance de son père, qui l'a fait légitimer; il ne diffère en rien de celui qui est né d'un mariage légitime, *nihil à legitimis filiis differentes.* Voilà pourquoi *Dumoulin sur la coutume de Paris*, §. 13, *glose* 1, *nombre* 41, dit que l'enfant légitimé par rescrit *patri agnascitur suus hæres. Benedicti*, sur le chap. *Raynutius*, verb. *& uxorem nomine Adelasiam, de successione ab intestato*, *num.* 186, atteste que c'est l'usage du Droit écrit. *M. la Roche*, verb. *bâtard*, *article* 3, & *M. de Catellan*, *livre* 2, *chapitre* 95, rapportent plusieurs Arrêts qui l'ont ainsi jugé, & j'en ai fait rendre un autre conforme le 6 Septembre 1736, après partage, Rapporteur M. de Vie, Compartiteur M. de Comere, dans une espèce où il y avoit plusieurs circonstances au désavantage de l'enfant légitimé, qui avoit à combattre la faveur de la cause pie, & à faire renverser un testament soutenu par la clause codicillaire, ce qui formoit deux obstacles très-difficiles à surmonter, à cause des préjugés du Parlement de Toulouse, avant l'enregistrement de l'Ordonnance du mois d'Août 1735, qui a rétabli sur les deux points, les choses dans l'état du Droit commun.

Arrêt du Parlement de Toulouse du 6 Septembre 1736.

215. Espèce de cet Arrêt, & fait du Procès.

M. Dominique Dupuy, Avocat de Saint-Girons, & Demoiselle Marguerite Tissanier, *solutus & soluta*, eurent une fille nommée Marguerite Dupuy, hors du mariage. Le père, du consentement de la mère, obtint des Lettres de légitimation de la personne de Marguerite Dupuy sa fille naturelle, alors impubère, avec la clause de succession, à la charge néanmoins que les parens donneroient leur consentement à l'entérinement des Lettres, lesquelles furent vérifiées & enregistrées en la Chambre des Comptes de Montpellier, au Parlement & au Bureau des Tréforiers de Toulouse. Tout cela se passa en 1699.

En l'année 1704, M. Dupuy fit ſon teſtament, par lequel, ſans faire mention de Marguerite Dupuy ſa fille légitimée, il inſtitua les Pauvres de Saint-Girons. En conſéquence de ce teſtament, les Adminiſtrateurs de l'Hôpital de Saint-Girons ſe mirent en poſſeſſion de l'hérédité. 216. Suite.

Marguerite Dupuy demanda par des Lettres-Royaux, & par Requête, la caſſation du teſtament de ſon père, comme nul par prétérition, & la maintenue en tous les biens de ſon hérédité. 217. Suite.

Le Syndic de l'Hôpital demanda au contraire, que ſans s'arrêter aux Lettres de légitimation, il fût relaxé tant par fins de non-valoir, que de non-recevoir, & autres moyens de droit, de toutes les fins & concluſions par elle priſes, & ſubſidiairement il offroit un tiers des biens qui reſtoient pour la légitime de Marguerite Dupuy. 218. Suite.

Il ſe fondoit ſur ce que les Lettres de légitimation portant par clauſe expreſſe, que les parens devoient conſentir à l'entérinement qui devoit être fait, & cette condition n'ayant pas été remplie, elles ne pouvoient produire aucun effet, ni rendre capable Marguerite Dupuy de la ſucceſſion *ab inteſtat* de ſon père. 219. Raiſons de l'héritier teſtamentaire.

Il oppoſoit encore que ſuivant la Juriſprudence des nouveaux Arrêts du Parlement de Paris, rapportés par *Brodeau ſur M. Louet*, *Ricard*, & les autres Auteurs, le bâtard légitimé ne laiſſoit pas de demeurer incapable de l'entière ſucceſſion de ſon père naturel; qu'ainſi, Marguerite Dupuy étoit irrécevable à attaquer le teſtament de ſon père, puiſque s'il étoit mort *ab inteſtat*, elle n'auroit pas pu lui ſuccéder. 220. Suite.

D'autant mieux qu'il n'y a que les enfans qui ſont appellés dans le Droit *ſui & legitimi hæredes* qui puiſſent ſe plaindre d'avoir été prétérits dans le teſtament de leurs aſcendans, *l.* 7, *ff. de liber. & poſth. hæred. inſtit.* & autres textes ſemblables. 221. Suite.

Enfin il diſoit que quand Marguerite Dupuy auroit été de la qualité requiſe pour faire valoir la prétérition, le teſtament devoit être ſoutenu par la clauſe codicillaire qui y étoit renfermée, laquelle clauſe fait valoir le teſtament comme codicille, nonobſtant le vice de prétérition, ſuivant la Loi dernière, *cod. de codicillis*; M. Maynard, *livre* 5, *chapitre* 13; M. la Roche & Graverol, *livre* 4, *titre* 5, verb. teſtam. *art.* 3; M. de Cambolas, *livre* 3, *chap.* 31, & pluſieurs autres Auteurs, ce qui devoit être indubitable dans ce cas, où la cauſe pie qui va de pair avec les enfans nés *ex legitimo matrimonio*, ſe trouvoit inſ- 222. Suite.

tituée; qu'ainsi Marguerite Dupuy ne pouvoit espérer qu'une légitime qui lui étoit offerte subsidiairement.

223. Raisons de la fille légitimée par rescrit. Réponse à la première raison de l'héritier testamentaire.

Marguerite Dupuy répondoit à la première raison, que la charge du consentement des parens, insérée dans les Lettres, étoit une clause de style; que ce consentement pouvoit être nécessaire dans les Pays Coutumiers, où les Coutumes destinent aux parens collatéraux une portion des propres, dont le Possesseur ne peut pas les priver par testament ou autre disposition de dernière volonté. Voilà pourquoi le consentement des collatéraux est requis pour rendre l'enfant légitimé capable de succéder, attendu que les collatéraux ne peuvent directement ni indirectement être privés de cette portion par des dispositions à cause de mort, & qu'il n'y a que leur consentement qui puisse les en exclure; mais qu'il en est tout autrement du Droit écrit, où le Testateur peut disposer de tout son patrimoine, sans distinction des propres d'avec les acquêts.

224. Suite. Réponse à la deuxième raison.

Elle disoit que la seconde raison prise de ce que le bâtard, quoique légitimé, n'étoit pas capable de succéder *ab intestat*, n'étoit d'aucune considération, parce que selon *le Brun*, au lieu cité ci-devant, les Auteurs qui ont soutenu cette proposition, ne se fondoient que sur des Arrêts mal entendus; que d'ailleurs, la Jurisprudence du Parlement de Paris, supposé qu'elle fût telle que le prétendent *Brodeau*, *Ricard*, & les autres Auteurs, ne pouvoit pas servir de préjugé, attendu que la Jurisprudence du Parlement de Toulouse avoit déclaré dans tous les temps, les enfans légitimés par rescrit, capables de l'entière succession *ab intestat* de leur père naturel qui les avoit fait légitimer, suivant *M. de la Roche & M. de Catellan*, & que si celui qui a rédigé les Arrêts de M. de Catellan a parlé d'une nouvelle Jurisprudence contraire, il n'a eu en vue que celle du Parlement de Paris, & non celle du Parlement de Toulouse, qui n'a jamais varié.

225. Suite. Réponse à la troisième raison.

A l'égard de la troisième raison, Marguerite Dupuy disoit qu'elle se retorquoit contre le Syndic, attendu que la *Novelle* 86, *chapitre* 9, §. 1, ne fait aucune différence entre l'enfant légitimé par rescrit, & celui qui est né *ex legitimo matrimonio*; qu'il est en la puissance de son père, tout comme l'enfant légitime; qu'il est restitué & rétabli *juri legitimo*; qu'enfin, selon les expressions de *Dumoulin*, *patri agnascitur suus hæres*, il est donc du nombre de ceux qui sont appellés dans le Droit, *sui & legitimi hæredes*.

226. Réponse à la

Pour réfuter la quatrième raison prise de la clause codicillaire, Marguerite Dupuy disoit qu'il étoit vrai que suivant le véritable esprit du Droit Romain, elle peut faire valoir comme codicille le testament qui ne contient que des nullités extérieures, & de pure forme; mais que la clause codicillaire ne peut pas faire valoir un testament nul par la prétérition d'un enfant, dont il falloit nécessairement faire mention, & l'honorer du titre d'institution, parce que le vice est intérieur & radical, & attaque la substance de la volonté, & même la capacité du Testateur; attendu que la Loi présume qu'un père qui manque à ce devoir, n'a pas eu son bon sens, lorsqu'il a testé: *tanquam non fuerit sanæ mentis*, *l.* 2, *l.* 5, *l.* 13, *ff. de inoff. testam. l.* 36, *ff. de leg.* 3, *& instit. de inoff. testam. in princip.* à quoi la clause codicillaire ne peut point porter de remède, si bien que le testament est nul dans ce cas même pour le legs & pour toutes les autres dispositions particulières, *l.* 36, *ff. de leg.* 3.

quatrième raison.

Quelles nullités la clause codicillaire peut couvrir.

Elle ne couvre pas le vice de prétérition.

227. Suite.

Ce qui peut d'autant moins souffrir de difficulté selon les véritables principes du Droit Romain, que la Loi 1, *cod. de codicillis*, décide que la prétérition d'un posthume rend nul non-seulement le testament, mais encore le codicille fait postérieurement, par cette raison qu'il est *pars & sequela testamenti*; cependant le codicille postérieur est bien moins intimement lié avec le testament antérieur, que ne l'est la clause codicillaire avec le testament où elle seroit comprise; & si un codicille postérieur est annullé lorsque le testament précédent est emporté par la prétérition, la clause codicillaire peut encore moins soutenir la disposition comme codicille; car comme la nullité du codicille séparé ne vient que de ce que le testament & le codicille ne sont considérés par une fiction de Droit, que comme un seul & même acte, à cause que le codicille est *pars & sequela testamenti*, il n'est pas possible de raisonner d'une manière différente, par rapport au testament, & à la clause codicillaire qu'il renferme. Si donc le codicille postérieur est emporté par le vice de prétérition, tout comme le testament, dont il est une suite, il faut nécessairement, même à plus forte raison, que dès que le testament est emporté par la prétérition, la clause codicillaire qu'il renferme, & qui n'est autre chose qu'un codicille, tombe par voie de conséquence, parce que la nullité du testament entraîne nécessairement la nullité du codicille qui s'y rapporte, & il est impossible que le testament soit nul, sans que le codicille & la clause codicillaire le soient pareillement.

228. Le privilége

A l'égard de la faveur de la cause pie, elle ne peut

de la cause pie ne peut pas balancer celui des enfans.

pas être mise en balance avec celle des enfans, quoiqu'en ayent pensé quelques Auteurs ; les Canons ont décidé que les enfans sont infiniment plus favorables lorsqu'il s'agit des biens & de la succession de leur père, *Can. quicumque, causa 17, quæst. 4*, puisque la Loi leur destine la succession par un vœu commun de la nature & des parens, *naturæ simul & parentum commune votum, l. 7, ff. si tabul. testam. nullæ extab. l. 7, ff. de bonis damnator.* n'y ayant aucune différence à faire entre un enfant légitimé par rescrit, & celui qui est né *ex legitimo matrimonio.* La *Novelle 89, chapitre 9, §. 1*, les mettant au même degré de faveur, *nihil à legitimis filiis differentes.*

229. Effet de la clause codicillaire. Le père qui a prétérit son fils ne peut pas le charger de fidéicommis, quoiqu'il devienne son héritier *ab intestat.*

Enfin l'effet de la clause codicillaire est de convertir le testament en codicille, & de faire que les héritiers *ab intestat* soient chargés de fidéicommis en faveur des héritiers institués, ce qui n'est pas possible dans le cas de la prétérition, parce que le père qui fait cette injure à ses enfans, ne peut pas les charger de fidéicommis, quoiqu'ils deviennent ses héritiers *ab intestat* : *ex filio præterito licet suus hæres erit, fideicommissum relinqui non potest, l. 2, ff. de leg. 3*, & cela en haine de l'injure de la prétérition, *l. 31, cod. de fideicommiss.* Il est donc impossible dans ce cas, que l'institution soit convertie en fidéicommis, puisque les Loix privent le père de la faculté de charger ses enfans prétérits, d'aucun fidéicommis ; & si quelques Auteurs ont pensé le contraire, leur opinion ne peut être d'aucune considération, parce qu'elle est contraire à la disposition des Loix, d'autant mieux que la *Novelle 115, chapitre 3*, veut que dans le cas de la prétérition l'institution soit nulle, & que la succession soit recueillie *ab intestat* par tous les enfans, par égales portions, *quantum ad institutionem hæredum pertinet, testamento evacuato, ad parentum hæreditatem liberos tanquam ab intestato, ex æqua parte pervenire*, ils doivent donc la recueillir efficacement, & la posséder irrévocablement & sans aucune charge de fidéicommis tout de même que si leur père n'avoit fait aucune disposition *tanquam ab intestato.*

230. Dispositions de l'Arrêt du 6 Septembre 1736.

Le procès porté sur le Bureau en la Grand'Chambre, il intervint partage, lequel fut vidé à la première Chambre des Enquêtes, conformément à l'avis de M. de Vie, Rapporteur. L'Arrêt porte : *disant droit sur les Lettres & Requêtes de ladite Dupuy, & sur les incidens joints, sans avoir égard à la Requête dudit Syndic de l'Hôpital de Saint-Girons, dont l'a démis & démet, a cassé &*

casse le testament dudit Dupuy, du 5 Janvier 1704; ce faisant, a maintenu & maintient ladite Marguerite Dupuy en l'entière hérédité dudit Dupuy, auquel effet, ordonne que tant le Syndic dudit Hôpital de Saint-Girons, qu'autres possesseurs des biens lui en feront le délaissement, avec restitution des fruits depuis le 10 Mars 1712, jour du décès dudit Dupuy, à quoi faire ils seront contraints par toutes voies dues & raisonnables : Ordonne notredite Cour, que sur ladite restitution des fruits, ladite Dupuy tiendra en compte audit Syndic les provisions reçûes en conséquence desdits Arrêts, dépens compensés.

231. Sept points jugés par cet Arrêt.

1. Que l'enfant légitimé est capable de l'entière succession.

Cet Arrêt juge sept points, dont quelques-uns sont extrêmement remarquables. Le premier, que les Lettres de légitimation rendent l'enfant légitimé capable de l'entière succession de son père.

232. 2. Que dans les Pays du Droit écrit le consentement des collatéraux n'est pas nécessaire.

Le second, que dans les Pays du Droit écrit, le consentement des parens collatéraux à l'entérinement des Lettres de légitimation, n'est pas nécessaire, quoique les Lettres de légitimation portent cette condition.

233. 3. Que la prétérition de l'enfant légitimé annulle le testament du père.

Le troisième, que la prétérition d'un enfant légitimé annulle le testament de son père, tout comme la prétérition de l'enfant né *ex legitimo matrimonio*.

234. 4. Que la clause codicillaire n'opère rien.

Le quatrième, que la clause codicillaire ne peut pas faire valoir comme codicille, le testament nul par prétérition, quoique la cause pie se trouve instituée.

235. 5. Que le consentement du fils légitimé n'est pas nécessaire.

Le cinquième, que les Lettres de légitimation opérent leur effet, quoique l'enfant légitimé n'ait pas donné son consentement à la légitimation; car Marguerite Dupuy n'avoit pas consenti à celle qui avoit été faite de sa personne; elle n'étoit pas même dans un âge à pouvoir donner un consentement valable.

236. 6. Que la légitimation opère son effet, quoique le père & la mère soient en état de se marier ensemble.

Le sixième, que la légitimation opère son effet, quoique les père & mère du bâtard soient en état de se marier ensemble; car M. Dupuy & la Demoiselle Tissanier étoient personnes libres, lorsque les Lettres de légitimation furent obtenues & entérinées; qu'ainsi, on n'observe point, comme je l'ai dit ci-dessus, *l'Auth. præterea, cod. de naturalibus liberis*, en ce qu'elle exige que les père & mère soient dans un état à ne pouvoir pas se marier ensemble, afin que les bâtards puissent être légitimés par rescrit.

237. 7. Que les fruits doivent être restitués depuis la mort du père.

Le septième, que la restitution des fruits est due à l'enfant légitimé qui vendique l'hérédité de son père, du jour qu'il est décédé.

238. Les ayeuls

Nous finirons cette section par quelques observations. La première, que les ayeuls peuvent faire légitimer

peuvent faire légitimer par rescrit leurs petits-fils bâtards.

leurs petits-fils bâtards, & que les Lettres de légitimation opèreront leur effet à l'égard des ayeuls comme à l'égard des père ou mère du bâtard, selon *Charondas*, *livre* 12, *rép.* 16. Molina, *de justitia & jure tractat.* 2, *disput.* 172, *n.* 10, & plusieurs autres.

239. Les bâtards & leur postérité étoient odieux.

La seconde, à la vérité les bâtards, c'est-à-dire, ceux qui étoient nés *ex scorto* étoient regardés comme étrangers chez les Hébreux, & eux & leurs descendans ne participoient aux priviléges de la Nation qu'après la dixième génération, comme il est expliqué au Deuteronome, chapitre 23, verset 2, *non ingredietur Mamzer, hoc est de scorto natus, in Ecclesiam Domini usque ad decimam generationem*, & que les Romains considérerent aussi les bâtards comme étrangers jusqu'au temps de l'Empereur Constantin le Grand, comme le rapporte *Justinien*, dans la préface de la Novelle 89, *naturalium nomen Romanæ Legislationis dudum non erat in studium, nec quælibet hoc fuerat humanitas sed tanquam alienigenum aliquid & omninò alienum à republicâ putabatur; à Constantini verò piæ memoriæ temporibus in constitutionem scriptum est libris*; mais dans la suite tous ceux qui étoient nés dans l'Empire ayant été déclarés Citoyens Romains, les bâtards, quoiqu'adultérins ou incestueux, quoique non légitimés par rescrit ni autrement, sont devenus capables de recevoir toutes sortes de libéralités testamentaires, même à titre universel, de la part des personnes étrangères, même de la part de leurs parens collatéraux, oncles, tantes & autres, & encore par leurs frères, quoique bâtards, & c'est ainsi qu'on l'observe, parce qu'il n'y a plus aucune prohibition, ni incapacité à leur égard; *M. Duranty*, *question* 19; *M. Maynard*, *livre* 5, *chapitre* 29, & *livre* 9, *chapitre* 34; *Bacquet*, *du droit de bâtardise*, *ch.* 4; *Journal du Palais*, & *tome* 1, *page* 818; *Ricard*, *des Donations*, *tome* 1, *part.* 1, *nombre* 426; même l'héritier institué sans fraude par le père naturel du bâtard, peut ensuite instituer le bâtard aux mêmes biens, & l'on ne présume point de fidéicommis tacite; mais il faut en rapporter des preuves, *l.* 3, §. 3, *ff. de jure fisci*, M. Maynard, *livre* 5, *chapitres* 29 & 30; il semble néanmoins que dans ce dernier cas, il faudroit penser le contraire, si l'héritier institué par le père naturel délaissoit pendant sa vie les biens ayant appartenus au père du bâtard, parce que le délaissement des biens fait pendant la vie, forme une présomption, qui ne sauroit être plus violente, puisqu'elle résulte du fait même que l'héritier n'avoit été institué que sous la charge d'un fidéicommis tacite;

Le Droit ancien des Romains les considéroit comme des étrangers.

Dans la suite ils furent faits Citoyens Romains.

S'ils peuvent être institués par celui qui a été institué par leur père.

l'Auteur des Additions sur la Peyrere, lettre B. nombre 20, est de cet avis; néanmoins, *Peleus, question 133*, rapporte un Arrêt du Parlement de Paris, du 23 Mai 1597, qui juge que nonobstant un tel délaissement fait par donation entre-vifs, celui qui soutient le fidéicommis tacite, devoit être chargé d'en faire la preuve; mais il lui fut permis de la faire par témoins, nonobstant l'Ordonnance de Moulins, qui ne doit pas avoir lieu dans ce cas, comme s'agissant d'une fraude commise contre la prohibition de la Loi, ensorte que n'ayant pas fait cette preuve, il fut débouté de sa prétention par un Arrêt définitif du 7 Septembre 1604.

Doit-on présumer un fidéicommis tacite en fraude de la Loi.

Preuve par témoins du fidéicommis tacite.

240. Si les enfans naturels font défaillir la condition *si sine liberis*.

La troisième, que quoique suivant la mauvaise explication que quelques Auteurs donnent à la Loi *ex facto 17*, §. 4, *ff. ad Senat. Consult. Trebel.* les enfans naturels fassent défaillir la condition de la substitution faite *si sine liberis*, cela ne s'observe point en France, où la condition ne manque que par la naissance des enfans nés *ex legitimo matrimonio*, ou par ceux qui sont légitimés par un mariage subséquent, & non par la naissance des bâtards, quand même ils auroient été légitimés par rescrit du Prince, *Bacquet, du Droit de bâtardise, chapitre 3, nombre 12; M. Maynard, livre 5, chapitre 79; M. la Roche & Graverol, livre 6, titre 11, article 1; M. de Catellan, livre 2, chapitre 95, & Ferriere, sur la question 482 de Guy-Pape.* Nous examinerons plus particulièrement cette difficulté dans le chapitre 7, section 6, nombres 152 & suivans.

241. Si ce qui est retranché aux bâtards est appliqué au fisc.

La quatrième, que ce qui est retranché aux bâtards adultérins ou incestueux, des libéralités à eux faites par leur père ou mère, n'est pas appliqué au fisc, mais doit demeurer dans l'hérédité ou aux successeurs *ab intestat*, soit que les libéralités ayent été faites *palàm*, & sans détour, soit que l'on se serve du ministère d'une personne interposée, & de la voie du fidéicommis tacite; il est vrai que plusieurs Auteurs ont pensé le contraire dans ce dernier cas; c'est-à-dire, que tout ce qui seroit ôté au bâtard devroit être adjugé au fisc. *M. Maynard, livre 5, chapitre 29; Coquille, question 29; & Charondas, livre 7, rép. 168*, à cause de la fraude commise pour tromper la prévoyance de la Loi, & que cela est même fondé sur la Loi 3, *in princip. & §. ff. de jure fisci*, & sur la Loi *in fraudem 10, ff. de his quæ ut indign. aufer.* mais l'usage du Royaume est contraire, ainsi que nous l'expliquerons dans la section suivante, & ainsi qu'il a été jugé par l'Arrêt du Parlement de Paris du 23 Mai 1597,

Quid dans le cas d'un fidéicommis tacite.

cité ci-dessus, rapporté par *Peleus*, *quæst.* 133, dans le cas du fidéicommis tacite en fraude de la Loi, en recevant les héritiers *ab intestat* à faire la preuve par témoins du fidéicommis tacite par eux allégué. *Ricard, de donat. part.* 3, *n.* 191 ; *l'Auteur des Loix Civiles, liv.* 5, *des Substitutions, titre* 3, *section* 3, *nombre* 7 ; *M. Maynard, livre* 8, *chapitre* 50 ; *M. de Cambolas, livre* 5, *chapitre* 36 ; *Graverol sur M. la Roche*, verb. *testam. article* 14 ; *le Brun, des Successions, livre* 3, *chapitre* 9, *nombre* 24, & plusieurs autres, attestent cet usage, auquel le Parlement de Toulouse s'est conformé dans le cas particulier de l'indignité opposée à un héritier qu'on soutenoit être le confidentiaire d'une concubine & des enfans bâtards du Testateur, en recevant, par un Arrêt interlocutoire du 8 Août 1738, rendu en la première Chambre des Enquêtes, au rapport de M. de Viguerie, Noble Pierre de Sabran, Capitaine d'Infanterie, à la preuve des faits par lui coartés, & ceux qu'il pourroit de nouveau coarter, par Requête, tendant à établir que le sieur Perrier qui avoit été institué héritier par le sieur de Sabran, Conseiller en la Cour des Aydes de Montpellier, frère du demandeur, dans la vue de faire passer les biens à une concubine, & à des enfans bâtards ; & par un autre Arrêt postérieur, qui cassa le testament, & adjugea les biens au sieur de Sabran, Capitaine, comme héritier légitime de son frère, avec restitution des fruits.

242. Suite.

Ainsi, dans le cas du fidéicommis tacite, accepté en fraude de la Loi, & dans tout autre cas, ce qui est laissé à une personne incapable n'est pas appliqué au fisc, la libéralité doit demeurer dans l'hérédité ou aux successeurs *ab intestat*, comme nous l'expliquerons dans la section suivante.

243. L'incapable ne peut pas recevoir directement ni par personnes interposées.

La cinquième, que celui qui est incapable ne peut pas recevoir non-seulement ce qui lui est laissé directement, mais encore ce qui lui est laissé par le moyen des personnes interposées, *l.* 10, *cod. de hæred. instit.* & Ordonnance de 1549. J'ai expliqué amplement cette difficulté dans mes questions sur les Donations, où il suffit de renvoyer.

SECTION III.

SECTION III.

De l'Indignité.

SOMMAIRE.

1. *Matière de l'indignité importante.*
2. *Indignité. Ce que c'est.*
3. *L'indignité ne doit pas être confondue avec l'incapacité.*

Sentiment de Ricard *& de* M. de Catellan.

4. *En quoi l'indignité & l'incapacité sont mises de niveau.*

Ce qui est ôté à l'indigne n'est pas adjugé au fisc.

5. *L'indignité & l'incapacité ne sont pas distinguées par rapport à la manière de les opposer.*
6. *Hors les deux cas précédens, l'indignité & l'incapacité doivent être distinguées.*

L'indigne est saisi de plein droit, mais non l'incapable.

7. *Raisons qui doivent faire préférer l'avis de le Brun à celui des autres Auteurs.*

L'indigne adeundo hæres efficitur.

L'indigne, en acceptant, confond irrévocablement ce qui lui étoit dû par le défunt.

La disposition faite en faveur de l'indigne, n'est pas nulle, ni considérée comme non écrite.

Voyez infr. *n.* 221, 273, 283, 284, 286.

Si dans le cas de l'indignité, on doit prononcer la cassation de la disposition, ou déclarer la privation.

Il n'y a ni Loi ni Ordonnance ni Coutume qui abroge la capacité mero jure *de l'indigne.*

Si l'utilité du fisc a fait introduire l'indignité.

En quoi le Droit François a dérogé au Droit Romain touchant l'indignité.

8. *Raisons de l'opinion contraire soutenue par* Ricard.
9. *Réfutation de ces raisons.*

Dans quels cas l'indigne doit rendre les fruits.

Des actions éteintes par la confusion.

10. *Raison pourquoi l'indigne est privé des fruits & des actions éteintes par la confusion.*
11. *Les libéralités ne sont faites que sous cette condition légale, qu'on ne s'en rendra pas indigne.*

Resoluto jure dantis, resolvitur jus accipientis.

12. *Si l'indignité a été introduite pour l'intérêt du fisc.*

146. *Arrêt contre les créanciers d'Elisabeth Salvetat.*

Suite.

147. *Suite.*

148. *Suite.*

149. *Indignité pour avoir impugné de faux le testament, de quoi prive-t-elle?*

Deux limitations de la Règle.

150. *La seule accusation de faux ne rend pas indigne, s'il y a Sentence.*

151. *Extension de la Règle qui déclare l'indignité.*

Du Témoin qui dépose contre le testament argué de faux.

De l'Avocat ou Procureur qui ont prêté leur ministère.

Du Juge.

Quid *du Tuteur.*

Quid *de l'Avocat du fisc.*

152. *On ne doit pas distinguer si l'Accusateur en faux est collatéral, ou descendant, ou étranger.*

153. *Celui qui impugne de faux le testament, doit être privé des substitutions & de ce qui est laissé par codicille.*

Celui qui argue de faux les substitutions, n'est pas privé du surplus.

Le Donataire à cause de mort conserve sa donation.

Le fidéicommissaire est privé du fidéicommis.

154. *Les héritiers qui impugnent le codicille, ne sont pas privés de la succession, mais ils perdent ce qui leur reviendroit par le codicille.*

Perte de ce qui étoit laissé par le codicille impugné de faux.

Quid *de la* [illegible] testat *partagée par le codicille impugné de faux.*

Il perd la falcidie.

155. *Explication de la Loi* 15, ff. de his quæ ut indign. aufer.

156. *Si le fait de l'un nuit à l'autre.*

157. *Suite.*

158. *Celui qui est indigne pour accusation de faux peut succéder médiatement.*

Si cette indignité a lieu dans les Pays Coutumiers.

159. *Indignité de celui qui fabrique un faux testament.*

160. *Indignité pour avoir intenté la plainte d'inofficiosité.*

Ce qui est ôté à l'indigne dans ce cas, n'est pas adjugé au fisc.

161. *Pour faire déclarer l'indignité, il faut que la plainte d'inofficiosité soit suivie d'une Sentence contradictoire.*

162. *La plainte ne nuit qu'à celui qui l'intente.*

163. *Fait perdre l'émolument du testament & des codicilles.*

Mais non les donations entre-vifs à cause de mort.

164. *Particularités de l'indignité pour plainte d'inofficiosité.*

165. *La réception du legs exclut la plainte d'inofficiosité.*

Approbation indirecte du testament produit le même effet.

166. *Cas où la fin de non-recevoir ne peut pas être opposée à celui qui a reçu le legs.*

Premier

LA matière de l'indignité est très-importante, & a beaucoup d'étendue; & quoique plusieurs Auteurs l'ayent examinée dans leurs écrits, ils ne l'ont pourtant

I. Matière de l'indignité importante.

pas discutée avec toute l'exactitude qu'elle mérite.

2. Indignité, ce que c'est.

L'indignité est proprement un moyen de privation, en quoi elle différe entr'autres choses de l'incapacité, qui est un moyen d'exclusion, ainsi que nous l'avons remarqué au commencement de la section précédente, où nous avons expliqué plusieurs différences, entre l'un & l'autre de ces deux moyens.

3. L'indignité ne doit pas être confondue avec l'incapacité.

Certains Interprètes du Droit Romain, & entr'autres la glose sur la Loi *cum quidam* 12, *ff. de his quæ ut indignis aufer.* ont confondu l'indignité avec l'incapacité; mais c'est tout-à-fait mal-à-propos, ainsi que l'a fort bien remarqué *M. Cujas* sur la même Loi, *lib.* 16, *quæst. Papiniani.*

Sentimens de Ricard & de M. de Catellan.

Ricard, des Donations, tom. 1, *part.* 3, *n.* 190, 194 & *suiv.* a cru qu'en France on confondoit l'indignité avec l'incapacité, & *M. de Catellan, liv.* 2, *chap.* 83, dit la même chose, en rapportant un Arrêt du Parlement de Toulouse, dont il ne marque point la date, ni le nom des Parties: mais cela n'est pas exactement vrai dans tous les cas.

4. En quoi l'indignité & l'incapacité sont mises de niveau.

Ce qui est ôté à l'indigne n'est pas adjugé au fisc.

A la vérité on confond l'indigne avec l'incapable par rapport à l'intérêt du fisc, auquel on n'adjuge pas ce qui est ôté à l'indigne, comme nous l'avons remarqué au chap. 5, sect. 1, n. 16, & ce qui lui a été laissé par testament demeure dans l'hérédité tout comme dans le cas de l'incapacité, *cum onere fideicommissi, l.* 3, §. *ult. ff. ad S. C. Trebell. l.* 12, *ff. de his quæ ut indignis aufer. & l.* 3, §. 4, *ff. de jure fisci*, ou bien aux héritiers *ab intestat*, quand il n'y a point de disposition qui y fasse obstacle; ainsi que nous l'avons dit par rapport à l'incapable dans la section précédente; & c'est le sentiment commun des Auteurs François, notamment de *Dumoulin sur la coutume de Paris*, §. 13, *glos.* 3, *n.* 6, *le Brun des Successions, liv.* 3, *chap.* 9, *n.* 14, qui en indique plusieurs autres, & *Ricard* au lieu cité. Et cela s'observe même à Toulouse, comme l'atteste *Catellan* au lieu cité, quoiqu'en dise *M. Maynard*, *liv.* 3, *chap.* 14, 15 & 16.

5. L'indignité & l'incapacité ne sont pas distinguées par rapport à la manière de les opposer.

On ne distingue pas non plus l'indigne de l'incapable par rapport à la faculté d'opposer l'indignité; & quoique, selon l'esprit du Droit Romain, qui déféroit au fisc en certains cas ce qui étoit ôté à l'indigne, il n'y eût que les Gens du Roi qui pussent opposer l'indignité, comme seuls intéressés, ainsi que le remarque *Peregrinus, de jure fisci, lib.* 3, *tit.* 1, *n.* 1: néanmoins on permet en France à ceux qui ont droit de demander ce qui est ôté à l'indigne, d'opposer & de faire valoir l'indignité; parce que la raison qui, suivant le Droit Romain, excluoit les Particuliers de l'action, cesse en France.

Mais dans tous les autres cas auxquels l'usage du Royaume, ou des Tribunaux particuliers n'a pas fait de changement au Droit Romain, on ne doit pas confondre les indignes avec les incapables, comme l'a fort bien remarqué *le Brun, des Successions, liv.* 3, *chap.* 9, *n.* 9. Voilà pourquoi, selon le même Auteur, l'indigne est saisi de plein droit : mais il en est autrement de l'incapable, parce que, comme l'observe *M. Cujas* sur la Loi *cum quidam* 12, *ff. de his quæ ut indignis aufer. lib.* 16, *quæst. Papiniani*, la Loi porte un obstacle invincible, qui empêche que l'incapable ne puisse acquérir. Et cela est encore fondé sur la disposition de plusieurs Coutumes, qui exigent que l'héritier soit habile, afin de pouvoir être saisi de plein droit, notamment de celle de Paris, *art.* 318, *l'art.* 105 *de celle de Sens, l'art.* 90 *de celle de Troyes, & l'art.* 40 *de celle de Meaux.*

6. Hors les deux cas précédens, l'indignité & l'incapacité doivent être distinguées.

L'indigne est saisi de plein droit, mais non l'incapable.

Les raisons qui doivent faire préférer l'avis de *le Brun* à celui de *Ricard*, & des autres Auteurs qui pensent comme lui, sont : 1°. que le Droit Romain établit, comme une règle sûre, que l'indigne est capable de recueillir : *adeundo hæres efficitur, l.* 43, §. *dernier, ff. de vulg. & pupill.* ou, comme dit la Loi 24, *ff. de legat.* 2°. *Marcellus putavit posse hæredem & indignum præferre*; il peut acquérir, mais non pas retenir, *l.* 2, §. 1, *ff. de his quæ ut indignis aufer.* Il peut accepter l'hérédité, & par-là il confond irrévocablement les actions, *l.* 8, *ff. eod.* mais il peut être privé de la libéralité ou de l'émolument, à la poursuite de ceux qui ont intérêt à demander, ou vendiquer les biens recueillis par l'indigne. 3°. Que la disposition qui est faite en faveur de l'indigne n'est pas nulle, ni considérée comme non écrite : elle vaut au contraire de plein droit, sauf que l'indignité le fait déclarer déchu, ou privé de l'émolument, pour le faire transporter aux successeurs *ab intestat*, avec les mêmes charges qui avoient été imposées à l'indigne : ensorte que les héritiers *ab intestat* entrent, tout comme faisoit le fisc, suivant le Droit Romain, au droit de l'indigne, *l.* 3, §. *ult. ff. ad S. C. Trebell. l. cum quidam* 12, *ff. de his quæ ut indignis aufer. l.* 3, §. 4, *ff. de jure fisci, l. in facto* 60, §. 1, *ff. de condit. & demonstr. l.* 3, *cod. ad l. falcid. & l.* 43, §. 3, *ff. de vulg. & pupill. substit.* Il est vrai qu'il y a des Auteurs qui rapportent des Arrêts, qu'ils disent avoir prononcé la cassation des dispositions faites en faveur de l'indigne, entr'autres l'Auteur du Journal des Audiences, *tom.* 5, *liv.* 8, *chap.* 16 & 41 ; mais je soupçonne qu'il y a de l'équivoque dans la manière de rapporter ces Arrêts, & que l'on a confondu la cassation avec la privation. Ce qui

7. Raisons qui doivent faire préférer l'avis de le Brun à celui des autres Auteurs.

L'indigne *adeundo hæres efficitur.*

La disposition faite en faveur de l'indigne n'est pas nulle, ni considérée comme non écrite.

V. infrà n. 221, 273, 283, 284, 286.

Si dans le cas de l'indignité on doit prononcer la cassation de la disposition, ou déclarer la privation.

me donne cette pensée, c'est que j'ai vu un Arrêt du Parlement de Paris du 11 Février 1716, que je rapporterai, en parlant de l'indignité causée par le fidéicommis tacite, qui ne prononce point par cassation, mais qui déclare simplement la privation & la déchéance du droit.

Il n'y a ni Loi, ni Ordonnance, ni Coutume qui abroge la capacité, *mero jure*, de l'indigne.

4°. Qu'il n'y a ni Loi, ni Ordonnance, ni Coutume, ni Jurisprudence fixe, qui abroge la Règle, qui veut que l'indigne soit capable, *mero jure*, de recueillir: laquelle Règle n'a rien de commun avec la décision qui déféroit au fisc ce qui étoit ôté à l'indigne, laquelle seule est abrogée.

Si l'utilité du fisc a fait introduire l'indignité.

5°. Que la seule utilité du fisc n'a pas fait introduire la différence entre l'indigne & l'incapable, & n'a pas servi de fondement à la Règle qui veut que l'indigne soit capable de recueillir, la capacité de l'indigne est un effet des règles du Droit au sujet de la capacité; & l'indignité procède d'une autre source, & le plus communément du fait, ou de la négligence de l'indigne, ce qui n'a rien de commun avec la capacité, laquelle est inhérente à la personne par le ministère de la Loi. Il n'y a donc aucune raison de confondre l'indignité avec l'incapacité, & puisque le Droit François n'a dérogé au Droit Romain, que quant à la manière de déférer ce qui est ôté à l'indigne, on ne doit point étendre cette abrogation à d'autres cas distincts, & qui n'ont aucune liaison avec la manière de déférer ce qui est ôté à l'indigne. *V. infrà, n.* 273.

En quoi le Droit François a dérogé au Droit Romain, touchant l'indignité.

8. Raisons de l'opinion contraire soutenue par Ricard.

Pour appuyer son opinion, *Ricard* emploie l'argument de la Loi 17, *ff. de his quæ ut indign. aufer.* & de la Loi 1, *cod. eod.* qui décident que la chose doit être ôtée à l'indigne avec les fruits par lui perçus. Il dit encore que si le legs avoit appartenu un moment au légataire indigne, ses créanciers auroient un droit acquis en la chose, & pourroient la poursuivre par hypothéque; qu'il n'y a que l'utilité du fisc qui fait maintenir l'indigne dans une injuste acquisition, afin de s'en appliquer ensuite le profit: & que c'est même cet intérêt qui lui a fait encore décider à son avantage, que les actions que l'indigne avoit sur la succession, dont il demeure privé, sont tellement éteintes, qu'elles ne revivent plus, quoique la succession lui soit ôtée, *l.* 8, *l.* 17, *& l.* 18, §. *bonis* 1, *ff. de his quæ ut indign. aufer.*

9. Réfutation de ces raisons.

Ces objections sont faciles à résoudre. Lorsque le cas de l'indignité est arrivé, celui qui est possesseur des biens qui sont destinés à l'indigne, peut lui opposer l'indignité, comme une exception qui exclut son droit & son action, *l.* 25, *cod. de leg. & l.* 9, *in princip. &* §. 1, *ff. de his quæ ut indign. aufer.* & il est plus convenable & plus naturel d'exclure l'action de l'indigne, quand l'exception eſt prête, que de lui délivrer la poſſeſſion de la choſe, ſauf à en pourſuivre la reſtitution, *melius eſt in tempus ſubvenire, quam poſt vulneratam cauſam remedium quærere*, & c'eſt le cas de dire, *dolo facit qui petit quod redditurus eſt*; mais quand l'indigne a pris poſſeſſion de la choſe, & en a perçu les fruits, il doit les rendre, s'il eſt tombé dans le cas de l'indignité ſciemment, & les actions qu'il avoit ſur l'hérédité ſont confuſes & éteintes, de façon qu'elles ne peuvent plus revivre, quoique l'hérédité lui ſoit ôtée; cependant il en eſt tout autrement, s'il a été dans la bonne foi; car il ne doit rendre les fruits que depuis que ſa bonne foi a ceſſé, & les actions qui ont été éteintes par l'addition d'hérédité faite dans l'état de bonne foi doivent être rétablies, lorſque l'hérédité eſt ôtée à l'héritier pour une indignité ſurvenue, c'eſt la déciſion de la Loi 17, *ff. de his quæ ut indign. aufer.*

Dans quels cas l'indigne doit rendre les fruits.

Des actions éteintes par la confuſion.

10. Raiſon pourquoi l'indigne eſt privé des fruits & des actions éteintes par la confuſion.

Mais la perte des fruits & des actions éteintes n'arrive pas par la raiſon, que l'héritier doit être conſidéré comme incapable, les bonnes règles reſiſtent à une telle prétention; cela arrive, parce qu'il eſt juſte que celui qui ſe rend indigne d'une libéralité, ſoit pareillement indigne de profiter des fruits, & que celui qui ne peut pas profiter du principal ne profite pas des acceſſoires. Et quant à la perte des actions qui ne ſont pas rétablies, c'eſt une peine que la Loi ajoute à l'indignité.

11. Les libéralités ne ſont faites que ſous cette condition légale qu'on ne s'en rendra pas indigne.

Quoique le legs ou l'hérédité ait appartenu au légataire ou à l'héritier, il ne s'enſuit pas que ſes créanciers ayent un droit acquis après la privation pour indignité. La libéralité n'eſt cenſée faite que ſous cette condition tacite & légale, que celui à qui elle eſt deſtinée ne s'en rendra pas indigne; enſorte que ſi cette condition manque, le droit de l'indigne étant réſolu par la force d'une condition inhérente, & qui affecte la libéralité, le droit de ſes créanciers ſe trouve réſolu par voie de conſéquence, & ils n'y ont pas plus d'hypothéque, que ſi elle n'avoit jamais appartenu à leur débiteur, ſuivant cette maxime, *reſoluto jure dantis, reſolvitur jus accipientis*, tirée de la Loi *lex vectigali* 31, *ff. de pignor.* & de la Loi 3, *ff. quib. mod. pign. ſolvitur.*

Reſoluto jure dantis, reſolvitur jus accipientis.

12. Si l'indignité a été introduite pour l'intérêt du fiſc.

Quant à la troiſième raiſon ou objection de *Ricard*, nous avons montré qu'il n'étoit point vrai, que ce fut pour l'intérêt du fiſc, c'eſt au contraire pour la punition de l'indigne, & ce ne fut que par contre-coup qu'on attribua au fiſc ce qui étoit ôté à l'indigne; que la Loi Romaine avoit décidé que l'indigne étoit capable de recevoir dans ſon origine; & que la capacité & l'indignité avoient leurs règles à part; nous ajoutons que ce n'eſt encore que pour punir l'indigne, que la Loi déclare les actions, qu'il avoit sur l'hérédité éteintes irrévocablement par l'addition faite dans une mauvaise foi positive, & nullement pour favoriser le fisc ; ce qui est si vrai, que la Loi 17 *ff. de his quæ ut indignis aufer.* décide, que si l'acceptation de l'hérédité a été faite, tandis que l'héritier étoit dans une ignorance du fait, les actions éteintes par la confusion devroient être rétablies, *deceptum autem ignorantia facti ..... nec improbè confusam actionem reddi postulaturum.* Ainsi il est clair que l'intérêt du fisc n'entre ici pour rien, que la punition de l'indigne est le seul motif de la décision, & l'adjudication au fisc une suite de cette punition, & que même aujourd'hui qu'on ne défére point au fisc ce qui est ôté à l'indigne, il faut le priver, & le déclarer déchu des actions éteintes par la confusion, à cause de l'addition de l'hérédité, dans un état de connoissance & de mauvaise foi.

13. Comment faut-il entendre la Loi Romaine, en ce qu'elle veut que ce qui est ôté à l'indigne soit adjugé au fisc,

Peregrinus de Jure Fisci, lib. 2, tit. 2, n. 1, après plusieurs Docteurs qu'il cite, donne pour Règle générale, que ce qui est ôté aux indignes, doit être adjugé au fisc, suivant le Droit Romain ; mais ces Docteurs n'avoient pas pris garde, que la Loi 1, §. *quæ autem 12, cod. de caduc. toll.* prouve tout le contraire, en insinuant que dans certains cas l'adjudication étoit faite au fisc, & que dans d'autres ce qui étoit ôté à l'indigne, étoit déféré aux Particuliers : *quæ autem antiquis legibus dicta sunt de his quæ ut indignis auferuntur, & nos simili modo intacta servamus, sive in nostrum fiscum, sive in alias personas perveniant*, dit le texte cité, sur lequel Denis Godefroy fait cette observation, *indignis quæ eripiuntur certis casibus, fisco cedunt, aliis casibus privato seu privatis ..... hinc etiam observa non omne quod aufertur indigno, fisco cedere.* Et comme le fisc

Dans le doute il faut juger contre le fisc,

ne peut avoir de droit, qu'autant que les Loix lui en ont attribué expressément, & que d'ailleurs dans le doute, il faut se déterminer contre le fisc, suivant cette belle & judicieuse décision de la Loi 10, *ff. de jure fisci*, il faut,

On ne doit adjuger au fisc que ce que les Loix déclaroient devoir lui être adjugé,

selon l'esprit de la Loi Romaine, adopter une maxime toute opposée à celle de *Peregrinus*, & dire que ce qui est ôté à l'indigne doit être déféré aux Particuliers intéressés, dans tous les cas où la Loi n'en fait pas une adjudication expresse au profit du fisc.

14. Jurisprudence du Parlement de Toulouse dans le cas de la Loi 12, ff. de his

Quant à ce que dit *M. de Catellan, liv. 2, chap. 83*, que l'on jugea par l'Arrêt qu'il rapporte, qu'on ne devoit pas distinguer l'indigne de l'incapable, il faut prendre garde que ce Parlement est dans une Jurisprudence toute particulière diamétralement contraire à la décision de la Loi *cum quidam 12, ff. de his quæ ut indign. aufer.* & à

juge qu'un second testament parfait où un incapable se trouve institué héritier, non-seulement ne peut pas rompre un testament antérieur parfait & valable, mais encore qu'il ne peut pas lui donner atteinte, ni faire priver par indignité l'héritier institué dans le testament précédent. Les Arrêts qui établissent cette Jurisprudence sont rapportés par *M. Maynard, liv.* 8, *chap.* 50; *M. de Cambolas, liv.* 5, *chap.* 36; *M. la Roche & Graverol, liv.* 4, verb. *testament, art.* 14, *& M. de Catellan, liv.* 2, *chap.* 83. J'en ai encore vu rendre un autre en la première Chambre des Enquêtes, au rapport de M. du Bourg le 11 Avril 1740, dans un Procès que j'avois instruit entre le sieur Goutes aîné, & le sieur Goutes cadet: mais dans l'espèce de cet Arrêt le dernier testament qui étoit fait *inter liberos*, pouvoit bien établir la preuve d'une volonté contraire au précédent, puisqu'il avoit été signé par le Testateur, qui avoit même écrit de sa propre main le nom de son fils aîné qu'il instituoit son héritier, & la date; mais il ne pouvoit pas valoir comme testament, parce qu'ayant été fait après la publication de l'Ordonnance de 1735, il n'étoit pas entièrement écrit de la main du Testateur, ainsi que l'exige l'article 16 de cette Ordonnance. Et peu de temps après il en fut rendu un autre en la troisième Chambre des Enquêtes, au rapport de M. de Catellan, le 22 Août de la même année 1740, en faveur de la Dame de Madrieres, épouse de M. de Balza de Firmie, Conseiller au Parlement, contre les sieurs de Madrieres ses frères. Dans ce Procès sur lequel j'avois été consulté par le sieur Madrieres d'Altairac, il y avoit un premier testament revêtu de toutes les formalités, fait en faveur de la Dame de Madrieres par le sieur de Madrieres, Conseiller au Sénéchal de Villefranche de Rouergue, son pere, qui postérieurement en fit un second revêtu des formalités extérieures, en faveur d'un de ses enfans mâles; mais on omit l'institution particulière, en ce qui étoit laissé à la Dame de Madrieres. Comme ce testament étoit nul quant à l'institution, suivant les articles 50, 53 & 54 de la nouvelle Ordonnance de 1735, l'héritier institué faisoit valoir l'indignité de l'héritière instituée dans le précédent testament, comme n'ayant pas pour elle la dernière volonté, suivant la Loi *cum quidam* 12, *ff. de his quæ ut indign. aufer.* Mais par cet Arrêt, de même que par le précédent, en cassant le dernier testament, on ordonna l'exécution du précédent, & l'on maintint l'héritier qui y étoit institué. Il faut pourtant observer, que ce dernier Arrêt rendu en faveur de la Dame de Madrieres a été cassé par Arrêt du Conseil

quæ ut indign. aufer.

Arrêt du Conseil qui juge, que la révocation des précédens testamens contenue dans un postérieur, quoique nul quant à l'institution par prétérition, rompt les précédens testamens.

du .... Août 1743, en ce que le Parlement de Toulouse avoit confirmé le testament fait en faveur de la Dame de Madrieres de Firmie. Le motif de l'Arrêt du Conseil fut pris de ce que le dernier testament contenoit une révocation expresse des précédens testamens, laquelle révocation se trouvant dans un testament revêtu de toutes les formalités extérieures, suffisoit pour anéantir & rompre les testamens antérieurs, nonobstant la nullité du dernier; parce que cette nullité ne portoit que sur l'institution, suivant la Novelle 115 & l'Ordonnance de 1735, art. 53, & laissoit subsister toutes les autres dispositions du même testament: ensorte que la révocation des précédens testamens étant du nombre des dispositions valables, nonobstant la nullité résultant de la prétérition, suivant le Droit Romain & l'Ordonnance, le Parlement de Toulouse ne devoit pas confirmer un précédent testament, qui se trouvoit révoqué par une disposition valable contenue dans un testament postérieur.

15. Si la Jurisprudence du Parlement de Toulouse est conforme aux Règles.

J'ai toujours regardé cette Jurisprudence particulière du Parlement de Toulouse, hors du cas de l'Arrêt rendu entre les sieurs Goutes frères dont il a été parlé, comme contraire à l'esprit, & à la décision de la Loi Romaine, & que celle des Parlemens de Paris, de Grenoble, de Provence, & autres qui se sont conformés à la décision de la Loi *cum quidam*, est la plus exacte. Voyez l'Arrêt du 9 Avril 1669, *au Journal du Palais*, *&* *Bardet*, *tome* 2, *livre* 1, *chapitre* 37. Sur le fondement de l'Arrêt du Conseil, il a été rendu un Arrêt au Parlement de Toulouse le 5 Mai 1747, au rapport de M. Lacarry Mauleon, en la seconde Chambre des Enquêtes, en faveur de Demoiselle Radegonde Ribes, contre Jean-Baptiste Ribes son frère, par lequel un premier testament a été déclaré révoqué par la clause de révocation contenue dans un second testament, dont l'institution étoit nulle par la prétérition d'une fille du Testateur, quoique les dispositions universelles fussent en faveur du même fils du Testateur, & que la fille prétérite ne se plaignît pas, la prétérition n'étant relevée que par une autre fille non prétérite.

16. Premier testament parfait est révoqué de plein droit par un second testament parfait, où un indigne est institué.

Pour donner du jour à la difficulté que j'examine, il est nécessaire de former trois points, & les résoudre. Je dis en premier lieu, que le premier testament valable & parfait, est rompu & révoqué de plein droit par un testament postérieur également valable & parfait, où un indigne a été institué héritier.

16 *bis* Le premier testament n'est pas rompu

En second lieu, qu'un premier testament valable & parfait, où une personne capable est instituée héritière, n'est pas rompu & révoqué de plein droit par un second testament également parfait, où un incapable est institué héritier, mais que son effet est évacué, parce que l'hérédité doit être ôtée à celui qui est institué dans le premier testament, comme en étant indigne, à cause qu'il n'a pas pour lui la dernière volonté du défunt.

par un second, où un incapable est institué, mais son effet est évacué.

17. En troisième lieu, qu'un premier testament parfait n'est pas révoqué par un second testament, qui n'est pas revêtu de toutes les formalités extérieures de Droit, & que l'hérédité ne doit point être ôtée à l'héritier nommé dans le premier testament, quoique le second soit suffisant pour justifier d'une volonté contraire, si l'acte n'est revêtu des formalités requises.

Un premier testament n'est pas révoqué par un second imparfait & l'héritier qui y est institué n'est pas indigne.

18. Ces trois décisions paroîtront autant de vérités constantes par le détail des raisons qui leur servent de fondement, & par l'examen & la discussion des objections, & des fondemens des opinions contraires.

Ces trois décisions sont des vérités constantes.

19. Le premier testament parfait, où une personne capable est instituée, est révoqué & rompu de plein droit par un testament postérieur aussi parfait, quoiqu'une personne indigne soit instituée ; cela est fondé sur la décision textuelle de la Loi 2, *ff. de injusto rupto & irrito facto testam. Tunc autem*, dit ce texte, *prius testamentum rumpitur, cum posterius ritè perfectum est*, ou, comme s'explique le §. *posteriore* 2, *instit. quib. mod. testam. infirmentur* ; *posteriore quoque testamento, quod jure perfectum est* ; *superius rumpitur, nec interest extiterit aliquis hæres ex eo, an non : hoc enim solum spectatur, an aliquo casu existere potuerit*. Or une personne indigne est capable d'accepter une hérédité, elle peut en être saisie & revêtue, elle peut devenir héritière, quoiqu'elle puisse être privée de l'hérédité, *l.* 2, §. 1, *l.* 8, *ff. de his quæ ut indign. l.* 24, *ff. de leg.* 20. *& l.* 43. §. 3, *ff. de vulg. & pupill. substit.* Il est donc clair que le testament postérieur parfait, qui contient l'institution d'un indigne, révoque & rompt de plein droit un testament antérieur parfait.

Le second testament parfait rompt de plein droit le premier, quoiqu'il n'y ait point efficacement d'héritier.

20. Il faut même prendre garde qu'il n'est pas toujours certain que pour qu'un testament postérieur parfait révoque un testament antérieur, il puisse y avoir un héritier en conséquence du testament postérieur. La Loi 9, *ff. de lib. & posthum. hæred. instit.* en fournit une preuve. Elle décide que si un homme vieux ou infirme, de façon qu'il soit incapable de mettre des enfans au monde, après avoir fait un premier testament, en fait un second, où il institue les posthumes qui naîtront de lui, ce second testament rompt & révoque le premier : *Si quis posthumos quos per ætatem aut valetudinem habere fortè non potest, hæredes instituit, superius testamentum rumpitur.*

Cas où le premier testament est rompu par un second, quoiqu'il ne puisse pas y avoir un héritier.

21. Conséquence tirée de la Loi 9, *ff. de liberis & posthumis.*

Cependant il est impossible qu'en conséquence d'un tel Testament il y ait, & qu'il puisse y avoir des héritiers, puisque le Testateur nomme pour recueillir son hérédité, des personnes qui n'existent pas, & qui n'existeront même jamais.

22. S'il est nécessaire que le second testament contienne la clause de révocation.

Il importe peu que le second Testament, pour opérer la révocation de plein droit, renferme, ou non, la clause de révocation des précédens testamens; cette clause est superflue, parce que le testament postérieur révoque & anéantit de plein droit le testament antérieur, *l.* 1, *l.* 2, *ff. de injusto rupto*, *l.* 27, *cod. de Testam. &* §. 2, *instit. quid. mod. Testam. infirm.* Ceci suffit pour l'éclaircissement de la première décision.

23. Un second testament où un incapable est institué ne révoque pas le premier. Mais l'héritier institué au premier est indigne parce qu'il n'a pas pour lui la dernière volonté.

A l'égard de la seconde, un testament postérieur parfait, où un incapable est institué, ne rompt & ne révoque pas de plein droit un testament antérieur parfait; mais l'héritier institué dans le premier testament n'ayant pas pour lui la dernière volonté du défunt, l'hérédité peut lui être ôtée comme étant indigne. C'est la décision textuelle, nette & précise de la Loi *cum quidam* 12, *ff. de his quæ ut indign. aufer. Cum quidam scripsisset hæredes quos instituere non poterat: quamvis institutio non valeret, neque superius testamentum ruptum esset, hæredibus tamen ut indignis, qui non habuerunt supremam voluntatem, abstulit jam pridem Senatus hæreditatem;* ce qui suit de la même Loi n'a rien de commun avec le cas décidé dans les paroles que nous avons transcrites. Le Jurisconsulte Papinien y décide deux autres cas différens.

24. Explication de la Loi 12, *ff. de his quæ ut indign.*

Dans le cas de cette Loi, on voit d'abord un Testateur qui a fait un premier & un second Testament. Par le premier, il devoit avoir institué des héritiers capables, autrement le Jurisconsulte auroit déclaré un tel testament inutile. Par le second, il avoit institué des héritiers qui étoient incapables, *quos instituere non poterat.*

25. Suite.

Le Jurisconsulte dit d'abord que l'institution des personnes incapables, contenue dans le second testament, ne valoit pas, *quamvis institutio non valeret*, & que par conséquent le premier testament n'étoit pas rompu & révoqué, *neque superius testamentum ruptum esset.* Ce qui s'accorde à merveille avec le principe renfermé dans les autres textes du Droit, notamment dans la Loi 1, *ff. de injusto rupto*, & dans le §. 2, *instit. quib. mod. Testam. infirm.* qui décident qu'un Testament postérieur ne peut pas rompre un Testament antérieur, à moins qu'il ne soit parfait & revêtu de toutes les formalités, excepté que le second Testament ne fut fait en faveur des successeurs *ab intestat*, ou bien par un Soldat, *jure militari.*

Cependant le Jurisconsulte Papinien rapporte un Décret du Sénat, par lequel, dans ce cas, l'hérédité fut ôtée à ceux qui étoient institués dans le premier testament, comme en étant indignes à cause qu'ils n'avoient pas la dernière volonté du défunt, *hæredibus tamen ut indignis, qui non habuerunt supremam voluntatem, abstulit jam pridem Senatus hæreditatem.* 26. Suite.

Tout ce que nous venons de rapporter est dans la Loi, il n'y a aucune autre circonstance, ni aucun autre motif: & c'est l'altérer ou la corrompre, que de ne pas y reconnoître ce qui y est véritablement, & de vouloir y mettre ou suppléer ce que le Législateur n'a pas voulu y faire entrer. 27. Suite.

On peut donc tirer de cette Loi cette décision sûre & infaillible, que quoiqu'un second Testament ne soit pas valable, quant à l'institution, à cause de l'incapacité des héritiers, le changement de volonté du Testateur qu'il constate & qu'il prouve, ne laisse pas de produire un moyen d'indignité, qui suffit pour faire priver l'héritier institué dans le premier Testament, du fruit & de l'émolument de l'hérédlté. 28. Conclusion.

C'est en conformité de ce texte que plusieurs Parlemens du Royaume ont jugé qu'un héritier institué dans un premier testament ne devoit pas profiter de l'hérédité à cause d'un testament postérieur, quoique des personnes incapables y fussent instituées, & que l'hérédité devoit être déférée aux successeurs *ab intestat.* L'Auteur *du Journal du Palais* rapporte un Arrêt du Parlement de Paris du 9 Avril 1669. Il en rapporte un autre du Parlement de Provence du 25 Février 1672, lequel on trouve encore dans *Boniface, tom.* 5, *liv.* 1, *tit.* 23, *chap.* 1; *&* *Basset, tom.* 1, *liv.* 5, *tit.* 1, *ch.* 17, en rapporte un autre du Parlement de Grenoble du 19 Janvier 1660. 29. Jurisprudence des Parlemens de Paris, Grenoble & Aix.

Il seroit difficile de trouver dans tout le corps du Droit un texte plus aisé à entendre, dès qu'on ne voudra y rien suppléer, ni en rien retrancher, plus clair, plus dégagé des circonstances embarrassantes, que la Loi *cum quidam* 12, *ff. de his quæ ut indign.* Cependant plusieurs Auteurs, & entr'autres *M. Maynard, liv.* 8, *chap.* 50, ont cru qu'elle ne devoit pas être reçue à cause de la difficulté qu'il y a à l'entendre; ce qu'ils n'ont dit, sans doute, qu'à cause de l'embarras où ils se sont trouvés de la concilier avec d'autres Loix qui paroissoient contraires, & qui ne le sont pas en effet, ou parce qu'ils n'ont pas voulu se donner la peine de chercher dans la Loi même la raison qui en fait la conciliation sans aucun embarras. 30. Auteurs qui ont cru que la Loi *cum quidam* n'étoit pas reçue à cause de son obscurité.

31. Sentiment de *Cujas* sur la Loi *cum quidam.*

Quoique la Loi *cum quidam 12, ff. de his quæ ut indign. aufer.* dise, en termes diserts & clairs, que l'héritier institué dans le premier testament est indigne, parce qu'il n'a pas pour lui la dernière volonté du défunt, & que ce soit là l'unique motif & l'unique fondement sur lequel est appuyée la décision du Jurisconsulte Papinien, néanmoins *M. Cujas* a cru que ce ne pouvoit pas être la raison décisive, & qu'il falloit supposer dans le Décret du Sénat qui avoit ôté l'hérédite, des circonstances & des conjectures qui avoient mû le Testateur à déclarer indignes les héritiers institués dans le premier testament, & qu'il falloit présumer de cela seul, que le Testateur avoit préféré aux premiers héritiers d'autres héritiers incapables, qu'il avoit institués dans le second testament, en haine des premiers héritiers, autrement le Décret du Sénat rapporté par Papinien seroit injuste. Et plusieurs Auteurs, qui ont écrit depuis ce Docteur, entraînés par son autorité, ont donné tête baissée dans cette explication, qui est une véritable dépravation du texte, puisque la Loi s'explique en termes si clairs, & qu'elle dit d'une manière si nette, que l'indignité procède de cette unique source, que le premier héritier n'a pas pour lui la dernière volonté du défunt, *hæredibus tamen ut indignis, qui non habuerunt supremam voluntatem*, qu'il y a lieu d'être surpris, que *M. Cujas*, cette grande lumiere du Droit, & les Auteurs qui l'ont suivi, d'ailleurs très-judicieux, ayent pû donner dans un systême si visiblement contraire aux termes & à l'esprit du texte.

L'explication de *Cujas* est une dépravation de la Loi *cum quidam.*

Il faut présentement examiner les textes & les raisons que les Auteurs opposent pour s'éloigner de la décision de la Loi *cum quidam.*

32. Raisons des Auteurs qui s'éloignent du sens de la Loi *cum quidam.*

On dit d'abord qu'il n'est pas possible que l'indignité soit fondée sur ce que les premiers héritiers n'ont pas la dernière volonté du défunt, puisque la Loi *miles 36, §. veteranus 3, ff. de testam. militis*, décide que si un vétéran déclare en mourant, qu'il ne veut pas qu'un précédent testament, qu'il avoit fait *jure communi*, vaille afin de mourir *ab intestat*, les institutions & les substitutions contenues dans ce testament demeurent dans leur entier, & que les Légataires peuvent seulement être repoussés par l'exception de dol, lorsqu'ils font la demande du legs; cependant dans le cas de cette Loi, les héritiers & les substitués n'ont pas pour eux la dernière volonté du défunt, & néanmoins ils ne sont pas déclarés indignes, & le Jurisconsulte Paul dit au contraire que les institutions & les substitutions sont valables, *hæredum institutiones ac substitutiones in eodem statu mansisse placuit*

Cette Loi, qui a fait illusion à *M. Cujas*, n'a rien de contraire à la décision de la Loi *cum quidam* 12, *ff. de his quæ ut indign. aufer.* Il s'agit dans le texte opposé, non d'une volonté constatée par un testament parfait, mais d'une simple déclaration, comme le Testateur ne veut pas que son premier testament vaille, laquelle déclaration ne peut avoir aucune force ni effet, suivant le §. *ex eo* 7, *instit. quib. mod. testam. infirm.* à moins qu'il n'y ait un intervalle de dix ans entre la date du testament & celle de la déclaration, auquel cas elle opère son effet, non à cause de la déclaration de la volonté seulement, mais à cause qu'elle est jointe avec le laps du temps, suivant la Loi *sancimus* 27, *cod. de testam. tunc irritum est testamentum, tam ex contraria voluntate, quam ex cursu temporali.* 33.

33. Conciliation de la Loi *cum quidam* avec la Loi 36, §. 3, *ff. de testam. milit.* De la déclaration que le Testateur veut mourir *ab intestat.*

Il est facile de comprendre que le cas de la Loi *cum quidam* est bien différent. La volonté contraire qui fait opérer l'indignité, ne vient pas d'une simple déclaration, comme dans l'espèce de la Loi 36, §. 3, *ff. de testam. militis*, il s'agit d'un testament parfait dans toutes ses parties, & dont l'institution est inefficace à cause de l'incapacité des héritiers; sans cette incapacité, le premier testament seroit révoqué de plein droit, *si quidem perfectissima est secundi testamenti confectio, ipso jure prius tollitur testamentum*, selon les expressions de la Loi; mais lorsque le testament postérieur parfait contient l'institution des héritiers qui sont incapables, le premier testament n'est pas révoqué & rompu de plein droit, il n'opère qu'un effet indirect, en faisant déclarer indignes les héritiers institués dans le premier testament, comme n'ayant pas pour eux la dernière volonté du défunt. Ce sont donc des cas différens; mais non pas des cas contraires ou opposés. 34.

34. Suite.

Comment la Loi *cum quidam* opère son effet.

La Loi 18, *ff. de leg.* 3, n'est pas plus contraire à la Loi *cum quidam*, que le seroit une Loi qui établit une règle générale, avec celle qui établit une exception à cette même règle. En effet, la Loi 18, *ff. de leg.* 3, dit même en termes pleins de doute, qu'on n'est censé s'être départi de la volonté & de la disposition contenue dans un premier testament, qu'autant qu'une seconde disposition est valable, *fortassis ideò, quod ita demùm, à priore testamento velim recedi, si posterius valiturum sit*; & la Loi *cum quidam*, qui décide dans son cas particulier, que les héritiers institués dans un premier testament, doivent être privés comme indignes de l'hérédité, lorsque dans un testament postérieur parfait des héritiers incapables ont été institués, renferme une exception à la règle générale. 35.

35. Explication de la Loi 18, *ff. de leg.* 3.

36. Explication du §. 7, *instit. quib. mod. testam. infirm.*

Encore moins peut-on regarder comme contraires à la Loi *cum quidam* les trois décisions renfermées dans le §. *ex eo 7, instit. quib. mod. testam. infirm.* car lorsque le Testateur déclare simplement qu'il ne veut pas que son testament vaille, lorsqu'il se repent de sa première disposition, lorsqu'il a commencé un autre testament, qu'il n'a pas pu achever, ayant été prévenu par la mort, ou parce qu'il n'a pas pu l'achever, il n'en résulte point une volonté telle que celle qui est constatée par un testament parfait, & qui ne péche que parce que les héritiers institués sont incapables; tout ce qui résulte de ce §. 7, est que toute volonté ne suffit pas, ni pour révoquer un précédent testament, ni pour faire déclarer indignes les héritiers institués dans un précédent testament, de quoi nous demeurons d'accord. On peut voir l'explication de ce §. 7, dans le Commentaire de *M. Cujas*, sur la Loi *cum quidam 12, ff. de his quæ ut indign. aufer.*

Toute volonté ne suffit pas pour révoquer un premier testament, ni pour faire déclarer indignes les premiers héritiers.

37. Arrêt du Parlement de Toulouse contraire à la Loi *cum quidam.* Deux raisons de cet Arrêt.

M. la Roche, qui rapporte *au liv.* 4, verb. *testament*, *article* 14, un Arrêt du Parlement de Toulouse après partage, par lequel on s'écarta de la décision de la Loi *cum quidam*, dit que ce fut par deux raisons. La première, qu'afin qu'un second testament puisse révoquer un premier, il faut que l'hérédité puisse être acceptée en vertu du second testament, ce qui n'arrive pas quand les héritiers institués sont incapables. La seconde, que ce qui est rapporté par Papinien dans la Loi *cum quidam*, est suivant le Droit ancien, lequel a été depuis corrigé.

38. La première raison est mal appliquée.

La première de ces deux raisons est bonne, mais elle est mal appliquée; il ne s'agit pas dans l'espèce de la Loi *cum quidam*, que le second testament révoque le premier; la Loi déclare nommément le contraire par ces paroles *neque prius testamentum ruptum esset.* Il s'agit uniquement de l'indignité des héritiers qui n'ont pas pour eux la dernière volonté du défunt, constatée par un acte parfait & revêtu de toutes les formalités extérieures, ce qui n'a rien de commun avec la révocation que produit de plein droit un second testament valable & efficace.

39. La seconde raison manque dans le fait.

La seconde raison manque dans le fait; car il n'y a aucune Loi postérieure qui corrige la déclaration d'indignité portée par la Loi *cum quidam*, dans son espèce particulière. *M. Cujas*, ni aucun autre n'en ont pu indiquer aucune. Il est vrai que par l'usage du Royaume, on ne défére point au fisc ce qui est ôté à l'indigne, & que par notre usage il demeure dans l'hérédité, ou est déféré aux successeurs *ab intestat*, comme le remarque *Dumoulin*, & les autres Auteurs que nous avons indiqués ci-dessus, nombre 4; mais ce changement dans la manière de déférer ce qui est ôté à l'indigne, n'ayant rien de commun avec la déclaration de l'indignité, ne peut pas avoir abrogé ou corrigé les Loix qui ont établi & déclaré les cas où l'indignité doit avoir lieu, autrement toute indignité seroit abrogée, parce qu'on ne défére plus au fisc ce qui est ôté à l'indigne : cependant, on voit juger tous les jours, conformément aux Loix qui établissent les cas de l'indignité, quoiqu'on ne défére plus au fisc ce qui est ôté à l'indigne.

M. de Cambolas, *livre* 5, *chapitre* 36, expliquant plus clairement la pensée de *M. la Roche*, dit que ce qui est décidé par la Loi *cum quidam*, étoit *ante orationem divi Pertinacis*, rapporté dane le §. *ex eo* 7, *instit. quib. mod. testam. infirm.* Mais cette solution n'est pas bonne, parce que la Loi *cum quidam* décide, de même que la Loi de l'Empereur Pertinax, que le second testament où des incapables sont institués, ne révoque pas le premier, & la Loi de l'Empereur Pertinax ne portant que sur la révocation du testament, & non sur la déclaration d'indignité, elle ne peut pas avoir corrigé ou abrogé, à cet égard, la décision de la Loi *cum quidam*. Si je me suis si fort étendu sur ce second point, c'est parce que la difficulté l'exigeoit, & qu'aucun Auteur ne s'est donné la peine de l'éclaircir comme il faut. 40.

40. Réfutation de la raison rapportée par *M. de Cambolas*.

A l'égard du troisième point ou de la troisième décision que nous avons formée ci-dessus, il paroît de ce qui vient d'être dit, qu'une dernière volonté constatée par un acte imparfait & destituée des formalités extérieures du Droit, ne suffit pas, non-seulement pour rompre & révoquer un testament antérieur, mais encore pour faire déclarer indigne l'héritier institué dans un premier testament. On ne reconnoît en matière de disposition testamentaire, d'autre volonté que celle qui est constatée par un acte revêtu des formalités que le Droit exige, soit par testament ou par codicille, parce que, comme nous l'avons observé ailleurs, les testamens sont de droit public; c'est la Loi qui en règle la forme & l'effet, & quoique la volonté soit la base & le fondement des dispositions, on ne reconnoît point comme efficace celle qui n'est pas revêtue de la forme, que la Loi exige pour la faire valoir. Un testament qui manque de quelque formalité est nul, §. *ex eo* 7, *instit. quib. mod. testam. infirm.* & par conséquent il est incapable de produire aucun effet, parce que *quod nullum est*, *nullum producit effectum*. Voilà pourquoi la décision de l'Arrêt du Parlement de Toulouse, rendu en 1740, au Procès des sieurs Goutes, dont nous avons parlé ci-dessus, est très-juridique, & n'a rien de contraire à la Loi *cum quidam*, dans l'espèce de laquelle le second testa- 41.

41. Troisième point ou troisième décision, qu'une volonté constatée par un acte imparfait ne suffit pas pour établir l'indignité.

ment étoit revêtu de toutes les formalités de Droit, pour prouver que l'héritier institué dans le premier n'avoit pas pour lui la dernière volonté du Testateur : ainsi, cette Loi ne reçoit pas une juste application, aux cas où le second testament est nul par défaut de formalité extérieure; il faut néanmoins prendre garde que si le dernier testament n'étoit nul qu'à cause de la prétérition, & qu'il renfermât la clause de révocation des précédens testamens, cette clause romproit & rendroit inutile le testament antérieur, comme l'a jugé l'Arrêt du Conseil, que nous avons rapporté ci-dessus, nombre 15, par la raison que nous y avons expliquée.

Le dernier testament nul par la prétérition, & qui contient la clause de révocation, révoque les précédens testamens.

42. L'indignité, tout comme l'incapacité, n'est pas une qualité naturelle à l'homme, c'est une qualité accidentelle, que l'on ne doit pas par conséquent présumer; celui auquel une libéralité ou une hérédité, ou une succession sont destinées, peut donc les acquérir, les retenir & les conserver, s'il n'y a une preuve claire de l'indignité, *manifestissimè*, comme s'explique la Loi 3, *ff. de his quæ ut indignis aufer.* outre les textes ordinaires qui obligent tout Demandeur à prouver. Cela est ainsi décidé par rapport à l'indignité, par la Loi 1, *cod. ubi causæ fiscales vel divinæ domus agantur.* Il faut encore que l'indignité soit établie sur quelqu'un des cas dans lesquels la Loi déclare les personnes indignes; car c'est la Loi même qui doit établir l'indignité; c'est une matière pénale, & par conséquent de rigueur, & où l'on ne doit pas faire des extensions d'un cas à l'autre, sous prétexte de l'identité de raison, il faut s'en tenir à la règle *odia sunt restringenda.* Ainsi, on ne doit point déclarer une personne indigne, si elle ne se trouve précisément dans quelques-uns des cas où la Loi prononce l'indignité, ou bien si le Testateur, à qui la Loi communique une espèce de puissance législative, suivant ces paroles de l'Empereur Justinen *disponat Testator & erit lex*, ne la déclare lui-même disertement.

L'indignité ni l'incapacité ne sont pas des qualités naturelles, il faut les prouver.

Il n'y a d'indignité que dans le cas où la Loi l'a établie disertement.

Ou le Testateur qui tient ce pouvoir de la force de la Loi qui le lui permet.

43. On peut comprendre par le détail des cas où la Loi déclare l'indignité, qu'elle procéde de trois sources; savoir, du fait de la personne déclarée indigne, ou de sa négligence, ou de la volonté du Testateur, laquelle volonté peut résulter, ou des paroles qui la renferment disertement, ou des faits qui la contiennent implicitement; c'est-à-dire, qu'on peut devenir indigne, ou en faisant des choses auxquelles la Loi a attaché l'indignité, ou en omettant ou négligeant des choses que la Loi ordonne à ceux qui doivent recueillir, ou qui ont déjà recueilli une libéralité; ce qui forme une espèce de condition légale, qui résout, quand elle n'est pas remplie,

Trois sources de l'indignité, du fait de l'indigne; de sa négligence; de la volonté du Testateur.

le

le droit de la perſonne ; ou enfin, quand il plaît au Teſtateur de déclarer lui-même indigne *verbis vel facto*, la perſonne qu'il avoit gratifiée, ou à laquelle la Loi deſtine ſa ſucceſſion. Ce ſera relativement à ces trois ſources & en rapportant à chacune les différens cas d'indignité qui lui conviennent, que nous en ferons le détail.

44. Indignité de celui qui procure la mort au Teſtateur.

Celui qui a tué le Teſtateur, ou qui a été la cauſe de ſa mort par quelqu'événement accompagné de ſa faute, eſt indigne de ſa ſucceſſion *ab inteſtat*, & de toutes les libéralités que le Teſtateur lui avoit faites, ſoit par diſpoſition teſtamentaire ou à cauſe de mort, ſoit par contrat entre-vifs. La Loi *cum ratio* 7, §. *præterea* 4, *ff. de bonis damnat.* eſt expreſſe pour l'indignité des ſucceſſions. La Loi *ab hoſtibus* 10, §. 1, *ff. ſoluto matrim.* l'eſt pareillement pour les contrats entre-vifs. *Si vir uxorem ſuam occiderit, dotis actionem hæredibus uxoris dandam eſſe, Proculus ait, & rectè : non enim æquum eſt, virum ob facinus ſuum dotem ſperare lucri facere ; idemque & à contrario ſtatuendum eſt*, dit la Loi *ab hoſtibus* 10, §. 1, *ff. ſoluto matrimonio*, ou, comme s'explique la Loi 3, *ff. de his quæ ut indign. auſer. Indignum eſſe Divus Pius illum decrevit.... qui manifeſtiſſimè comprobatus eſt id egiſſe, ut per negligentiam & culpam ſuam mulier à quâ hæres inſtitutus erat moreretur.*

45. Et de la ſucceſſion *ab inteſtat.*

La Loi *Lucius Titius* 9, *ff. de jure fiſci*, renferme la même déciſion d'une manière indirecte à la vérité, mais qui eſt encore plus énergique ; elle veut qu'une femme qui a procuré par le poiſon, la mort de ſon mari, ſoit déclarée indigne, même après ſa mort, & par conſéquent, après l'extinction du crime, de la ſucceſſion de ſon fils pupille, qui avoit recueilli *ab inteſtat* l'hérédité de ſon père, dont il avoit rompu le teſtament par ſa naiſſance.

46. Explication de la Loi 9. *de jure fiſci* par *Cujas.*

Il eſt vrai que *M. Cujas* ſur cette Loi, *lib.* 17, *reſp. Modeſtini*, & dans ſes *Obſervations*, *liv.* 26, *chap.* 24, corrige & explique cette Loi, de façon que la mère avoit procuré la mort, non de ſon mari, mais de ſon fils, ce qui n'eſt pas expliquer, mais altérer le texte ; auſſi a-t-il été repris avec raiſon, par pluſieurs autres Auteurs, qui ont donné à la Loi l'explication que les paroles exigent. M. Cujas s'eſt même rétracté dans un autre endroit de ſes ouvrages, ainſi que nous le remarquerons bientôt. Mais en ſuivant la correction de *M. Cujas*, cette Loi décidéroit toujours que celui qui procure la mort d'une perſonne eſt indigne de ſa ſucceſſion.

47. Opinion des Auteurs.

Tous les Auteurs ſe ſont réunis pour former une pareille déciſion, qui a été adoptée par tous les Tribunaux du Royaume ; les livres sont pleins d'Arrêts qui ont déclaré l'indignité dans ce cas, on peut même dire, qu'il n'y a aucun autre cas où l'on ait attaché l'indignité avec plus de raison & de justice qu'à celui-là.

48. L'indignité est encourue par le meurtre soit des ascendans, des descendans, des collatéraux ou des étrangers.

Cette indignité doit avoir lieu, soit que le mari procure la mort de sa femme, *& vice versâ*, comme le décide la Loi 10, §. 1, *ff. soluto matrimonio*, soit que le fils tue son père, *& vice versâ*, soit que l'homicide ait été commis en la personne d'un collatéral ou d'un étranger, parce que la même raison milite dans tous ces cas ; car c'est la mort même & l'action, & non la qualité de celui qui cause ou procure la mort, ou de celui qui la souffre, qui produisent l'indignité.

49. Si l'indignité est encourue par l'homicide permis ou toléré.

Les Auteurs ne sont pas d'accord si l'indignité doit être déclarée, lorsqu'il s'agit d'un homicide licite ou toléré, comme s'il est commis en la personne d'un banni, d'un traître à la patrie, & qui a été déclaré ennemi de l'Etat, quand les Loix de l'Etat permettent de tuer ces sortes de personnes ; ou bien s'il est simplement toléré, comme, lorsque le père ou le mari tue sa fille ou sa femme qu'il surprend en adultère, ou quand il a été remis par des Lettres du Prince qui ont été entérinées. Les uns tiennent pour la négative, les autres pour l'affirmative ; les autres distinguent.

50. Raisons pour la négative.

Pour la négative, on peut dire, que les Loix qui ont déclaré l'indignité, ne l'ont fait que dans des cas où il y a du crime ou du moins de la négligence & de la faute, ce qui ne peut pas avoir son application au cas où l'homicide est permis ou toléré, & est exempt de crime, qui est le fondement & la raison décisive de l'indignité. La Loi 53, §. 3, *ff. de leg.* 1, & la Loi 96, *ff. de verbor. oblig.* décident que celui qui tue un esclave qu'il doit par legs fait par son auteur ou par stipulation, lequel esclave il surprend en flagrant délit, & qu'il peut tuer impunément, ne peut point être recherché, ni pour être puni, ni pour être obligé d'en payer la valeur ; ce qui renferme cette règle que quand l'homicide est permis ou toléré, on n'en doit souffrir aucune peine. C'est l'opinion qui a été embrassée par *Bartole*, sur la Loi *si ab hostibus* 10, §. *si vir*, *num.* 5, *ff. soluto matrimonio*.

51. Résolution pour l'affirmative.

Malgré ces raisons & le sentiment de *Bartole*, nous croyons avec *M. Denis le Brun*, *des Successions*, *livre* 3, *chap.* 29, *nomb.* 2, que le sentiment de ceux qui tiennent que l'indignité doit être déclarée dans ce cas, est mieux fondé ; en effet, quelque tolérance que la Loi puisse avoir pour l'homicide, en certains cas, & quoiqu'elle n'inflige pas au meurtrier la peine ordinaire que son action mérite, c'est contre l'équité naturelle d'adjuger au meurtrier les biens ou la succession de celui dans le sang duquel il a trempé ses mains, ou dont il a procuré la mort. On trouve dans la Loi 1, *ff. de his quæ ut indign. aufer.* que l'indignité est encourue pour un fait qui mérite une récompense, si elle est injurieuse au Testateur. La Loi 10, §. 1, *ff. solut. matrim.* décide en général & sans exception, que le mari qui tue sa femme ne peut pas espérer de profiter de sa dot qu'il auroit gagnée par survivance, *non enim equum est, virum ob facinus suum, dotem sperare lucri facere.* Cette Loi n'excepte point le cas où le mari aura tué sa femme surprise en adultère; & il n'y a aucune autre Loi qui excepte de la règle générale, qui déclare indigne celui qui a procuré la mort à celui à qui il avoit droit de succéder par testament ou *ab intestat*; il faut même prendre garde que le mot *facinus*, dont la Loi se sert, peut être pris en bonne part, & signifie aussi bien une action exempte de crime, qu'une action criminelle & punissable; & que de plus, la même Loi déclarant la même indignité contre la femme qui tue son mari, laquelle ne peut le faire en aucun cas licitement, & sans encourir la peine ordinaire infligée par la Loi, semble exclure par-là toute ressource au meurtrier, pour se mettre à l'abri de l'indignité, sous prétexte que le meurtre est permis ou toléré, & non punissable. C'est ainsi que le Parlement de Paris l'a jugé par un Arrêt du 10 Avril 1603, rapporté par *Peleus au livre 6 de ses actions Forenses, chapitre 1*, & par *Charondas, livre 13, rép.* 39, dans le cas d'un mari qui avoit tué sa femme surprise en adultère, lequel fut déclaré indigne de sa succession en vertu du titre *unde vir & uxor*, qu'il demandoit, à cause que la femme n'avoit point de parens capables de la recueillir; il fut encore déclaré indigne des conventions matrimoniales. *M. la Roche & Graverol, livre 2, titre 7, Arrêt 4, &* verb. *mariage, Arrêt 37*, rapportent plusieurs Arrêts qui ont jugé la même chose.

12. *En France il n'est pas permis de tuer les bannis.*

Le premier cas dont les Auteurs parlent, c'est-à-dire, de l'homicide du banni, traître à la patrie & déclaré ennemi de l'État, ne peut pas se vérifier parmi nous, où il n'est pas permis de tuer les bannis; & d'ailleurs, la confiscation des biens de celui qui a été condamné pour crime d'État & de leze-Majesté, empêche qu'on ne puisse lui succéder *ab intestat* ni par testament, parce que la condamnation prononcée contre lui, le rend inutile & inefficace; ainsi la difficulté cesse à cet égard, & les raisons des Auteurs ne peuvent pas s'y appliquer.

13. *Des donat*

Pour ce qui est des donations entre-vifs que le criminel

tions faites par le criminel d'état. d'État auroit faites à celui qui le tue, l'indignité en seroit encourue, parce que selon les Loix du Royaume, l'homicide n'est pas permis dans ce cas, & il suffit, suivant la Loi 3, *ff. de his quæ ut indign. aufer.* qu'il y ait de la faute de la part de celui qui a procuré ou occasioné la mort pour être déclaré indigne des libéralités faites par le meurtri.

54. Du meurtre causé pour adultère. Il est vrai que la Loi *nec in ea* 22, §. *jus occidendi* 2, & la Loi 23, *ff. ad l. Jul. de adult.* permettent au père de tuer sa fille qu'il surprend en adultère dans la maison de lui père, ou dans celle de son gendre, *si in ipsâ turpitudine filiam de adulterio deprehendat*, & non ailleurs, ni dans toute autre circonstance; mais il faut prendre garde que cette permission est plutôt une indulgence, dont la Loi donne à entendre que le père ne doit pas user, qu'une permission libre, *l.* 22, §. 4, *ff. eod.* il faut encore prendre garde que la Loi n'accorde pas une pareille indulgence au mari, elle lui permet seulement de tuer l'homme adultère surpris dans la maison du mari *in ipsâ turpitudine*, & non ailleurs, *l.* 4, *cod. ad l. Jul. de adult.* mais elle ne lui permet en aucun cas, de tuer sa femme, quoique surprise *in ipsâ turpitudine*; il est vrai que le mari meurtrier de sa femme, dans ces circonstances, ne doit pas être puni de la peine ordinaire du dernier supplice; mais il est puni d'une peine moins sévère, suivant la distinction portée dans la Loi 38, §. 8, *ff. ad l. Jul. de adult.*

55. Quand & à qui est-il permis de tuer la femme adultère.

56. Raison pourquoi le père peut tuer sa fille surprise en adultère, & non au mari. La raison de cette différence entre le père & le mari de la femme adultère, est expliquée dans la Loi 22, §. 4, *ff. ad l. Jul. de adult. Ideò autem patri, non marito mulierem & omnem adulterum remissum est occidere: quod plerumque pietas paterni nominis consilium pro liberis capit; cæterùm mariti calor & impetus facile decernentis, fuit refrenandus.*

57. En France l'homicide pour adultère n'est point licite. Il faut même observer qu'en France l'homicide dans ces circonstances n'est point licite, il est considéré comme un crime punissable, pour la rémission & extinction duquel il est nécessaire d'obtenir des Lettres du Prince qui, à la vérité, s'accordent facilement, & qui sont entérinées sans contestation, lorsqu'il paroît que le père ou le mari s'en sont tenus dans les bornes de la punition des coupables, & de la vengeance d'une juste douleur, pour l'outrage qu'ils reçoivent. Voilà pourquoi il y a toujours plus qu'une simple faute qui suffit pour faire encourir l'indignité, *l.* 3, *ff. de his quæ ut indign. aufer.*

58. De l'homicide dans les On doit dire la même chose de celui qui tue son bienfaicteur, quoiqu'il le fasse en se tenant exactement dans les bornes d'une défense légitime, & pour conserver sa vie,

qu'il est exposé de perdre, s'il ne tue celui qui l'attaque; car dans ce cas, il faut prendre des Lettres de rémission, du moins aux petites Chancelleries, parce que dans ce cas, le meurtre est pour ainsi dire nécessaire, & par conséquent excusable; que si l'on s'écarte tant soit peu des règles de la défense nécessaire à la conservation de la vie de celui qui est attaqué, & qu'il tue son agresseur, il doit prendre des Lettres de rémission du Prince, sinon il seroit puni, non à la vérité de la peine ordinaire de l'homicide, mais d'une peine moins rigoureuse; ainsi, il y a lieu, dans tous ces cas, de déclarer le meurtrier indigne des libéralités qui lui avoient été faites par le meurtri.

bornes d'une défense légitime.

59. Arrêt du Parlement de Toulouse trop indulgent.

Après cela, il est facile de comprendre qu'il y a un peu trop d'indulgence dans l'Arrêt du Parlement de Toulouse du 15 Juillet 1669, rapporté par *Albert*, verb. *indignité*, *article* 1 de l'ancienne édition, & *lettre S. chapitre* 22 de la nouvelle, qui en entérinant les Lettres de rémission obtenues par un père, lequel avoit tué son fils d'un coup de bâton qu'il lui jeta, pour quelque manque de respect envers lui, maintint le père aux biens ayant appartenu à ce fils.

60. De la permission accordée au mari après trois sommations, de tuer celui qui fréquente sa femme.

La Novelle 117, *chapitre* 15, permet au mari, après trois différentes dénonciations faites en présence de trois témoins, à un homme de ne point fréquenter sa femme, de tuer cet homme, s'il le trouve avec sa femme, & qu'un tel homicide est absolument impuni selon le Droit Romain; mais comme cela ne s'observe point en France, où toutes les voies de fait sont défendues, & où il n'est pas permis de se faire justice à soi-même, ainsi que le remarque *M. la Roche*, *livre* 1, *titre* 7, *article* 4, verb. *adultère*, celui qui tueroit dans ces circonstances, & sous ce prétexte, la personne qui lui auroit fait des libéralités par testament ou entre-vifs, en devroit être déclaré indigne. C'est une suite des règles que nous avons posées ci-dessus.

61. Si l'indignité encourue pour le meurtre commis en la personne du défunt réfléchit sur les enfans, ou ascendans, ou collatéraux du meurtrier.

La question de savoir si l'indignité encourue pour homicide commis en la personne du défunt, réfléchit sur la personne des enfans, ou ascendans, ou collatéraux du meurtrier, n'est pas facile à résoudre sur les principes du Droit Romain, parce que ce qui étoit ôté à l'indigne, dans ce cas, devant être adjugé au fisc, une telle décision faisoit cesser cette difficulté, qui ne pouvoit pas être résolue, parce qu'elle ne pouvoit pas se présenter.

Raisons pour la négative & pour l'affirmative.

Les raisons que l'on peut alléguer pour la négative & pour l'affirmative, sont expliquées par *M. Louet*, *lettre S. sommaire* 20; & *M. la Roche*, verb. *succession*, *Arrêt* 2, qui ont pris le soin de ramasser les différens textes du Droit qui peuvent former quelque argument pour & contre.

62. Résolution de la question par trois distinctions.

Pour dire notre avis sur cette question qui est très difficile, nous croyons qu'il faut d'abord distinguer les collatéraux d'avec les descendans de l'indigne; qu'il faut encore distinguer les ascendans ou descendans, qui peuvent succéder de leur chef au meurtri, d'avec ceux qui ne peuvent lui succéder que parce que l'indigne leur fait place comme étant le plus proche; qu'enfin il faut distinguer les dispositions testamentaires, des successions *ab intestat*.

63. Première distinction. De ceux qui viennent de leur propre chef.

Nous disons donc sur le premier membre de cette triple distinction, que si un frère cause la mort d'un sien frère, & devient par-là, ou par quelqu'autre fait, indigne de sa succession, l'indignité ne doit point réfléchir sur un troisième frère, lequel doit profiter de la succession du meurtri, à l'exclusion des enfans du meurtrier, qui ne peuvent venir que par représentation de la personne du meurtrier, laquelle ne peut pas avoir lieu si le meurtrier est encore en vie, parce qu'il n'y a point de représentation d'une personne vivante; elle ne peut pas avoir lieu non-plus, quoique le meurtrier ait été condamné & exécuté à mort, parce que la succession ayant été ouverte au moment de la mort du meurtri, auquel temps le meurtrier étoit encore en vie, son indignité fait obstacle à ses enfans, & doit faire déférer la succession au troisième frère, seul capable de la recueillir lorsqu'elle a été ouverte par le décès du défunt.

64. Preuve de cette distinction.

La dernière partie de notre décision est évidente, parce qu'elle est fondée sur des règles indispensables; il ne reste qu'à prouver la première; c'est-à-dire, que l'indignité du frère meurtrier ne réfléchit pas sur son autre frère vivant & capable, c'est ce qu'on trouve nettement dans la Loi 2, §. 1, *ff. si quis aliquem testari prohibuerit vel coegerit*, laquelle parlant de l'indignité encourue par celui qui empêche de tester, dit, *fratris autem factum fratri non nocet*, & comme cette indignité est de même nature & produit le même effet que celle qui dérive d'un homicide, on peut appliquer la décision de cette Loi au cas de l'homicide, & dire que le fait du frère meurtrier ne doit pas nuire à un autre frère, contre lequel la Loi ne prononce aucune indignité. La même décision se trouve dans la Loi *divi fratres* 17, *ff. de jure patronatûs*, & dans la Loi dernière, *ff. de Senatus-Consulto Silaniano. Si de pluribus hæredibus quibusdam invitis aut ignorantibus apertum erit testamentum, non amittunt portiones suas qui culpâ carent*; & par conséquent, on doit tenir pour certain, que l'indignité encourue par l'un des héritiers, ne doit pas nuire aux autres, qui ont un droit de leur propre chef, & qui

Factum fratris non nocet fratri.

ne l'empruntent pas de la personne de l'indigne. Il y a dans *Albert*, verb. *indignité, article* 1, un Arrêt du Parlement de Toulouse du 7 Décembre 1639, & un autre du Parlement de Paris du 18 Janvier 1652, rapporté par *Basnage sur l'article* 235 *de la coutume de Normandie*, qui autorisent cette décision, il est même remarquable que dans le cas de l'Arrêt de Basnage, le père & un frère avoient coopéré à la mort du défunt, & néanmoins un autre frère fut admis à la succession.

Nous disons en second lieu, que quand les enfans du meurtrier ne peuvent venir que par représentation de leur père, & qu'il y a des parens au même degré que le meurtrier qui a survêcu au meurtri, l'indignité du meurtrier réfléchit sur ses enfans, & doit les faire exclure par les raisons que nous venons de toucher, en expliquant le premier membre de notre distinction. C'est le cas jugé par l'Arrêt du 15 Mai 1665, rapporté par *le Brun*, *des Successions*, *livre* 3, *chapitre* 9, *nombre* 11; mais si les enfans du meurtrier peuvent venir de leur propre chef, l'indignité ne réfléchit pas sur eux. Voilà pourquoi les enfans d'un mari qui a tué sa femme succèdent à leur mère, nonobstant l'indignité de leur père meurtrier, ainsi que l'a remarqué *le Brun*, *des Successions*, *livre* 3, *chapitre* 9, *nombre* 24; mais cet Auteur n'en a pas expliqué la véritable raison. Dans l'espèce de l'Arrêt du 18 Janvier 1652, rapporté par *Basnage sur l'article* 235 *de la coutume de Normandie*, & par *Soëfve*, *centurie* 1, *chapitre* 89, la succession fut adjugée à un frère du meurtri, quoiqu'il eût été tué par son père, & par un autre frère, nonobstant le concours de cette double indignité que l'on jugea ne pouvoir pas nuire au frère qui étoit innocent; on peut voir ce qui a été écrit par *Vasquez*, *de Successionibus*, *tom*. 3, *de success. resol. lib.* 2, §. 20, *num*. 12.

65. Seconde distinction. De ceux qui ne peuvent venir que par représentation de la personne du meurtrier.

En troisième lieu, le fait des descendans ne peut pas nuire aux ascendans qui viennent de leur propre chef, & qui sont capables de succéder, ou seuls, ou conjointement avec d'autres, parce qu'ils n'empruntent rien du meurtrier, lequel aussi ne leur pourroit rien communiquer. Notre pensée peut se développer par cet exemple. Supposons donc qu'un neveu tue son oncle, l'indignité du meurtrier n'empêchera pas que le père du meurtrier, qui n'est point complice du meurtre, ne puisse succéder à son frère, tout comme s'il étoit mort naturellement & sans violence, ou s'il avoit été tué par un étranger, parce qu'il est certain que la peine doit suivre la personne du coupable, & que le père ne doit pas être puni pour le

66. Troisième distinction. Le fait des descendans ne peut pas nuire aux ascendans.

crime de son fils. La même décision doit avoir lieu lorsqu'un frere tue son frere, auquel cas les pere & mere communs du meurtrier & du meurtri doivent succéder conjointement avec les autres freres non coupables, ainsi qu'il est réglé par la *Novelle* 118, ou par la disposition des Coutumes; *Boniface, tome* 5, *livre* 1, *titre* 22, *chapitre* 1, rapporte un Arrêt du Parlement de Provence du 28 Janvier 1684, qui a jugé, non-seulement qu'une mere pouvoit succéder à son fils qui avoit été tué par son frere; mais encore qu'elle ne devoit pas être déclarée indigne pour n'avoir pas vengé la mort du meurtri, par la poursuite du meurtrier qui étoit son frere.

67. Des dispositions testamentaires.

Enfin, quoique dans la succession *ab intestat*, l'indignité du meurtrier réfléchisse sur ses enfans, & doive les exclure comme nous avons dit, il n'en doit pas être de même par rapport aux dispositions testamentaires, parce que les raisons qui font réfléchir l'indignité sur les enfans du meurtrier, ne reçoivent pas une juste application au cas où il s'agit de dispositions testamentaires, ainsi que le décide M. le Président *Boyer*, *décision* 25, *nombre* 12; car le meurtre commis par le pere ne doit pas faire perdre au fils le legs que le meurtri lui a fait, ni au contraire le meurtre commis par le fils ne doit pas faire perdre au pere les libéralités que le meurtri lui a laissées dans son testament.

68. On ne doit pas être puni pour le délit d'autrui.

On doit regarder comme indubitable, après les textes que nous avons rapportés ci-dessus, & plusieurs autres qui sont indiqués par *le Brun*, *dans son Traité des Successions*, *livre* 3, *chapitre* 9, *nombre* 10, que personne ne doit être puni pour le délit d'autrui, que la punition doit suivre le coupable, *peccata igitur suos teneant auctores*, *l. Sancimus* 22, *cod. de pœnis* ou selon les expressions de la Loi 27, *ff. eod. Crimen vel pœna paterna nullam maculam filio infligere potest, namque unusquisque ex suo admisso sorti subjicitur, nec alieni criminis successor constituitur*, & cela n'a pas lieu seulement pour la punition ordinaire que le crime mérite, comme l'a pensé *le Brun*; mais encore a lieu pour tous les effets & toutes les suites du crime, qui ne peuvent jamais tomber sur les personnes innocentes, encore moins par rapport à l'indignité, puisqu'il y a plusieurs textes du Droit cités ci-dessus, qui le décident formellement, sur-tout la Loi *divi fratres* 17, *ff. de jure patronatus*, qui se trouve précisément dans le cas du fils de l'indigne.

69. Explication de la Loi 7,

La Loi *cum ratio* 7, §. *præterea* 4, *ff. de bonis damnator.* sur laquelle *le Brun* se fonde pour dire que l'indignité du père réfléchit sur ses enfans, & les rend pareillement indignes, ne décide point cela : elle dit seulement que ce qui a été acquis par le crime du père, comme s'il a accepté l'hérédité d'une personne à laquelle il a procuré la mort, ne doit pas augmenter la portion qui doit être laissée aux enfans, lorsque les biens du père sont confisqués; la raison est, non parce que les enfans participent à l'indignité de leur père, mais parce que le père étant indigne de la succession de celui qu'il a tué, les biens qui la composent doivent être considérés comme s'ils n'avoient jamais été acquis, & comme n'ayant jamais fait partie de son patrimoine, parce qu'ils doivent en être ôtés & retranchés à cause de l'indignité, par une espèce de condition tacite & légale, qui a un effet rétroactif; & c'est en conformité de cette Loi, & suivant son véritable esprit, que les Arrêts du Parlement de Paris rapportés par le même *le Brun*, au lieu cité, *nombre* 1, *& au Journal des Audiences*, *tome* 1, *livre* 10, *chap.* 28 de la nouvelle édition, ont jugé que les amendes auxquelles le meurtrier est condamné, ne peuvent pas être prises sur les biens dont il est déclaré indigne par le meurtre commis sur la personne du défunt, à cause qu'ils sont censés n'avoir jamais fait partie du patrimoine du meurtrier.

§. 4, *ff. de bonis damnator.*

70. Celui qui est déclaré indigne doit être considéré tout de même que s'il n'avoit jamais recueilli.

Les amendes ne doivent pas être prises sur les biens qui sont ôtés par l'indignité.

71. D'où procède l'indignité des enfans du meurtrier.

Il ne faut pas s'imaginer que l'indignité des enfans, dans le cas de l'homicide, vienne de ce qu'elle se communique aux enfans & à toute la ligne, comme l'a pensé *le Brun*, au lieu cité *nombre* 24; elle dérive d'une autre cause, ou à parler plus exactement, les enfans ne sont pas exclus par indignité, ils le sont, parce qu'au moment que la succession est ouverte, leur père qui est plus proche qu'eux, fait qu'ils ne sont pas personnes légitimes pour succéder, & que dès ce moment, les autres parens sont saisis de plein droit de la succession. Voilà pourquoi dans tous les cas où cette raison d'exclusion ne peut pas être appliquée, les enfans du meurtrier sont habiles pour succéder au meurtri, comme nous l'avons montré dans les exemples que nous avons proposés.

72. Conclusion. Que l'indignité du père ne fait pas perdre à ses enfans les libéralités testamentaires.

Ainsi, lorsqu'il s'agit d'une succession ou d'une libéralité testamentaire, l'indignité du père qui a tué le Testateur, ne fait pas obstacle aux enfans, & n'est pas capable de les exclure des libéralités qui leur ont été faites par le meurtri, avec cette restriction néanmons, que le père ne peut point profiter de l'usufruit *jure patriæ potestatis*, à cause de son indignité, qui l'empêche de profiter des biens du meurtri, directement ou indirectement.

73. Les donations faites

S'il en étoit autrement, il faudroit dire que les donations entre-vifs faites par le meurtri aux enfans du meurtrier, dans un temps libre, devroient être révoquées, &

aux enfans du meurtrier sont-elles révoquées ?

les enfans privés des biens donnés par un événement auquel les donataires n'auroient aucune part, ce qui seroit contraire aux règles, & notamment à cette maxime triviale, *quod nostrum est, sine facto nostro ad alium transferri non potest*; aussi n'y a-t-il aucun texte duquel on puisse tirer une décision, ni aucun argument pour appuyer le sentiment contraire à celui que nous soutenons.

74. Si les enfans du meurtrier qui se trouvent les plus proches de leur propre chef, sont exclus par l'indignité de leur père de la succession *ab intestat*.

Raisons pour la négative.

Il reste une autre difficulté qui consiste à savoir si les enfans du meurtrier se trouvant les plus proches parens du meurtri après leur père, qui doit être exclus par son indignité, la succession *ab intestat* doit être déférée à des parens collatéraux du meurtri plus éloignés que les enfans du meurtrier. La règle est en matière de succession, suivant les Loix du titre *de successorio edicto*, *au Digeste*, & la *Novelle* 118, que quand celui qui est le premier en degré, est incapable, ou répudie, l'hérédité doit appartenir à ceux qui tiennent le degré plus proche & immédiat après lui, ce qui favorise la prétention des enfans du meurtrier à l'exclusion des autres parens collatéraux d'une autre ligne qui sont plus éloignés. De plus, l'indignité du père ne devant point être communiquée aux enfans, ainsi que nous l'avons établi, il faut admettre les enfans au préjudice des parens plus éloignés; parce que pour pouvoir recueillir la succession du meurtri, ils n'ont pas besoin d'emprunter leur droit de la personne du meurtrier leur père, puisqu'ils viennent de leur propre chef, en vertu de l'Edit successoire; qu'on ne peut pas dire qu'ils ne doivent pas être admis, à cause qu'ils ont besoin de prendre la place de l'indigne; car si cette raison étoit bonne, elle devroit faire exclure les autres parens d'une autre ligne plus éloignée, puisqu'ils ne peuvent succéder qu'en prenant la place de l'indigne, qui est le premier en degré, & en se faisant, pour ainsi dire, subroger à son droit, pour prendre la succession en vertu de l'Edit successoire; qu'enfin, en regardant l'indigne comme s'il n'existoit pas, ou comme s'il étoit incapable, ou comme s'il avoit répudié, la succession doit être déférée en la forme que la Loi le prescrit; c'est-à-dire, à ceux qui se trouvent les plus proches après l'indigne. La Loi *divi fratres* 17, *ff. de jure patronatûs*, décide nettement cette question en faveur des enfans de l'indigne. Le Jurisconsulte Ulpien y rapporte un rescrit de deux Empereurs, où après avoir rapporté les sentimens différens de plusieurs Jurisconsultes, la difficulté est enfin résolue en faveur des enfans, *magis visum est nepotem neque verbis, neque sententiâ legis aut edicti Prætoris, ex personâ vel notâ patris sui excludi à bonis aviti liberti*. Dans le cas

Edit successoire.

de cette Loi, un petit-fils demandoit les biens de l'affranchi de son ayeul, auquel affranchi le père du Demandeur avoit intenté une accusation capitale, ce qui le rendoit incontestablement indigne de profiter des biens de cet affranchi; mais on jugea que l'indignité du père lui étoit personnelle, qu'elle ne réfléchissoit pas sur son fils, auquel malgré l'indignité de son père, les biens de l'affranchi furent adjugés après une discussion très-exacte, & après avoir balancé les raisons & les opinions différentes; ce qui rend encore cette décision plus sûre & plus respectable, & c'est aussi ce qui a été jugé par un Arrêt du Parlement de Paris du 18 Janvier 1652, rapporté par *Soëfve*, *tome* 1, *centurie* 3, *chap.* 89, & par *Basnage*, *sur l'article* 235 *de la Coutume de Normandie.*

D'autre part, on dit que l'union du père avec le fils est telle, qu'elle les fait considérer tous deux comme une seule & même personne, *& naturâ pater & filius eadem esse persona penè intelligantur*, suivant les expressions de la Loi dernière, *cod. de impub. & aliis substitutionibus*; qu'il est impossible de s'imaginer que le crime du père lui soit infructueux, tandis que ses enfans en profiteront actuellement en recueillant la succession du meurtri, qui n'a été ouverte que par le crime de leur père; qu'il n'est pas juste que le crime du père profite à ses enfans, & qu'il leur procure une succession par le meurtre de celui dont il est héritier présomptif, & dont l'hérédité doit revenir à ses enfans, qui se trouvent les plus proches en retranchant la personne du meurtrier; qu'il seroit d'une conséquence très-dangereuse d'admettre une telle Jurisprudence qui tendroit à faciliter le crime; qu'un père certain d'assurer à ses enfans une succession opulente, pourroit se porter dans la vûe de leur procurer un avantage réel, à tremper ses mains dans le sang d'un de ses parens ou alliés, n'y ayant rien de si atroce, à quoi un homme ne puisse être entraîné par ses passions, sur-tout s'il peut y trouver quelqu'avantage pour sa famille; qu'il y a une très-grande différence entre le cas de la Loi 17, *ff. de jure patronatûs*, & celui que nous proposons de l'indignité pour homicide; parce que l'accusation capitale intentée par le père contre l'affranchi produit bien son indignité; mais elle ne donne pas lieu à l'ouverture de la succession de l'affranchi, au lieu qu'il en est autrement dans le cas de l'homicide, qui en procurant la mort fait déférer la succession du meurtri. 75. Raisons pour l'affirmative.

Si la première opinion paroît plus conforme à la rigueur du Droit & aux principes établis par les Loix, comme on ne peut pas en disconvenir, celle qui fait 76. Résolution pour l'affirmative.

déclarer les enfans indignes de la succession du meurtri, ou qui les exclut dans le cas particulier du meurtre commis par leur père, paroît plus conforme aux sentimens de la nature, & à l'équité, & moins sujette à des inconvéniens.

77. *Sur quoi cette résolution peut être appuyée.*

Ce n'est pas que cette dernière opinion puisse être établie, comme l'a pensé *le Brun*, *livre* 3, *chapitre* 9, *nombres* 10 & 11, sur un Arrêt qu'il rapporte du 15 Mai 1665; car dans l'espèce de cet Arrêt, une fille avoit fait assassiner son père; il restoit une autre fille du meurtri, laquelle avoit dû recueillir sa succession; ensorte que les enfans de celle qui avoit tué son père, ne pouvoient venir que par représentation de la personne de leur mère indigne, & non *ex propriâ personâ*; on se rencontroit dans la même espèce lors de l'Arrêt du Parlement de Bretagne du 4 Décembre 1573, rapporté par *Charondas*, *livre* 7, *réponse* 68; les enfans du fils qui avoit tué son père, ayant été déclarés indignes de prendre part à la succession de leur ayeul, à cause qu'il y avoit une sœur du meurtrier qui étoit capable de recueillir cette succession, à laquelle elle fut adjugée; mais elle peut être appuyée sur l'Arrêt du Parlement de Paris, rapporté par *M. Louet & Brodeau*, *lettre S. sommaire* 20, puisque dans l'espèce de cet Arrêt, les enfans de la femme qui avoit fait tuer son frère & qui étoient par conséquent neveux du meurtri, concouroient avec des cousins germains, auxquels la succession avoit été adjugée, ensorte que si l'on n'avoit pas jugé que l'indignité de la mère devoit réfléchir sur ses enfans, il auroit fallu leur adjuger la succession comme étant plus proches, en qualité de neveux du meurtri, que les cousins germains; on trouve encore plusieurs Arrêts semblables dans *M. Maynard*, *liv.* 7, *chap.* 94.

78. *Indignité de la femme qui a malversé, ou qui s'est remariée sans avoir fait donner un tuteur à ses enfans pupilles, si elle fait obstacle à ses parens.*

Suivant la Jurisprudence des Arrêts du Parlement de Toulouse, rapportée par *M. Maynard*, *livre* 3, *chap.* 99; *la Roche*, verb. *mariage*, *Arrêts* 7, 14 & 24, & verb. *succession*, *Arrêts* 2 & 6; *Cambolas*, *livre* 5, *chap.* 31, & *Catellan*, *livre* 4, *chap.* 72, lorsque la femme est privée des libéralités à elle faites par son mari ou de la succession de ses enfans, soit pour avoir malversé ou s'être mariée dans l'an du deuil, soit pour avoir malversé durant la viduité & après l'an du deuil, quand cette Jurisprudence étoit en vigueur, ainsi que nous l'avons expliqué dans la section précédente; soit pour avoir négligé de faire pourvoir de Tuteur à ses enfans pupilles, rendu compte & payé le reliquat avant de passer à un second mariage, son indignité fait obstacle à tous ses parens, même à ses enfans qu'elle peut avoir d'un premier lit, & les biens ou la succession dont elle est privée doivent être déférés aux parens du premier mari, quoiqu'ils soient plus éloignés que les parens maternels.

Cette Jurisprudence n'est pas conforme aux règles dans tous les cas auxquels elle s'étend. Voici de quelle manière on doit les décider selon les principes que nous avons établis ci-dessus : 1°. lorsque la femme est privée par indignité des libéralités qui lui ont été faites par son mari, elles doivent revenir dans l'hérédité du mari, & appartenir à ses héritiers testamentaires, ou *ab intestat*, comme la Loi le règle, parce qu'au moyen de la privation, les biens qui sont ôtés à la femme rentrent dans le patrimoine du mari auquel ils sont réunis ; ils doivent donc appartenir à ceux qui doivent recueillir ce patrimoine. La Loi 1, *cod. de secundis nupt.* le règle ainsi dans le cas de la privation pour le convol dans l'an du deuil, & l'on doit dire la même chose dans les autres cas d'indignité, comme pour avoir malversé dans l'an ou après l'an, ou pour avoir passé à des secondes nôces, sans avoir fait pourvoir de Tuteur, suivant *l'Auth. eisdem pœnis cod. de secund. nupt.* & la Loi *omnem 6, cod. ad Senat. Conf. Tertillianum.* 79.

La Jurisprudence du Parlement de Toulouse n'est pas exacte dans tous les cas où elle fait réfléchir l'indignité aux parens.

2°. Il est vrai que la Loi *sciant* 10. *cod. de legitimis hæred.* veut que les héritiers présomptifs du pupille soient déclarés déchus de sa succession, ou de l'émolument de la substitution pupillaire, lorsqu'ils négligent pendant un an de lui faire donner un Tuteur, s'il arrive que le pupille décède en pupillarité. La Loi *omnem 6, cod. ad Senat. Consult. Tertillianum*, inflige aussi la même peine dans le même cas à la mère, qui après avoir accepté la tutelle de son fils pupille, vient à se remarier sans lui avoir fait nommer un Tuteur, rendu compte, & payé le reliquat ; mais hors de ce cas particulier, le Droit Romain ne déclare pas la mère indigne, ni incapable de succéder à ses enfans à quelqu'âge qu'ils décèdent, quand même elle se remarieroit, ou qu'elle malverseroit dans l'an du deuil, encore moins après l'an ; au contraire la Loi 1, *cod. de secund. nupt.* déclare la femme capable de recueillir les successions qui lui arrivent jusqu'au troisième degré, nonobstant le second mariage dans l'an du deuil ; & comme *l'Authent. eisdem pœnis cod. eod.* n'inflige à la femme qui malverse dans l'an, que la même peine qui est ordonnée contre la femme remariée dans l'an, il est clair que c'est contre la disposition du Droit, & par extension que la mère est déclarée par la Jurisprudence des Arrêts du Parlement de Toulouse, indigne de la succession de ses enfans dans ce 80.

Indignité des héritiers présomptifs du pupille, qui négligent de lui donner un tuteur.

Edit des mères, & ses dispositions.

cas ; ainsi que le reconnoissent *M. Maynard & M. Dolivé.* Il est vrai que l'Edit des mères donné à Saint-Maur au mois de Mai 1567, avoit porté quelque changement & diminué le droit des mères sur la succession de leurs enfans décédés *ab intestat* ; mais outre que cet Edit n'a point été enregistré au Parlement de Toulouse, & qu'il n'y a jamais été observé, c'est qu'il exclut seulement les mères de la succession de leurs enfans, pour les propres qu'ils ont recueillis du chef de leurs père, ayeul, oncles, ou autres parens paternels, lesquels doivent leur retourner suivant la règle *paterna paternis*, & il adjuge aux mères les meubles & conquêts provenus d'ailleurs que du côté & ligne paternelle, & veut que pour leur droit de légitime, elles ayent l'usufruit pendant leur vie de la moitié des biens propres, appartenans à leurs enfans, avant leur décès. L'Edit de Saint-Maur a été même révoqué pour tous les Pays du Droit écrit, & les mères ont été rétablies dans le droit de succéder à leurs enfans de la manière que le prescrit la Loi Romaine par un Edit du mois d'Août 1729 ; il y a encore une Déclaration du Roi particulière pour le Parlement de Provence, du 6 du même mois d'Août 1729, qui ordonne l'éxécution de l'Edit de 1729, & révoque une Déclaration du Roi du 25 Octobre 1575.

Cet Edit a été révoqué par un autre de 1729.

81. L'indignité de la mère ne doit pas faire obstacle aux parens maternels du défunt.

3°. Dans le cas où suivant le droit, les mères doivent être privées ou déclarées indignes de la succession de leurs enfans, l'indignité doit être personnelle & ne doit pas réfléchir ni sur les parens maternels collatéraux, qui sont habiles, & en degré pour succéder aux enfans décédés, ni sur les autres enfans que la mère a eus d'un premier mariage, parce que comme nous l'avons remarqué, l'indignité doit se borner à la personne de l'indigne, que le fait de la mère ne peut pas nuire à ses collatéraux, *l. 2, §. 1, ff. si quis aliquem testari prohib.* & que la peine doit toujours suivre l'Auteur du crime. L'indignité ne doit pas non plus réfléchir sur la personne des enfans de l'indigne, suivant la décision textuelle de la Loi 17, *ff. de jure patronatûs*, & il n'y a que le seul cas de l'indignité causée par l'homicide qui puisse faire exclure les enfans du meurtrier, non par les principes du Droit, mais par les considérations particulières que nous avons rapportées ci-dessus, nombre 75.

82. L'injure que la femme fait à son mari & à son fils ne doit pas nuire à ses parens.

Peu importe que la femme par sa malversation ou autrement, fasse injure à la personne de son mari, & à celle de son fils, de la succession duquel elle est déclarée indigne, cette considération est trop foible pour engager à se départir des règles qui veulent que l'indignité du père ne nuise pas aux enfans, qui ne doivent, non plus que les collatéraux, être punis pour la faute d'autrui. Dans l'espèce de la Loi 17, *ff. de jure patronatûs*, l'accusation capitale intentée par le père contre l'affranchi, & qui le faisoit déclarer indigne, étoit bien plus injurieuse, plus importante & plus périlleuse pour l'Accusé que ne l'est un second mariage, ou l'impudicité de la femme, à l'égard de son mari & de son fils, aussi fut-elle jugée suffisante pour faire déclarer indigne le père qui avoit mal-à-propos formé l'accusation; mais non pour faire réfléchir cette même indignité sur la personne du fils, quelqu'intime que soit le lien qui unit le fils au père. On doit donc conclure que dans le cas où il y a lieu de priver la mère de la succession de son fils, les autres enfans d'un autre lit de la mère, ni ses parens collatéraux ne doivent pas être exclus de la succession du défunt, & qu'ils doivent y être admis, ou seuls, quand ils se trouvent les plus proches, ou en concours quand ils se trouvent au même degré que les parens paternels du défunt. Mais on demande si la femme Tutrice de ses enfans, qui se remarie sans avoir fait pourvoir de Tuteur à ses enfans pupilles, sans avoir rendu compte, & payé le reliquat, doit être privée du droit d'élire un des enfans du premier lit pour recueillir l'hérédité de leur père. Cette question peut se présenter sous deux hypothèses différentes. La première, dans le cas où la femme du Testateur n'est pas instituée héritière à la charge de rendre aux enfans, mais qui a un simple ministère, & la faculté de choisir un des enfans institués par le mari. Et la seconde, lorsque la femme est instituée héritière avec charge de rendre à un des enfans à son choix.

Dans la première hypothèse, la femme n'ayant qu'un ministère nud, & un simple mandat, elle ne le perd pas par le convol en secondes nôces: *Non petitis tutoribus*; elle ne devroit pas même en être privée par le convol en secondes nôces dans l'an du deuil. Il est vrai que dans ce cas la femme est déchue de toutes les libéralités qui lui ont été faites par son premier mari: *His etiam amittendis, quæ prior maritus ei suprema voluntate reliquerit*, *l.* 1, *cod. de secundis nuptiis*, *& Auth. eisdem pœnis*, *cod. eod.* Mais la faculté d'élire réduite à un mandat & à un simple ministère, n'est pas une libéralité dans le sens de la Loi, dont elle puisse encourir la privation, parce que la disposition aboutit à la personne des enfans, & si ce n'est pas une libéralité en faveur de la femme, pourquoi en seroit-elle privée?

Dans la seconde hypothèse il faut former une résolution toute contraire, & dire que la femme étant privée de l'hérédité du mari, elle doit perdre par voie de conséquence, la faculté d'élire, qui est un accessoire de l'institution en l'hérédité, & du fidéicommis dont elle est grevée ; car la femme qui se remarie dans l'an du deuil, perd par le seul fait, toutes les libéralités que son premier mari lui a laissées, *L.* 1, *cod. de secund. nupt.* & celle qui convole en secondes nôces, sans avoir fait donner un Tuteur à ses enfans, rendu compte & payé le reliquat, encourt les mêmes peines que celle qui se remarie dans l'an du deuil : *Auth. eisdem pœnis, cod. eod. eisdem pœnis subjicitur . . . ea quæ suscepta liberorum tutela, contra sacramentum secundò nubit, non prius tutorem petens, & rationem reddens, & exsolvens omne quidquid debet.*

La femme qui convole en secondes nôces sans avoir rempli les conditions que la loi lui impose, devant donc être privée de l'hérédité qui lui a été déférée par son premier mari, ne peut pas conserver la faculté de rendre le fidéicommis, ni le choix d'un de ses enfans qui en est une suite, parce qu'elle ne peut rendre qu'autant qu'elle est véritablement héritière ; que si elle perd cette qualité, elle ne peut ni rendre le fidéicommis, ni user de la faculté d'élire, qui dans ce cas ne se réduit pas à un ministère nud, & à un simple mandat ; c'est un vrai fidéicommis, accompagné du choix de l'un des fidéicommissaires. Voilà pourquoi quand la femme perd l'hérédité, elle perd le droit de rendre le fidéicommis, & la faculté d'élire s'évanouit par voie de conséquence, parce que cette faculté est un accessoire qui ne peut plus subsister, dès que ce principal est éteint, *L.* 129, §. 1, *ff. de reg. juris.*

Il y a deux textes qui confirment bien clairement cette règle : savoir, la Loi 14, *ff. de fideicommiss. libert.* & la Loi 8, *cod. eod.* un Testateur institue sa femme, & laisse la liberté à un esclave, si la femme l'approuve. La femme répudie l'hérédité, & l'esclave réclame la liberté, à laquelle la femme qui avoit répudié, s'opposoit. L'Empereur Alexandre Sévère décide que malgré l'opposition de la femme, l'esclave doit avoir la liberté, *non refragante tamen uxore Testatoris, potes petere libertatem*, dit la Loi 8, *cod. de fideicommiss. libert.* Pourquoi ? Parce que la femme instituée héritière, à laquelle le Testateur avoit donné la faculté d'empêcher la liberté, ayant répudié, & n'ayant plus la qualité en vertu de laquelle cette faculté lui avoit été donnée, elle ne pouvoit plus exercer une faculté subordonnée à la qualité d'héritière, dont elle étoit un accessoire, & qui étoit éteinte par l'extinction du principal duquel elle dépendoit.

J'ai trouvé dans les Mémoires de M. de Tifaut, Conseiller au Parlement de Toulouse, un Arrêt du 22 Mars

1655,

1655, entre le ſieur Delpaiſſe & la Dame de Goudal, qui prive du droit d'élire la femme inſtituée héritière & grevée de rendre à ſes enfans à ſon choix, pour s'être remariée ſans avoir rendu compte.

La queſtion s'étant préſentée, elle a été jugée contre la femme qui s'étoit remariée ſans avoir fait pourvoir valablement de Tuteur à ſes enfans pupilles, par un Arrêt du Parlement de Toulouſe, rendu en la ſeconde Chambre des Enquêtes le 12 Mars 1740, au rapport de M. l'Abbé de Boyer, dont voici le diſpoſitif : » Sans avoir égard à » l'acte du 11 Janvier 1739, contenant l'élection & reſtitution du fidéicommis de l'hérédité dudit Marcellin » Cheyne I. conſenti par ladite Verot, au profit de Ca» therine Cheyne, *ni à la procédure de tutelle*, a main» tenu & maintient ledit Lebret & Catherine Cheyne » mariés, & Petiot & Anne Cheyne mariés, aux biens, » meubles & effets délaiſſés par ledit Marcellin Cheyne » I. tels qu'ils étoient lors de ſon décès : ſavoir, ledit Petiot » & Anne Cheyne mariés, pour les deux tiers, & leſ» dits Lebret & Catherine Cheyne mariés, pour le tiers » reſtant, avec inhibitions & défenſes de les troubler en » la poſſeſſion & jouiſſance d'iceux, à peine de 1000 l. » & autre arbitraire : ce faiſant, a condamné & con» damne leſd. Souvignec & Marie Verot mariés, Lebret » & Catherine Cheyne mariés, à faire le délaiſſement » deſdits deux tiers au profit dudit Petiot & Anne Cheyne » mariés, avec reſtitution des fruits depuis le 24 Décem» bre 1718, comme chacun les concerne, ſuivant l'eſti» mation qui en ſera faite par Experts accordés, ou pris » d'office.

Il y a pluſieurs autres diſpoſitions qu'il ſeroit inutile de tranſcrire.

Cet Arrêt fut rendu dans cette eſpèce. Marcellin Cheyne I. qui avoit deux enfans de ſon premier mariage, ſe remaria avec Marie Verot, de laquelle il eut trois enfans. Il fit ſon teſtament le 31 Octobre 1718, par lequel il inſtitua héritière Marie Verot ſa ſeconde femme, à la charge de rendre l'hérédité à Marcellin Cheyne II. ſon fils, *& en cas que celui-ci vînt à décéder en pupillarité ou avant la rémiſſion dudit héritage, èn ce cas & non autrement, donne plein pouvoir à ſadite femme & héritière, de remettre ſondit héritage à celle de ſes filles telle que bon lui ſemblera, & juſqu'à la rémiſſion de ſon héritage, veut que ſadite héritière jouiſſe des fruits & revenus de ſes biens, à la charge de nourrir & entretenir ſeſdits enfans ... & d'être Tutrice de ſeſdits enfans conjointement avec Pierre Verot ſon père.*

Le Teſtateur étant décédé dans cette volonté, Marcellin II. & Elisabeth enfans du second lit, décédérent aussi, & il ne resta qu'Anne Cheyne, fille du second lit, à laquelle Marie Verot fit donner pour Tuteur Charles Souvignec, par délibération des parens assemblés devant le Juge de la Sauvebénite; ensuite elle se remaria avec Jean-Baptiste Souvignec, fils de Charles Tuteur d'Anne Cheyne, le 2 Juillet 1721.

Anne Cheyne s'étant mariée en 1737 avec Marcellin Petiot, ces mariés formerent Instance devant le Juge de la Sauvebénite contre Jean-Baptiste Souvignec & Marie Verot, en cassation de la procédure de tutelle, & en délaissement de l'hérédité de Marcellin Cheyne, avec restitution des fruits depuis le décès dudit Cheyne. Par Sentence du Juge les Demandeurs obtinrent leurs conclusions, & cette Sentence fut confirmée par une autre du Sénéchal du Puy.

Alors Marie Verot, en conséquence du testament de Marcellin Cheyne, fit la rémission de l'héritage en faveur de Catherine Cheyne, fille du premier lit du Testateur, par acte du 11 Janvier 1739.

L'appel des Sentences des Ordinaires & du Sénéchal ayant été porté au Parlement, où Laurent Lebret & Catherine Cheyne mariés furent appellés, ceux-ci soutenoient que l'élection & la rémission du fidéicommis faite en faveur de Catherine Cheyne, étoient valables, parce que le Testateur avoit donné à son héritière, le choix entre ses filles; qu'ainsi Catherine étoit du nombre des éligibles, quoiqu'elle fut du premier lit.

Anne Cheyne prétendoit au contraire, que le fidéicommis n'avoit été fait qu'en faveur des filles du second lit, & que celle du premier lit n'étoit pas appellée; qu'ainsi, Catherine n'avoit pas pu être élue, & que d'ailleurs, Marie Verot devoit être déclarée déchue de l'hérédité de son premier mari, pour avoir convolé en secondes nôces, sans donner de Tuteur à sa fille pupille, par une procédure valable : celle qui avoit été faite devant être cassée comme nulle, ne pouvoit pas garantir Marie Verot de la peine portée par l'Auth. *eisdem pœnis cod. de secundis nuptiis*.

L'Arrêt dont j'ai rapporté la teneur n'eut point d'égard à la première exception proposée par Anne Cheyne, puisqu'il adjugea à Catherine, fille du premier lit, un tiers de l'hérédité de Marcellin Cheyne I. par où il jugea que la fille du premier lit étoit du nombre des éligibles; mais n'ayant point eu égard à la procédure de tutelle, & en cassant l'acte de restitution du fidéicommis, & l'élection de la personne de Catherine, il jugea que la femme qui passe à de secondes nôces après avoir été Tutrice, sans avoir fait donner valablement un Tuteur à ses enfans pupilles, devoit être privée de l'hérédité de son premier mari, & par voie de conséquence, de la faculté d'élire, comme étant attachée à la qualité d'héritière; & ce fut par cette raison que Marie Verot fut condamnée à la restitution des fruits depuis la mort de son premier mari, tout comme si elle n'avoit jamais eu la qualité d'héritière, autrement il auroit fallu confirmer l'élection en faveur de Catherine, comme faite d'une personne éligible, & étant revêtue de toutes les formalités nécessaires pour la rendre efficace.

La question a encore été jugée de la même manière par un Arrêt du Parlement de Provence du ... 1743, au rapport de M. de Saint-Jean, Doyen, dans une affaire évoquée du Parlement de Toulouse, en faveur de M. de Niquet, Président à Mortier au Parlement de Toulouse, contre le sieur Antoine Pascal, Seigneur de Saint-Felix, & la Dame de Tregoin mariés. Dans l'espèce de cet Arrêt la Dame d'Augier, veuve & héritière du sieur Brun, à la charge de rendre à l'un de leurs enfans communs qu'elle voudroit choisir, avoit fait pourvoir de Tuteur à ses enfans pupilles, & rendu compte, le tout dans un intervalle de cinq ou six jours, après lesquels, elle se remaria tout d'abord en 1694, avec le sieur de Niquet, père du Président; mais ce compte avoit été cassé par Arrêt du Parlement de Toulouse du 11 Septembre 1720; & comme la cassation du compte faisoit qu'il n'y en avoit plus, l'Arrêt du Parlement d'Aix jugea en 1743, que la Dame d'Augier n'avoit pas pu élire la Dame de Brun sa fille épouse du sieur de Monbrun, pour recueillir l'hérédité du feu sieur Brun, qu'elle avoit été chargée de rendre, à son choix, à l'un de ses enfans.

83. La femme qui se remarie avec l'ennemi capital de son mari, n'est pas indigne.

Avant de finir ce point, il est bon d'observer, que quoique la femme légataire de son mari, se remarie avec l'ennemi capital de son mari, après l'an du deuil, elle n'est pas indigne du legs, n'y ayant aucune Loi, qui déclare l'indignité dans ce cas; c'est ainsi que le Parlement de Toulouse l'a jugé par les Arrêts rapportés par *M. la Roche*, verb. *mariage*, *article* 20, *& M. de Cambolas*, *liv.* 1, *chap.* 2.

84. Si le meurtrier peut succéder au meurtri par le moyen d'un tiers.

Il y a une autre difficulté considérable sur la même matière, qui se trouve diversement décidée par les Loix; elle consiste à savoir, si le meurtrier peut succéder au meurtri médiatement, & s'il peut recueillir *ab intestat* l'hérédité de celui qui a succédé au meurtri pour les biens qui lui sont avenus de son chef. La Loi *Lucius Titius* 9, *ff. de jure fisci*, décide nettement cette question pour la négative ; c'est-à-dire, qu'une femme qui avoit procuré la mort à son mari par le poison, ne pouvoit pas succéder à son fils mort en pupillarité, & qui par sa naissance, avoit rompu le testament de son père, dans lequel il avoit été prétérit ; ensorte que les biens que ce fils avoit recueillis du chef de son père, devoient être ôtés à la mère, quoiqu'elle fût décédée pendant l'Instance formée pour faire déclarer son indignité ; *Bartole* fait une règle générale du cas particulier décidé par cette Loi.

Autorité pour la négative.

85. Autorité pour l'affirmative.

Au contraire la Loi 5, §. 7, & la Loi 7, *ff. de his quæ ut indign. aufer.* décident que celui qui s'est rendu indigne des libéralités, qui lui avoient été faites par un Testateur, pour avoir mal-à-propos impugné de faux son testament, peut succéder au légataire, ou à l'héritier du Testateur, malgré son indignité personnelle, *qui accusavit falsum hæres legatario extitit, vel hæredi scripto : nihil huic nocere dicendum est*, dit la Loi 5, §. 7, déjà citée. La raison qu'en donne la Loi 7 est, parce qu'il ne succède pas immédiatement au Testateur, *quia non principaliter in Titii hæreditatem succedit* ; on en trouve encore une autre raison décisive dans la Loi *Procuratorem* 90, §. 1, *ff. de aquir. hæred.* parce que le changement des personnes produit un changement dans la qualité des biens, *mutatâ personâ, mutatur conditio bonorum* ; c'est la règle que les Interprètes ont tirée de cette Loi, ou selon les expressions de la Loi 42, *ff. de bonis libert. Ei qui alio jure venit quam eo quod amisit, non nocet id quod perdidit : sed prodest quod habet.*

86. Opinion de Cujas.

M. Cujas prenant le contre-pied de *Bartole*, a formé une règle générale de la décision de la Loi 5, §. 7, & de la Loi 7, *ff. de his quæ ut indign. aufer.* & afin que la Loi 9, *ff. de jure fisci*, ne pût pas faire obstacle à son opinion, il l'a corrigée & expliquée dans son Commentaire, *lib.* 17, *responsar. Modestini*, & dans ses Observations, *lib.* 26, *cap.* 24, comme si cette Loi disoit, que la mère avoit procuré la mort par le poison, non à son mari, mais à son fils ; & cette opinion est autorisée par plusieurs Arrêts, *Mornac sur la Loi dernière, ff. de calumniator.* en rapporte un du Parlement de Paris du 7 Juillet 1615, qui a adjugé au mari qui avoit tué sa femme surprise en adultère, la succession de sa fille, dans laquelle étoient englobés les biens, que cette fille avoit recueillis par la mort de sa mère, qui avoit été tuée par son mari. *Henrys, tom.* 3, *liv.* 6, *quest.* 20, rapporte le même Arrêt. *Brodeau sur M. Louet, lett. S. somm.* 20, *n.* 6, 7 & 8, le rapporte aussi avec deux autres, qui ont jugé la même chose ; & il y en a encore

Arrêts.

quelques autres dans *le Journal des Audiences, tom. 1, liv. 5, chap. 22.*

87. Résolution de la question par une distinction.

Cette Jurisprudence n'a rien de contraire au Droit Romain, dans les cas de l'indignité qui ne procède pas d'un crime atroce, ni même dans celui du meurtre de la femme surprise en adultère, fait par le mari, que les Loix tolèrent en quelque façon ; mais il seroit difficile de la concilier avec la décision de la Loi 9, *ff. de jure fisci*, lorsque l'indignité dérive d'un crime atroce, commed'un parricide, d'un fratricide, du meurtre commis par la femme sur la personne de son mari, & autres cas semblables ; parce que les Loix qui décident que l'indigne peut recueillir médiatement la succession, de laquelle il seroit indigne, si elle lui étoit déférée immédiatement, ne parlent que du cas où le testament du défunt a été impugné de faux, ce qui n'est que de pure positive, & n'a pas sa source dans le violement du Droit naturel ; car s'il s'agissoit d'un crime énorme, comme si la femme avoit procuré la mort à son mari, ou dans tout autre cas semblable, le meurtrier devroit être déclaré indigne de recueillir, même médiatement, la succession du meurtri, quoiqu'elle soit confondue dans le patrimoine d'un autre à qui le meurtrier du premier défunt auroit droit de succéder efficacement. C'est par une telle distinction que l'on peut mieux concilier les Loix qui paroissent opposées, & qui ne le sont pas en effet à cause de la diversité des cas, que par la correction imaginée par *M. Cujas*, correction que ce Docteur a abandonnée dans son Commentaire, du titre *de jure fisci*, aux Digestes sur la Loi 9 du même titre.

Les Loix qui admettent l'indigne à la succession médiate ne sont pas dans le cas d'un crime atroce. Lorsqu'il s'agit d'un meurtre, l'indigne ne peut pas succéder médiatement au meurtri.

88. Celui qui veut succéder médiatement doit avoir été réhabilité lorsqu'il a été condamné.

Lorsque l'indigne pour homicide veut succéder indirectement & médiatement à celui auquel il a procuré la mort, dans les cas où il le peut, comme lorsqu'il veut succéder à sa femme, qu'il a tuée en la surprenant en adultère, par le moyen de leur fille commune, s'il a été condamné par Sentence qui ait été exécutée figurativement, ensorte qu'il soit incapable des effets civils par cette condamnation, il seroit nécessaire qu'il eût obtenu & fait entériner des Lettres de rémission, autrement son incapacité devroit l'exclure de la succession indépendamment de l'indignité.

89. La prescription du crime ne suffiroit pas pour le rendre capable.

Et il ne suffiroit pas qu'il eût prescrit le crime, car la prescription pourroit bien le mettre à couvert de la punition ; mais elle ne leveroit pas l'incapacité de succéder, qui suit & affecte sa personne, sans être sujette à la Loi du temps. Cette question a été ainsi décidée par un Arrêt du Parlement de Paris du 15 Mai 1665, rapporté au *Jour-*

nal des Audiences, *tom.* 2, *liv.* 4, *chap.* 19, de la nouvelle édition, & par *le Brun*, *liv.* 3, *chap.* 9, *n.* 11.

90. Les enfans du meurtrier peuvent succéder médiatement au meurtri.

Mais les enfans du meurtrier, quoique déclarés indignes, conjointement avec leur père, de la succession du meurtri; & quoique l'indignité de leur père réfléchisse sur eux, peuvent néanmoins succéder à celui qui a recueilli la succession du meurtri. La question a été ainsi jugée par un Arrêt du Parlement de Bretagne, solemnellement prononcé en 1584, rapporté par *Charondas*, *liv.* 7, *rép.* 68. *Bretonnier dans ses nouvelles observations sur Henrys*, *liv.* 6, *quest.* 20, croit sur le fondement de quelques Arrêts qu'il indique dans les Auteurs qu'il cite, qu'il faut faire à l'égard des enfans du meurtrier, la même distinction du crime énorme & atroce, d'avec celui qui est excusable, mettant par-là les enfans du meurtrier, qui sont innocens, au niveau de leur père coupable; mais cette distinction qui est bonne par rapport au meurtrier lui-même, qui veut succéder médiatement, ne paroît pas bonne par rapport aux enfans, parce qu'ils sont dans une position bien différente de celle de leur père, & il y a entr'eux la même différence, qu'entre le coupable & l'innocent, entre celui que les Loix déclarent nommément indigne, & celui qu'elles déclarent expressément n'être pas indigne. Nous avons montré ci-dessus, que les enfans du meurtrier ne sont pas indignes de la succession du meurtri, quand ils viennent de leur propre chef, ils en sont seulement exclus, quand ils ne peuvent venir que par représentation de la personne de leur père indigne; & que c'est dans cette espèce, que se trouve l'Arrêt du 15 Mai 1665, rapporté par *le Brun*, *des Successions livre* 3, *chap.* 9, *n.* 11, & au Journal des Audiences, que *Bretonnier* cite pour appuyer sa distinction, sans faire attention que dans le cas de cet Arrêt, il y avoit une fille du meurtri qui devoit recueillir sa succession, à l'exclusion de son frère meurtrier, & des enfans de son frère, auxquels celui-ci faisoit obstacle, comme se trouvant plus proche; & ce n'étoit que par représentation de la personne du meurtrier que ses enfans pouvoient venir, & non *ex propriâ personnâ*. L'Arrêt du Parlement de Bordeaux, rapporté par *Boërius*, *décision* 25, est encore dans les mêmes circonstances, y ayant une sœur du meurtri qui empêchoit que les enfans du meurtrier ne pussent venir *ex propriâ personâ*. A l'égard de l'Arrêt du 7 Août 1604, que *Bretonnier* cite encore, il n'est pas, non plus que les autres, dans les cas où les enfans du meurtri succèdent *mediante personnâ*; ils demandoient au contraire l'hérédité, comme leur ayant été déférée immédiatement:

Distinction de *Bretonnier* rejetée.

Explication des Arrêts allégués par *Bretonnier*.

aucun de ces Arrêts ne juge rien qui soit contraire à ce qui a été décidé par l'Arrêt du Parlement de Bretagne, rendu en faveur des enfans du meurtri, & qui leur adjuge l'hérédité de celui qui avoit succédé au meurtri; il arrive assez souvent que les Auteurs ne se donnant pas la peine de discuter les questions sur les véritables principes, font une mauvaise application des Arrêts. Il suffit qu'ils jugent quelque question pour qu'ils croient pouvoir en faire usage pour les autres questions de la même matière, quoique leur décision dépende de principes différens.

Nous avons encore prouvé que l'indignité étant un effet du crime ou de la faute, elle ne devoit pas être communiquée d'une personne à une autre, & que la punition doit toujours suivre le coupable. Cette règle est sûre, juste & conforme aux sentimens de la nature, & l'on ne peut s'en départir que dans les cas que les Loix ont nommément exceptés: or, bien-loin que les Loix ayent excepté de cette Règle le cas de l'indignité, elles s'y sont au contraire conformées dans le même cas, en décidant que le fait du frère ne nuit pas à son frère, & que l'indignité du père ne passe pas à son fils, dans la Loi 2, §. 1, *ff. si quis aliquem testar. prohib.* & dans la Loi *divi fratres* 17, *ff. de Jure Patronatûs.* C'est en conformité de cette Règle que les Auteurs, entr'autres *Boërius*, *décision* 25, ont décidé que l'indignité du mari ne nuit pas à sa femme, laquelle est capable de recueillir la succession de son frère, quoiqu'il ait été tué par son mari; il y a un Arrêt conforme du Parlement de Bordeaux, du 28 Mai 1529.

91. L'indignité est un effet du crime & ne se communique pas d'une personne à une autre.

L'indignité du mari ne nuit pas à sa femme.

En un mot, il n'y a aucun cas où, par la disposition du Droit, l'indignité passe d'une personne à une autre, elle doit suivre l'indigne, sans pouvoir être communiquée. C'est une qualité, ou un vice très-personnel; & si les Arrêts ont jugé dans quelques cas, les enfans du meurtrier indignes ou incapables de la succession du meurtri, de même que leur père, ce n'a été que dans des circonstances où les enfans ne pouvoient venir que par représentation de la personne de leur père, dont l'existence & l'indignité leur faisoit obstacle; & s'ils l'ont jugé quelquefois dans le cas où les enfans, étant les plus proches, pouvoient recueillir la succession de leur propre chef, & sans rien emprunter de la personne de leur père meurtrier, ce n'a été que sur des considérations particulières, qui ne sont point autorisées par les Loix; on trouve même des Arrêts contraires, & qui se sont attachés aux vrais principes, témoin celui du 18 Janvier 1652, rapporté par *Soëfve*, *tom.* 1, *cen-*

92. Il n'y a aucun cas, selon le Droit, où l'indignité d'une personne communique à une autre.

tur. 3, *chap.* 89, & par *Basnage*, *sur l'art.* 235 *de la coutume de Normandie.* Ainsi il y a lieu de suivre plutôt la décision de l'Arrêt solemnel du Parlement de Bretagne, prononcé en 1584, rapporté par *Charondas*, *liv.* 7, *rép.* 68, que la distinction de *Bretonnier*, qui n'a aucun fondement dans le Droit, ni dans les Arrêts qu'il rapporte pour l'appuyer.

93. L'indignité par meurtre s'encourt, quand on est complice, & quand on a connu le dessein, sans l'avoir revélé.

Pour encourir l'indignité à cause du meurtre, il n'est pas nécessaire d'avoir tué de sa propre main celui *de cujus successione agitur*; il suffit d'être complice de sa mort, & d'en avoir connu le dessein & le projet sans l'avoir révélé en Justice ou autrement, afin que l'accident pût être prévenu & évité. La Loi 6, *ff. de lege Pompeiâ de parricidiis*, décide que le complice doit être puni de la même peine que l'Auteur du crime : *utrum qui occiderit parentes, an etiam conscii pœnâ parricidii adficiantur, quæri potest. Et ait Mæcianus etiam conscios eâdem pœnâ adficiendos.*

94. Comment est puni le frère qui ne revèle pas le complot de la mort de son frère.

Cas où l'on peut être regardé comme complice.

La Loi 2 du même titre est plus indulgente à l'égard de celui qui ayant eu connoissance du dessein qui avoit été formé d'attenter sur la vie de son frère, ne l'a pas révélé à leur père commun ; mais elle le déclare coupable en quelque façon, en ce qu'elle veut qu'un tel frère soit rélégué, *frater autem ejus qui cognoverat tantùm, nec patri indicaverat, relegatus est.* On peut voir dans les Notes de *Denis Geodefroy* sur la *Novelle* 134, *chap.* 10, les différens cas où l'on peut être considéré comme complice.

95. L'indignité peut être encourue par la faute ou la négligence.

Suivant la Loi 3, *ff. de his quæ ut indign. aufer.* l'indignité peut être encourue sans qu'il y ait du fait de la personne, il suffit qu'il y ait de sa part de la négligence & de la faute : or, dans le cas de la complicité, il y a plus qu'une simple faute, & quand celui qui est instruit du projet d'attenter sur la vie d'un homme, ne le révèle pas, il y a une faute & une négligence tout-à-fait criminelles ; il n'en faut donc pas davantage pour déclarer l'indignité.

Arrêt du Parlement de Paris.

Par un Arrêt du Parlement de Paris du 14 Mars 1608, rapporté par *M. Servin*, *Plaid.* 71, & par *Mornac sur la Loi* 1, *cod. ubi causæ fiscales vel divinæ domus agantur*, un frère convaincu d'avoir eu connoissance de l'attentat projetté sur la vie de son frère, fut déclaré indigne de la succession de ce frère qui avoit été tué.

96. Si celui qui tue la femme ou le fils, ou le frère du Bienfaicteur, est indigne.

Les Interprètes forment plusieurs autres questions sur la matière de l'indignité causée par l'homicide, savoir si celui qui tue le fils, ou la femme, ou le frère, ou autre parent du Testateur, est indigne des libéralites qui lui ont été laissées par le Testateur : on peut voir *Peregrinus* dans son Traité *de jure fisci*, *lib.* 2, *tit.* 3, *n.* 12 & 23; *Vasqués*, *de Successionibus*, *tom.* 3, *de successionum resolutione*, *lib.* 2, §. 20, *n.* 12; & *Benedicti ad cap. Rainutius*, verb. *condidit.* 2, *n.* 13. *Fusarius*, *de substitutionibus*, *quæst.* 443, examine aussi cette autre question, si le Fidéicommissaire qui procure la mort à l'héritier grevé, est indigne de recueillir le fidéicommis. Comme les Loix, ni les Arrêts ne décident pas ces questions, nous ne les résoudrons pas non plus.

Si le fidéicommissaire qui procure la mort à l'héritier grevé, est indigne du fidéicommis.

Il faut présentement voir les autres cas où l'héritier ou le légataire encourt l'indignité par son fait. La Loi *si inimicitiæ* 9, *ff. de his quæ ut indign. aufer.* veut que le Légataire ou Fidéicommissaire soient privés de la libéralité qui leur est faite, s'il intervient une inimitié capitale entre le Testateur & eux. Il en est de même s'ils ont parlé mal du Testateur, & s'ils ont proféré contre lui des injures, *si palàm & apertè Testatori maledixerit & infaustas voces adversùs eum jactaverit, idem erit dicendum*, suivant le §. 1 de la même Loi. Il est en effet juste de punir la témérité & l'ingratitude de celui qui médit du Testateur, & le diffame par des injures, quand elles sont atroces, *Coquille*, *quest.* 147. Comme aussi si l'héritier ou le légataire a formé une question d'état contre le Testateur, il doit être privé de ce qui lui est laissé dans le testament : *si autem statûs ejus controversiam movit, denegatur, ejus quod testamento accepit, persecutio*, §. 2; & par la même raison la Loi *cum tabulis* 16 du même titre, veut que le substitué pupillairement soit privé de la portion de substitution pupillaire qui lui étoit laissée, lorsqu'il intente une accusation en supposition de part contre la mère du pupille, & qu'il succombe. Les Auteurs, & entr'autres *Peregrinus*, *de jure fisci*, *lib.* 2, *tit.* 10, *n.* 1, limitent avec raison la disposition de ces deux textes, lorsque la question d'état ou de supposition de part est postérieure au testament; car si elle est antérieure, le Testateur, en faisant la libéralité, est censé avoir remis l'injure, lorsqu'il en a eu connoissance.

97. Indignité pour inimitié survenue.

Pour avoir mal parlé du Testateur.

Pour lui avoir fait injure.

Pour avoir intenté une question d'état.

Du substitué pupillaire qui attaque l'état du pupille.

Quid si la disposition du Testateur est postérieure à l'injure.

La Loi 1, *ff. de his quæ ut indign. aufer.* décide que l'affranchi, auquel le Patron avoit fait des libéralités par son testament, en est indigne, & doit en être privé, si après la mort du Testateur il le dénonce au fisc, comme ayant fait un négoce en marchandise prohibée; quoiqu'une telle délation mérite une récompense, suivant les Loix fiscales. Les Interprètes ont tiré de cette Loi une règle qui paroît assez juste, c'est que l'indignité doit être encourue toutes les fois que l'héritier ou le légataire tombent dans quelqu'un des cas d'ingratitude envers le Testateur, *Pere-*

98. L'indignité pour avoir dénoncé le Testateur.

Indignité pour ingratitude.

grinus, *de jure fisci*, *lib.* 2, *tit.* 8, fait le détail de ces cas.

99. Indignité pour avoir contraint ou empêché de tester.

On peut encourir l'indignité de deux autres manières par le fait des héritiers ou des légataires. La première, en contraignant le Testateur à tester contre sa volonté. La seconde, en l'empêchant de tester selon sa volonté.

100. Nullité du testament qui a été extorqué par violence.

Indignité de celui qui force de tester.

Lorsque le Testateur est obligé par force ou violence à faire testament, ou à disposer autrement que sa volonté le lui inspire, le testament est nul sans contredit; parce que toute disposition doit être faite librement, & doit avoir son principe dans la volonté du Testateur, comme nous l'avons expliqué ailleurs; mais encore celui qui commet une telle violence, est indigne des dispositions testamentaires & de la succession du défunt, qu'il auroit pû recueillir s'il n'avoit pas commis un tel attentat. La Loi 1, *cod. si quis aliquem testari prohibuerit vel coegerit*, déclare que c'est un crime digne de punition, & la punition la plus naturelle est de priver le coupable du fruit que le crime lui produit; & comme le Testateur, s'il avoit eu la liberté nécessaire, auroit pû disposer en faveur de tout autre, & que c'est, parce que la volonté du Testateur est tournée d'un autre côté, qu'on use ordinairement d'une telle violence, il est juste que l'auteur de la violence soit aussi déclaré indigne, & privé de la succession *ab intestat*, ou de la portion qu'il auroit pû y prétendre. La Loi *virum* 3, *ff. eod.* en décidant qu'un mari qui, sans employer la violence ou le dol, flatte sa femme, *maritali sermone*, pour l'appaiser & l'empêcher de changer par un codicille une disposition qu'elle avoit faite en sa faveur dans son testament, n'encourt aucune indignité, donne à entendre bien clairement que celui qui emploie la violence ou le dol pour engager quelqu'un à disposer, est indigne de la libéralité & du fruit de la disposition.

Raisons de cette indignité.

On n'encourt pas l'indignité par les flatteries.

101. Testament extorqué par violence est nul, quoique la violence soit commise par un tiers.

Il faut néanmoins prendre garde que la Loi 1, *cod. si quis aliquem testari prohib.* veut que le testament extorqué par violence soit nul, quand même la violence auroit été mise en usage par tout autre que par les héritiers ou les légataires, & dans ce cas celui en faveur duquel la disposition forcée aura été faite en sera privé, mais il ne devra pas être privé de la succession *ab intestat*, parce qu'il n'y a aucun crime de sa part qui mérite cette peine, à moins qu'il ne fût complice de la violence, & qu'il ne fût prouvé qu'il l'avoit fait faire.

102. Dans le cas de la violence toutes les dispositions sont nulles.

Dans le cas auquel le Testateur a été forcé de disposer par violence, non-seulement l'institution est nulle, mais encore les legs ne peuvent pas être demandés; parce que, comme nous l'avons dit ailleurs, il ne peut point y avoir de diſpoſition valable & efficace, ſi elle n'a ſon fondement dans la volonté libre du Teſtateur, & que toutes les fois que cette volonté ne ſe rencontre pas, la diſpoſition ne peut avoir aucun effet, *l. cum quidam* 12, *ff. de his quæ ut indign. aufer. Peregrinus de jure fiſci, lib.* 2, *tit.* 6, *n.* 37, a cru que quand il paroît que la violence ne tombe pas ſur les legs, mais ſeulement ſur l'inſtitution, les legs doivent être payés; mais il ſeroit difficile d'admettre cette exception, parce que la nullité de l'inſtitution entraîne la nullité & l'inutilité des legs, §. 34, *inſtit. de legatis.*

Si la nullité de l'inſtitution influe ſur les legs.

103\. L'hérédité doit être déférée aux héritiers *ab inteſtat*, non au fiſc, dans le cas de la violence.

L'hérédité doit être déférée non au fiſc, comme l'ont penſé certains Docteurs, mais aux héritiers *ab inteſtat*, ainſi que nous l'avons prouvé au *chap.* 5, *ſect.* 1, *n.* 16, & dans cette ſection, *n.* 4, autres que ceux qui ont commis la violence, non-ſeulement ſelon la pratique du Droit François, mais même ſelon le Droit Romain; parce qu'il n'y a aucune Loi qui défére dans ce cas au fiſc la ſucceſſion, & que le fiſc ne doit recueillir que ce que les Loix lui adjugent expreſſément, & que dans le doute il faut répondre contre les prétentions du fiſc, *l.* 10, *ff. de jure fiſci*, ainſi que l'a fort bien remarqué *Barry* dans ſon Traité *de Succeſſionibus*, *lib.* 1, *tit.* 9, *n.* 11; mais s'il y a un teſtament antérieur valable, les héritiers inſtitués dans ce teſtament antérieur, devront recueillir l'hérédité, parce qu'un ſecond teſtament nul par défaut de volonté libre, ne peut révoquer ni rendre inefficace un premier teſtament valable, §. *poſteriore* 2, & §. 7, *inſtit. quib. mod. teſtam. infirm.* Un Teſtateur n'étant cenſé s'être departi des premières diſpoſitions, qu'autant que les ſecondes ſont efficaces, *l.* 18, *ff. de legat.* 3. C'eſt ainſi que le décide le Préſident *Faber* dans ſon Code, *lib.* 6, *tit.* 15, *defin.* 1. Pour l'éclairciſſement des autres difficultés qui peuvent ſurvenir, quand une perſonne a été contrainte de teſter, on peut voir *Menochius*, *de arbitriis*, *centur.* 4, *caſu* 395, & *Peregrinus*, *de jure fiſci*, *lib.* 2, *tit.* 6.

A moins qu'il n'y ait un teſtament valable antérieur.

104\. De l'empêchement de teſter qui produit l'indignité.

Lorſque le Teſtateur veut faire teſtament, les perſonnes qui l'en empêchent ſe rendent indignes de la ſucceſſion du défunt: *Eos qui ne teſtamentum ordinaretur, impedimento fuiſſe monſtrantur, velut indignas perſonas à ſucceſſionis compendiò removeri celeberrimi juris eſt*, dit la Loi 2, *cod. ſi quis aliquem teſtari prohibuerit.* Et l'on encourt l'indignité, ſoit que l'on emploie la force & violence, ou le dol, *l.* 1, §. 2, *ff. eod.* ou l'action eſt refuſée à ceux *qui dolo fecerunt.*

Soit par violence ou dol.

105\. Qu'il s'agiſſe d'un premier

Il eſt indifférent que le Teſtateur ſoit empêché de faire un premier ou un ſecond ou autre teſtament, l'indignité eſt également encourue dans l'un & l'autre cas; lorſqu'il

ou second testament. s'agit de faire un premier testament, on empêche le Testateur de disposer à son gré; quand il est question d'un second, on l'empêche de changer le premier. Ainsi la chose est égale, *l.* 1, *cum* §. 1 & 2, & *l.* 2, *ff. si quis aliquem testari prohib.*

106. Le Juge doit déterminer par sa prudence, si le Testateur a été empêché de tester.

Il seroit assez difficile de déterminer précisément les cas auxquels le Testateur est censé avoir été suffisamment empêché de faire testament, ou d'en changer un précédent; cela peut arriver de plusieurs façons différentes, & un Juge prudent doit déterminer selon les circonstances & la nature des preuves, si l'indignité est encourue ou non; il suffit de remarquer qu'elle doit avoir lieu toutes les fois qu'il paroît que le Testateur a été dans le désir sincère de tester, & qu'il en a été empêché par force ou par dol, ou autre mauvaise manœuvre directe ou indirecte : *Si quis dolo malo fecerit ne mutaretur testamentum*, *l.* 1, §. 1, *actiones omnibus denegari*, *quia omnes dolo fecerunt*, §. 2, *ff. si quis aliquem testari prohib.* La même

Circonstances qui caractérisent l'empêchement de tester.

Loi 1, *in principio*, donne pour exemple le refus de l'entrée de la personne appellée pour recevoir le testament, *prohibuit testamentarium introire*; & la Loi 2 du même titre déclare qu'il y a un empêchement suffisant, *si quis dolo malo fecerit ut testes non veniant*, & *per hoc deficiatur facultas testamenti faciendi.* En un mot, l'indignité est encourue toutes les fois que les successeurs *ab intestat*, ou les héritiers institués dans un testament, empêchent par violence ou par dol que le Testateur ne dispose de nouveau. Lorsqu'il s'agit d'un moyen de cette espèce, les Juges doivent se contenter d'ordonner que les Parties prouveront leurs faits tendant à établir l'empêchement de tester, comme le remarque *M. Maynard*, *lib.* 8, *chap.* 74, touchant la preuve de l'empêchement de tester, les faits qui doivent être prouvés, & les autres difficultés qui concernent cette preuve, on peut voir *Peregrinus*, *de jure fisci*, *lib.* 2, *tit.* 6, *n.* 21 & *suiv.*

Comment doit être ordonnée la preuve de l'empêchement.

On doit observer que pour la preuve de l'empêchement de tester, il ne faut pas un nombre de témoins, tel qu'il est requis pous la faction du testament; deux ou trois doivent suffire, comme dans tous les autres faits, & même dans les crimes ou dans les actions qui tiennent du crime, ainsi que l'a fort bien remarqué *Peregrinus* au lieu cité,

Testament doit être exécuté par provision.

n. 33; & jusqu'à ce que la preuve soit faite, les héritiers institués doivent être maintenus par provision en la possession de l'hérédité, parce que le testament doit être exécuté, *l.* 2, & *l. ult. cod. de edicto divi Hadriani tollendo*, *M. Maynard*, *liv.* 8, *chap.* 74.

107. Preuve testi-

Comme l'empêchement de tester est un fait qui tient

même de la nature du crime, puisque par un tel attentat on blesse la liberté que les Loix donnent à un chacun de disposer de ses biens à son gré, la preuve en doit être admise par témoins, nonobstant *l'art.* 54, *de l'Ordonnance de Moulins, & l'art.* 2 *du tit.* 20 *de celle de* 1667; il peut néanmoins se rencontrer des circonstances qui peuvent déterminer à faire refuser cette preuve. On en trouve des exemples dans le *tom.* 1, *du Journal des Audiences, liv.* 1, *chap.* 35, & dans le *Recueil des Consultations de M. de Cormis, tom.* 1, *centur.* 7, *chap.* 47, *pag.* 1556.

moniale admise dans ce cas, nonobstant les Ordonnances.

Le fait d'un des héritiers *ab intestat*, ou institué dans un premier testament, qui empêche le Testateur de faire testament, ne doit point nuire aux autres qui ne sont ni coupables, ni complices du même attentat, *fratris autem factum fratri non nocet, l.* 2, *ff. si quis aliquem testari prohib. M. Maynard, liv.* 8, *chap.* 74; mais tous ceux qui ont part à l'attentat doivent être déclarés indignes, *l.* 1, §. *ult. ff. eod.* C'est une règle dictée par la droite raison, que le fait de l'un ne doit pas nuire à l'autre, *neminem ex alterius facto hæreditati neque alligari neque exhæredari posse, l.* 44, *ff. de hæred. instit. neque enim debet nocere factum alterius ei, qui nihil fecit, l.* 5, §. 5, *ff. de operis novi nuntiat. factum cuique suum, non adversario nocere debet, l.* 155, *ff. de regul. jur.* L'affinité & la liaison qui peuvent se trouver entre les personnes, quelque intimes qu'elles soient, ne doivent pas faire départir de cette règle pleine de justice & d'équité; car la Loi 5, §. 3 & §. 5, *ff. de his quæ ut indign. aufer.* décide que le fait du père lui nuit bien pour ce qui concerne son intérêt, lorsqu'il a impugné de faux le testament, mais il ne peut pas nuire à l'intérêt de son fils; & de même le fait du fils qui a impugné de faux le testament, ne peut pas non plus nuire à son père, cependant la Loi 1, §. 1, *ff. si quis aliquem testari prohib.* & la Loi 1, *ff. quib. non competit bonor. possessio*, décident que quand le Maître de l'Esclave qui est institué, ou le père dont les enfans sont héritiers ou légataires par un testament, empêchent le Testateur de le changer, & d'en faire un nouveau, les actions doivent être refusées à l'Esclave, quoiqu'il ait été affranchi, ou aux enfans, quoiqu'ils soient émancipés. La raison est, parce que l'Esclave, ni les enfans de ceux qui ont empêché la faction du testament, n'ont pas pour eux la dernière volonté du défunt, & que par-là ils sont indignes, *l.* 12, *ff. de his quæ ut indign. aufer.* c'est une exception de la Règle.

108. Le fait d'un des héritiers qui empêche de tester ne nuit pas aux autres.

Ceux qui ont part à l'attentat sont indignes.

La liaison & l'affinité ne font pas que le fait de l'un nuise à l'autre

Le fait du père ne nuit aux enfans, & *vice versâ.*

Textes contraires expliqués.

L'indignité procédant de l'empêchement de tester faisoit déférer au fisc ce qui étoit ôté aux personnes dans

A qui sont déférés les biens ôtés à l'indigne pour avoir empêché de tester.

ce cas, *l.* 1, & *l.* 2, §. 2, *ff. si quis aliquem testar. prohib. l. scriptis* 19, *ff. de his quæ ut indign. aufer.* & *l.* 3, §. *ult. ff. ad S. C. Trebell.* Ce qui n'a pas lieu selon notre usage, quoiqu'en dise *M. Maynard, liv.* 8, *chap.* 74, qui rapporte des Arrêts qui ont adjugé dans ce cas au fisc ce qui étoit ôté aux indignes, pour avoir empêché de tester: ensorte que ce qui est ôté aux indignes est déféré aux successeurs *ab intestat*, autres que ceux qui sont déclarés indignes, lorsqu'il n'y a point de testament.

Si le premier testament est annéanti, lorsque le défunt a été empêché d'en faire un second.

109. Que si le défunt avoit déjà disposé par testament, & que s'étant mis en devoir d'en faire un second, il en ait été empêché par le fait ou par le dol des héritiers institués; on demande si le testament & toutes les dispositions qu'il renferme, seront anéanties, tant pour l'institution, que pour les legs & fidéicommis. Il semble d'abord qu'il faut laisser subsister les legs & les fidéicommis contenus dans le testament, & qu'on doit seulement déclarer indignes les héritiers institués, en transférant au fisc, suivant le Droit Romain, dans la Loi 1, *ff. si quis aliquem testari prohib.* ou, selon notre usage, aux héritiers *ab intestat*, l'hérédité qui est ôtée aux indignes, *divus Hadrianus constituit denegari ei debere actiones, denegatisque ei actionibus fisco locum fore.*

Raisons pour conserver les legs.

110. La même Loi 1, §. 1, & la Loi 2, §. 2, *ff. eod.* décident aussi en termes exprès, que si l'héritier institué, qui a empêché par dol la faction d'un second testament, a été chargé de fidéicommis, l'hérédité doit être transférée au fisc, *cum onere fideicommissi;* ensorte que le fisc doit prendre le quart pour la Falcidie ou Trebellianique, & les trois quarts restans doivent être déférés au fidéicommissaire, *si fidei ejus qui dolum admisit commissum est, ut hæreditatem restitueret, ea hæreditas caduca cum suis oneribus fiet: ut commodum legis Falcidiæ fiscus sentiat, dodrantis autem Fideicommissarius*: les dispositions contenues dans le testament doivent donc subsister, tant pour les fidéicommis particuliers & universels, que pour les legs, *cum suis oneribus*; ensorte que le fisc prend la place de l'héritier déclaré indigne, & il entre dans tous les engagemens imposés à cet héritier. On trouve la même décision dans la Loi *Marcellus* 3, §. dernier, *ff. ad S. C. Trebell.* non-seulement dans le cas de l'empêchement de tester, mais encore dans tous les autres cas où l'indignité doit être déclarée: & comme il n'y a d'autre changement dans notre usage, si ce n'est, qu'au lieu que le Droit Romain vouloit que le fisc prit la place de l'héritier institué déclaré indigne, nous mettons à la place de l'héritier indigne les autres héritiers *ab intestat*, qui n'ont pas encouru l'indignité;

Le fisc entroit dans les engagemens de l'héritier indigne.

Par notre usage les successeurs *ab intestat* prennent la place de l'héritier indigne.

toutes les autres dispositions contenues dans le testament doivent être exécutées, & l'on doit simplement déclarer l'hérédité caduque, *cum suis oneribus*, & la transférer de même aux héritiers *ab intestat*.

D'ailleurs, lorsque le Testateur se propose de faire un autre testament, & qu'il en est empêché, ce n'est qu'un simple projet imparfait, & qui ne peut pas avoir la force de révoquer un précédent testament parfait & valable, §. 2, *instit. quib. mod. testam. infirm.* Il ne suffit pas même qu'un Testateur se repente de sa première disposition, & qu'il en ait commencé une nouvelle, pour qu'un précédent testament soit révoqué, il faut que le second testament soit parfait, §. 7, *instit. eodem*; d'où il suit que tout ce qui est contenu dans le testament, que le Testateur s'étoit proposé de changer ou de renouveller, lorsqu'il en a été empêché, doit subsister, & que l'on doit transférer l'hérédité aux héritiers *ab intestat*, avec toutes les charges des legs & fidéicommis universels ou particuliers, tout de même que si l'héritier institué en profitoit, & n'étoit pas déclaré indigne. 111. Le projet de faire un autre testament, & le repentir ne révoquent pas un précédent testament.

Cependant la Loi *si scriptis* 19, *ff. de his quæ ut indign. aufer.* décide formellement, que si celui qui a fait un premier testament, ayant changé de volonté, en veut faire un autre, & qu'il en soit empêché par les héritiers institués, le Testateur est censé avoir révoqué toutes dispositions contenues dans le testament, *si scriptis hæredibus ideò hæreditas ablata est, quod Testator aliud testamentum mutatâ voluntate facere voluit, & impeditus ab ipsis est: ab universo judicio priore recessisse eum videri.* 112. Raisons pour la destruction du précédent testament.

M. Cujas, en expliquant cette Loi, dit que l'institution est anéantie par l'indignité des héritiers institués, & que par voie de conséquence les legs deviennent inutiles, parce que l'institution qui doit les faire valoir est emportée, suivant le §. 34, *instit. de leg.* 113. Opinion de *Cujas*.

Il y a encore deux autres textes qui semblent appuyer la décision de la Loi 19, *ff. de his quæ ut indign. aufer.* Le premier est la Loi 36, §. 3, *ff. de testam. mil.* qui décide que le seul changement de volonté ne suffit pas pour révoquer les institutions & les substitutions directes; mais qu'il suffit pour rendte inutiles les legs par voie d'exception. Le second est la Loi *cum quidam* 12, *ff. de his quæ ut indign. aufer.* qui veut que celui qui n'a pas pour lui la dernière volonté du Testateur, soit déclaré indigne des libéralités testamentaires. Peu importe que dans le cas auquel le Testateur a été empêché de faire testament, le changement de volonté ne se trouve pas constaté par un Acte parfait, comme il doit l'être selon l'esprit de la Loi 114. Confirmation par d'autres Loix.

12, *ff. de his quæ ut indign. aufer.* car si le testament demeure dans les bornes d'un simple projet non exécuté, c'est par l'empêchement que l'on a causé ; ensorte que ne tenant pas à la volonté du Testateur, que cette condition ne soit remplie ; elle doit être regardée comme véritablement remplie, *l. Labeo 50, ff. de contrah. empt. & l. 161, ff. de reg. juris* ; le cas particulier de la Loi 19, *ff. de his quæ ut indign. aufer.* est une exception à la Règle, qui veut que le changement de volonté pour pouvoir opérer son effet, doit être constaté par un Acte parfait.

115. Les Auteurs n'ont pas remarqué l'antinomie des Loix dans ce cas.

La glose, Bartole, Balde, ni même *M. Cujas*, ne se sont pas apperçus de l'antinomie de la Loi 19, *ff. de his quæ ut indign. aufer.* avec la Loi 1, la Loi 2, §. 2, *ff. si quis aliquem testari prohib.* & la Loi 3, §. dernier, *ff. ad S. C. Trebell.* Cependant elle se fait bien sentir dès que l'on confére ces textes ensemble.

116. Conciliation des textes opposés.

Pour concilier ces Loix différentes, il me semble que l'on doit former une règle & une décision générale des Loix opposées à la Loi 19, *ff. de his quæ ut indign. aufer.* Cela résulte clairement de la Loi 3, §. dernier, *ff. ad S. C. Trebell.* qui veut que dans tous les cas où l'indignité doit avoir lieu, l'hérédité doit être transférée au fisc, *cum oneribus suis* ; ensorte que le fisc ne peut profiter que de ce qu'auroit pu recueillir l'héritier déclaré indigne, toutes les autres dispositions du testament demeurant en leur force. Voilà pourquoi, suivant notre usage, il faut dire la même chose du transport qui doit se faire de l'hérédité aux successeurs *ab intestat*, qui prennent la place du fisc. Mais que l'on doit regarder comme une exception particulière à cette règle, le cas décidé par la Loi 19, *ff. de his quæ ut indign. aufer.* c'est-à dire que toutes les dispositions contenues dans le testament doivent être considérées comme révoquées par l'empêchement de tester, lorsqu'il paroît bien clairement, que le Testateur n'a pas seulement eu la volonté de changer son premier testament, mais qu'il a changé effectivement de volonté, & qu'il est prouvé d'une manière spécifique, que ce changement de volonté porte sur toutes les dispositions contenues dans le testament, que le Testateur vouloit détruire, lorsqu'il en a été empêché ; ce qui paroît assez clairement de ces paroles de la Loi, *mutatâ voluntate*, qui renferment la raison de décider de ce cas particulier.

Exception du cas de la Loi *19, ff. de his quæ ut indign.*

117. Suite.

Voilà pourquoi toutes les fois que ce changement spécifique de volonté du Testateur n'est pas prouvé, il faut s'en tenir à la règle, & se contenter de transporter aux successeurs *ab intestat*, les émolumens, dont l'héritier institué, qui a empêché la faction du nouveau testament, devoit

devoit profiter : mais il faut au contraire regarder, comme révoquées & annullées, toutes les dispositions contenues dans le testament, lorsqu'il est prouvé par les Enquêtes, que l'intention du Testateur, qui a été empêché de tester, étoit de révoquer le contenu en son précédent testament.

Il est vrai que les mots, *volente facere testamentum vel mutare*, que l'on trouve dans la Loi 1, *ff. si quis aliquem testari prohib.* qui décide en même-temps, que dans ces deux cas, c'est-à-dire, quand on empêche de faire un premier testament, ou d'en changer un précédent déjà fait, on doit simplement refuser les actions à l'héritier indigne, & les transférer au fisc, sans donner atteinte aux autres dispositions, semblent faire obstacle à cette conciliation. Mais il semble que les mots, *mutare testamentum*, sont beaucoup moins énergiques que les mots, *mutatâ voluntate*, que l'on trouve dans la Loi 19, *ff. de his quæ ut indign. aufer.* Ensorte qu'on peut dire que celui qui refait son testament, & qui en fait un nouveau, change son premier testament, qu'il détruit & rend inutile par un second, lorsqu'il se trouve parfait, quoiqu'il ne change point de volonté par le second, & qu'il conserve la plupart des précédentes dispositions, au lieu que le changement de volonté, *mutatâ voluntate*, ne suppose pas seulement la réfaction d'un testament, mais ajoute de plus un changement total ou considérable des dispositions.

118. Réflexion sur la Loi 1, *ff. si quis aliquem testari prohib.*

Il a été jugé par un Arrêt du Parlement de Toulouse du 20 Mai 1597, rapporté par *Charondas*, *liv.* 10, *rép.* 83, qu'un mari qui avoit deux enfans, dont l'un étoit valétudinaire, ayant empêché sa femme de tester, afin que ses biens parvenant *ab intestat* à ses deux enfans, le père pût succéder à celui qui viendroit à décéder; ce qui étant arrivé, & l'enfant valétudinaire étant mort, le père qui avoit empêché sa femme de tester devoit être privé de la moitié des biens de son fils, qu'il avoit recueillie par succession avec son autre fils survivant, & condamné en cent écus d'amende. Dans ces circonstances l'Arrêt est très-juste; car le père n'ayant empêché le testament, qu'afin que la mère ne pût pas par des substitutions interrompre le cours de la succession *ab intestat*, & afin de profiter des biens de son fils pour la portion que la Loi lui déféroit, son crime ou son attentat lui auroit été profitable.

119. Arrêt qui a privé le père de la succession de son fils, pour avoir empêché sa femme de tester dans la vue de recueillir la succession du fils qui étoit valétudinaire.

Le même *Charondas*, *liv.* 7, *rép.* 63, dit que l'on n'observe pas en France la rigueur du Droit Romain, qui déclare indignes de la succession ceux qui empêchent de faire testament, & qu'ils doivent seulement être condamnés à payer ce que le défunt vouloit laisser par le testament, qui

120. Si l'empêchement de tester produit l'indignité pour la suc-

cession *ab in testat*, selon le Droit François. n'a pas pu être fait à cause de l'empêchement porté par les héritiers *ab intestat*, ou bien ce dont il pouvoit disposer par la Coutume ; & rapporte un Arrêt du 23 Mars 1559. Il est pourtant certain, que dans les Pays du Droit écrit, on observe la disposition de la Loi Romaine à cet égard, & que les Cours supérieures déclarent l'indignité contre les héritiers qui empêchent la faction du testament.

Différence entre les Pays Coutumiers & ceux du Droit écrit. Il y a une raison particulière dans les Pays Coutumiers qui n'a pas lieu dans les Pays du Droit écrit, c'est que les Coutumes destinant aux héritiers du sang une portion des biens desquels le Testateur ne peut pas les priver, l'empêchement de tester ne doit pas faire priver les successeurs *ab intestat* de cette portion des biens que la Coutume leur défére même malgré le Testateur ; parce que quand il lui auroit été loisible de disposer, ils en auroient profité ; il suffit donc de déférer à ceux, en faveur desquels le défunt vouloit disposer, les biens qui pouvoient faire la matière d'une disposition valable & efficace ; mais cette raison cesse, comme nous l'avons dit, dans les Pays du Droit écrit, où le Testateur a la liberté de disposer de tous ses biens, & d'en priver les héritiers *ab intestat* ; ainsi l'on observe la même Règle qui est en vigueur dans les Pays Coutumiers, en privant les héritiers *ab intestat* de l'entière succession, dont le défunt avoit la liberté & le pouvoir de les priver par Testament.

121. Si l'on doit payer aux légataires ce que le défunt avoit intention de leur laisser.

A l'égard du second point remarqué par *Charondas*, que l'on doit payer & délivrer aux légataires ce que le défunt avoit intention de leur laisser ; cela ne se pratique point dans les Pays du Droit écrit, & ne paroît pas même pouvoir être observé dans les Pays Coutumiers, parce que l'article 1 de l'Ordonnance de 1735 y fait obstacle ; car ce seroit faire valoir une disposition verbale, & non constatée par un acte revêtu des formalités prescrites, & admettre la preuve testimoniale d'une telle disposition contre la prohibition expresse de cette Ordonnance.

122. Résolution pour la négative.

Lorsqu'un Testateur se propose de faire des libéralités dans un testament, qu'il ne fait pas à cause qu'il est empêché, sa volonté demeure dans les bornes d'un simple projet qui ne peut opérer aucun effet, & les legs, fidéicommis, ou autres dispositions ne sont valables, qu'autant qu'elles sont faites par un testament ou codicille revêtus de toutes les formalités du Droit, *l. ex eâ scriptura 29, ff. qui testam. facere possunt. Ex eâ scripturâ quæ ad testamentum faciendum parabatur, si nullo jure testamentum perfectum esset, nec ea quæ fideicommissorum verba habent peti posse.* On trouve la même décision dans le §. 7, *instit. quib. mod. testam. infirm.*

Mais comme il ne seroit pas juste, que ceux que le défunt a eu une volonté sincère de gratifier, souffrissent du dommage par le fait de ceux qui ont empêché l'effet de la bonne volonté du défunt, en l'empêchant de disposer par testament ou codicille, on doit leur accorder, suivant l'esprit du Droit Romain, contre ceux qui ont empêché la disposition par violence ou par dol, une action pour réparer le dommage qu'ils ont causé, *l. Lucius* 88, §. *Sempronia* 4, *ff. de leg.* 2, *Novell.* 134, *cap.* 3, *& M. Cujas sur la Novelle* 18. Les Interprètes disent, que c'est en vertu de l'action *de dolo* ou *in factum*, que ceux qui ont été frustrés de la libéralité peuvent agir *ad interesse*; mais cette action ne compète pas pour demander le double de la chose, que le défunt avoit intention de donner, comme l'a pensé la glose sur la Loi 88, §. 4, *ff. de leg.* 2, qui est à cet égard réprouvée par les meilleurs Interprètes, notamment par *M. Cujas sur la Novelle* 18, elle n'a lieu que pour la simple indemnité, sur-tout dans notre Usage, qui n'a pas reçu les peines du double, du triple, & autres pécuniaires infligées par le Droit Romain.

123 Comment doit-on pourvoir aux intérêts des légataires, que le Testateur empêché de tester vouloit gratifier.

Quelle action leur accorde-t-on.

Cette action compète contre ceux qui ont causé le dommage, en empêchant la faction du testament, non-seulement lorsqu'ils sont du nombre des héritiers *ab intestat*, ou de ceux qui ont été institués dans un précédent testament, & quoiqu'ils soient privés de l'hérédité; mais encore, quand ils ne sont pas du nombre des héritiers, & qu'ils sont étrangers; il suffit qu'ils ayent causé le dommage par leur fait, afin qu'ils doivent être condamnés à le réparer, suivant ce principe de justice & d'équité, *qui occasionem damni dat, damnum fecisse videtur*, *l.* 30, §. 6, *ff. ad l. Aquil.* & c'est une règle également certaine, que celui qui cause du dommage par sa faute est obligé de le réparer. On peut voir pour l'éclaircissement des autres difficultés qui peuvent se présenter au sujet de l'empêchement de tester, *Menochius, de arbitrariis, centur.* 4, *casu* 395, *Peregrinus, de jure fisci, lib.* 2, *tit.* 6, *& Barry de successionibus, lib.* 1, *tit.* 9, *n.* 12, 13, 14.

124. Contre qui cette action compète.

Indication pour les autres difficultés.

L'indignité peut être encourue, lorsqu'on attaque le testament. On peut attaquer ou impugner un testament de quatre façons. 1°. Par nullité, comme n'étant pas revêtu des formalités nécessaires. 2°. par la voie du faux. 3°. Par la plainte d'inofficiosité. 4°. En demandant la possession des biens *contra tabulas*, ce qui étoit un remède que le Préteur accordoit aux enfans, qui n'étoient pas en la puissance de leur père, & qui avoit à peu près le même effet que la plainte d'inofficiosité. Il faut examiner

125. Indignité pour avoir attaqué le testament.

Testament peut être attaqué de quatre manières.

par ordre ces quatre manières différentes d'attaquer les testamens.

126. Si celui qui attaque de nullité le testament est indigne.

Celui qui soutient que le testament est nul, & qu'il doit être cassé à cause que les formalités nécessaires n'y ont pas été observées, n'impugne que le testament même, & ne fait aucune injure à la personne du défunt. Voilà pourquoi il n'est point privé des libéralites qui lui sont faites dans le même testament, quoiqu'il succombe, *ille qui non jure factum contendit, nec obtinuit, non repellitur ab eo quod meruit, l. 5, §. 1, ff. de his quæ ut indign. aufer.* On trouve la même décision dans la Loi 24 du même titre. On a encore cet avantage, que la réception du legs n'empêche pas le légataire d'attaquer le testament par nullité, ou de l'impugner de faux; quoiqu'il ne puisse pas proposer la plainte d'inofficiosité, lorsqu'il a reçu le legs qui lui a été laissé, *post legatum acceptum non tantùm licebit falsum arguere testamentum, sed etiam non jure factum contendere: inofficiosum autem dicere non permittitur, l. 1, in principio, ff. eod.* Ce qui ne souffre aucune difficulté dans le cas où celui qui a reçu le legs, ignoroit la nullité du testament, puisque la Loi 4, *cod. de juris & facti ignorantia*, le décide textuellement en faveur de celui qui avoit partagé la succession avec un co-héritier testamentaire, lequel est recevable à faire casser le partage, à vendiquer l'hérédité entière, s'il est seul successeur *ab intestat*, & à faire casser le testament, qui se trouve nul. Nous verrons bientôt s'il en doit être de même du légataire qui a reçû les legs, connoissant le testament & la nullité dont il est impliqué; mais celui qui a consenti à l'exécution du testament, ou qui l'a approuvé par quelque fait ou autrement, n'est plus recevable à intenter la plainte d'inofficiosité, *l. si pœnas 23, §. 1, ff. de inoff. testam.*

Si la réception du legs empêche de proposer la nullité, ou le faux, ou l'inofficiosité.

127. Disposition des Coutumes sur la réception du legs.

Mais celui qui a approuvé ou exécuté le testament avec connoissance de la nullité peut-il en demander la cassation? Il semble que l'on doive décider pour la négative, à cause que la Coutume d'Auvergne, chapitre 12, article 50, paroît expresse sur ce point, en ce qu'elle porte, *que l'héritier* ab intestat *institué par testament ou non, qui sciemment accepte aucuns legs à lui faits par le défunt, ou satisfait à aucun des légats faits par ledit défunt, ou autrement agrée en aucune partie ledit testament, il approuve toute la disposition & ordonnance d'icelui défunt, & est absolument tenu de la garder & accomplir, sans qu'il se puisse aider de la réduction au quart introduite par ladite Coutume.*

128. Décision des Arrêts du

De plus, *Brodeau, sur M. Louet, lettre L. sommaire 6*, rapporte plusieurs Arrêts du Parlement de Paris, qui ont déclaré non-recevable à impugner le testament de nullité, celui qui l'avoit approuvé par la réception du legs, ajoutant, *que bien qu'un testament nul & défectueux, ne puisse pas être rendu valable, juste & solemnel par les actes approbatifs de l'héritier* ab intestat, *toutefois, il se soutient, & celui qui l'a approuvé est repoussé par une fin de non-recevoir, de sa demande en pétition de l'hérédité, ne pouvant aller contre son propre fait, suivant la décision formelle de la Loi* non dubium 16, §. 1, cod. de testam. *& la Doctrine de M. Cujas*, sur la Loi *post legatum* 5, §. 1, *ff. de his quæ ut indign.* Mais l'opinion contraire autorisée par la Jurisprudence du Parlement de Toulouse, comme le prouve l'Arrêt du 19 Novembre 1690, rapporté par *Albert*, de la nouvelle édition, *lettre T. chap.* 16, *& M. de Catellan, livre 2, chapitre* 33, est incontestablement vraie, suivant les règles du Droit Romain, comme je vais le prouver.

Parlement de Paris.

129. Doctrine de Cujas.

La doctrine de *M. Cujas* n'est pas tout-à-fait telle que *Brodeau* la rapporte : ce Docteur dit que celui qui a reçu le legs peut attaquer le testament de nullité, soit qu'il la connût ou l'ignorât, lors de la réception du legs, & demander l'hérédité *ab intestat* ; mais qu'il est repoussé de sa demande avec connoissance de cause, comme s'il a connu la nullité, ou bien si ayant une pleine connoissance du testament & de sa forme, il a ignoré qu'il y eût quelque nullité ; car ce seroit alors une ignorance de Droit qui ne l'excuseroit pas, à moins que le sexe, la condition ou l'âge du Légataire, comme si c'est une femme, un Soldat, un rustique, ou un mineur, qui sont excusés, ou relevés de l'ignorance du Droit, ne dussent lui procurer la restitution en entier. Cette distinction de *M. Cujas* est fondée, selon lui, sur la Loi, *post quam legatum* 43, *ff. de hæred. petit.* & sur la Loi *post legatum* 5, §. 1, *versic. prohibendi, ff. de his quæ ut indign. aufer. Prohibendi autem sint aut non*, dit ce dernier texte, *ex utriusque personâ, conditione, ætate, cognitâ causâ à judice constituendum erit.* Mais si le Légataire a ignoré le fait, c'est-à-dire, la nullité dont le testament étoit compliqué, la réception du legs ne suffira pas pour l'exclure de la demande de l'hérédité & de la cassation du testament, selon le même Docteur, *& factum cuilibet ignoranti, sine distinctione dabitur petitio hæreditatis licet antè legatum acceperit*, ce qui peut être autorisé par la Loi 4, *cod. de jur. & facti ignorantia.*

130. Réfutation de la distinction de Cujas.

Cette distinction ne me paroît pas conforme à l'esprit des Loix, sur lesquelles *M. Cujas* la fonde ; on en sera convaincu par une explication exacte. Commençons par la Loi 43, *de hæred. petit.* Ce texte dit d'abord que quand celui qui a reçu le legs fait dans un Testament, demande le délaissement de l'hérédité, il ne doit pas être écouté, selon le sentiment d'Attilicinus, & de plusieurs autres, à moins qu'il ne rende le legs qu'il a reçu. C'est le premier point qu'elle décide.

131. Explication de la Loi 43, *ff. de hæred. petit.* Elle ajoute que le Légataire obligé de rendre le legs, peut demander, de son côté, que le possesseur de l'hérédité lui baille caution de restituer le legs, si le Demandeur de l'hérédité vient à succomber, n'étant pas juste que le possesseur retienne le legs après qu'il a été maintenu en l'hérédité, sur-tout si le Demandeur n'a pas agi par un esprit de vexation, par surprise, par supercherie, *si non per calumniam*; mais par erreur, *sed per errorem hæreditatem petierit adversarius.* C'est le second point décidé par cette Loi.

132. Suite. Enfin, elle ajoute que l'Empereur Antonin a déclaré par un rescrit, que la demande de l'hérédité devoit être refusée avec connoissance de cause à celui qui avoit reçu le legs; c'est-à-dire, si son droit étoit visiblement mal fondé; si sa demande n'étoit formée que pour vexer, & si elle ne portoit que sur une mauvaise subtilité. *Imperator autem Antonius rescripsit, ei, qui legatum ex testamento abstulisset causâ cognitâ, hæreditatis petitionem negandam esse, scilicet si manifesta calumnia sit.*

133. Suite. Ces dernières paroles *si manifesta calumnia sit*, ne signifient autre chose, dans cet endroit, tout comme dans la Loi 3, §. 1, *ff. ut in possess. leg. vel fideicom. servandorum causâ esse liceat*, dans la Loi 29, *ff. de liberali causâ*, dans la Loi 65, §. 1, *ff. de condict. indeb.* & dans plusieurs autres textes, sinon que la demande a un fondement manifestement mauvais, que le Demandeur n'a aucun droit, & qu'elle n'est formée que par un esprit de vexation. C'est ainsi que l'expliquent *M. Brisson* & les autres Auteurs des Dictionnaires des termes du Droit: *per calumniam petere dicitur, qui vexandi alicujus gratiâ petit L. postquàm 43, ff. de hæred. petit.* dit *Calvin* dans son *Lexicon juridicum.* C'est encore de la même façon que *Paul de Castres, & M. le Président Faber in rational.* expliquent ce texte.

134. Suite. Il paroît donc clairement que dans le cas de la Loi 43. *ff. de hæred. petit.* le refus d'accueillir la demande de l'hérédité, n'est pas fondé sur la réception du legs, comme devant produire une fin de non-recevoir; mais sur le défaut de droit ou de qualité du Demandeur, comme s'il n'est pas personne légitime pour demander l'hérédité, à cause qu'il n'est pas successeur *ab intestat* du défunt, ou si les moyens de nullité paroissent frivoles, auxquels cas

l'Empereur veut que le Préteur qui devoit accorder l'action ſuivant l'uſage des Romains, afin que la demande pût être intentée, la refuſe après avoir pris connoiſſance du défaut de droit & de qualité de celui qui veut impétrer cette action ; & par conſéquent cette Loi, bien loin de favoriſer la diſtinction de *Cujas*, décide au contraire indiſtinctement qu'encore que l'héritier *ab inteſtat*, ait reçu le legs qui lui a été fait dans un teſtament, il peut former la demande de l'hérédité & attaquer le teſtament de nullité, ce qui eſt relatif à la même règle générale renfermée dans la Loi 5, *ff. de his quæ ut indign. aufer.*

135. Explication de la Loi 5, §. 1, *ff. de his quæ ut indign.*

A l'égard du §. 1 de la même Loi 5, toute la difficulté conſiſte à découvrir le véritable ſens & l'intelligence de la dernière partie du §. où il eſt dit, *prohibendi autem ſint an non ex cujuſque*, ou comme on lit dans les Pandectes Florentines, *ex utriuſque perſonâ, conditione, ætate, cognitâ cauſâ à judice conſtituendum eſt.*

136. Suite.

On doit d'abord obſerver après M. Cujas, que le reſcrit de l'Empereur dont il eſt parlé dans ce texte, eſt le même que celui dont parle la Loi 43, *ff. de hæred. petit.* Ainſi, l'une de ſes Loix devant ſervir d'explication à l'autre, il faut prendre celle dont le ſens paroît le plus clair, pour déterminer celui de la Loi qui eſt plus obſcure & plus difficile à entendre.

137. Suite.

Je dis que la Loi 5, §. 1, *ff. de his quæ ut indign. aufer.* renferme une règle générale & une exception. La règle eſt renfermée dans les premières paroles juſqu'au verſ. *prohibendi autem ſint*, & l'exception eſt contenue dans le verſ. *prohibendi, &c.* Il ne faut donc pas confondre la règle avec l'exception ni prendre l'exception pour la règle, *& vice verſâ* ; il me ſemble que *M. Cujas*, & les autres qui ont crû que la réception du legs excluoit de la demande de l'hérédité, & de la faculté d'attaquer de nullité le teſtament, lorſque le Légataire a eu connoiſſance du teſtament, ou qu'il a connu en particulier la nullité, ſont tombés dans cet inconvénient, en faiſant conſiſter la règle dans des paroles qui renferment l'exception, & en plaçant l'exception dans celles qui poſent la règle.

138. Suite.

Voici de quelle manière ce texte parle : *de eo verò qui legatum accepit, ſi neget jure factum eſſe teſtamentum, divus Pius ita reſcripſit ; cognati Sophronis licet ab hærede inſtituto acceperant legata, tamen ſuis (hæres) ejus conditionis fuerit viſus ut obtinere hæreditatem non poſſit, & jure inteſtati ad eos cognatos pertinet, petere hæreditatem ipſo jure poterunt* ; quoique les cognats ou parens collatéraux par femme, euſſent reçu le legs qui leur étoit fait dans le teſtament de leur parent, ſi l'héritier inſtitué n'eſt pas le ſucceſſeur, légitime, & que la succession doive appartenir aux parens légataires, ils pourront demander de plein droit la maintenue, sans que la réception du legs leur fasse obstacle; c'est ce que signifient les mots *petere hæreditatem ipso jure poterunt*. C'est la règle posée par la Loi qui est conforme à ce qui est dit au commencement de la même Loi: *post legatum acceptum . . . licebit . . . testamentum . . . non jure factum contendere*, & à la décision de la Loi 43, *ff. de hæred. petit.* & l'on ne trouve point dans ces Loix, ni dans aucune autre, que la réception du legs puisse produire une exclusion par voie d'exception de la demande en déclaration de nullité du testament.

139. Suite, La règle ainsi connue & bien expliquée, on ne peut prendre le vers. *prohibendi autem sint*, que comme une disposition qui renferme une exception à la règle posée dans ce qui précède au texte de la Loi, & cette exception ne doit pas dériver de la réception du legs, puisque la Loi a dit dans ce qui précède & dans plusieurs autres textes, que cette circonstance n'empêche pas que le testament ne puisse être attaqué de nullité par les héritiers *ab intestat*, quoiqu'ils ayent reçu le legs; & cela est décidé indéfiniment & indistinctement, sans s'enquérir si les Légataires avoient connu la nullité du testament, ou s'ils avoient erré en fait ou en droit lors de la réception du legs, ainsi que l'a fort bien remarqué *Paul de Castres*, sur la Loi *post quàm*, qu'il marque la 46e. *ff. de hæred. petit.* en reprouvant le sentiment de la *glose* qui distingue, & qui n'admet les successeurs *ab intestat* qui ont reçu le legs, à la faculté d'impugner le testament de nullité, que quand ils ont ignoré cette nullité, & qu'ils ont erré en fait.

140. Suite. Lors donc que la Loi 5, §. 1, *ff. de his quæ ut indign. aufer.* dit, *prohibendi autem sint, an non, ex cujusque personâ, conditione, ætate, cognitâ causâ à judice constituendum erit*, elle n'entend pas, comme l'a pensé *M. Cujas*, que les Légataires qui ont reçu le legs ne sont recevables à opposer la nullité du testament, que quand ils sont d'un sexe ou d'une condition, ou d'un âge qui puisse leur faire accorder la restitution en entier. C'est contre l'esprit & la lettre du texte qui les admet de plein droit à faire valoir la nullité malgré le payement du legs, *petere hæreditatem ipso jure poterunt*, paroles qui sont claires & décisives, & c'est faire une règle des paroles qui composent l'exception, *& vice versâ*. L'Empereur a voulu dire que si indépendamment de la réception du legs qui n'empêche jamais de pouvoir opposer la nullité du testament contre un héritier testamentaire qui n'est pas successeur *ab intestat*, ou qui n'est pas le seul successeur *ab intestat*,

La réception du legs ne doit point exclure de la nullité

du testament & de la demande de l'hérédité.

il se trouve quelqu'autre moyen pris de la personne, de la condition ou de l'âge, le Juge doit déterminer avec connoissance de cause, si ce moyen est suffisant ou non pour exclure les héritiers *ab intestat* de la demande de l'hérédité. Ainsi, on doit tenir sans distinction que la réception du legs ne doit jamais exclure, ni de plein droit, ni par voie d'exception, les héritiers *ab intestat* de la faculté de faire valoir la nullité du testament, soit qu'ils ayent erré en fait ou en droit.

141. Confirmation.

Cela nous paroît d'autant plus certain, que c'est le vrai sens de la Loi 43, *ff. de hæred. petit.* où le même rescrit est rapporté & expliqué dans ce sens, & que cette Loi qui est claire, doit servir à déterminer & à lever la difficulté & l'obscurité qui peut se trouver dans le même rescrit rapporté dans la Loi 5, §. 1, *ff. de his quæ ut indign. aufer.*

142. Autres raisons pour appuyer cette opinion.

A cela, on peut ajouter que notre explication est fondée sur des raisons très-décisives; car le testament étant de Droit public, & les particuliers ne pouvant pas empêcher que la disposition des Loix n'y ayent lieu, *l.* 3, *ff. qui testam. facere poss. & l.* 55, *ff. de leg.* 1°. Un testament qui est nul pour n'être pas revêtu des formalités que le Droit exige, ne peut pas devenir bon par l'approbation de celui qui reçoit le legs y contenu, comme l'ont fort bien observé *Paul de Castres & M. le Président Faber* sur la Loi *post quàm, ff. de hæred. petit.* & l'héritier institué dans un testament nul, & ainsi approuvé, ne peut être saisi de l'hérédité & devenir propriétaire des biens que par un transport fait en sa faveur par les successeurs *ab intestat*, soit par une transaction expresse ou par quelqu'autre acte translatif du droit des successeurs *ab intestat.*

Il faut un transport du droit des successeurs *ab intestat.*

143. La réception du legs n'est pas une répudiation.

On ne peut pas dire que les successeurs *ab intestat* recevant le legs, fassent une répudiation de l'hérédité, il n'y a aucune Loi qui le décide; la Loi 43, *ff. de hæred. petit.* & la Loi 5, *in principio*, *ff. de his quæ ut indign. aufer.* décident tout le contraire, lorsqu'elles veulent que malgré la réception du legs, les héritiers *ab intestat* puissent faire valoir la nullité du testament, & demander la maintenue en l'hérédité. La Loi *Claudius* 97, *ff. de acquir. hæred.* propose le cas d'un héritier institué dans un premier testament valable, & ensuite dans un second testament nul, fait par la même personne, lequel accepte l'hérédité en vertu du second testament nul qu'il croyoit valable. Le Jurisconsulte *Papinien* pensoit que dans cette espèce, l'héritier qui avoit accepté en vertu du second testament nul, étoit censé avoir répudié la succession qui lui étoit déférée par le premier testament. Le Jurisconsulte *Paul* étoit d'avis au contraire, que l'héritier n'étoit pas censé avoir répudié,

Explication de la Loi 97, *ff. de acquir. hæred.*

Si celui qui accepte l'hérédité en vertu d'un testament nul est censé renoncer à l'utilité d'un testament valable antérieur.

& son opinion est adoptée & confirmée par la Loi *mater* 19, *ff. de inoff. testam.* Le Juge qui connut de ce différend, embrassa un tiers avis, & prononça que l'hérédité devoit être déférée *ab intestat* : *Papinianus putabat repudiasse eum ex priore hæreditatem, ex posteriore autem non posse adire; dicebam* (ego Paulus) *non repudiare eum qui putaret posterius valere; pronuntiavit Claudianum intestatum decessisse.* Il est facile de comprendre, quoiqu'en dise *Bartole* sur la Loi *post legatum*, *ff. de his quæ ut indign. aufer.* que la Loi *Claudius* 97, *ff. de acquir. hæred.* ne décide pas que celui qui a reçu le legs est censé avoir répudié la succession *ab intestat*, puisque le contraire est clairement décidé dans la Loi 19, *ff. de inoff. testam. Nec enim quæ ex testamento adiit, quod putat valere, repudiare legitimam hæreditatem videtur, quam quidem nescit sibi deferri : cum & his qui sciant, jus suum, eligentes id quod putant sibi competere, non amittant*; & quand cela seroit vrai, ce que je ne pense pas, la condition de l'héritier institué dans un testament nul n'en deviendroit pas meilleure, parce que la répudiation tacite résultante de la réception du legs, faite par l'héritier *ab intestat* au premier degré, feroit place aux héritiers au second degré suivant l'Edit successoire, lesquels héritiers pourroient faire valoir la nullité du testament, & demander l'hérédité.

Ou à la succession légitime.

144. Explication de la Loi 16, §. 1, *cod. de testam.*

La Loi 16, §. 1, *cod. de testam.* ne fait rien pour appuyer la distinction de *M. Cujas*, ni la Jurisprudence des Arrêts rapportés par *Brodeau sur M. Louet, lettre L. sommaire* 6. Cette Loi décide que si l'héritier testamentaire ou *ab intestat*, approuve volontairement les legs faits par le défunt, & les autres dispositions par lui faites, quoiqu'elles ne soient pas revêtues des formalités nécessaires, il est obligé de les accomplir : *qui ex testamento vel ab intestato hæres extiterit, & si voluntas defuncti circà legata, seu fideicommissa, seu libertates legibus non sit subnixa, tamen si sua sponte agnoverit, implendi eam, necessitatem habet* : Mais cette décision est fondée sur des raisons qui n'ont rien de commun avec le cas de la réception du legs. On trouve ces raisons expliquées dans les Loix 22, & 23, *cod. de fideicomiss.* Lorsque l'héritier testamentaire ou *ab intestat* reconnoît & approuve la volonté du défunt au sujet des legs ou fidéicommis non revêtus des formalités de Droit, il ne fait que satisfaire à une obligation qu'il connoît lui avoir été imposée, & exécuter avec fidélité la volonté du défunt, au sujet de laquelle le défunt s'en est confié à sa probité, & l'on ne considére point si les legs ou fidéicommis sont revêtus des formalités ou non,

Fondement de la décision de cette Loi.

cùm non ex eâ solâ scripturâ, sed ex conscientia relicti fideicommissi voluntati defuncti satisfactum esse videtur; ce qui ne peut avoir aucune application au cas de la réception du legs, nonobstant laquelle les Loix veulent que les successeurs *ab intestat* puissent faire valoir la nullité du testament, & demander l'hérédité du défunt; car autre chose est approuver le testament nul par la réception du legs qui y est contenu, autre chose est approuver un legs ou un fidéicommis *in individuo*, & quoique le legs ou fidéicommis soit nul, *inutiliter relictum sit, legibus non sit subnixum*, il acquiert sa perfection, & il devient obligatoire par l'approbation de l'héritier, parce que les legs & les fidéicommis dépendent absolument de la volonté, & que la formalité n'est nécessaire que pour la preuve; ensorte que si cette volonté est reconnue par l'héritier, la formalité n'est plus nécessaire, vu que la volonté est prouvée par l'aveu & la reconnoissance de l'héritier, au lieu que quand il est question d'une hérédité, la seule volonté, quoiqu'elle soit suffisamment constatée, ne suffit pas, il faut qu'elle soit revêtue des formalités que la Loi exige, afin qu'elle soit efficace. Pour la preuve de ces différences, on peut voir la Loi dernière, *cod. de fideicommiss.* la Loi 36, §. 3, *ff. de testam. militis*, la Loi 1, §. 1, la Loi 11, §. 19, la Loi 21, *ff. de leg.* 3, les §§. 7 & 8, *instit. quibus modis testamenta infirmentur*, & autres textes semblables.

145. La réception du legs n'empêche pas de proposer la nullité du testament, quand même les héritiers *ab intestat* seroient collatéraux.

S'il ne faut point admettre la distinction des Auteurs qui veulent que la réception du legs fait avec connoissance de la nullité du testament, ou par erreur de Droit, après en avoir connu la formalité, & s'il est vrai, comme nous l'avons prouvé, que la réception du legs ne peut produire en aucun cas une fin de non-recevoir contre les successeurs *ab intestat* qui attaquent de nullité le testament, & qui demandent l'hérédité, il faut encore moins distinguer les successeurs *ab intestat* collatéraux d'avec les descendans, ou ascendans, puisque le rescrit de l'Empereur rapporté dans le §. 1 de la Loi 5, *ff. de his quæ ut indign. aufer.* est précisément dans le cas des successeurs collatéraux qui avoient reçu le legs, & néanmoins ils sont reçus à attaquer le testament de nullité; & si la réception du legs est incapable de produire la fin de non-recevoir, à plus forte raison la seule demande en Justice du legs, sans qu'il ait été payé, peut-elle moins produire cette fin de non-recevoir. Je pense encore qu'il en doit être de même, quoique le legs ait été payé ensuite d'une demande faite en Justice, & d'une condamnation obtenue par le Légataire, parce que cette circonstance ne change point la

La demande en Justice du legs n'exclut pas sa nullité.

Ni lorsque le legs a été payé ensuite

d'une condamnation. nature de l'approbation ; la réception du legs est ce qu'il y a de plus fort ; l'instance & la condamnation n'ont d'autre objet que de procurer le payement au Légataire. Si donc le payement fait & la réception du legs ne peuvent pas produire la fin de non-recevoir, il est clair que les voies que l'on prend pour y parvenir, ne peuvent pas non plus la produire, parce que ce ne sont que des moyens pour conduire à l'objet principal ; moyens qui sont beaucoup moins considérables & moins forts que la réception même du legs, puisque la Loi 8, *ff. de bonis libert.* décide que la demande du legs faite en Justice, n'exclut pas de la plainte d'inofficiosité.

146. Arrêt contre les créanciers d'Elisabeth Salvetat.

Quoiqu'on ne trouve point dans les Arrestographes du Parlement de Toulouse, d'Arrêt qui ait nettement jugé la question, si le successeur *ab intestat* qui a reçu le legs, connoissant la nullité du testament, est recevable à l'attaquer, & à demander la succession *ab intestat*, on peut comprendre par les raisonnemens que *M. de Catellan* fait au *livre* 2, *chapitre* 33 *ou* 34, selon les différentes éditions, & par l'Arrêt du 29 Novembre 1690, rapporté par *Albert*, *lettre T. chapitre* 16, que ce Parlement jugeroit cette question en faveur des successeurs *ab intestat*, si elle s'y présentoit ; car on n'y fait point de distinction entre celui qui connoît & celui qui ignore la nullité, lorsqu'il approuve le testament ; & il a été rendu un Arrêt le 13 Juillet 1740, en la première Chambre des Enquêtes, au rapport de M. de Cambon, qui l'a jugé ainsi dans un cas bien approchant. Antoine Viala qui avoit quatre enfans de son mariage avec Elisabeth Salvetat, fit son testament le 25 Mai 1724, par lequel il institua pour son héritière universelle, Elisabeth Salvetat sa femme, sans aucune charge de fidéicommis. Il fit des legs sans ajouter le titre honorable d'institution à trois de ses enfans, & à l'égard de Marie Viala, qu'il avoit déjà mariée avec le sieur Fauré, il lui légua cinq sols, voulant qu'au moyen de la somme de 3000 livres qu'il lui avoit constituée & payée, elle ne pût rien plus prétendre sur ses biens ; celle-ci ne fut pas non-plus honorée du titre d'institution, & par un codicille du 3 Novembre 1725, Antoine Viala fit un legs de 1000 livres à Marie Viala sa fille, épouse du sieur Fauré.

Suite.

Le Testateur étant mort dans cette volonté, le sieur Fauré reçut pour sa femme le legs de 1000 livres, & en fit quittance à Elisabeth Salvetat, héritière testamentaire, le 25 Août 1727 ; ensuite le sieur Fauré & Marie Viala mariés décédérent laissant M. Jean Fauré, Avocat au Parlement de Toulouse, & Demoiselles Marie, & Jeanne Fauré leurs enfans.

Les biens d'Elisabeth Salvetat ayant été généralement saisis à la poursuite de ses créanciers, Antoine Viala II & Jeanne Viala, enfans du Testateur, demanderent chacun l'allocation de la somme de 3500 l. du legs qui leur avoit été fait par leur père dans son testament. Antoine Viala II étant mort, Jeanne Viala & les enfans de Marie Viala & du sieur Fauré impétrerent des Lettres pour demander la cassation par nullité du testament d'Antoine Viala I comme ne contenant point le titre honorable d'institution en faveur de ses enfans légataires; & ils demanderent d'être restitués en entier en tant que de besoin, envers la réception du legs de 1000 liv. contenu au codicille, & envers la demande en allocation du legs de 3500 l. auquel effet, le sieur Bosc & Jeanne Viala renoncerent à l'allocation qui avoit été faite en leur faveur par un Arrêt du 10 Septembre 1736, en capital & intérêts. 147. Suite.

Les créanciers d'Elisabeth Salvetat opposoient plusieurs raisons & exceptions contre ces demandes, & entr'autres, des fins de non-recevoir prises de la réception & de la demande faite en Justice des legs; les Demandeurs & Impétrans soutenoient que ces fins de non-recevoir étoient mal fondées, & qu'en tout événement elles ne pouvoient pas leur être opposées, parce qu'ils devoient être relevés des acquiescemens. Par l'Arrêt qui fut rendu, le testament fut cassé, Bosc & Jeanne Viala furent reçus à renoncer à l'allocation faite en leur faveur par l'Arrêt du 10 Septembre 1736, du legs en capital & intérêts, & ils furent relevés de même que les Sieur & Demoiselles Fauré, de tous acquiescemens donnés au testament de feu Antoine Viala I & l'on n'eut point d'égard aux fins de non-recevoir. Nous aurons occasion d'expliquer ailleurs plus particulièrement les raisons respectives des Parties, en examinant d'autres questions qui furent agitées, & que le même Arrêt jugea. 148. Suite.

Le faux est la seconde manière dont nous avons parlé, pour attaquer le testament; celui qui impugne de faux un testament, est privé & déclaré indigne de l'émolument qu'il auroit pû en retirer, *l. 6, ff. de hæred. petit. l. 6, cod. ad L. Cornel. de fals. & l. 29. §. ult. ff. de jure Fisci*, même de ce qui lui est laissé *conditionis implendæ causâ*, payable par l'héritier ou par un Légataire, *l. 5*, §. 18, *de his quæ ut indign. aufer.* & du bénéfice de la falcidie, §. 19; & si le Légataire, après avoir reçu le payement du legs, impugne de faux le testament, le legs déjà reçu lui est ôté par indignité, *l. post legatum 5*, §. 1, *ff. de his quæ ut indign. aufer.* Il résulte clairement de ce texte, que la réception du legs n'empêche pas d'arguer le testa- 149. Indignité pour avoir impugné de faux le testament, dequoi elle prive.

ment de faux ; c'eſt ce qui eſt encore décidé par la même Loi 5, *in principio*; mais il y a deux obſervations qui expliquent & limitent la règle, qui veut que celui qui impugne de faux le teſtament, doit être déclaré indigne de l'émolument qu'il en pouvoit retirer. La première eſt quand il y a deux ou pluſieurs héritiers inſtitués, & que le teſtateur a chargé l'un de ces héritiers du payement de certains legs, le Légataire qui accuſe l'un des héritiers d'avoir commis le faux, ou qui intente l'action du faux contre l'un des co-héritiers, n'eſt pas indigne du legs payable par les autres co-héritiers, contre leſquels l'accuſation n'a pas été intentée, *legatum ei non auferri à cohærede relictum, quem non inquietavit, l. 4, ff. de his quæ ut indign. aufer.*

Deux limitations de la règle.

150. La ſeconde, eſt que la ſeule accuſation de faux ne ſuffit pas pour faire encourir l'indignité, il eſt néceſſaire qu'elle ait été pourſuivie juſqu'au Jugement définitif incluſivement : car ſi le demandeur en faux ſe déſiſte de l'accuſation avant le Jugement, il n'encourt point l'indignité, quoique l'accuſation intentée par deux intéreſſés ſoit pourſuivie & jugée avec l'un des demandeurs en faux; & dans ce cas, celui qui ſe déſiſte avant le jugement, évite l'indignité, *l. alia cauſa 8, cod. de his quæ ut indign. aufer.*

La ſeule accuſation de faux ne rend pas indigne s'il y a Sentence.

151. La règle ainſi expliquée & modifiée, a lieu, non-ſeulement contre celui qui argue le teſtament de faux, mais encore contre ceux qui y cooperent ou y contribuent : par exemple, le témoin qui dépoſe ſur le faux & qui appuye l'accuſation, eſt déclaré indigne, *his verò qui teſtimonio ſuo intentionem accuſatoris adjuvaverunt denegan-da eſt actio ; l. 5, §. 10, ff. de his quæ ut indign. aufer.* il en eſt de même de celui qui a prêté ſon miniſtère, comme Avocat ou Procureur, ou caution de l'accuſateur, §. 11, & du Juge qui a déclaré le teſtament faux, quoiqu'en cauſe d'appel ſa Sentence ait été réformée, & que le teſtament ait été déclaré bon & véritable, §. 12 : le Tuteur donné par teſtament, qui impugne de faux ce teſtament, ne peut pas s'excuſer de la tutelle ſous ce prétexte ; mais il eſt déclaré indigne du legs qui lui avoit été fait §. 16 ; que s'il impugne de faux le teſtament au nom de ſon pupille, il n'eſt pas privé du legs qui lui a été fait dans le même teſtament, parce que la néceſſité de ſon devoir l'excuſe, *l. 30, §. 1, ff. de inoffic. teſtam. l. 22, ff. de his quæ ut indign. aufer.* même l'accuſation intentée par le Tuteur nuit au pupille, & doit le faire priver de l'émolument du teſtament ; mais le Tuteur doit indemniſer le pupille, *l. 2, cod. de his quæ ut indign. au-*

Extenſion de la règle qui déclare l'indignité.

Du témoin qui dépoſe contre le teſtament argué de faux.

De l'Avocat ou Procureur qui ont prêté leur miniſtère.

Du Juge.

Quid du Tuteur.

fer. Il eſt vrai que le pupille peut demander la reſtitution en entier, & il conſerve par-là l'émolument qu'il devroit retirer du teſtament impugné, *l.* 5, §. 9, *ff. de his quæ ut indign. aufer.* Si l'Avocat du fiſc pourſuit l'accuſation de faux ſur la dénonciation d'un délateur, ne pouvant point refuſer ſon miniſtère, il eſt excuſé, *Advocatum fiſci qui intentionem delatoris exequitur, in omnibus officii neceſſitas ſatis excuſat*, dit le §. 13 *de la même Loi.*

Quid de l'Avocat du fiſc.

152. On ne doit pas diſtinguer ſi l'accuſateur en faux eſt collatéral, ou deſcendant ou étranger.

On ne doit pas diſtinguer ſi celui qui argue de faux le teſtament eſt un étranger, ou collatéral ou deſcendant; car dans tous ces cas, ſans en excepter même l'enfant au premier degré, & qui étoit en la puiſſance du Teſtateur, lorſqu'il eſt décédé, on encourt l'indignité de l'émolument, qu'on auroit retiré du teſtament. Les Loix prononcent indéfiniment & ſans diſtinction la peine de privation, ainſi on ne doit point excepter les enfans & deſcendans de la règle générale.

153. Celui qui impugne de faux le teſtament doit être privé des ſubſtitutions, & de ce qui eſt laiſſé par codicille.

Celui qui impugne de faux le teſtament indéfiniment, doit être privé des ſubſtitutions pupillaires ou vulgaires, comme auſſi de ce qui lui étoit laiſſé par des codicilles qui ont du rapport avec le teſtament, quoiqu'ils ne ſoient pas confirmés par le teſtament; mais celui qui argue de faux les ſubſtitutions vulgaires ou pupillaires, ou les codicilles, n'eſt point privé de l'émolument qui lui eſt laiſſé dans le teſtament principal, *l.* 5, §. *qui principale* 14, *ff. de his quæ ut indign. aufer.* Comme auſſi le Donataire à cauſe de mort qui impugne de faux le teſtament, n'eſt pas privé de l'effet de la donation à cauſe de mort, ſuivant le §. 17 de la même Loi, à plus forte raiſon doit-il moins être privé de ce que le Teſtateur lui avoit donné entre-vifs; la raiſon en eſt parce que ces ſortes de libéralités n'ont rien de commun avec le teſtament, *l. ſequens quæſtio* 68, *ff. de legat.* 2; cependant le fidéicommiſſaire qui impugne le teſtament de faux eſt déclaré indigne du fidéicommis, §. 6, *dict. l.* 5.

Le Donataire à cauſe de mort, conſerve ſa donation.

Le fidéicommiſſaire eſt privé du fidéicommis.

154. Les héritiers qui impugnent le codicille ne ſont pas privés de la ſucceſſion, mais ils perdent ce qui leur reviendroit par le codicille.

L'héritier teſtamentaire ou *ab inteſtat*, qui impugne de faux les codicilles, n'eſt point privé de l'hérédité, quoiqu'il ſuccombe dans ſon accuſation, *hæredi qui falſos codicillos eſſe dixit, neque obtinuit, hæreditas non aufertur*, *l.* 15, *ff. de his quæ ut indignis aufer.* il perd néanmoins ce qui pouvoit lui revenir en vertu des codicilles, comme ſi le codicillant lui avoit fait quelque legs qui dût lui être payé par le co-héritier, ou bien un prélegs, dont il dût prendre une partie ſur la portion de ſon co-héritier, & ſi le défunt a diviſé ſon hérédité par codicille entre pluſieurs perſonnes inſtituées par teſtament, celui

Quid de la succession *ab intestat* partagée par le codicille impugné de faux. qui argue de faux le codicille, & succombe, ne perd pas sa portion héréditaire, il ne perd pas non plus la portion sur le prélegs qu'il doit prendre sur lui-même, parce qu'à cet égard, le legs est inutile; mais il ne pourra point user du bénéfice de la falcidie sur le prélegs que le co-

Il perd la falcidie. héritier prend en vertu du codicille, si dans les portions qu'il perd par indignité, il se trouve une somme ou valeur suffisante pour équipoller la falcidie & l'exclure par la compensation, parce que ce qu'il perd lui est imputé, tout de même que ce qu'il conserve *jure hæreditario*, à cause que la perte arrive par son fait & par sa faute, *si tamen aliquid à cohærede codicillis acceperit, ejus actio denegabitur, itaque si bonorum inter hæredes divisionem defunctus fecerit, partes quidem hæreditarias, in quibus legatum consistere non potuit, tenebit; sed falcidiæ beneficio non utetur, si tantum in amissis portionibus erit*, dit la Loi 15, *ff. de his quæ ut indign. aufer.*

155. Explication de la Loi 15, *ff. de his quæ ut indign. aufer.*

Cette dernière partie de la Loi, qui est très-obscure & très-difficile à entendre, ne peut être bien expliquée qu'en proposant son cas ou son espèce. Un Testateur fait deux héritiers dans son testament, Titius & Mœvius, & par un codicille il veut que Titius ait pour sa part les biens situés dans le ressort du Parlement de Toulouse appartenant au Testateur, & Mœvius ceux que le Testateur possédoit dans le ressort du Parlement de Bordeaux. Après la mort du Testateur, Titius argue de faux le codicille qui contient la division de l'hérédité, & succombe. Il ne lui reste de droit, en qualité d'héritier, que la moitié des biens du ressort de Toulouse, & il perd l'autre moitié, qui ne pouvoit lui appartenir qu'à titre de prélegs, en vertu du codicille, comme devant la prendre sur la portion de son co-héritier; quoique la moitié des biens de Toulouse que Titius conserve ne suffise pas pour remplir la falcidie, qui consiste au quart de la moitié de l'hérédité, & quelque considérable que soit ce dont Mœvius profite à titre de prélegs, néanmoins Titius ne pourra pas user de la falcidie sur Mœvius, si ce qui est ôté à Titius, joint à ce qu'il retient par droit d'héréditaire, suffit pour remplir le quart de la moitié de l'hérédité du Testateur, en quoi consiste la falcidie à l'égard de Titius.

156. Si le fait de l'un nuit à l'autre.

Si le maître ou le père accusent de faux le testament, ils doivent être privés de l'émolument qu'ils auroient dû retirer du legs, & autres dispositions faites en faveur de l'esclave ou du fils; mais une telle accusation ne doit pas nuire aux personnes de l'esclave ou du fils pour les libéralités dont ils doivent profiter, & qui les regardent

personnellement

personnellement, *l.* 5, §. *si pater* 3, *ff. de his quæ ut indign. aufer.* il faudroit néanmoins admettre à l'égard du père & du fils les mêmes décisions que nous avons observées ci-dessus, par rapport au Tuteur, si le père avoit intenté l'accusation comme père & Administrateur de son fils, auquel cas le père agissant *necessitate officii*, il ne devroit pas être privé du legs qui lui auroit été fait ; le fils devroit à la vérité être privé de la libéralité, sauf son recours d'indemnité contre le père, avec néanmoins la faculté de demander la restitution en entier, *l.* 5, 9, & §. 16, *l.* 22, *ff. de his quæ ut indign. aufer.* & *l.* 2, *cod. eodem.*

157. Suite.

Lorsque le fils de famille argue de faux le testament dans lequel il a été fait quelque libéralité à son père, celui-ci n'encourt pas l'indignité, à moins qu'il n'eût consenti à l'inscription de faux formée par son fils, *l.* 5, §. *si filius famil.* 5, *ff. de his quæ ut indign. aufer.*

158. Celui qui est indigne pour accusation de faux peut succéder médiatement.

Quoique celui qui impugne de faux le testament, soit privé des émolumens dont il auroit pû profiter, il peut néanmoins succéder à celui qui a reçu quelque libéralité par ce même testament, & recueillir par ce moyen des biens qu'il n'auroit pas pu prendre directement, *l.* 5, § 7, *ff. eod. Qui accusavit falsum, hæres legatario extitit, vel hæredi scripto ; nihil huic nocere dicendum est.* Cela est encore décidé dans la Loi 7, *ff. eodem.* Nous devons observer, en finissant ce point, qu'il paroît des Arrêts rapportés par *Henris, livre* 5, *quest.* 104, & des raisonnemens de *Ricard, des Donations, tome premier, partie* 3, *nombre* 218, que l'inscription en faux contre le testament, n'est pas considérée comme un moyen d'indignité, contre celui qui l'intente & y succombe dans les Pays Coutumiers, ni même dans les Pays du Droit écrit, qui sont du ressort du Parlement de Paris.

Si cette indignité à lieu dans les Pays Coutumiers.

159. Indignité de celui qui fabrique un faux testament.

Enfin, on trouve dans le dernier des Arrêts prononcés en Robes rouges, rapportés par M. Duvair, un Arrêt du Parlement de Provence, qui a déclaré un successeur *ab intestat* indigne de la portion qu'il avoit droit de recueillir comme héritier légitime, à cause qu'il avoit fabriqué un faux testament en sa faveur.

160. Indignité pour avoir intenté la plainte d'inofficiosité.

Venons présentement à la plainte d'inofficiosité, qui est la troisième manière par laquelle on pouvoit impugner un testament. La Loi *Papinianus* 8, §. *meminisse* 14, *ff. de inoff. testam.* veut que celui qui attaque un testament par la plainte d'inofficiosité, & qui succombe, perde tout l'émolument qu'il auroit pû en tirer, *eum qui testamentum improbè inofficiosum dixit, & non obtinuit, id quod in testamento accepit perdere, & id fisco vindicari quasi indigno ablatum* : mais par notre usage, le fisc ne profite point

Ce qui est ôté à l'indigne

dans ce cas n'est pas adjugé au fisc. de ce qui est ôté à l'indigne dans ce cas, non-plus que dans tous les autres, où l'indignité est déclarée, comme nous l'avons remarqué ci-dessus, nombre 4.

161. Pour faire déclarer l'indignité, il faut que la plainte d'inofficiosité soit suivie d'une Sentence contradictoire.

Mais suivant le même §. *meminisse*, il faut que celui qui intente la plainte d'inofficiosité la poursuive jusqu'à Sentence définitive, car s'il s'en désiste, ou s'il meurt avant la Sentence, ou s'il est seulement jugé par défaut à son absence, il n'encourt pas l'indignité, *sed ei demùm aufertur quod in testamento datum est, qui usque ad sententiam judicum lite improba perseveraverit, cæterum si ante sententiam destitit, vel decessit, non ei aufertur quod datum est; proindè & si absente eo secundum præsentem pronuntietur, potest dici conservandum ei quod accepit.*

162. La plainte ne nuit qu'à celui qui l'intente.

Celui qui querelle le testament comme inofficieux, ne peut nuire qu'à lui-même, & non à autrui, si bien que le fait du fils ne doit pas nuire au père, *l.* 22, §. 1, *ff. de inoff. testam.* Voilà pourquoi s'il est chargé du fidéicommis, il perd bien la Falcidie ou la Trébellianique; mais le fidéicommissaire ne doit point souffrir pour le fait du grevé; ainsi, nonobstant la plainte d'inofficiosité du grevé, il devra recueillir le fidéicommis soit universel ou particulier, suivant le même §. *meminisse* de la Loi 8, *ff. eod.*

163. Fait perdre l'émolument du testament & des codicilles.

La plainte d'inofficiosité mal-à-propos intentée, faisoit bien perdre l'émolument que l'on auroit pu retirer du testament ou des codicilles, qui en sont une suite, mais non les donations entre-vifs ni les constitutions de dot, *l. etiam si* 11, *ff. de inoffic. testam.* ni les donations à cause de mort, *l.* 5, §. 17, *ff. de his quæ ut indign. aufer.* parce que tout cela n'a rien de commun avec le testament.

164. Particularité de l'indignité pour plainte d'inofficiosité.

Il y a deux particularités dans l'indignité qui dérive de la plainte d'inofficiosité, qui ne se rencontrent pas dans l'indignité encourue, pour avoir mal-à-propos impugné de faux le testament; mais pour tout le reste, l'indignité doit avoir lieu dans les mêmes cas, où il s'agit de la plainte d'inofficiosité, que quand le testament est impugné de faux, & l'on doit appliquer à ces deux cas, les mêmes exceptions, ainsi que les Docteurs l'ont fort bien remarqué.

165. La réception du legs exclut la plainte d'inofficiosité.

La première de ces particularités, est que la réception du legs ou l'approbation du testament qui arrive de quelque manière que ce soit, exclut la plainte d'inofficiosité, *l.* 5, *ff. de his quæ ut indign. l. si pars* 10, §. 1, *l.* 12, *l.* 23, §. 1, *l.* 31, §. 3 & 4, & *l.* 32, *ff. de inoffic. testam. Agnovisse enim videtur qui quale judicium defuncti comprobavit*, dit ce dernier texte, *M. Maynard, livre* 7, *chapitre* 6, & *livre* 8, *chapitre* 62, & *M. de Catellan, livre* 2, *chapitre* 33, rapportent des Arrêts qui l'ont ainsi jugé dans le cas de la réception du legs ; & cela a lieu quand même l'approbation ne seroit qu'indirecte, comme si celui qui a droit d'intenter la plainte d'inofficiosité, prête son ministère en qualité d'Avocat ou de Procureur au Légataire, qui demande le payement de son legs, *l.* 32, *ff. de inoffic. testam.* ou si le père a reçu le legs qui a été fait à son fils, *l.* 12, *ff. eod.* mais la demande en Justice du legs, non suivie du payement, ne suffiroit pas pour exclure la plainte d'inofficiosité, *l.* 8, *ff. de bonis libertor.* A la vérité, *M. Louet, lettre L. sommaire* 6, rapporte un Arrêt du Parlement de Paris qui juge le contraire ; mais cet Arrêt ne peut pas prévaloir sur l'autorité de la Loi.

Approbation indirecte du testament produit le même effet.

166. Cas où la fin de non-recevoir ne peut pas être opposée à celui qui a reçu le legs.

Il y a néanmoins certains cas auxquels on ne peut pas opposer des fins de non-recevoir à celui qui a approuvé le testament, pour l'exclure de la plainte d'inofficiosité ; ils sont rapportés dans la Loi 10, §. dernier, dans la Loi 22, la Loi 32, §. dernier, *ff. de inoff. testam.* & autres textes que nous expliquerons en son lieu.

La plainte d'inofficiosité fait perdre tout ce qui étoit laissé par le testament ou codicille.

La seconde particularité est, que quoique celui qui impugne de faux un testament, ne perde que ce qui doit lui être payé par l'héritier contre lequel il a intenté l'accusation de faux, & qu'il conserve ce qui lui étoit laissé payable par les autres héritiers qu'il n'a point inquiétés, *l.* 4, *ff. de his quæ ut indign. aufer.* il n'en est pas de même dans le cas de la plainte d'inofficiosité, laquelle fait perdre indistinctement tout ce qui avoit été laissé par le Testateur, quoique payable par l'un des héritiers, contre lequel la plainte d'inofficiosité n'a pas été intentée. La raison de différence doit être prise, selon *M. Cujas* sur la Loi 8, *ff. de Prætor. stipulat.* de ce que dans le cas de l'accusation du faux, on n'argue que le fait de l'héritier qui est attaqué, & qu'on ne fait aucune injure au défunt, au lieu que par la plainte d'inofficiosité on attaque directement la personne du défunt, & sa disposition en entier, *tanquam non fuerit sanæ mentis*, *l.* 2, *l.* 5, *ff. de inoffic. testam. & l.* 36, *ff. de leg.* 3 ; l'injure que la mémoire du défunt reçoit par la plainte d'inofficiosité devant faire déclarer indigne celui qui l'intente, de toutes les libéralités qui lui sont faites par le Testateur dans le testament, & dans les codicilles qui en sont une suite, quoiqu'il n'ait agi que contre l'un des héritiers.

167. Le Légataire héritier du fils du Testateur qui continue la pour-

Si un Testateur laisse un legs à une personne qui devienne héritier du fils, lequel a formé la plainte d'inofficiosité, quoique cet héritier du fils continue la poursuite & succombe, il ne perd pas le legs qui lui avoit été fait, *l. filius* 22, §. 2, *ff. de inoffic. testam.* de même le Tuteur

Suite commencée par le fils ne perd pas son legs. Quid du Tuteur.

qui intente la plainte d'inofficiosité au nom de son pupille, ne perd pas le legs qui lui est fait, parce qu'il agit, *necessitate officii*, §. 5, *instit. de inoff. testam. & l.* 30, §. 1, *ff. eod.*

168. Dans quels cas la plainte d'inofficiosité pouvoit être intentée suivant le droit du Digeste & du Code.

Suivant le Droit ancien des Romains, renfermé dans le Digeste & dans le Code, la plainte d'inofficiosité pouvoit être intentée toutes les fois que les enfans avoient été injustement prétérits ou exhérédés, *l.* 3, *ff. de inoff. testam.* la prétérition des enfans que le Testateur avoit en sa puissance, produisoit une nullité de forme intrinséque, qui anéantissoit le testament de plein droit, *instit. de exhæred. liber. in princip.* mais les enfans émancipés ou les descendans par femme, ou les filles par le droit ancien, quoiqu'elles fussent en la puissance du Testateur, ne pouvoient pas attaquer le testament de nullité, non-plus que les descendans par mâles, qui étoient en la puissance du Testateur, ils pouvoient seulement l'impugner par la plainte d'inofficiosité, & l'on accordoit aux enfans émancipés, ou aux filles qui étoient en la puissance du Testateur, la possession des biens *contra tabulas*, qui étoit un remède introduit & accordé par le Préteur, lequel produisoit le même effet que la plainte d'inofficiosité, *toto titulo*, *instit. de exhæred. lib. & tot. tit. ff. de bonor. possess. contra tabulas;* mais la Loi 4, *cod. de liberis præteritis*, & le §. 5, aux Institutes *de exhæred. liberor.* corrigerent en partie ce droit ancien, & accorderent aux filles en la puissance du Testateur, & aux descendans par mâles, qui étoient aussi en la puissance du défunt, le droit de faire déclarer nul le testament.

Prétérition des enfans en la personne du père anéantissoit le Testament de plein droit.

169. Par le Droit nouveau la prétérition annulle le testament.

Le Droit nouveau renfermé dans les Novelles de l'Empereur Justinien, a fait beaucoup de changemens au Droit ancien : 1°. il a abrogé la distinction que l'on faisoit entre les mâles & les filles qui étoient en la puissance du Testateur, & aujourd'hui il n'y a entr'eux aucune différence. 2°. On a imposé aux père, mère, ayeux, ayeules & autres ascendans paternels ou maternels, la nécessité d'honorer du titre d'institution, leurs enfans & descendans, émancipés ou non émancipés, sans examiner s'ils descendent par mâle ou par femelle, parce que le lien du sang est le même, & que la succession *ab intestat* ne se défére plus à cause du lien civil de la puissance paternelle, comme elle se déféroit selon la Loi des douze Tables ; mais à raison de la proximité causée par la naissance & le droit du sang, ensorte que la prétérition dans le testament d'un ascendant père ou mère, ayeul ou ayeule, ou autre plus éloigné, produit une nullité de forme intrinséque, qui anéantit le testament, sans avoir besoin de recourir à la plainte d'inofficiosité, ni au remède Prétorien de la possession des biens. Tout ce que nous venons de dire est fondé sur la disposition de la *Novelle* 115, & de la *Novelle* 118. Suivant la remarque de *M. Dolive*, *livre* 3, *chapitre* 8, il n'est nécessaire d'intenter la plainte d'inofficiosité qu'en deux cas, & non quand il y a nullité par prétérition, quoiqu'en disent *M. Maynard*, *livre* 7, *chapitre* 6, *& livre* 8, *chapitre* 62, *& M. de Catellan*, *livre* 3, *chapitre* 33, ainsi que le Parlement de Toulouse l'a jugé par l'Arrêt du 13 Juillet 1740, entre le sieur Fauré & Viala d'une part, & les créanciers d'Elizabeth Salvetat, dont nous avons parlé ci-dessus; le premier, lorsque les ascendans ou les descendans ont été exhérédés suivant la forme prescrite par la *Novelle* 115, avec expression d'une cause légitime, qui est soutenue être fausse. Le second, quand les frères germains ou consanguins, mais non les utérins, sont prétérits, ou exhérédés par le testament de leur frère, où une personne infâme, *turpis persona*, se trouve instituée héritière universelle; & hors ces deux cas la plainte d'inofficiosité n'est plus reçue.

En quels cas la plainte d'inofficiosité est nécessaire selon Dolive.

170. Je pense même, avec plusieurs Auteurs, entr'autres *Chassaneus*, *sur la coutume de Bourgogne*, *rubrique* 7, §. 2, verb. *sinon pour aucune des causes*, *nombre* 5, *& M. Duval*, très-habile Professeur en Droit François en l'Université de Toulouse, *dans ses Institutions du Droit François*, *livre* 2, *chapitre* 14, *page* 455, que quand les ascendans ou les descendans sont exhérédés pour une cause exprimée qui se trouve fausse, le testament est nul de plein droit, tout comme dans le cas de la prétérition; qu'ainsi, il ne reste qu'un seul & unique cas où la plainte d'inofficiosité doive être intentée, suivant le Droit Romain; savoir, quand les frères germains ou utérins sont prétérits ou exhérédés dans le testament de leur frère où une personne infâme se trouve instituée, & c'est dans ce cas seulement que l'on peut déterminer la demande en cassation du testament pour cause de prétérition ou exhérédation, dans le sens de l'inofficiosité, quoiqu'elle ne se trouve pas bien & disertement nommée de cette façon, & faire valoir l'indignité que le Droit Romain déclare pour une plainte d'inofficiosité mal-à-propos intentée; il faut même prendre garde que la plainte d'inofficiosité a été abrogée même dans ce cas, par l'Ordonnance de 1735, en établissant la nullité du testament à cause de la prétérition, comme nous le prouverons au chapitre 8, section 3; cependant, si dans quelqu'autre cas, la demande étoit disertement intentée comme plainte d'inofficiosité, l'indignité devroit avoir lieu suivant les Arrêts rapportés par

Suivant l'esprit du Droit nouveau, il n'y a qu'un seul cas où la plainte d'inofficiosité ait lieu.

Si l'indignité doit avoir lieu, lorsqu'on ne se trouve pas dans le cas de l'inofficiosité, si elle a été disertement intentée.

M. Maynard, *livre 7*, *chapitre 6*, & *livre 8*, *chapitre 68*, parce que pour encourir l'indignité, il suffit que le testament soit attaqué comme inofficieux, & il n'est pas nécessaire que l'on se trouve dans un cas où l'inofficiosité soit justement appliquée.

171. Plainte d'inofficiosité, & l'indignité qu'elle produit hors d'usage aux Pays Coutumiers.

A l'égard des Pays Coutumiers, la plainte d'inofficiosité & l'indignité qu'elle produit, y est totalement hors d'usage, l'institution d'héritier n'y a point de lieu; c'est la Coutume & non le Testateur qui fait les héritiers. Lorsque les enfans sont injustement exhérédés, le testament est nul pour le tout, & non pas quant à l'institution seulement, comme en Pays de Droit écrit; ainsi, l'indignité, à raison de la plainte d'inofficiosité, n'y est point pratiquée.

172. Indignité pour avoir demandé la possession *contra tabulas* hors d'usage.

On comprend aisément, après ce que nous venons de dire, que quoique la Loi 2, *ff. de his quæ ut indign. aufer.* décide que quand le fils émancipé demande la possession *contra tabulas*, des biens de son père, & qu'il accepte l'hérédité en vertu de la substitution pupillaire, il doit être privé de l'entière hérédité; cela ne peut point être pratiqué en France, ni dans les Pays Coutumiers, ni dans ceux qui sont régis par le Droit écrit, parce que ce remède est abrogé & inusité. Ceci doit suffire pour l'éclaircissement de la quatrième manière d'impugner le testament dont nous avons parlé ci-dessus.

173. Si celui qui a approuvé le testament par la réception du legs, peut opposer l'indignité à l'héritier institué.

Il y a une autre difficulté, qui a un grand rapport avec celle que nous venons de résoudre; elle consiste à savoir, si l'héritier *ab intestat* qui a reçu le legs à lui fait dans un testament où une personne indigne est instituée, peut opposer l'indignité, nonobstant l'approbation du testament, qui résulte de la réception du legs.

Supposons, par exemple, qu'un Testateur qui a des frères, institue héritière sa concubine, & fasse des legs à ses frères, ceux-ci après avoir reçu les legs seront-ils recevables à demander l'hérédité de l'héritière? Cette question n'est point décidée par le Droit Romain, elle ne pouvoit pas même se présenter, vu que l'indignité faisoit déférer au fisc ce qui étoit ôté à l'indigne, & les successeurs n'y avoient rien à prétendre, ainsi que nous l'avons remarqué ci-devant; ce n'est que par la Jurisprudence Françoise, que ce qui est ôté à l'indigne est adjugé aux héritiers *ab intestat*, & il n'y a point d'Arrêt ni d'Auteur qui ait décidé cette question, du moins je n'en connois aucun. Si le fait sur lequel l'indignité de l'héritier institué est fondée n'est pas connu aux héritiers *ab intestat*, lorsqu'ils ont reçu leur legs, il me semble qu'il ne peut y avoir aucun doute, qu'un tel acquiescement, fondé sur une ignorance ou erreur de fait, ne devroit porter aucun obſtacle aux ſucceſſeurs *ab inteſtat*. La queſtion ne peut donc être douteuſe que dans le cas où les ſucceſſeurs *ab inteſtat* ont connu le fait produiſant l'indignité, lorſqu'ils ont reçu le legs. En tirant de la Loi Romaine, les argumens qui peuvent ſervir à la déciſion de ce cas, il faut examiner, ſi l'on peut le comparer à la plainte d'inofficioſité, ou bien au faux ou à la nullité. Au premier cas, les ſucceſſeurs *ab inteſtat* devroient être exclus par fins de non-recevoir, ſauf qu'ils fuſſent de tel âge, condition ou ſexe qui leur procurât la reſtitution en entier, ſuivant la Loi 1 & le §. 1, *ff. de his quæ ut indign. auſer.* Mais au ſecond cas, la fin de non-recevoir ne devroit pas leur nuire, *poſt legatum acceptum, non tantùm licebit falſum arguere teſtamentum, ſed & non jure factum contendere, inofficioſum autem dicere non permittitur*, *l.* 5, *ff. eod.* la raiſon eſt parce qu'en arguant le teſtament de faux ou de nullité, on n'impugne pas le Jugement du défunt ; mais on l'impugne par la plainte d'inofficioſité, *l.* 24, *ff. eod.* Or, quand il eſt queſtion de faire déclarer indigne l'héritier inſtitué, on n'attaque pas la forme du teſtament, puiſque l'indignité ne produit point de nullité, ainſi que nous l'avons montré plus haut, on attaque le jugement du défunt, qui a choiſi un tel héritier; ainſi, c'eſt le cas de dire que quand les ſucceſſeurs *ab inteſtat* ont reçu leur legs, connoiſſant l'indignité de l'héritier, ils ont approuvé le jugement du défunt, en reconnoiſſant la qualité de l'héritier, & ils ne ſont plus recevables à faire valoir l'indignité comme y ayant renoncé, à moins qu'ils ne ſoient dans le cas de ſe faire relever des acquieſcemens *ex cujuſque perſonâ, conditione, ætate*, ainſi que nous l'avons expliqué ci-deſſus, en traitant la queſtion, ſi la réception du legs empêche qu'on ne puiſſe impugner le teſtament par la plainte d'inofficioſité ; cependant j'eſtime que dans ce cas, les parens qui viennent immédiatement après ceux qui ont approuvé le teſtament, ou du moins le fiſc, ſeroient recevables à faire valoir l'indignité, parce qu'elle n'eſt point entièrement couverte par l'approbation des premiers ſucceſſeurs *ab inteſtat* ; que leur conſentement peut bien les exclure de l'action qu'ils avoient, mais qu'il ne peut pas empêcher que l'hérédité ne ſoit ôtée à l'indigne, à moins qu'il n'eût une ſubrogation des ſucceſſeurs *ab inteſtat*, auquel cas l'héritier indigne tiendroit l'hérédité, non de la main du défunt, mais de celle des ſucceſſeurs *ab inteſtat*, au droit deſquels il ſeroit ſubrogé. On peut voir les Arrêts rapportés par *M. de Cambolas*, *livre* 6, *chap.* 11, & *M. d'Olive*, *liv.* 3, *chap.* 17 & 18, qui fourniſſent des argumens pour appuyer ce que nous avons dit, que l'indignité n'est pas couverte par les acquiescemens des successeurs *ab intestat* les plus proches, & que ceux qui viennent après eux, en degré de parenté, ont la faculté de faire valoir l'indignité.

174. Indignité pour avoir supprimé un testament.

Comme la suppression du testament est un moyen d'en éluder l'exécution, & a par conséquent une grande affinité avec ceux que je viens d'expliquer, je le joins aux précédens; le testament n'est pas l'acte d'un seul homme, c'est-à-dire, de l'héritier, quoiqu'il y ait le principal intérêt, il appartient à tous les intéressés, c'est-à-dire, à tous ceux qui peuvent en tirer quelque droit; & à parler plus exactement, c'est un acte qui est *juris publici*. *Tabularum testamenti instrumentum non est unius hominis, hoc est hæredis, sed universorum, quibus quid illic adscriptum est, quin potius publicum est instrumentum, l. 2, ff. testamenta quemadmodum aperiantur.* C'est une espèce de Loi domestique, a l'exécution de laquelle le public a intérêt; aussi voit-on que la Loi 1 du même titre, & les Loix du titre *de Tabulis exhib.* accordent un interdit à tous ceux qui veulent avoir vision, ou prendre des extraits du testament, pour obliger le détenteur à en faire l'exhibition & la représentation; & cela a lieu, non-seulement pour les testamens parfaits ou imparfaits, premiers ou seconds, mais encore pour les codicilles, *l.* 1, §§. 2, 3, 4, 5, 6, 7, 8 & 9, *ff. de Tabul. exhib.* & personne ne peut retenir impunément ces sortes d'actes, *l.* 2, §. 6, *eod.*

Le testament est un acte qui est *juris publici*.

Interdit *de tabulis exhibendis*.

175. Ceux qui enlevent, suppriment, ou recélent les testamens sont punis comme faussaires.

La Loi 2, *ff. de leg. Cornelia de falsis*, & la Loi 14, *cod. eod.* assujettissent à la peine du faux ceux qui enlevent, qui recélent, qui suppriment, qui effacent, qui détournent ou qui bâtonnent par dol, les testamens, *qui testamentum amoverit, celaverit, eripuerit, deleverit, interleverit..... cujusve dolo malo id factum erit, legis Corneliæ pœna damnatur*, dit la Loi 2, *ff. de leg. Cornel. de fals.* ou comme l'exprime la Loi 14 au code du même titre, *cum qui celavit vel amovit testamentum, committere crimen falsi, publicè notum est.*

176. Décision de la Loi 26, *ff. de leg. Cornel. de falsis.*

La Loi *si quis 26, ff. de Cornelia de falsis*, déclare indigne de la succession entière, le fils, même après sa mort, qui a supprimé, en brûlant ou déchirant le testament de son père, & qui a accepté l'hérédité, tout comme si son père étoit décédé *ab intestat. Si quis patris sui testamentum aboleverit, & quasi intestatus decessisset, pro hærede gesserit, atque ita diem suum obierit, justissimè tota hæreditas paterna hæredi ejus eripitur.* La mort même n'est pas capable d'effacer & d'anéantir l'indignité; & l'hérédité entière du père est ôtée aux héritiers du fils, qui est devenu indigne par un tel fait.

La mort n'efface pas l'indignité.

L'indignité pour cette cause, ne se borne pas au seul héritier *ab intestat* qui supprime le testament, elle a lieu aussi contre le Légataire ou fidéicommissaire qui tombe dans le même cas, lequel est privé du legs & de l'émolument qu'il auroit retiré du testament, & tout cela demeure dans l'hérédité comme non écrit, *l.* 25, *cod. de legat. Si legatarius vel fideicommissarius, celaverit testamentum, & posteà hoc in lucem emerserit, an posset legatum sibi relictum is qui celaverit, ex eo testamento vindicare, dubitabatur? Quod omni modo inhibendum esse censemus, ut non accipiat fructum suæ calliditatis qui voluit hæredem hæreditate suâ defraudare; sed hujusmodi legatum illi quidem auferatur, maneat autem quasi non scripto apud hæredem, ut qui alii nocendum esse existimaverit ipse suam sentiat jacturam.* 177. A quelles personnes cette indignité s'étend. Fait perdre tout l'émolument. Cas où ce qui étoit ôté à l'indigne n'étoit pas adjugé au fisc.

Il y a un Arrêt du Parlement de Grenoble du 19 Décembre 1640, rapporté par *Basset*, *tome* 1, *livre* 5, *titre* 1, *chapitre* 3, qui s'est assez conformé à la décision des Loix que nous avons rapportées, quoique l'Auteur n'en cite aucune. Un père, qui n'avoit qu'un fils unique, fait son testament, par lequel il l'institue avec charge de substitution. Ce fils, en haine de la substitution, brûle le testament de son père; de quoi le substitué ayant été instruit, il intente son action, fait faire des procédures qui prouvent le fait, & par Arrêt le fils est déclaré atteint & convaincu du crime d'avoir brûlé le testament de son père, pour réparation duquel crime il est déclaré indigne de la propriété de l'héritage, à la réserve de sa légitime consistant au tiers, de laquelle il jouiroit & disposeroit à sa volonté, laquelle propriété demeureroit acquise aux enfans naturels & légitimes qui pourroient naître du mariage du fils; & à défaut d'enfans, cette propriété est adjugée dès-à-présent, comme dès-lors, à l'oncle substitué, la jouissance des fruits dudit héritage demeurant cependant au fils, lequel en outre fut condamné en 300 liv. d'amende sans note d'infamie. 178. Arrêt du Parlement de Grenoble.

En bonne règle, il auroit fallu déclarer ce fils indigne de l'hérédité, tant en propriété qu'en usufruit, & l'adjuger à l'oncle substitué, suivant la Loi 26, *ff. de leg. Cornel. de fals.* car si dans le cas de cette Loi l'hérédité fut ôtée aux héritiers du fils, ce ne fut pas pour l'indignité de ces héritiers, qui n'étoient pas coupables, mais à cause de l'indignité de leur auteur, lequel ne jouit de l'héritage pendant sa vie, que parce que l'action ne fut intentée, ou du moins, parce que l'indignité ne fut déclarée & jugée qu'après sa mort; car si le fils avoit été en vie, on l'auroit déclaré indigne de l'hérédité, & on la lui auroit ôtée, 179. Observations sur cet Arrêt.

tant pour l'usufruit que pour la propriété. *M. Bretonnier, dans ses nouvelles Observations sur Henrys, livre 4, chapitre 104*, fait mention d'un Arrêt assez récent, du Parlement de Paris, rendu en la quatrième Chambre des Enquêtes, qui n'eut point d'égard à l'indignité, dans le cas de la suppression du second testament ; mais cet Auteur n'approuve point la décision de cet Arrêt, ni le motif sur lequel il fut rendu.

180. Lorsqu'il y a un premier testament qui paroît, peut-on demander l'exhibition d'un second qui est supprimé, sinon que l'hérédité soit ouverte *ab intestat*. Celui qui refuse d'exhiber le testament est tenu des dommages & intérêts.

Lorsqu'il y a un premier testament qui paroît, & qu'il y en a encore un second que l'héritier retient & supprime, les héritiers *ab intestat* sont fondés à demander l'exhibition du second testament, faute de quoi, nonobstant le premier, la succession est déférée *ab intestat*. C'est ainsi que le Parlement de Paris le jugea par un Arrêt du 13 Avril 1604, duquel *M. Bretonnier*, au lieu cité, fait mention, & cela est fondé sur l'esprit de la Loi 3, §§. 11, 12, 13, *ff. de tab. exhib.* où il est dit que celui qui refuse d'exhiber le testament, doit être condamné aux dommages & intérêts, lesquels doivent être estimés, par rapport à l'héritier institué, eu égard à la valeur de l'hérédité, & par rapport aux Légataires, eu égard à la valeur du legs : *Condemnatio ejus autem judicii, quanti interfuit æstimari debet ; quare si hæres scriptus, hoc interdicto experiatur, ad hæreditatem referenda est æstimatio, & si legatum sit, tantum venit in æstimationem, quantum sit in legato.*

181. De celui qui supprime les codicilles.

L'héritier institué qui supprime les codicilles faits par le Testateur ; n'est pas, à la vérité, déclaré indigne de l'entière hérédité, comme lorsqu'il supprime le testament ; mais il doit être privé des trois quarts de l'hérédité, dont le Testateur pouvoit disposer par codicille, *l. 4, §. 1, ff. de leg. Cornel. de fals. Indè divus Marcus, cum quidam à patre hæres institutus codicillos intercidisset & decessisset, fisco tantum esse putavit vindicandum, quantum per codicillos erogari posset, id est usque ad drodrantem ;* mais selon notre usage, ce qui seroit ôté à l'indigne ne devroit pas être adjugé au fisc, ainsi que nous l'avons remarqué plusieurs fois.

182. Indignité pour avoir latité les effets héréditaires.

La peine qui doit être infligée à l'héritier qui a soustrait ou recélé sciemment & par dol, des effets héréditaires, fait la matière d'une grande question, diversement décidée par les Loix, par les Auteurs & par les Arrêts des Cours supérieures. La Loi *rescriptum 6, ff. de his quæ ut indign. aufer.* veut que l'héritier soit privé de la quarte qu'il auroit pû prendre sur les effets soustraits ou recélés, *rescriptum est à principe hæredem rei, quam amovisset, quartam non retinere.* La Loi 24, *ff. ad L. Falcid.* veut que les effets soustraits ou latités, soient regardés comme s'ils n'étoient pas dans le patrimoine, par rapport au Règlement de la

Différentes peines par les Loix du Digeste.

falcidie, *falcidiæ legis rationem, si haberi oportet, ita habendam, ac si hæres, quæ ab hærede subſtracta sunt in hæreditate relicta non fuiſſent;* lorſque l'héritier ſoutient qu'un effet qui eſt héréditaire lui appartient en propre, il eſt privé de la falcidie ſur cet effet, *L.* 68, §. dernier, *ff. eod.* & la Loi 48, *ff. ad Senat. Conſult. Trebellian.* refuſe toute action à l'héritier d'une portion, ſur les choſes qu'il a ſouſtraites & recélées: *Paulus reſpondit ſi certa portio hæreditatis alicui relicta proponitur, & is res hæreditarias quaſdam furatus ſit, in his rebus quas ſubſtraxit denegari ei petitionem oportet, rectè reſpondetur.*

183. Peine fixée par les Loix du Code.

La Loi *ſcimus* 22, §. *licentia* 10, *cod. de jur. delib.* veut que l'héritier qui a recélé & n'a pas fait coucher ſur l'inventaire certains effets héréditaires, ſoit condamné au double de la valeur des effets recélés, & la *Novelle* 1, *chap.* 2, règle bien la forme de l'inventaire, & déclare que ſi l'héritier ne l'obſerve pas, il ſoit tenu comme héritier pur & ſimple envers les créanciers & les légataires, tout comme s'il n'y avoit point d'inventaire, & permet aux intéreſſés de faire la preuve des latitations que l'héritier peut avoir faites; mais elle ne règle point la peine qui doit être infligée à cauſe des latitations; cependant pluſieurs Auteurs & entr'autres *Fachineus, lib.* 4, *controverſ. cap.* 37, *M. le Préſident Faber*, dans ſon code, *lib.* 6, *titre* 11, *defin.* 20, *& M. Louet, lettre H, ſommaire* 24, ont prétendu, ſur le fondement de cette *Novelle*, que l'héritier qui fait des recélés, doit être privé du bénéfice d'inventaire, *M. Louet* rapporte même un Arrêt du Parlement de Paris du 21 Mai 1605, qui l'a jugé de même.

Avis des Auteurs.

184. Suite.

Bacquet, dans ſon Traité des Droits de Juſtice, chapitre 21, *nombre* 65, dit que l'héritier qui recéle des effets, n'eſt pas privé du bénéfice d'inventaire, & qu'il eſt ſeulement condamné à rendre les effets recélés, & en une amende envers le Roi.

185. Suite.

M. Expilly, dans ſes Arrêts, chapitre 169, rapporte un Arrêt du Parlement de Grenoble, qui condamna l'héritier au payement du double des effets qu'il avoit recélés, ſans le priver du bénéfice d'inventaire, en conformité de la Loi 22, §. 10, *cod. de jur. delib.*

186. Suite.

Selon *M. Maynard, livre* 5, *chapitre* 62, & les Arrêts du Parlement de Toulouſe qu'il rapporte, l'héritier grevé qui ſouſtrait & recéle les effets héréditaires, eſt condamné à la reſtitution des effets ou de la valeur, au temps de la mort du Teſtateur, qui s'impute ſur les quartes qu'il a droit de détraire, & en cas d'inſuffiſance des quartes, il eſt condamné au payement de l'excédant. Cet Auteur ne parle d'aucune autre peine ni privation.

187. Suite. *La Peirere*, *lettre H. nombre* 3, dit qu'à Bordeaux, l'héritier qui soustrait des effets héréditaires, n'est pas privé du bénéfice d'inventaire ; mais qu'il perd seulement la falcidie sur les effets recélés ; & l'Auteur des Additions rapporte un Arrêt du mois d'Août 1676, qui juge qu'il n'est pas privé de la portion qu'il avoit sur les effets recélés ; la Loi 48, *ff. ad Senatus. Consult. Trebellian.* n'étant pas observée dans ce Parlement, on peut voir à ce sujet les Arrêts qui sont rapportés par *Basnage*, *sur l'art.* 394 *de la Coutume de Normandie.*

188. Partage formé au Parlement de Toulouse. Cette diversité de décisions & d'Arrêts, donna lieu à un partage au Parlement de Toulouse en l'année 1740, dans un Procès entre la Dame de Chapelier, épouse de M. Reboul, Juge de Villeneuve-lès-Avignon, & le sieur Buliod, en la troisième Chambre des Enquêtes, au rapport de M. Fajole, Compartiteur M. Bastide. Quelques-uns de Messieurs les Juges étoient d'avis de condamner l'héritier qui avoit recélé, en la somme de 500 liv. à quoi ils arbitroient la valeur des effets recélés. Les autres étoient d'avis au contraire de déclarer l'héritier privé du bénéfice d'inventaire, & de le condamner à payer indéfiniment ce qui étoit dû à la Dame de Chapelier par l'hérédité. Ce partage n'a pas été jugé, les Parties ayant fini par un accord.

189. Résolution conformément à l'avis de *Bacquet*. Cette difficulté mériteroit d'être décidée par une Loi du Prince, seul capable de faire cesser le doute & la variété des opinions. S'il m'est permis de dire mon avis sur cette question, il me semble que l'avis de *Bacquet* est le plus conforme à l'esprit du Droit Romain, en l'accommodant à nos usages. En effet, on doit regarder la Loi 22, §. 10, *cod. de jur. delib.* comme ayant abrogé les Loix du Digeste, qui fixoient la peine de l'héritier qui recéle. Cette Loi le condamne au double de la valeur des effets recélés ; mais les Loix qui infligent les peines du double, du triple & autres, ne sont point observées parmi nous, comme le remarquent nos Auteurs, notamment *Imbert*, *dans son Enchiridion*, verb. *peines pécuniaires*, & selon cet usage, il ne reste que la peine de la restitution du simple ; mais comme le recélé ne doit pas demeurer impuni, parce que c'est un délit, on peut le punir, en ajoutant une amende plus ou moins forte selon les circonstances. Du reste on ne peut point induire des dispositions de la *Novelle* 1, *chap.* 2, qu'elle entend déclarer l'héritier qui recéle, déchu du bénéfice d'inventaire. En ne fixant point la peine du recélé, elle s'en rapporte à la peine fixée par la Loi 22, §. 10, *cod. de jur. delib.*

190. Si le légataire Mais le Légataire qui spolie l'hérédité doit-il être déclaré

indigne du legs qui lui a été fait par le Testateur? La Loi *non est dubium* 5, *cod. de legat.* décide que le légataire, qui soustrait la chose, dont une partie lui avoit été léguée, doit être privé de l'action qu'il avoit pour demander la portion qui lui appartenoit, *non est dubium denegari actionem legatorum in portione competente in his rebus quas subtraxisse eum de hæreditate apparuerit.* D'où il semble qu'on puisse induire que le légataire qui spolie l'hérédité, doit être privé de son legs. La Loi 5, *cod. de crimine spoliatæ hæreditatis*, semble décider le contraire, *obtentu spoliatæ hæreditatis*, dit ce texte, *emolumentum legatorum maximè suspensa cognitione legatariis eisdemque libertis defuncti auferri non oportet.* Quelques Interprètes entendent cette Loi du cas où la spoliation est faite par tout autre que par le légataire, c'est le sentiment d'Accurse; mais d'autres pensent que cette Loi doit avoir lieu, quoique la spoliation ait été faite par le légataire, pourvu qu'il n'ait pas enlevé la chose léguée, & selon cette explication la spoliation de l'hérédité faite par le légataire ne seroit pas un moyen pour faire perdre le legs. Quoiqu'il en soit de la spoliation de cette Loi, n'y ayant point de Loi précise qui déclare le légataire privé du legs pour avoir spolié l'hérédité, on ne doit pas lui infliger cette peine; d'autant mieux que la Loi 23, *ff. de fideicomm. libert.* selon l'explication de M. Cujas, décide que la liberté laissée à l'Esclave par fidéicommis, ne doit pas être différée, sous prétexte que l'Esclave aura spolié l'hérédité de son Patron. On peut voir sur cette difficulté *Antonium Mathæum, de Criminibus, lib.* 37, *Digestorum, tit.* 12, *cap.* 2, *pag.* 254.

Qui spolie l'hérédité doit être privé du legs.

191. Héritier qui tâche de rendre inutile le fidéicommis est privé de la Trebellianique ou Falcidie.

Nous observerons, en finissant ce point, que l'héritier qui fait des tentatives & des efforts pour rendre inutile le fidéicommis, doit être privé de la Falcidie ou Trébellianique, *Beneficio legis Falcidiæ indignus esse videtur, qui id egerit ut fideicommissum intercidat*, *l.* 59, *ff. ad l. falcid.*

192. Indignité de celui *qui sibi adscribit in testamento.*

Nous avons parlé dans la section précédente de l'indignité de celui qui écrit lui-même le testament dans lequel il lui est fait quelque libéralité.

193. Indignité pour concubinage ou adultère.

Nous avons encore examiné l'incapacité ou l'indignité, qui résulte du concubinage ou de l'adultère, & encore de celle qui est encourue par la femme qui malverse, ou se remarie dans l'an du deuil. Il nous suffit de renvoyer à ce que nous avons dit. Il nous reste à éclaircir la question touchant la preuve du concubinage.

194. Preuve du concubinage ou de l'adul-

Il ne peut point y avoir de doute, que le fait du concubinage avec une fille ou une veuve, qui rend les personnes indignes de recevoir des libéralités, ne puisse être prouvé

tère pour établir l'indignité. par témoins. Il est impossible, ou du moins très-difficile; d'en rapporter la preuve par écrit : ainsi si la preuve testimoniale n'étoit pas reçue, on ne pourroit jamais faire valoir l'indignité. Le concubinage est un fait, qui tient même de la nature du crime, parce qu'il est défendu par la Loi Divine & par les Constitutions Canoniques, qui sont à cet égard adoptées dans le Royaume. Il faut donc que la preuve en puisse être faite par témoins, nonobstant les Ordonnances de Moulins & de 1667, qui ne peuvent pas recevoir une juste application aux simples faits qui n'ont aucun rapport avec des contrats & des conventions. Aussi tous nos Livres sont pleins d'Arrêts, qui ont admis la preuve testimoniale.

195. Si la preuve testimoniale est reçue pour l'adultère.

Il paroît d'abord y avoir un peu plus de doute sur la preuve testimoniale par rapport à l'adultère, & au mauvais commerce d'une femme mariée pendant la vie du mari, parce qu'on peut troubler par là un mariage où régne la paix & la tranquillité; que l'accusation d'adultère appartient au mari seul de la femme qu'on soupçonne; que même, suivant notre Usage, bien différent à cet égard du Droit Romain, on ne peut pas accuser d'adultère une femme mariée, sans accuser en même-temps le mari de complicité; que l'accusation d'adultère tend à diffamer le défunt, la femme, les enfans nés du mariage, & qu'il est peu séant, que des héritiers aillent contrister les cendres du défunt pour un vil intérêt, afin de faire déclarer indigne une personne avec laquelle on suppose que le Testateur a mal vécu, tandis que de son vivant il n'y a eu aucune plainte. C'est sur ces raisons, que par Arrêt du Parlement de Toulouse, rendu en la troisième Chambre des Enquêtes le 12 Avril 1718, au rapport de M. de Pegueiroles, entre Jean Epy & Louis Puaux, d'une part, & Anne Marcoux, d'autre; la preuve par témoins du mauvais commerce du Testateur avec son héritière fut permise pour le temps qui avoit précédé le mariage, & pour celui qui avoit suivi la dissolution par la mort du mari; mais on la refusa pour le temps que le mariage avoit duré.

Raisons pour la négative.

196. Résolution pour l'affirmative.

Toutefois la Jurisprudence des Arrêts est assez constante sur ce point pour l'affirmative. Il est vrai que l'accusation d'adultère appartient au mari seul, pour faire punir la femme de la peine ordinaire; mais toutes les fois qu'il s'agit d'un intérêt pécuniaire, les intéressés peuvent opposer l'adultère par voie d'exception à fins civiles, & en faire la preuve par témoins. Les libéralités faites dans ces occasions ont un principe vicieux, c'est-à-dire, l'affection criminelle des adultères, & leur turpitude, qu'il importe au Public de punir, & de ne pas tolérer; au lieu que si la libéralité subsistoit, & si la preuve n'en pouvoit pas être reçue, ce seroit en quelque façon récompenser cette turpitude. On trouve plusieurs Arrêts qui l'ont jugé de même, dans *M. Louet & Brodeau*, *lett. D. somm.* 43; *Soëfve*, *tom.* 2, *centur.* 1, *chap.* 25; *M. la Roche & Graverol*, verb. *succession*, *art.* 1; *M. de Catellan*, *liv.* 2, *chap.* 83, & plusieurs autres; & cette opinion est sans contredit préférable à celle des Auteurs, qui ont pensé que le fait d'adultère ne peut pas être prouvé, ni opposé, lorsque le mari de la femme soupçonnée d'adultère ne s'est pas plaint; car cette opinion tend à favoriser le désordre, & à récompenser le crime. *M. de Catellan* rapporte un Arrêt du 21 Juin 1664, qui admit la preuve du mauvais commerce avant & après le mariage, c'est-à-dire, depuis sa célébration, & tandis que le mariage duroit. L'indignité que la femme encourt par sa malversation durant son mariage, est beaucoup plus considérable, à cause de la circonstance de l'adultère, que celle qui vient du simple concubinage, qui n'est pas si criminel; & ce seroit faire brèche aux bonnes mœurs, & autoriser le désordre, que de refuser la preuve du mauvais commerce durant le mariage. Que si par l'Arrêt du 12 Avril 1718, on retrancha de la preuve le temps de la durée du mariage, ce fut, sans doute, parce qu'il suffisoit d'établir l'indignité par le mauvais commerce avant le mariage & depuis sa dissolution: qu'ainsi il ne convenoit pas de permettre une preuve surabondante & superflue pour constater un adultère, qui auroit encore plus diffamé l'héritière sans nécessité.

Nous devons ajouter encore à ce que nous avons dit touchant l'indignité des femmes, qui se marient dans l'an du deuil, que le Parlement de Toulouse juge que les parens du mari, qui consentent au second mariage de sa veuve dans l'an du deuil, doivent être déclarés indignes de recueillir ce qui est ôté à cette femme, & que les autres parens qui n'ont pas consenti à ces nôces précipitées, doivent profiter de ce que la femme ne peut pas conserver à cause de son indignité, *M. de Cambolas*, *liv.* 6, *chap.* 11. Il a été encore jugé par deux Arrêts rapportés par *M. Dolive*, *liv.* 3, *chap.* 17 & 18, que la femme instituée héritière par son mari, sous la condition de viduité, avec substitution en cas de convol, devoit être privée de l'hérédité, si elle venoit à se remarier, quoique le substitué y eût consenti; mais son consentement le rend indigne de la substitution faite en sa faveur. 197.

197. Indignité des femmes qui se remarient dans l'an du deuil.

Et des parens qui consentent à ce mariage précipité.

Indignité du substitué qui consent que la veuve contrevienne à la condition de viduité.

Les personnes qui se marient ensemble, contre la prohibition des Loix, sont indignes de toutes les libéralités 198.

198. Indignité des

personnes qui se marient contre la prohibition des Loix.

qu'elles se font l'une à l'autre, tant par le contrat de mariage, que par testament ou autre disposition à cause de mort, *l. qui contrà* 4, *cod. de incestis nupt. l.* 2, §. 1, *ff. de his quæ ut indign. aufer.* & par conséquent le Tuteur qui épouse sa pupille doit être déclaré indigne de la succession qui lui est déférée par le testament de sa femme, *l.* 2, §. 1, *ff. de his quæ ut indign. aufer. & l.* 128, *ff. de leg.* 1ª. Ce qu'il faut néanmoins entendre relativement à la Loi 6, *cod. de interd. matrim. inter pupill. & tutor.*

Du Tuteur qui se marie, ou qui marie son fils avec sa pupille.

Comme aussi lorsque le Tuteur marie sa pupille avant l'âge de vingt-cinq ans avec son fils, il encourt l'indignité, & il ne peut pas succéder aux enfans nés de ce mariage illégitime morts *ab intestat*; ainsi qu'il a été jugé par un Arrêt du Parlement de Toulouse du 20 Mai 1637, rapporté par M. Dolive, liv. 3, chap. 2.

199. Quand la défense de se marier ne regarde que l'homme, la femme n'est pas indigne des libéralités de son mari.

Il faut néanmoins prendre garde, que quand la défense est faite à l'homme à raison de sa charge, ou de son emploi, d'épouser certaines personnes, comme au Tuteur à qui les Loix défendent de se marier avec sa pupille, & au Président de province, qui ne pouvoit pas épouser une femme de sa province, selon la Police des Romains, l'indignité n'est encourue que par l'époux, & nullement par l'épouse, parce que la défense ne la regarde pas, *dict. l.* 2, §. 2, *l.* 63, *ff. de ritu nupt. & l.* 128, *ff. de leg.* 1ª. Voilà pourquoi la femme du Tuteur pourra recueillir les libéralités testamentaires qui lui seront faites par son époux, *de l.* 2, §. 2, *& l.* 128, *ff. de leg.* 2ª. A l'égard de l'autre cas, il n'est pas en usage parmi nous, où il est permis aux Officiers d'épouser des femmes de leur Ressort ou Juridiction.

200. Quand la prohibition regarde les deux époux, l'indignité est réciproque.

Quand la prohibition faite par les Loix, de contracter mariage, regarde l'un & l'autre des mariés, l'indignité est commune & réciproque, suivant la Loi 4, *cod. de incestis nupt.* Mais cette même Loi excepte les personnes qui se sont mariées par erreur, sans affectation, ni dissimulation, pourvu que la cause de l'erreur ne soit pas légère. Elle excepte encore ceux qui se marient dans un âge susceptible de surprise, c'est-à-dire, en minorité; mais ils ne peuvent profiter de l'indulgence de la Loi dans ces deux cas, que quand ils se séparent dès qu'ils viennent à reconnoître leur erreur, ou qu'ils sont parvenus à la majorité. *Quos tamen ità demùm legis nostræ laqueis eximi placuit, si aut errore comperto, aut ubi ad legitimos pervenerint annos, conjunctionem hujusmodi sine ulla procrastinatione diverterint.*

Exception en cas d'erreur ou de minorité.

Condition afin que les exceptions ayent lieu.

201. Indignité provenant de

Il y a encore une autre cause d'indignité qui peut être occasionée par le mariage; elle est fondée sur l'article 2 de l'Ordonnance de 1639, c'est-à-dire, lorsque les fils, filles,

filles, ou veuves mineurs de vingt-cinq ans contractent mariage sans le consentement de leurs parens ascendans, lesquelles personnes, ensemble leurs descendans, sont déclarés indignes & incapables par le seul fait de toutes successions directes & collatérales, avec attribution au fisc des libéralités faites au préjudice de la disposition de cette Ordonnance : *Avons déclaré & déclarons les veuves, fils & filles moindres de vingt-cinq ans qui auront contracté mariage contre la teneur des Ordonnances* (c'est-à-dire, de l'Edit de 1556 & des articles 41, 42, 43 & 44 de l'Ordonnance de Blois) *privés & déchus par le seul fait, ensemble les enfans qui en naîtront, & leurs hoirs, indignes & incapables à jamais des successions de leurs pères mères & ayeuls, & de toutes autres directes & collatérales : comme aussi des droits & avantages qui pourroient leur être acquis par contrat de mariage & testamens, ou par les coutumes & loix de notre Royaume, même du droit de légitime ; & les dispositions qui seront faites au préjudice de notre Ordonnance, soit en faveur des personnes mariées, ou par elles au profit des enfans nés de ce mariage, nulles & de nul effet & valeur. Voulons que les choses ainsi données, ou transportées, sous quelque prétexte que ce soit, demeurent en ce cas acquises irrévocablement à notre fisc, sans que nous en puissions disposer qu'en faveur des Hôpitaux & autres œuvres pies.*

l'Ordonnance de 1639, art. 2.

Adjudication au profit du fisc.

202. Edit de 1697.

L'Edit du mois de Mars 1697 contient une disposition presque semblable contre les veuves, fils & filles majeurs de vingt-cinq & de trente ans. Voici comme il parle : *Déclarons lesdites veuves, & les fils & filles majeurs, même de vingt-cinq ans & de trente ans, lesquels demeurans actuellement avec leurs pères & mères, contractent à leur insçu des mariages, comme habitans d'une Paroisse, sous prétexte de quelque logement qu'ils y ont pris peu de temps auparavant leurs mariages, privés & déchus par le seul fait, ensemble les enfans qui en naîtront, des successions de leurs pères, mères, ayeuls & ayeules, & de tous autres avantages qui pourroient leur être acquis, en quelque manière que ce puisse être, même du droit de légitime.*

203. Observations pour l'intelligence de l'Ordonnance de 1639, & de l'Edit de 1697. Première observation.

Il convient de faire quelques réflexions pour l'intelligence de l'Ordonnance de 1639, & de l'Edit de 1697, dont il me semble que les Auteurs n'ont pas assez bien pénétré & développé l'esprit ; la première, que l'Ordonnance de 1636 ne parle que des veuves, fils & filles mineures de vingt-cinq ans. Ainsi les peines qu'elle prononce ne doivent pas s'étendre à celles qui contractent mariage, sans le consentement de leurs pères & mères après l'âge de vingt-cinq ans. Il est vrai que l'Edit de 1697 parle de celles qui sont majeures de vingt-cinq ou de trente ans; mais ce n'est que dans la circonstance qui y est marquée: c'est-à-dire, lorsque les veuves, fils & filles majeures se servent du prétexte de quelque logement qu'ils ont pris auparavant leur mariage hors la maison de leurs père & mère, & pour les privations, qui sont portées par l'Edit de 1697, & non pour les étendre aux autres qui sont exprimées dans l'Ordonnance de 1639, & dont l'Edit de 1697 ne parle pas; car en matière de peines, il ne faut point faire d'extension d'un cas à l'autre.

En matière de peines on ne doit pas faire d'extension.

204. Seconde observation.

La seconde, que l'Ordonnance de 1639 parle de l'indignité pour les successions directes & collatérales qui sont déférées *ab intestat* aux mariés & à leurs descendans; mais elle ne les déclare pas indignes des successions, qui sont déférées par testament des étrangers ou collatéraux; car les mots, *comme aussi des droits & avantages qui pourroient leur être acquis par contrats de mariage ou testamens*, ne peuvent s'entendre que des contrats de mariage, ou testamens antérieurs au mariage des personnes déclarées indignes, des dispositions desquels elles pourroient profiter par donation, ou autre convention ou substitution, & non des successions testamentaires qui peuvent arriver aux enfans depuis le mariage de leur père & mère par disposition des personnes étrangères ou collatérales, puisque par les paroles qui suivent, l'Ordonnance ne déclare de nul effet & valeur, que les dispositions faites aux personnes mariées au préjudice de l'Ordonnance, ou par elles au profit des enfans nés de ce mariage. Elle n'exclut donc pas les dispositions des collatéraux, ni des étrangers, en faveur des enfans nés de ces mariages; tout ce que l'on peut faire, c'est de les mettre au niveau des enfans bâtards, qui sont capables de recueillir les libéralités des étrangers & des collatéraux.

205. Troisième observation.

La troisième, que tout ce qui est ôté aux mariés & à leurs descendans, comme indignes ou incapables par cette Ordonnance, n'est pas attribué au fisc du Roi, elle ne lui adjuge que les libéralités qui seront faites aux mariés par les ascendans ou collatéraux au préjudice de cette Ordonnance, ou par les personnes mariées au profit des enfans nés de ce mariage; car c'est relativement à la clause qui précède qu'on doit expliquer ces paroles: *Voulons que les choses ainsi données, léguées ou transportées, sous quelque prétexte que ce soit, demeurent en ce cas acquises irrévocablement à notre fisc*, & non les successions directes ou collatérales, qui devroient appartenir *ab intestat* aux mariés, ou à leurs enfans & descendans, ni les droits & avantages, qui pourront leur être acquis par contrats de mariage ou substitutions antérieures à leur mariage, ou par les Coutumes & Loix du Royaume : toutes lesquelles choses doivent être déférées aux autres successeurs *ab intestat*. Il y a en effet une grande différence à faire par rapport à la confiscation, selon nos usages auxquels il n'est pas à présumer que l'Ordonnance de 1639 ait voulu donner atteinte indéfiniment, entre les choses qui sont déférées par les Loix, les Coutumes & les dispositions contractuelles ou testamentaires qui précèdent l'indignité, & les dispositions qui sont faites depuis l'indignité encourue & connue. Les premières ne pêchent point contre la Loi qui déclare l'indignité, elles ne sont pas faites en fraude de la Loi pénale ; elles ne sont donc pas dans le cas de la confiscation ; mais il en est autrement des secondes, parce qu'elles ne peuvent être faites que pour éluder & frustrer la prévoyance de la Loi qui prononce l'indignité : voilà pourquoi elles sont dans le cas de la confiscation.

La quatrième, que les privations prononcées par l'Edit de 1697, dans le cas particulier auquel il se rapporte, consistent aux successions des père & mère, ayeuls & ayeules, & au droit de légitime, cela est littéral ; mais on ne doit pas y comprendre les successions testamentaires qui peuvent leur être déférées depuis le mariage par les parens collatéraux, ou par les personnes étrangères ; car les mots, *& autres avantages, &c.* ne peuvent guère s'entendre que des avantages provenant des donations ou substitutions contractuelles de leurs ascendans, ou des substitutions testamentaires, dont les père ou mère des mariés pouvoient être chargés en faveur de leurs enfans, parce que ces avantages leur viennent par le moyen de leurs père ou mère ; on doit encore les entendre des avantages qui sont déférés par les Coutumes, ou Loix du Royaume, & l'on ne doit pas sans doute traiter plus rigoureusement les mariés & leurs descendans, qu'on traite les ingrats ou les bâtards. Les mariés tombent effectivement dans le cas de l'ingratitude, c'est par cette raison qu'ils peuvent être exhérédés selon l'Edit de 1556, & en cette qualité d'ingrats, ils méritent d'être privés de tout ce qui peut leur venir du chef des personnes envers lesquelles elles ont commis l'ingratitude. A l'égard de leurs enfans, ils peuvent être mis au niveau des bâtards, qui à la vérité sont incapables de successions directes & collatérales *ab intestat* ; mais qui sont capables des successions & libéralités testamentaires faites par les collatéraux & par les étrangers. Il y auroit en effet de la dureté de punir plus sévèrement des enfans innocens, & qui sont nés d'un mariage reconnu légitime par les Constitutions canoniques, que des enfans

206. Quatrième observation.

nés d'une conjonction véritablement illégitime en tous sens ; & par conséquent plus indignes de faveur & de commisération.

207. Indignité de celui qui donne les biens d'une personne vivante, dont il est héritier présomptif.

L'héritier présomptif d'une personne encore vivante, qui donne les biens, ou partie des biens de cette personne vivante à son insçu, est indigne de sa succession, *l.* 2, §. *ult. ff. de his quæ ut indign. aufer. l.* 29, §. 2, *& l.* 30, *ff. de donat. Idem erit si quis vivi ignorantis bona vel partem bonorum alicujus cognati donaverit, nam quasi indigno aufertur.* Mais afin que l'indignité soit encourue dans ce cas, il faut, 1°. que la donation soit au moins d'une partie par forme de quotité des biens de la personne vivante. 2°. Qu'elle ignore cette donation ; car si elle y consentoit, il en seroit autrement, suivant la Loi dernière, *cod. de pactis.* 3°. Qu'il paroisse que la donation a été faite par le donateur comme successeur, ou comme ayant l'espoir de recueillir par succession, les biens de la personne vivante ; car c'est précisément ce qui caractérise l'attentat, qui produit l'indignité, d'avoir agi & de s'être comporté, comme héritier d'une personne vivante, & d'avoir disposé de ses biens pendant sa vie & sans sa participation ; que si la donation étoit d'un effet particulier, comme appartenant au donateur, ce ne seroit pas le cas de l'indignité, parce que ce ne seroit plus attentat : car ce n'est pas un crime punissable de donner le bien d'autrui, comme ce n'en est pas un de vendre le bien qui ne nous appartient pas, *l. rem alienam* 28, *ff. de contrah. empt.* On n'encourt d'autre peine que la nullité, ou l'inefficacité de la donation ou de la vente, à cause que les biens peuvent être vendiqués par le Propriétaire. Il faut enfin que celui qui donne ses biens connoisse avec certitude, que la personne à qui les biens appartiennent est en vie ; car s'il y avoit de l'incertitude, il seroit en quelque façon excusable, *argum. l.* 4, *cod. de postlimin. & redemptis ab hostibus* : comme aussi lorsque le successeur présomptif stipule avec les créanciers héréditaires une remise de partie des créances, avant que l'hérédité lui soit déférée, il n'encourt pas l'indignité, *l.* 7, §. 17, *ff. de pactis* ; mais il faut prendre garde que si la personne vivante approuve *ex post facto*, la donation faite par son héritier présomptif, l'indignité ne devra pas avoir lieu, parce que le vice sera purgé, comme le remarque *Dumoulin sur la Coutume de Paris*, §. 13, *glos.* 3, *n.* 6, *versic. sed an hoc attentato.*

Conditions requises pour encourir l'indignité.

208. Indignité de celui qui se prête pour un fidéicommis

Il arrive assez souvent, que des personnes qui ne peuvent pas faire des libéralités à d'autres personnes, parce que les Loix les déclarent incapables de recueillir ces li-

libéralités, prennent des détours pour éluder & frustrer la prévoyance de la Loi, afin de faire passer aux incapables les biens qu'on veut leur laisser. L'expédient le plus ordinaire, est de choisir une personne affidée, qui est instituée ou gratifiée dans le testament, & qui est chargée verbalement de faire passer la libéralité sur la tête de la personne incapable, que le Testateur veut gratifier. C'est ce que les Loix appellent fidéicommis tacite; & comme cette manière est pleine de fraude, on la punit en la personne qui prête ainsi son ministère, en la déclarant indigne de la libéralité qu'elle est chargée, ou qu'elle s'est engagée de rendre à la personne incapable. Il y a une infinité de textes dans le Droit qui l'ont ainsi décidé, notamment la Loi 1, *ff. de jure fisci*, la Loi 10 & la Loi 11, *ff. de his quæ ut indign. aufer.* & cela est observé dans tout le Royaume, comme l'attestent les Auteurs & les Compilateurs des Arrêts.

tacite en fraude de la Loi, en faveur d'un incapable.

209. Qu'est-ce qui caractérise le fidéicommis tacite.

Ce qui caractérise le fidéicommis tacite & produit l'indignité est, que la personne qui est gratifiée en apparence, soit chargée verbalement de rendre à la personne incapable, & qu'elle s'y soit engagée, ou par écrit privé, ou par simple promesse verbale, *sive chirographum eo nomine dederit, sive nudâ pollicitatione repromiserit, l. 10, ff. quæ ut indign. aufer.* Car si le fidéicommis est exprimé dans le testament ou codicille, avec le nom du Fidéicommissaire, & la chose qui doit être rendue, ce n'est plus un fidéicommis tacite, ni le cas de l'indignité, *l. 3, ff. de jure fisci, & l. 103, ff. de leg. 1ª. Non intelligitur fraudem legi fecisse qui rogatus est palàm restituere*, dit la Loi 3, *ff. de jure fisci*, ou comme l'explique la Loi 103, *ff. de leg. 1ª. In tacitis fideicommissis fraus legi fieri videtur, quotiens quis, neque testamento, neque codicillis rogaretur, sed domesticâ cautione, vel chirographo obligaret se ad præstandum fideicommissum, ei qui capere non potest.*

210. L'indignité n'est pas encourue, lorsque le fidéicommis est exprimé dans le testament ou codicille, si le fidéicommissaire ou la chose ne sont pas connus.

Mais lorsque le testament ou le codicille imposent un fidéicommis, sans exprimer le nom du fidéicommissaire, & sans désigner la chose qui doit être rendue; ou bien, quand le nom du fidéicommissaire est exprimé, & que la chose qui doit être rendue n'est pas expliquée, sera-ce le cas du fidéicommis tacite en fraude de la Loi, & de l'indignité, ou non? La Loi 3, *ff. de jure fisci*, décide qu'il n'y a point de fidéicommis tacite, ni d'indignité, lorsque le Testateur dit, *vos rogo, ut in eo quod à vobis petii, fidem præstetis perque Deum ut faciatis rogo:* On ne voit ici ni le nom du fidéicommissaire, ni la chose qui doit être rendue, cependant le Jurisconsulte *Callistrate* dit, qu'il n'y a point dans ce cas de fidéicommis en fraude de la Loi : *Ideòquè dici posse ex suprà scriptis verbis non esse legi fraudem factam.*

211. Suite. Décision contraire de la Loi 40, *ff. de jure fisci.* La Loi *ita fidei* 40, *ff. de jure fisci*, qui est du Jurisconsulte Paul, semble dire tout le contraire : *Ita fidei hæredis commisit : rogo fundum Titio des de quo te rogavi. Si Titius capere non possit, non evitabit hæres pœnam taciti fideicommissi : non enim est palàm relinquere, quod ex testamento sciri non potest, cum recitatum est. Quemadmodùm nec ille palàm dat, qui ita scribit : rogo vos hæredes in eo quod à vobis petii fidem præstetis : imò, in priore specie majorem fraudem excogitasse videtur, qui non tantùm legem circumvenire voluit, sed etiam interpretationem legis quæ circà tacitum fideicommissum habetur.* Cette Loi décide donc qu'il y a un fidéicommis tacite en fraude de la Loi, & par conséquent une indignité, lorsque le nom du fidéicommissaire est exprimé dans le testament, si la chose qui doit être rendue n'est pas expliquée, & qu'il en est de même, à plus forte raison, lorsque le nom du Fidéicommissaire, ni la chose ne sont pas expliqués dans le testament.

212. Décision de la Loi 123, §. 1, *ff. de Leg.* 1°. La Loi 123, §. 1, *ff. de leg.* 1ª. décide encore dans le cas du fidéicommis, dont la chose est expliquée dans le testament, mais non le nom de la personne qui doit recueillir, que si le grevé engage sa parole au Testateur de rendre à une personne incapable, c'est faire fraude à la Loi, & que le grevé est indigne.

213. Antinomie des Loix ci-dessus citées. Il faut convenir que l'antinomie entre la Loi 3, & la Loi 40, *ff. de jure fisci*, ne sauroit être plus formelle, ni plus claire, les paroles qui composent le fidéicommis sont absolument les mêmes : *Vos rogo ut in eo, quod à vobis petii fidem præstetis*, dit la Loi 40. Il n'y a dans l'un ni dans l'autre fidéicommis aucune circonstance qui puisse sauver la contrariété, & changer l'espèce ; tout ce que l'on trouve de plus dans la Loi 3, *ff. de jure fisci*, qui n'est pas dans la Loi 40, c'est une prière réitérée faite aux héritiers par le Testateur, *perque. Deum ut faciatis rogo*, mais qui n'ajoute, ni ne change rien au fidéicommis, qui demeure toujours le même.

214. Conciliation de Bartole. *Bartole* tâche de concilier ces deux Loix, en disant que si l'incertitude, sur ce qui doit être rendu, & sur la personne du Fidéicommissaire, peut être éclaircie par quelqu'autre endroit du testament, ou par un codicille, le fidéicommis n'est point tacite, & il n'y a point d'indignité, & que c'est le cas décidé par la Loi 3 ; que si cette incertitude ne peut point être levée dans le testament ou codicille, c'est un fidéicommis tacite, comme le dit la Loi 40.

Mais cette ſolution eſt viſiblement contraire au texte de la Loi 3, ff. *de jure fiſci*, qui dit en termes très-diſerts, qu'on ne pouvoit pas connoître dans ce cas, ni par le teſtament, ni par quelqu'autre endroit, ce qui faiſoit la matière du fidéicommis. *Julianus reſpondit, non quidem apparere quid ab hæredibus ex ejuſmodi verbis petitum eſt*, comme le reconnoît fort bien *M. Cujas.* 215. Conciliation de Bartole rejetée.

Mais *Cujas* ſoutient que ces deux textes ne ſont pas contraires, parce que dans le cas de la Loi 3, il faut ſuppoſer que les héritiers n'ont fait aucune convention, ni promeſſe au Teſtateur, pour s'engager à rendre le fidéicommis à l'incapable; au lieu qu'il faut ſuppoſer, que dans le cas de la Loi 40 les héritiers grevés avoient pris des engagemens avec le Teſtateur pour rendre le fidéicommis à une perſonne incapable, & que c'eſt ce qui doit faire la différence des déciſions renfermées dans ces deux textes qui ſe contrarient. 216. Conciliation de Cujas.

Si l'on conſidère les paroles dans leſquelles les deux différens fidéicommis ſont conçus, dans les cas des deux Loix que nous examinons, cette ſolution ne vaut guère mieux que celle de *Bartole*, parce qu'il eſt clair que les paroles ſont les mêmes, & ſignifient la même choſe dans l'une & l'autre eſpèce; & l'on ne peut pas s'empêcher de reconnoître que ces deux Loix renferment des déciſions oppoſées. Ce qui vient, ſans doute, de ce que les Juriſconſultes, qui ſont les Auteurs de l'une & l'autre Loi, devoient être de différentes Ecoles, & avoient des principes différens. 217. Cette conciliation eſt rejetée.

Cependant cette contrariété ne peut pas donner de l'embarras dans la déciſion, parce qu'il y a d'autres textes qui levent le doute, en fixant les principes. En effet, la Loi 123, §. 1, ff. *de leg.* 1[a]. décide que, quand le fidéicommis eſt exprimé dans un teſtament, ce qui eſt la même choſe quand c'eſt par codicille, & que le nom du Fidéicommiſſaire, ni la choſe qui doit être rendue, ne ſont pas expliqués; il eſt néceſſaire que le grevé ait fait quelque convention avec le Teſtateur, ou qu'il lui ait donné quelque aſſurance par écrit privé, ou verbalement, de rendre le fidéicommis en fraude de la Loi. *Marcellus reſpondit, ſi in fraudem legum tacitam fidem Seïus accommodaſſet, nihil ei prodeſſe poteſt, ſi his verbis paterfamilias cum eo locutus eſſet.* Et comme la convention, ou la promeſſe, rend le grevé complice de la fraude, il n'y a point de doute qu'il n'encoure l'indignité, comme le décident la Loi 40, ff. *de jure fiſci*, & la Loi 123, §. 1, ff. *de leg.* 1[a]. au lieu que quand le grevé n'a fait aucune promeſſe, ni convention avec le Teſtateur pour s'en- 218. Réſolution de la queſtion. Quand le fidéicommis eſt vaguement exprimé dans le teſtament, il faut que le grevé ait engagé ſa foi de le rendre.

gager à rendre le fidéicommis à l'incapable en fraude de la Loi ; il est clair, comme le dit la Loi 3, *ff. de jure fisci*, que ce n'est point un fidéicommis tacite, que l'indignité n'est point encourue, & que le fidéicommis mal expliqué dans le testament demeure caduc, & comme non écrit, en la main de celui qui en est chargé, ainsi que l'explique fort bien *M. Cujas* sur la Loi 3, *ff. de jure fisci*, & sur la Loi *in tacitis* 103, *ff. de leg.* 1ª.

219. Quand le fidéicommis n'est pas exprimé, il y a une indignité, quoique le grevé n'ait pas promis de le rendre.

Mais quand le fidéicommis n'est point exprimé dans le testament ou codicille directement ni indirectement, & qu'il est purement verbal, le grevé doit-il être déclaré indigne, quoiqu'il n'ait point fait de convention avec le Testateur, ni donné aucune sureté verbale, ni par écrit, pour s'engager à rendre le fidéicommis à un incapable ? Et que doit-on penser, lorsqu'une personne qui n'étoit liée ni de parenté, ni d'amitié avec le Testateur, a été instituée héritière ; qu'ensuite elle a lieu de croire que cette institution n'a été faite en sa faveur, qu'en considération d'une personne incapable à laquelle le Testateur pouvoit raisonnablement penser que l'héritier rendroit l'hérédité ?

220. Raison pour la négative.

Sur la première de ces deux difficultés, il semble d'abord que la seule charge de rendre, imposée verbalement par le Testateur, ne puisse pas caractériser le fidéicommis tacite en fraude de la Loi, & qu'il faut que le grevé promette au Testateur de rendre le fidéicommis à l'incapable, sans quoi il n'y a point d'indignité de sa part ; mais le fidéicommis est caduc & regardé comme non écrit, & doit demeurer au grevé ; cela paroît textuellement décidé de même par la Loi 10, *ff. de his quæ ut indign. aufer. In fraudem juris fidem accommodat, qui vel id quod relinquitur, vel aliud, tacitè promittit restituturum se personæ, quæ legibus ex testamento capere prohibetur, sive chirographum eo nomine dederit, sive nudâ pollicitatione repromiserit.* Il est donc essentiellement nécessaire, afin que l'indignité puisse être encourue, que le grevé ait promis au Testateur par écrit, ou verbalement, de rendre le fidéicommis à l'incapable, & cette décision est confirmée par la Loi 3, *ff. de jure fisci. Et ferè eo jam decursum est ut fraus legi fieri videatur, quotiens qui neque testamento, neque codicillis rogaretur, sed domesticâ cautione & chirographo obligaret se ad præstandum ei, qui capere non potest.*

Suite.

Cela est encore fondé en raison, car ce n'est pas la destination du fidéicommis à une personne incapable par le Testateur, qui peut produire l'indignité, elle ne peut dériver que d'une faute, ou de quelqu'autre chose semblable, de la part de celui qui est grevé du fidéicommis ; &

il seroit injuste de punir une personne qui n'auroit manqué en rien ; un héritier, un légataire peuvent accepter une libéralité, lorsqu'elle est faite à une personne capable, dans un testament ou codicille, & rien n'empêche la validité du legs ou autre libéralité, lorsqu'elle est faite à une personne capable & habile, quoique le Testateur le charge verbalement de rendre à un incapable ; ce n'est qu'en s'engageant avec le Testateur par écrit ou verbalement, que l'héritier ou légataire fait fraude à la Loi, qu'il devient coupable, ou complice du complot frauduleux, & qu'il se rend indigne ; & il ne peut jamais le devenir, sans quelque fait de sa part qui puisse produire l'indignité ; ce qui ne peut pas se vérifier, quand l'héritier ou le légataire n'a rien promis, & que *fidem non accommodavit in fraudem juris*.

221. Suite. La charge du fidéicommis tacite en fraude de la Loi ne produit pas une nullité. *V. sup. n.* 7, *& inf. n.* 273, 283, 284.

Il ne faut pas penser que la charge du fidéicommis tacite en fraude de la Loi produise une nullité de la disposition. La Loi 3, §. dernier, *ff. ad S. C. Trebell.* la Loi 12, *ff. de his quæ ut indign. aufer.* la Loi 3, §. 4, *ff. de jure fisci*, & la Loi 43, §. 3, *ff. de vulgar.* décident précisément le contraire; l'indignité qu'il produit ne fait autre chose que transférer au fisc, suivant le Droit Romain, ou aux successeurs *ab intestat*, selon notre Usage, ce que l'indignité fait ôter à l'indigne par une espèce de subrogation de personnes.

222. Suite.

A quoi l'on peut ajouter, que l'usage du Royaume qui n'adjuge point au fisc ce qui est ôté à l'indigne, & qui l'adjuge aux successeurs légitimes, ou le laisse dans l'hérédité comme non écrit, ne change rien à la décision de la Loi Romaine. Tout ce que l'on peut dire, est que les successeurs *ab intestat* prennent la place du fisc, & qu'ils ne peuvent opposer, ni faire valoir l'indignité en leur faveur, que dans les cas auxquels le fisc avoit droit d'ôter à l'indigne ce qui lui étoit laissé. *M. Cujas* dans tous les endroits où il a traité cette matière, notamment sur la Loi *cum tacitum* 3, *ff. de probat. lib.* 9, *resp. Papin.* exige nommément, afin que l'indignité soit encourue, que le grevé se soit prêté à la volonté du Testateur, & qu'il lui ait promis de faire passer le fidéicommis sur la tête de l'incapable. Ainsi il n'y a point de différence à faire entre le fidéicommis énoncé vaguement dans le testament ou codicille, sans expliquer le non du Fidéicommissaire, ni la chose destinée ; auquel cas la Loi 126, §. 1, *ff. de leg.* 1ª. exige que le grevé ait prêté son consentement, & se soit engagé au Testateur ; & le cas où il n'est parlé en aucune façon du fidéicommis dans le testament ou codicille ; parce que dans l'un & l'autre cas, c'est toujours un fidéi-

Opinions de Cujas.

commis que la Loi déclare tacite; pourvu néanmoins que le fidéicommissaire ait engagé sa foi, & non autrement.

223. Raisons de l'opinion contraire.

D'autre côté, il semble au contraire que le grevé doit être déclaré indigne de la libéralité qui lui est laissée, sous la charge expresse de rendre à l'incapable, quoiqu'il n'ait point fait de promesse, ni pris des engagemens avec le Testateur, pour s'obliger à exécuter le fidéicommis; parce qu'il n'a pas pour lui la volonté du défunt, lequel n'ayant d'autre vue que de gratifier l'incapable, qui étoit l'objet de la libéralité, il encourt l'incapacité de deux manières. La première, en ce qu'il n'a pas pour lui la volonté du défunt, qui n'a eu aucune intention de le favoriser; ce qui suffit pour produire l'incapacité, suivant la Loi *cum quidam* 12, *ff. de his quæ ut indign. aufer.* La seconde, en ce qu'il refuseroit de remplir la charge à lui imposée par le Testateur, en considération de laquelle la libéralité lui avoit été faite, & qui étoit comme une condition, ou une cause finale, qui donneroit lieu à la répétition, *condictione causâ dati, causâ non secutâ*, & comme les fidéicommis n'ont besoin d'aucune sorte de formalité de l'écriture ni des témoins, lorsque le Testateur s'est confié à la foi de son héritier, ou de celui qu'il a chargé verbalement de rendre l'hérédité, ou un effet particulier, suivant le §. *dernier aux Institutes, de fideicomm. hæred.* & la Loi dernière, *cod. de fideicomm.* Il est indubitable que le fidéicommis est bon, selon les Règles du Droit Romain; ainsi les successeurs *ab intestat* entrant à la place du Fidéicommissaire incapable, suivant notre Usage, il s'ensuit qu'ils ont le droit d'obliger le grevé à remplir le fidéicommis, non en faveur du fidéicommissaire désigné verbalement par le Testateur, mais en faveur des successeurs *ab intestat*, qui prennent sa place, & qui sont subrogés à son droit.

224. Résolution qu'il y a indignité quoique le fidéicommissaire n'ait pas engagé sa foi.

Ce dernier avis me paroît plus équitable, & plus conforme à nos maximes. Il n'est pas juste, en effet, qu'un héritier ou légataire profite d'une libéralité dont il n'est pas l'objet, & dont il n'est que le ministre, ou le moyen pour la faire passer à une autre personne. Il est encore moins juste, qu'il tire un avantage de sa perfidie, & que contre la volonté & l'intention du défunt, il conserve un bien qui n'étoit pas destiné pour lui. Il est vrai que l'article 1 de l'Ordonnance de 1735 déclare nulles & de nul effet toutes les dispositions de dernière volonté purement verbales, & qui ne sont pas rédigées par écrit en la forme qu'elle prescrit: qu'ainsi on ne peut pas tirer aujourd'hui de la Loi dernière, *cod. de fideicommissis*, & du §. dernier aux Institutes *de fideicomm. hæred.* le même avantage, qu'on pouvoit en tirer avant cette Ordonnance; mais les autres raisons sont suffisantes pour pouvoir se déterminer contre le grevé qui n'est nullement favorable. Il y a dans le nouveau Journal des Audiences, *tom.* 5, *liv.* 8, *ch.* 41, un Arrêt du 17 Août 1708, qui juge qu'il suffit qu'il y ait preuve que le mari, en léguant une somme à un tiers, ait eu intention que le legs fut restitué à sa femme incapable de recevoir des libéralités de la part du mari, suivant l'*article* 282 *de la coutume de Paris*, pour déclarer le legs, comme un avantage indirect entre conjoints, quoiqu'il n'y ait point de preuve de la convention du Testateur avec le Légataire. Et par un autre Arrêt du 2 Juillet 1708, rapporté au même endroit, *chap.* 26, il a été jugé, que pour prouver un fidéicommis, ou avantage indirect entre mari & femme, il n'est pas nécessaire qu'il y ait de preuve par écrit du fidéicommis, ni même de présomption qu'il y ait de convention entre le Testateur & le Légataire, il suffit qu'il y ait des présomptions violentes de l'intention du Testateur.

Arrêts qui confirment cette opinion.

225. Y a-t-il d'indignité, lorsqu'il n'y a point ni de prière verbale du Testateur, ni de promesse de la part de l'héritier, mais un simple soupçon dans l'esprit de l'héritier, que la personne incapable est l'objet de la libéralité.

La seconde question que nous avons proposée paroît plus difficile à résoudre, parce qu'aucune des raisons que nous avons expliquées dans l'examen de la question précédente, en faveur des successeurs *ab intestat*, pour établir l'indignité de l'héritier, ne peut recevoir son application au cas présent; & l'on ne peut pas dire qu'il n'a pas la volonté du Testateur, ou qu'il n'a qu'une volonté conditionnée, & qui a une autre cause finale, ni qu'il trahisse la confiance du Testateur, il ne voit que ce qui est écrit dans le testament; le Testateur ne lui a point fait connoître cette volonté tacite & cachée; la qualité d'étranger, ou même d'inconnu au Testateur, ne peut pas l'empêcher de recueillir la libéralité qui lui est faite, *extraneum etiam penitùs ignotum hæredem quis instituere potest*, *l.* 11, *ff. de hæred. instit.* C'est un secret assez difficile à pénétrer, si le Testateur peut avoir pensé ou non de gratifier un étranger, qui n'avoit aucune raison d'espérer une telle faveur, dans la vue, qu'il pourroit réfléchir que le Testateur laissoit une personne chérie, qu'il auroit bien voulu instituer s'il l'avoit pu: tout cela ne peut être connu que par des conjectures très-fautives & équivoques; ou bien si ce n'est pas par un effet du caprice du Testateur d'avoir choisi un étranger pour recueillir ses biens. En un mot, je ne vois aucune raison plausible qui puisse favoriser dans ce cas la prétention des héritiers *ab intestat*. Il faut au moins qu'il y ait des preuves ou des présomptions violentes de l'intention du Testateur, comme il veut que les biens soient restitués à l'incapable, comme dans les espèces des Arrêts du 2 Juillet & 17 Août 1708, rapportés au Journal des Audiences, *tom.* 5, *liv.* 8, *chap.* 26 & 41, auquel cas l'institution ou le legs doivent être déclarés faits en fraude de la Loi dans les vues du Testateur.

226. *Quid* si l'héritier pénétrant les vues du Testateur a rendu à l'incapable.

Il est vrai que si, avec le secours de la réflexion, l'héritier avoit pû pénétrer les intentions cachées du Testateur, qu'il fût vivement persuadé, qu'il n'avoit été institué que pour faire passer les biens en la main d'une personne incapable, chérie du Testateur, & qu'il auroit institué, sans aucun détour, si les Loix le lui avoient permis, & que dans cette idée il eût rendu, ou fait passer les biens à cette personne incapable de recueillir les biens du Testateur, ce seroit le cas de déclarer l'indignité, & d'ôter les biens à la personne incapable à laquelle l'héritier les auroit rendus; parce que la restitution effective se combinant avec la réflexion de l'héritier, & avec la volonté & l'objet du Testateur, tout cela suffiroit pour caractériser un fidéicommis tacite en fraude de la Loi; à cause que la restitution de l'hérédité, de quelque façon qu'elle soit conçue, & quelque couleur qu'on lui donne, n'est pas une libéralité de la part de l'héritier, c'est une exécution de la volonté du défunt, que l'héritier a cru avoir destiné les biens à une personne incapable, & c'est par conséquent dans la réalité un vrai fidéicommis tacite. Cette résolution peut être formellement appuyée sur le préjugé de l'Arrêt du Parlement de Paris du 11 Février 1716, que nous rapporterons bientôt.

227. Opinion de Bartole & de Garsias.

Cependant *Bartole* sur la Loi *Lucius*, §. *in testamento* 2, *ff. de leg.* 1^a^. & après lui *Joannes Garsias* dans son Traité *de tacito fideicommisso*, *n.* 13, décident le contraire dans une espèce encore plus forte que la nôtre. *Titius* institue sa femme, avec charge de rendre à qui elle voudra, sans autre éclaircissement verbal ni par écrit; cette femme rend l'hérédité à un bâtard de son mari. Ces Auteurs décident que ce n'est pas le cas de la Loi *gener.* 25, *ff. de his quæ ut indign. aufer.* qui décide que si le gendre institue son beau-père, la circonstance de la liaison du sang, qui est entre l'héritier institué & sa fille, femme du Testateur, à laquelle il ne pouvoit pas laisser ses biens, parce que la Loi *Julia & Papia* y faisoient obstacle, ne devoit pas suffire pour faire présumer le fidéicommis tacite, qui doit être prouvé par des conjectures manifestes, comme le remarque *M. Cujas* sur cette Loi, *lib.* 14, *resp. Papin.* Mais cette Loi ne paroît pas applicable au cas décidé par *Bartole*, parce qu'il n'y avoit point de restitution faite à la femme du Testateur, fille de l'héritier institué dans l'espèce de la Loi: au lieu que *Bartole* suppose que la femme héritière à la charge de rendre à qui elle voudroit, avoit rendu l'hérédité au bâtard du Testateur. Ainsi l'argument, que l'on peut tirer de cette Loi bien entendue, auroit dû déterminer *Bartole* à décider tout le contraire dans le cas par lui proposé. Et en effet, *Bartole* sur la Loi dernière, *n. 7, ff. de his quæ ut indign. aufer.* enseigne que celui qui est institué, à la charge de rendre à qui il voudra, *cui velit*, ne peut pas rendre l'hérédité au bâtard du Testateur, parce qu'il est incapable.

Mais si l'héritier étranger, & presqu'inconnu au Tes- 228.
tateur, n'a pas encore rendu l'hérédité à la personne incapable, & qu'il en ait seulement formé le dessein, sur les conjectures de la volonté présumée du Testateur, d'avoir destiné les biens à une personne incapable, sera-ce le cas d'un fidéicommis tacite en fraude de la Loi ? Cette question a été préjugée pour l'affirmative, par un Arrêt d'Audience du Parlement de Paris du 11 Février 1716, plaidans Me. Beaubois pour Louise Boncours, veuve de René Seuret, Menuisier, & Me. le Normand pour M. Daniel-François Soucanié, Chanoine de l'Eglise Collégiale de Nesle, sur les conclusions de M. Joly de Fleury, Avocat Général.

Quid si l'héritier étranger & inconnu forme le dessein de rendre à un incapable sur les conjectures de la volonté présumée du Testateur.

Charles Seuret, Menuisier à Nesle, avoit épouse Mar- 229.
guerite Desmarets. Les enfans qu'il avoit eu étoient prédécédés, & il ne lui restoit plus que des petits-fils mineurs. Avant de mourir il fit un testament olographe le 25 Février 1711, qui, après quelques legs pieux, contient la disposition suivante : *Quant à mes biens, ayant fait pour mon fils & ma fille défunts, conjointement avec ma femme, tout ce que nous avons pû pour les marier & doter, & considérant qu'il nous reste peu de biens, je légue à mes petits-enfans chacun cinquante livres payables par mon Légataire universel ci-dessus nommé, lorsqu'ils auront atteint chacun l'âge de vingt ans, sans intérêt ; & pour le surplus de mes biens, je les légue à Me. Daniel Soucanié, Chanoine de Nesle, que je nomme pour mon Légataire & Exécuteur de mon présent testament.*

Arrêt du Parlement de Paris, qui juge cette question.

Le sieur Soucanié forma sa demande en délivrance du 230.
legs, devant le Baillif de Nesle ; Louise Boncours, veuve de René Seuret, fils du Testateur, & Tutrice de ses enfans mineurs, prétendit que le legs universel étoit un fidéicommis tacite, en faveur de la veuve du Testateur, qui, selon les Règles du Pays Coutumier, ne pouvoit pas être avantagée par son mari, autrement que par don mutuel ; & sur ce fondement elle soutint, qu'avant toutes choses, le sieur Soucanié devoit jurer sur ce fait de fidéicommis.

Suite.

231. Suite. Par une première Sentence du Baillif de Nesle du 20 Août 1713, il fut ordonné que Louise Boncours défendroit péremptoirement à la demande en délivrance, & que cependant par provision le sieur Soucanié viendroit affirmer à la première Audience, si le prétendu legs à lui fait par Charles Seuret, étoit sérieux & à son profit, s'il n'avoit fait aucun pacte & convention avec le Testateur ou avec sa veuve, & si lors de l'acceptation du legs il n'avoit pas eu intention de le remettre à Marguerite Desmarets, veuve du Testateur.

232. Suite. Le sieur Soucanié dans son affirmation, ne se conforma pas à ce qui lui étoit prescrit par la Sentence, il affirma seulement qu'il n'avoit jamais fait aucun pacte avec le Testateur, ni avec sa veuve, au sujet du legs dont il étoit question, que même la veuve lui avoit dit n'avoir aucune connoissance de ce legs: qu'au surplus il étoit maître de son bien, & qu'il pouvoit en disposer en faveur de qui bon lui sembloit, ajoutant qu'il n'avoit autre chose à dire: ensorte qu'il refusa de jurer sur le fait porté par la Sentence, *si lors de l'acceptation du legs, il n'avoit pas eu l'intention de le remettre à Marguerite Desmarets, veuve du Testateur.*

233. Suite. Par une seconde Sentence du 16 Novembre 1713, le Baillif de Nesle ordonna que sa précédente seroit exécutée, & que le sieur Soucanié viendroit affirmer à l'Audience prochaine, *si lors de l'acceptation qu'il avoit faite du legs universel, il n'avoit pas eu intention de le remettre à la veuve du Testateur*, sinon & à faute de ce faire, débouté de la demande en délivrance du legs, & comdamné aux dépens.

234. Suite. Le sieur Soucanié ayant interjeté appel de ces deux Sentences au Bailliage de Saint-Quentin, il intervint Sentence le 19 Octobre 1714, par laquelle il fut dit avoir été mal jugé par le Baillif de Nesle, & réformant, ayant égard à l'affirmation du sieur Soucanié, la délivrance du legs universel fut ordonnée, sauf à Louise Boncours de quereller le testament d'inofficiosité.

235. Moyens de l'Appellante. Sur l'appel de cette Sentence au Parlement, l'Appelante disoit pour ses moyens, que dans les causes de fidéicommis tacite le serment étoit indispensable, & que les Juges pouvoient l'étendre autant qu'ils le jugeoient à propos, pour découvrir les circonstances capables de bien caractériser le fidéicommis en forme de la Loi, pourvu que cette extension n'allât pas jusqu'à gêner la liberté du Légataire pour l'avenir: que le sieur Soucanié ne refusoit de se conformer au serment prescrit par la première Sentence du Baillif de Nesle, que parce qu'il avoit pénétré les vues

& l'objet du Testateur, de gratifier indirectement sa femme, & parce qu'il avoit le dessein de s'y conformer, ce qui constituoit un vrai fidéicommis tacite : que telle étoit la dernière Jurisprudence, par l'Arrêt rendu avec grande connoissance de cause, sur les Conclusions de M. l'Avocat-Général de Lamoignon, au sujet du testament de la Dame Princesse d'Isanghien, & qu'après cet Arrêt célèbre, il n'étoit plus permis de douter qu'on ne pût étendre au-delà du pacte & de la convention, la formule du serment déféré au Légataire ; parce que le pacte n'est pas le seul moyen capable de caractériser le fidéicommis tacite, & qu'il suffit que la volonté présumée du Testateur connue par le Légataire, se combine avec le dessein formé par le Légataire de l'exécuter.

Que les moindres soupçons suffisoient pour rendre le serment nécessaire. Que dans l'espèce de ce Procès il y avoit de fortes circonstances qui faisoient présumer le fidéicommis tacite ; que ce langage du Testateur dans son propre testament, faisoit assez connoître que sa veuve étoit le seul objet de sa libéralité ; que la différence d'état, de fortune & de situation qui se trouvoit entre le Testateur & le Légataire, le refus même du sieur Soucanié de jurer sur l'intention qu'il y avoit eu, en acceptant le legs, de le rendre à la veuve du Testateur, personne incapable ; tout cela prouvoit suffisamment qu'il étoit même, en quelque sorte, impossible que le legs universel en question ne fût un fidéicommis tacite. 236. Suite.

M. l'Avocat-Général dit, que comme il y avoit quelque préférence entre l'affirmation ordonnée par le Juge de Nesle, & celle déférée au sieur Abbé de Thou par la Sentence des Requêtes du Palais, confirmée par l'Arrêt du sieur Prince d'Isanghien, il croyoit nécessaire pour rendre la Jurisprudence uniforme, d'ajouter à la formule d'affirmation prescrite par le Baillif de Nesle, la formule du serment déférée par la Sentence des Requêtes du Palais. Que les Parties ne le demandoient pas, mais qu'il étoit en droit de le requérir, s'agissant de l'intérêt des mineurs. 237. Conclusions de M. l'Avocat Général.

L'Arrêt qui intervint le 11 Février 1716 porte : » Notre Cour, sans avoir égard à la Requête de la Partie » de Beaubois, afin de faire preuve, que la veuve est » en possession de tous les effets de la succession dont » est question, en tant que touche l'appel interjeté des » Sentences du Bailliage de Saint-Quentin, a mis & » met l'appellation, & ce dont a été appellé, au néant ; » émendant, ordonne que les Sentences du Baillif de » Nesle seront exécutées. Et faisant droit sur la Requête 238. Dispositions de l'Arrêt.

» du Procureur Général du Roi, ordonne que la Partie » de le Normand aura délivrance du legs universel par » le testament olographe du défunt Charles Seuret, en » affirmant néanmoins par la Partie de le Normand en » personne à l'Audience devant le Baillif de Nesle, que » lorsqu'elle a accepté le legs universel, dont il est ques- » tion, elle l'a accepté pour elle, & n'avoit pas intention » de le restituer à ladite veuve en tout ou en partie, » laquelle affirmation la Partie de le Normand sera tenue » de faire dans huitaine du jour de la signification qui » sera faite du présent Arrêt, sinon & à faute de ce faire » dans ledit temps, & icelui passé, en vertu du présent » Arrêt & sans qu'il en soit besoin d'autre, la Partie » de le Normand demeurera déchue du legs universel » dont est question, tous dépens entre les Parties com- » pensés. »

239. De ce qui est nécessaire pour caractériser un fidéicommis tacite. Première circonstance.

Pour nous recueillir en peu de paroles, sur ce que nous avons remarqué, afin de connoître ce qui est nécessaire pour constituer un Fidéicommis tacite, & se rencontrer dans le cas de l'indignité, nous disons, premièrement, que quand le Fidéicommis est exprimé dans le testament ou codicille, & que le nom du Fidéicommissaire, ou la chose qui doit être rendue, ne sont pas exprimés, ou que l'explication de l'un & de l'autre manque, il est nécessaire, pour encourir l'indignité, qu'il y ait des preuves que l'héritier ou le légataire chargés de rendre, ont fait quelque pacte ou convention avec le Testateur, ou le Fidéicommissaire incapable, ou qu'ils leur avoient promis de rendre le fidéicommis, autrement le fidéicommis est simplement caduc, & comme non écrit, & le grevé ne doit pas être déclaré indigne.

240. Seconde circonstance.

En second lieu, quand le fidéicommis n'est point exprimé dans le testament ou codicille, & qu'il a été fait verbalement, ou par quelque écrit privé séparé du testament ou du codicille, il n'est pas nécessaire qu'il y ait des preuves, que l'héritier ou légataire grevés de rendre, ont engagé leur foi au Testateur ou au Fidéicommissaire d'accomplir la prière du Testateur, il suffit qu'il y ait preuve de la charge imposée par le Testateur, de rendre à une personne incapable, afin que l'indignité doive être déclarée, que les biens doivent être ôtés au grevé, & qu'ils doivent être adjugés aux successeurs *ab intestat*, s'il s'agit de l'hérédité ; & s'il est question d'un legs, dont un tiers a été chargé de fidéicommis, ce legs doit demeurer dans l'hérédité à cause de l'indignité du Légataire.

241. Troisième circonstance.

En troisième lieu, lorsque le fidéicommis n'est point exprimé dans le testament ou codicille, quoiqu'il n'y ait point

point de charge de rendre imposée verbalement, ni autrement, ni de promesse ou engagement pris par l'héritier avec le Testateur, ou avec le Fidéicommissaire incapable; toutefois si l'héritier ou légataire pénétrant dans les vûes, & dans l'intention du Testateur; qu'il ne fait l'institution ou le legs, que pour faire passer les biens en la main de la personne incapable, on fait la restitution à la personne incapable, ou ont formé le dessein lors de l'acceptation de l'hérédité ou du legs, d'en faire la restitution à la personne incapable, qu'ils ont cru être l'objet de la libéralité, on doit déclarer l'indignité, & priver l'héritier ou légataire du fruit de la libéralité. Il doit même être indifférent que le dessein de rendre, selon l'intention présumée du Testateur, soit formé lors de l'acceptation ou postérieurement, même lors de l'Arrêt qui intervient sur le Jugement de la contestation; comme l'a formellement préjugé l'Arrêt du Parlement de Paris du 11 Février 1716, que nous avons rapporté ci-dessus; parce qu'en quelque temps que le dessein de rendre à la personne incapable soit formé par l'héritier pour exécuter l'intention présumée du Testateur, il se combine avec cette volonté présumée, & constitue un vrai fidéicommis tacite, parce que l'héritier se prête aux vûes illégitimes du Testateur, & il concourt avec lui pour éluder la défense de la Loi. Voilà pourquoi il se rend complice de la fraude, & qu'il mérite d'être déclaré indigne.

En quatrième lieu, dans le même cas que le fidéicommis n'est point exprimé dans le testament, & que le Testateur n'ait point chargé verbalement, ni autrement l'héritier ou légataire de rendre les biens à une personne incapable, il n'y a point d'indignité, quoique l'on se trouve dans certaines circonstances qui puissent former quelque soupçon, que l'intention du Testateur a été que ses biens parvinssent à une personne incapable; parce qu'on ne doit point détruire, ni rendre inutiles les dispositions testamentaires sur de simples soupçons, soit que l'on considère les règles du Droit Romain, ou nos Usages. C'est un des points jugés par l'Arrêt du 8 Août 1738, dont nous avons parlé ci-devant, rendu au Parlement de Toulouse en la première Chambre des Enquêtes, au rapport de M. de Viguerie, entre le sieur de Sabran, Capitaine, & le sieur Perier, Banquier de Montpellier. 242. Quatrième circonstance.

M. de Sabran, Conseiller en la Cour des Aydes de Montpellier, avoit entretenu une concubine pendant long-temps, & en avoit eu plusieurs enfans illégitimes. Il fit son testament le 11 Janvier 1736, par lequel il légua une somme de 4000 liv. au sieur Pierre de Sabran, 243. Arrêt du Parlement de Toulouse.

Capitaine d'Infanterie, son frère, & autres 4000 liv. à chacun de ses enfans naturels, qu'il avoit eu de son commerce avec la Demoiselle Robin, & il institua héritier universel le sieur François Perier, Banquier de Montpellier, homme riche, avec lequel néanmoins il n'avoit aucune liaison de parenté ni d'amitié. Il étoit même prétendu qu'il étoit inconnu au Testateur.

244. Suite. Le sieur de Sabran, Conseiller, étant mort dans cette volonté, la Demoiselle Robin sa concubine s'empara des clefs de la maison, des papiers, & des effets de la succession, & le sieur Perier convenoit, qu'elle en étoit demeurée nantie depuis le 18 Janvier, jour du décès du Testateur, jusqu'au 23 Mai 1736, jour de la clôture de l'inventaire, qui avoit été commencé le 21 Mars de la même année; la possession des effets héréditaires, & des papiers domestiques, étoit encore constatée par un Procès verbal du 30 Juillet 1738.

245. Suite. Le sieur de Sabran, Capitaine, demanda devant le Sénéchal de Montpellier la cassation du testament de son frère, & la maintenue en tous les biens avec restitution des fruits, prétendant que le sieur Périer héritier institué ne faisoit que prêter le nom à la Demoiselle Robin, & à ses enfans illégitimes, qui étoient le véritable objet de la libéralité du Testateur; & subsidiairement il demanda d'être reçu à la preuve de plusieurs faits. Il fit ensuite ouir cathégoriquement le sieur Perier, & par Sentence le Sénéchal permit la preuve de certains faits seulement. Le sieur de Sabran interjeta appel au Parlement de Toulouse, il prétendoit que le fidéicommis tacite étoit suffisamment prouvé par les circonstances; & en tout événement, il demanda d'être admis à la preuve des faits par lui soutenus, & autres afférans. Il soutenoit après *Domat*, *des Loix Civiles*, *liv.* 5, *des Substitutions*, *tit.* 3, *sect.* 3, *n.* 7, que par notre Usage le fisc ne devant pas profiter des biens qui font la matière d'un fidéicommis tacite, & qu'étant déférés aux héritiers *ab intestat*, on ne devoit pas exiger des successeurs *ab intestat* une preuve si forte, que le Droit Romain l'exigeoit à l'égard du fisc, qui n'étoit nullement favorable, comme le décide la Loi 10, *ff. de jure fisci*, & qu'on étoit par cette raison plus réservé dans le Droit Romain, qu'on ne l'est en France pour la preuve des fidéicommis tacites.

246. Suite. Cela posé, il disoit que les circonstances qui se rencontroient dans ce Procès, devoient suffire pour opérer la cassation du testament, comme contenant un fidéicommis tacite, en faveur de la concubine, & de ses enfans bâtards du Testateur. La première étoit prise de ce que

le sieur Perier convenoit dans ses réponses cathégoriques, qu'il étoit entièrement étranger, & inconnu à M. de Sabran, Testateur; qu'il n'avoit jamais eu aucune liaison avec lui; qu'ainsi la parenté, ni l'amitié ne pouvant pas avoir donné lieu à une institution faite en faveur du sieur Perier, il ne pouvoit être considéré que comme une personne interposée, du ministère de laquelle le Testateur s'étoit servi pour faire passer ses biens avec sureté sur la tête de sa concubine, & de ses enfans illégitimes.

La seconde étoit prise de ce qu'il étoit prouvé juridiquement par un Procès verbal, & qu'il étoit même convenu par le sieur Perier, que la Demoiselle Robin s'étoit emparée des clefs de la maison, des papiers, & des effets héréditaires, & qu'ils étoient demeurés en son pouvoir depuis le décès du sieur de Sabran arrivé le 18 Janvier 1736, jusqu'au 23 Mai de la même année, qu'elle continua même d'en demeurer nantie, jusqu'à ce que le sieur de Sabran eut formé l'instance en cassation du testament contre le sieur Perier, laquelle possession & détention, du consentement du moins tacite de l'héritier institué, étoit une circonstance suffisante pour prouver le fidéicommis tacite, & que le sieur Perier n'étoit que le prête-nom de la Demoiselle Robin, & de ses enfans illégitimes, suivant *Barry de successionib. lib. 1, tit. 8, n. 14, Bartole* & autres Auteurs. La tradition des clefs, des papiers, & titres domestiques étant le symbole de la restitution de l'entière hérédité, qui par-là avoit été faite en faveur des personnes incapables, auxquelles le Testateur avoit destiné sa succession; car la Loi 37, *ff. ad S. C. Trebell.* décide, qu'afin qu'une hérédité soit censée restituée, il n'est pas nécessaire d'être mis en possession de tous les biens héréditaires, *restituta hæreditas videtur aut reipsâ, si fortè passus est hæres possideri res hæreditarias, vel totas, vel aliquas earum, hâc mente ut vellet restituere, & illi suscipere.* 247. Seconde circonstance.

La troisième circonstance étoit prise des variations, & des contradictions que le sieur de Sabran disoit se trouver dans les réponses cathégoriques du sieur Perier, lesquelles fournissoient un argument très-fort de l'intention qu'il avoit de laisser les biens à la Demoiselle Robin & à ses enfans illégitimes, n'ayant affecté de répondre d'une manière obscure & ambigue, que pour cacher la vérité; cependant le sieur de Sabran soutenoit qu'il devoit en tirer de grands avantages, & que l'on devoit prendre les variations & les ambiguités du sieur Perier, comme un aveu tacite, suivant la Loi 11, §. 7, *ff. de interrogat. in jure faciendis.* 248. Troisième circonstance.

Nihil intereſt neget quis, an taceat interrogatus, an obſcurè reſpondeat, ut incertum dimittat interrogatorem.

249. Diſpoſition de l'Arrêt ſur partage.

M. de Viguerie ayant rapporté le Procès ſur le Bureau, les Juges ſe trouverent partagés en opinions, M. de Viguerie étoit d'avis d'ordonner une preuve, & M. de Bonnemain, Compartiteur, étoit au contraire d'avis d'adjuger l'hérédité au ſieur de Sabran, ſur les preuves réſultantes des actes du Procès. Le partage fut vidé ſelon l'avis de M. de Viguerie, & il fut ordonné par Arrêt du 8 Août 1738, qu'avant dire droit, demeurant les aveux & actes du Procès, le ſieur de Sabran feroit la preuve des faits par lui coartés, pour cette preuve faite en tout ou en partie, être ordonné ce qu'il appartiendroit. L'Arrêt réſerva encore au ſieur de Sabran de coarter de nouveaux faits par Requête.

250. L'Arrêt eſt juridique. Inſuffiſance des circonſces.

Il me ſemble que les Juges qui viderent le partage, prirent le parti le plus conforme aux règles; car la qualité d'étranger, & même d'inconnu au Teſtateur, quoiqu'elle ſe trouve jointe à cette autre circonſtance, que le Teſtateur avoit laiſſé une concubine & des enfans bâtards, ne devoit pas être regardée comme ſuffiſante pour prouver le fidéicommis tacite, vû que la Loi 11, *cod. de hæred. inſtit.* permet d'inſtituer héritier une perſonne étrangère & abſolument inconnue, *extraneum & penitùs incognitum*, & que le Teſtateur avoit pourvû dans ſon teſtament aux alimens de ſes enfans bâtards, en léguant à chacun une ſomme de 4000 liv. d'autant mieux que la Loi *gener.* 25, *ff. de his quæ ut indign. auſer.* décide textuellement que la qualité d'étranger jointe avec la parenté au premier degré de la perſonne prohibée & incapable, ſuivant les règles de l'ancien Droit Romain, ne ſuffiſoit pas pour établir la preuve, ou une préſomption légale du fidéicommis tacite.

251. Examen de la ſeconde circonſtance.

Il eſt vrai que la circonſtance priſe de ce que la concubine s'étoit emparée des clefs de la maiſon, des papiers & des effets du défunt, avoit quelque choſe de bien ſéduiſant; car cette poſſeſſion connue de l'héritier, ſans qu'il s'en fût plaint, & qu'il eût formé aucune action contre la concubine, ſembloit juſtifier la fraude par l'événement, & que c'étoit le cas de dire avec les Auteurs, que quand une perſonne incapable ſe trouve poſſéder les biens du Teſtateur, par le fait ou le conſentement de l'héritier, il n'en faut pas davantage pour prouver ou faire préſumer *ex eventu* le fidéicommis tacite, & le complot de fraude concerté entre le défunt & l'héritier; mais dans cette eſpèce, le ſieur Perier offroit de jurer déciſoirement que le Teſtateur ne l'avoit chargé d'aucun fidéicommis, &

que lui héritier, n'avoit fait aucun pacte ni promesse au Testateur, ni à la concubine, ou à ses enfans illégitimes, qu'il vouloit garder les biens pour lui, & qu'il n'avoit jamais formé le dessein, ni eu l'intention de les rendre à la concubine, ni aux bâtards; qu'enfin, si la concubine s'étoit emparée des clefs & des effets héréditaires, c'étoit sans le consentement exprès ni tacite du sieur Perier institué; que ces effets avoient été compris dans l'inventaire, comme faisant partie de l'hérédité appartenant au sieur Perier, & que son dessein étoit de se les faire restituer, l'entreprise de la concubine n'étant pas capable de faire perdre à l'héritier le fruit d'une institution sérieuse, & exempte de toute fraude, contre la disposition des Loix.

L'Arrêt jugea, à la vérité, que ces circonstances ne formoient pas une preuve, ni des présomptions suffisantes; mais il jugea à même-temps que les présomptions qui en résultoient, étoient considérables, & que pour peu qu'elles fussent aidées par la preuve de quelques autres faits, la preuve pouvoit devenir complète & concluante, puisque l'Arrêt réserve les aveux & les actes du Procès, & qu'en admettant le sieur de Sabran à la preuve des faits qu'il avoit soutenus, & encore de ceux qu'il pourroit coarter par Requête, il ajoute en termes remarquables, *pour ladite preuve faite en tout ou en partie, être ordonné ce qu'il appartiendra*, qui indiquent que le sieur de Sabran n'avoit pas besoin de prouver tous ces faits; mais qu'il lui suffisoit d'en prouver quelques-uns, lesquels en se combinant avec les présomptions résultantes des circonstances, fussent capables de former une preuve ou une présomption légale. 252. Préjugé de l'Arrêt pour la forme de la preuve qui restoit à faire. Preuve des faits en tout ou en partie.

L'Arrêt que nous venons de rapporter, qui juge une question importante sur la preuve du fidéicommis tacite, nous donne occasion d'éclaircir dans cet endroit, quel est le genre de preuve nécessaire ou suffisant pour constater un fidéicommis tacite en fraude de la Loi. Nous venons de voir après la Loi 25, *ff. de his quæ ut indign. aufer.* une règle négative sur cette matière; c'est-à-dire, que la parenté, au premier degré, en ligne directe de l'héritier institué, avec la personne incapable prohibée, ne suffit pas pour prouver ou faire présumer le fidéicommis tacite, *taciti fideicommissi suspicionem sola ratio paternæ affectionis non admitit*, dit cette Loi; mais dans notre usage, on pense tout autrement; car les Ordonnances, notamment celle de 1549, qui défendent de faire des libéralités à certaines personnes, comprennent les personnes interposées; & les Auteurs & les Arrêts ont décidé que l'on doit regarder comme personnes interposées par une 253. Par quelles preuves le fidéicommis tacite peut être établi. Si la parenté de l'héritier avec l'incapable peut faire présumer le fidéicommis tacite.

présomption de Droit, celles qui se trouvent parentes en ligne directe des incapables : on peut voir là-dessus ce que nous avons dit dans nos questions sur les donations, quest. 35, & les Auteurs que nous y avons cités.

254. Règle sur cette matière. La Loi 3, §. 3, *ff. de jure fisci*, donne des règles affirmatives pour faire connoître quel est le genre & la nature des preuves pour établir le fidéicommis tacite, *tacita autem fideicommissa sic deteguntur, si proferatur chirographum, quo se cavisset cujus fides eligitur, quod ex bonis defuncti pervenerit restituturum, sed ex aliis probationibus manifestissimis idem fit*; c'est-à-dire, que la preuve du fidéicommis tacite peut se faire par l'écrit que l'héritier aura fait, pour s'engager de rendre à l'incapable ce qu'il recevra du Testateur, & par toutes les autres espèces de preuves très-manifestes.

Par écrit & par toute autre preuve manifeste.

255. Réfutation de l'opinion de Domat. Quoiqu'en dise *Domat, des Loix Civiles, livre 5, des Substitutions, titre 3, section 3, nombre 7*, qu'en France on doit être moins réservé touchant les preuves, à cause que les biens ôtés aux indignes sont adjugés aux successeurs *ab intestat*, qui sont plus favorables que ne l'étoit le fisc, auquel les Loix Romaines adjugeoient ces biens; il ne faut pas de moindres preuves pour les héritiers *ab intestat*, selon notre usage, que le Droit Romain en exigeoit à l'égard du fisc; car ce n'est pas par la faveur des personnes que l'on doit régler la nature des preuves, parce qu'on ne juge point, dans ces occasions, les personnes, mais les Procès; que sans examiner si les personnes sont favorables ou non, l'objet du Juge est de chercher la vérité, sur-tout dans les faits, & cette vérité qui est indépendante de la qualité des Parties, ne peut être connue que par les preuves qui sont conformes aux règles établies par les Loix qui sont toujours les mêmes, & qui ne varient point, malgré la différence des personnes intéressées. En user autrement, ce seroit rendre tout arbitraire, & s'exposer à faire des injustices en transférant aux successeurs *ab intestat* des dispositions sous le prétexte du fidéicommis tacite; sur des preuves, ou des présomptions équivoques. Il faut donc parmi nous, tout comme chez les Romains, des preuves, ou du moins des présomptions manifestes, comme le remarque fort bien *M. Cujas*, sur la Loi 25, *ff. de his quæ ut indign. aufer. lib. 14, respons. Papiniani*. On peut voir *Antoine Gomès, ad L. Tauri 9, num. 24*, & suivans, où cet Auteur explique les manières de prouver un fidéicommis tacite, & les conjectures qui peuvent servir à le faire présumer. Je n'entre point dans ce détail, parce que ces conjectures n'ont aucun fondement dans la Loi, & qu'elles ne sont appuyées que sur l'opinion des Interprètes.

Auteurs qui ont parlé des fidéicommis tacites.

Il ne peut point y avoir de doute, lorsque le fidéicommis tacite est établi sur un écrit de la main de l'héritier, comme le décide la Loi 3, §. 3, *ff. de jure fisci*; mais comme le même texte admet toutes les autres preuves manifestes, il faut voir quelles sont les autres preuves qui peuvent suffire. 256. Preuve par l'écrit du grevé. Autres preuves manifestes.

On doit reconnoître comme une preuve légale & suffisante, la confession de l'héritier, puisque l'aveu écrit est mis par la Loi au nombre des preuves légitimes, il n'y a même aucun genre de preuve moins suspecte, & plus indubitable, que celle qui vient de l'aveu de la Partie. La glose sur le texte cité, & les autres Auteurs, de même que la Jurisprudence des Arrêts, ont reconnu la suffisance de cette preuve. 257. La confession du grevé.

Jean Garsias, dans son Traité *de tacito fideicommisso*, excepte deux cas, auxquels la confession du grevé ne suffit pas, à cause qu'elle ne peut pas nuire au droit acquis antérieurement à des tierces personnes. 258. Cas où la confession du grevé ne suffiroit pas. Le premier est lorsque l'héritier institué, qui n'a été chargé d'aucun fidéicommis, ni dans le Testament ou codicille, ni verbalement, ni tacitement, donne, de son pur mouvement, certaines choses au bâtard du Testateur, pour l'aider à vivre plus commodément; car quoiqu'après une telle donation, l'héritier déclare qu'il a été chargé d'un fidéicommis tacite en faveur du bâtard, la déclaration pourra bien nuire à l'héritier, mais non au Donataire. 259. Premier cas.

Le second est lorsque l'héritier a été chargé de rendre *palàm* dans le testament; par exemple, à Seius, personne capable; s'il déclare ensuite qu'il a été chargé de rendre à une autre personne incapable, cette confession nuira bien à l'héritier grevé pour son intérêt particulier; mais elle ne portera aucun préjudice à Seius, nommément substitué dans le testament, parce que la déclaration ne peut pas nuire à un tiers qui a un droit acquis auparavant. 260. Second cas.

Il y a encore un autre cas, auquel la confession de l'héritier ne nuit à personne, pas même à lui; c'est lors qu'ayant été chargé *palàm* dans le testament, de rendre à une personne incapable, il a été encore chargé tacitement de rendre à la même personne incapable, alors le fidéicommis tacite ne rend pas l'héritier indigne; mais la charge de rendre demeure caduque, & les biens restent entre les mains de l'héritier: *Si quis palàm rogatus & tacitè esset, agitabatur, quid magis prævaleret; utrum id ipsum noceret quod tacitè rogatus esset, an prodesset quod palàm petitum esset, & divus Hadrianus rescripsit, in eo quod cujusque fidei palàm commissum est non esse existimandum fidem suam in fraudem legis accommodasse, l. 3, §. 1, ff. de jure fisci.* 261. Troisième cas.

262. Comment peut-on avoir la confession du grevé.

On peut exiger de deux manières l'aveu & la confession. La première est par serment purgatif & non décisoire dans une audition cathégorique. Cette voie est communément reçue & usitée dans tous les Tribunaux du Royaume, en vertu de l'Ordonnance de 1539, de celle de 1667, au titre des Interrogatoires sur faits & articles, & des Loix du titre du Digeste *de interrogatoriis in jure faciendis*; & cette voie a cet avantage, qu'elle n'exclut pas la preuve par témoins, quoique l'héritier ait dénié les faits dans sa réponse cathégorique. C'est ce qui a été jugé par l'Arrêt du Parlement de Toulouse du 8 Août 1738, entre le sieur de Sabran & le sieur Perier, que nous avons rapporté ci-dessus; car quoique le sieur Perier eût dénié les faits dans plusieurs réponses cathégoriques, faites devant le Sénéchal & au Parlement, la preuve par témoins fut ordonnée.

N'exclut pas la preuve par témoins.

263. Serment décisoire.

La seconde est le serment décisoire que le successeur *ab intestat* & les autres Intéressés peuvent déférer à l'héritier, & qu'il ne peut pas refuser; que s'il refuse le serment en la forme qui lui est déférée, & que le Juge l'ordonne, il doit être déclaré déchu de l'institution ou du legs que le Testateur lui avoit fait, ainsi que l'a jugé l'Arrêt du Parlement de Paris du 11 Février 1716, entre Suzanne Boncours & M. Soucanié, que nous avons rapporté ci-devant, mais après la délation du serment faite par la Partie, & après que le Juge l'a ordonné, on n'est plus recevable à la preuve par témoins, ce qui est fondé sur la décision de la Loi *admonendi* 31, *ff. de jurejur.* Il y a un Arrêt semblable dans *Basset, tome* 1, *livre* 5, *titre* 3, *chapitre* 2.

264. Si la preuve testimoniale est reçue.

Hors du cas de la délation du serment faite par la Partie & autorisée par le Juge, il n'y a point de doute que la preuve testimoniale ne doive être admise pour constater le fidéicommis tacite, nonobstant *l'article* 54 *de l'Ordonnance de Moulins, & l'article* 2 *du titre* 20 *de celle de* 1667, qui ne reçoivent pas leur application à ce cas particulier, où il s'agit d'un fait, & même d'un fait de fraude, qui tient de la nature du crime. La Loi *in fraudem* 10, *ff. de his quæ ut indign. aufer.* suppose d'une manière bien expresse, que la preuve par témoins est admissible, puisqu'en caractérisant le fidéicommis tacite, elle dit qu'il suffit que l'héritier ait fait une simple promesse au Testateur de rendre à la personne incapable *nudâ pollicitatione*, & cette promesse mise par opposition à l'écrit de l'héritier, ne peut être autre qu'une promesse verbale; & ce seroit en vain que la Loi auroit ajouté cette forme de constituer le fidéicommis tacite, si elle n'avoit pas permis en même-temps d'en faire la preuve par témoins, qui est la plus commune, la plus usitée, & celle qui peut produire plus d'effet. La Loi 3, §. 3, *ff. de jure fisci*, comprend bien clairement la preuve testimoniale sous ces expressions *& ex aliis manifestissimis probationibus*; aussi reçoit-on cette preuve dans l'usage de la plupart des Tribunaux du Royaume; le Parlement de Toulouse n'y fait aucune difficulté, comme le prouve l'Arrêt du 8 Août 1738, ci-dessus rapporté. *Peleus, dans ses Questions illustres, question* 133, en rapporte un semblable du Parlement de Paris. *Boniface, tome* 2, *livre* 3, *titre* 5, *chapitre* 2, en rapporte un autre du Parlement de Provence du 11 Février 1665; & si l'on en trouve d'autres comme celui qui est rapporté par *Bardet, tome* 2, *livre* 6, *chapitre* 8, & celui du 5 Mai 1672, rapporté par *Soefve*, qui ayent jugé le contraire, ils doivent avoir eu pour fondement des circonstances particulières, & les mêmes Auteurs en rapportent d'autres qui ont admis la preuve testimoniale; on peut voir les nouvelles Observations de *M. Bretonnier sur Henrys, livre* 5, *question* 6, *nombre* 18. Après avoir vu ce qui est nécessaire pour caractériser le fidéicommis tacite, & produire l'indignité; avec la manière de prouver le fidéicommis tacite, il faut passer aux autres difficultés.

265. Il n'y a point d'indignité à cause du fidéicommis tacite, si le fidéicommissaire qui est incapable lors de la disposition, se trouve capable lors de l'échéance du fidéicommis.

La Loi 3, §. *quando* 2, *ff. de jure fisci*, propose cette question. Un Testateur, en instituant son héritier, le charge d'un fidéicommis tacite en faveur d'une personne qui étoit alors incapable; mais dont l'incapacité a cessé, lorsque la succession est ouverte, & que le fidéicommis doit être rendu; doit-on avoir égard à la fraude projettée entre le Testateur & l'héritier, ou bien ne doit-on considérer que l'événement, lors duquel il n'y a plus de fraude faite à la Loi, à cause que le fidéicommissaire se trouve capable? Le Jurisconsulte décide qu'il n'y a point d'indignité, parce qu'il faut considérer l'événement, & non le projet, ni l'état où se trouvoit le fidéicommissaire, lorsque le fidéicommis a été imposé, *& placuit exitum esse spectandum*.

266. *Quid* si le fidéicommissaire qui étoit capable lors de la disposition, devient incapable dans la suite.

Il n'y a pas non plus d'indignité lorsque le Testateur charge son héritier de rendre à une personne capable au temps du fidéicommis imposé, quoiqu'elle se trouve incapable lors de l'ouverture du fidéicommis, & dans ce cas, la disposition demeure caduque entre les mains du grevé comme non écrite, parce qu'il n'y a point de fraude; mais l'indignité devroit être déclarée si l'héritier avoit promis de rendre, même dans le cas que le fidéicommissaire se trouvât incapable, lors de l'échéance du fidéicommis, *l. in fraudem* 10, §. 1, *ff. de his quæ ut indign. aufer.*

267. Afin que l'indignité ait lieu, il faut que la fraude se conjoigne avec l'événement.

Des deux textes que nous venons de citer, & de la Loi dernière, §. 1, *ff. de his quæ ut indign. aufer.* résulte clairement cette règle, que pour faire encourir l'indignité, il faut que la fraude concoure & se combine avec l'événement, & que l'un sans l'autre est incapable de produire l'indignité; aussi le §. 1. de la Loi dernière, *ff. de his quæ ut indign. aufer.* décide-t-il que si celui auquel le fidéicommis tacite en fraude de la Loi, doit être rendu, vient à décéder avant le Testateur, le fidéicommis devient caduc & la chose demeure à celui qui avoit été chargé de rendre, *sed apud eum à quo relictum est remanet.* On peut tirer encore cette autre règle de ces textes, que dans le doute on doit se déterminer pour le parti qui exclut l'indignité.

De celui qui vient à décéder avant l'échéance.

Dans le doute on doit exclure l'indignité.

268. Si celui qui prête son ministère pour un fidéicommis tacite, doit être privé de ce qu'il a reçu au-delà des biens du fidéicommis tacite.

Les Interprètes agitent & décident diversement une autre question. Un Testateur institue un héritier, & le charge d'un fidéicommis tacite en faveur d'un incapable, d'une partie de cette hérédité, ou de quelques effets particuliers. Cet héritier qui a promis de remplir le fidéicommis, & a concouru dans le projet de fraude avec le Testateur, doit-il être privé de l'entière hérédité, comme la disposition étant entièrement inutile à son égard? ou bien doit-il être déclaré indigne seulement des biens qui faisoient la matière du fidéicommis, la disposition devant être exécutée pour tout le reste?

269. Opinion de Balde pour l'affirmative.

Balde, sur la Loi, *etiam 3, num. 5, cod. ad L. falcid.* dit que l'héritier doit être privé de l'entière hérédité, *quæro numquid ille qui accommodavit tacitam fidem in unum nummo censeatur indignus tota hæreditate? respondeo sic*; il se fonde sur le texte de la Loi 3, *cod. ad l. falcid.* qui ne dit rien de semblable, & qui suppose au contraire, comme tous les Auteurs le reconnoissent, que dans le cas de cette Loi l'héritier avoit été chargé d'un fidéicommis tacite de l'hérédité.

270. Résolution que le grevé ne perd que ce qu'il s'est engagé de rendre par fidéicommis tacite.

Mais cette décision est contraire aux règles & à la décision formelle des Loix, aussi les autres Auteurs, notamment *Antoine Gomès, ad L. Tauri 9, num. 22, & Henry Zoesius*, sur le titre du Digeste *de his quæ ut indign. aufer. num.* 8, réprouvent-ils l'opinion de Balde. Il y a en effet trois textes formels qui donnent pour règle, que l'héritier qui s'est engagé de rendre un fidéicommis tacite, n'encourt l'indignité que pour ce qui fait la matière du fidéicommis. Le premier de ces textes est la Loi *ex facto 43, §. Julius 3, ff. de vulg. & pupill. substit.* elle décide que l'héritier institué, par exemple, en la moitié de l'hérédité, & qui se prête pour rendre à une personne incapable la moitié de cette moitié, qui est un quart du total, ne doit être privé que de ce quart, parce qu'il est assez puni par la privation de la portion, à raison de laquelle il a contrevenu à la défense de la Loi, *satis enim punitus est in eo in quo fecit contra leges.* Bien plus ; s'il est substitué pupillairement au fils du Testateur, en la même portion en laquelle il a été institué, la privation de partie de cette portion, par indignité, ne l'empêche pas de recueillir la substitution pupillaire, tout de même que s'il n'avoit souffert aucune privation. *Tacitam fidem qui accommodat de restituendâ re incapaci privatur eo, quod restituere voluit incapaci, quippè eâ parte deliquit,* dit *Denis Godefroy sur cette Loi.*

Le second texte est la Loi *hæres qui* 11, *ff. de his quæ ut indign. aufer.* elle décide que si l'héritier engage sa parole pour rendre ou délivrer certains legs à des personnes incapables, il n'est privé de la falcidie que pour les legs à raison desquels il s'étoit engagé de rendre aux incapables, & non pour les autres legs, encore moins est-il privé de l'institution héréditaire : *hæres qui tacitam fidem contrà leges accommodavit, in ea parte, quâ fraudem adhibuit, falcidiâ non utitur, & ita Senatus censuit ; sed si major modus institutionis quam fraudis fuerit, quod ad falcidiam attinet, de superfluo quarta retinebitur.* Ainsi, il est clair que l'indignité n'est encourue que pour ce qui fait la matière du fidéicommis tacite, & non pour le surplus. 271. Suite.

La Loi 29, §. dernier, *ff. de donationib.* que l'on oppose à cette décision, n'est pas contraire, elle décide un cas divers, dans lequel la règle de cette Loi doit être observée, sans qu'on puisse la tirer à conséquence aux autres cas différens ; car c'est un attentat bien plus grand, comme blessant les bonnes mœurs, de disposer de partie de l'hérédité d'une personne vivante, que de prêter son ministère à un fidéicommis tacite, en quoi on ne blesse que la disposition de la Loi qui a réglé elle-même la mesure de la punition ; & par conséquent, on ne peut ni l'aggraver, ni l'étendre ; lorsque la Loi a réglé les peines selon les différentes espèces de délits, elle l'a fait avec prudence, & si elle punit moins sévèrement un cas que l'autre, c'est parce que la grièveté de l'attentat a engagé le Législateur à aggraver la peine. Explication de la Loi 29, §. dernier, *ff. de donat.*

Le troisième texte est la Loi *eum qui* 18, §. 2, *ff. de his quæ ut indign. aufer.* qui décide que l'héritier institué en une portion de l'hérédité avec un prélegs d'un fonds, quoiqu'il se charge d'un fidéicommis tacite de la portion d'hérédité, il ne perd pas le prélegs du fonds à raison duquel il n'y a point de fidéicommis tacite ; toutefois l'héritier institué en une partie, qu'il s'est chargé de rendre 282. Suite.

Portio portioni accrescit.

par fidéicommis tacite à un incapable, ne profite point du droit d'accroissement, *l. si totam* 83, *ff. de acquir. hæredit.* parce que *portio portioni accrescit non personæ.*

273. Si lorsqu'il y a fidéicommis tacite de l'hérédité, les autres dispositions du testament doivent être exécutées.

V. sup. n. 7. & 221, & *infr. n.* 283, 284, 286.

Lorsque l'héritier même universel est déclaré indigne pour avoir prêté son ministère au désir du Testateur, qui a fait un fidéicommis tacite, même universel en faveur de l'incapable, toutes les autres dispositions du testament sont conservées. *Cum ex causâ taciti fideicommissi bona ad fiscum pertinent, omnia quæ in testamento utiliter data sunt, valent, & ita Divus Pius rescripsit, l.* 3, §. 4, *ff. de jure fisci.* Cela est encore décidé de même par la Loi 3, *cod. ad L. Falcid.* On ne doit rien changer à la décision de ce texte, sous prétexte que les biens ne sont pas déférés au fisc, & que par notre usage, ils sont adjugés aux successeurs *ab intestat*, parce qu'il n'y a d'autre changement, sinon que les héritiers *ab intestat* prennent la place du fisc; ils doivent donc entrer dans les mêmes engagemens qui suivoient le fisc, lorsque les biens lui étoient adjugés. La raison pourquoi les legs & les autres dispositions du testament sont conservées, quoique l'hérédité soit ôtée à l'indigne, est que l'indignité n'empêche pas que l'institution ne vaille suivant la Loi 43, §. dernier, *ff. de vulgar. & pupill. substitutione*, la Loi 8, & la Loi 12, *ff. quæ ut indign. aufer.* & la Loi 12, §. dernier, *ff. ad Senat. Consul. Trebellian.* Ainsi, les successeurs *ab intestat* qui prennent l'hérédité ne font qu'entrer en la place de l'héritier testamentaire déclaré indigne. Voilà pourquoi l'institution subsistant de plein droit, on ne peut pas appliquer à ce cas la règle du §. 34, aux Institutes *de legatis*, quoiqu'en dise *Ricard.* On peut voir ce que nous avons dit aux nombres 7 & suivans de cette section.

274. Si les successeurs *ab intestat* qui recueillent à cause de l'indignité de l'héritier, peuvent retenir la falcidie ou la trébellianique.

Que si les legs qui subsistent épuisent l'hérédité, les successeurs *ab intestat* qui prennent la place de l'héritier déclaré indigne, tout comme le faisoit le fisc chez les Romains, doivent prendre l'émolument de la falcidie, *l. etiam* 3, *cod. ad L. Falcid.* & l'on doit dire la même chose de la Trébellianique, *l.* 59, §. 1, *ff. ad. Senatus-Consult. Trebellian.* ils doivent aussi profiter de la falcidie sur les legs à raison desquels il a été fait un fidéicommis tacite dans le cas de la Loi *hæres qui* 11, *ff. de his quæ ut indign. aufer.* car toutes les décisions qui sont faites en faveur du fisc, selon le Droit Romain, doivent s'appliquer à l'avantage des successeurs *ab intestat*, parce que selon notre usage, ils prennent la place du fisc.

Les héritiers grevés de rendre à un incapable, perdent la falcidie.

Lorsque les héritiers se sont chargés de rendre à un incapable par fidéicommis tacite en fraude de la Loi, ils doivent être privés de l'émolument qu'ils doivent retirer de la falcidie, & l'indignité doit avoir lieu pour cet émolument, tout de même que si le fidéicommis tacite étoit de l'hérédité ou de partie, *leg. si quilibet 23, ff. de his quæ ut indign. aufer.*

L'indignité causée par le fidéicommis tacite en fraude de la Loi, fait priver non-seulement des biens qui sont la matière du fidéicommis tacite, ainsi que nous l'avons expliqué ; mais encore des fruits de ces biens, même avant l'interpellation judiciaire, *eum qui tacitum fideicommissum in fraudem legis suscepit eos quoque fructus quos ante litem motam percepit, restituere cogendum respondi. L. eum qui 18, ff. de his quæ ut indign. aufer.* L'indigne devoit, suivant le Droit ancien, être condamné au payement des intérêts du prix des fruits qu'il avoit vendus depuis l'introduction de l'Instance, au lieu qu'il ne devoit point les intérêts de ceux qu'il avoit consumés ; mais cela fut changé par un Décret de l'Empereur Sévère, qui ordonna que les intérêts des fruits indistinctement ne seroient point exigés de l'indigne, suivant la même Loi 18, *ff. de his quæ ut indign. aufer. & l. 1, cod eod.* 275.

275. Indignité fait perdre les fruits.

Quid des intérêts des fruits.

Lorsque l'héritier est privé de l'hérédité par indignité, pour s'être chargé d'un fidéicommis tacite, ou autrement, il n'est plus tenu des dettes passives ; mais il ne pourra point faire revivre les actions, qu'il avoit sur l'hérédité avant son acception, ni les servitudes qui ont été éteintes par la confusion, *l. 8, l. 18, §. 1, ff. de his quæ ut indign. aufer.* & la Loi 29, §. dernier, *ff. de jure fisci* ; la perte des actions est une peine que la Loi ajoute à l'indignité. Je doute si cette peine seroit pratiquée en France, même dans le Pays du Droit écrit, du moins *le Brun, des Successions, livre 3, chapitre 9, nombre 25* ; pense qu'elle ne doit pas avoir lieu. La Loi *hæredem 17, ff. de his quæ ut indign. aufer.* excepte le cas auquel celui qui n'a pas vengé la mort du défunt, peut être excusé par ignorance de fait, alors il peut être considéré comme possesseur de bonne foi, il ne doit rendre les fruits que du jour de l'interpellation judiciaire, & les actions éteintes par la confusion sont rétablies.

276. Héritier privé de l'hérédité par indignité, n'est plus tenu des dettes héréditaires.

Si la perte des actions est pratiquée en France.

Depuis quel temps l'héritier qui n'a pas vengé la mort du défunt par ignorance, doit les fruits.

On n'assujettit point à la peine de la Loi ni à l'indignité, le fils qui se charge d'un fidéicommis tacite à lui imposé par son père, en la puissance duquel il est, parce que la nécessité où il se trouve d'obéir à son père l'excuse, *rectè dictum est si pater filii quem in potestate habebat tacitam fidem interposuerit, non debere ei filio nocere, quia parendi necessitatem habuerit, L. in fraudem 10, §. ult. ff. de his quæ ut indign. aufer. & l. 13, ff. ad leg. falcid.* Ces textes marquent la circonstance de la puissance paternelle,

277. Le fils qui se charge d'un fidéicommis tacite par l'ordre de son père est excusé de l'indignité.

Quid du fils majeur & émancipé.

comme une condition sans laquelle le fils ne seroit pas excusé. Voilà pourquoi il y a lieu de croire que le fils majeur émancipé ne devroit pas subir la peine de la Loi, & qu'il devroit être privé de la libéralité.

278. Si le mineur, le rustique, la femme, le Soldat sont excusés.

Que doit-on dire du mineur, du rustique ; de la femme & du Soldat ? Doivent-ils être excusés lorsqu'ils se chargent d'un fidéicommis tacite en fraude de la Loi ? La Loi *post legatum* 5, §. *ætati* 9, *ff. de his quæ ut indign. aufer.* excuse les mineurs lorsqu'ils ont attaqué le testament de leur père par la plainte d'inofficiosité. La Loi *minoribus* 6, *cod. eod.* les excuse pareillement lorsqu'ils n'ont pas vengé la mort du défunt. Ces deux Loix comprennent deux cas, dans l'un desquels le mineur a délinqué *in committendo*, & dans l'autre il a délinqué *in omittendo*, il faut donc dire dans le cas du fidéicommis tacite que le mineur doit pareillement être excusé, puisqu'il y a identité de raison.

279. Suite.

Pour ce qui est de la femme, du Soldat, & du rustique, il semble qu'on doive aussi les excuser, lorsqu'ils se chargent d'un fidéicommis tacite en fraude de la Loi, puisqu'ils sont excusés dans le cas où ils approuvent le testament, suivant la Loi 5, §. 1, *ff. de his quæ ut indign. aufer. Prohibendi autem sint an non, ex cujusque personâ, conditione, ætate, cognitâ causâ à judice statuendum erit* ; & c'est dans ce sens, c'est-à-dire, en rapportant à la femme & au Soldat, les mots *personâ*, *conditione*, que l'on trouve dans ce texte, qu'il faut l'entendre, ainsi que M. Cujas l'explique ; mais n'y ayant aucune Loi qui excepte les rustiques, les femmes ni les Soldats, de l'indignité, il n'y a pas lieu de les excepter, encore moins sur le fondement d'une Loi qui ne parle point de l'indignité, & que nous avons même fait voir ci-dessus n'avoir pas été bien expliquée ; les femmes, les rustiques, & les Soldats, ont à la vérité certains priviléges ; mais ils ne sont pas comparés aux mineurs, & ils ne jouissent pas des mêmes avantages, *l.* 32, *ff. ad Senatus. Consult. Velleian.* & s'ils sont excusés dans certaines occasions, ce n'est que dans les cas exprimés dans le Droit. C'est par ces raisons que *Vasquius*, tome 3, *de successionum resolutione*, *lib.* 2, §. 20, *de indignis*, *num.* 29, décide que le Soldat n'est pas excusé, s'il néglige de venger la mort du défunt dont il est héritier, & il y a un Arrêt de 1573 dans *Louet*, *lettre H*, *sommaire* 5, qui le juge ainsi contre des rustiques.

Si le Soldat est excusé quand il néglige de venger la mort du défunt.

280. Si lorsqu'un héritier s'est

Lorsqu'il y a un premier testament, en conséquence duquel l'héritier en partie s'est chargé de rendre à un incapable, un fidéicommis tacite, quoique le second Testateur fasse un second testament, où la même personne se trouve instituée en la même portion ou en une plus grande, ce second testament ne couvre point l'indignité encourue, & l'on doit présumer que le Testateur a persévéré dans la même volonté sur le fidéicommis tacite, à moins que l'héritier ne prouve le changement de volonté, *l.* 3, *ff. de probat.*

Legs fait à un héritier chargé d'un fidéicommis tacite de ce qu'il devoit recueillir en vertu d'un premier testament, l'indignité subsiste, quoiqu'il y ait un second testament.

Nous avons vu les cas où l'indignité est encourue par le fait de l'héritier, ou du Légataire. Voyons présentement les cas où l'indignité a lieu par leur négligence: d'abord on doit déclarer indigne, celui qui a laissé mourir le défunt par sa négligence & par sa faute, *qui manifestissimè comprobatus est id egisse, ut per negligentiam & culpam suam mulier à quâ hæres institutus est, moreretur*, *l.* 3, *ff. de his quæ ut indign. aufer.* comme s'il lui a laissé manquer de secours dans sa maladie, s'il a refusé ou négligé de lui donner des alimens dans une nécessité pressante, parce que *necare videtur qui alimenta denegat*, *l.* 4, *ff. de agnocend. & alend. liberis*; si par son secours, pouvant le retirer des mains des assassins qui lui ont donné la mort, il a négligé ou refusé de lui donner ce secours. Tous ces cas sont renfermés dans la décision générale de la Loi 3, *ff. de his quæ ut indignis aufer.* Il en est de même lorsqu'un frère instruit du complot formé contre son frère de lui ôter la vie, ne l'a pas révélé, la Loi 2, *ff. ad leg. Pomp. de parricidiis*, le déclare en quelque façon, complice du crime, avec cette différence, néanmoins, qu'il ne doit être puni que par la rélégation; mais il doit être declaré indigne de la succession du meurtri, auquel il pouvoit conserver la vie, en révélant le complot, *Mornac*, sur la Loi 1, *cod. ubi. causæ fiscales vel divinæ domus.* Il y a même lieu de déclarer l'indignité contre tout autre que le frère, qui faute de révéler la conspiration, donne occasion au meurtre du défunt, parce qu'il est la cause de sa mort, par sa faute & sa négligence.

281. *Des cas où l'indignité a lieu par la négligence de l'héritier.*

282. *De celui qui a laissé mourir par sa faute, le défunt.*

Du frère instruit du complot sur la mort de son frère, qui ne l'a pas révélé.

Quid de l'étranger qui n'a pas révélé le complot.

La Novelle 115, *chapitre* 3, §. 12, déclare aussi indignes les enfans & les collatéraux, même les étrangers qui sont appellés par testament pour recueillir des libéralités, lorsqu'ils négligent de faire soigner leurs parens ou bienfaicteurs, qui sont dans l'état de fureur ou de démence; que si le furieux recouvre son bon sens, il peut exhéréder, & priver même de la légitime ses enfans qui l'ont négligé dans son accident, comme ingrats & indignes: que si un étranger, par commisération envers celui qui seroit tombé dans la fureur, après avoir sommé & interpellé par acte les enfans ou les autres successeurs *ab intestat*, ou testamentaires, & qu'ils eussent né-

283. *Indignité de ceux qui négligent d'avoir soin de leur bienfaicteur, qui est dans la fureur ou démence.*

gligé ou refusé, l'avoit retiré dans sa maison, & qu'il en eût pris soin jusqu'à sa mort, lui fournissant toutes les choses nécessaires, la succession de ce défunt devroit être déférée à cet étranger à l'exclusion des enfans & des autres héritiers *ab intestat* ou testamentaires, & néanmoins les legs contenus dans le testament devroient être exécutés, de même que toutes les autres dispositions particulières du testament; *Ferriere sur cette Novelle* 115, *chapitre* 3, *nombre* 28, croit que l'hérédité ne seroit pas déférée à l'étranger, & qu'il ne pourroit prétendre que le remboursement de ses avances; cependant la disposition de cette Loi est très-sage & très-équitable, & si les héritiers testamentaires ou *ab intestat* ne sont pas privés de la succession & des libéralités qui leur sont faites, leur ingratitude demeurera impunie, & ce sera une espèce d'attrait qui les portera au mépris & à la négligence envers leur parent & leur bienfaicteur. Il est vrai que dans la Coutume où la succession est réglée par disposition expresse sans faire mention de ce cas, la disposition de la *Novelle* 115 ne doit pas être reçue selon l'opinion de *Ferriere*; mais dans les Pays du Droit écrit, où les successions sont réglées par le Droit Romain, il n'y a aucune raison pour ne pas suivre la disposition de la *Novelle* 115.

Si cette indignité a lieu dans les Pays Coutumiers.

284\. De ceux qui négligent de racheter les Captifs.

L'héritier *ab intestat* ou testamentaire, qui néglige de racheter celui qui est en captivité chez les ennemis, & qui y décède, doit être privé & déclaré indigne de sa succession légitime ou testamentaire, ce qui doit avoir lieu à l'égard de l'héritier testamentaire, s'il a été instruit qu'il avoit été institué dans le testament de celui qui est tombé entre les mains des ennemis. Les biens du défunt qui sont ôtés aux héritiers indignes, doivent être appliqués à l'Eglise du lieu où le défunt avoit pris sa naissance, pour être employés à la rédemption des captifs; mais quand il y a un testament, les biens qui composent l'institution seulement, sont ôtés à l'héritier indigne, & toutes les autres dispositions doivent être conservées. On excepte de l'indignité les mineurs de dix-huit ans; mais non ceux qui ont passé cet âge, *Novell.* 115, *cap.* 3, §. 13, & *Auth. si captivi*, *cod. de Episcop. & Cler.* Nous devons appliquer à ce cas, la réflexion que nous avons faite au sujet du précédent, en observant néanmoins que pour encourir l'indignité dans ce cas, il faut de la convenance & de la facilité, pour faire le rachat du captif, & que s'il n'est point fait, ce soit par la mauvaise volonté de l'héritier présomptif. On peut voir *Rebuffe*, sur les Ordonnances *in proemio*, *gloss.* 5, *num.* 38;

Application des biens qui sont ôtés à l'indigne dans ce cas.

Toutes les dispositions du testament sont exécutées.

Les mineurs de dix-huit ans sont exceptés.

Conditions afin que cette indignité ait lieu.

38; *Mornac*, sur l'Authentique *si captivi*, *cod. de Episcop. & Cler. & Ferriere sur la Novelle* 115, *chapitre* 3, *nombre* 31; au reste, il n'y a pas lieu d'étendre la disposition à ceux qui refusent de délivrer de prison leur bienfaiteur, autre que le père, dont cette Novelle, chapitre 3, impose la nécessité aux enfans de procurer la liberté en cautionnant pour lui, parce que c'est une Loi pénale, qui ne peut pas recevoir d'extension d'un cas à l'autre, quoiqu'en ayent pensé quelques Interprètes.

De celui qui refuse de tirer de prison son bienfaiteur.

285. De l'héritier qui n'exécute pas la volonté du défunt.

Il est ordonné par la *Novelle* 1, *chapitre* 1, §. 1, & par *l'Auth. hoc amplius cod. de fideicommiss.* que l'héritier qui n'exécute pas la volonté du défunt dans l'an, depuis le temps qu'il en a été interpellé par le Juge, soit privé de l'hérédité, sauf la légitime qu'il peut retenir, & ce qui est ôté à l'héritier, est déféré, à la charge d'exécuter ce que le défunt a ordonné, premièrement, aux substitués, s'il y en a, sinon aux co-héritiers, ou au fidéicommissaire ou Légataire universel, ou bien à celui des fidéicommissaires qui a la plus grande portion, ou des Légataires auxquels le Testateur a laissé un plus fort legs, ou bien à tous les Légataires qui veulent accepter & accomplir la volonté du défunt, selon le rang & ordre qu'ils ont été nommés dans le testament, & à défaut de toutes ces personnes, elle est déférée au fisc; mais les enfans justement exhérédés n'y sont pas admis.

Conditions afin que la privation puisse être déclarée dans ce cas.

Mais afin que cette privation puisse être déclarée, il faut que la volonté du défunt ne soit pas contre les bonnes mœurs, ou du nombre des choses que la Loi défend, ou dont elle dispense. Voilà pourquoi un héritier ne doit pas être privé par indignité de l'hérédité, sous prétexte qu'il n'aura pas accompli ce que le défunt aura ordonné touchant sa sépulture, *l. non opportet* 5, *cod. de his quæ ut indign. aufer.* De même, si un Testateur ordonne de ne mettre point son corps dans la sépulture, & de le jeter dans la mer, l'héritier ne doit encourir aucune peine pour n'avoir pas obéi. *Laudandus magis, quàm accusandus hæres qui reliquias Testatoris non in mare, secundum ipsius voluntatem, abjecit, sed memoriâ humanæ conditionis sepulturæ tradidit. L. quidam* 27, *ff. de condit. instit.* Il en est pourtant autrement lorsque le Testateur impose la charge de lui dresser un tombeau, ou construire un mausolée, sa volonté devra être exécutée, à peine de privation de la libéralité faite sous cette charge, *l.* 5, *cod. de religiosis & sumptib. funer. & leg.* 27, *de conditionibus & demonstrationibus.*

Cas où l'indignité n'est pas encourue, quoique la volonté du défunt ne soit pas exécutée.

286. Comment doit-on entendre que la privation ne doit être déclarée qu'après l'an. Il faut néanmoins observer que la disposition de la Novelle 1, qui ne déclare la privation qu'après l'an du refus d'accomplir la volonté du Testateur, ne doit avoir lieu, que dans le cas où le Testateur n'y a pas pourvu lui-même, soit en déclarant la peine de privation, soit en attachant une condition à la libéralité; car le défaut d'accomplissement de la volonté dans le temps prescrit, ou de la condition, feroit encourir la privation, sans attendre le délai d'un an, §. *pœnæ* 36, *instit. de legat.*

Dans le cas de la privation le surplus du testament est exécuté. Mais il faut prendre garde que dans le cas de la privation, on ne donne aucune atteinte au surplus du testament, qui doit être exécuté pour toutes les autres dispositions qu'il contient. La privation n'opérant d'autre effet que d'ôter à l'indigne ce qui lui avoit été laissé, & de le transférer *cum suis oneribus* à ceux auxquels la Novelle le défére. *La Novelle* 131, *cap.* 11, *& l'Authent. licet*, *cod. de Episcop. & Cleric.* porte une exception à cette règle, c'est-à-dire, lorsque l'héritier refuse d'exécuter les legs & autres dispositions pieuses, auquel cas, après une ou deux sommations faites par des personnes publiques, à la diligence de l'Evêque ou de l'Econome, l'héritier ou le Légataire chargé de l'exécution des dispositions pieuses, doit être privé de tout l'émolument qu'il pouvoit recevoir du testament, lequel émolument peut être vendiqué par l'Evêque; ensemble les legs & autres dispositions pieuses, à la charge néanmoins de distribuer les legs pieux en la forme prescrite par le Testateur.

Quid s'il s'agit du refus d'exécuter les legs pieux.

287. De l'Exécuteur testamentaire qui collude avec les héritiers, s'il est déchu du legs. L'Exécuteur testamentaire auquel le Testateur a fait des legs, colludant avec les héritiers institués, & négligeant de pourvoir l'exécution suivant la charge qu'il en avoit reçue, en considération de laquelle les legs lui avoient été faits, fut déclaré déchu de ces legs par Arrêt du Parlement de Paris du 25 Mai 1543, rapporté par *Charondas*, *liv.* 7, *réponse* 97: par la même raison, celui qui est nommé Exécuteur testamentaire, auquel le Testateur a fait des legs en considération de cette charge, doit être privé des legs qu'il lui fait, s'il refuse la charge; cela peut être encore appuyé sur les Loix qui privent le Testateur des legs à lui faits, lorsqu'il refuse la tutelle que nous allons indiquer.

Quid s'il refuse la charge d'Exécuteur testamentaire.

288. Si le Tuteur qui refuse la tutelle perd le legs que le Testateur lui fait. La Loi 25, *cod. de legat.* déclare indigne celui qui a été nommé Tuteur par testament, auquel le Testateur a fait des legs en considération de la tutelle, lorsqu'il refuse cette charge, lesquels legs, dont le Tuteur est déclaré indigne, doivent être adjugés au pupille, *si legatarius cui propter tutelam gerendam, aliquid relictum sit, non su-*

bilvit tutelam, ei quidem legatum aufertur, pupillo autem adsignatur, cui ille utilis esse noluit. On trouve la même décision dans la Loi 5, §. 2, *ff. de his quæ ut indign. aufer.* la Loi 28, §. 1, la Loi *Nezennius* 32, & la Loi *amicissimos* 36, *ff. de excusat.* même les héritiers étrangers peuvent retenir ce qui est ôté au Tuteur déclaré indigne pour avoir refusé la tutelle, *l.* 28, §. 1, *ff. de excusat.* La même indignité est encourue par le Tuteur qui ne s'est pas excusé; mais qui ne veut point administrer, quoiqu'il y ait d'autres Tuteurs suffisans; comme aussi le Tuteur auquel on a ôté la tutelle comme suspect, est encore à plus forte raison, déclaré indigne des libéralités à lui faites par le Testateur, *l. quid autem* 35, *ff. eod.* & peu importe que le Tuteur donné & choisi par le Testateur, soit du nombre de ses amis ou de ses parens, il ne doit pas moins, pour cela, être privé du legs, *leg. amicissimos* 36, *ff. eod.* peu importe encore que le pupille auquel le Testateur ou la Testatrice a donné un Tuteur, soit en sa puissance ou non, & que la dation de tutelle ait besoin d'être confirmée par le Juge, *l. Nezennius* 32, *ff. de excusat.* A la vérité, on distinguoit autrefois, lorsque le legs avoit été fait au Tuteur dans le même acte où la tutelle lui étoit déférée, auquel cas, il étoit déclaré déchu, lorsqu'il s'excusoit; au lieu qu'on lui conservoit le legs qui lui avoit été fait dans un autre acte que celui qui le nommoit Tuteur, suivant la même Loi 32; mais on ne fait plus cette distinction, le Tuteur qui s'excuse doit être privé dans tous les cas, du legs que le Testateur lui a fait dans le même Testament où la tutelle est déférée, soit dans un codicille séparé, à moins qu'il ne soit dit nommément, que le legs demeurera au Tuteur, quoiqu'il s'excuse de la tutelle, *l. sed hæc nimium* 33, *ff. eod.* parce que le legs est toujours présumé fait en considération de la tutelle, si le Testateur ne déclare par exprès le contraire dans le testament ou codicille.

Legs adjugé au pupille.

Du Tuteur qui refuse d'administrer.

Du tuteur exclus comme suspect.

Quid si le Tuteur est du nombre des amis ou des parens du Testateur.

Ancien droit, lorsque le legs étoit fait dans le même testament où la tutelle étoit déférée, ou dans un codicille séparé.

Legs est toujours présumé fait en considération de la tutelle

Mais afin que l'indignité ait lieu, il faut que le Tuteur légataire qui s'excuse, ait été choisi & donné par le Testateur, & qu'en s'excusant, il vienne contre la volonté du défunt; car s'il est nommé par les parens ou par le Juge, il peut s'excuser sans perdre le legs qui lui a été fait par le Testateur, père du pupille, parce qu'on ne peut pas dire dans ce cas, que le legs ait été fait en considération de la tutelle, *l. ex eis apparet* 34, *ff. de excusat.*

289. Conditions afin que l'indignité ait lieu.

Il faut néanmoins prendre garde qu'encore que le Tuteur nommé par testament ou codicille qui s'excuse de la

290. Si le Tuteur

qui s'excuse perd la substitution pupillaire.

tutelle, perde le legs, il ne perd pas néanmoins la substitution pupillaire, parce que la charge de Tuteur devant finir par la mort du pupille, on ne peut pas penser qu'elle ait été faite en considération de la tutelle. *L. amicissimos* 36, *ff. de excusat.*

Les enfans du Testateur nommés Tuteurs, ne perdent pas les libéralités, quoiqu'ils s'excusent de la tutelle.

Idem de la mère du pupille, si le legs ne lui a été fait sous la charge expresse d'accepter la Tutelle.

Idem du Soldat.

Quoique les amis & les parens du Testateur qu'il a donné pour Tuteurs, en leur faisant des legs, les perdent lorsqu'ils s'excusent & refusent la tutelle, néanmoins on excepte de cette rigueur : premièrement, le fils du Testateur, que celui-ci a fait co-héritier avec le pupille, & qu'il a nommé à même-temps Tuteur de son autre fils pupille, parce que la dation de tutelle ne doit pas être considérée comme la cause finale de l'institution, qu'il a au contraire méritée comme fils, *leg. Tutor.* 28, §. 1, *ff. de excusat.* 2°. La femme du Testateur, mère du pupille, qui ne laisse pas de profiter du legs, quoiqu'elle refuse la tutelle de son fils, à moins que le legs ne lui eût été fait sous cette charge expresse d'accepter la tutelle, *M. Maynard*, *liv.* 6, *chapitre* 52; *Automne*, sur la Loi 32, *ff. de excusat.* 3°. Le Soldat, quand même le legs lui auroit été fait, à la charge d'accepter la tutelle, néanmoins cette condition seroit rejetée, & il ne seroit pas privé du legs, quoiqu'il refusât la tutelle. *L.* 8, *cod. de legat.*

291. De celui qui est chargé de l'éducation, & qui refuse la charge.

La même peine de privation, qui est infligée au Tuteur lorsqu'il s'excuse, ou qu'il refuse la tutelle, est pareillement infligée au légataire ou à l'héritier, que le Testateur a chargé de l'éducation du pupille, lorsqu'il refuse cet emploi, à l'imitation du Tuteur testamentaire qui refuse la tutelle : *certè non maledicitur, si legatarius vel hæres, educationem recuset testamento sibi injunctam, denegari ei actiones debere, exemplo Tutoris testamento dati*, *l.* 1, §. 3, *ff. ubi pupill. educ. deb.* mais cela ne doit avoir lieu que quand le legs a été fait en considération de la charge de l'éducation, & non si indépendamment de cette charge, le Testateur n'eût pas laissé de faire le legs ou la libéralité : *quod ita demùm placuit, si idcircò sit relictum, cæterum si esset relicturus, etiamsi educationem recusaturum sciret, non denegabitur ei actio*, ajoute la même Loi; & comme cette peine est statuée à l'exemple de celle du Tuteur, il faut décider dans le cas de l'éducation, tout comme dans celui de la tutelle, que le legs est censé fait en considération de la charge de l'éducation, soit qu'elle soit imposée dans le testament ou codicille, dans lequel le legs est fait, ou par un acte distinct, à moins qu'il ne fût question d'un fils du Testateur, auquel cas il faudroit présumer que la qualité de fils étoit la cause de la libéralité, & non la charge de

Il faut raisonner sur l'éducation tout comme sur la tutelle.

l'éducation; on doit encore admettre, dans ce cas les mêmes extensions, & les mêmes restrictions, ou limitations, que nous avons expliquées en parlant du Tuteur.

On peut considérer comme une espèce d'indignité, la privation que l'héritier institué avec charge de rendre l'hérédité ou une quote, souffre, lorsqu'il refuse de l'accepter, & qu'il y est forcé par le Juge, comme il peut l'être en vertu du Senatus-Consulte Pegasien, pour conserver les dispositions du testament, qui sans cela demeureroient caduques & inutiles, auquel cas, l'héritier qui accepte forcé, ne peut retirer aucun émolument, & il devra rendre tout ce qu'il auroit recueilli, même le fidéicommis fait en sa faveur, sans pouvoir retenir la Trébellianique, *l. si patroni* 55, §. 2 & 3, *ff. ad Senatus. Consult. Trebellianum. Instituto qui coactus est adire fideicommissi petitionem denegandam esse; cur enim non videatur indignus, ut qui destituit, supremas defuncti preces consequatur aliquid ex voluntate*, dit le §. 3 de la Loi citée; ou comme s'explique le §. 7, *in fine instit. de fideicommiss. hæred. Nullo nec damno, nec commodo apud hæredem remanente*, à quoi est conforme la Loi 4, *ff. ad Senatus. Consult. Trebellian.* Il en est de même du premier fidéicommissaire, il est aussi privé de la Trébellianique, soit qu'il refuse d'obliger l'héritier d'accepter, & qu'il y est forcé par un second fidéicommissaire subordonné, ou qu'il ait agi pour promouvoir l'acceptation de l'hérédité par l'héritier institué, avec cette différence néanmoins, que le premier fidéicommissaire, dans ce dernier cas, ne paye que les trois quarts des legs qui étoient payables par l'héritier institué, lorsque la falcidie a lieu; mais il ne peut pas retenir la falcidie des legs que le Testateur avoit faits, & qui sont payables par lui premier fidéicommissaire, qui n'a pas voulu obliger l'héritier d'accepter suivant les §§. 2 & 4 de la Loi 55, *ff. ad Senat. Consult. Trebell.* & la Loi *facta* 63, §. *si cum suspectam* 11, *ff. eod.* 292. Du grevé de fidéicommis, qui refuse d'accepter l'hérédité ou qui est forcé par le fidéicommissaire, de quoi il est privé.

Il fut défendu par le Senatus-Consulte Silanien, qui fut fait du temps d'Auguste, sous le Consulat de Pierre Cornelius Dolabella, & de Caïus Junius Silanus, l'an 762 de la fondation de Rome, d'ouvrir le testament, d'en faire la lecture, la publication, ou d'en prendre des extraits, quand le Testateur avoit été tué dans sa maison, *per vim aut cædem*, *l.* 1, §. 17, *ff. de SC. Silaniano*, avant d'avoir mis à la question les Esclaves, & fait punir ceux qui étoient coupables de la mort du défunt, *l.* 3, §. 18, *ff. de Senatus. Consult. Silaniano*, & d'ouvrir le codicille, suivant le §. *si quis* 25 de la même Loi; il étoit encore défendu aux héritiers *ab intestat* de s'immiscer dans l'hérédité, & 293. De l'indignité causée par l'ouverture du testament, avant d'avoir mis à la question & fait punir les Esclaves qui avoient tué le défunt.

de demander la possession des biens avant d'avoir remplir ce qui étoit ordonné par le Senatus-Consulte Silanien, *l.* 3, §. *non tantum* 29, *l. & necessarios* 5, & le §. 1 de la même Loi, *ff. eod.* La même obligation de venger la mort du défunt, regarde non-seulement toutes sortes d'héritiers, mais encore ceux qui sont à la place des héritiers: *omnes enim hæredes, vel eos qui loco hæredis sunt, officiosè agere circa defuncti vindictam, convenit, l.* 21, *de his quæ ut indign. auferuntur.* La Peine de cette contravention étoit la confiscation des biens & de l'hérédité, *de l.* 5, §. 2, *& l.* 3, *cod. de his quæ ut indign. aufer.* Que si la mort du défunt avoit été causée par la négligence ou défaut de soin *incuriâ*, ou par la malice du Médecin, *vel Medici insidiis*, il étoit permis à l'héritier d'accepter l'hérédité, sauf à venger la mort du défunt, *leg.* 5, §. 3, *ff. eod.*

294. Le *Senatus-Consulte Silanien* ne peut pas être pratiqué parmi nous.

Dans quels cas la question est ordonnée en France.

Cette formalité de faire donner la question aux Esclaves, ne peut point être pratiquée parmi nous, par deux raisons. La première, parce que nous n'avons point des Esclaves. Voilà pourquoi les raisons, ni l'esprit du Senatus-Consulte Silanien, ne peuvent pas recevoir une juste application à nos domestiques, qui sont des personnes libres. La seconde, parce que la question ne s'ordonne, selon nos usages, que quand la nature du crime & la qualité des preuves le permettent, & qu'elle n'est point pratiquée contre d'autres personnes que les coupables, lorsqu'il y a des indices qui ne sont pas suffisans pour passer à la condamnation du prévenu; mais qui sont assez forts pour déterminer les Juges à ordonner la question; mais on ne la pratique point comme on faisoit chez les Romains dans la vuë d'avoir des témoignages ou des preuves du crime & des coupables, on l'ordonne dans certaines occasions seulement contre le prévenu, quand il est condamné à mort pour avoir la révelation des complices.

295. De ceux qui négligent de poursuivre la vengeance de la mort du défunt.

Raisons de l'injonction faite par la Loi Romaine.

Le Droit Romain avoit encore imposé aux héritiers testamentaires ou *ab intestat*, la nécessité de poursuivre en Justice la vengeance de la mort du défunt, pour faire punir ceux qui en étoient coupables. Cette injonction est fondée sur une raison qui n'a rien de contraire aux Loix du Christianisme; c'est-à-dire, afin de prévenir les meurtres, dans la crainte de la punition, que les coupables ne pourroient pas éviter si facilement, lorsqu'on en feroit un devoir aux héritiers d'en poursuivre juridiquement la vengeance.

296. De quoi les héritiers sont déclarés indignes.

Les héritiers qui manquent à ce devoir & à cette obligation que la Loi leur impose, doivent être déclarés indignes de l'hérédité, soit qu'elle leur ait été déférée par testament ou *ab inteſtat*, & ſelon le Droit Romain, elle étoit adjugée au fiſc : *hæredibus autem qui in ulciſcendâ morte defuncti ceſſaverant, tam teſtamento quam ab inteſtato auferuntur bona*, *l. ſi ſequens* 15, §. 2, *ff. de Senatuſ. Conſult. Silaniano*; *portioneſque eorum fiſco vindicantur qui mortem libertorum ſuſpecto decedentium non defenderunt*, comme dit la Loi, 21, *ff. de his quæ ut indign. aufer.* ſous la charge néanmoins des legs & des fidéicommis même univerſels, & avec faculté au fiſc de retenir la Falcidie ou la Trebellianique, que l'héritier indigne auroit eu droit de retenir, s'il ne s'étoit pas rendu indigne, *l.* 3, §. *ult. ad Senat. Conſult. Trebellian.* mais parmi nous le fiſc ne profite pas de ce qui eſt ôté aux héritiers indignes, quand il en reſte quelqu'un qui n'a pas encouru l'indignité ou qui peut être excuſé.

Le fiſc ne profite pas des biens.

297. Quelles perſonnes regardent la néceſſité de venger la mort du défunt.

La néceſſité de venger la mort du défunt, regarde non-ſeulement celui à qui l'hérédité eſt déférée en entier; mais encore ceux qui n'en recueillent qu'une partie, & ils ſont indignes de cette partie, s'ils ne ſatisfont pas à ce devoir comme auſſi, elle regarde ceux qui ſont conſidérés comme héritiers, & qui ſont à la place des héritiers, *omnes enim hæredes, vel qui loco hæredis ſunt officioſè agere circà defuncti vindictam convenit*, *l.* 21, *ff. de his quæ ut indign. aufer.* Bien plus, ſi un héritier inſtitué en une partie de l'hérédité, ſe trouve en même-temps Légataire, s'il ne venge la mort du défunt, il eſt privé non-ſeulement de la portion de l'hérédité, mais encore du legs. De plus, les enfans exhérédés doivent s'acquitter de ce devoir, autrement, ils ne peuvent pas profiter de ce qui peut leur revenir de la plainte d'inofficioſité, *l. ex inofficioſo* 18, *ff. de Senatuſ. Conſult. Silaniano*, le ſurvivant des mariés encourt auſſi l'indignité pour les conventions matrimoniales, *l.* 20, *ff. de his quæ ut indign. aufer.*

298. Si la néceſſité de venger la mort, empêche l'addition d'hérédité.

La néceſſité impoſée aux héritiers, de venger la mort du défunt, ne les empêche pas de pouvoir s'immiſcer dans l'hérédité, & de l'accepter avant d'avoir pourſuivi ou intenté cette vengeance, ſi la mort a été procurée au défunt par le poiſon, ou de quelqu'autre manière cachée; ils peuvent ſeulement en être privés, s'ils négligent ce devoir & cette obligation, lorſqu'ils viennent à découvrir le crime, *leg.* 9, *cod. de his quæ ut indign. aufer.* mais ſi le crime eſt connu, les héritiers ne peuvent pas s'immiſcer dans l'hérédité ni l'accepter, avant d'avoir intenté l'accuſation contre le meurtrier, ni même avant d'avoir pourſuivi l'appel de la Sentence de condamnation prononcée contre lui, *l. minoribus* 6, *cod. de his quib. ut indign. aufer. Quod si majoris ætatis fuissetis, etiam ex necessitate provocationis certamen implere deberetis, ut possetis adire hæreditatem*; de même la femme instituée par son mari, n'est pas empêchée d'accepter son hérédité & d'en jouir, sous prétexte qu'elle est accusée par la sœur du défunt, de lui avoir procuré la mort, si la femme instituée n'est pas indigne de la succession, pour quelqu'autre cause, *l. sororem*, 10, *cod. eod.*

Si la femme accusée d'avoir tué son mari, peut accepter l'hérédité du mari.

299. Quels sont les biens dont on est privé par cette indignité. Des fruits.

Ceux qui négligent de venger la mort du défunt, sont déclarés indignes, non-seulement de l'hérédité & de la propriété des biens qui leur est ôtée; mais encore des fruits, à la restitution desquels ils doivent être condamnés depuis la mort du défunt, parce qu'ils ne peuvent pas être considérés comme possesseurs de bonne foi, dès qu'ils ont négligé un devoir que la Loi leur impose, *l.* 1, *cod. de his quib. ut indign. aufer. & l.* 17 *ff. eod.* mais cela ne doit avoir lieu, qu'à l'égard de l'héritier qui a connu que le défunt avoit été tué; que s'il l'a ignoré, il est dans la bonne foi, & il doit gagner les fruits jusqu'à l'interpellation. *Deceptum autem ignoratione facti, bonæ fidei possessoris defensionem habiturum antè motam scilicet controversiam, si ratio fructuum subducatur, l.* 17, *ff. de his quæ ut indign. aufer.*

300. Si lorsque les héritiers au second degré ont vengé la mort sur la négligence des premiers, ils doivent profiter de l'hérédité.

La Loi *si sequens* 15, *ff. de Senatus. Consult. Silaniano*, veut que si les successeurs *ab intestat*, qui se trouvent au premier degré, négligent de venger la mort du défunt, quoique ceux qui sont au second degré, ayent fait la poursuite des coupables, l'hérédité ne doit pas leur être adjugée, parce que la peine des premiers ne doit pas être la récompense des seconds. *Si sequens gradus ultus fuerit necem Testatoris an priore hæreditas ad illum transfertur? Et ait Papinianus, non esse hoc.* Comme cette décision étoit fondée sur ce que l'hérédité qui étoit ôtée aux héritiers du premier degré, devoit être déférée au fisc, qui devoit par conséquent exclure tous les autres degrés, ce qui ne se pratique point en France, il faut dire tout au contraire, selon notre usage, que l'hérédité ôtée aux héritiers du premier degré doit appartenir à ceux du second degré, qui ont rempli leur obligation, en vengeant la mort du défunt, parce que le fisc ne peut pas les exclure. Il y a néanmoins cette observation à faire sur cette Loi; c'est qu'elle renferme un principe bien clair, contraire à la décision de quelques Auteurs qui ont cru que l'héritier ne devoit pas être puni de sa négligence, pour n'avoir pas vengé la mort du défunt, lorsque d'autres personnes s'étoient acquittées

Si la diligence des héritiers au second degré, sert aux héritiers du premier degré, pour empêcher l'indignité.

de ce devoir ; sans que l'héritier eût fait aucune diligence, puisque le texte que nous avons cité, décide nettement que la diligence des héritiers au second degré, n'empêche pas que les héritiers au premier dégré, négligens, ne doivent être déclarés indignes.

301. Les héritiers au second, troisième & autres degrés sont indignes lorsqu'ils ont négligé comme ceux du premier degré.

Il y a lieu pareillement de dire que les héritiers au second, troisième ou autres degrés plus éloignés, qui n'ont fait aucune diligence pour interpeller ceux qui étoient en degré plus proche, de remplir leur obligation, & qui n'ont pas poursuivi la vengeance de la mort du défunt, doivent également être déclarés indignes de sa succession, parce qu'ils ont commis la même faute, & qu'ils sont aussi coupables que ceux des degrés précédens. Voilà pourquoi ils doivent souffrir la même peine & dans ce cas, les biens devroient être déférés au fisc ; car on ne peut faire une application juste de notre usage qui exclut le fisc, que quand il reste des parens qui sont dignes de recueillir la succession du défunt, & non en faveur des autres parens qui, en commettant la même faute, sont devenus indignes : mais il faut faire différence entre les héritiers qui se trouvent les plus proches, & ceux qui se trouvent à un degré plus éloigné. Les premiers sont saisis de plein droit, & c'est leur faute s'ils ne font pas leurs diligences pour venger la mort du défunt ; ils n'ont donc point d'excuse à alléguer, quand ils n'ont pas agi, tandis qu'ils en avoient le pouvoir ; mais à l'égard de ceux qui sont au second degré, comme suivant nos usages les actions populaires n'ont pas lieu, & qu'on ne peut intenter l'action criminelle qu'à raison de son propre intérêt, il n'y a que ceux qui ont succédé au défunt immédiatement qui soient personnes légitimes pour poursuivre la vengeance, & demander la réparation civile. Voilà pourquoi ceux qui sont au second degré ne peuvent pas encourir l'indignité pour n'avoir pas agi, à cause qu'ils n'ont pas en main l'exercice des actions ; & si selon le Droit Romain, dans la Loi 15, *ff. de Senatusconsult. Silaniano*, les parens au second degré pouvoient prévenir ceux du premier dans la poursuite de la vengeance, c'est parce que le même Droit Romain permettoit à toute personne d'accuser pour un crime public, & d'en poursuivre la punition, ce qui n'est pas permis parmi nous. On ne doit donc pas imputer aux parens au second degré, de n'avoir pas agi, tandis qu'ils sont exclus pas ceux qui les précèdent ; & ce n'est qu'après que le droit sur l'hérédité leur a été ouvert par la déclaration d'indignité des parens

Cas où les biens doivent être déférés au fisc.

au premier degré, qu'ils sont obligés de faire les poursuites, & qu'ils doivent encourir l'indignité, s'ils négligent de poursuivre la vengeance de la mort du défunt, parce que c'est dès ce moment seulement qu'ils ont la faculté d'agir; car ils ne peuvent encourir l'indignité pour n'avoir pas fait ce qu'ils n'avoient pas le pouvoir de faire, vu qu'on n'est dans la faute ou dans la négligence que quand on a le pouvoir ou l'action pour agir, étant certain que *nemo sine actione experiri potest*, & que ce que nous avons dit du successeur *ab intestat* au second degré, qui est précédé par un plus proche, doit être appliqué par les mêmes raisons, au successeur *ab intestat* qui se trouve le plus proche, lorsqu'il y a un héritier testamentaire, qui l'exclut en vertu d'un testament valable, à cause que la succession testamentaire empêche la succession légitime, *L. tandiù*, 59, *ff. de acquir. hæred.* Voilà pourquoi le successeur légitime ne peut être dans la faute, ou dans la négligence, qu'après que l'héritier testamentaire aura été déclaré indigne, & que le successeur légitime aura été saisi des droits & des actions héréditaires, qui lui donnent la faculté d'agir pour venger la mort du défunt.

302. De quels biens l'indignité de cette espèce fait priver.

L'indignité provenant de la faute de n'avoir pas vengé la mort du défunt, ne prive pas seulement les héritiers testamentaires ou *ab intestat*, de la portion de l'hérédité qui leur étoit échue, elle doit encore faire perdre la dot au mari qui devroit la gagner par stipulation ou Coutume, *l. 20, ff. de his quæ ut indign. aufer. & qui mortem uxoris non defendit ut indigno dos aufertur*; & la décision de cette Loi doit avoir lieu pour les autres conventions matrimoniales, & pour les donations entre-vifs, parce qu'il y a encore plus de raison par rapport à la dot qui vient au mari par un titre qui est en quelque façon onéreux. *Sed quodammodo creditor aut emptor intelligitur qui dotem petit*, *L. ex promissione* 19, *ff. de obligationib. & actionib. & l. 2*, §. 3, *ff. de reb. cred.* La femme doit aussi être privée par la même raison, de ses conventions matrimoniales, & des gains nuptiaux coutumiers, lorsqu'elle néglige de venger la mort de son mari.

Le mari est privé de la dot & autres gains nuptiaux.

Idem de la femme.

303. Lorsque l'héritier est privé de l'hérédité par indignité, les actions éteintes par confusion, ne sont pas rétablies.

Les héritiers qui sont déclarés indignes de la succession, pour n'avoir pas vengé la mort du défunt, souffrent encore une autre peine; savoir, que les actions qu'ils pouvoient avoir sur l'hérédité, & les servitudes sur les biens héréditaires étant éteintes par la confusion qui arrive, au moyen de l'acceptation & addition de l'hérédité, ne sont pas rétablies, lorsque l'indignité étant prononcée, l'hérédité eſt ôtée aux indignes, *l. eum qui* 18, §. 1, *ff. de his quæ ut indign. aufer.* à moins que les héritiers n'euſſent été dans une juſte ignorance du fait lors de l'addition, comme le décide la Loi *hæredem* 17 du même titre. Exception.

304. Si l'indignité pour n'avoir pas vengé la mort du défunt, eſt reçue en France.

C'eſt une grande queſtion, ſi la rigueur du Droit Romain, en ce qu'il oblige les héritiers de venger la mort du défunt, ſous peine d'encourir l'indignité, eſt reçue en France; elle eſt traitée d'une manière très-curieuſe & très-ſavante, par *Duperier*, dans ſon premier plaidoyer, où cet Auteur n'a rien oublié de ce qui eſt néceſſaire pour faire connoître les motifs de l'injonction faite par les Loix Romaines, & les différences de nos uſages, avec ceux des Romains ſur cette matière. Comme je ne veux point me parer des recherches d'autrui, je me contenterai en renvoyant à ce ſavant Auteur, de remarquer que cette queſtion, qui pouvoit être problématique autrefois, à cauſe de la diverſité des opinions des Auteurs François, ne l'eſt plus aujourd'hui, parce qu'elle a été fixée pour l'affirmative, par la Juriſprudence des Arrêts & par la déciſion des Auteurs qui ont écrit depuis cent cinquante années: on peut voir *Charondas, dans ſes Pandectes, livre 4, chapitre* 13, in fine, *partie 2, page 536 de l'édition de 1610; M. Louet & Brodeau, lettre H. ſommaire 5; Ricard, des Donations, tome premier, partie 3; le Brun, des ſucceſſions, livre 3, chapitre 9, nombre 5; & Mornac*, ſur la Loi *un. cod. ut nemo invitus agere vel accuſare cogatur*, & l'on ne fait plus de difficulté en France ſur l'obligation de venger la mort du défunt.

305. Quelles ſont les circonſtances néceſſaires afin que l'indignité ſoit encourue pour n'avoir pas vengé la mort du défunt.

Mais quelles ſont les circonſtances dans leſquelles l'héritier doit ſe rencontrer pour pouvoir être déclaré indigne? C'eſt une difficulté qui ne me paroît pas avoir été aſſez bien éclaircie par les Auteurs. D'abord, il nous paroît indubitable que l'indignité eſt encourue, & peut être prononcée dès que les héritiers ont déclaré nettement, étant interpellés en Jugement, qu'ils ne vouloient pas ſe rendre Parties pour la pourſuite du crime contre le meurtrier de leur père ou de tout autre bienfaicteur, auquel ils avoient ſuccédé par teſtament ou *ab inteſtat*. C'eſt dans ce cas particulier que fut rendu l'Arrêt du 24 Juillet 1573, rapporté par *M. Louet, lettre H, ſommaire* 5, qui déclare les enfans indignes de la ſucceſſion de leur père. L'héritier qui déclare ne vouloir ſe rendre partie, doit être déclaré indigne.

306. Quatre queſ-

Pour éclaircir la difficulté que nous avons propoſée, quand on n'a point de déclaration des héritiers, comme

tions à éclaircir. ils ne veulent pas se rendre Parties, & faire la poursuite pour la vengeance de la mort de leur Auteur, on peut former quatre questions.

307. Première question. La première, l'héritier doit-il être déclaré indigne, lorsqu'il a été prévenu par un autre intéressé, qui a formé le premier l'accusation contre le meurtrier du défunt?

308. Seconde question. La seconde, dans quel délai l'héritier doit-il venir pour former l'accusation, afin de ne pas encourir l'indignité?

309. Troisième question. La troisième, est-il nécessaire que l'héritier ait été interpellé par les parens du défunt, ou par le Juge, afin d'encourir l'indignité?

310. Quatrième question. La quatrième, faut-il qu'il y ait des preuves du meurtre, afin que l'héritier qui n'a point fait ses diligences, puisse être déclaré indigne?

311. Résolution de la première question : l'héritier ne devient pas indigne pour avoir été prévenu par un autre. Nous disons, sur la première question, que quoique l'héritier ait été prévenu dans l'accusation du meurtre du défunt, il ne doit pas être déclaré indigne, à moins qu'il n'eût laissé consommer la procédure, & prononcer la condamnation du meurtrier par Arrêt, sans être intervenu dans l'Instance, pour poursuivre la punition du coupable; auquel cas, tout étant consommé sans sa participation, & ne restant plus rien à faire, il faudroit déclarer l'indignité contre l'héritier, s'il n'étoit pas dans une juste ignorance du fait & des poursuites, ou s'il n'étoit pas du nombre des personnes qui peuvent être excusées, ainsi que nous l'expliquerons bientôt; car comme nous l'avons remarqué après la Loi *si sequens* 15, *ff. de Senatus. Consult. Silaniano*, les diligences d'un tiers n'empêchent pas que l'héritier négligent n'encoure l'indignité.

La diligence & les poursuites n'empêchent pas que l'héritier qui néglige ne soit indigne.

312. Explication de la Loi 10, *cod. de his quib. ut indign.* Les Interprètes, sur la Loi *sororem* 10, *cod. de his quib. ut indign. aufer.* prétendent que cette Loi décide, que quand l'héritier institué est prévenu par un parent du défunt, il n'encourt pas l'indignité, *hæredi scripto à legitimo prævento, non aufertur hæreditas à fisco, si mora vel culpa non possit ei imputari.* C'est ainsi que parle le sommaire de *Salicet* sur cette Loi.

313. Suite. Mais elle ne décide rien moins que ce que les Interprètes ont pensé; elle dit que la sœur qui fait des poursuites pour venger la mort de son frère ne peut pas évincer la femme du défunt par lui instituée de l'hérédité qui lui est déférée par le testament, *sororem fratris necem jure licito vindicantem, evincere ab uxore rectè scriptâ successionem non convenit.* On voit donc qu'il ne s'agit point ici de l'intérêt du fisc; c'étoit la sœur qui vouloit faire déclarer indigne la femme du Testateur, qu'elle avoit accusée de lui avoir procuré la mort. La Loi ajoute, que si la femme héritière insti-

tuée n'eſt pas coupable de la mort du défunt, ou ſi elle n'eſt pas prouvée indigne pour quelqu'autre cauſe, elle peut jouir de l'hérédité, nonobſtant l'accuſation contr'elle formée par la ſœur du mari, *ſecundum quæ fiduciam innocentiæ geris, & neque dolo malo tuo maritum necatum, neque alias indignam probari poſſe confidis adverſus omnem calumniam maximam habes ſecuritatem;* il ne peut donc pas être queſtion non-plus de prévention de la part du ſucceſſeur *ab inteſtat* du défunt, puiſque l'accuſation intentée par la ſœur du défunt, étoit dirigée contre la femme héritière inſtituée.

Cependant nous croyons que quoique la réſolution des Interprètes ne puiſſe pas être fondée ſur la Loi *ſororem* 10, *cod. de his quib. ut indignis auſer.* elle eſt pourtant juſte & juridique, avec les reſtrictions que nous allons expliquer, parce que l'héritier ne doit être déclaré indigne, que quand il eſt dans la demeure & dans ſon tort. 314. La réſolution des Interprètes eſt juridique ſous les modifications ſuivantes.

Quant à la ſeconde queſtion que nous avons propoſée, la gloſe ſur la Loi 1, *cod. de his quib. ut indign. auſer.* dit que le Juge doit préfixer un délai dans lequel l'héritier ſera tenu d'intenter ſon accuſation contre le meurtrier du défunt, ou ſi le Juge n'a point fixé le terme, il ſuffit qu'il ſe ſoit paſſé un intervalle dans lequel l'héritier ait pû former ſon accuſation, afin qu'il doive encourir l'indignité; que ſi l'héritier eſt étranger, il ne peut être recherché pour n'avoir pas vengé la mort du défunt, que dans le délai de cinq ans, & non après; mais les héritiers du ſang peuvent être pourſuivis *perpetuò*, pour être déclarés indignes. 315. Réſolution de la ſeconde queſtion. Opinion de la gloſe. Après quel temps l'héritier eſt-il à l'abri de recherche pour n'avoir pas vengé la mort du défunt.

Le Gloſſateur, ni les autres Auteurs qui ont rapporté & ſuivi ſon opinion, n'ont pas fait attention aux textes qui décident cette queſtion, laquelle ne peut être réſolue que par cette diſtinction: ou le crime qui a cauſé la mort au défunt eſt connu, ou il eſt caché. Au premier cas, l'héritier ne pouvant s'immiſcer dans l'hérédité, ſans avoir vengé la mort du défunt, & même ſans avoir pourſuivi l'appel de la Sentence, qui condamne le coupable, ſuivant la Loi 19, *cod. de his quib. ut indign. auſer.* il eſt clair qu'il n'eſt point néceſſaire que le Juge préfixe un délai pour faire encourir l'indignité à l'héritier, parce qu'il lui ſuffit d'avoir fait des actes d'héritier, avant d'avoir vengé la mort du défunt, pour être déclaré indigne, quand il eſt majeur; mais il eſt à temps avant d'avoir accepté l'hérédité, pourvû qu'il n'ait pas laiſſé accomplir la preſcription du crime par le laps de vingt années; il eſt vrai que certains Auteurs ont penſé, que cette Loi étoit dans le cas du Senatus-Conſulte 316. Refutation de l'opinion de la gloſe. L'héritier doit intenter l'accuſation avant de s'immiſcer en l'hérédité.

Silanien ; c'est-à-dire, quand le défunt avoit été tué par ses Esclaves, & non quand il avoit été tué par des étrangers ; mais cette restriction est contraire à l'esprit de cette Loi, & l'on ne trouve aucun mot qui la limite au cas où le défunt a été tué par ses Esclaves, elle parle en général de l'indignité pour n'avoir pas vengé la mort du défunt, comme le témoignent ces paroles, *crimen inultæ mortis* ; & c'est ainsi que l'explique *Dumoulin, dans son Commentaire*, sur le titre, *de his quæ ut indign. aufer. & Alexander Chassaneus, sur les rescrits de l'Empereur Alexandre Sévère.*

Explication de la Loi 6, *cod. de his quib. ut indign.*

Ce dernier Auteur s'explique ainsi : *Non modo autem tenetur hæres mortem defuncti ulcisci ; sed nec possunt adire hæreditatem antequàm ejus necem ulti sint, quod ità intelligendum est, si à familiâ necatus sit, aut ab aliis palàm, & vi apertâ* ; & quoiqu'en ait pensé *M. Cujas, lib* 18, *Observat. cap.* 6,

Réfutation de l'opinion de *Cujas.*

Explication de la Loi 18, *ff. de his quæ ut indign. aufer.*

Et de la Loi 29, §. dernier, *ff. de jure fisci.*

la Loi *eum* 18, §. *bonis* 1, *ff. de his quæ ut indign. aufer.* ni la Loi *ejus* 29, §. dernier *de jure fisci*, ne décident pas qu'il soit permis à l'héritier de s'immiscer dans l'hérédité, avant d'avoir vengé la mort du défunt ; il ne faut que les lire avec la plus légère attention pour en être convaincu ; elles disent seulement que quand l'héritier est privé de l'hérédité pour n'avoir pas vengé la mort du défunt, après l'addition, les actions éteintes par la confusion ne sont pas rétablies, *nam & in eo qui post additam hæreditatem, defuncti mortem non defendit, Imperator noster cum patre rescripsit, obligationes confusas non ressuscitari* ; car outre que ces deux textes ne renferment rien de contraire à la Loi 6, *cod. de his quib. ut indign. aufer.* qui dit nettement que les majeurs ne peuvent pas s'immiscer dans l'hérédité, avant d'avoir vengé la mort du défunt, ce que les autres ne disent pas, c'est que s'il y avoit quelque chose de contraire ou d'opposé, la Loi du Code devroit servir à expliquer celles du Digeste, comme abrogées par le code dont la nouvelle édition faite par Justinien est postérieure à la compilation du digeste.

317. Quand le crime est caché, il suffit qu'il soit passé un intervalle suffisant pour intenter l'accusation afin d'encourir l'indignité.

Au second cas, c'est-à-dire, quand le crime qui a procuré la mort au défunt est caché, comme si elle lui a été causée par le poison, comme alors l'héritier n'est pas empêché de s'immiscer dans l'hérédité, suivant la Loi 7, & la Loi 6, *cod. de his quib. ut indign. aufer.* & qu'on ne peut imputer à l'héritier aucune négligence, tandis qu'il est dans une juste ignorance du fait ; il faut, ou que l'héritier soit interpellé, ou que depuis la connoissance du crime, il se soit passé un intervalle de tems suffisant, dans lequel il ait pû intenter son action, afin qu'il puisse être déclaré indigne.

Il est vrai que dans ce cas, les Loix ne fixent point le délai dans lequel l'héritier est obligé d'agir, pour venger la mort du défunt; mais toutes les fois que le délai n'est pas déterminé, on peut & l'on doit agir dès-aussitôt qu'on a la liberté & la puissance de le faire; ensorte que dès qu'il s'est passé un délai competant dans lequel on n'a pas agi, on est dans la demeure, suivant la glose sur la Loi 1, *cod. de his quib. ut indign. aufer.* ce qui est fondé, non-seulement sur la Loi, *si ita stipulatus essem* 14, *ff. de verbor. obligat.* citée par la *glose;* mais encore sur la Loi *cum quidam* 24, *ff. de leg.* 2ª. & sur les Loix 73, 124 & 137, §. 3, *ff. de verbor. obligat.* & c'est ainsi que le décident *Bartole & Balde* sur la Loi 1, *cod. de his quib. ut indign. aufer. num.* 2 & 3, & *Aufrery* sur la décision 41, *capellæ Tolosanæ.*

318. Quand le délai n'est point fixé, la chose doit être faite dès qu'on le peut.

La troisième question, s'il est nécessaire que l'héritier ait été interpellé par les parens ou par le Juge, de venger la mort du défunt, afin d'encourir l'indignité, doit être décidée par la même distinction que nous venons de toucher; car ou le crime qui a causé la mort au défunt est connu, dans ce cas la Loi imposant la nécessité à l'héritier d'agir pour venger la mort du défunt, il est clair qu'il est suffisamment interpellé par le devoir & la nécessité que la Loi lui impose; qu'ainsi, il ne faut point de nouvelle interpellation de la part des parens ou du Juge; l'héritier doit satisfaire au devoir, du moins doit-il former la plainte avant de s'immiscer en l'hérédité. Que si le crime est caché, & que l'héritier l'ignore, il faut, ou que les parens lui en donnent connoissance, ou attendre un intervalle suffisant depuis la connoissance, ensorte qu'il ait eu le temps & la liberté de porter sa plainte, & cela suffit; sans autre interpellation, afin que sa négligence puisse lui être imputée, & que son indignité puisse être déclarée.

319. Résolution de la troisième question.

A l'égard de la quatrième question, il ne me paroît pas douteux que dès que l'héritier connoît le crime qui a procuré la mort au défunt, il ne doive porter une plainte sans examiner s'il y a des preuves contre les coupables ou non. C'est une première diligence qui ne peut point être négligée, parce qu'elle peut parvenir à la découverte des coupables; mais si l'héritier n'est pas obligé, après cette diligence, & après avoir fait ouir les témoins qui peuvent être instruits du crime, de faire rendre une Sentence si les coupables ne sont pas découverts, & l'on ne peut rien imputer à l'héritier, si la mort du défunt n'est pas vengée. Cela est textuellement décidé par la Loi 7, *cod. de his quib. ut indign. aufer. Si ideò ultio necis Testatoris non est*

320. Résolution de la quatrième question.

desiderata, quia cædis autores reperiri non potuerint, obesse hæredibus, ex quo nulla eorum culpa detegitur, non oportet.

321. Explication de la Loi 7, *cod. de his quib. ut indign.* Mais il faut prendre garde que les mots, *cædis autores reperiri non potuerint*, qui peuvent signifier dans cette Loi, quand les auteurs du meurtre ne peuvent pas être trouvés & saisis, ne doivent pas être entendus dans ce sens, parce que nos usages sont différens de ceux des Romains, lesquels ne condamnoient pas des absens; au lieu qu'en France on condamne par contumace les absens; ainsi, dès que les coupables sont connus, il faut que les héritiers les poursuivent, & les fassent condamner par contumace.

322. L'héritier qui ne fait aucune diligence, ne peut pas être excusé sous prétexte que les coupables ne sont pas découverts. Ainsi, je ne pense pas qu'un héritier qui n'aura pas porté de plainte, ou qui après avoir formé sa plainte n'aura pas fait faire des informations, puisse s'excuser sur le prétendu défaut de preuve, & éviter la déclaration de son indignité.

323. Si l'héritier qui a porté la plainte & fait une procédure, doit poursuivre une Sentence. On peut encore former quelques autres difficultés; l'héritier qui a formé sa plainte & fait rendre une Sentence, est-il obligé de poursuivre l'appel de la Sentence, ou appeller lui-même? Lui suffiroit-il d'avoir fait une dénonciation aux Gens du Roi, sans qu'il se rendit Partie? Quand le Procès est instruit, peut-il transiger avec les coupables pour son intérêt, & laisser aux Gens du Roi la vengeance du crime & la punition des coupables?

324. Si après la Sentence de relaxe du prévenu l'héritier est obligé d'en appeller. La Loi *propter* 21, §. dernier, *ff. de Senatus. Consult. Silaniano*, décide que quand, sur la plainte de l'héritier, & sur la procédure par lui faite, il est rendu Sentence qui décharge le prévenu de l'accusation, l'héritier n'est pas obligé d'appeller, & il a rempli son devoir, quand même la Sentence seroit injuste, & que la décharge de l'Accusé eût été prononcée par la faveur & par l'iniquité du Juge. Voilà pourquoi l'héritier ne peut pas être déclaré indigne: *Præsidis iniquitate reis illatæ cædis absolutis, hæredibus qui non defunctoriè debitum officium impleverant, quamvis non provocassent, hæreditatem auferri non oportere, visum est.* Il faut prendre garde aux mots *non defunctoriè*, qui indiquent qu'il ne suffiroit pas à l'héritier d'avoir fait faire une procédure par manière d'acquit, il est nécessaire qu'il apporte tous ses soins pour faire une procédure concluante, qui puisse instruire la religion du Juge, & faire punir le coupable comme il le mérite, autrement ses diligences ne pourroient pas lui faire éviter l'indignité.

Il ne suffit pas à l'héritier de faire des poursuites par manière d'acquit.

325. L'héritier Mais si l'héritier a obtenu une Sentence favorable & qui porte la condamnation du meurtrier du défunt, il est obligé de

pourſuivre & faire juger l'appel de l'Accuſé. *Convenit enim pietati veſtræ reſpondere cauſam appellationis reddenti, L. minoribus 6, cod. de his quib. ut indign. auſer.* & cela eſt encore moins douteux dans notre uſage, parce que les appels des condamnations à une peine capitale, ſe jugent de ſuite, & ſans aucune formalité, ſuivant l'art. 6 du titre 26 de l'Ordonnance de 1670.

qui a obtenu une Sentence de condamnation du prévenu, doit faire juger l'appel.

Comment ſe jugent les appels de condamnation à une peine capitale.

Puiſque ſuivant les Loix que nous avons citées, il ne ſuffit pas à l'héritier, pour ſe garantir de l'indignité, de porter une plainte & de faire une procédure par manière d'acquit, & qui ne tende pas ſérieuſement à la punition des coupables, qu'il eſt obligé de faire rendre une Sentence, & même de pourſuivre & faire juger l'appel, quand la Sentence porte la condamnation de l'Accuſé; il eſt clair qu'il ne ſuffit pas que l'héritier faſſe une ſimple dénonciation aux Gens du Roi, en proteſtant qu'il ne veut pas ſe rendre Partie, & peu importe que ſelon notre uſage, la vengeance du crime réſide en la main des Gens du Roi, & que la Partie civile ne puiſſe agir que pour ſon intérêt particulier, & non pour la punition publique du crime. La punition des coupables, pour prévenir & empêcher les crimes par des exemples rigoureux, qui eſt l'objet de l'injonction faite par la Loi à l'héritier, de venger la mort du défunt, punition qui n'eſt pas toujours auſſi aſſurée quand la pourſuite eſt laiſſée uniquement aux ſoins des Gens du Roi, ne doit pas être un motif moins puiſſant parmi nous, que chez les Romains, pour faire déclarer indigne un héritier, qui manque à ſon devoir, & dont la Loi lui fait un crime, *crimen inultæ mortis*, ſelon les expreſſions de la Loi 6, *cod. de his quib. ut indign. auſer.* Il doit donc remplir tout ce que la Loi Romaine lui impoſe, parce qu'il eſt difficile de le négliger, ſans procurer l'impunité aux coupables; en un mot, notre uſage ayant adopté l'injonction que la Loi Romaine fait à l'héritier de venger la mort du défunt, il ne peut éviter l'indignité qu'en ſatisfaiſant au devoir & à la néceſſité que la Loi lui impoſe, & en rempliſſant ce devoir par les diligences marquées par la même Loi; d'ailleurs, quoique par notre uſage la Partie civile ne puiſſe point prendre des concluſions pour la peine capitale, & que ce ſoin ſoit laiſſé aux Gens du Roi, néanmoins la Partie civile ne pourſuit pas moins pour l'intérêt public que pour le ſien particulier, comme le remarque fort bien *Ayraut, dans ſon Ordre Judiciaire, livre 2, partie 4, nombre 28.*

326. Il ne ſuffit pas que l'héritier faſſe une dénonciation des coupables aux Gens du Roi.

Des mêmes raiſons que nous venons d'expliquer dans

327. Si celui qui

transige avec les coupables encourt l'indignité.

la résolution des deux difficultés précédentes, résulte bien clairement la décision de la troisième difficulté, qui consiste à savoir si l'héritier n'encourt pas l'indignité, lorsqu'au lieu de poursuivre la vengeance de la mort du défunt, il transige pour son intérêt civil avec le coupable ou prévenu.

328. Avis de *Duperier* pour la négative.

Quoique *Duperier*, dans son premier plaidoyer rapporte un Arrêt du Parlement de Provence, du 13 Octobre 1632, qui a jugé que l'héritier, qui après la plainte, & une procédure faite à sa diligence, avoit transigé avec les prévenus, ne devoit pas être déclaré indigne de la succession du défunt, & que la décision de cet Arrêt soit fondée sur cinq à six raisons qui paroissent assez fortes; nous croyons que cette décision n'étant pas conforme à la Loi, elle ne peut pas être suivie indistinctement, & que l'héritier doit encourir l'indignité par la transaction passée avec un prévenu, contre lequel il y a des preuves dans la procédure; que si la transaction n'étoit qu'une reconnoissance sincère & sérieuse de l'innocence de l'Accusé, & qu'il n'y eut point des preuves contre lui dans la procédure, il n'y auroit aucune faute ni connivence de la part de l'héritier; ainsi il ne devroit pas encourir l'indignité; même selon *le Brun*, *des Successions*, *livre* 3, *chapitre* 9, *nombre* 6, l'héritier qui transigeoit avec le meurtrier, ne devroit pas être déclaré indigne, si l'homicide avoit été commis par accident, & sans aucun mauvais dessein.

Résolution pour l'affirmative, quand il y a des preuves contre le prévenu.

Aliud s'il n'y a point de preuves.

Quid si l'homicide a été commis par accident.

329. Raisons de la distinction.

Première raison.

Les raisons de notre distinction sont, en premier lieu, parce que la Loi Romaine, dont les dispositions ont été reçues en France, impose à l'héritier la nécessité de poursuivre jusqu'à Sentence, & même en cause d'appel contre les prévenus, qui sont coupables de la mort du défunt, la vengeance de cette mort, à peine d'encourir l'indignité que la Loi a attachée à cette négligence, *l.* 6, *cod. de his quib. ut indign. aufer.* ainsi, l'héritier qui transige avec les coupables, négligeant ce devoir, que la Loi lui impose, doit subir la peine d'indignité que la Loi a attachée à cette négligence, & au mépris de ce devoir.

330. Seconde raison.

En second lieu, quand il n'y a point de preuve contre le prévenu, l'accusation peut être considérée comme une calomnie. On ne doit donc rien imputer à l'héritier, ni lui faire un crime, lorsqu'il reconnoît de bonne foi l'innocence du prévenu, & qu'il fait cesser la calomnie & l'oppression qu'une accusation mal fondée fait souffrir à un prévenu, sauf que l'héritier doit faire des perquisitions pour découvrir & faire punir le vrai coupable; que si la Loi 21, §.

dernier, *ff. de Senatuſ. Conſult. Silaniano*, met à couvert de l'indignité l'héritier qui a fait ſes diligences, & procure la conviction du coupable qui eſt abſous par l'iniquité du Juge, ſans l'obliger de pourſuivre l'appel de la Sentence toute injuſte qu'elle eſt, il eſt clair qu'elle l'oblige encore moins de perſévérer dans une accuſation injuſte & mal fondée.

331. Réfutation des raiſons de *Duperier*. Contre la première raiſon.

Il eſt facile de ſatisfaire aux raiſons de *Duperier*, & de montrer qu'il n'y en a aucune qui ſoit déciſive : il donne pour première raiſon, que l'indignité étoit déclarée chez les Romains pour l'intérêt du fiſc, ce qui n'a pas lieu parmi nous. Mais cette différence n'a pas empêché qu'on n'ait reçu la déciſion de la Loi Romaine, en ce qu'elle déclare l'indignité, quoiqu'on n'adjuge point au fiſc ce qui eſt ôté à l'indigne.

332. Contre la ſeconde raiſon.

La ſeconde raiſon eſt que les Romains avoient beſoin d'obliger les particuliers à pourſuivre la vengeance du crime, parce qu'ils n'avoient pas, comme nous avons, des vengeurs publics, entre les mains deſquels la pourſuite des crimes publics réſide ; mais cette différence dans les uſages ne fait rien, puiſque comme nous l'avons obſervé, on n'en a pas moins reçu la déciſion du Droit Romain, qui déclare l'indignité contre l'héritier qui néglige de venger la mort du défunt ; qu'il ne ſuffit pas que les vengeurs publics ſoient inſtruits du crime, & que la dénonciation leur ait été faite pour mettre l'héritier à couvert de la peine, par les raiſons que nous avons expliquées, en examinant la ſeconde difficulté ; ce qui ſert de réponſe à la troiſième raiſon de *Duperier*, priſe de ce que parmi nous, la Partie civile n'entre dans l'accuſation que pour ſon intérêt civil ; car nous avons vu après *Ayraut*, que la Partie civile fait la pourſuite, tant pour la punition publique que pour ſon intérêt particulier ; auſſi la Partie civile conclut-elle, du moins ſelon l'uſage du Parlement de Toulouſe, aux peines de Droit contre les prévenus ; c'eſt même le moyen le plus ſur & le plus efficace pour parvenir à la punition des coupables. *(Contre la troiſième raiſon.)*

333. Contre la quatrième raiſon.

La quatrième raiſon de *Duperier*, eſt priſe de ce que l'un des principaux motifs de l'indignité, pour n'avoir pas vengé la mort du défunt, eſt venu du grand nombre d'Eſclaves que les Romains avoient, & des grands périls auxquels cette multitude de gens, volontiers ennemis de leurs Maîtres, expoſoit leur vie, lequel motif ceſſe aujourd'hui parmi nous, à qui la piété Chrétienne a interdit l'uſage inhumain d'avoir des Eſclaves ; mais il y a de l'équivoque dans cette raiſon ; il eſt vrai que le Senatus-Conſulte

Libonien avoit défendu l'ouverture du testament du défunt, qui avoit été tué dans sa maison, avant d'avoir mis à la question les Esclaves du défunt, & d'avoir fait punir les coupables, ce qui fut ainsi ordonné, comme le remarque *M. Cujas*, afin que les Esclaves auxquels le défunt avoit laissé la liberté, ne pussent pas prétendre qu'ils devoient être regardés comme personnes libres & exempts de la question; mais il y a d'autres Loix dans les titres du Digeste & du Code *de his quæ ut indign. aufer.* qui ont imposé aux héritiers la nécessité de venger la mort du défunt, qui a été tué par d'autres personnes que ses Esclaves, & ailleurs que dans sa maison. Voilà pourquoi encore qu'il n'y ait plus d'Esclaves parmi nous, on n'a pas laissé d'adopter la disposition de la Loi Romaine, parce que les mêmes raisons subsistent; savoir, la nécessité qu'il y a de faire punir les coupables, afin que l'espoir de l'impunité ne fortifie pas le malheureux penchant que la nature corrompue & les passions inspirent pour le crime, & que la crainte de la punition, qui devient comme assurée par la nécessité que la Loi impose aux héritiers de faire la poursuite des coupables, serve de frein & de barrière à la licence.

334. Contre la cinquième raison.

De-là vient que la cinquième raison, prise de ce que les Loix du Christianisme ne permettent pas la vengeance, est mauvaise, parce que la Religion, en défendant la vengeance que l'on peut prendre d'autorité privée, permet la vengeance poursuivie par les voies de la Justice, pour la punition des coupables, *non crudelitas crimina pro Deo punire sed pietas*, dit le Canon, *legi* 13, *causa* 23, *quæst.* 8, & les Canons ne recommandent pas moins la punition des coupables que les Loix civiles, comme on peut le voir dans les Canons *Officia* 16, *non est*, 17, & dans les 26, 27, 28, 29, *causa* 23, *quæst.* 5.

335. Contre la sixième raison.

Il est vrai, & c'est ici la sixième raison de *Duperier*, qu'il y a eu des temps où il a été permis de composer & de mettre pour ainsi dire à prix, la mort des personnes qui avoient été meurtries, les Loix des anciens Francs, des Visigots, des Lombards & autres Peuples, le permettoient; mais ces temps de barbarie ont cessé depuis plusieurs siècles, que l'on a adopté les Loix Romaines, & que l'on s'est soumis à leurs décisions pleines de bon sens & d'équité, non à cause de l'empire des Romains, mais par l'empire que la raison a droit d'exercer sur l'esprit des créatures raisonnables.

336. Cas où l'indi-

Il y a plusieurs cas auxquels les héritiers n'encourent pas

l'indignité, quoiqu'ils ne poursuivent pas la mort de leur auteur : le premier est lorsque les héritiers sont mineurs ; ils n'ont pas même besoin de recourir au bénéfice de la restitution en entier, parce que la Loi les garantit de la peine, *l. 1, cod. in quib. caus. in integr. restitutio necessaria non est, & l. 6, cod. de his quib. ut indign. aufer.* Mais les mineurs peuvent-ils être contraints, à la réquisition des Gens du Roi, à fournir aux frais de la poursuite pour venger la mort de leur auteur ? Quoique *Patru, dans son Plaidoyer 9*, ait très-bien plaidé pour persuader l'affirmative, je crois que les mineurs ne sont nullement obligés à l'avance des frais, parce que, comme le remarque fort bien *Charondas, sur la pratique judiciaire de Monsieur le Premier Président Lizet, livre premier, titre 2, lettre D*, les Ordonnances, notamment *l'article 63 de celle d'Orléans, & l'article* 184 *de celle de Blois*, ne permettent pas aux Gens du Roi d'exiger que les Parties frayent à l'avance des frais des poursuites des Procès criminels, à quoi l'usage est conforme. Le Roi doit à ses Sujets la justice gratuitement, c'est une Loi fondamentale de l'État, & une obligation à laquelle la puissance du Roi est assujettie, laquelle obligation réfléchit sur les Seigneurs qui possédent les Justices au nom du Roi ; ils doivent donc faire la poursuite pour la punition des criminels, sans obliger les Intéressés à faire l'avance des frais, comme le prescrit *l'article 63 de l'Ordonnance d'Orléans*. Si donc les mineurs sont dispensés de faire la poursuite pour la vengeance de la mort de leur auteur, & si les Ordonnances défendent de contraindre les Parties à consigner ou avancer les frais des poursuites, il est clair qu'on ne peut pas exiger des héritiers mineurs qu'ils soient tenus de fournir aux frais d'une procédure dont les Loix les dispensent.

gnité n'est pas encourue.

Premier cas des mineurs.

Si les mineurs peuvent être obligés de fournir aux frais de la poursuite.

Le Roi & les Seigneurs doivent la justice à leurs Sujets & Justiciables.

337.

Si les rustiques, les femmes & les Soldats sont excusés.

Mais les rustiques, les femmes, ni les Soldats, n'ont pas, à cet égard, le même privilége que les mineurs, les Loix qui ont assujetti toutes sortes d'héritiers à la nécessité de venger la mort de leur auteur, ont bien excepté les mineurs ; mais elles n'ont pas fait une exception semblable en faveur des femmes, des rustiques, ni des Soldats ; & par conséquent ces trois sortes de personnes sont comprises dans l'injonction de la Loi ; d'ailleurs, quoique les rustiques, les Soldats & les femmes soient excusés dans certains cas, ce n'est que dans ceux que les Loix ont exprimés, *leg. ult. cod. de jur. & facti ignor. & leg. 32, ff. ad Senatus. Consult. Velleï.* & les Loix 8, 9 & 10, *cod. qui accusare non possunt*, permettent aux Soldats & aux femmes d'intenter une accusation capitale pour leur propre intérêt ; ainsi, on ne peut pas les excuser, comme n'ayant pas la liberté d'agir.

338. Second cas, lorsque les meurtriers ne sont pas connus.

Le second cas, auquel les héritiers n'encourent pas l'indignité, quoiqu'ils n'ayent pas vengé la mort du défunt, est lorsque les meurtriers ne sont pas connus, parce qu'on ne peut leur imputer aucune faute ni négligence, *l. si ideò*, 7, *cod. de his quib. ut indign. aufer.*

339. Troisième cas, des ascendans ou descendans, ou frères du meurtrier.

Selon plusieurs Auteurs, & entr'autres *Dumoulin*, sur le titre du Code *de his quib. ut indign. aufer.* le fils n'est pas déclaré indigne pour n'avoir pas vengé la mort du défunt sur la personne de son père, qui en étoit le meurtrier. L'amour, le respect & la soumission que le fils doit à son père, qui sont fondés sur les droits de la nature, doivent, sans contredit, le dispenser d'une telle obligation, dont il ne pourroit s'acquitter qu'en contribuant à la mort de son père, & en se rendant coupable de parricide ; d'ailleurs, la Loi 1, §. 1, *ff. de accusat.* permet bien au fils de se plaindre de son père, & de ses autres parens ascendans, à fins civiles, pour la conservation ou pour le recouvrement de son bien, mais non d'intenter une action criminelle contr'eux pour les faire punir. Voilà pourquoi la Loi excuse par cette défense les enfans & descendans de venger la mort du défunt en la personne du père ou de la mère, ou autre ascendant, qui a commis le crime par lequel le défunt a reçu la mort. On doit dire la même chose, lorsque le père ou autre ascendant est héritier de celui qui a été tué par son fils ou autre descendant ; car il y auroit de l'inhumanité de vouloir obliger un père à poursuivre la mort de son fils, & une espèce de barbarie d'obliger à un devoir si contraire à la nature & si opposé à l'amour paternelle, les pères qui ressentent plus vivement les maux de leurs enfans que les leurs propres ; & n'y auroit-il pas plus d'indignité dans la poursuite que dans le silence ? On doit donc excuser les ascendans & les descendans, lorsqu'ils ne vengent pas la mort du défunt causée par leurs parens en ligne directe, *M. Maynard*, *livre* 9, *chapitre* 3 ; *le Brun*, *livre* 3, *chapitre* 9, *nombre* 6.

340. Si le frère est obligé de venger la mort de son frère contre un autre frère.

Mais le frère est-il obligé de poursuivre la vengeance du défunt contre la personne de son frère, qui lui a donné la mort ? Les Arrêts ont varié sur ce point, *M. Maynard*, *livre* 9, *chap.* 3, rapporte des Arrêts qui ont déclaré indigne un héritier qui n'avoit pas vengé, sur la personne de son frère, la mort du défunt, qui étoit leur père commun ; *Albert*, verb. *indignité*, en rapporte un autre tout opposé, qui a jugé qu'une sœur héritière de sa tante, ne devoit pas être déclarée indigne de l'hérédité, quoiqu'elle n'eût pas poursuivi le meurtrier, qui étoit frère de l'héritière. On en trouve encore un autre du Parlement de Provence du 28 Janvier 1684, rapporté par *Boniface*, *tome* 5, *livre* 1, *titre* 22, *chapitre* 1, qui a conservé à une femme l'hérédité de son fils, qui avoit été tué par son oncle, frère de cette femme, quoiqu'elle n'eût pas vengé la mort du défunt contre son frère, qui en étoit le meurtrier. La décision de ce dernier Arrêt paroît plus conforme aux sentimens de la nature, & même aux règles établies par le Droit Romain; car la Loi 13, *cod. de his qui accus. non poss.* non-seulement ne permet pas au frère d'accuser son frère d'un crime capital; mais encore elle veut que le frère accusateur, qui se porte à cette extrêmité, soit puni de la peine de l'exil; ainsi, il est clair que le Droit Romain excuse par une telle défense, le frère, lorsqu'il ne poursuit pas contre son frère la vengeance du défunt, qui a été tué par le frère de l'héritier; & je pense encore à plus forte raison que le mari ou la femme héritiers du meurtri, ne doivent pas encourir l'indignité pour n'avoir pas vengé le meurtre du défunt, commis par l'autre conjoint, parce que le mari & la femme ne sont qu'une même chair, à cause de l'union étroite qui les lie, *erunt duo in carne una*, selon les expressions de l'Écriture Sainte; *le Brun*, *des Successions*, *livre* 3, *chap.* 9, *nombre* 6, le décide de même.

Si le mari est obligé de venger la mort du défunt contre sa propre femme, *& vice versâ*.

341. *Quid* des autres parens en degré plus éloigné.

A l'égard des parens autres que les ascendans ou descendans & les frères ou sœurs, & du mari & de la femme, l'héritier doit poursuivre contr'eux la vengeance de la mort de son auteur, sous peine d'encourir l'indignité prononcée par la Loi, parce que les raisons qui excusent l'héritier, lorsqu'il ne poursuit pas le crime commis par un ascendant ou descendant, ou par son frère ou par son conjoint, ne peuvent pas lui servir d'excuse, lorsque le meurtrier de son bienfaicteur est à un degré différent & plus éloigné.

342. Quatrième cas, lorsque le meurtri a pardonné le meurtrier & a défendu de faire la poursuite.

Le quatrième cas est, lorsque le meurtri a déclaré avant sa mort qu'il pardonnoit le meurtrier, & qu'il ne vouloit pas que ses héritiers fissent la poursuite du crime. Cette exception à la règle qui veut que les héritiers soient tenus de venger la mort du défunt, peut être fondée sur la Loi 2, *ff. de Senatus. Consult. Silaniano*, & a été autorisée par un Arrêt du Parlement de Paris, du 30 Juillet 1630, rapporté *au Journal des Audiences*, *tome* 1, *livre* 2, *chapitre* 80 de la nouvelle édition; il est vrai

Si la pauvreté des héritiers les excuse.

que dans le cas de cet Arrêt, il étoit soutenu que la veuve & les héritiers du meurtri étoient pauvres; mais la circonstance de la pauvreté auroit bien pu les excuser de n'avoir pas consommé la procédure & poursuivi la condamnation des coupables, supposé que leurs biens n'eussent pas pu fournir aux frais nécessaires pour y parvenir; mais elle n'auroit pas pu les excuser de porter une plainte & de s'être donné les mouvemens nécessaires pour procurer une preuve, afin que les Gens du Roi pussent consommer la procédure & faire punir les coupables.

343. Si la réception du fidéicommis empêche l'héritier de faire la poursuite de l'indignité.

Enfin, il faut observer que la réception du fidéicommis, dont le défunt étoit chargé, faite par l'héritier *ab intestat*, n'exclut pas du droit de proposer l'indignité encourue par l'héritier testamentaire, pour n'avoir pas vengé la mort du Testateur, suivant la Loi *fideicommissum 26, ff. de Senatus. Consult. Silaniano.* Seius étoit chargé par le testament de son frère, d'un fidéicommis en faveur de Titius. Après la mort violente de Seius, Titius reçoit le fidéicommis dont il étoit chargé, de la main de ses héritiers. On demande si cette réception du fidéicommis peut empêcher Titius de les accuser d'indignité pour n'avoir pas vengé la mort de Seius. Le Jurisconsulte répond que cette acceptation ou cette approbation ne lui fait aucun obstacle.

344. De l'indignité causée par la volonté du défunt.

Il nous reste à examiner la troisième cause d'indignité, qui prend sa source dans la volonté du Testateur; cette volonté qui produit l'indignité, peut résulter ou des paroles ou des faits, *verbis vel facto*; lorsqu'un Testateur qui a institué un ou plusieurs héritiers dans son testament, déclare par codicille, ou par lettre (revêtue des formalités du codicille) que l'un des héritiers n'est pas digne & ne mérite pas la libéralité, sa portion lui est ôtée par indignité, parce qu'il n'a pas pour lui la dernière volonté du défunt, & cette portion qui lui est ôtée, devoit être déférée au fisc; mais les autres dispositions contenues dans le codicille, ou dans la lettre fidéicommissaire, ainsi que la qualifient les Interprètes, doivent être exécutées; tout cela est ainsi décidé par la Loi *hæreditas 4, cod. de his quib. ut indign. aufer.* Nous avons déjà observé plusieurs fois, que ce qui étoit ôté à l'indigne, n'étoit pas adjugé au fisc: il faut donc appliquer la même réflexion au cas présent. La disposition de cette Loi doit être observée par rapport à l'indignité, quoique le Testateur n'ait pas expliqué les causes pour lesquelles il a jugé que son héritier ne méritoit pas de profiter de la libéralité qui lui

Si l'indignité doit être déclarée, quoique le Testateur n'ait pas exprimé les causes.

étoit destinée, & comme ce ne sont pas les termes dont le Testateur s'est servi, qui produisent l'indignité, mais sa volonté, il importe peu qu'il se soit exprimé par des termes qui caractérisent ou qui indiquent directement l'indignité, ou par des termes qui marquent qu'il a changé de volonté, afin que l'héritier ou le légataire ne puisse pas profiter de la libéralité, & qu'il soit considéré comme indigne ; à la vérité, les Docteurs faisoient différence dans la manière dont le Testateur s'énonce ; ils ont cru que quand le Testateur se servoit des termes propres à caractériser l'indignité, ce qui étoit ôté à l'indigne étoit déféré au fisc ; mais que quand le Testateur n'avoit fait que témoigner un changement de volonté, ce qui faisoit la matière de la libéralité devoit être laissé aux héritiers *ab intestat*, comme étant censés appellés pour le recueillir.

Distinction des Docteurs.

345. Résolution de la difficulté.

Quoique cette distinction ne soit pas tout-à-fait conforme à nos usages, puisque le fisc ne doit pas profiter de ce qui est ôté à l'indigne, elle n'en est pourtant pas tout-à-fait éloignée ; car comme nous avons remarqué ci-dessus, l'indignité n'annulle pas la disposition, elle ne la rend pas même caduque, & au lieu que par le Droit Romain le fisc devoit profiter de la libéralité sans qu'elle demeurât dans l'hérédité, ni qu'elle appartînt aux conjoints, on la défére aujourd'hui aux héritiers *ab intestat*, qui prennent la place du fisc ; mais quand le Testateur ne fait que changer de volonté, & qu'il témoigne seulement qu'il ne veut pas que celui à qui la libéralité étoit destinée en profite, elle devient caduque, elle demeure dans l'hérédité, ou doit accroître aux conjoints. Ceci est fondé sur la décision de la Loi *peto 96*, *ff. de leg.* 2[a].

L'indignité n'annulle pas les dispositions.

346. Les dispositions par lettres missives sont nulles, & les lettres missives ne peuvent pas servir à prouver l'indignité, par le changement de volonté.

Il faut néanmoins prendre garde que la nouvelle Ordonnance de 1735, article 3, apporte quelque changement à la décision de la Loi 4, *cod. de his quib. ut indign. aufer.* c'est-à-dire, en ce qu'elle veut que la volonté du Testateur expliquée par lettre, fût suffisante pour faire déclarer l'indignité, ce qui ne peut plus avoir lieu, parce que *l'article 3 de l'Ordonnance* porte : *Voulons aussi que les dispositions qui seront faites par lettres missives, soient regardées comme nulles & de nul effet*, parce que ce qui est nul ne peut produire aucun effet.

347. Indignité causée par la volonté du Testateur conf-

L'héritier où le Légataire peut être considéré comme indigne par le fait du Testateur. Premièrement, lorsque comme dans le cas de la Loi *cum quidam 12*, *ff. de his quæ ut indign. aufer.* après avoir fait un premier testa-

tatée par le fait. Premier cas renfermé dans la Loi 12, *ff. de his quæ ut indign.*

ment en bonne forme, le Testateur en fait un second, dans lequel il institue des héritiers incapables, auquel cas, l'héritier institué dans le premier testament, n'ayant pas pour lui la volonté du défunt, il est privé de l'hérédité, ce qui n'arrive pas, à cause que le premier testament est rompu, puisque la Loi dit formellement le contraire; mais parce que le premier héritier n'a pas pour lui la dernière volonté du Testateur. Comme nous avons expliqué amplement le vrai sens de cette Loi dans un autre endroit de cette section, nous n'ajouterons rien à ce que nous avons dit.

348. Second cas, lorsque le Testateur a effacé le nom de l'héritier ou du Légataire.

Le second cas est, lorsque le Testateur a effacé, à dessein, le nom de l'héritier ou du Légataire, *l.* 1, *ff. de his quæ in testam. delentur*, & celui dont le nom a été ainsi effacé, est déclaré indigne, *l. cum quidam* 12, *ff. de his quæ ut indign. aufer.* Que si l'effaçure avoit été faite sans attention & par erreur, *inconsultò*, & que le mot effacé pût encore se lire, la disposition n'en seroit pas moins valable, *l.* 1, *in princip.* & §. 2, *ff. de his quæ in testam. delentur.* On peut voir dans la même Loi & les trois suivantes, la décision des autres cas qui peuvent se présenter touchant l'effaçure; nous les expliquerons plus exactement en parlant des manières par lesquelles un testament peut être révoqué en tout ou en partie :

A qui est-ce à prouver que l'effaçure a été faite *inconsultò*.

nous remarquerons néanmoins que c'est à l'héritier ou au légataire, dont les noms ont été effacés par le Testateur, à prouver que l'effaçure a été faite *inconsultò*, parce que c'est le fondement de leur demande, & que l'erreur, ne se présume pas si elle n'est prouvée par celui qui l'allégue.

349. Troisième cas, lorsque le Testateur déclare qu'il ne veut pas que son testament vaille, les Légataires n'ont pas d'action.

Le troisième cas est, lorsque celui qui a fait un testament revêtu de toutes les formalités de Droit, déclare simplement qu'il ne veut pas que ce testament vaille; une telle déclaration ne peut à la vérité donner aucune atteinte aux institutions ni aux substitutions qui y sont subordonnés; mais les legs deviendront inutiles, & les légataires en seront exclus, par voie d'exception, *leg. miles* 26, §. *veteranus* 3, *ff. de testam. milit.* Il a été montré ci-dessus, que le texte de cette Loi n'avoit rien de contraire avec la Loi *cum quidam* 12, *ff. de his quæ ut indign. aufer.* & que chacune de ces Loix doit être observée dans son cas particulier.

350. Quatrième cas, de celui qui est institué

Il y a un quatrième cas, auquel la libéralité est ôtée par indignité, à cause de la volonté du Testateur, c'est lorsqu'une personne a été instituée comme enfant du

Testateur, s'il est prouvé après la mort du Testateur, qu'elle a été supposée, *leg. aufertur 46, ff. de jure fisci* : *aufertur ei quasi indigno successio, qui cum hæres institutus esset ut filius, post mortem ejus qui pater dicebatur, suppositus declaratus est.* On trouve encore la même décision dans la Loi 4, *cod. de hæred. instit.*

comme fils du Testateur & qui se trouve avoir été supposé.

351. Eclaircissemens de plusieurs autres difficultés.

Nous avons encore quelques autres difficultés à éclaircir, que nous n'avons pu faire entrer dans aucun des trois chefs qui produisent l'indignité. C'est une règle que la mort éteint le crime, *l.* 1, *l.* 2, *l.* 3, *& autres* du titre du code *si reus vel accusator mortuus fuerit.* On demande si l'on peut poursuivre l'action de l'indignité après la mort de celui qui a commis le crime, qui l'a rendu indigne. La Loi 9, *ff. de jure fisci*, & la Loi *Gaius* 22, *ff. de Senatus. Consult. Silaniano*, décident que la poursuite de l'indignité peut être faite & même commencée après la mort de l'indigne, parce qu'il ne s'agit pas de la punition personnelle du défunt, ce que la Loi ne permet pas, puisqu'elle déclare le crime éteint; mais d'ôter à ses héritiers un bien dont leur Auteur s'étoit rendu indigne, & que suivant la Loi 12, *ff. de leg. Cornel. de fals. quod scelere quæsitum est, hæredi non relinquitur,* d'où les Interprètes ont tiré cette règle : *turpia lucra ab hæredibus sunt extorquenda.*

La mort du coupable éteint le crime.

Si l'indignité peut être poursuivie après la mort de l'indigne.

352. Quoique l'indigne ait prescrit le crime, il ne peut pas se mettre à couvert de l'indignité.

Il s'ensuit de la règle que les textes que nous venons de citer établissent, & qui décident que la punition du crime n'a rien de commun avec l'indignité, bien que l'indigne ait acquis l'impunité de son crime par la prescription, son indignité ne subsiste pas moins, même à plus forte raison que dans le cas de la mort, parce que le crime est éteint, & que l'on ne peut pas dire que l'indignité suive la personne, puisqu'elle est décédée; au lieu que dans le cas de la prescription, quoique la peine du crime soit remise, l'indignité n'en suit pas moins la personne; d'ailleurs l'indignité affecte encore les biens, puisqu'ils sont ôtés aux héritiers de l'indigne après la mort; & par conséquent, un indigne qui voudroit vendiquer une hérédité ou un legs, sous prétexte qu'il auroit prescrit le crime qui causeroit son indignité, ne devroit pas être écouté, *le Brun, des Successions, livre* 3, *chapitre* 9, *nombre* 11, rapporte un Arrêt du Parlement de Paris, qui a déclaré l'indignité contre un héritier, quoiqu'il eût prescrit le crime; mais si l'indigne avoit possédé les biens pendant trente ans, il ne pourroit pas être recherché, parce qu'il en auroit acquis la propriété par le secours de

Si l'indigne peut acquérir les biens par prescription. la prescription qui lui serviroit de titre ; & quoique *la glose* sur la Loi 1, *cod. de his quib. ut indign.* pense que l'héritier étranger ne peut plus être recherché, à raison de l'indignité, après cinq ans, cela ne peut pas avoir lieu parmi nous, qui ne connoissons d'autre prescription que celle de trente ans, pour l'acquisition de la propriété des biens par la prescription.

Si l'indignité peut être poursuivie après cinq ans.

353. Si l'indignité fait perdre la légitime.

Dans tous les cas où l'indignité est encourue, il peut se présenter une question importante, qui consiste à savoir si l'indigne qui est privé de l'hérédité est aussi privé de la légitime qu'il peut prétendre sur cette hérédité. *Peregrinus de jure fisci, lib. 2, tit. 7, nombres 8 & suivans*, estime que l'indigne doit être privé, même de la légitime, toutes les fois que l'on se trouve dans le cas où les biens ôtés à l'indigne sont adjugés au fisc suivant le Droit Romain; les raisons qu'il en donne, sont parce que la légitime est une portion des biens & une quote de l'hérédité, *l. cum quæritur 6, cod. de inoff. Testam.* de-là vient que celui qui est exclus de la succession, est aussi exclus de la légitime qui en fait partie, sur-tout lorsque c'est pour quelque méfait ou démérite, & que celui qui doit être privé de la totalité, doit être privé de toutes les parties de cette totalité. Cet avis semble être autorisé par la Loi *portiones, 21, ff. de his quæ ut indign. aufer.* qui décide que le Patron qui a une espèce de légitime à prétendre sur les biens de son affranchi, est privé de cette légitime, lorsqu'il néglige de venger la mort de son affranchi, *portionesque eorum fisco vindicantur, qui mortem libertorum suspectò decedentium non defenderunt.* La Loi 26, *ff. de leg. Cornel. de fals.* décide encore que l'entière hérédité doit être ôtée au fils qui a supprimé le testament de son père, *justissimè tota hæreditas paterna hæredi ejus eripitur ;* les mots *tota hæreditas*, semblent trop précis pour ne pas comprendre la légitime qui fait partie de la totalité de l'hérédité.

354. Résolution pour la négative, lorsque l'indignité ne dérive pas de l'une des causes d'ingratitude marquées dans la Novelle 115. Distinction.

Nonobstant ces raisons & ces autorités, je pense que cette question doit être résolue par cette distinction : ou l'indignité procède d'une des causes d'ingratitude, pour lesquelles le légitimaire peut être exhérédé du nombre de celles qui sont exprimées dans la Novelle 115, ou elle procède d'une autre source. Au premier cas, le légitimaire doit être privé de l'hérédité & de la légitime ; mais au second cas, il peut retenir la légitime, il transmet même à ses héritiers le droit de la retenir & de la détraire sur l'hérédité qui leur est ôtée.

355. Raisons de la distinction.

Les raisons de notre distinction sont parce que l'héritier

qui a droit de prendre la légitime, tombant dans quelqu'un des cas auxquels il peut être exhérédé comme ingrat, & devant être privé de la légitime, tout comme du reste de l'hérédité, suivant la disposition de la *Novelle* 115, on ne peut pas lui conserver la légitime, sans contrevenir à l'esprit de cette Novelle ; mais si l'indignité procède d'une autre cause, elle ne doit pas comprendre la légitime, parce qu'il n'y a que les cas marqués dans cette Novelle, où l'on puisse faire perdre la légitime à ceux auxquels la Loi l'attribue, & tous les autres cas sont nommément exclus par la disposition expresse de cette Novelle *chapitre* 3 ; car après que l'Empereur a dit que les différentes causes d'ingratitude pour lesquelles on pouvoit faire perdre la légitime, étoient dispersées dans les Loix anciennes, & qu'elles n'étoient pas même assez clairement expliquées, il fait le choix de celles qui lui ont paru justes, il y ajoute celles qui avoient été omises dans les Loix précédentes, & qui méritoient d'être placées au rang des autres ; & défend expressément d'avoir égard à celles qui ne seroient pas exprimées dans sa nouvelle Loi : *ideò necessarium esse perspeximus eas nominatim præsenti lege comprehendere, ut præter ipsas nulli liceat ex aliâ lege ingratitudinis causam opponere nisi quæ in hujus constitutionis seriè continentur.* Il n'est donc pas possible d'étendre dans quelqu'autre cas, la privation de la légitime, nonobstant l'opinion de quelques Interprètes qui ont pensé que l'exhérédation pouvoit être faite pour d'autres causes, quand elles sont aussi graves que celles qui sont exprimées dans la Novelle ; car cette opinion est insoutenable & téméraire, parce qu'elle est visiblement contraire à la défense de la Loi, à laquelle les Interprètes n'ont pas fait assez d'attention.

Il faut néanmoins prendre garde que le Droit François a introduit d'autres causes d'indignité & d'ingratitude, pour lesquelles le légitimaire peut être privé de la légitime ; elles sont exprimées dans l'Édit de 1556, dans l'Ordonnance de 1639 & dans l'Edit de 1697, concernant les mariages. Dans ces cas comme dans ceux qui sont exprimés dans la *Novelle* 115, l'indignité doit faire priver de la légitime, tout comme du reste de l'hérédité. 356.

Autres causes pour lesquelles l'indigne peut être privé de la légitime, suivant le Droit François.

On trouve dans *Basset*, *tome* 1, *livre* 5, *titre* 1, *chapitre* 3, un Arrêt du Parlement de Grenoble, qui a conservé la légitime à un fils, quoiqu'il fût déclaré indigne de la succession paternelle, pour avoir supprimé & brûlé le testament de son père, en haine d'une substitution dont il 357.

Arrêt du Parlement de Grenoble, qui a conservé la légitime à un fils déclaré indigne pour avoir brûlé le testament de son père.

avoit été chargé, & quoiqu'il n'y eût point d'autres enfans du Testateur. *M. Cujas*, *sur la Novelle* 1, décide encore que quand l'héritier est déclaré indigne pour n'avoir pas exécuté la volonté du défunt, la légitime doit lui être conservée.

358. Réponse à l'argument tiré de la Loi 21, *ff. de his quæ ut indign.* & de la Loi 26, *ff. de L. Cornl. de falſ.* Différence de la légitime du Patron avec celle des descendans, ascendans ou collatéraux. La *Novelle* 115 abroge & corrige toutes les autres Loix.

La Loi 21, *ff. de his quæ ut indign. aufer.* & la Loi 26, *ff. de leg. Cornel. de falſ.* qui décident que le Patron perd la légitime, lorsqu'il ne venge pas la mort de son affranchi, & que le fils qui supprime le testament de son père, doit être privé de l'entière hérédité, ne font rien contre notre distinction, par deux raisons : la première, parce qu'il y a une grande différence à faire entre la légitime due au Patron, qui procède du bénéfice de la Loi, & celle qui est due aux descendans ou ascendans, même aux collatéraux en certains cas, parce qu'elle leur appartient de droit naturel, suivant la *Novelle* 1, *dans la Préface*, §. 2. La seconde, parce que la *Novelle* 115, *chapitre* 3, corrige & abroge expressément toutes les autres Loix anciennes qui avoient introduit ou établi des causes d'ingratitude, pour faire perdre la légitime, autres que celles qui sont exprimées dans cette Novelle. Voilà pourquoi la Loi 26, *ff. de leg. Cornel. de falſ.* subsiste bien pour ce qui regarde l'indignité & la privation de l'hérédité ; mais non pour la privation de la légitime, parce que la suppression du testament du père n'est pas comprise dans la *Novelle* 115, au nombre des Causes qui doivent faire perdre la légitime.

359. Conclusion.

Il ne peut donc y avoir aucun doute que la légitime ne doive être conservée à celui qui est déclaré indigne de la succession du défunt, toutes les fois que l'indignité procède d'une cause, autre que celles qui selon la *Novelle* 115 & l'Edit de 1556, l'Ordonnance de 1639, & l'Edit de 1697, font perdre la légitime.

360. La légitime est due aux descendans, aux ascendans, & aux collatéraux de droit naturel.

Du reste, nous ne croyons point qu'il faille faire différence entre les descendans & les ascendans ou collatéraux qui ont droit de légitime, parce que la *Novelle* 1, *in præfat.* §. 2, déclare que la légitime est due de droit naturel à ces trois espèces de personnes ; ainsi elles ne peuvent en être privées par indignité que dans les cas où la *Novelle* 115 & le Droit François l'ont expressément déclaré.

361. De l'indignité de succéder entre mariés.

La Loi *un. cod. undè vir & uxor*, déclare que le mari & la femme succèdent l'un à l'autre, lorsqu'ils ne laissent point de successeurs légitimes ou testamentaires, à l'exclusion du fisc : *maritus & uxor ab inteſtato invicem ſibi in solidum pro antiquo jure succedant, quotiens deficit omnis parentum liberorumve seu propinquorum legitima vel naturalis successio, excluso fisco*; & la disposition de cette Loi est observée en France, suivant le témoignage des Auteurs, *M. Louet & Brodeau, lettre F. sommaire* 22, & *lettre V. sommaire* 13, *Mornac*, sur la Loi 3, *cod. de donat. inter vir & uxor.* mais il y a des cas auxquels le conjoint survivant est indigne de cette succession.

Le mari & la femme succèdent l'un à l'autre faute d'autres héritiers.

362. Du mari qui tue sa femme & *vice versâ*

Comme si le mari tue sa femme & *vice versâ*; parce que comme nous l'avons montré ci-dessus, le meurtrier est indigne de succéder à celui auquel il a procuré la mort, & l'on peut dire en général que l'indignité des conjoints est encourue par le survivant, par les mêmes moyens que nous avons expliqués ci-dessus, & qui rendent les autres personnes indignes autant qu'il peut en être fait une juste application au conjoint survivant; car la succession qui est déférée au survivant des mariés à défaut d'enfans ou descendans, & des collatéraux, ne doit pas être traitée, à cet égard, avec moins de rigueur que la succession légitime des parens qui est déférée à cause des liens du sang.

Le conjoint ne peut pas succéder à l'autre dans les autres cas d'indignité expliqués ci-dessus.

363. Des mariés dont le mariage est nul.

Les mariés dont le mariage n'est pas valable, ne peuvent point se succéder l'un à l'autre, *nihil enim capi propter injustum matrimonium potest, l. un. ff. undè vir & uxor.*

364. Des mariés qui se sont séparés par une espèce de divorce.

Le survivant des mariés ne peut pas non-plus profiter de la succession du prédécédé, lorsqu'ils ont vêcu séparés, & qu'ils l'étoient encore lors de la mort du prédécédé : *sed & si divortium quidem secutum sit, verumtamen jure durat matrimonium; hæc successio locum non habet, l. un.* §. 1, *ff. undè vir & uxor*; ce qui doit s'entendre non de la séparation des biens, mais de la séparation de corps & d'habitation, qui est une espèce de divorce, lequel laisse subsister le mariage, qui néanmoins fait obstacle à la faculté de succéder; mais il importe peu que la séparation soit volontaire & d'un commun accord entre les mariés, ou qu'ils se soient fait séparer de corps & d'habitation par le Juge, parce que l'indignité est la même, à cause que les mariés qui ont ainsi rompu leur union dans l'extérieur, se sont réciproquement abandonnés. Il y a un Arrêt dans *M. la Roche*, verb. *légitimation*, *titre* 3, qui adjugea au fisc la succession du mari prédécédé, au préjudice de la femme qui s'étoit séparée de son mari, quoiqu'elle alléguat qu'elle y avoit été forcée par la mauvaise vie de son mari qui entretenoit une concubine, de laquelle il avoit eu un bâtard, qu'il avoit fait légitimer: il en feroit autrement néanmoins, si la séparation provenoit d'une juste cause, comme d'un voyage, ou autre raison particulière, & qu'il parût que la séparation n'avoit pas pour objet de se quitter & de s'abandonner mutuellement. On peut voir *Valentin Forster*, dans son Traité *de Successione ab intestato, lib.* 5, *tit. de Successione viri & uxoris.*

Fin du Tome premier.

TABLE DES MATIERES

CONTENUES EN CE VOLUME.

A

B

F

G

H

I

L

M

N

Si

Q

V

Quid

Fin de la Table des Matières.

www.ingramcontent.com/pod-product-compliance
Lightning Source LLC
Chambersburg PA
CBHW031448210326
41599CB00016B/2151

* 9 7 8 2 0 1 2 7 7 4 1 1 7 *